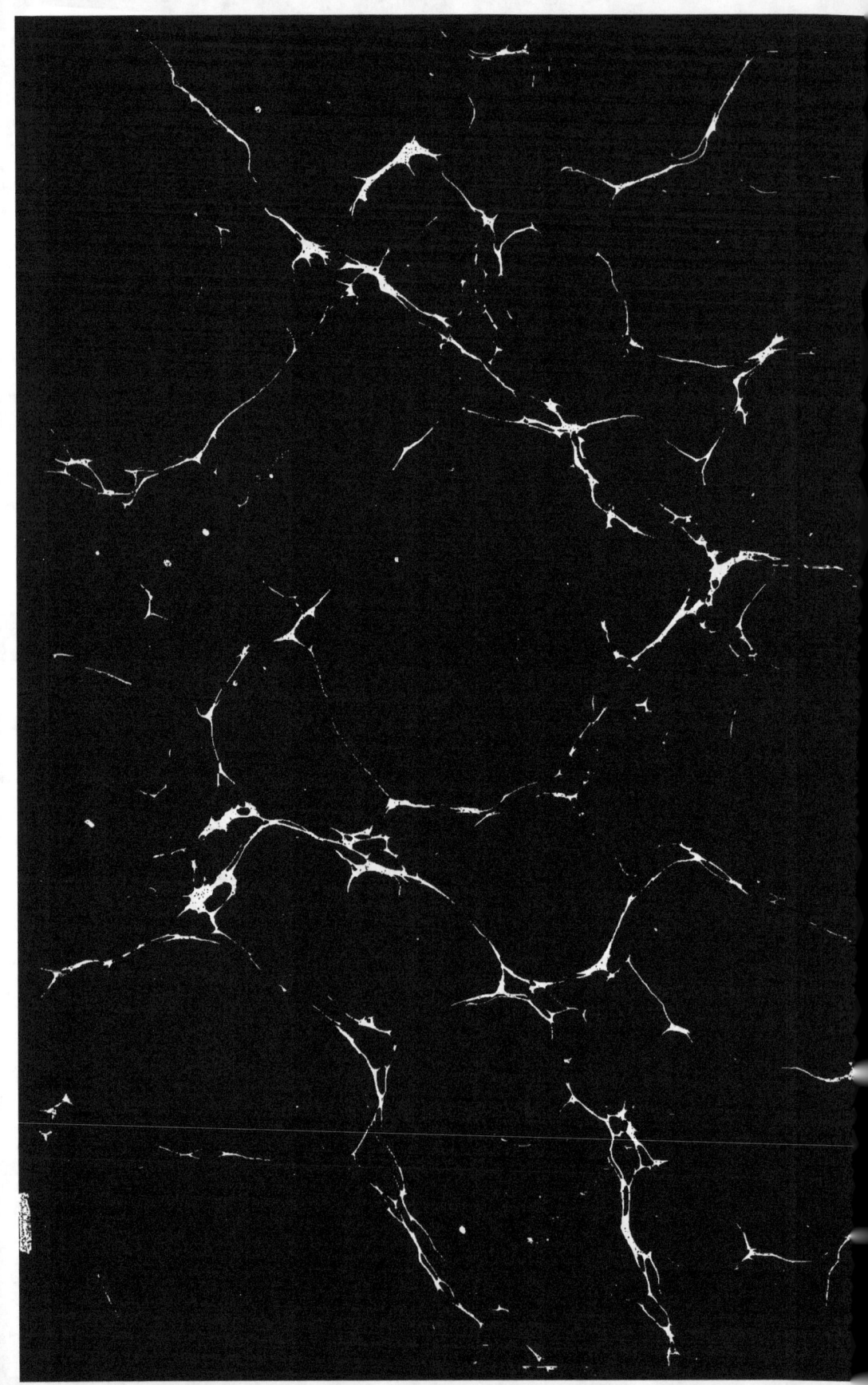

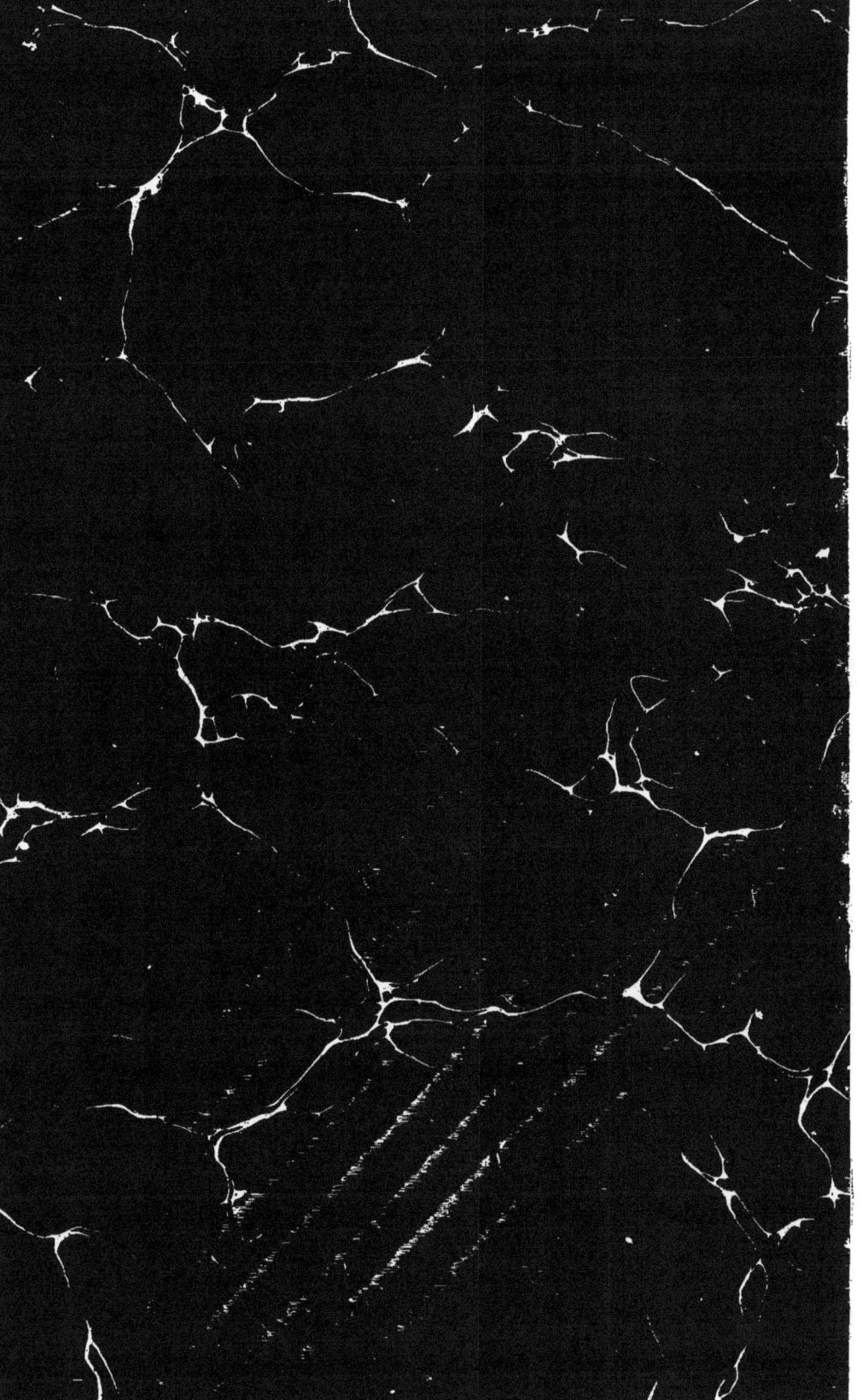

10297

LETTRES CHOISIES

DE VOLTAIRE

VOLTAIRE

LETTRES CHOISIES

DE

VOLTAIRE

PRÉCÉDÉES D'UNE NOTICE

ET ACCOMPAGNÉES DE

NOTES EXPLICATIVES SUR LES FAITS ET SUR LES PERSONNAGES DU TEMPS

PAR

LOUIS MOLAND

ORNÉES D'UNE

GALERIE DE PORTRAITS HISTORIQUES

GRAVÉS PAR LES MEILLEURS ARTISTES

D'APRÈS LES

Dessins de Philippoteaux et de Staal

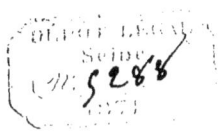 

PARIS

GARNIER FRÈRES, LIBRAIRES-ÉDITEURS

6, RUE DES SAINTS-PÈRES, ET PALAIS-ROYAL, 215

1872

INTRODUCTION

On ne s'étonnera pas que nous ayons voulu placer un volume de *Lettres choisies de Voltaire* à côté du volume des *Lettres choisies de Mme de Sévigné*. Voltaire est, comme modèle du style épistolaire, supérieur peut-être à Mme de Sévigné. La spirituelle marquise ne manque pas de coquetterie et de recherche dans ses lettres; on s'exposerait, en prétendant suivre ses traces, au danger de tomber dans le maniéré et dans le précieux. Voltaire, lui, c'est le naturel le plus parfait, la vivacité et la correction, la clarté et la justesse. C'est le maître par excellence. Voici comment M. D. Nisard, dans le tome IV de son *Histoire de la littérature française*, parle de la correspondance de Voltaire:

« Voltaire, épistolier, remplit toute l'idée que nous nous faisons de l'esprit. Il a d'abord l'esprit de bon sens,

> Esprit, raison qui finement s'exprime,

a dit Chénier, qui l'avait vu sur les lèvres de Voltaire. C'est cet esprit qui, dans nos premiers conteurs, naît tout formé et, parmi tant de mots et de tours destinés à la refonte, crée un français qui ne changera pas. C'est celui qui, dans Villon et Marot, se dégage des froides allégories de la poésie du moyen âge et résiste aux premières superstitions pour l'antiquité classique. Dans Molière, dans La Fontaine, dans Lesage, c'est une moitié charmante et immortelle de la littérature. Nous avons beaucoup de cet esprit-là dans nos jugements sur les autres, fort peu dans nos jugements sur nous-mêmes. Personne n'en a eu plus que Voltaire. On a dit de lui : « Il y a quelqu'un qui

« a plus d'esprit que Voltaire, c'est tout le monde. » Oui, mais cet esprit de tout le monde, c'est encore le sien.

« Il a de *Gil Blas* la raillerie souriante qui effleure le travers de chacun et dont l'écrivain ne s'exempte pas lui-même. Seulement, dans *Gil Blas*, elle est si discrète qu'elle semble comme involontaire et que l'auteur en paraît à peine averti. Dans Voltaire, elle est plus près du trait, et le premier qui s'en doute, c'est Voltaire lui-même. Celui-là peut rire d'avance de ses saillies ; il est sûr de n'en pas rire tout seul. Pour goûter la raillerie dans *Gil Blas*, peut-être faut-il à la fois plus de finesse et de candeur que n'en a le commun même des gens d'esprit ; pour n'en rien perdre dans Voltaire, à peine est-il besoin d'être de ces gens-là.

« Il y a une autre sorte d'esprit qui fait presque toujours compagnie à la raillerie enjouée, c'est l'art de louer, aussi en perfection dans notre pays que l'art de railler. Dans l'opinion des étrangers, c'est notre travers. En tout cas, ne l'a pas qui veut, et peut-être ne nous le reprochent-ils que parce qu'ils nous l'envient. A les entendre, c'est pur badinage de civilité où la sincérité manque. Il est très-vrai que l'art de louer n'est pas une vertu héroïque, mais encore moins un vice. Le fond est cette bienveillance sincère, quoique un peu à la surface, qui nous porte à louer ceux qui nous plaisent ou nous font du bien. Si les causes qui brouillent les hommes, plus nombreuses que celles qui les rapprochent, viennent à changer nos sentiments, est-ce à dire qu'au moment où nous les exprimions, nous n'étions pas sincères ? Cette sincérité, ne fût-elle que provisoire, donne à la louange, sous une plume française, ce naturel, cet air d'abandon, dont elle tire tant de prix. Elle est d'ailleurs reçue comme elle est donnée, et cet échange est un des agréments de la société française ; pourquoi ne dirais-je pas un de ses bonheurs ? Le nombre en est-il si grand qu'il faille faire fi de celui-là ?

« Voltaire y est exquis. Nul n'a éprouvé plus souvent ni plus sincèrement ces amitiés qui naissent d'une convenance passagère. Railler ne lui est pas plus naturel que louer. Voltaire a un grand art : il nous fait goûter des louanges qui ne sont pas pour nous. Je me suis demandé pourquoi nous aimons tant ces friandises que d'autres ont mangées ; le motif nous fait honneur : c'est notre tendresse à la louange et notre désir de la mériter.

« Outre l'art de louer les autres, il y a, dans la *Correspondance*, l'art de recevoir leurs louanges. Je ne sais si celui-là n'est pas plus difficile. L'homme qui reçoit une louange est si disposé à s'en faire l'écho, et encore cette sorte d'écho qui renvoie plusieurs fois le son ! Il est poussé sur une pente où déjà il glisse, et s'y retenir demande tant de vertu ! Voltaire y réussit, et sa vertu ne sent pas la peine. Il ne paraît s'estimer que par égard pour l'estime qu'on lui témoigne. Il ne prend pas tout ce qu'on lui donne, bon moyen de s'assurer ce qu'il garde. Une louange prise au pied de la lettre et, si j'osais dire, avalée gloutonnement, est à demi regrettée de celui qui la donne. Quand nous louons les gens, nous aimons qu'ils nous fassent résistance ; cela nous y entête, et nous redoublons, plus jaloux de les convaincre de notre bon goût que de les persuader de leur mérite. Que de louanges ainsi renchéries Voltaire ne s'est-il pas attirées en se dérobant à des louanges ordinaires !

« Otez du discours d'un homme d'esprit ce qui est pensée ou sentiment juste, raillerie fine, louange délicate, il reste encore quelque chose qui ne nous apprend rien et pourtant qui n'est pas de trop. Voltaire est plein de ce superflu si nécessaire. Mais à quoi bon énumérer lourdement des choses si légères ? En fait de genres d'esprit, il n'est guère plus aisé de trouver celui qui manque à Voltaire, que de définir tous ceux qu'il a. Il lui manque l'esprit précieux ; je dis l'esprit, parce qu'on n'est pas précieux, sans beaucoup d'esprit : témoins les héros du genre au temps de Voltaire, Fontenelle, Marivaux, qui, en y mettant ou plutôt en y gâtant beaucoup de très-bon esprit, rendaient le défaut si tentant. Il n'y a pas une phrase de style précieux dans la *Correspondance,* pas même dans les louanges, où l'on est enclin à raffiner et où l'on ne craint pas les scrupules du goût dans les gens qu'on loue.

« S'il y avait à préférer dans l'excellent, je préférerais, parmi ces lettres, celles dont le sujet est littéraire. Je voudrais qu'on en fît un recueil. Ce cours de littérature sans plan et sans dessein, cette poétique sans dissertation, cette rhétorique sans règles d'école, seraient un livre unique. Voltaire parle des choses de l'esprit comme on en parle entre honnêtes gens qui songent plus à échanger des idées agréables qu'à se faire la leçon. Les genres sont sentis plutôt que définis, et leurs limites plutôt indiquées comme des convenances de l'esprit humain, que jetées en travers des auteurs comme des barrières. Le goût n'est pas une doctrine, encore moins une science : c'est le bon sens dans le jugement des livres et des écrivains. La vérité, au lieu de s'imposer, se donne comme un plaisir d'esprit dont Voltaire nous invite à essayer. Il y a des prescriptions, des conseils, car il faut bien que le temple du goût ait une enceinte sacrée ; mais quiconque sait n'être pas ennuyeux a le droit d'y entrer, fut-ce par la brèche.

« Je ne sache pas de meilleur guide que sa *Correspondance* pour apprendre à lire et à juger les écrivains des deux derniers siècles, et Voltaire lui-même. Il a vu tous ses côtés faibles, et, comme s'il eût trouvé moins dur d'aller au-devant de la critique que de l'attendre, il a fait sa confession lui-même. Il aimait si peu les censeurs, qu'il était homme à leur ôter par malice la primeur de leurs critiques et à garder sur eux l'avantage de voir ses propres défauts avant eux. Peut-être, par une dernière illusion de l'amour-propre, espérait-il qu'on le défendrait contre ses scrupules et que ses péchés lui seraient remis. »

Ce recueil des lettres choisies de Voltaire fait spécialement au point de vue littéraire, que M. D. Nisard formait le vœu de voir exécuter, c'est ce que nous présentons au public dans ce volume. Nous avons essayé d'extraire la fleur de cette correspondance. Mais comme notre but était d'offrir spécialement des modèles du style épistolaire, nous avons écarté de notre choix toute la partie polémique et agressive, tout ce qui aurait pu choquer un lecteur quelconque. Nous nous en sommes tenu à ce qui est goûté par tout le monde sans réserve et d'un accord unanime. Il faut que chacun puisse parcourir cette collection, comme on parcourt un musée, en restant tout entier au sentiment de l'art, sans rencontrer rien de blessant pour ses convictions, rien qui puisse contrarier son admiration pour le génie de l'écrivain.

C'est cette considération qui, en même temps que l'intérêt du sujet, nous a guidé dans le choix des lettres que nous avons rassemblées. Dans le même dessein de ménager tout scrupule de conscience, nous avons parfois, dans une lettre, effacé un paragraphe, une phrase ou un mot. Nous avons fait des ratures, mais nous n'avons jamais pris la liberté de faire le moindre changement au texte, ni même de remplacer une expression par une autre. Nous nous sommes borné uniquement à des suppressions.

Il est certain qu'un choix ainsi fait ne permet pas de bien juger Voltaire ; on ne l'a pas complet, ses traits sont fort adoucis, arrondis, pour ainsi dire. Ce qui l'a fait le plus admirer des uns, le plus haïr des autres, ne paraît pas dans ce recueil. Mais on ne s'adresse pas à un choix comme celui-ci pour connaître l'homme tout entier, c'est à l'ensemble des œuvres qu'on s'en prend alors.

Nous nous sommes proposé de composer un livre utile et attrayant à la fois, un livre classique. Depuis longtemps, plusieurs ouvrages du grand écrivain, le *Siècle de Louis XIV*, l'*Histoire de Charles XII*, figurent dans le programme des études de la jeunesse. Pourquoi la correspondance choisie, qui est moins caduque que ces ouvrages, plus vivante et immortelle, ne prétendrait-elle pas au même honneur ?

NOTICE

SUR VOLTAIRE

Quelques indications biographiques sont indispensables au lecteur pour qu'il puisse se rendre compte des circonstances successives, au milieu desquelles ces lettres ont été écrites.

Voltaire naquit en 1694 ; il était le troisième enfant de maître François Arouet et de demoiselle Marguerite Daumart, originaires tous deux du Poitou, habitant alors la paroisse Saint-André-des-Arts. Maître François Arouet, ancien notaire au Châtelet de Paris, fut nommé, en 1701, receveur des épices de la chambre des comptes. Les parents de Voltaire appartenaient à la bourgeoisie aisée et même riche. Il fut mis au collége Louis-le-Grand dirigé par les jésuites, où étaient élevés les enfants de la première noblesse. Il en sortit en 1711, à la fin de sa rhétorique. C'est au collége qu'il connut Le Cornier de Cideville, Pont de Veyle, le marquis et le comte d'Argenson, avec lesquels il demeura toujours étroitement lié et dont les noms se rencontreront fréquemment dans la correspondance.

Il fut introduit par l'abbé de Châteauneuf, son parrain, dans la société frondeuse et libre du Temple, qui comptait parmi ses membres le prince de Conti, le grand prieur de Vendôme, le duc de Sully, le marquis de La Fare, l'abbé de Chaulieu, l'abbé Servien, l'abbé Courtin, abbés et grands seigneurs libertins qui protestaient par leurs mœurs et leurs idées épicuriennes contre la sévérité de la vieille cour de Louis XIV. Pour l'arracher à ce monde galant et à la poésie que le jeune Arouet cultivait déjà, son père le fit envoyer en Hollande à la suite du marquis de Châteauneuf, ambassadeur de France en ce pays. Le marquis, à qui il suscita plus d'un embarras, le renvoya à Paris en décembre 1713. Son père le contraignit d'entrer chez un procureur, maître Alain, rue Pavée-Saint-Bernard, près les degrés de la place Maubert. C'est dans cette étude qu'il se lia avec Thiriot, plus jeune que lui de deux années, dont il demeura toujours l'ami. Il continua de s'adonner à la poésie. Il concourut en 1714, avec l'*Ode sur le vœu de Louis XIII*, pour un prix à l'Académie. Mais l'Académie lui préféra les vers de l'abbé Dujarry, pauvre poëte de soixante-cinq ans. La première lettre de notre recueil est relative à cette préférence que Voltaire ne pardonna point. Nous n'avons pas transcrit intégralement cette lettre ; elle renferme de longues et minutieuses remarques sur le poëme de l'abbé Dujarry, qu'il était sans intérêt de reproduire. Vingt-deux ans plus tard, en 1736, Voltaire revenait encore sur ce sujet et écrivait aux auteurs de la *Bibliothèque française :*

« Il est vrai que ce fut M. l'abbé Dujarry qui remporta le prix ; je ne crois pas que mon ode fût trop bonne, mais le public ne souscrivit pas au jugement de l'Académie. Je me souviens qu'entre autres fautes assez singulières dont le petit poëme couronné était plein, il y avait ce vers :

Et des pôles brûlants jusqu'aux pôles glacés.

« Feu M. de Lamotte, très-aimable homme et de beaucoup d'esprit, mais qui ne se piquait pas de science, avait par son crédit fait donner ce prix à l'abbé Dujarry ; et quand on lui reprochait ce jugement, et surtout le vers du pôle glacé et du pôle brûlant, il répondait que c'était une affaire de physique qui était du ressort de l'Académie des sciences et non de l'Académie française ; que d'ailleurs il n'était pas bien sûr qu'il n'y eût point de pôles brûlants, et qu'enfin l'abbé Dujarry était son ami. »

Voltaire avait vingt ans à l'époque de ce début malheureux. Notre recueil l'accompagnera jusqu'à la fin de sa vie, c'est-à-dire jusqu'en 1778, pendant soixante-quatre années.

Après la mort de Louis XIV, des vers satiriques contre le régent lui furent attribués. Il fut exilé d'abord à Tulle, puis il obtint que le château de Sully-sur-Loire lui fût assigné comme séjour; le château de Sully appartenait au duc de Sully; c'était « le plus aimable château », habité par « la meilleure compagnie du monde », comme Voltaire le dit dans la troisième lettre de notre recueil. Une épître qu'il adressa au duc d'Orléans pour se justifier lui fit rendre la liberté de revenir à Paris, mais il y fut à peine que de nouvelles satires circulèrent et lui furent imputées. Il fut arrêté et emprisonné à la Bastille, où il demeura du 17 mai 1717 au 10 avril 1718. Il y acheva la tragédie d'*Œdipe* et y commença la *Henriade*.

Il sortit de la Bastille et fut présenté au régent, qui lui remit une gratification de mille écus. Le poëte gracié lui aurait dit : « Je remercie votre Altesse Royale de ce qu'elle veut bien se charger de ma nourriture, mais je la prie de ne plus se charger de mon logement. » Un billet que nous avons reproduit (page 4) porte la trace de cette sorte de réconciliation. A cette date de sa vie, 1718, il changea son nom d'Arouet contre celui de Voltaire, « pour voir, dit-il, s'il sera plus heureux sous ce nouveau nom que sous le premier ».

Le succès de la tragédie d'*Œdipe* (18 novembre 1718) mit le jeune poëte à la mode. Il devint l'ami, le commensal des grands. Il mena une vie dissipée et mondaine, laborieuse cependant. Il fut à cette époque l'hôte de la présidente de Bernières, à qui il paya pension, dans sa maison de la rue de Beaune et à sa campagne de la Rivière-Bourdet. Des lettres nombreuses furent échangées entre Voltaire et la présidente, et l'on en trouvera quelques-unes dans ce recueil. Il s'occupait activement d'accroître sa fortune, déjà considérable. En 1722, il avait reçu une pension de deux mille livres. Il avait hérité, à la mort de son père, de quatre mille deux cent cinquante livres de rente. Il profite de ses hautes relations pour se faire concéder des priviléges, qu'il revend à des traitants. Il est homme d'affaires habile, en même temps qu'homme du monde et poëte.

Dans cet intervalle il achevait sa *Henriade*, que l'abbé Desfontaines fit imprimer frauduleusement à Rouen, en 1723, sous le titre de : *La Ligue ou Henri le Grand, poëme épique*.

Le 4 novembre de cette même année, il fut atteint de la petite vérole, au château du président de Maison. Il fut bientôt hors de danger et put être transporté à Paris, le 1er décembre. Il raconte lui-même (page 22) comment il était à peine sorti du château, que le feu prit dans la chambre qu'il avait occupée et consuma une partie des bâtiments. Tous ces événements, l'apparition de la *Henriade*, la première représentation de *Mariamne* (6 mars 1724), son existence à la cour, où la reine Marie Leckzinska lui accorda une pension de mille cinq cents livres, sa maladie enfin, ont leur écho dans sa correspondance de l'année 1723 à l'année 1725.

Au mois de décembre 1725, eut lieu son aventure avec le chevalier de Rohan. Voltaire était, selon quelques récits, à table chez le duc de Sully, selon d'autres, dans la loge d'Adrienne Lecouvreur, à la Comédie-Française, parlant haut et vivement. Le chevalier de Rohan (second fils du duc de Rohan-Chabot) dit : « Quel est donc ce jeune homme qui parle si haut ? — C'est, répondit

Voltaire, un homme qui ne traîne pas un grand nom, mais qui sait honorer celui qu'il porte. » Le chevalier leva sa canne, ne le frappa pas, et dit, rapporte Mathieu Marais, qu'on ne devait lui répondre qu'à coups de bâton. « Mlle Lecouvreur, continue Mathieu Marais, tombe évanouie, on la secourt, la querelle cesse. Le chevalier fait dire à Voltaire, à deux ou trois jours de là, que le duc de Sully l'attendait à dîner. Voltaire y va, ne croyant pas que le message vînt du chevalier. Il dîne bien. Un laquais vient lui dire qu'on le demande : il descend, va à la porte, et trouve trois messieurs garnis de cannes, qui lui régalèrent les épaules et les bras gaillardement. On dit que le chevalier de Rohan était dans un fiacre (Mathieu Marais avait dit d'abord : dans une boutique vis à vis), lors de l'exécution ; qu'il criait aux frappeurs : « Ne lui donnez point sur la tête. » Et que le peuple d'alentour disait : « Ah ! « le bon seigneur! » Mon poëte crie comme un diable, met l'épée à la main, remonte chez le duc de Sully qui trouve le fait incivil et violent, va à l'Opéra conter sa chance à Mme de Prie, qui y était, et de là on court à Versailles, où on attend la décision de cette affaire, qui ne ressemble pas mal à un assassinat. »

Abandonné de la plupart de ses amis, Voltaire disparaît du monde pendant six semaines, passe ses journées chez un maître d'escrime ; au bout de ce temps, il provoque le chevalier, qui accepte le duel pour le lendemain ; mais dans la nuit (17 au 18 avril 1726), il est arrêté et jeté à la Bastille. Il y resta un mois ; il en sortit, à la condition qu'il se retirerait en Angleterre. Il fit quelques tentatives pour rencontrer l'homme qui l'avait outragé, comme on voit dans la lettre à Thiriot, datée du 12 août 1726. S'étant convaincu de l'inutilité de ses tentatives de vengeance, il sortit de France, chercha asile aux environs de Londres, où il se lia avec plusieurs Anglais de distinction, entre autres avec milord Bolingbroke et un riche négociant nommé Falkener. Il y connut aussi Pope et Swift ; il y étudia la littérature anglaise, y publia, en anglais, un essai sur la poésie épique et un essai sur les guerres civiles de France, pour servir de pièces explicatives à la *Henriade*. C'est à Londres, en 1728, qu'il fit paraître la première édition authentique de ce poëme, qu'il dédia à la reine d'Angleterre. Parmi les lettres qui datent de son séjour aux environs de Londres, on remarque celle si piquante et si humoristique, adressée à un anonyme (page 60 de notre recueil).

Voltaire revint à Paris, en 1729, sous le ministère de M. de Maurepas. Il y vécut d'abord dans la retraite ; il accrut sa fortune par d'heureuses opérations financières. Il acheva la tragédie de *Brutus*, qui se ressentait de l'influence exercée sur l'auteur par la lecture de Shakspeare et du *Caton* d'Addison ; il termina aussi l'*Histoire de Charles XII*, qu'il fit imprimer sans permission, à Rouen, par le libraire Jore, et grâce aux soins de ses amis Formont et Cideville.

Dans le séjour qu'il fit en Normandie, à cette occasion, il composa *Jules César* et *Ériphile* qui fut jouée sans succès, le 7 mars 1732. Il se mit aussitôt à une autre œuvre avec plus d'ardeur, et écrivit *Zaïre* qui fut représentée le 13 août de la même année. Il constate avec la joie la plus vive le succès de sa nouvelle tragédie, dans ses lettres à Cideville et à Formont (pages 80 et 81).

Mais deux nouveaux ouvrages allaient troubler la tranquillité passagère dont il jouissait : le *Temple du goût,* « cet amas de pierres de scandale » comme il l'appelle, qui lui fit beaucoup d'ennemis parmi les littérateurs contemporains, et les *Lettres anglaises* ou *Lettres philosophiques* qui furent déférées au parlement et condamnées à être brûlées, par arrêt du 10 juin 1734. Au commencement de cette même année, il avait fait jouer la tragédie d'*Adélaïde Duguesclin,* qui fut accueillie avec froideur.

La crainte d'être poursuivi et arrêté pour ses *Lettres anglaises* le détermina à s'enfuir au château de Cirey, en Lorraine, appartenant à la marquise du Châtelet, dont il avait fait récemment connaissance. « J'étais las de la vie oisive et turbulente de Paris, dit-il dans ses *Mémoires;* je trouvai, en 1733, une jeune dame qui pensait à peu près comme moi et qui prit la résolution d'aller passer plusieurs années à la campagne pour y cultiver son esprit, loin du tumulte du monde : c'était Mme la marquise du Châtelet, la femme de France qui avait le plus de disposition pour toutes les sciences. Son père, le baron de Breteuil, lui avait fait apprendre le latin, qu'elle possédait comme Mme Dacier; elle savait par cœur les plus beaux morceaux d'Horace, de Virgile et de Lucrèce; tous les ouvrages philosophiques de Cicéron lui étaient familiers. Son goût dominant était pour les mathématiques et pour la métaphysique. On a rarement uni plus de justesse d'esprit et plus de goût avec plus d'ardeur de s'instruire. Elle n'aimait pas moins le monde et tous les amusements de son âge et de son sexe. Cependant elle quitte tout pour aller s'ensevelir dans un château délabré, sur les frontières de la Champagne et de la Lorraine, dans un terrain très-ingrat et très-vilain. Elle embellit ce château, qu'elle orna de jardins assez agréables. J'y bâtis une galerie, j'y formai un très-beau cabinet de physique. Nous eûmes une bibliothèque nombreuse. Quelques savants vinrent philosopher dans notre retraite. »

Il s'y occupe beaucoup de la philosophie de Newton, de physique et de chimie. Il fait des voyages et des séjours en Hollande, à Paris, à la cour de Lunéville. Il compose la tragédie d'*Alzire,* représentée à Paris, le 27 janvier 1736, avec un très-grand succès. Il s'installe définitivement à Cirey, et y mène une existence somptueuse, car il a dès lors près de quatre-vingt mille livres de rente.

C'est en 1736 que commence sa correspondance avec le prince royal de Prusse. « Comme son père, lisons-nous dans les *Mémoires* de Voltaire, lui accordait peu de part aux affaires et que même il n'y avait point d'affaires dans ce pays, où tout consistait en revues, il employa ses loisirs à écrire aux gens de lettres en France, qui étaient un peu connus dans le monde. Le principal fardeau tomba sur moi. C'était des lettres en vers; c'était des traités de métaphysique, d'histoire, de politique. Il me traitait d'homme divin : je le traitais de Salomon. Les épithètes ne nous coûtaient rien. »

Il publie les *Éléments de Newton*. Il travaille au *Siècle de Louis XIV*. Il compose *Mérope*. On trouve dans sa correspondance la trace de ces principales occupations. Le 23 décembre 1737, il envoie à Cideville sa tragédie de *Mérope*; il la fait lire à l'abbé d'Olivet (page 139). Il demande des conseils à l'abbé Dubos pour l'histoire du siècle de Louis XIV (page 140). Il adresse à milord Harvey un magnifique éloge de ce monarque (page 162). Ces graves ouvrages étaient entremêlés de compositions légères et plus que légères, de pamphlets acerbes contre Desfontaines et J.-B. Rousseau, de comédies qu'on jouait au château.

Le prince de Prusse était devenu roi à la fin de mai 1740, Voltaire rendit visite à Frédéric, au château de Meurs près de Clèves, puis alla en Hollande, avec la mission de faire supprimer la réfutation de Machiavel, que le nouveau roi de Prusse avait écrite et qu'imprimait le libraire van Duren. Des lettres que nous avons reproduites (pages 169 et 206) nous apprennent comment il s'acquitta de cette mission et comment le libraire la fit échouer. Le roi d'ailleurs n'était pas fâché dans le fond du cœur d'être imprimé. Voltaire alla lui faire sa cour à Berlin, au mois d'octobre. La lettre plaisante du 11 novembre 1740 est un souvenir de ce voyage.

Il revint à Cirey, où il acheva la tragédie de *Mahomet*, qui fut jouée d'abord sur le théâtre de Lille (avril 1741). Le succès qu'elle obtint le détermina à venir à Paris pour l'y faire représenter. Le Théâtre-Français la représenta en effet le 9 août. Elle réussit; mais l'auteur dut la retirer sur l'avis du cardinal de Fleury. *Mérope* fut jouée avec le plus brillant succès le 20 février 1743.

Voltaire sollicita les suffrages de l'Académie. Il écrivit, dans le but d'écarter les difficultés, la lettre de mars 1743 (page 180). Mais il fut repoussé. C'est vers cette époque que se placent les lettres échangées entre Voltaire et

Vauvenargues, qui lui soumit au mois d'avril 1743 un jugement littéraire sur les mérites comparés de Corneille et de Racine.

Employé comme diplomate par le comte d'Argenson, Voltaire se rendit à la Haye, puis à Berlin, puis en différentes cours d'Allemagne. Il revint en France, où il joua le rôle de poëte courtisan, flatta Mme de Pompadour, fit la comédie-ballet de la *Princesse de Navarre,* et en récompense fut nommé historiographe de France et gentilhomme ordinaire de la chambre du roi. Il écrivit, à l'occasion de la victoire de Fontenoy, le poëme qui porte le nom de cette victoire. Il fut reçu à l'Académie française le 9 mai 1746.

Il avait, dans la tragédie qui lui était surtout à cœur, un rival qui était Crébillon. Les œuvres de ce rival furent imprimées au Louvre, faveur dont Voltaire conçut un vif dépit. Il se réfugia avec Mme la marquise du Châtelet à la petite cour que Mme la duchesse du Maine tenait au château de Sceaux. Il entreprit de lutter avec Crébillon en traitant tous les sujets tragiques que celui-ci avait traités. Il fit *Sémiramis,* qui fut représentée le 29 août 1748, mais la représentation fut tumultueuse. Une parodie de Montigny vint l'irriter encore davantage, et l'on peut voir, dans la supplique qu'il adresse à la reine Marie Leckzinska (page 197), combien le désolait la crainte que cette parodie ne fût jouée à Fontainebleau.

Mécontent, il se retira à la cour du roi Stanislas. Il continue sa gageure, lutte avec le *Catilina* de Crébillon, en écrivant *Rome sauvée,* avec *Électre* en écrivant *Oreste.* La marquise du Châtelet mourut presque subitement à Lunéville le 10 septembre 1749. Il revint à Paris, y fit représenter, le 12 janvier 1750, la tragédie d'*Oreste.* Mlle Clairon remplissait le rôle d'Électre; on peut voir par les lettres que Voltaire adresse à cette grande actrice (pages 202 et 204) avec quel soin il dirigeait le talent des interprètes de ses œuvres dramatiques. Le succès, toutefois, n'égala point son attente. Il s'attira de nouvelles querelles par des publications politiques. Il céda alors aux sollicitations de Frédéric II, qui, depuis longtemps désirait l'avoir en Prusse, et il partit pour Berlin au mois de juin 1750. Il y fut comblé d'attentions et d'honneurs. Il reçut la croix du Mérite et la clef de chambellan, avec une pension de vingt mille livres. « Être logé, dit-il, dans l'appartement qu'avait eu le maréchal de Saxe, avoir à ma disposition les cuisiniers du roi, quand je voulais manger chez moi, et les cochers, quand je voulais me promener, c'était les moindres faveurs qu'on me faisait. Les soupers étaient très-agréables... Je travaillais deux heures par jour avec Sa Majesté; je corrigeais tous ses ouvrages, ne manquant jamais de louer beaucoup ce qu'il y avait de bon, lorsque je raturais ce qui ne valait rien. Je lui rendais raison par écrit de tout, ce qui composa une rhétorique et une poétique à son usage. »

Voltaire était dans l'enthousiasme. Aux défiances dont ses amis lui faisaient part et que Mme Denis, sa nièce, lui exprimait, Voltaire répondait en montrant la lettre que le roi écrivait à son nouvel hôte, à la date du 23 août 1750. Voici cette lettre dont il est question à la page 220 de ce recueil :

« Berlin, 23 août 1850.

« J'ai vu la lettre que votre nièce vous écrit de Paris; l'amitié qu'elle a pour vous lui attire mon estime. Si j'étais Mme Denis, je penserais de même; mais étant ce que je suis, je pense autrement. Je serais au désespoir d'être cause du malheur de mon ennemi, et comment pourrais-je vouloir l'infortune d'un homme que j'estime, que j'aime et qui me sacrifie sa patrie et tout ce que l'humanité a de plus cher? Non, mon cher Voltaire, si je pouvais prévoir que votre transplantation pût tourner le moins du monde à votre désavantage, je serais le premier à vous en dissuader. Oui, je préférerais votre bonheur au plaisir extrême que j'ai de vous voir. Mais vous êtes philosophe, je le suis de même; qu'y a-t-il de plus naturel, de plus simple et de plus dans l'ordre, que des philosophes faits pour vivre ensemble, réunis par la même étude, par le même goût et par une façon de penser semblable, se donnant cette satisfaction? Je vous respecte comme mon maître en éloquence et en savoir; je vous aime comme un ami vertueux. Quel esclavage, quel malheur, quel changement, quelle inconstance de fortune y a-t-il à craindre dans un pays où on vous estime autant que dans votre patrie, et chez un ami qui a le cœur reconnaissant? Je n'ai point la folle présomption de croire que Berlin vaut Paris. Si les richesses, la grandeur et la magnificence font une ville aimable, nous le cédons à Paris. Si le bon goût, peut-être plus généralement répandu, se trouve dans un endroit du monde, je sais et je conviens que c'est à Paris. Mais vous, ne portez-vous pas ce goût partout où vous êtes? Nous avons des organes qui nous suffisent pour vous applaudir, et en fait de sentiments nous ne le cédons à aucun pays du monde. J'ai respecté l'amitié qui vous liait à Mme du Châtelet, mais après elle, j'étais un de vos plus anciens amis. Quoi! parce que vous vous retirez dans ma maison, il sera dit que cette maison devient une prison pour vous? Quoi! parce que je suis votre ami, je serais votre tyran? Je vous avoue que je n'entends pas cette logique-là, que je suis fermement persuadé que vous serez fort heureux ici tant que je vivrai, que vous serez regardé comme le père des lettres et des gens de goût; et vous trouverez en moi toutes les consolations qu'un homme de votre mérite peut attendre de quelqu'un qui l'estime. Bonsoir. Fédéric. »

NOTICE SUR VOLTAIRE.

Voltaire, enchanté, proclamait Berlin une nouvelle Athènes. Il travaillait au *Siècle de Louis XIV*, qui parut à Berlin en 1752, et retouchait *Rome sauvée*, qui, le 24 février 1752, fut représentée à Paris. Il ne tarda pas cependant à s'apercevoir que les roses de Potsdam n'étaient pas sans épines. Il eut des querelles avec Maupertuis, président de l'Académie de Berlin; avec Baculard d'Arnaud. Le procès qu'il soutint contre un certain juif nommé Hirschell eut un retentissement fâcheux. Il sentit bientôt qu'il aurait tort de trop compter sur l'amitié de Frédéric, et nous voyons ses inquiétudes à ce sujet percer dans sa correspondance, dès la fin de l'année 1751 (page 220). Il s'éleva entre Maupertuis et le professeur hollandais Kœnig une dispute scientifique dans laquelle Voltaire intervint par la fameuse *Diatribe du docteur Akakia*. Frédéric prit parti pour Maupertuis et fit brûler la brochure bouffonne, sur la place d'Armes, par la main du bourreau. De ce moment l'irritation augmente entre le poëte et le monarque; on la voit grandir dans les lettres écrites pendant l'année 1752 et les premiers mois de 1753.

Voltaire n'aspirait plus qu'à fuir la cour du Salomon du Nord qu'il qualifiait maintenant de Busiris. Il obtint enfin la permission de partir, et il se mit en route le 26 mars 1753; il s'arrêta pendant une vingtaine de jours à Leipsick, passa un mois auprès de la duchesse de Saxe-Gotha, rendit visite au landgrave de Hesse-Cassel, et arriva à Francfort, où il descendit à l'hôtel du *Lion d'or*, et où sa nièce, Mme Denis, vint le retrouver. Il était guetté par le baron de Freytag, résident prussien. Frédéric, averti que, dans ses diverses stations, Voltaire s'était égayé aux dépens d'un recueil de poésies qu'il lui avait donné, avait fait envoyer à ce résident l'ordre de redemander à Voltaire la clef de chambellan, la croix et le ruban de l'ordre *pour le Mérite* et de saisir dans ses papiers toutes les lettres et écritures de la main du roi ainsi qu'un livre contenu dans ses bagages. Le 1er juin, Freytag se présenta pour remplir sa mission. Voltaire a raconté dans ses *Mémoires* toute cette affaire, en assaisonnant son récit du sel le plus piquant:

« Cet ambassadeur et un marchand nommé Smith, condamné ci-devant à l'amende pour fausse monnaie, me signifièrent, de la part de Sa Majesté le roi de Prusse, que j'eusse à ne point sortir de Francfort jusqu'à ce que j'eusse rendu les effets précieux que j'emportais à Sa Majesté. Hélas! messieurs, je n'emporte rien de ce pays-là, je vous jure, pas même les moindres regrets. Quels sont donc les joyaux de la couronne brandebourgeoise que vous redemandez? *C'être, monsir*, répondit Freytag, *l'œuvre de poëshie du roi mon gracieux maître*. Oh! je lui rendrai sa prose et ses vers de tout mon cœur, lui répliquai-je, quoique après tout j'aie plus d'un droit à cet ouvrage. Il m'a fait présent d'un bel exemplaire imprimé à ses dépens. Malheureusement cet exemplaire est à Leipsick avec mes autres effets. Alors Freytag me proposa de rester à Francfort jusqu'à ce que le trésor qui était à Leipsick fût arrivé ; et il me signa ce beau billet :

« Monsir, sitôt le gros ballot de Leipsick sera ici, où est l'œuvre de *poëshie* « du roi mon maître, que Sa Majesté demande ; et l'œuvre de *poëshie* rendu à « moi, vous pourrez partir où vous paraîtra bon. A Francfort, 1er de juin 1753. « FREYTAG, résident du roi mon maître [1]. » J'écrivis au bas du billet : *Bon pour l'œuvre de poëshie du roi votre maître* [2] *:* de quoi le résident fut très-satisfait.

« Le 17 de juin arriva le grand ballot de *poëshie*. Je remis fidèlement ce sacré dépôt, et je crus pouvoir m'en aller sans manquer à aucune tête couronnée ; mais, dans l'instant que je partais, on m'arrête, moi, mon secrétaire et mes gens ; on arrête ma nièce ; quatre soldats la traînent au milieu des boues chez le marchand Smith, qui avait je ne sais quel titre de conseiller privé du roi de Prusse. Ce marchand de Francfort se croyait alors un général prussien : il commandait douze soldats de la ville dans cette grande affaire, avec toute l'importance et la grandeur convenables. Ma nièce avait un passe-port du roi de France, et, de plus, elle n'avait jamais corrigé les vers du roi de Prusse. On respecte d'ordinaire les dames dans les horreurs de la guerre ; mais le conseiller Smith et le résident Freytag, en agissant pour Frédéric, croyaient lui faire leur cour en traînant le pauvre beau sexe dans les boues.

« On nous fourra tous dans une espèce d'hôtellerie, à la porte de laquelle furent postés douze soldats : on en mit quatre autres dans ma chambre, quatre dans un grenier où l'on avait conduit ma nièce, quatre dans un galetas ouvert à tous les vents, où l'on fit coucher mon secrétaire sur de la paille. Ma nièce avait, à la vérité, un petit lit ; mais ses quatre soldats, avec la baïonnette au bout du fusil, lui tenaient lieu de rideaux et de femmes de chambre.

« Nous avions beau dire que nous en appelions à César, que l'empereur avait été élu dans Francfort, que mon secrétaire était Florentin et sujet de Sa Majesté impériale, que ma nièce et moi nous étions sujets du roi très-chrétien, et que nous n'avions rien à démêler avec le margrave de Brandebourg : on nous répondit que le margrave avait plus de crédit dans Francfort

---

[1] Voltaire a enjolivé la rédaction et l'orthographe de ce billet.
[2] Encore un détail qui est plus amusant qu'exact.

NOTICE SUR VOLTAIRE.

que l'empereur. Nous fûmes douze jours prisonniers de guerre, et il nous fallut payer cent quarante écus par jour.

« Le marchand Smith s'était emparé de tous mes effets, qui me furent rendus plus légers de moitié. On ne pouvait payer plus chèrement l'*œuvre de poëshie du roi de Prusse*. Je perdis environ la somme qu'il avait dépensée pour me faire venir chez lui et pour prendre de mes leçons. Partant nous fûmes quittes. »

Plusieurs des lettres de notre recueil sont relatives à cette aventure de Francfort (pages 234 à 243). Ce ne fut que le 6 juillet que Voltaire put continuer sa route.

Il passa la fin de l'année 1753 et le commencement de l'année 1754 dans l'Alsace et dans la Lorraine, à Colmar, à Plombières, à l'abbaye de Senones auprès de dom Calmet. Au mois de novembre, il partit pour Lyon, s'y arrêta pendant quelques semaines, puis gagna la Suisse. Il résida deux mois au château de Prangins, propriété du baron de Guiger, et aux mois de janvier et de février 1755 acheta deux résidences, l'une nommée Mourion, près de Lausanne, l'autre qu'il appela les Délices, près de Genève.

Pendant qu'il s'établissait ainsi sur les limites de la Suisse et de la France, où il devait passer le reste de ses jours, il fit représenter à Paris l'*Orphelin de la Chine* (20 août 1755) qui obtint un brillant succès. En 1756 il publia l'*Essai sur l'histoire générale et sur les mœurs et l'esprit des nations depuis Charlemagne jusqu'à nos jours*, qui fut vivement attaqué.

En 1758, il fit l'acquisition des terres de Ferney et de Tourney, à une lieue de Genève, dans le pays de Gex. Sa principale habitation, à dater de 1760, fut à Ferney, où il fit de grandes constructions et de grandes plantations. « Je me suis fait, disait-il, un assez joli royaume. » Ferney et Tourney formèrent, en effet, grâce à de nouvelles acquisitions, une propriété presque d'un seul tenant, qui comprenait environ deux lieues de pays. Son train de maison était de trente personnes et de douze chevaux. Il recevait beaucoup de monde. Il fut visité par beaucoup de gentilshommes, d'hommes de lettres, de comédiens qui venaient jouer sur son théâtre de Ferney : citons le duc de Richelieu, le duc de Villars, Turgot, Florian, Villette, Lauraguais, Mme d'Épinay, Palissot, Ximenès, la Harpe, d'Alembert, Lekain, Mlle Clairon, etc., etc. Il exerçait envers ces visiteurs une hospitalité seigneuriale. Il écrivait autant et plus de lettres qu'un ministre d'État. Ce commerce épistolaire était sa principale force, son grand moyen d'action. Presque tous les souverains de l'Europe briguèrent des lettres de lui, et il n'en refusait à personne. Le nombre de celles qu'on possède (et l'on en découvre tous les jours d'inédites) dépasse huit mille.

Il ne laissait pas de travailler énormément. Il multiplia surtout, à partir de cette époque, les ouvrages de polémique antireligieuse, que nous n'avons pas besoin de signaler ici, puisque les lettres qui se rapportent à cette polémique ont été, de parti pris, écartées de ce recueil. Il faut citer, parmi ses œuvres littéraires, *Tancrède,* tragédie représentée le 3 septembre 1760, dont il est plusieurs fois question dans les lettres de cette année. Voyez notamment celle à M. le comte d'Argental, page 307 ; celle à Lekain, page 309 ; celle à Mlle Clairon, page 312, où il s'élève contre ce qu'il appelle « les ornements de la grève », qu'on cherchait alors à introduire dans la mise en scène.

Vers le même temps il recueillit une descendante de Pierre Corneille. Dans le *Commentaire historique* qu'il donna sur lui-même aux frères Parfait pour le *Dictionnaire des théâtres*, Voltaire raconte ainsi cette quasi-adoption :

« M. Titon du Tillet, ancien maître d'hôtel ordinaire de la reine, âgé de quatre-vingt-cinq ans, lui recommanda la petite-nièce du grand Corneille, qui, étant absolument sans fortune, était abandonnée de tout le monde. C'est ce même Titon du Tillet qui, aimant passionnément les beaux-arts sans les cultiver, fit élever, avec de grandes dépenses, un Parnasse en bronze, où l'on voit les figures de quelques poëtes et de quelques musiciens français. Ce monument est dans la bibliothèque du roi de France. Il avait élevé Mlle Corneille chez lui ; mais, voyant dépérir son bien, il ne pouvait plus rien faire pour elle. Il imagina que M. de Voltaire pourrait se charger d'une demoiselle d'un nom si respectable. M. Dumolard, membre de plusieurs académies, connu par une dissertation savante et judicieuse sur les tragédies d'*Électre* ancienne et moderne, et M. Le Brun, secrétaire du prince de Conti, se joignirent à lui, et écrivirent à M. de Voltaire. Il les remercia de l'honneur qu'ils lui faisaient de jeter les yeux sur lui, en leur mandant que *c'était en effet à un vieux soldat de servir la petite-fille de son général.* (Voyez les lettres du 7 novembre 1760, page 315 ; du 22 novembre, p. 316 ; du 25 décembre, p. 321.) La jeune personne vint donc, en 1760, aux Délices, maison de campagne auprès de Genève, et de là au château de Ferney. Mme Denis voulut bien achever son éducation ; et, au bout de trois ans, M. de Voltaire la maria à M. Dupuits, du pays de Gex, capitaine de dragons, et depuis officier de l'état-major. Outre la dot qu'il leur donna, et le plaisir qu'il eut de les garder chez lui, il proposa de commenter les œuvres de Pierre Corneille au profit de sa nièce, et de les faire imprimer par souscription. (Voyez les lettres à Duclos, page 334 et 350.) Le roi de France voulut bien souscrire pour huit mille francs ; d'autres souverains l'imitèrent. M. le duc de Choiseul, dont la générosité était si connue, Mme la duchesse de Grammont, Mme de Pompadour, souscrivirent pour des sommes considérables. M. de Laborde, banquier du roi, non-seulement prit plusieurs exemplaires, mais il en fit débiter un si grand nombre, qu'il fut le premier mobile de la fortune de Mlle Corneille par son zèle et par sa magnificence ; de sorte qu'en très-peu de temps elle eut cinquante mille francs pour présent de noce. »

Parmi les compositions littéraires dont les Lettres choisies nous entretiennent, il faut mentionner quelques-unes de ses dernières tragédies, les *Scythes* qu'il fait en dix jours (p. 367) et qui sont joués le 16 mars 1767 ; les *Guèbres ou la Tolérance* (p. 418) ; les *Lois de Minos* (p. 444) ; *Sophonisbe* (p. 470).

Mais, tout en continuant à produire des pièces de théâtre, des romans, des épîtres, il étendait son action et son rôle. Il se faisait le défenseur de la famille Calas. Jean Calas, vieillard protestant, accusé d'avoir pendu son fils, avait été exécuté à Toulouse le 9 mars 1762. Voltaire, par ses écrits, par son influence, obtint la révision de ce procès criminel ; la sentence du parlement de Toulouse fut cassée, l'innocence de Calas proclamée le 9 mars 1765. Il intervint de même dans les procès de Sirven, du chevalier de la Barre et d'Étalonde, de Montbailly, du malheureux Lally, de Morangiès.

On le voit, dans les lettres au duc de Richelieu (pages 430 et 431), appuyer avec une singulière énergie la candidature à l'Académie de l'historien Gaillard contre celle du président de Brosses. M. Th. Foisset a mis en pleine lumière, dans la *Correspondance inédite* qu'il a publiée, le long et caractéristique démêlé qui s'éleva entre Voltaire et le président. M. Sainte-Beuve, dans le tome septième des *Causeries*, a rapporté tout le procès, et montré comment le président de Brosses, « pour n'avoir pas voulu faire cadeau à Voltaire de quatorze moules de bois », ne put jamais être de l'Académie française.

Il prit parti pour le chancelier Maupeou et le nouveau parlement contre l'ancien. A la mort de Louis XV, il accueillit avec des transports de joie l'élévation au ministère de Turgot et de Malesherbes. Ses lettres de 1774 à 1776 montrent la part qu'il prenait aux réformes du grand ministre. « Le siècle d'or, dit-il (p. 549), vient après un siècle de fer. » Et quand Turgot eut été renvoyé par Louis XVI, Voltaire exprima ses violents regrets dans le billet que nous avons reproduit page 555 et dans la lettre qui le suit.

Il entretenait, depuis 1763, une correspondance suivie avec l'impératrice Catherine II de Russie qu'il appelait « la Sémiramis du Nord », et pour laquelle il écrivit l'*Histoire de Russie*. Il eut le tort d'applaudir au partage de la Pologne en 1772 et d'exhorter l'impératrice à s'emparer de Constantinople.

NOTICE SUR VOLTAIRE.

Il s'était réconcilié à demi avec Frédéric II ; il adressait de nouvelles lettres au roi de Prusse, qui, de son côté, s'était remis à lui écrire en prose et en vers. Lisez notamment la curieuse lettre du 21 avril 1760 (p. 298), où Voltaire dit au monarque quelques vérités assez franches, et à laquelle Frédéric répondit à la date du 12 mai suivant :

« Je n'entre point dans la recherche du passé. Vous avez eu sans doute les plus grands torts envers moi. Votre conduite n'eût été tolérée par aucun philosophe. Je vous ai tout pardonné, et même je veux tout oublier. Mais si vous n'aviez pas eu affaire à un fou amoureux de votre beau génie, vous ne vous en seriez pas tiré aussi bien chez tout autre. Tenez-le-vous donc pour dit. »

Nous devons signaler, parmi les dernières campagnes du littérateur, celle que Voltaire entreprit en 1776 contre Shakespeare, à l'occasion de la traduction de Letourneur. Il avait le premier fait connaître en France le grand poëte anglais, il le traitait encore avec une certaine équité dans sa lettre du 15 juillet 1768 à Horace Walpole (p. 406), lorsque quelques exagérations du traducteur (voir p. 560), et surtout le succès des imitations de Ducis (dont il ne parle point), lui firent entrevoir un danger. Il voulut faire condamner Shakespeare par l'Académie française, et il demanda justice de Letourneur. On verra quelle était son exaspération par ses lettres au comte d'Argental et à d'Alembert. Mais en s'attaquant au tragique anglais, il s'attaquait à plus fort et à plus puissant que lui.

Au même moment qu'il entreprenait de faire proscrire Shakespeare par l'Académie, il composait *Agathocle* et *Irène*. C'est même pour surveiller les répétitions de cette dernière tragédie qu'à l'âge de quatre-vingt-quatre ans il quitte Ferney le 6 février 1778 et vient à Paris.

Il descendit à l'hôtel du marquis de Villette, rue de Beaune, nº 1. Son séjour à Paris fut un triomphe continuel. L'aristocratie et la cour même se précipitèrent chez lui en l'accablant de leurs hommages. « Voltaire, retiré en Suisse depuis plus de vingt ans, dit M. Sainte-Beuve, n'avait pas créé seulement Ferney et Versoix ; il avait fait Paris à son image, et il l'avait fait de loin. Ce n'est pas le résultat le moins singulier de cette merveilleuse existence. » Le 16 mars eut lieu la première représentation d'*Irène*. A la sixième représentation à laquelle il assista le 30 mars, il fut l'objet d'une véritable apothéose. Il savourait cette popularité et cette gloire avec passion. Cependant ces fatigues l'épuisaient ; il était agonisant. Il mourut le 30 mai 1778, âgé de quatre-vingt-quatre ans trois mois et dix jours.

Telle est la vie de Voltaire dans ses traits essentiels à connaître pour la parfaite intelligence des lettres de ce recueil. Nous ne porterons pas sur leur auteur un jugement d'ensemble ; nous en resterons à notre propre point de vue spécial.

Oublions momentanément le satirique, le polémiste, le philosophe, le combattant et le chef de parti, et ne voyons que le charmant écrivain. Goûtons et étudions cette langue essentiellement française « qui ne demande, comme dit encore M. Sainte-Beuve, qu'à être l'organe rapide du plus agréable bon sens, qui l'est souvent chez lui, et à laquelle après tous les essors aventureux et les fatigues du style, on est heureux de se retremper et de se rafraîchir comme à la source maternelle. » Admirons « tant de qualités de vive justesse, de raison railleuse et de grâce. » Prenons la bonne part, celle que la morale et le goût approuvent également, celle sur laquelle tout le monde est d'accord, et laissons de côté celle qui soulève des contradictions et des querelles sans fin.

L. M.

LISTE

DES PERSONNAGES

A QUI SONT ADRESSÉES

LES LETTRES DE CE RECUEIL

Albergati Capacelli (François, marquis), né à Bologne en 1728, mort en 1804, a écrit des nouvellles, des critiques et des comédies.

Alembert (Jean le Rond d'), né en 1717, mort en 1783.

Alliot, conseiller aulique du roi Stanislas et commissaire général de la maison de ce prince. (V. la note de la page 201.)

Argenson (René-Louis, marquis d'), né en 1694, mort en 1757, ministre des affaires étrangères de 1744 à 1747, auteur de *Considérations sur le gouvernement de la France* et de *Mémoires*.

Argental (Charles-Augustin de Ferriol, comte d'), né en 1700, mort en 1788, condisciple de Voltaire au collége de Clermont, son correspondant le plus habituel, surtout pour les pièces de théâtre. Il était conseiller au parlement, ministre plénipotentiaire de l'infant duc de Parme à la cour de France. (V. la note 2 de la page 94.)

Asselin (l'abbé), né à Vire, professeur du collége d'Harcourt, mort en 1767.

Autrey (Henri-Jean-Baptiste Fabry, comte d'), né en 1724, mort en 1777, auteur du *Pyrrhonien raisonnable*, de l'*Antiquité justifiée* et d'autres ouvrages aujourd'hui ignorés.

Baudeau (abbé), auteur des *Éphémerides du citoyen*.

Beauteville (Pierre de Buisson, chevalier de), ambassadeur de France en Suisse.

Beauvac (Charles-Juste, prince de), né à Lunéville en 1720, gouverneur du Languedoc, reçu à l'Académie française en 1771, mort en 1793.

Belloy (Pierre-Laurent Buyrette de), né à Saint-Flour en 1727, mort en 1775, poëte tragique, auteur du *Siége de Calais*, de *Gaston et Bayard*, de *Gabrielle de Vergy*, de *Pierre le Cruel*, etc.

BERGER, secrétaire du prince de Carignan, directeur des fournitures de fourrages pour l'armée, amateur des belles-lettres et des beaux-arts.

BERNIÈRES (Marguerite-Madeleine de Moutiers, marquise de), femme d'un président à mortier du parlement de Rouen.

BERNIS (François-Joachim de Pierres, comte de), né en 1715, mort en 1794, académicien, ambassadeur, ministre, cardinal, archevêque et auteur de poésies légères.

BESSIÈRES (Melle), amie de la famille de Voltaire, sur laquelle on n'a point d'autres renseignements.

BOUFFLERS (marquise de), née Beauvau-Craon, mère du chevalier de Boufflers.

BOURET, fermier général.

BRENLES (Abraham-Élie Clavel de), jurisconsulte et littérateur, né à Lausanne en 1717, mort en 1771.

BRETEUIL-PREUILLI (Louis-Nicolas Le Tonnelier, baron de), oncle du ministre de la guerre, père de la marquise du Châtelet, mort en 1728.

BROSSETTE (Claude), littérateur, né à Lyon en 1671, mort en 1743, ami et correspondant de Boileau.

CAMPI (le comte), de Modène, auteur d'une tragédie de *Biblis* qu'il envoya à Voltaire.

CATHERINE II, impératrice de Russie, née en 1729, morte en 1796.

CAYLUS (A.-C.-Phil. de Cubières, comte de), né en 1692, mort en 1765, littérateur et antiquaire.

CHABANON (Michel-Paul-Guy de), né en 1730, mort en 1792, littérateur, auteur de tragédies.

CHAMFORT (Sébastien-Roch-Nicolas, dit), littérateur, né en 1741, mort en 1794.

CHAULIEU (l'abbé de), né en 1639, mort en 1720, poëte épicurien.

CHAUVELIN (Bernard-Louis, marquis de), ambassadeur à Turin, puis maître de la garde-robe de Louis XV, mort en 1773.

CHENNEVIÈRES (de), premier commis aux bureaux de la guerre.

CHOISEUL (Étienne-François, duc de), né en 1719, mort en 1785, ministre de Louis XV.

CHOISEUL (la duchesse de), épouse du précédent.

CIDEVILLE (Le Cornier de), conseiller au parlement de Rouen, né en 1693, mort en 1776. Il fut le condisciple de Voltaire au collége de Clermont.

CLAIRON (Claire Legris de Latude, dite Mlle), née en 1723, morte en 1803. Elle quitta le théâtre en 1763.

COLLINI (Côme-Alexandre), né à Florence en 1727, mort en 1806, secrétaire de Voltaire de 1751 à 1756, placé par lui auprès de l'électeur palatin.

CONDÉ (Louis-Joseph de Bourbon, prince de), né en 1736, mort en 1818.

CONDORCET (M.-J.-A. Nicolas de Caritat, marquis de), né en 1743, mort en 1794.

CORNEILLE (Jean-François), descendant d'un cousin de Pierre Corneille, mouleur en bois, puis facteur de la poste, puis pourvu d'un bureau de tabac.

CORNEILLE (Marie-Françoise), fille de Jean-François, née en 1742, recueillie par Voltaire.

LISTE DES PERSONNAGES.

Cubières (Simon-Louis-Pierre, marquis de), né en 1747, mort en 1821, écuyer du roi Louis XVI.

Delaunay de Valery (Louis-Guillaume-René Cordier), maître des requêtes, puis intendant de Caen, mort en 1820.
Delisle (le chevalier), capitaine de dragons, auteur de la *Prophétie turgotine*, de la chanson des *Trois Rois* et d'autres pièces de circonstance.
Denis (Mme), née Marie-Louise Mignot, fille de la sœur de Voltaire, née en 1711, veuve en 1744 de M. Denis, commissaire des guerres à Lille.
Deodati de Tovazzi, auteur d'une Dissertation sur l'excellence de la langue italienne.
Des Issarts (Charles-Hyacinthe de Galleau, marquis) né en 1716, mort en 1734, ambassadeur de France à Dresde, puis à Turin.
Desmahis (Jos.-Fr.-Édouard de Corsambleu), né à Sully-sur-Loire en 1722, mort en 1761.
Desmeuniers ou De Meunier (Jean-Nicolas), né en 1751, mort en 1814, publiciste, fut plus tard membre de l'Assemblée constituante, puis sénateur sous l'Empire.
Destouches (Néricault), né en 1680, mort en 1744, poëte dramatique.
Devaines, premier commis des finances sous le ministère de Turgot.
Devaux, surnommé *Panpan*, lecteur du roi Stanislas, ami de Mme de Graffigny.
Diderot (Denis), né en 1713, mort en 1784.
Du Boccage (Marie-Anne Lepage, femme Fiquet), née à Rouen en 1710, morte en 1802.
Dubos (l'abbé J.-B), né en 1670, mort en 1742; auteur d'une *Histoire critique de l'établissement de la monarchie française dans les Gaules.*
Duclos (Charles Pineau), né en 1704, mort en 1772, historiographe de France, auteur de l'*Histoire de Louis XI*, de *Considérations sur les mœurs*, etc.; secrétaire perpétuel de l'Académie française.
Du Deffand (Marie de Vichy Chamrond, marquise), née en 1697, morte en 1780, perdit la vue à cinquante-quatre ans.
Dupont de Nemours (Pierre-Samuel), né en 1739, mort en 1817, économiste et publiciste, puis plus tard conseiller d'État, membre de l'Assemblée constituante, etc.
Dutertre, notaire à Paris.
Duvernet (abbé), né en 1734, mort vers 1797, publia une *Vie de Voltaire* en 1786.

Épinay (L.-Fl.-Pétron. Tardieu d'Esclavelles d'), femme de Lalive d'Épinay, fermier général, née en 1725, morte en 1783.
Espagnac (J.-B. Sahuguet d'Amarzit, baron d'), né en 1713, mort en 1783, gouverneur de l'hôtel des Invalides.
Estaing (Ch. Hector comte d'), né en 1729, servit dans les Indes et devint par la suite amiral, condamné à mort en 1794.

Fabry (de), maire de Gex et subdélégué de l'intendance de Bourgogne
Fangé (dom Augustin), bénédictin, neveu de dom Calmet.
Faugères (le baron de), officier de marine.
Favières, conseiller au parlement, poëte latin.

LISTE DES PERSONNAGES.

Florian (Phil.-Ant. de Claris, marquis de), né en 1707, épousa en 1762 la nièce de Voltaire, madame veuve de Fontaine. C'était le frère aîné du père du chevalier de Florian.

Fontaine (Mme de), née, vers 1715, Marie-Élisabeth Mignot, nièce de Voltaire, seconde fille de sa sœur; en 1738, elle épousa Nic.-Jos. de Dompierre, seigneur de Fontaine-Hornoy, président-trésorier au bureau des finances d'Amiens. Elle se remaria en 1762, au marquis de Florian et mourut en 1771.

Formont (de), conseiller au parlement de Rouen, ami de Cideville.

François Ier, empereur d'Allemagne, né en 1708, mort en 1765. Époux de Marie-Thérèse, reine de Hongrie et de Bohême. Il fut couronné empereur d'Allemagne à Francfort-sur-le Mein, le 4 oct. 1745.

Frédéric II, roi de Prusse. — 1712 — 1786.

Gallitzin (Dimitri III, prince de), ambassadeur de Russie en France en 1765.

Génonville (Nicolas-Anne Lefèvre de la Faluère de), conseiller honoraire au parlement de Paris, mort à vingt-six ans, au mois de septembre 1723.

Graffigny (Françoise d'Issembourg d'Apponcourt, dame de), née en 1695, morte en 1758, auteur des *Lettres d'une Péruvienne* et de *Cénie*, drame en prose.

S'Gravesand (Guillaume-Jacob), géomètre, physicien et philosophe hollandais, 1688 — 1742.

Guiger (Louis), baron de Prangins, riche banquier de Saint-Gall.

Hamilton (William), ambassadeur d'Angleterre à Naples, né en 1730, mort en 1803.

Harvey (lord), garde des sceaux d'Angleterre, un des grands personnages de la cour de Georges II, né en 1696, mort en 1743. Il est auteur de poésies et de *Mémoires* très-curieux.

Helvétius (Claude-Adrien), né en 1715, mort en 1771, fermier général, auteur du livre de *l'Esprit*. Il avait épousé Mlle de Ligniville, nièce de Mme de Graffigny.

Hénault (Charles-Jean-François), né en 1685, mort en 1770, président au parlement de Paris, auteur de l'*Abrégé chronologique de l'Histoire de France*.

Hénin (la princesse d'), attachée à la maison de la reine Marie-Antoinette.

Hesse-Cassel (Frédéric II, landgrave de). Il devint landgrave en 1760, s'intéressa à la famille Calas, publia des ouvrages philosophiques, et vendit 22,000 de ses sujets à l'Angleterre pour combattre les insurgés d'Amérique.

Hume (David), philosophe et historien anglais, né à Édimbourg en 1711, mort en 1776. Hume, après un séjour en France, ramena à Londres J.-J. Rousseau, à qui il voulait ménager une retraite agréable en Angleterre. Mais Rousseau, au bout de quelques mois, s'imagina que Hume l'avait attiré en Angleterre, de connivence avec les philosophes de Paris, pour le faire oublier, et lui écrivit une lettre injurieuse. Hume céda à un mouvement d'indignation et publia leur correspondance.

La Borde (de), banquier de la Cour.

La Dixmerie (Nicolas Bricaire de), né vers 1731, mort en 1791.

La Faye (de), secrétaire du cabinet du roi, envoyé extraordinaire à Gênes, mort en 1747.

LISTE DES PERSONNAGES.

La Harpe (Jean-François), né en 1739, mort en 1803.
La Lande (J.-J. Le François de), astronome célèbre, né en 1732, mort en 1807.
Lally-Tollendal (Trophime-Gérard), né en 1751, mort en 1830, fils du comte de Lally, lieutenant général et gouverneur des Indes françaises, qui avait été décapité à Paris le 9 mai 1766.
Lanoue (Jean Sauvé, dit), acteur et poëte dramatique, auteur de *Mahomet II*, de la *Coquette corrigée*, né en 1701, mort en 1761.
La Roque (Antoine de), né en 1672, mort en 1774, directeur du *Mercure de France*, à dater de 1721.
La Sauvagère (Félix-François Le Royer d'Artezet de), né en 1707, mort en 1781, ingénieur et naturaliste.
La Touraille (Christophe, comte de), écuyer du prince de Condé.
Laujon (Pierre), né en 1727, mort en 1811; chansonnier, secrétaire du prince de Condé; fut membre de l'Académie française sous l'Empire.
Laurent (Pierre-Joseph), mécanicien et ingénieur, 1715 — 1773.
Lavallière (Louis-César Le Blanc de La Baume, duc de), né en 1708, mort en 1780, célèbre bibliophile.
Lebrun (Ponce-Denis Écouchard), né en 1729, mort en 1807, poëte lyrique.
Lefevre, jeune poëte que Voltaire recueillit chez lui et qui mourut peu de temps après.
Lekain (Henri-Louis), acteur célèbre, né en 1728, mort en 1778.
Lekzinska (Marie), fille du roi Stanislas, reine de France.
Lessing (Gotthold Ephraïm), littérateur allemand, né en 1729, mort en 1781.
Linguet (Simon-Nicolas-Henri), né en 1736, condamné à mort en 1794, avocat et publiciste.
Lubert (Mlle de), née en 1702, morte en 1785, fille du président de Lubert.

Maillet Du Boullay (Ch.-Nicolas), né en 1729, mort en 1769, maître des comptes et secrétaire perpétuel de l'Académie de Rouen.
Maine (Anne-Louise de Bourbon, duchesse du), petite-fille du grand Condé, femme du duc du Maine, née en 1676, morte en 1753.
Mairan (J.-J. Dortous de), né en 1678, mort en 1771, savant et littérateur, membre de l'Académie française.
Malesherbes (Chrét.-Guill. de Lamoignon de), né en 1721; condamné à mort en 1794.
Margenci (Adrien Quiret de), collaborateur de Desmahis.
Marmontel (Jean-François), né en 1723, mort en 1799, auteur de *Bélisaire*, des *Incas*, etc., etc.
Milly (le comte de), lieutenant-colonel d'infanterie.
Mimeure (Madeleine de Carvoisin d'Achi, marquise de), femme du marquis de Mimeure, maréchal de camp et membre de l'Académie française.
Moncrif (Fr.-Augustin Paradis de), de l'Académie française, né en 1687, mort en 1770. Il était lecteur de la reine.
Moreau de La Rochelle (François-Thomas), né en 1720, mort en 1819, inspecteur général des pépinières royales de France.

Moussinot (abbé), chanoine de Saint-Merry, caissier de Voltaire. (Voyez la note de la page 416).

Nadal (l'abbé), littérateur, né en 1664 à Poitiers, mort le 7 août 1740, membre de l'Académie des inscriptions et belles-lettres, auteur de plusieurs tragédies : *Saül, Hérode, Antiochus ou les Machabées, Mariamne*, etc. Il est plus connu par son *Histoire des Vestales* (1725, in-12).

Necker (Jacques), né à Genève en 1732, mort en 1804, banquier, philosophe et plus tard ministre.

Necker (Suzanne Curchod de Nasse, madame), née en 1739, morte en 1794 ; mère de Mme de Staël.

Noverre (Jean-Georges), né en 1727, mort en 1807, maître de ballets, auteur des *Lettres sur les arts imitateurs*, qui sont encore estimées.

Olivet (Joseph Thoulier, abbé d'), traducteur, grammairien, historiographe, chancelier de l'Académie française, né en 1682, mort en 1768.

Orléans (le duc Philippe II d'), régent de France, né en 1674, mort en 1723.

Pallu (Bertrand-René), maître des requêtes en 1726, intendant de Moulins en 1734, de Lyon en 1738, conseiller d'État en 1749.

Panckoucke (Charles-Joseph), imprimeur-éditeur, né en 1736, mort en 1798.

Parcieux (Ant. de), mathématicien et ingénieur.

Pezay (Alexandre-Frédéric-Jacques Masson, marquis de), né en 1741, mort en 1777, auteur de la *Rosière de Salency*.

Pezzana (l'abbé), conservateur de la bibliothèque royale de Parme, traducteur de l'*Orphelin de la Chine* de Voltaire.

Porée (Charles), célèbre jésuite, professeur de rhétorique de Voltaire, né en 1675, mort en 1741.

Prevost (l'abbé), né en 1697, mort en 1763, auteur de *Manon Lescaut*.

Richelieu (Louis-François-Armand de Vignerod du Plessis, duc de), né en 1696, mort en 1788, maréchal de France.

Rochefort (le comte de), fils de la comtesse de Saint-Point.

Rosset, maître des comptes, auteur d'un poëme sur l'agriculture.

Rousseau (Jean-Baptiste), poëte lyrique et satirique, né en 1671, mort à Bruxelles en 1741.

Rousseau (Jean-Jacques), né en 1712, mort en 1778.

Saint-Julien (Mme de), sœur du marquis de La Tour-du-Pin, commandant de la province de Bourgogne.

Saint-Pierre (la duchesse de), sœur du marquis de Torcy, amie de la marquise du Châtelet.

Saurin (Bernard-Joseph), né en 1706, mort en 1781, poëte dramatique.

Saxe-Gotha (Louise-Dorothée de Meiningen, duchesse de), née en 1710, mariée au duc de Saxe-Gotha en 1729.

LISTE DES PERSONNAGES.

STANISLAS LEKZINSKI, roi de Pologne, né en 1677, mort en 1766. Il avait renoncé au trône de Pologne en 1738 ; il avait la souveraineté des duchés de Bar et de Lorraine. Il tenait sa cour à Lunéville et à Commercy.

TALMONT (la princesse de). C'étaient les La Trémouille qui portaient le titre de princes de Talmont. Cette princesse de Talmont est probablement la mère (Marie-Maximilienne, princesse de Salm-Kibourg) d'Antoine-Philippe de La Trémouille, le général vendéen exécuté en 1794.
TERSAC (Jean-Joseph Faydit de), curé de Saint-Sulpice, mort en 1789.
THIBOUVILLE (Henri-Lambert d'Herbigny, marquis de), né en 1710, mort en 1784, auteur de tragédies et de comédies.
THIRIOT ou THIERIOT, clerc dans l'étude du procureur Alain en même temps que Voltaire, son camarade de jeunesse et qui lui resta attaché toute la vie. Il était l'hôte habituel de M. et de Mme de La Popelinière. Il mourut en 1772, âgé de plus de quatre-vingts ans.
TRESSAN (Élisabeth de Lavergne, comte de), né en 1705, mort en 1783, lieutenant général, puis grand maréchal à la cour du roi Stanislas, auteur de romans de chevalerie qui jouirent d'une longue vogue et qu'on lit encore.
TRONCHIN (Théodore), né à Genève en 1709, mort en 1781. En 1756, il inocula les enfants du duc d'Orléans ; en 1766, il s'établit à Paris avec le titre de premier médecin de ce prince.
TRONCHIN (de Lyon), banquier de Voltaire. Cousin du célèbre médecin.
TRUBLET (Nicolas-Charles-Joseph), né à Saint-Malo en 1697, mort en 1770, membre de l'Académie française.
TURGOT (Anne-Robert-Jacques), né en 1727, mort en 1781.

VALORI (Guy-Louis-Henri, marquis de), né en 1739, mort en 1774, ambassadeur de France à Berlin de 1739 à 1750.
VASSELIER (Joseph), né en 1735, mort en 1798 ; premier commis des postes à Lyon.
VAUVENARGUES (Luc de Clapiers, marquis de), né en 1715, mort en 1747.
VILLETTE (Charles, marquis de), né en 1736, mort en 1793.
VILLEVIEILLE (le marquis de), ami du marquis de Villette, mort en 1825.
VITRAC (abbé de), sous-principal du collège de Limoges.

WALPOLE (Horace), né en 1718, mort en 1797, fils du célèbre ministre de ce nom, lié avec la marquise du Deffand.

LETTRES CHOISIES
DE VOLTAIRE

A M. D. ***

AU SUJET DU PRIX DE POÉSIE DONNÉ PAR L'ACADÉMIE FRANÇAISE
EN 1714.

Vous connaissez le pauvre Dujarri ; c'est un de ces poëtes de profession qu'on rencontre partout, et qu'on ne voudrait voir nulle part : nous l'appelons communément le gazetier du Parnasse. Il est parasite, afin qu'il ne lui manque rien de ce qui constitue un bel esprit du temps ; et il paye, dans un bon repas, son écot par de mauvais vers, soit de sa façon, soit de celle de ses confrères les poëtes médiocres. Il nous montra, ces jours passés, un poëme imprimé, où on voyait à la première page ces mots écrits : *A l'immortalité*. C'est la devise de l'Académie française, nous dit-il ; la pièce n'est pas pourtant de l'Académie, mais elle l'a adoptée ; et si ces messieurs l'avaient composée, ils ne s'y seraient jamais pris autrement que l'auteur. Il faut que vous sachiez, continua-t-il, que l'Académie donne tous les deux ans un prix de poésie, et par là immortalise un homme tous les deux ans ; vous voyez entre mes mains l'ouvrage qui a remporté le prix cette année. Oh ! que l'auteur de ce poëme est heureux ! Il y a quarante ans qu'il compose sans être connu du public ; à présent le voilà, pour un petit poëme, associé à toute la réputation de l'Académie. Mais, lui dis-je, n'arrive-t-il jamais qu'un auteur déclaré immortel par les Quarante soit mis au rang des Cotins par le public, qui est juge en dernier ressort? Cela ne se peut, me répondit mon poëte, car l'Académie n'a été instituée que pour fixer le goût de la France, et on n'appelle jamais de ses décisions. J'ai de bonnes preuves, dit alors un de mes amis, qu'une assemblée de quarante personnes n'est pas infaillible. Du reste *le Cid* et le *Dictionnaire de Furetière* se sont soutenus contre l'Académie; et il pourrait bien se faire qu'elle approuvât de fort mauvais ouvrages, comme elle en a critiqué de fort bons.

Après ce grand préambule, il toussa, et nous lut d'un ton plein d'emphase le merveilleux poëme que je vous envoie.

A M. L'ABBÉ DE CHAULIEU.

A Sulli, 20 juin 1716.

Monsieur, vous avez beau vous défendre d'être mon maître, vous le serez quoi que vous en disiez. Je sens trop le besoin que j'ai de vos conseils; d'ailleurs les maîtres ont toujours aimé leurs disciples, et ce n'est pas là une des moindres raisons qui m'engagent à être le vôtre. Je sens qu'on ne peut guère réussir dans les grands ouvrages sans un peu de conseils et beaucoup de docilité. Je me souviens bien des critiques que M. le Grand-Prieur et vous vous me fîtes dans un certain souper chez M. l'abbé de Bussi. Ce souper-là fit beaucoup de bien à ma tragédie; et je crois qu'il me suffirait pour faire un bon ouvrage de boire quatre ou cinq fois avec vous. Socrate donnait ses leçons au lit, et vous les donnez à table; cela fait que vos leçons sont sans doute plus gaies que les siennes.

Je vous remercie infiniment de celles que vous m'avez données sur mon épître *à M. le Régent*; et quoique vous me conseilliez de louer, je ne laisserai pas de vous obéir.

> Malgré le penchant de mon cœur,
> A vos conseils je m'abandonne.
> Quoi! je vais devenir flatteur!
> Et c'est Chaulieu qui me l'ordonne!

Je suis, avec une reconnaissance infinie, etc.

A M. ***.

1717.

Jouissez, monsieur, des plaisirs de Paris, tandis que je suis, par ordre du roi, dans le plus aimable château et dans la meilleure compagnie du monde. Il y a peut-être quelques gens qui s'imaginent que je suis exilé ; mais la vérité est que M. le régent m'a donné ordre d'aller passer quelques mois dans une campagne délicieuse, où l'automne amène beaucoup de personnes d'esprit et, ce qui vaut bien mieux, des gens d'un commerce aimable, grands chasseurs pour la plupart, et qui passent ici les beaux jours à assassiner des perdrix.

> Pour moi chétif, on me condamne
> A rester au sacré vallon ;
> Je suis fort bien près d'Apollon,
> Mais assez mal avec Diane.

Je chasse peu, je versifie beaucoup ; je rime tout ce que le hasard offre à mon imagination :

> Et par mon démon lutiné,
> On me voit souvent d'un coup d'aile
> Passer des fureurs de Lainé [1]
> A la douceur de Fontenelle.
> Sous les ombrages toujours cois
> De Sulli, ce séjour tranquille,
> Je suis plus heureux mille fois
> Que le grand prince qui m'exile
> Ne l'est près du trône des rois.

N'allez pas, s'il vous plaît, publier ce bonheur dont je vous fais confidence, car on pourrait bien me laisser ici assez de temps pour y pouvoir devenir malheureux ; je connais ma portée ; je ne suis pas fait pour habiter longtemps le même lieu.

> L'exil assez souvent nous donne
> Le repos, le loisir, ce bonheur précieux
> Qu'à bien peu de mortels ont accordé les dieux,

---

1. Alexandre Lainé ou Lainez, poëte français, dont Voltaire fait mention dans le Catalogue des écrivains du siècle de Louis XIV.

> Et qui n'est connu de personne
> Dans le séjour tumultueux
> De la ville que j'abandonne.
> Mais la tranquillité que j'éprouve aujourd'hui,
> Ce bien pur et parfait où je n'osais prétendre,
> Est parfois, entre nous, si semblable à l'ennui,
> Que l'on pourrait bien s'y méprendre.

Il n'a point encore approché de Sulli :

> Mais maintenant dans le parterre
> Vous le verrez, comme je croi,
> Aux pièces du poëte Roi;
> C'est là sa demeure ordinaire.

Cependant on me dit que vous ne fréquentez plus que la comédie italienne. Ce n'est pas là où se trouve ce gros dieu dont je vous parle. J'entends dire

> Que tout Paris est enchanté
> Des attraits de la nouveauté;
> Que son goût délicat préfère
> L'enjouement agréable et fin
> De Scaramouche et d'Arlequin
> Au pesant et fade Molière.

A MONSEIGNEUR LE DUC D'ORLÉANS, RÉGENT.

1718.

Monseigneur, faudra-t-il que le pauvre Voltaire ne vous ait d'autres obligations que de l'avoir corrigé par une année de Bastille? Il se flattait que, après l'avoir mis en purgatoire, vous vous souviendriez de lui dans le temps que vous ouvrez le paradis à tout le monde. Il prend la liberté de vous demander trois grâces : la première, de souffrir qu'il ait l'honneur de vous dédier la tragédie qu'il vient de composer [1]; la seconde, de vouloir bien entendre quelque jour des morceaux d'un poëme épique [2] sur celui de vos aïeux auquel vous ressemblez le plus;

---
1. OEdipe.
2. *La Ligue*, depuis *la Henriade*.

et la troisième, de considérer que j'ai l'honneur de vous écrire une lettre où le mot de souscription ne se trouve point.

Je suis avec un profond respect, monseigneur, de votre altesse royale, le très-humble et très-pauvre secrétaire des niaiseries.

A M. DE LA FAYE.

1718.

> La Faye, ami de tout le monde,
> Qui savez le secret charmant
> De réjouir également
> Le philosophe, l'ignorant,
> Le galant à perruque blonde;
> Vous qui rimez, comme Ferrand,
> Des madrigaux, des épigrammes,
> Qui chantez d'amoureuses flammes
> Sur votre luth tendre et galant;
> Et qui même assez hardiment
> Osâtes prendre votre place
> Auprès de Malherbe et d'Horace,
> Quand vous alliez sur le Parnasse
> Par le café de la Laurent [1].

Je voudrais bien aller aussi au Parnasse, moi qui vous parle; j'aime les vers à la fureur; mais j'ai un petit malheur, c'est que j'en fais de détestables, et j'ai le plaisir de jeter tous les soirs au feu tout ce que j'ai barbouillé dans la journée.

Parfois je lis une belle strophe de votre ami M. de La Motte, et puis je me dis tout bas : « Petit misérable, quand feras-tu quelque chose d'aussi bien? » Le moment d'après, c'est une strophe peu harmonieuse et un peu obscure, et je me dis : « Garde-toi d'en faire autant. » Je tombe sur un psaume ou sur une épigramme de Rousseau; cela éveille mon odorat; je veux lire ses autres ouvrages, mais le livre me tombe des mains. Je vois des comédies à la glace, des opéras fort au-dessous de ceux de l'abbé Pic, une épître au comte d'Ayen qui est à faire vomir, un

---

1. La dame Laurent tenait son établissement rue Dauphine. Il est assez connu par les fameux couplets attribués à J.-B. Rousseau.

petit voyage de Rouen fort insipide, une ode à M. Duché fort au-dessous de tout cela ; mais ce qui me révolte et qui m'indigne, c'est le mauvais cœur qui perce à chaque ligne. J'ai lu son épître à Marot, où il y a de très-beaux morceaux ; mais je crois y voir plutôt un enragé qu'un poëte. Il n'est pas inspiré, il est possédé : il reproche à l'un sa prison, à l'autre sa vieillesse : il appelle celui-ci athée, celui-là maroufle. Où donc est le mérite de dire en vers de cinq pieds des injures si grossières ? Ce n'était pas ainsi qu'en usait M. Despréaux quand il se jouait aux dépens des mauvais auteurs : aussi son style était doux et coulant ; mais celui de Rousseau me paraît inégal, recherché, plus violent que vif, et teint, si j'ose m'exprimer ainsi, de la bile qui le dévore. Peut-on souffrir qu'en parlant de M. de Crébillon, il dise qu'*il vient de sa griffe Apollon molester ?*

Quels vers que ceux-ci :

« Ce rimeur si sucré
« Devient amer, quand le cerveau lui tinte,
« Plus qu'aloès ni jus de coloquinte ! »

De plus, toute cette épître roule sur un raisonnement faux ; il veut prouver que tout homme d'esprit est honnête homme, et que tout sot est fripon ; mais ne serait-il pas la preuve trop évidente du contraire, si pourtant c'est véritablement de l'esprit que le seul talent de la versification ? Je m'en rapporte à vous et à tout Paris. Rousseau ne passe point pour avoir d'autre mérite ; il écrit si mal en prose que son *factum* est une des pièces qui ont servi à le faire condamner. Au contraire celui de M. Saurin est un chef-d'œuvre, *et quid facundia posset, tum patuit* [1]. Enfin voulez-vous que je vous dise franchement mon petit sentiment sur MM. de La Motte et Rousseau ? M. de La Motte pense beaucoup, et il ne travaille pas assez ses vers ; Rousseau ne pense guère, mais il travaille ses vers beaucoup mieux : le point serait de trouver un poëte qui pensât comme La Motte et qui écrivît comme Rousseau (quand Rousseau écrit bien, s'entend) ; mais

Pauci, quos æquus amavit
Jupiter, aut ardens evexit ad æthera virtus,
Dis geniti, potuere. . . . .
Æn., VI, 129.

---

1. Ovid., *Met.*, XIII, v. 382.

J'ai bien envie de revenir bientôt souper avec vous et raisonner de belles-lettres : je commence à m'ennuyer beaucoup ici. Or il faut que je vous dise ce que c'est que l'ennui :

> Car vous qui toujours le chassez,
> Vous pourriez l'ignorer peut-être :
> Trop heureux si ces vers, à la hâte tracés,
> Ne vous l'ont déjà fait connaître!
> C'est un gros dieu lourd et pesant,
> D'un entretien froid et glaçant,
> Qui ne rit jamais, toujours bâille,
> Et qui depuis cinq ou six ans
> Dans la foule des courtisans
> Se trouvait toujours à Versaille.
> Mais on dit que, tout de nouveau,
> Vous l'allez revoir au parterre,
> Au *Capricieux*[1] de Rousseau :
> C'est là sa demeure ordinaire.

Au reste je suis charmé que vous ne partiez pas si tôt pour Gênes[2] ; votre ambassade m'a la mine d'être pour vous un bénéfice simple. Faites-vous payer de votre voyage, et ne le faites point : ne ressemblez pas à ces politiques errants qu'on envoie de Parme à Florence, et de Florence à Holstein, et qui reviennent enfin ruinés dans leur pays pour avoir eu le plaisir de dire : *Le roi mon maître*. Il me semble que je vois des comédiens de campagne qui meurent de faim après avoir joué le rôle de César et de Pompée.

> Non, cette brillante folie
> N'a point enchaîné vos esprits :
> Vous connaissez trop bien le prix
> Des douceurs de l'aimable vie
> Qu'on vous voit mener à Paris
> En assez bonne compagnie ;
> Et vous pouvez bien vous passer
> D'aller loin de nous professer
> La politique en Italie.

1. Mauvaise pièce de J.-B. Rousseau, qu'on voulait mettre au théâtre, mais qu'on fut obligé d'abandonner aux répétitions.
2. M. de La Faye était nommé envoyé extraordinaire à Gênes.

A M. DE GÉNONVILLE.

1719.

Ami, que je chéris de cette amitié rare
Dont Pylade a donné l'exemple à l'univers,
   Et dont Chaulieu chérit La Fare;
Vous pour qui d'Apollon les trésors sont ouverts,
   Vous dont les agréments divers,
   L'imagination féconde,
L'esprit et l'enjouement, sans vice et sans travers,
Seraient chez nos neveux célébrés dans mes vers,
Si mes vers, comme vous, plaisaient à tout le monde :
Votre épître a charmé le pasteur de Sulli;
Il se connaît au bon, et partant il vous aime;
Votre écrit est par nous dignement accueilli,
   Et vous serez reçu de même.

Il est beau, mon cher ami, de venir à la campagne tandis que Plutus tourne toutes les têtes à la ville. Êtes-vous réellement devenus tous fous à Paris? Je n'entends parler que de millions; on dit que tout ce qui était à son aise est dans la misère, et que tout ce qui était dans la mendicité nage dans l'opulence. Est-ce une réalité? est-ce une chimère? La moitié de la nation a-t-elle trouvé la pierre philosophale dans les moulins à papier? Law est-il un dieu, un fripon, ou un charlatan qui s'empoisonne de la drogue qu'il distribue à tout le monde? Se contente-t-on de richesses imaginaires ? C'est un chaos que je ne puis débrouiller, et auquel je m'imagine que vous n'entendez rien. Pour moi je ne me livre à d'autres chimères qu'à celle de la poésie.

   Avec l'abbé Courtin je vis ici tranquille,
      Sans aucun regret pour la ville
      Où certain Écossais malin,
       Comme la vieille sibylle
       Dont parle le bon Virgile,
Sur des feuillets volants écrit notre destin.
     Venez nous voir un beau matin,
     Venez, aimable Génonville;
      Apollon dans ces climats
    Vous prépare un riant asile :
   Voyez comme il vous tend les bras,
     Et vous rit d'un air facile.

A MADAME LA MARQUISE DE MIMEURE.

A Villars, 1719.

Auriez-vous, madame, assez de bonté pour moi pour être un peu fâchée de ce que je suis si longtemps sans vous écrire? Je suis éloigné depuis six semaines de la désolée ville de Paris : je viens de quitter le Bruel, où j'ai passé quinze jours avec M. le duc de La Feuillade [1]. N'est-il pas vrai que c'est bien là un homme? Et, si quelqu'un approche de la perfection, il faut absolument que ce soit lui. Je suis si enchanté de son commerce, que je ne peux m'en taire, surtout avec vous, pour qui vous savez que je pense comme pour M. le duc de La Feuillade, et qui devez sûrement l'estimer, par la raison qu'on a toujours du goût pour ses semblables.

Je suis actuellement à Villars : je passe ma vie de château en château; et, si vous aviez pris une maison à Passi, je lui donnerais la préférence sur tous les châteaux du monde.

Je crains bien que toutes les petites tracasseries que M. Law a eues avec le peuple de Paris ne rendent les acquisitions un peu difficiles. Je songe toujours à vous lorsqu'on me parle des affaires présentes; et, dans la ruine totale que quelques gens craignent, comptez que c'est votre intérêt qui m'alarme le plus.

Vous méritiez assurément une autre fortune que celle que vous avez; mais encore faut-il que vous en jouissiez tranquillement, et qu'on ne vous l'écorne pas. Quelque chose qui arrive, on ne vous ôtera point les agréments de l'esprit. Mais, si on y va toujours du même train, on pourra bien ne vous laisser que cela; et franchement ce n'est pas assez pour vivre commodément, et pour avoir une maison de campagne où je puisse avoir l'honneur de passer quelque temps avec vous.

Notre poëme [2] n'avance guère. Il faut s'en prendre un peu au biribi, où je perds mon bonnet. Le petit Génonville m'a écrit une lettre en vers qui est très-jolie; je lui ai fait réponse [3], mais non pas si bien. Je sou-

---

1. Louis de La Feuillade, né en 1673, maréchal de France en 1724, mort en 1725.
2. *La Henriade.*
3. Voy. la lettre précédente.

haite quelquefois que vous ne le connaissiez point, car vous ne pourriez plus me souffrir.

Si vous m'écrivez, ayez la bonté de vous y prendre incessamment ; je ne resterai pas si longtemps à Villars, et je pourrai bien venir vous faire ma cour à Paris dans quelques jours.

Adieu, madame la marquise ; écrivez-moi un petit mot, et comptez que je suis toujours pénétré de respect et d'amitié pour vous.

A M. J.-B. ROUSSEAU.

23 janvier 1722.

M. le baron de Breteuil m'a appris, monsieur, que vous vous intéressez encore un peu à moi, et que le poëme de Henri IV ne vous est pas indifférent ; j'ai reçu ces marques de votre souvenir avec la joie d'un disciple tendrement attaché à son maître. Mon estime pour vous et le besoin que j'ai des conseils d'un homme seul capable d'en donner de bons en poésie m'ont déterminé à vous envoyer un plan que je viens de faire à la hâte de mon ouvrage : vous y trouverez, je crois, les règles du poëme épique observées.

Le poëme commence au siége de Paris et finit à sa prise ; les prédictions faites à Henri IV dans le premier chant s'accomplissent dans tous les autres ; l'histoire n'est point altérée dans les principaux faits, les fictions y sont toutes allégoriques ; nos passions, nos vertus et nos vices y sont personnifiés ; le héros n'a de faiblesses que pour faire valoir davantage ses vertus. Si tout cela est soutenu de cette force et de cette beauté continue de la diction, dont l'usage était perdu en France sans vous, je me flatte que vous ne me désavouerez point pour votre disciple. Je ne vous ai fait qu'un plan fort abrégé de mon poëme, mais vous devez m'entendre à demi-mot ; votre imagination suppléera aux choses que j'ai omises. Les lettres que vous écrivez à M. le baron de Breteuil me font espérer que vous ne me refuserez pas les conseils que j'ose dire que vous me devez. Je ne me suis point caché de l'envie que j'ai d'aller moi-même consulter mon oracle. On allait autrefois de plus loin au temple d'Apollon, et sûrement on n'en revenait point si content que je le serai de votre commerce. Je vous donne ma parole que, si vous allez jamais aux Pays-Bas, j'y viendrai passer quelque temps avec vous. Si même l'état de ma fortune présente me permettait de faire un aussi long voyage que celui de Vienne, je vous assure que je partirais de bon cœur pour voir deux hommes aussi extraordinaires dans leurs genres que M. le prince Eugène et vous. Je me ferais un véritable plaisir de quitter Paris pour vous réciter mon poëme devant lui à ses heures de loisir. Tout ce que j'entends dire ici de ce prince à tous ceux qui ont eu l'honneur de le voir me le fait comparer aux grands hommes de l'antiquité. Je lui ai rendu, dans mon sixième chant, un hommage qui, je crois, doit d'autant moins lui déplaire qu'il est moins suspect de flatterie, et que c'est à la seule vertu que je le rends. Vous verrez, par l'argument de chaque livre de mon ouvrage, que le sixième est une imitation du sixième de Virgile. Saint Louis y fait voir à Henri IV les héros français qui doivent naître après lui ; je n'ai point oublié parmi eux M. le maréchal de Villars; voici ce qu'en dit saint Louis :

> Regardez dans Denain l'audacieux Villars
> Disputant le tonnerre à l'aigle des Césars,
> Arbitre de la paix que la victoire amène,
> Digne appui de son roi, digne rival d'Eugène[1].

C'était là effectivement la louange la plus grande qu'on pouvait donner à M. le maréchal de Villars, et il a été lui-même flatté de la comparaison. Vous voyez que je n'ai point suivi les leçons de La Motte, qui, dans une assez mauvaise ode à M. le duc de Vendôme, crut ne pouvoir le louer qu'aux dépens de M. le prince Eugène et de la vérité.

Comme je vous écris tout ceci, Mme la duchesse de Sulli m'apprend que vous avez mandé à M. le commandeur de Comminges que vous irez cet été aux Pays-Bas. Si le voisinage de la France pouvait vous rendre un peu de goût pour elle, et que vous pussiez ne vous souvenir que de l'estime qu'on y a pour vous, vous guéririez nos Français de la contagion du faux bel esprit, qui fait plus de progrès que jamais. Du moins, si on ne peut espérer de vous revoir à Paris, vous êtes bien sûr

---

1. Ces quatre vers, qui, dans les éditions de la *Henriade*, portant alors le nom de la *Ligue*, se trouvaient au sixième chant, font maintenant partie du septième.

que j'irai chercher à Bruxelles le véritable antidote contre le poison des La Motte. Je vous supplie, monsieur, de compter toute votre vie sur moi comme sur le plus zélé de vos admirateurs.

Je suis, etc.

A M. THIRIOT.

A LA RIVIÈRE-BOURDET.

Paris, juin 1723.

Si vous avez soin de mes affaires à la campagne, je ne néglige point les vôtres à Paris. J'ai eu avec M. Pâris l'aîné une longue conversation à votre sujet. Je l'ai extrêmement pressé de faire quelque chose pour vous. J'ai tiré de lui des paroles positives, et je dois retourner incessamment chez lui pour avoir une dernière réponse.

Je viens de lire les nouveaux ouvrages de Rousseau. Cela est au-dessous de Gacon. Vous seriez stupéfait si vous les lisiez. Je n'irai point voyager en Allemagne, on y devient trop mauvais poëte.

Ma santé et mes affaires sont délabrées à un point qui n'est pas croyable; mais j'oublierai tout cela à La Rivière-Bourdet[1]; j'étais né pour être faune ou sylvain. Je ne suis point fait pour habiter une ville.

Les nouvelles sont dans la lettre que j'écris à madame de Bernières; ainsi je n'ai rien d'autre à vous mander, sinon que je vous aime de tout mon cœur. Quand je vous écrirais quatre pages, toute ma lettre ne voudrait dire autre chose. Adieu, monsieur l'éditeur; ayez bien soin de mon enfant[2] que je vous ai remis entre les mains, et prenez garde qu'il soit proprement habillé. Je n'aspire qu'à venir vous retrouver; ce sera bientôt assurément.

---

1. La Rivière-Bourdet, château qu'on voit encore dans la commune de Quevillon, à environ trois lieues de Rouen, au-dessous de cette ville, sur la rive droite de la Seine. Il appartenait à Mme de Bernières (Marguerite-Madeleine du Moutier, mariée à Gilles-Henri Maignard, marquis de Bernières, et président à mortier au parlement de Rouen).

2. *La Ligue* (*la Henriade*), imprimée à Rouen, sous le titre d'Amsterdam, par Viret, en 1723.

A MADAME LA PRÉSIDENTE DE BERNIÈRES.

Juillet 1723.

Je pars dans l'instant pour Villars, où je vais me reposer quelques jours de toutes les fatigues inutiles que je me suis données dans ce pays-ci.

Heureusement la seule négociation où j'aie réussi est une affaire dont vous m'aviez chargé. Vous pourrez avoir, pour 400 francs tout au plus, et probablement pour cent écus, la petite loge que vous demandez pendant l'hiver. J'ai promis de faire un opéra pour pot-de-vin. Si je suis sifflé, il ne faudra s'en prendre qu'à vous. Je crois que M. de Bernières sera mardi auprès de vous; je voudrais fort être à sa place; mais je n'aurai la satisfaction de vous faire ma cour à La Rivière que dans quinze jours.

Je ne sais autre nouvelle, sinon qu'on a décerné un ajournement personnel contre les frères Belle-Isle [1]. On en voulait faire autant au sieur Leblanc; mais les voix ont été partagées.

Les *Fêtes grecques et romaines* de Fuzelier et de Colin Tampon [2] sont jouées à l'Opéra, et sifflées par les honnêtes gens. M. le duc d'Orléans a chanté : *Ah! Colin, tais-toi.* Colin aurait dû répondre : *J'en connais bien d'autres qui sont comme moi* [3]. Adieu; je vous assure que Villars ne m'empêchera pas de regretter La Rivière.

A MADAME LA PRÉSIDENTE DE BERNIÈRES.

Ce samedi.

Vous croyez bien que ce n'est pas mon plaisir qui me retient à Paris; mes malheureuses affaires sont cause que je ne pourrai retourner

---

1. Le comte, depuis maréchal de Belle-Isle, et le chevalier de Belle-Isle, son frère.
2. Colin de Blamont, surintendant de la musique du roi et maître de celle de sa chambre. Mort en 1760.
3. Ce sont là probablement des refrains de quelques vaudevilles du temps.

chez vous de plus de quinze jours. Je vous assure que ce retardement est le plus grand de mes chagrins. Je n'irai point à Forges, et probablement M. de Richelieu ne pourra pas passer chez vous. Pour moi, dès que je serai une fois à La Rivière, je réponds que je n'en sortirai plus. Vous devez savoir les nouvelles. Je ne crois pas que vous vous attendissiez à voir M. Leblanc remplacé par M. de Breteuil [1]. Tout Paris trouve ce choix assez ridicule, et on nomme déjà milord Colifichet [2] pour premier ministre. Cependant les gens qui connaissent M. de Breteuil disent qu'il est très-capable d'affaires, et qu'il a beaucoup d'esprit. Il est vrai qu'il a plus la figure d'un petit-maître que d'un secrétaire d'État. Vous devez savoir que jeudi dernier M. de La Vrillière vint demander M. Leblanc chez M. l'archevêque de Vienne, où il dînait; M. Leblanc quitta le dîner, et dit à M. de La Vrillière : « Monsieur, venez-vous m'arrêter? » M. de La Vrillière lui dit que non, mais qu'il venait lui signifier un ordre de lui remettre tous les papiers qui concernent la guerre, et d'aller se retirer à Doux, terre de M. de Trenel, à quatorze lieues de Paris. M. Leblanc ne partit pour son exil qu'à deux heures après minuit. Paris est toujours inondé des chansons dont je vous ai parlé, et que je n'ai pu vous envoyer; je vous les apporterai à mon retour. Présentez mes respects, je vous prie, à Mme de Lézeau; je me flatte de la retrouver à votre campagne, quand je serai assez heureux pour y venir chercher la tranquillité, qu'assurément je n'ai pas dans ce pays-ci. La plume me tombe des mains; je suis si malade que je ne peux pas écrire davantage.

A MADAME LA PRÉSIDENTE DE BERNIÈRES.

Juillet 1723.

Votre gazette ne sera pas longue cette fois-ci, car le gazetier est très-malade et a la fièvre actuellement. Il n'y a de santé pour moi que dans la solitude de La Rivière. Je crois être en enfer lorsque je suis dans la maudite ville de Paris. Mes affaires, dont vous avez la bonté de me parler,

---

1. François-Victor Le Tonnellier de Breteuil, nommé secrétaire d'État au département de la guerre, le 4 juillet 1723.
2. Probablement Maurepas, né en 1701, secrétaire d'État à quatorze ans.

vont toujours de mal en pis, et le chagrin pourrait bien m'avoir rendu malade. Vous devez savoir que M. le duc de Richelieu est actuellement à Forges; mais je ne crois pas qu'il vienne faire beaucoup d'agaceries aux dames de Rouen. Je lui ai conseillé d'aller vous demander à coucher en allant chez M. le duc de Brancas. La chose sera assez difficile, parce qu'il a fait le voyage en berline avec le comte de Heim, qu'il se charge de ramener à Paris.

Je vous dirai pour toutes nouvelles que le poëte roi [1], s'étant vanté mal à propos d'avoir obtenu une charge de gentilhomme extraordinaire, MM. les ordinaires ont été en corps supplier M. le duc d'Orléans et M. le cardinal Dubois de ne point leur donner pour confrère un homme dont il faut brûler les ouvrages et pendre la personne. M. de Morville [2] fut reçu mardi dernier à l'Académie, où il fit un discours très-court. La harangue de M. Malet [3], qui le reçut, parut très-longue; et, de peur que vous n'en disiez autant de ma lettre, je finis en vous assurant que je suis malade comme un chien, et d'ailleurs la plus malheureuse créature du monde, vous aimant de tout mon cœur.

A MADAME LA PRÉSIDENTE DE BERNIÈRES.

28 novembre 1723.

Je vous écris d'une main lépreuse [4] aussi hardiment que si j'avais votre peau douce et unie; votre lettre et celle de notre ami m'ont donné

---

1. Pierre-Charles Roy, ou Roi, chevalier de Saint-Michel, poëte médiocre et fort satirique. Son meilleur ouvrage est le ballet des *Éléments*.
2. Charles-Jean-Baptiste Fleuriau, comte de Morville, ambassadeur en Hollande et en Angleterre, plénipotentiaire au congrès de Cambrai, ministre de la marine et des affaires étrangères. Mort en 1732.
3. Jean-Roland Malet, gentilhomme ordinaire du roi et premier commis des finances, mort en 1736. On ne lui connaît d'autre titre littéraire qu'une mauvaise ode qui eut le prix de l'Académie française.
D'Alembert, dans une note relative à l'Éloge qu'il composa sur ce poëte très-médiocre, fait remarquer que l'Académie française reçut Malet dans son sein précisément en 1714, année où elle avait couronné l'abbé Dujarri, au préjudice de Voltaire.
4. Il était malade de la petite vérole. Sa maladie commença le 14 novembre.

du courage ; puisque vous voulez bien supporter ma gale, je la supporterai bien aussi. Je voudrais bien n'avoir à exercer ma constance que contre cette maladie ; mais je suis, au fumier près, dans l'état où était le bonhomme Job, faisant tout ce que je peux pour être aussi patient que lui, et n'en pouvant venir à bout. Je crois que le pauvre diable aurait perdu patience comme moi si la présidente de Bernières de ce temps-là avait été jusqu'au 28 novembre sans le venir voir.

On a préparé aujourd'hui votre appartement ; venez donc l'occuper au plus tôt ; mais si vos arrêts sont irrévocables et qu'on ne puisse pas vous faire revenir un jour plus tôt que vous ne l'avez décidé, du moins accordez-moi une autre grâce que je vous demande avec la dernière instance. Je me trouve, je ne sais comment, chargé de trois domestiques que je n'ai pas le pouvoir de garder et que je n'ai pas la force de renvoyer. L'un de ces trois messieurs est le pauvre La Brie, que vous avez vu anciennement à moi. Il est trop vieux pour être laquais, incapable d'être valet de chambre, et fort propre à être portier.

Vous avez un Suisse qui ne s'est pas attaché à votre service pour vous plaire, mais pour vendre à votre porte de mauvais vin à tous les porteurs d'eau qui viennent ici tous les jours faire de votre maison un méchant cabaret ; si l'envie d'avoir à votre porte un animal avec un baudrier, que vous payez chèrement toute l'année, pour vous mal servir pendant trois mois et pour vendre de mauvais vin pendant douze ; si, dis-je, l'envie d'avoir votre porte décorée de cet ornement ne vous tient pas fort au cœur, je vous demande en grâce de donner la charge de portier à mon pauvre La Brie. Vous m'obligerez sensiblement ; j'ai presque autant d'envie de le voir à votre porte que de vous voir arriver dans votre maison ; cela fera son petit établissement ; il vous coûtera bien moins qu'un Suisse et vous servira beaucoup mieux. Si avec cela le plaisir de m'obliger peut entrer pour quelque chose dans les arrangements de votre maison, je me flatte que vous ne me refuserez pas cette grâce que je vous demande avec instance. J'attends votre réponse pour réformer mon petit domestique. La poste va partir ; je n'ai ni le temps ni la force d'écrire davantage. Thiriot n'aura pas de lettre de moi cette fois-ci ; mais il sait bien que mon cœur n'en est pas moins à lui.

A MADAME LA PRÉSIDENTE DE BERNIÈRES.

20 décembre 1723.

Je reçus votre dernière lettre hier 19, et je me hâte de vous répondre, ne trouvant point de plus grand plaisir que de vous parler des obligations que je vous ai. Vous qui n'avez point d'enfants, vous ne savez pas ce que c'est que la tendresse paternelle, et vous n'imaginez point quel effet font sur moi les bontés que vous avez pour mon petit Henri. Cependant l'amour que j'ai pour lui ne m'aveugle pas au point de prétendre qu'il vienne à Paris dans un char traîné par six chevaux; un ou deux bidets, avec des bâts et des paniers, suffisent pour mon fils; mais apparemment que votre fourgon vous apporte des meubles, et que Henri sera confondu dans votre équipage. En ce cas, je consens qu'il profite de cette voiture; mais je ne veux point du tout qu'on fasse ces frais uniquement pour ce marmouset. Je vous recommande instamment de le faire partir avec plus de modestie et moins de dépense; Martel est surtout inutile pour conduire ce petit garçon. Je vous ai déjà mandé que vous eussiez la bonté d'empêcher qu'on ne lui fît ses deux mille habits[1]; ainsi il sera prêt à partir avec vous, et il pourra vous suivre dans votre marche avec deux chevaux de bât, qui marcheront derrière votre carrosse, et qui vous quitteront à Boulogne, où il faudra que mon bâtard s'arrête.

Le jour de votre départ s'avance, et je crois que vous ne le reculerez pas. Je n'aurai jamais en ma vie de si bonnes étrennes que celles que me prépare votre arrivée pour le jour de l'an.

A M. DE CIDEVILLE.

28 décembre 1723.

Déjà de la Parque ennemie
J'avais bravé les rudes coups;

---

1. C'est-à-dire qu'on ne fît pas brocher ou relier les deux mille exemplaires de *la Ligue* (*Henriade*) imprimés par Viret.

> Mais je sens aujourd'hui tout le prix de la vie,
> Par l'espoir de vivre avec vous.
> Les vers que vous dicta l'amitié tendre et pure,
> Embellis par l'esprit, ornés par la nature,
> Ont rallumé dans moi des feux déjà glacés.
>
> Mon génie excité m'invite à vous répondre;
> Mais dans un tel combat que je me sens confondre!
> En louant mes talents, que vous les surpassez!
> Je ressens du dépit les atteintes secrètes.
> Vos éloges touchants, vos vers coulants et doux,
> S'ils ne me rendaient pas le plus vain des poëtes,
> M'auraient rendu le plus jaloux.

Voilà tout ce que la fièvre et les suites misérables de la petite vérole peuvent me permettre. Le triste état où je suis encore m'empêche de vous écrire plus au long; mais comptez, monsieur, que rien ne peut m'empêcher d'être sensible toute ma vie à votre amitié, et que je la mérite par ma tendresse et mon estime respectueuse pour vous.

A M. LE BARON DE BRETEUIL [1].

Je vais vous obéir, monsieur, en vous rendant un compte fidèle de la petite vérole dont je sors, de la manière étonnante dont j'ai été traité, et enfin de l'accident de Maisons, qui m'empêchera longtemps de regarder mon retour à la vie comme un bonheur.

M. le président de Maisons [2] et moi, nous fûmes indisposés le 4 novembre dernier; mais heureusement tout le danger tomba sur moi. Nous nous fîmes saigner le même jour; il s'en porta bien, et j'eus la petite vérole. Cette maladie parut après deux jours de fièvre, et s'annonça par une légère éruption. Je me fis saigner une seconde fois de mon autorité, malgré le préjugé vulgaire. M. de Maisons eut la bonté de

---

1. Louis-Nicolas Le Tonnellier de Breteuil-Preuilli, mort âgé de quatre-vingts ans, en 1728. Cette lettre de Voltaire se trouve imprimée dans le *Mercure* de décembre 1723.

2. Jean-René de Longueil, marquis de Maisons, président à mortier, et membre honoraire de l'Académie des sciences, échappa cette fois à la petite vérole, dont il mourut en 1731, âgé de trente-deux ans.

m'envoyer le lendemain M. de Gervasi, médecin de M. le cardinal de Rohan, qui ne vint qu'avec répugnance. Il craignait de s'engager inutilement à traiter dans un corps délicat et faible une petite vérole déjà parvenue au second jour de l'éruption, et dont les suites n'avaient été prévenues que par deux saignées trop légères, sans aucun purgatif.

Il vint cependant et me trouva avec une fièvre maligne. Il eut d'abord une fort mauvaise opinion de ma maladie : les domestiques qui étaient auprès de moi s'en aperçurent et ne me la laissèrent pas ignorer. On m'annonça dans le même temps que le curé de Maisons, qui s'intéressait à ma santé et qui ne craignait point la petite vérole, demandait s'il pouvait me voir sans m'incommoder : je le fis entrer aussitôt, je me confessai, et je fis mon testament, qui, comme vous croyez bien, ne fut pas long. Après cela j'attendis la mort avec assez de tranquillité, non toutefois sans regretter de n'avoir pas mis la dernière main à mon poëme et à *Mariamne* ni sans être un peu fâché de quitter mes amis de si bonne heure. Cependant M. de Gervasi ne m'abandonnait pas d'un moment; il étudiait en moi avec attention tous les mouvements de la nature; il ne me donnait rien à prendre sans m'en dire la raison; il me laissait entrevoir le danger, et il me montrait clairement le remède; ses raisonnements portaient la conviction et la confiance dans mon esprit : méthode bien nécessaire à un médecin auprès de son malade, puisque l'espérance de guérir est déjà la moitié de la guérison. Il fut obligé de me faire prendre huit fois l'émétique, et, au lieu des cordiaux qu'on donne ordinairement dans cette maladie, il me fit boire deux cents pintes de limonade. Cette conduite, qui vous semblera extraordinaire, était la seule qui pouvait me sauver la vie; toute autre route me conduisait à une mort infaillible, et je suis persuadé que la plupart de ceux qui sont morts de cette redoutable maladie vivraient encore s'ils avaient été traités comme moi.

Le préjugé populaire abhorre dans la petite vérole la saignée et les médecines; on ne veut que des cordiaux, on donne du vin au malade; on lui fait même manger de petites soupes; et l'erreur triomphe de ce que plusieurs personnes guérissent avec ce régime. On ne songe pas que les seules petites véroles que l'on traite ainsi avec succès sont celles qu'aucun accident funeste n'accompagne, et qui ne sont nullement dangereuses.

La petite vérole par elle-même, dépouillée de toute circonstance étrangère, n'est qu'une dépuration du sang favorable à la nature, et qui, en nettoyant le corps de ce qu'il a d'impur, lui prépare une santé vigoureuse. Qu'une telle petite vérole soit traitée ou non avec des cordiaux, qu'on purge ou qu'on ne purge point, on en guérit sûrement.

Les plus grandes plaies, quand aucune partie essentielle n'est offensée, se referment aisément, soit qu'on les suce, soit qu'on les fomente avec du vin et de l'huile, soit qu'on se serve de l'eau de Rabel, soit qu'on y applique des emplâtres ordinaires, soit enfin qu'on n'y mette rien du tout; mais lorsque les ressorts de la vie sont attaqués, alors le secours de toutes ces petites recettes devient inutile, et tout l'art des plus habiles chirurgiens suffit à peine : il en est de même de la petite vérole.

Lorsqu'elle est accompagnée d'une fièvre maligne, lorsque le volume du sang augmenté dans les vaisseaux est sur le point de les rompre, que le dépôt est prêt à se former dans le cerveau, et que le corps est rempli de bile et de matières étrangères, dont la fermentation excite dans la machine des ravages mortels, alors la seule raison doit apprendre que la saignée est indispensable; elle épurera le sang; elle détendra les vaisseaux, rendra le jeu des ressorts plus souple et plus facile, débarrassera les glandes de la peau et favorisera l'éruption; ensuite les médecines, par de grandes évacuations, emporteront la source du mal et, entraînant avec elles une partie du levain de la petite vérole, laisseront au reste la liberté d'un développement plus complet et empêcheront la petite vérole d'être confluente; enfin on voit que le sirop de limon, dans une tisane rafraîchissante, adoucit l'acrimonie du sang, en apaise l'ardeur, coule avec lui par les glandes miliaires jusque dans les boutons, s'oppose à la corrosion du levain, et prévient même l'impression que d'ordinaire les pustules font sur le visage.

Il y a un seul cas où les cordiaux, même les plus puissants, sont indispensablement nécessaires : c'est lorsqu'un sang paresseux, ralenti encore par le levain qui embarrasse toutes les fibres, n'a pas la force de pousser au-dehors le poison dont il est chargé. Alors la poudre de la comtesse de Kent, le baume de Vanseger, le remède de M. Aignan [1], etc.,

---

1. François Aignan, né à Orléans, et mort à Paris au commencement de 1709; capucin

brisant les parties de ce sang presque figé, le font couler plus rapidement en séparant la matière étrangère, et ouvrent les passages de la transpiration au venin qui cherche à s'échapper.

Mais, dans l'état où j'étais, ces cordiaux m'eussent été mortels ; cela fait voir démonstrativement que tous ces charlatans, dont Paris abonde et qui donnent le même remède (je ne dis pas pour toutes les maladies, mais toujours pour la même), sont des empoisonneurs qu'il faudrait punir.

J'entends faire toujours un raisonnement bien faux et bien funeste. Cet homme, dit-on, a guéri par une telle voie ; j'ai la même maladie que lui, donc il faut que je prenne le même remède. Combien de gens sont morts pour avoir raisonné ainsi ! On ne veut pas voir que les maux qui nous affligent sont aussi différents que les traits de nos visages, et comme dit le grand Corneille, car vous me permettrez de citer les poëtes,

> Quelquefois l'un se brise où l'autre s'est sauvé,
> Et par où l'un périt un autre est conservé.
> *Cinna*, acte II, scène I.

Mais c'est trop faire le médecin : je ressemble aux gens qui, ayant gagné un procès considérable par le secours d'un habile avocat, conservent encore pour quelque temps le langage du barreau.

Cependant, monsieur, ce qui me consolait le plus dans ma maladie c'était l'intérêt que vous y preniez, c'était l'attention de mes amis et les bontés inexprimables dont Mme et M. de Maisons m'honoraient. Je jouissais d'ailleurs de la douceur d'avoir auprès de moi un ami, je veux dire un homme qu'il faut compter parmi le très-petit nombre d'hommes vertueux qui seuls connaissent l'amitié dont le reste du monde ne connaît que le nom ; c'est M. Thiriot, qui, sur le bruit de ma maladie, était venu en poste de quarante lieues pour me garder, et qui depuis ne m'a pas quitté un moment. J'étais le 15 absolument hors de danger, et je faisais des vers le 16, malgré la faiblesse extrême qui me dure encore, causée par le mal et par les remèdes.

J'attendais avec impatience le moment où je pourrais me dérober

---

connu dans son ordre sous le nom du père Tranquille, et médecin inventeur d'un remède contre la petite vérole, et d'une préparation huileuse qui est encore nommée en pharmacie *baume tranquille*.

aux soins qu'on avait de moi à Maisons, et finir l'embarras que j'y causais ; plus on avait pour moi de bontés, plus je me hâtais de n'en pas abuser plus longtemps. Enfin je fus en état d'être transporté à Paris le 1ᵉʳ décembre. Voici, monsieur, un moment bien funeste. A peine suis-je à deux cents pas du château, qu'une partie du plancher de la chambre où j'avais été tombe tout enflammée. Les chambres voisines, les appartements qui étaient au-dessous, les meubles précieux dont ils étaient ornés, tout fut consumé par le feu : la perte monte à près de cent mille livres; et, sans le secours des pompes qu'on envoya chercher à Paris, un des plus beaux édifices du royaume allait être entièrement détruit. On me cacha cette étrange nouvelle à mon arrivée : je la sus à mon réveil ; vous n'imaginerez point quel fut mon désespoir ; vous savez les soins généreux que M. de Maisons avait pris de moi; j'avais été traité chez lui comme son frère, et le prix de tant de bontés était l'incendie de son château. Je ne pouvais concevoir comment le feu avait pu prendre si brusquement dans ma chambre, où je n'avais laissé qu'un tison presque éteint; j'appris que la cause de cet embrasement était une poutre qui passait précisément sous la cheminée. C'est un défaut dont on s'est corrigé dans la structure des bâtiments d'aujourd'hui ; et même les fréquents embrasements qui en arrivaient ont obligé d'avoir recours aux lois pour défendre cette façon dangereuse de bâtir. La poutre dont je parle s'était embrasée peu à peu par la chaleur de l'âtre, qui portait immédiatement sur elle ; et par une destinée singulière, dont assurément je n'ai pas goûté le bonheur, le feu, qui couvait depuis deux jours, n'éclata qu'un moment après mon départ.

Je n'étais point la cause de cet accident, mais j'en étais l'occasion malheureuse; j'en eus la même douleur que si j'en avais été coupable; la fièvre me reprit aussitôt, et je vous assure que dans ce moment je sus mauvais gré à M. de Gervasi de m'avoir conservé la vie.

Mᵐᵉ [1] et M. de Maisons reçurent la nouvelle plus tranquillement que moi; leur générosité fut aussi grande que leur perte et que ma douleur. M. de Maisons mit le comble à ses bontés en me prévenant lui-même par des lettres qui font bien voir qu'il excelle par le cœur comme par

---

1. Marie-Charlotte Roque de Varangeville, morte en 1727, sœur aînée de la maréchale de Villars et mère de M. de Maisons.

l'esprit; il s'occupait du soin de me consoler, et il semblait que ce fût moi dont il eût brûlé le château ¹ ; mais sa générosité ne sert qu'à me faire sentir encore plus vivement la perte que je lui ai causée, et je conserverai toute ma vie ma douleur aussi bien que mon admiration pour lui.

Je suis, etc.

A M. THIRIOT.

A Forges, 20 juillet 1724.

Plus de nouvelles à la main, mon cher ami, ni de gazettes ; on est à Forges à la source des nouvelles. Je ne vous conseille point de commencer votre édition au prix que l'on vous propose ² ; je crois qu'il vaudrait mieux vous accommoder avec un libraire qui se chargerait des frais et des risques, et qui, en vous donnant cinquante ou soixante pistoles, vous conserverait votre tranquillité. Songez, je vous prie, à tous les périls qu'a courus Henri IV. Il n'est entré dans la capitale que par miracle. On a beaucoup crié contre lui ; et, comme la sévérité devient plus grande de jour en jour dans l'inquisition de la librairie, il se pourra fort bien faire qu'on saisisse les exemplaires de l'abbé de Chaulieu, à cause des prétendues impiétés qu'on y trouvera. D'ailleurs soyez sûr que cela vous coûtera plus de cent pistoles, avant de l'avoir fait sortir de Rouen ; joignez à cela les frais du voyage, de l'entrepôt et du débit, vous verrez que le gain sera très-médiocre, et que de plus il sera mal assuré ; ajoutez à cela que l'édition ne sera point achevée probablement quand il vous faudra partir de La Rivière, puisque Viret a été cinq mois à imprimer mon poëme. Encore une fois, je crois qu'il vaudrait mieux pour vous conclure votre marché à quelque cinquantaine de pistoles, pour vous épargner les embarras et les craintes inséparables de pareilles entreprises. Voilà quelles sont les représentations de votre conseil ; après cela vous en

---

1. Ce château, sur les bords de la Seine, à trois lieues de Paris, a depuis appartenu au banquier-député J. Laffitte.
2. Une édition des œuvres de Chaulieu.

ferez à votre guise. J'ai fait des vers pour la duchesse de Béthune; mais, comme ils sont faits à Forges, où l'on n'en a jamais fait de bons, je n'ose vous les envoyer.

A MADAME LA PRÉSIDENTE DE BERNIÈRES.

A Forges, auguste 1724.

La mort malheureuse de M. le duc de Melun [1] vient de changer toutes nos résolutions; M. le duc de Richelieu, qui l'aimait tendrement, en a été dans une douleur qui a fait connaître la bonté de son cœur, mais qui a dérangé sa santé. Il a été obligé de discontinuer ses eaux, et il va recommencer dans quelques jours sur nouveaux frais. Je resterai avec lui encore une quinzaine; ainsi ne comptez plus sur nous pour vendredi prochain; pour moi, je commence à craindre que les eaux ne me fassent du mal après m'avoir fait assez de bien. Si j'ai de la santé je reviendrai à La Rivière gaiement; si je n'en ai point, j'irai tristement à Paris; car, en vérité, je suis honteux de ne me présenter devant mes amis qu'avec un estomac faible et un esprit chagrin. Je ne veux vous donner que mes beaux jours et ne souffrir qu'incognito.

Si vous ne savez rien du détail de la mort de M. de Melun, en voici quelques particularités :

Samedi dernier il courait le cerf avec M. le Duc; ils en avaient déjà pris un, et en couraient un second. M. le Duc et M. de Melun trouvèrent dans une voie étroite le cerf qui venait droit à eux; M. le Duc eut le temps de se ranger. M. de Melun crut qu'il aurait le temps de croiser le cerf, et poussa son cheval. Dans le moment le cerf l'atteignit d'un coup d'andouiller si furieux, que le cheval, l'homme et le cerf en tombèrent tous trois. M. de Melun avait la rate coupée, le diaphragme percé, et la poitrine refoulée; M. le Duc, qui était seul auprès de lui, banda sa plaie avec son mouchoir, et y tint la main pendant trois quarts d'heure; le blessé vécut jusqu'au lundi suivant, qu'il expira à six heures

---

1. Louis, duc de Melun, mourut chez le duc de Bourbon, à Chantilly, le 31 juillet 1724.

et demie du matin entre les bras de M. le Duc, et à la vue de toute la cour, qui était consternée et attendrie d'un spectacle si tragique, mais qui l'oubliera bientôt. Dès qu'il fut mort, le roi partit pour Versailles et donna au comte de Melun le régiment du défunt. Il est plus regretté qu'il n'était aimé; c'était un homme qui avait peu d'agrément, mais beaucoup de vertu, et qu'on était forcé d'estimer.

On nous mande de Paris que Mme de Villette a gagné son procès en Angleterre, et a déclaré son mariage [1]. Voilà toutes les nouvelles que je sais. La plume me tombe des mains. Je vous prie de dire à Thiriot que, dès que j'aurai la tête nette, je lui écrirai des volumes,

A M. THIRIOT.

A Forges, 5 auguste 1724.

Il faut encore, mon cher Thiriot, que je passe ici douze jours. M. de Richelieu compte prendre des eaux ce temps-là, et je ne peux pas l'abandonner dans la douleur où il est; pour moi, je ne prendrai plus d'eaux : elles me font beaucoup plus de mal qu'elles ne m'avaient fait de bien. Il y a plus de vitriol dans une bouteille d'eau de Forges que dans une bouteille d'encre ; et franchement je ne crois pas l'encre trop bonne pour la santé. Je retournerai sûrement à La Rivière, quand M. de Richelieu partira de Forges. J'y retrouverai probablement quelques exemplaires de l'abbé de Chaulieu. Je vous donnerai les vers pour Mme la duchesse de Béthune, et vous montrerai un petit ouvrage que j'ai déjà beaucoup avancé et dont j'ose avoir bonne opinion, puisque l'impitoyable M. de Richelieu en est content [2]. Vous ne me reverrez pas probablement avec une meilleure santé, mais sûrement avec la même amitié. Faites bien la cour à M. et à Mme de Bernières, et à tous ceux qui sont de La Rivière.

1. Avec milord Bolingbroke.
2. *L'Indiscret*, comédie.

A M. THIRIOT.

Paris, 24 auguste 1724.

Mandez-moi, mon cher ami, si vous avez reçu la lettre que je vous écrivis il y a huit jours, et si Mme de Bernières a reçu celle où je lui rendais compte de mon entrevue avec M. d'Argenson. Je viens de vous faire une antichambre à votre appartement; mais j'ai bien peur de ne pouvoir occuper le mien. J'ai resté huit jours dans la maison pour voir si je pourrais y travailler le jour et y dormir la nuit, qui sont deux choses sans lesquelles je ne puis vivre; mais il n'y a pas moyen de dormir ni de penser avec le bruit infernal qu'on y entend; je me suis obstiné à y rester la huitaine pour m'accoutumer. Cela m'a donné une fièvre double tierce, et j'ai été enfin contraint de déguerpir. Je me suis logé dans un hôtel garni, où j'enrage et où je souffre beaucoup. Voilà une situation bien cruelle pour moi; car assurément je ne veux pas quitter Mme de Bernières, et il m'est impossible d'habiter dans sa maudite maison, qui est froide comme le pôle pendant l'hiver, où on sent le fumier comme dans une crèche, et où il y a plus de bruit qu'en enfer. Il est vrai que, pour le seul temps qu'on ne l'habite point, on y a une assez belle vue. Je suis bien fâché d'avoir conseillé à M. et à Mme de Bernières de faire ce marché-là; mais ce n'est pas la seule sottise que j'aie faite en ma vie. Je ne sais pas comment tout ceci tournera; tout ce que je sais, c'est qu'il faut absolument que j'achève mon poëme; pour cela il faut un endroit tranquille, et dans la maison de la rue de Beaune je ne pourrais faire que la description des charrettes et des carrosses. J'ai d'ailleurs une santé plus faible que jamais. Je crains Fontainebleau, Villars et Sulli, pour ma santé et pour Henri IV; je ne travaillerais point, je mangerais trop, et je perdrais en plaisirs et en complaisances un temps précieux, qu'il faut employer à un travail nécessaire et honorable. Après avoir donc bien balancé les circonstances de la situation où je suis, je crois que le meilleur parti serait de revenir à La Rivière, où l'on me permet une grande liberté et où je serais mille fois plus à mon aise qu'ailleurs. Vous savez combien je suis attaché à la maîtresse de la maison et combien j'aime à vivre avec vous ; mais je crains que vous n'ayez de la cohue. Mandez-moi donc franchement ce qui en est. Adieu, mon cher ami.

A M. DE CIDEVILLE.

1724.

Enfin je ne suis plus tout à fait si mourant que je l'étais ; à mesure que je renais je sens revivre aussi ma tendre amitié pour vous et augmenter les remords secrets de ne pouvoir vous écrire qu'en prose ; je vous verrai bientôt, mon cher Cideville ; j'attends avec impatience le moment où je pourrai partir pour la Normandie, dont je fais ma patrie puisqu'elle est la vôtre. Je vous écris d'un pays bien étranger pour moi ; c'est Versailles, dont les habitants ne connaissent ni la prose ni les vers. Je me console ici de l'ennui qu'ils me donnent, par le plaisir de vous écrire et par l'espérance de vous voir. Si vos amis se souviennent encore d'un pauvre moribond, je vous prierais de leur faire mille compliments de ma part. Adieu ; soyez un peu sensible à la tendre amitié que Voltaire aura pour vous toute sa vie.

A M. THIRIOT.

10 septembre 1724.

Me voilà quitte entièrement de ma fièvre et de mon hôtel garni. Je suis revenu dans l'hôtel Bernières, où le plaisir d'être votre voisin me soulage un peu du bruit effroyable qu'on y entend. Je partirais bien vite pour La Rivière, si ma santé était bien raffermie ; mais je ne suis pas encore dans un état à entreprendre des voyages par le coche. Peut-être, malgré mon goût pour La Rivière, faudra-t-il que je reste à Paris ; j'y mène une vie plus solitaire qu'à la campagne, et je vous assure que je n'y perds pas mon temps, si pourtant c'est ne le pas perdre que de l'em-

ployer sérieusement à faire des vers et d'autres ouvrages aussi frivoles.
Je pourrais bien vous trouver quelques pièces de M. de La Fare, qui sont
entre les mains de madame sa fille; mais je ne sais comment le bruit court
que ses ouvrages et ceux de M. l'abbé de Chaulieu sont sous la presse;
Mme de La Fare l'a entendu dire et en est très-fâchée. Vous jugez bien
que si, après cela, elle allait voir dans le recueil quelques pièces qu'elle
m'aurait confiées, je me brouillerais avec elle et me donnerais un peu
trop la réputation de libraire-imprimeur. Je suis ruiné par les dépenses
de mon appartement, et, pour surcroît, on m'a volé une bonne partie de
mes meubles; j'ai trouvé la moitié de nos livres égarés. On m'a pris du
linge, des habits, des porcelaines, et on pourrait bien avoir aussi un peu
volé Mme de Bernières. Voilà ce que c'est que d'avoir un Suisse imbécile
et intéressé qui tient un cabaret, au lieu d'avoir un portier affectionné.
Mandez-moi, je vous en prie, si vous n'avez prêté à personne un tome
de la réponse de Jurieu à Maimbourg sur le calvinisme. C'est un de nos
livres perdus que je regrette le plus, attendu le bien qu'on y dit de la
cour de Rome. La solitude où je vis fait que je ne vous manderai pas de
grandes nouvelles. J'entends dire seulement par ma fenêtre que le roi
d'Espagne est mort de la petite vérole[1]. Cela ne changera rien aux affaires de l'Europe, mais beaucoup aux siennes. Devenez bien savant dans
l'histoire, vous me donnerez de l'émulation, et je vous suivrai dans cette
carrière. Il me semble que nous en serons tous deux plus heureux quand
nous cultiverons les mêmes goûts. J'ai reçu hier une lettre de Mme de
Bernières; dites-lui que je lui suis plus attaché que jamais, et que je
donnerai toujours la préférence à son amitié sur toutes les choses dont
elle me croit séduit.

A MADAME LA PRÉSIDENTE DE BERNIÈRES.

Septembre 1724.

Je loge enfin chez vous dans mon petit appartement, et je voudrais
bien le quitter au plus vite pour en aller occuper un à votre campagne;

---

1. Louis Ier, roi d'Espagne. Philippe V, son père, qui avait abdiqué la couronne en sa faveur, la reprit après sa mort, arrivée le 31 août 1724.

mais je ne suis point encore en état de me transporter. Les eaux de Forges m'ont tué. Je passe chez vous une vie solitaire; j'ai renoncé à toute la nature; je regarde les maladies un peu longues comme une espèce de mort qui nous sépare et qui nous fait oublier de tout le monde; et je tâche de m'accoutumer à ce premier genre de mort, afin d'être un jour moins effrayé de l'autre.

Cependant, par saint Jean, je ne veux pas mourir[1]!

Je me suis imposé un régime si exact, qu'il faudra bien que j'aie de la santé pour cet hiver. Si je peux vous aller trouver à La Rivière, je vous avoue que je serai charmé que vous y restiez longtemps; mais, si je suis obligé de demeurer à Paris, je voudrais de tout mon cœur vous faire haïr La Rivière et vos beaux jardins. Les nouvelles ne sont pas grandes dans ce pays-ci. La mort du roi d'Espagne ne changera rien que dans nos habillements. On dit que le deuil sera de trois mois. M. d'Autrey[2] se meurt, Mme de Maillebois aussi; je suis sûr que vous ne vous en souciez guère.

A M. THIRIOT.

26 septembre 1724.

Ma santé ne me permet pas encore de vous aller trouver; je suis toujours à l'hôtel Bernières, et j'y vis dans la solitude et dans la souffrance; mais l'une et l'autre est adoucie par un travail modéré qui m'amuse et qui me console. La maladie ne m'a pas rendu moins sensible à l'égard de mes amis ni moins attentif à leurs intérêts. J'ai engagé M. le duc de Richelieu à vous prendre pour son secrétaire dans son ambassade. Il avait envie d'avoir M. Champot, frère de M. de Pouilli;

---

1. Mot d'une épigramme de Rousseau, liv. Ier, épigr. x :
   Mais, par saint Jean, je ne veux pas mourir!
2. Henri Fabri de Moncault, comte d'Autrey, mort encore jeune, en 1730, et père de Henri Fabri, comte d'Autrey, avec qui Voltaire fut par la suite en correspondance.

Destouches [1] même voulait faire avec lui le voyage ; mais j'ai enfin déterminé son choix pour vous. Je lui ai dit que, ne pouvant le suivre si tôt à Vienne, je lui donnais la moitié de moi-même, et que l'autre suivrait bientôt. Si vous êtes sage, mon cher Thiriot, vous accepterez cette place qui, dans l'état où nous sommes, vous devient aussi nécessaire qu'elle est honorable. Vous n'êtes pas riche, et c'est bien peu de chose qu'une fortune fondée sur trois ou quatre actions de la compagnie des Indes. Je sais bien que ma fortune sera toujours la vôtre ; mais je vous avertis que nos affaires de la chambre des comptes vont très-mal, et que je cours risque de n'avoir rien du tout de la succession de mon père. Dans ces circonstances il ne faut pas que vous négligiez la place que mon amitié vous a ménagée. Quand elle ne vous servirait qu'à faire sans frais et avec des appointements le voyage du monde le plus agréable, et à vous faire connaître, à vous rendre capable d'affaires et à développer vos talents, ne seriez-vous pas trop heureux? Ce poste peut conduire très-aisément un homme d'esprit qui est sage à des emplois et à des places assez avantageuses. M. de Morville, qui a de l'amitié pour moi, peut faire quelque chose de vous. Le pis-aller de tout cela serait de rester après l'ambassade avec M. de Richelieu, ou de revenir dans votre taudis auprès du mien. D'ailleurs je compte vous aller trouver à Vienne l'automne prochaine ; ainsi, au lieu de vous perdre, je ne fais, en vous mettant dans cette place, que m'approcher davantage de vous. Faites vos réflexions sur ce que je vous écris, et soyez prêt à venir vous présenter à M. de Richelieu et à M. de Morville, quand je vous le manderai. Si votre édition [2] est commencée, achevez-la au plus vite ; si elle ne l'est pas, ne la commencez point. Il vaut mieux songer à votre fortune qu'à tout le reste. Adieu, je vous recommande vos intérêts ; ayez-les à cœur autant que moi, et joignez l'étude de l'histoire d'Allemagne à celle de l'histoire universelle. Dites à Mme de Bernières les choses les plus tendres de ma part.

1. C'est Néricault, qui n'avait encore donné aucun ouvrage dramatique, mais qui avait été chargé de plusieurs négociations diplomatiques.
2. Des œuvres de l'abbé de Chaulieu. Thiriot, paresseux, ne donna pas l'édition des œuvres de Chaulieu, et il refusa la place de secrétaire d'ambassade que Voltaire lui proposait. Il mourut à l'âge de plus de quatre-vingts ans, en 1772, après avoir passé la plus grande partie de sa vie chez M. et Mme de La Popelinière.

A MADAME LA PRÉSIDENTE DE BERNIÈRES.

A Paris, octobre 1724.

Est-il possible que vous n'ayez pas reçu la lettre que je vous écrivis deux jours après le départ de Pignon ? Elle ne contenait rien autre chose que ce que vous connaissez de moi, mes souffrances et mon amitié. Je fais l'anniversaire de ma petite vérole ; je n'ai point encore été si mal, mais je suis tranquille, parce que j'ai pris mon parti ; et peut-être ma tranquillité pourra me rendre la santé, que les agitations et les bouleversements de mon âme pourraient bien m'avoir ôtée. Il m'est arrivé des malheurs de toute espèce. La fortune ne me traite pas mieux que la nature ; je souffre beaucoup de toutes façons ; mais j'ai rassemblé toutes mes petites forces pour résister à mes maux. Ce n'est point dans le commerce du monde que j'ai cherché des consolations ; ce n'est pas là qu'on les trouve ; je ne les ai cherchées que chez moi ; je supporte, dans votre maison, la solitude et la maladie, dans l'espérance de passer avec vous des jours tranquilles. Votre amitié me tiendra toujours lieu de tout le reste. Si mon goût décidait de ma conduite, je serais à La Rivière avec vous ; mais je suis arrêté à Paris par Bosleduc, qui me médicamente ; par Capron, qui me fait souffrir comme un damné tous les jours avec de l'essence de cannelle, et enfin par les intérêts de notre cher Thiriot, que j'ai plus à cœur que les miens. Il faut qu'il vous dise, et qu'il ne dise qu'à vous seule, qu'il ne tient qu'à lui d'être un des secrétaires de l'ambassade de M. de Richelieu. J'ai oublié même de lui dire dans ma lettre qu'il n'aurait personne dans ce poste au-dessus de lui, et que par là sa place en sera infiniment plus agréable. Vous savez sa fortune, elle ne peut pas lui donner de quoi exercer heureusement le talent de l'oisiveté. La mienne prend un tour si diabolique à la chambre des comptes que je serai peut-être obligé de travailler pour vivre, après avoir vécu pour travailler. Il faut que Thiriot me donne cet exemple. Il ne peut rien faire de plus avantageux ni de plus honorable dans la situation où il se trouve, et il faut assurément que je regarde la chose comme un coup de partie, puisque je peux me résoudre à me priver de lui pour quelque temps. Cependant s'il peut s'en passer, s'il aime mieux vivre avec nous, je serai trop heureux, pourvu qu'il le soit : je ne cherche que son bonheur : c'est à lui de choisir. J'ai fait en cela ce que mon amitié m'a conseillé. Voilà comment j'en userai toute ma vie avec les personnes que j'aime, et par conséquent avec vous, pour qui j'aurai toujours l'attachement le plus sincère et le plus tendre.

A M. THIRIOT.

Octobre 1724.

Quand je vous ai proposé la place de secrétaire dans l'ambassade de M. le duc de Richelieu, je vous ai proposé un emploi que je donnerais à mon fils, si j'en avais un, et que je prendrais pour moi si mes occupations et ma santé ne m'en empêchaient pas. J'aurais assurément regardé comme un grand avantage de pouvoir m'instruire des affaires sur le plus beau théâtre et dans la première cour de l'Europe. Cette place même est d'autant plus agréable qu'il n'y a point de secrétaire d'ambassade en chef; que vous auriez eu une relation nécessaire et suivie avec le ministre ; et que, pour peu que vous eussiez été touché de l'ambition de vous instruire et de vous élever par votre mérite et par votre assiduité au travail le plus honorable et le plus digne d'un homme d'esprit, vous auriez été plus à portée qu'un autre de prétendre aux postes qui sont d'ordinaire la récompense de ces emplois. M. Dubourg, ci-devant secrétaire du comte de Luc (et à ses gages), est maintenant chargé à Vienne des affaires de la cour de France, avec huit mille livres d'appointements. Si vous aviez voulu, j'ose vous répondre qu'une pareille fortune vous était assurée. Quant aux gages, qui vous révoltent si fort, et pourtant si mal à propos, vous auriez pu n'en point prendre; et puisque vous pouvez vous passer de secours dans la maison de M. de Bernières, vous l'auriez pu encore plus aisément dans la maison de l'ambassadeur de France, et peut-être n'auriez-vous point rougi de recevoir de la main de celui qui représente le roi des présents qui eussent mieux valu que des appointements.

Vous avez refusé l'emploi le plus honnête et le plus utile qui se présentera jamais pour vous. Je suppose que vous n'avez fait ce refus qu'après y avoir mûrement réfléchi, et que vous êtes sûr de ne vous en point repentir le reste de votre vie. Si c'est Mme de Bernières qui vous y a porté, elle vous a donné un très-méchant conseil ; si vous avez craint effectivement, comme vous le dites, de vous constituer domestique de grand seigneur, cela n'est pas tolérable. Quelle fortune avez-vous donc faite depuis le temps où le comble de vos désirs était d'être ou secrétaire du duc de Richelieu, qui n'était point ambassadeur, ou commis des Pâris ? En bonne foi y a-t-il aucun de vos frères qui ne regardât comme une très-grande fortune le poste que vous dédaignez ?

Ce que je vous écris ici est pour vous faire voir l'énormité de votre tort, et non pour vous faire changer de sentiments. Il fallait sentir l'avantage qu'on vous offrait ; il fallait l'accepter avidement, et vous y consacrer tout entier, ou ne le point accepter du tout. Si vous le faisiez avec regret, vous le feriez mal ; et, au lieu des agréments infinis que vous y pourriez espérer, vous n'y trouveriez que des dégoûts et point de fortune. N'y pensons donc plus, et préférez la pauvreté et l'oisiveté à une fortune très-honnête et à un poste envié de tant de gens de lettres, et que je ne céderais à personne qu'à vous, si je pouvais l'occuper. Un jour viendra bien sûrement que vous en aurez des regrets, car vos idées se rectifieront, et vous penserez plus solidement que vous ne faites. Toutes les raisons que vous m'avez apportées vous paraîtront un jour bien frivoles, et entre autres ce que vous me dites qu'il faudrait dépenser en habits et en parures vos appointements. Vous ignorez que, dans toutes les cours, un secrétaire est toujours modestement vêtu, s'il est sage, et qu'à la cour de l'empereur il ne faut qu'un gros drap rouge, avec des boutonnières noires ; que c'est ainsi que l'empereur est habillé, et que d'ailleurs on fait plus avec cent pistoles à Vienne qu'avec quatre cents à Paris. En un mot, je ne vous en parlerai plus ; j'ai fait mon devoir comme je le ferai toute ma vie avec mes amis. Ne songeons plus, mon pauvre Thiriot, qu'à fournir ensemble tranquillement notre carrière philosophique.

Mandez-moi comment va l'édition de l'abbé de Chaulieu, que vous préférez au secrétariat de l'ambassade de Vienne, et n'éloignez pas pourtant de votre esprit toutes les idées d'affaire étrangère au point de ne me pas faire de réponse sur le nom et la demeure du copiste qui a transcrit *Mariamne*, et qui ne refusera peut-être pas d'écrire pour M. le duc de Richelieu. Enfin, si l'amitié que vous avez pour moi, et que je mérite, est une des raisons qui vous font préférer Paris à Vienne, revenez donc au plus tôt retrouver votre ami. Engagez Mme de Bernières à revenir à la Saint-Martin; vous retrouverez un nouveau chant de *Henri IV*[1], que M. de Maisons trouve le plus beau de tous, une *Mariamne* toute changée, et quelques autres ouvrages qui vous attendent. Ma santé ne me permet pas d'aller à La Rivière, sans cela je serais assurément avec vous. Je vous gronderais bien sur l'ambassade de Vienne; mais plus je vous verrais, plus je serais charmé dans le fond de mon cœur de n'être point éloigné d'un ami comme vous.

A MADAME LA PRÉSIDENTE DE BERNIÈRES.

Octobre 1724.

Je suis bien charmé de toutes les marques d'amitié que vous me donnez dans votre lettre, mais nullement des raisons que vous avez apportées pour empêcher notre ami de faire la fortune la plus honnête où puisse prétendre un homme de lettres et un homme d'esprit. Je consentais à le perdre quelque temps pour lui assurer une fortune le reste de sa vie. Si je n'avais écouté que mon plaisir, je n'aurais songé qu'à retenir Thiriot avec nous; mais l'amitié doit avoir des vues plus étendues, et je tiens que non-seulement il faut vivre avec nos amis, mais qu'il faut, autant qu'on le peut, les mettre en état de vivre heureux, même sans nous; mais surtout il ne faut point les faire tomber dans des ridicules. C'est rendre un bien mauvais service à Thiriot que de le laisser imaginer un moment qu'il y ait du déshonneur à lui à être secrétaire de M. le duc de Richelieu dans son ambassade. Je serai longtemps fâché

---

1. C'est probablement celui qui est actuellement le sixième, et qui ne se trouve pas dans les premières éditions.

qu'il ait refusé la plus belle occasion de faire fortune qui se présentera jamais pour lui ; mais je ne le serais pas moins, si c'était par une vanité mal entendue et hors de toute bienséance qu'il perdît des choses solides. Je me flatte que vos bontés pour lui le dédommageront de ce qu'il veut perdre ; mais qu'il songe bien sérieusement qu'il doit mener la véritable vie d'un homme de lettres; qu'il n'y a pour lui que ce parti, et qu'il serait bien peu digne de l'estime et de l'amitié des honnêtes gens s'il manquait sa fortune pour être un homme inutile. Je lui écris sur cela une longue lettre que je mets dans votre paquet; du moins il n'aura pas à me reprocher de ne lui avoir pas dit la vérité.

Je voudrais, de tout mon cœur, être avec vous ; vous n'en doutez pas ; il faut même que je sois dans un bien misérable état pour ne vous pas aller trouver. Je me suis mis entre les mains de Bosleduc, qui, à ce que j'espère, me guérira du mal que les eaux de Forges m'ont fait. J'en ai encore pour une quinzaine de jours. Si ma santé est bien rétablie dans ce temps-là, j'irai vous trouver: mais si je suis condamné à rester à Paris, aurez-vous bien la cruauté de rester chez vous le mois de décembre et de donner la préférence aux neiges de Normandie sur votre ami Voltaire ?

A M. THIRIOT.

Octobre 1724.

Mon amitié, moins prudente peut-être que vous ne dites, mais plus tendre que vous ne pensez, m'engagea, il y a plus de quinze jours, à vous proposer à M. de Richelieu pour secrétaire dans son ambassade. Je vous en écrivis sur-le-champ, et vous me répondîtes, avec assez de sécheresse, que vous n'étiez pas fait pour être domestique de grand seigneur. Sur cette réponse, je ne songeai plus à vous faire une fortune si honteuse, et je ne m'occupai plus que du plaisir de vous voir à Paris le peu de temps que j'y serai cette année. Je jetai en même temps les yeux d'un autre côté pour le choix d'un secrétaire dans l'ambassade de M. le duc de Richelieu. Plusieurs personnes se sont présentées; l'abbé Desfontaines, l'abbé Mac-Carthy [1], enviaient ce poste, mais ni l'un ni l'autre

---

1. Mac-Carthy, de famille irlandaise, fils d'un chirurgien de Nantes.

ne convenaient, pour des raisons qu'ils ont senti eux-mêmes. L'abbé Desfontaines me présenta M. Davou, son ami, pour cette place : il me répondit de sa probité. Davou me parut avoir de l'esprit. Je lui promis la place de la part de M. de Richelieu, qui m'avait laissé la carte blanche, et je dis à M. de Richelieu que vous aviez trop de défiance de vous-même et trop peu de connaissances des affaires pour oser vous charger de cet emploi. Alors je vous écrivis une assez longue lettre dans laquelle je voulais me justifier auprès de vous de la proposition que vous aviez trouvée si ridicule, et dans laquelle je vous faisais sentir les avantages que vous méprisiez. Aujourd'hui je suis bien étonné de recevoir de vous une lettre par laquelle vous acceptez ce que vous aviez refusé, et me reprochez de m'être mal expliqué. Je vais donc tâcher de m'expliquer mieux et vous rendre un compte exact des fonctions de l'emploi que je voulais sottement vous donner, des espérances que vous y pouvez avoir et de mes démarches depuis votre dernière lettre. Il n'y a point de secrétaire d'ambassade en chef. M. l'ambassadeur n'a, pour l'aider dans son ministère, que l'abbé de Saint-Remi, qui est un bœuf, et sur lequel il ne compte nullement ; un nommé Guiri, qui n'est qu'un valet, et un nommé Bussi, qui n'est qu'un petit garçon. Un homme d'esprit, qui serait le quatrième secrétaire, aurait sans doute toute la confiance et tout le secret de l'ambassadeur.

Si l'homme qu'on demande veut des appointements, il en aura ; s'il n'en veut point, il aura mieux, et il en sera plus considéré ; s'il est habile et sage, il se rendra aisément le maître des affaires sous un ambassadeur jeune, amoureux de son plaisir, inappliqué [1], et qui se dégoûtera aisément d'un travail journalier. Pour peu que l'ambassadeur fasse un voyage à la cour de France, ce secrétaire restera sûrement chargé des affaires ; en un mot, s'il plaît à l'ambassadeur, et s'il a du mérite, sa fortune est assurée.

Son pis-aller sera d'avoir fait un voyage dans lequel il se sera instruit, et dont il reviendra avec de l'argent et de la considération. Voilà quel est le poste que je vous destinais, ne pouvant pas vous croire assez insensé pour refuser ce qui fait l'objet de l'ambition de tant de personnes, et ce que je prendrais pour moi de tout mon cœur.

1. Le duc de Richelieu n'avait jamais daigné apprendre même l'orthographe, ce qui ne l'empêcha pas de devenir un des quarante de l'Académie française.

La première de vos lettres qui m'apprit cet étrange refus me donna une vraie douleur; la seconde, dans laquelle vous me dites que vous êtes prêt d'accepter, m'a mis dans un embarras très-grand, car j'avais déjà proposé M. Davou. Voici de quelle manière je me suis conduit. J'ai détaché de votre lettre deux pages qui sont écrites avec beaucoup d'esprit; j'ai pris la liberté d'y rayer quelques lignes, et je les ai lues ce matin à M. le duc de Richelieu, qui est venu chez moi : il a été charmé de votre style, qui est net et simple, et encore plus de la défiance où vous êtes de vous-même, d'autant plus estimable qu'elle est moins fondée. J'ai saisi ce moment pour lui faire sentir de quelle ressource et de quel agrément vous seriez pour lui à Vienne. Je lui ai inspiré un désir très-vif de vous avoir auprès de lui. Il m'a promis de vous considérer comme vous le méritez, et de faire votre fortune, bien sûr qu'il fera pour moi tout ce qu'il fera pour vous. Il est aussi dans la résolution de prendre M. Davou. Je ne sais si ce sera un rival ou un ami que vous aurez. Mandez-moi si vous le connaissez. Je voudrais bien que vous ne partageassiez avec personne la confiance que M. de Richelieu vous destine; mais je voudrais bien aussi ne point manquer à ma parole.

Voilà l'état où sont les choses. Si vous pensez à vos intérêts autant que moi, si vous êtes sage, si vous sentez la conséquence de la situation où vous êtes ; en un mot si vous allez à Vienne, il faut revenir au plus tôt à Paris et vous mettre au fait des traités de paix. M. le duc de Richelieu m'a chargé de vous dire qu'il n'était pas plus instruit des affaires que vous, quand il fut nommé ambassadeur; et je vous réponds qu'en un mois de temps vous en saurez plus que lui. Il est d'ailleurs très-important que vous soyez ici quand monsieur l'ambassadeur aura ses instructions, de peur que, les communiquant à un autre, il ne s'accoutume à porter ailleurs la confiance que je veux qu'il vous donne tout entière. Tout dépend des commencements. Il faut, outre cela, que vous mettiez ordre à vos affaires; et, si vos intérêts ne passaient pas toujours devant les miens, j'ajouterais que je veux passer quelque temps avec vous, puisque je serai huit mois entiers sans vous voir. Je vous conseille ou de vendre le manuscrit de l'abbé de Chaulieu, ou d'abandonner ce projet. Vous savez que les petites affaires sont des victimes qu'il faut toujours sacrifier aux grandes vues.

Enfin c'est à vous à vous décider. J'ai fait pour vous ce que je ferais pour mon frère, pour mon fils, pour moi-même. Vous m'êtes aussi cher que tout cela. Le chemin de la fortune vous est ouvert ; votre pis-aller sera de revenir partager mon appartement, ma fortune et mon cœur.

Tout vous est bien clairement expliqué ; c'est à vous à prendre votre parti. Voilà le dernier mot que je vous en dirai.

A M. THIRIOT

A LA RIVIÈRE-BOURDET.

Octobre 1724.

Vous m'avez causé un peu d'embarras par vos irrésolutions [1]. Vous m'avez fait donner deux ou trois paroles différentes à M. de Richelieu, qui a cru que je l'ai voulu jouer. Je vous pardonne tout cela de bon cœur, puisque vous demeurez avec nous. Je faisais trop de violence à mes sentiments lorsque je voulais m'arracher de vous pour faire votre fortune. Votre bonheur m'aurait coûté le mien, mais je m'y étais résolu malgré moi, parce que je penserai toute ma vie qu'il faut s'oublier soi-même pour songer aux intérêts de ses amis. Si le même principe d'amitié qui me forçait à vous faire aller à Vienne vous empêche d'y aller, et si avec cela vous êtes content de votre destinée, je suis assez heureux et je n'ai plus rien à désirer que de la santé. On me fait espérer qu'après l'anniversaire de ma petite vérole, je me porterai bien ; mais, en attendant, je suis plus mal que je n'aie jamais été. Il m'est impossible de sortir de Paris dans l'état où je suis. Je passe ma vie dans mon petit appartement ; j'y suis presque toujours seul, j'y adoucis mes maux par un travail qui m'amuse sans me fatiguer, et par la patience avec laquelle je souffre. Je fis l'effort, ces jours passés, d'aller à la comédie du *Passé*,

---

1. On voit par cette correspondance que M. Thiriot refusa d'abord la place de secrétaire d'ambassade du duc de Richelieu, puis l'accepta et enfin la refusa tout à fait, en donnant pour motif qu'il ne voulait se séparer de Voltaire. Mais il est douteux que Thiriot ait été mu par un sentiment aussi délicat. Son apathie naturelle l'aura empêché d'accepter un poste pour lequel il fallait se déplacer et changer son train de vie habituel.

du *Présent* et de l'*Avenir* [1]; c'est Legrand qui en est l'auteur. Cela ne vaut pas le diable ; mais cela réussira, parce qu'il y a des danses et de petits enfants. Jamais la comédie n'a été si à la mode. Le public se divertit autant de la petite troupe, qui est restée à Paris, que le roi s'ennuie de la grande, qui est à Fontainebleau.

Dites un peu à Mme de Bernières qu'elle devrait bien m'écrire. Je sais qu'on peut se lasser à la fin d'avoir un ami comme moi, qu'il faut toujours consoler. On se dégoûte insensiblement des malheureux. Je ne serai donc point surpris quand, à la longue, l'amitié de Mme de Bernières s'affaiblira pour moi ; mais dites-lui que je lui suis plus attaché qu'un homme plus sain que moi ne le peut être, et que je lui promets pour cet hiver de la santé et de la gaieté.

Il n'y a nulles nouvelles ici ; mais à la Saint-Martin je crois qu'on saura de mes nouvelles dans Paris.

A M. DE CIDEVILLE,

CONSEILLER AU PARLEMENT DE ROUEN.

A quel misérable état faut-il que je sois réduit, de ne pouvoir répondre que de méchante prose aux vers charmants que vous m'avez envoyés ? Les souffrances dont je suis accablé ne me donnent pas un moment de relâche, et à peine ai-je la force de vous écrire. *Laudantur ubi non sunt, cruciantur ubi sunt.* Vous me prenez à votre avantage, mon cher Cideville ; mais si jamais j'ai de la santé, je vous réponds que vous aurez des épîtres en vers à votre tour. L'amitié et l'estime me les dicteront et me tiendront lieu du peu de génie poétique que j'avais autrefois, et qui m'a quitté pour aller vous trouver. Adieu, mon cher ami ; feu ma muse salue très-humblement la vôtre, qui se porte à merveille. Pardonnez à la maladie si je vous écris si peu de chose, et si je vous exprime si mal la tendre amitié que j'ai pour vous. Je salue les bonnes gens qui voudront se souvenir de moi.

1. *Le Triomphe du Temps*, comédie en trois actes, représentée pour la première fois le 18 octobre 1724.

A M. L'ABBÉ NADAL

(SOUS LE NOM DE THIRIOT).

Paris, 20 mars 1725.

Tout le monde admire, monsieur l'abbé, la grandeur de votre courage, qui ne peut être ébranlé que par les injustes sifflets dont la cabale du public vous opprime depuis quarante ans. Pour châtier ce public séditieux, vous avez en même temps fait jouer votre *Mariamne* et fait débiter votre livre des *Vestales :* pour dernier trait, vous faites imprimer votre tragédie.

Je viens de lire la préface de cet inimitable ouvrage; vous y dites beaucoup de bien de vous, et beaucoup de mal de M. de Voltaire et de moi. Je suis charmé de voir en vous tant d'équité et de modestie; et c'est ce qui m'engage à vous écrire avec confiance et avec sincérité.

Vous accusez M. de Voltaire d'avoir fait tomber votre tragédie *par une brigue horrible et scandaleuse.* Tout le monde est de votre avis, monsieur; personne n'ignore que M. de Voltaire a séduit l'esprit de tout Paris, pour vous faire bafouer à la première représentation et pour empêcher le public de revenir à la seconde. C'est par ses menées et par ses intrigues qu'on entend dire si *scandaleusement* que vous êtes le plus mauvais versificateur du siècle et le plus ennuyeux écrivain. C'est lui qui a fait berner vos *Vestales*[1], vos *Machabées,* votre *Saül* et votre *Hérode.* Il faut avouer que M. de Voltaire est un bien méchant homme, et que vous avez raison de le comparer à Néron, comme vous le faites si à propos dans votre belle préface.

Quelques personnes pourraient peut-être vous dire que la ressource des mauvais poëtes, monsieur l'abbé, a toujours été de se plaindre de la cabale; que Pradon, votre devancier, accusait M. Racine d'avoir fait

---

1. *Histoire des Vestales,* 1 vol. in-12. *Les Machabées* et *Antiochus,* dont il est fait mention dans le cours de cette lettre, sont la même pièce de théâtre; elle fut jouée en 1722; et imprimée en 1723. *Mariamne* fut jouée et imprimée en 1725.

tomber sa *Phèdre*, et que Debrie, à qui on prétend que vous ressemblez en tout si parfaitement,

> Pour disculper ses œuvres insipides,
> En accusait et le froid et le chaud :
> Le froid, dit-il, fit choir mes *Héraclides*[1],
> Et la chaleur fit tomber mon *Lourdaud*.
> Mais le public, qui n'est point en défaut,
> Et dont le sens s'accorde avec le nôtre,
> Dit à cela : Taisez-vous, grand nigaud ;
> C'est le froid seul qui fit choir l'un et l'autre.

On pourrait ajouter que personne ne peut avoir assez d'autorité pour empêcher le public de prendre du plaisir à une tragédie, et qu'il n'y a que l'auteur qui puisse avoir ce crédit, mais vous vous donnerez bien de garde d'écouter tous ces mauvais discours.

On dit même que ce n'est pas d'aujourd'hui que vous faites imprimer des préfaces pleines d'injures à la tête de vos tragédies sifflées. Quelques curieux se souviennent qu'il y a deux ans vous imputâtes à M. de La Motte et à ses amis la chute d'un certain *Antiochus*, et que vous accusâtes Mlle Lecouvreur, qui représentait votre premier rôle, d'avoir mal joué une fois en sa vie, de peur que vous ne fussiez applaudi une fois en la vôtre.

Il est vrai pourtant, et j'en suis témoin, qu'à la première représentation de votre *Marianne* il y avait une cabale dans le parterre ; elle était composée de plusieurs personnes de distinction, de vos amis, qui, pour vingt sols par tête, étaient venus vous applaudir. L'un d'eux même présentait publiquement des billets *gratis* à tout le monde ; mais quelques-uns de ses partisans, ennuyés malheureusement de votre pièce, rendaient publiquement l'argent, en disant : « Nous aimons mieux payer et siffler comme les autres. »

Je vous épargne mille petits détails de cette espèce, et je me hâte de répondre aux choses obligeantes que vous avez imprimées sur mon compte.

Vous dites que je suis intimement attaché à M. de Voltaire, et c'est

---

1. Cette épigramme de J.-B. Rousseau, la douzième du livre III, dirigée d'abord contre Debrie, le fut ensuite contre Danchet, auteur, comme lui, d'une mauvaise tragédie des *Héraclides*. Elle fut jouée en décembre 1719.

à cela que je me suis reconnu. Oui, monsieur, je lui suis tendrement dévoué par estime, par amitié, par reconnaissance.

Vous dites que je récite ses vers souvent : c'est la différence, monsieur l'abbé, qui doit être entre les amis de M. de Voltaire et les vôtres, si vous en avez.

Vous m'appelez facteur de bel esprit ; je n'ai rien de bel esprit, je vous jure : je n'écris en prose que dans les occasions pressantes, jamais en vers ; et l'on sait que je ne suis pas poëte, non plus que vous, mon cher abbé.

Vous me reprochez de rapporter à M. de Voltaire les avis du public ; j'avoue que je lui apprends avec sincérité les critiques que j'entends faire de ses ouvrages, parce que je sais qu'il aime à se corriger et qu'il ne répond jamais aux mauvaises satires que par le silence, comme vous l'éprouvez heureusement ; et aux bonnes critiques, par une grande docilité.

Je crois donc lui rendre un vrai service en ne lui célant rien de ce qu'on dit de ses productions. Je suis persuadé que c'est ainsi qu'il en faut user avec tous les auteurs raisonnables ; et je veux bien même faire ici, par charité pour vous, ce que je fais souvent par estime et par amitié pour lui.

Je ne vous cacherai donc rien de tout ce que j'entendais dire de vous lorsqu'on jouait votre *Mariamne*. Tout le monde y reconnut votre style ; et quelques mauvais plaisants, qui se ressouvenaient que vous étiez l'auteur des *Machabées*, d'*Hérode* et de *Saül*, disaient que vous aviez mis l'ancien *Testament* en vers burlesques : ce qui est vraiment *horrible et scandaleux*.

Il y en avait qui, ayant aperçu les gens que vous aviez apostés pour vous applaudir, et les archers que vous aviez mis en sentinelle dans le parterre, où ils étaient forcés d'entendre vos vers, disaient :

<blockquote>
Pauvre Nadal, à quoi bon tant de peine ?
Tu serais bien sifflé sans tout cela.
</blockquote>

D'autres citaient les satires de M. Rousseau, dans lesquelles vous tenez si dignement la place de l'abbé Pic.

Enfin, monsieur, il n'y avait ni grand ni petit qui ne vous accablât de ridicule, et moi, qui suis naturellement bon, je sentais une vraie peine de voir un vieux prêtre si indignement vilipendé par la multitude. J'en ai encore de la compassion pour vous, malgré les injures que vous me dites, et même malgré vos ouvrages ; et je vous assure que je suis du meilleur de mon cœur tout à vous,

TIRIOT [1].

A MADAME LA PRÉSIDENTE DE BERNIÈRES.

A Paris, ce 23 juillet 1725.

Depuis que je ne vous ai écrit, une foule d'affaires m'est survenue. La moindre est le procès que je renouvelle contre le testament de mon père. Les peines que je me donne tous les jours m'ont bientôt ôté le peu de santé que l'espérance de vous voir m'avait rendu. Je mène ici une vie de damné, tandis que Thiriot et vous vous avez l'air d'être dans les limbes à votre campagne. Il n'y a plus d'apparence que je revoie La Rivière-Bourdet. Voilà qui est fait ; il n'y a point de repos pour moi jusqu'à l'impression de *Henri IV*. Je ne vous dirai point combien la situation où je me trouve est douloureuse. Vous n'êtes pas assez fâchée de vivre sans moi pour que je vous montre toute mon affliction. Je vous prie seulement de me rendre un petit service dans votre ville de Rouen. Un de vos coquins d'imprimeurs a imprimé depuis peu *Mariamne* ; j'en ai un exemplaire entre les mains. Si, par le moyen de M. Thiriot, je pouvais savoir quel est l'imprimeur qui m'a joué ce tour, j'en ferais incessamment saisir les exemplaires. Il peut mieux que personne être informé de cela. Je ne lui écris point pour l'en prier ; car je compte que c'est tout un d'écrire à vous ou à lui ; et d'ailleurs, en vérité, je n'ai pas un moment de temps. Qu'il me pardonne donc ma négligence, et qu'il ait la bonté, quand il ira à Rouen, de dénicher un peu le faquin qui a donné ma *Mariamne*. Elle est pleine de fautes grossières et de vers qui ne sont point de moi ; j'en suis dans une colère de père qui voit ses enfants maltraités, et cela m'oblige de faire imprimer ma *Mariamne* plus tôt que je ne l'avais résolu, et dans un temps très-peu favorable. Il pleut des vers à Paris.

1. Cette pièce est tirée des manuscrits de M. Antoine, artiste sculpteur. Il est à remarquer que M. de Voltaire a écrit toute sa vie *Tiriot* le nom de *Thiriot* ou *Thieriot*, son ami d'enfance.

M. de Lamotte veut absolument faire jouer son *OEdipe*; M. de Fontenelle fait des comédies tous les jours. Tout le monde fait des poëmes épiques; j'ai mis les poëmes à la mode, comme Langlée y avait mis les falbalas. Si vous voulez des nouvelles, messieurs du clergé refusent de payer le cinquantième, et je m'imagine que sur cela la noblesse et le tiers état pourront bien penser de même. Les dames du palais partent demain, à l'exception de Mme la maréchale de Villars, qui est retenue par une perte de sang. Mme de Prie a pris les devants avec Mme de Tallard, et avant de partir m'a donné un ordre pour le concierge de sa maison de Fontainebleau, où j'ai un appartement cet automne. Je verrai le mariage de la reine; je ferai des vers pour elle, si elle en vaut la peine. J'en ferais plus volontiers pour vous, si vous m'aimiez. Voilà le papier qui me manque. Adieu; je vous aime de tout mon cœur.

A MADAME LA PRÉSIDENTE DE BERNIÈRES.

A Paris, à la comédie, ce 20 auguste 1725.

Depuis un mois entier je suis entouré de procureurs, de charlatans, d'imprimeurs et de comédiens. J'ai voulu tous les jours vous écrire, et n'en ai pas encore trouvé le moment. Je me réfugie actuellement dans une loge de comédienne pour me livrer au plaisir de m'entretenir avec vous, pendant qu'on joue *Mariamne* et *l'Indiscret* pour la seconde fois. Cette petite pièce fut représentée avant-hier samedi avec assez de succès; mais il me parut que les loges étaient encore plus contentes que le parterre. Dancourt et Legrand ont accoutumé le parterre au bas comique et aux grossièretés, et insensiblement le public s'est formé le préjugé que de petites pièces en un acte doivent être des farces pleines d'ordures, et non pas des comédies nobles où les mœurs soient respectées. Le peuple n'est pas content quand on ne fait rire que l'esprit; il faut le faire rire tout haut, et il est difficile de le réduire à aimer mieux des plaisanteries fines que des équivoques fades, et à préférer Versailles à la rue Saint-Denis. *Mariamne* est enfin imprimée de ma façon, après trois éditions subreptices qui en ont paru coup sur coup.

Ah! ma chère présidente, qu'avec tout cela je suis quelquefois de mauvaise humeur de me trouver seul dans ma chambre et de sentir que vous êtes à trente lieues de moi! Vous devez être dans le pays de Cocagne. M. l'abbé d'Amfreville, avec son ventre de prélat et son visage de chérubin, ne ressemble pas mal au roi de Cocagne. Je m'imagine que vous faites des soupers charmants; que l'imagination vive et féconde de Mme du Deffand et celle de M. l'abbé d'Amfreville en donnent à notre ami Thiriot, et qu'enfin tous vos moments sont délicieux. M. le chevalier Desalleurs est-il encore avec vous? Il m'avait dit qu'il y resterait tant qu'il y trouverait du plaisir : je juge qu'il y demeurera longtemps.

Adieu ; je pars incessamment pour Fontainebleau ; conservez-moi toujours bien de l'amitié. Adieu, adieu.

A MADAME LA PRÉSIDENTE DE BERNIÈRES.

A Fontainebleau, ce vendredi 17 septembre 1725.

Pendant que Louis XV et Marie-Sophie-Félicité de Pologne sont, avec toute la cour, à la comédie italienne, moi, qui n'aime point du tout ces pantalons étrangers, et qui vous aime de tout mon cœur, je me renferme dans ma chambre pour vous mander les balivernes de ce pays-ci, que vous avez peut-être quelque curiosité d'apprendre. M. de La Vrillière[1] vient de mourir cette nuit à Fontainebleau, et M. le maréchal de Grammont est mort à Paris à la même heure. Ils ont assurément bien mal pris leur temps tous deux ; car, au milieu de tout le tintamarre du mariage du roi, leurs morts ne feront pas le moindre petit bruit.

Ces jours passés le carrosse de M. le prince de Conti[2] renversa en passant le pauvre Martinot, horloger du roi, qui fut écrasé sous les roues, et mourut sur-le-champ. On ne prendra pas plus garde à la mort de MM. de La Vrillière et de Grammont qu'à celle de Martinot, à moins que

---

1. Le maréchal de Grammont mourut le 16 septembre 1725, et le marquis de la Vrillière dans la nuit du 16 au 17. Aussi cette lettre de Voltaire, datée du 7 septembre dans l'édition de Kehl, doit l'être du 17.
2. Louis-Armand de Bourbon, prince de Conti, mort en 1727, dans sa trente-deuxième année.

quelqu'un n'ose demander, malgré les survivances, la place de secrétaire d'état et celle de colonel des gardes. Cependant on fait tout ce qu'on peut ici pour réjouir la reine.

La reine fait très-bonne mine, quoique sa mine ne soit point du tout jolie. Tout le monde est enchanté ici de sa vertu et de sa politesse. La première chose qu'elle a faite a été de distribuer aux princesses et aux dames du palais toutes les bagatelles magnifiques qu'on appelle sa corbeille : cela consistait en bijoux de toute espèce, hors des diamants. Quand elle vit la cassette où tout cela était arrangé : « Voilà, dit-elle, la première fois de ma vie que j'ai pu faire des présents. » Elle avait un peu de rouge le jour du mariage, autant qu'il en faut pour ne pas paraître pâle. Elle s'évanouit un petit instant dans la chapelle, mais seulement pour la forme. Il y eut le même jour comédie. J'avais préparé un petit divertissement que M. de Mortemart ne voulut point faire exécuter. On donna à la place *Amphitryon* et *le Médecin malgré lui*, ce qui ne parut pas trop convenable. Après le souper il y eut un feu d'artifice avec beaucoup de fusées, et très-peu d'invention et de variété. Au reste c'est ici un bruit, un fracas, une presse, un tumulte épouvantable. Je me garderai bien, dans ces premiers jours de confusion, de me faire présenter à la reine ; j'attendrai que la foule soit écoulée, et que sa majesté soit un peu revenue de l'étourdissement que tout ce sabbat doit lui causer; alors je tâcherai de faire jouer *OEdipe* et *Mariamne* devant elle ; je lui dédierai l'un et l'autre : elle m'a déjà fait dire qu'elle serait bien aise que je prisse cette liberté. Le roi et la reine de Pologne, car nous ne connaissons plus ici le roi Auguste, m'ont fait demander le poëme de *Henri IV*, dont la reine a déjà entendu parler avec quelque éloge ; mais il ne faut ici se presser sur rien. La reine va être fatiguée incessamment des harangues des compagnies souveraines ; ce serait trop que de la prose et des vers en même temps. J'aime mieux que sa majesté soit ennuyée par le parlement et par la chambre des comptes que par moi.

Vous, qui êtes reine à La Rivière, mandez-moi, je vous en prie, si vous êtes toujours bien contente dans votre royaume. Je vous assure que je préfère bien dans mon cœur votre cour à celle-ci, surtout depuis qu'elle est ornée de Mme du Deffand et de M. l'abbé d'Amfreville. Je vous aime tendrement et vous embrasse mille fois. Adieu.

A MADAME LA PRÉSIDENTE DE BERNIÈRES.

A Fontainebleau, le 8 octobre 1725.

Je viens de recevoir une lettre sans date de notre ami Thiriot, par laquelle il me mande que vous avez été malade, sans m'en spécifier le temps. Je vous assure que je me trouve bien malheureux de n'avoir pu être auprès de vous. Ce qu'on appelle si faussement les plaisirs de la cour ne vaut pas la satisfaction de consoler ses amis. Soyez sûre qu'il m'est plus doux de partager vos souffrances que de faire ici ma cour à notre nouvelle reine. J'ai été quelque temps sans vous écrire, parce que je n'ai pas ici un moment à moi. Il a fallu faire jouer *OEdipe*, *Mariamne* et *l'Indiscret*. J'ai été quelque temps à Belebat avec Mme de Prie. D'ailleurs je me suis trouvé presque toujours en l'air, maudissant la vie de courtisan, courant inutilement après une petite fortune qui semblait se présenter à moi, et qui s'est enfuie bien vite dès que j'ai cru la tenir, regrettant à mon ordinaire vous, vos amis et votre campagne, ayant bien de l'humeur et n'osant en montrer, voyant bien des ridicules et n'osant les dire, n'étant pas mal auprès de la reine, très-bien avec Mme de Prie, et tout cela ne servant à rien qu'à me faire perdre mon temps et à m'éloigner de vous. Je vais dans ce moment chercher M. de Gervasi; et, s'il va à La Rivière-Bourdet, je vais bien envier sa destinée. Je vous avertis d'avance, ma chère reine, que M. de Gervasi et tous les médecins de la faculté vous seront inutiles si vous n'avez pas un régime exact, et qu'avec ce régime vous pourrez vous passer d'eux à merveille. Mettez la main sur la conscience, et avouez que vous avez été quelquefois un peu gourmande. C'est un vilain vice auquel je vous ai vue très-adonnée.

Thiriot m'a écrit que votre maudit rhumatisme vous a quittée ; mais n'a-t-il laissé nulle impression ? Vos yeux ont-ils beaucoup souffert ? êtes-vous parfaitement guérie ? pourquoi faut-il que vous me négligiez assez pour me laisser ignorer l'état où vous avez été et celui où vous êtes ? Je passai hier tout le soir avec Mme de Lusbourg [1] à parler de vous.

---

1. C'est sans doute la comtesse de Lutzelbourg, à laquelle Voltaire a écrit beaucoup de lettres.

Elle vous aime de tout son cœur; elle pense comme moi; elle aimerait bien mieux être à La Rivière qu'à Fontainebleau. La pauvre femme sèche ici sur pied. On a brûlé sa maison, et on ne parle pas encore de la dédommager. Cela doit apprendre aux particulières à se piquer un peu moins de loger chez elle des reines. Mme de Lusbourg demande justice et ne l'obtient point. Jugez ce qu'il arrivera de moi, chétif, qui ne suis ici que pour demander des grâces. Ah! madame, je ne suis pas ici dans mon élément; ayez pitié d'un pauvre homme qui a abandonné La Rivière-Bourdet, sa patrie, pour un pays étranger. Insensé que je suis! Je pars dans deux jours, avec M. le duc d'Antin, pour aller à Bellegarde voir le roi Stanislas; car il n'y a sottise dont je ne m'avise. De là je retourne à Belebat une seconde fois, avec Mme de Prie. Ce sera dans ce temps-là à peu près que mes affaires seront finies ou manquées. Je ne vous promets plus de venir à La Rivière; mais seriez-vous bien étonnée si vous m'y voyiez arriver les premiers jours de novembre? Je vous jure que je n'ai jamais eu plus d'envie de vous voir. Je songe à vous au milieu des occupations, des inquiétudes, des craintes, des espérances qui agitent tout le monde en ce pays-ci; mais vous m'oubliez dans votre oisiveté; vous avez raison: quand on est avec Mme du Deffand et M. l'abbé d'Amfreville, il n'y a personne qu'on ne puisse oublier. Je les assure de mes très-humbles respects, aussi bien que le maître de la maison. Adieu, ma chère reine; comptez sur ma respectueuse et tendre amitié pour toute ma vie.

A M. THIRIOT.

A Fontainebleau, ce 17 octobre 1725.

Je mérite encore mieux vos critiques que *Mariamne*, mon cher Thiriot. Un homme qui reste à la cour au lieu de vivre avec vous est le plus condamnable des humains, ou plutôt le plus à plaindre. J'ai eu la sottise d'abandonner mes talents et mes amis pour des fumées de cour, pour des espérances imaginaires. Je viens d'écrire sur cela une longue jérémiade à Mme de Bernières. Vous auriez bien dû ne pas attendre si tard à m'informer des nouvelles de sa santé. Réparez cela en m'écrivant souvent, et surtout en l'empêchant de manger trop.

En vérité, mon cher Thiriot, si Mme de Bernières veut garder un régime exact, je suis sûr qu'elle se portera à merveille. Mettez-lui bien cela dans la tête, et qu'elle renonce à la gourmandise et à la médecine. J'ai déjà abandonné tout à fait la dernière, et m'en trouve bien. Si je puis prendre sur moi de me passer de tourtes et de sucreries, comme je me passe de Gervasi, d'Helvétius et de Silva, je serai aussi gras que vous incessamment.

J'ai vu ici un moment le chevalier Desalleurs, qui vint monter sa garde et qui s'enfuit bien vite après. Je ne me portais pas trop bien dans ce temps-là : à peine eus-je le temps de lui demander des nouvelles de La Rivière; il m'échappa comme un éclair. Mandez-moi s'il est encore avec vous autres, et s'il jouit de la béatitude tranquille où vous êtes depuis trois mois.

J'ai été ici très-bien reçu de la reine. Elle a pleuré à *Mariamne*, elle a ri à *l'Indiscret*; elle me parle souvent; elle m'appelle *mon pauvre Voltaire*. Un sot se contenterait de tout cela; mais malheureusement j'ai pensé assez solidement pour sentir que des louanges sont peu de chose, et que le rôle d'un poëte à la cour traîne toujours avec lui un peu de ridicule, et qu'il n'est pas permis d'être en ce pays-ci sans aucun établissement. On me donne tous les jours des espérances dont je ne me repais guère. Vous ne sauriez croire, mon cher Thiriot, combien je suis las de ma vie de courtisan. *Henri IV* est bien sottement sacrifié à la cour de Louis XV. Je pleure les moments que je lui dérobe. Le pauvre enfant devrait déjà paraître *in-4°* en beau papier, belle marge, beau caractère. Ce sera sûrement pour cet hiver, quelque chose qui arrive. Vous trouverez, je crois, cet ouvrage un peu autrement travaillé que *Mariamne*. L'épique est mon fait, ou je suis bien trompé, et il me semble qu'on marche bien plus à son aise dans une carrière où on a pour rival un Chapelain, La Motte et Saint-Didier, que dans celle où il faut tâcher d'égaler Racine et Corneille. Je crois que tous les poëtes du monde se sont donné rendez-vous à Fontainebleau. Saint-Didier a apporté son *Clovis* à la reine, avec une épître en vers du même style. Roi vient se proposer pour des ballets. La reine est tous les jours assassinée d'odes pindariques, de sonnets, d'épîtres et d'épithalames. Je m'imagine qu'elle a pris les poëtes pour les fous de la cour; et, en ce cas, elle a grande raison; car c'est une grande folie à un homme de lettres d'être ici. Ils ne donnent du plaisir ni n'en reçoivent. Adieu. Savez-vous que M. le duc de Nevers[1] s'est battu avec M. le comte de Brancas dans la salle des gardes de la reine d'Espagne? Voilà les seules nouvelles que je sache. Tout ce qui se passe ici est si simple, si uni, si ennuyeux, qu'il n'y a pas moyen d'en parler. Adieu; je vous embrasse et vous aime.

A MADAME LA PRÉSIDENTE DE BERNIÈRES.

A Fontainebleau, ce 18 octobre 1725.

Gervasi va partir pour vous aller voir ; j'en voudrais bien faire autant, mais jamais mon goût n'a décidé de ma conduite. Je me flatte qu'il vous trouvera en bonne santé, et que ce sera un voyage d'ami plutôt que de médecin. Il vous dira toutes les petites nouvelles de la cour, dont je ne vous parle point. Ne m'en sachez pas mauvais gré. J'aime bien mieux, quand je vous écris, vous parler de vous que de ce qui se passe ici. Je suis bien plus inquiet de votre santé, et plus occupé de ce qui vous regarde, que de toutes les tracasseries de Fontainebleau. Je vais demain à Bellegarde ; je vous en prie, que je retrouve une lettre de vous à mon retour. Mlle Lecouvreur, qui, je crois, vous écrit souvent, me charge encore de vous assurer de ses respects. Elle réussit ici à merveille. Elle a enterré la Duclos. La reine lui a donné hautement la la préférence. Elle oublie, au milieu de ses triomphes, qu'elle me hait. N'allez pas oublier, au milieu de vos rhumatismes, que vous m'avez aimé, et rompez un peu le silence que vous gardez avec moi, ou du moins faites-moi écrire par votre chancelier; surtout faites-moi savoir combien de temps vous resterez encore à La Rivière. Permettez-moi de saluer tous ceux qui y sont, et d'envier leur destinée ; je n'ose dire de venir la partager, car vous ne m'en croiriez pas; mais si vous restez encore un mois ou six semaines, je viendrai assurément ; mais au nom de Dieu,

---

1. Philippe-Jules-François Mazarin-Mancini, mort en 1768; père du Nivernais.

conservez votre santé; elle dépend de vous, je vous le répète encore, beaucoup plus que de tous les médecins du monde. Soyez sobre, et votre santé sera aussi bonne qu'elle m'est chère.

A MADAME LA PRÉSIDENTE DE BERNIÈRES.

A Fontainebleau, 13 novembre 1725.

La reine vient de me donner, sur sa cassette, une pension de quinze cents livres, que je ne demandais pas : c'est un acheminement pour obtenir les choses que je demande. Je suis très-bien avec le second premier ministre, M. Duverney. Je compte sur l'amitié de Mme de Prie. Je ne me plains plus de la vie de la cour; je commence à avoir des espérances raisonnables d'y pouvoir être quelquefois utile à mes amis; mais si vous êtes encore gourmande et si vous avez encore vos maux d'estomac et vos maux d'yeux, je suis bien loin de me trouver un homme heureux. S'il est vrai que vous restiez à votre campagne jusqu'à la fin de décembre, ayez la bonté de m'en assurer et de ne pas donner toutes les chambres de La Rivière. Les agréments que l'on peut avoir dans le pays de la cour ne valent pas les plaisirs de l'amitié; et La Rivière, à tous égards, me sera toujours plus chère que Fontainebleau. Permettez-moi d'adresser ici un petit mot à notre ami Thiriot.

Ne croyez pas, mon cher Thiriot, que je sois aussi dégoûté de *Henri IV* que vous le paraissez de *Marianne*. Je viens de mettre en vers, dans le moment, feu M. le duc d'Orléans et son système avec Law. Voyez si tout cela vous paraît bien dans son cadre, et si notre sixième [1] chant n'en sera point déparé. Songez qu'il m'a fallu parler noblement de cet excès d'extravagance, et blâmer M. le duc d'Orléans sans que mes vers eussent l'air de satire.

Je dis, en parlant de ce prince,

. . . .
D'un sujet et d'un maître il a tous les talents [2];

---

1. Actuellement le septième.
2. Ces vers ne paraissent plus dans *la Henriade;* on les a rétablis dans les variantes.

Malheureux toutefois dans le cours de sa vie
D'avoir reçu du ciel un si vaste génie.
Philippe, garde-toi des prodiges pompeux
Qu'on offre à ton esprit trop plein du merveilleux.
Un Écossais arrive et promet l'abondance,
Il parle, il fait changer la face de la France.
Des trésors inconnus se forment sous ses mains :
L'or devient méprisable aux avides humains.
Le pauvre, qui s'endort au sein de l'indigence,
Des rois à son réveil égale l'opulence.
Le riche en un moment voit fuir devant ses yeux
Tous les biens qu'en naissant il eut de ses aïeux.
Qui pourra dissiper ces funestes prestiges, etc.

Je crois que l'on ne pouvait pas parler plus modérément du système, mais je ne sais si j'en ai parlé assez poétiquement; nous en raisonnerons, à ce que j'espère, à La Rivière. La cour m'a peut-être ôté un peu de feu poétique. Je viendrai le reprendre avec vous. Soyez toujours moins en peine de mon cœur que de mon esprit. Je cesserai plutôt d'être poëte que d'être l'ami de Thiriot.

A M. M***,

MINISTRE DU DÉPARTEMENT DE PARIS.

1726.[1]

Je remontre très-humblement que j'ai été assassiné par le brave chevalier de Rohan, assisté de six coupe-jarrets, derrière lesquels il était hardiment posté. J'ai toujours cherché depuis ce temps à réparer, non mon honneur, mais le sien, ce qui était trop difficile.

Si je suis venu dans Versailles, il est très-faux que j'aie fait demander le chevalier de Rohan-Chabot chez M. le cardinal de Rohan. Il est très-aisé de prouver le contraire, et je consens à rester toute ma vie à la Bastille, si j'en impose.

1. Ce billet est du 28 mars au 17 avril.

A M. THIRIOT.

Le 12 auguste 1726.

J'ai reçu bien tard, mon cher Thiriot, une lettre de vous, du 11 du mois de mai dernier. Vous m'avez vu bien malheureux à Paris. La même destinée m'a poursuivi partout. Si le caractère des héros de mon poëme est aussi bien soutenu que celui de ma mauvaise fortune, mon poëme assurément réussira mieux que moi. Vous me donnez par votre lettre des assurances si touchantes de votre amitié, qu'il est juste que j'y réponde par de la confiance. Je vous avouerai donc, mon cher Thiriot, que j'ai fait un petit voyage à Paris, depuis peu. Puisque je ne vous y ai point vu, vous jugerez aisément que je n'ai vu personne. Je ne cherchais qu'un seul homme[1] que l'instinct de sa poltronnerie a caché de moi, comme s'il avait deviné que je fusse à sa piste. Enfin la crainte d'être découvert m'a fait partir plus précipitamment que je n'étais venu. Voilà qui est fait, mon cher Thiriot; il y a grande apparence que je ne vous reverrai plus de ma vie. Je suis encore très-incertain si je me retirerai à Londres. Je sais que c'est un pays où les arts sont tous honorés et récompensés, où il y a de la différence entre les conditions, mais point d'autre entre les hommes que celle du mérite. C'est un pays où on pense librement et noblement, sans être retenu par aucune crainte servile. Si je suivais mon inclination, ce serait là que je me fixerais, dans l'idée seulement d'apprendre à penser. Mais je ne sais si ma petite fortune, très-dérangée par tant de voyages, ma mauvaise santé, plus altérée que jamais, et mon goût pour la plus profonde retraite me permettront d'aller me jeter au travers du tintamarre de Whitehall et de Londres. Je suis très-bien recommandé en ce pays-là, et on m'y attend avec assez de bonté; mais je ne puis pas vous répondre que je fasse le voyage. Je n'ai plus que deux choses à faire dans ma vie : l'une, de la hasarder avec honneur dès que je le pourrai; et l'autre, de la finir dans

---

1. Le chevalier de Rohan.

l'obscurité d'une retraite qui convient à ma façon de penser, à mes malheurs et à la connaissance que j'ai des hommes.

J'abandonne de bon cœur mes pensions du roi et de la reine ; le seul regret que j'aie est de n'avoir pu réussir à vous les faire partager. Ce serait une consolation pour moi dans ma solitude de penser que j'aurais pu, une fois en ma vie, vous être de quelque utilité ; mais je suis destiné à être malheureux de toutes façons. Le plus grand plaisir qu'un honnête homme puisse ressentir, celui de faire plaisir à ses amis, m'est refusé.

Je ne sais comment Mme de Bernières pense à mon égard.

> Prendrait-elle le soin de rassurer mon cœur
> Contre la défiance attachée au malheur ?
> (*Mithridate.*)

Je respecterai toute ma vie l'amitié qu'elle a eue pour moi, et je conserverai celle que j'ai pour elle. Je lui souhaite une meilleure santé, une fortune rangée, bien du plaisir, et des amis comme vous. Parlez-lui quelquefois de moi. Si j'ai encore quelques amis qui prononcent mon nom devant vous, parlez de moi sobrement avec eux, et entretenez le souvenir qu'ils veulent bien me conserver.

Pour vous, écrivez-moi quelquefois, sans examiner si je fais exactement réponse. Comptez sur mon cœur plus que sur mes lettres.

Adieu, mon cher Thiriot ; aimez-moi malgré l'absence et la mauvaise fortune.

A MADEMOISELLE BESSIÈRES.

A Wandsworth, le 15 octobre 1726.

Je reçois, mademoiselle, en même temps une lettre de vous, du 10 septembre, et une de mon frère, du 12 août. La retraite ignorée où j'ai vécu depuis deux mois, et mes maladies continuelles, qui m'ont empêché d'écrire à mon correspondant de Calais, sont cause que ces lettres ont tardé si longtemps à venir jusqu'à moi. Tout ce que vous m'écrivez m'a percé le cœur. Que puis-je vous dire, mademoiselle, sur la mort de ma sœur, sinon qu'il eût mieux valu pour ma famille et pour moi que j'eusse été enlevé à sa place? Ce n'est point à moi à vous parler du peu de cas que l'on doit faire de ce passage si court et si difficile qu'on appelle la vie. Vous avez sur cela des notions plus lumineuses que moi, et puisées dans des sources plus pures. Je ne connais que les malheurs de la vie, mais vous en connaissez les remèdes, et la différence de vous à moi est du malade au médecin.

Je vous supplie, mademoiselle, d'avoir la bonté de remplir jusqu'au bout le zèle charitable que vous daignez avoir pour moi en cette occasion douloureuse : ou engagez mon frère à me donner sans différer un seul moment des nouvelles de sa santé, ou donnez-m'en vous-même. Il ne vous reste plus que lui de toute la famille de mon père, que vous avez regardée comme la vôtre. Pour moi, il ne faut plus me compter. Ce n'est pas que je ne vive encore pour le respect et l'amitié que je vous dois; mais je suis mort pour tout le reste. Vous avez grand tort, permettez-moi de vous le dire avec tendresse et avec douleur, vous avez grand tort 'de soupçonner que je vous aie oubliée. J'ai bien fait des fautes dans le cours de ma vie. Les amertumes et les souffrances qui en ont marqué presque tous les jours ont été souvent mon ouvrage. Je sens le peu que je vaux; mes faiblesses me font pitié, et mes fautes me font horreur. Mais Dieu m'est témoin que j'aime la vertu, et qu'ainsi je vous suis tendrement attaché pour toute ma vie.

Adieu; je vous embrasse, permettez-moi ce terme, avec tout le respect et toute la reconnaissance que je dois à Mlle Bessières.

A MADAME LA PRÉSIDENTE DE BERNIÈRES.

A Londres, 16 octobre 1726.

Je n'ai reçu qu'hier, madame, votre lettre du 3 de septembre dernier. Les maux viennent bien vite, et les consolations bien tard. C'en est une pour moi très-touchante que votre souvenir : la profonde solitude où je suis retiré ne m'a pas permis de la recevoir plus tôt. Je viens à Londres pour un moment; je profite de cet instant pour avoir le plaisir de vous écrire, et je m'en retourne sur-le-champ dans ma retraite.

Je vous souhaite, du fond de ma tanière, une vie heureuse et tranquille, des affaires en bon ordre, un petit nombre d'amis, de la santé et un profond mépris pour ce qu'on appelle vanité. Je vous pardonne d'avoir été à l'Opéra avec le chevalier de Rohan, pourvu que vous en ayez senti quelque confusion.

Réjouissez-vous le plus que vous pourrez à la campagne et à la ville. Souvenez-vous quelquefois de moi avec vos amis, et mettez la constance dans l'amitié au nombre de vos vertus. Peut-être que ma destinée me rapprochera un jour de vous. Laissez-moi espérer que l'absence ne m'aura point entièrement effacé dans votre idée, et que je pourrai retrouver dans votre cœur une pitié pour mes malheurs, qui du moins ressemblera à l'amitié.

La plupart des femmes ne connaissent que les passions ou l'indolence, mais je crois vous connaître assez pour espérer de vous de l'amitié.

Je pourrai bien revenir à Londres incessamment, et m'y fixer. Je ne l'ai encore vu qu'en passant. Si à mon arrivée j'y trouve une lettre de vous, je m'imagine que j'y passerai l'hiver avec plaisir, si pourtant ce mot de plaisir est fait pour être prononcé par un malheureux comme moi. C'était à ma sœur à vivre, et à moi à mourir; c'est une méprise de la destinée. Je suis douloureusement affligé de sa perte : vous connaissez mon cœur, vous savez que j'avais de l'amitié pour elle. Je croyais bien que ce serait elle qui porterait le deuil de moi. Hélas! madame, je suis plus mort qu'elle pour le monde, et peut-être pour vous. Ressouvenez-vous du moins que j'ai vécu avec vous. Oubliez tout de moi, hors les moments où vous m'avez assuré que vous me conserveriez toujours de l'amitié. Mettez ceux où j'ai pu vous mécontenter au nombre de mes malheurs, et aimez-moi par générosité.

Mon adresse, chez milord Bolingbroke, à Londres.

A M. THIRIOT.

2 février (vieux style) 1727.

Je reçus hier votre lettre du 26 janvier (*n. s.*); je vous avoue que je ne comprends pas comment vous n'avez reçu qu'un tome des *Voyages de Gulliver*; il y a près de trois mois que je chargeai M. Dussol des deux tomes pour vous. Vous étiez en ce temps-là en Normandie.

Ayant été trois mois sans recevoir de vous aucun signe de vie, je m'imaginais que vous traduisiez *Gulliver,* et je me consolais de votre silence par l'espérance d'une bonne traduction, qui, selon moi, vous aurait fait beaucoup d'honneur et de profit.

Vous me mandez que vous n'avez reçu de M. Dussol que le premier volume, et que vous n'avez pas voulu le traduire, dans l'incertitude d'avoir le second. A cela, mon cher ami, je vous répondrai que je vous aurais pu envoyer tous les livres d'Angleterre, en moins de temps que vous n'en pouviez mettre à traduire la moitié de *Gulliver*. Mais comment se peut-il faire que vous n'ayez différé votre traduction qu'à cause de ce second volume, qui vous manque, puisque vous me dites que vous n'avez lu que trois chapitres du premier tome? Si vous voulez remplir les vues dont vous me parlez, par la traduction d'un livre anglais, *Gulliver* est peut-être le seul qui vous convienne. C'est le Rabelais de l'Angleterre, comme je vous l'ai déjà mandé; mais c'est un Rabelais sans fatras, et ce livre serait amusant par lui-même, par les imaginations singulières dont il est plein, par la légèreté de son style, etc., quand il ne serait pas d'ailleurs la satire du genre humain.

J'ai à vous avertir que le second tome n'est pas à beaucoup près si agréable que le premier, qu'il roule sur des choses particulières à l'Angleterre et indifférentes à la France, et qu'ainsi j'ai bien peur que quelqu'un plus pressé que vous ne vous ait prévenu en traduisant le premier tome, qui est fait pour plaire à toutes les nations, et qui n'a rien de commun avec le second.

A l'égard de vous envoyer des livres pour une somme d'argent considérable, j'aimerais mieux que vous dépensassiez cet argent à faire le voyage.

Vous savez peut-être que les banqueroutes sans ressources que j'ai essuyées en Angleterre, le retranchement de mes rentes, la perte de mes pensions et les dépenses que m'ont coûté les maladies dont j'ai été accablé ici m'ont réduit à un état bien dur. Si Noël Pissot voulait me payer ce qu'il me doit, cela me mettrait en état, mon cher ami, de vous envoyer une partie de la petite bibliothèque dont vous avez besoin.

Si vous avez quelques heures de loisir, pourriez-vous vous transporter chez M. Dubreuil, cloître Saint-Merry, dans la maison de M. l'abbé Moussinot? Il est chargé de plusieurs billets de Ribou, de Pissot et de quelques autres que j'ai mis entre ses mains; il vous remettra lesdits billets sur cette lettre. Vous pouvez mieux que personne tirer quelque argent de ces messieurs, que vous connaissez. Si cela est trop difficile, et si ces messieurs profitent de mes malheurs et de mon absence pour ne me point payer, comme ont fait bien d'autres, il ne faut pas, mon cher enfant, vous donner des mouvements pour les mettre à la raison; ce n'est qu'une bagatelle. Le torrent d'amertume que j'ai bu fait que je ne prends pas garde à ces petites gouttes.

Si vous avez envie de voir des vers écrits avec quelque force, donnez-vous la peine d'aller chez M. de Maisons; il vous montrera une petite parcelle de morceaux détachés de *la Henriade*, que je lui envoyai il y a quelque temps en dépôt, parce que vous étiez au diable, et qu'on n'entendait point parler de vous.

Adieu, mon très-cher Thiriot; je vous embrasse mille fois.

A MADAME LA DUCHESSE DU MAINE.

1727.

Toutes les princesses malencontreuses qui furent jadis retenues dans des châteaux enchantés par des nécromans, eurent toujours beaucoup de bienveillance pour les pauvres chevaliers errants à qui même infortune était advenue. Ma Bastille, madame, est la très-humble servante de votre

Châlons; mais il y a une très-grande différence entre l'une et l'autre :

> Car à Châlons les Grâces vous suivirent,
> Les Jeux badins prisonniers s'y rendirent;
> Et tous ces enfants éperdus
> Furent bien surpris quand ils virent
> La Fermeté la Paix, et toutes les vertus
> Qui près de vous se réunirent.

Cet aimable assemblage, si précieux et si rare, vous asservit les cœurs de tous les habitants.

> On admira sur vos traces
> Minerve auprès de l'Amour.
> Ah! ne leur donnez plus ce Châlons pour séjour;
> Et que les Muses et les Grâces
> Jamais plus loin que Sceaux n'aillent fixer leur cour.

Vous avez, dit-on, madame, trouvé dans votre château le secret d'immortaliser un âne.

> Dans ces murs malheureux votre voix enchantée
> Ne put jamais charmer qu'un âne et les échos :
> On vous prendrait pour une Orphée;
> Mais vous n'avez point su, trop malheureuse fée,
> Adoucir tous les animaux.

Puissiez-vous mener désormais une vie toujours heureuse, et que la tranquillité de votre séjour de Sceaux ne soit jamais interrompue que par de nouveaux plaisirs! Les agréments seuls de votre esprit peuvent suffire à faire votre bonheur.

> Dans ses écrits le savant Malézieu
> Joignit toujours l'utile à l'agréable;
> On admira dans le tendre Chaulieu
> De ses chansons la grâce inimitable.
> Il vous fallait les perdre un jour tous deux,
> Car il n'est rien que le temps ne détruise ;
> Mais ce beau dieu qui les arts favorise,
> De ses présents vous enrichit comme eux,
> Et tous les deux vivent dans Ludovise.

A M***.

1727.

Je tombai hier par hasard sur un mauvais livre d'un nommé Dennis; car il y a aussi de méchants écrivains parmi les Anglais [1]. Cet auteur, dans une petite relation d'un séjour de quinze jours qu'il a fait en France, s'avise de vouloir faire le caractère de la nation qu'il a eu si bien le temps de connaître. Je vais, dit-il, vous faire un portrait juste et naturel des Français; et, pour commencer, je vous dirai que je les hais mortellement. Il m'ont, à la vérité, très-bien reçu et m'ont accablé de civilités; mais tout cela est pur orgueil : ce n'est pas pour nous faire plaisir qu'ils nous reçoivent si bien, c'est pour se plaire à eux-mêmes; c'est une nation bien ridicule! etc.

N'allez pas vous imaginer que tous les Anglais pensent comme ce M. Dennis, ni que j'aie la moindre envie de l'imiter en vous parlant, comme vous me l'ordonnez, de la nation anglaise.

Vous voulez que je vous donne une idée générale du peuple avec lequel je vis. Ces idées générales sont sujettes à trop d'exceptions; d'ailleurs un voyageur ne connaît d'ordinaire que très-imparfaitement le pays où il se trouve. Il ne voit que la façade du bâtiment; presque tous les dedans lui sont inconnus. Vous croiriez peut-être qu'un ambassadeur est toujours un homme fort instruit du génie du pays où il est envoyé, et pourrait vous en dire plus de nouvelles qu'un autre. Cela peut être vrai à l'égard des ministres étrangers qui résident à Paris, car ils savent tous la langue du pays; ils ont affaire à une nation qui se manifeste aisément; ils sont reçus, pour peu qu'ils le veuillent, dans toutes sortes de sociétés, qui toutes s'empressent à leur plaire, ils lisent nos livres, ils assistent à nos spectacles. Un ambassadeur de France, en Angleterre, est tout autre chose. Il ne sait, pour l'ordinaire, pas un mot d'anglais; il ne peut parler aux trois quarts de la nation que par interprète; il n'a pas la moindre idée des ouvrages faits dans la langue; il ne peut voir les spectacles, où les mœurs de la nation sont représentées. Le très-petit nombre de sociétés

1. Voltaire était alors exilé en Angleterre, et c'est de là qu'il écrit.

où il peut être admis sont d'un commerce tout opposé à la familiarité française ; on ne s'y assemble que pour jouer et pour se taire. La nation étant d'ailleurs presque toujours divisée en deux partis, l'ambassadeur, de peur d'être suspect, ne saurait être en liaison avec ceux du parti opposé au gouvernement ; il est réduit à ne voir guère que les ministres, à peu près comme un négociant qui ne connaît que ses correspondants et son trafic ; avec cette différence pourtant que le marchand, pour réussir, doit agir avec une bonne foi qui n'est pas toujours recommandée dans les instructions de son excellence ; de sorte qu'il arrive assez souvent que l'ambassadeur est une espèce de facteur, par le canal duquel les faussetés et les tromperies politiques passent d'une cour à l'autre, et qui, après avoir menti en cérémonie, au nom du roi son maître, pendant quelques années, quitte pour jamais une nation qu'il ne connaît point du tout.

Il semble que vous pourriez tirer plus de lumières d'un particulier qui aurait assez de loisir et d'opiniâtreté pour apprendre à parler la langue anglaise ; qui converserait librement avec les wighs et les tories ; qui dînerait avec un évêque et qui souperait avec un quaker ; irait le samedi à la synagogue et le dimanche à Saint-Paul ; entendrait un sermon le matin et assisterait l'après-dîner à la comédie ; qui passerait de la cour à la bourse, et, par-dessus tout cela, ne se rebuterait point de la froideur, de l'air dédaigneux et de glace que les dames anglaises mettent dans les commencements du commerce, et dont quelques-unes ne se défont jamais : un homme tel que je viens de vous le dépeindre serait encore très-sujet à se tromper et à vous donner des idées fausses, surtout s'il jugeait, comme on juge ordinairement, par le premier coup d'œil.

Lorsque je débarquai auprès de Londres, c'était dans le milieu du printemps[1] ; le ciel était sans nuages, comme dans les plus beaux jours du midi de la France ; l'air était rafraîchi par un doux vent d'occident, qui augmentait la sérénité de la nature et disposait les esprits à la joie : tant nous sommes *machines* et tant nos âmes dépendent de l'action des corps ! Je m'arrêtai près de Greenwich, sur les bords de la Tamise. Cette belle rivière, qui ne se déborde jamais, et dont les rivages sont ornés de verdure toute l'année, était couverte de deux rangs de vaisseaux marchands durant l'espace de six milles ; tous avaient déployé leurs voiles pour faire

---

1. En 1726.

honneur au roi et à la reine, qui se promenaient sur la rivière dans une barque dorée, précédée de bateaux remplis de musique et suivie de mille petites barques à rames; chacune avait deux rameurs, tous vêtus comme l'étaient autrefois nos pages, avec des trousses et de petits pourpoints ornés d'une grande plaque d'argent sur l'épaule. Il n'y avait pas un de ces mariniers qui n'avertît par sa physionomie, par son habillement et par son embonpoint, qu'il était libre et qu'il vivait dans l'abondance.

Auprès de la rivière, sur une grande pelouse qui s'étend environ quatre milles, je vis un nombre prodigieux de jeunes gens bien faits qui caracolaient à cheval autour d'une espèce de carrière marquée par des poteaux blancs, fichés en terre de mille en mille. On voyait aussi des femmes à cheval qui galopaient çà et là avec beaucoup de grâce; mais surtout de jeunes filles à pied, vêtues pour la plupart de toiles des Indes. Il y en avait beaucoup de fort belles; toutes étaient bien faites; elles avaient un air de propreté, et il y avait dans leur personne une vivacité et une satisfaction qui les rendaient toutes jolies.

Une autre petite carrière était enfermée dans la grande; elle était longue d'environ cinq cents pieds et terminée par une balustrade. Je demandai ce que tout cela voulait dire. Je fus bientôt instruit que la grande carrière était destinée à une course de chevaux et la petite à une course à pied. Auprès d'un poteau de la grande carrière était un homme à cheval, qui tenait une espèce de grande aiguière d'argent couverte. A la balustrade de la carrière intérieure étaient deux perches; au haut de l'une on voyait un grand chapeau suspendu, et à l'autre flottait une chemise de femme. Un gros homme était debout entre les deux perches, tenant une bourse à la main. La grande aiguière était le prix de la course des chevaux; la bourse, celle de la course à pied; mais je fus agréablement surpris quand on me dit qu'il y avait une course de filles; qu'outre la bourse destinée à la victorieuse on lui donnait pour marque d'honneur cette chemise qui flottait au haut de cette perche, et que le chapeau était pour l'homme qui aurait le mieux couru.

J'eus la bonne fortune de rencontrer dans la foule quelques négociants pour qui j'avais des lettres de recommandation. Ces messieurs me firent les honneurs de la fête avec cet empressement et cette cordialité de gens qui sont dans la joie et qui veulent qu'on la partage avec eux. Ils me firent venir un cheval, ils envoyèrent chercher des rafraîchissements; ils eurent soin de me placer dans un endroit d'où je pouvais aisément avoir le spectacle de toutes les courses et celui de la rivière, avec la vue de Londres dans l'éloignement.

Je me crus transporté aux jeux olympiques; mais la beauté de la Tamise, cette foule de vaisseaux, l'immensité de la ville de Londres, tout cela me fit bientôt rougir d'avoir osé comparer l'Élide à l'Angleterre. J'appris que dans le même moment il y avait un combat de gladiateurs dans Londres, et je me crus aussitôt avec les anciens Romains. Un courrier de Danemark qui était arrivé le matin, et qui s'en retournait heureusement le soir même, se trouva auprès de moi pendant les courses. Il me paraissait saisi de joie et d'étonnement : il croyait que toute la nation était toujours gaie, que toutes les femmes étaient belles et vives, et que le ciel de l'Angleterre était toujours pur et serein; qu'on ne songeait jamais qu'au plaisir; que tous les jours étaient comme le jour qu'il voyait, et il partit sans être détrompé. Pour moi, plus enchanté encore que mon Danois, je me fis présenter le soir à quelques dames de la cour; je ne leur parlai que du spectacle ravissant dont je revenais; je ne doutais pas qu'elles n'y eussent été et qu'elles ne fussent de ces dames que j'avais vues galoper de si bonne grâce. Cependant je fus un peu surpris de voir qu'elles n'avaient point cet air de vivacité qu'ont les personnes qui viennent de se réjouir; elles étaient guindées et froides, prenaient du thé, faisaient un grand bruit avec leurs éventails, ne disaient mot ou criaient toutes à la fois pour médire de leur prochain; quelques-unes jouaient au quadrille, d'autres lisaient la gazette; enfin une plus charitable que les autres voulut bien m'apprendre que le *beau monde* ne s'abaissait pas à aller à ces assemblées populaires qui m'avaient tant charmé; que toutes ces belles personnes vêtues de toile des Indes étaient des servantes ou des villageoises; que toute cette brillante jeunesse, si bien montée et caracolant autour de la carrière, était une troupe d'écoliers et d'apprentis montés sur des chevaux de louage. Je me sentis une vraie colère contre la dame qui me dit tout cela. Je tâchai de n'en rien croire, et m'en retournai de dépit dans la Cité trouver les marchands et les *aldermen* qui m'avaient fait si cordialement les honneurs de mes prétendus jeux olympiques.

Je trouvai le lendemain, dans un café malpropre, mal meublé, mal servi et mal éclairé, la plupart de ces messieurs, qui la veille étaient si affables et d'une humeur si aimable ; aucun d'eux ne me reconnut ; je me hasardai d'en attaquer quelques-uns de conversation ; je n'en tirai point de réponse, ou tout au plus un oui ou un non ; je me figurai qu'apparemment je les avais offensés tous la veille. Je m'examinai et je tâchai de me souvenir si je n'avais pas donné la préférence aux étoffes de Lyon sur les leurs ; ou si je n'avais pas dit que les cuisiniers français l'emportaient sur les anglais ; que Paris était une ville plus agréable que Londres ; qu'on passait le temps plus agréablement à Versailles qu'à Saint-James, ou quelque autre énormité pareille. Ne me sentant coupable de rien, je pris la liberté de demander à l'un d'eux, avec un air de vivacité qui leur parut fort étrange, pourquoi ils étaient tous si tristes : mon homme me répondit d'un air refrogné qu'il faisait un vent d'est. Dans le moment arriva un de leurs amis qui leur dit avec un visage indifférent : « Molly s'est coupé la gorge ce matin ; son amant l'a trouvée morte dans sa chambre, avec un rasoir sanglant à côté d'elle. » Cette Molly était une fille jeune, belle et très-riche, qui était prête à se marier avec le même homme qui l'avait trouvée morte. Ces messieurs, qui tous étaient amis de Molly, reçurent la nouvelle sans sourciller. L'un d'eux seulement demanda ce qu'était devenu l'amant : *Il a acheté le rasoir*, dit froidement quelqu'un de la compagnie.

Pour moi, effrayé d'une mort si étrange et de l'indifférence de ces messieurs, je ne pus m'empêcher de m'informer quelle raison avait forcé une demoiselle, si heureuse en apparence, à s'arracher la vie si cruellement. On me répondit uniquement qu'il faisait un vent d'est. Je ne pouvais pas comprendre d'abord ce que le vent d'est avait de commun avec l'humeur sombre de ces messieurs et la mort de Molly. Je sortis brusquement du café, et j'allai à la cour, plein de ce beau préjugé français qu'une cour est toujours gaie. Tout y était triste et morne, jusqu'aux filles d'honneur. On y parlait mélancoliquement du vent d'est. Je songeai alors à mon Danois de la veille. Je fus tenté de rire de la fausse idée qu'il avait emportée d'Angleterre ; mais le climat opérait déjà sur moi, et je m'étonnais de ne pouvoir rire. Un fameux médecin de la cour, à qui je confiai ma surprise, me dit que j'avais tort de m'étonner, que je verrais bien autre chose aux mois de novembre et de mars ; qu'alors on se pendait par douzaine ; que presque tout le monde était réellement malade dans ces deux saisons, et qu'une mélancolie noire se répandait sur toute la nation : car c'est alors, dit-il, que le vent d'est souffle le plus constamment. Ce vent est la perte de notre île. Les animaux même en souffrent et ont tous l'air abattu. Les hommes qui sont assez robustes pour conserver leur santé dans ce maudit vent perdent au moins leur bonne humeur. Chacun alors a le visage sévère et l'esprit disposé aux résolutions désespérées. C'était, à la lettre, par un vent d'est qu'on coupa la tête à Charles Ier et qu'on détrôna Jacques II. Si vous avez quelque grâce à demander à la cour, m'ajouta-t-il à l'oreille, ne vous y prenez jamais que lorsque le vent sera à l'ouest ou au sud.

Outre ces contrariétés que les éléments forment dans les esprits des Anglais, ils ont celles qui naissent de l'animosité des partis, et c'est ce qui désoriente le plus un étranger.

J'ai entendu dire ici, mot pour mot, que milord Marlborough était le plus grand poltron du monde et que M. Pope était un sot.

J'étais venu plein de l'idée qu'un whig était un fin républicain, ennemi de la royauté, et un tory un partisan de l'obéissance passive ; mais j'ai trouvé que, dans le parlement, presque tous les whigs étaient pour la cour et les tories contre elle.

Un jour, en me promenant sur la Tamise, l'un de mes rameurs, voyant que j'étais Français, se mit à m'exalter, d'un air fier, la liberté de son pays, et me dit, en jurant Dieu, qu'il aimait mieux être batelier sur la Tamise qu'archevêque en France. Le lendemain, je vis mon même homme dans une prison auprès de laquelle je passai ; il avait les fers aux pieds et tendait la main aux passants à travers la grille. Je lui demandai s'il faisait toujours aussi peu de cas d'un archevêque en France ; il me reconnut. « Ah! monsieur, l'abominable gouvernement que celui-ci! On m'a enlevé par force pour aller servir sur un vaisseau du roi en Norwège ; on m'arrache à ma femme et à mes enfants, et on me jette dans une prison, les fers aux pieds, jusqu'au jour de l'embarquement, de peur que je ne m'enfuie. »

Le malheur de cet homme et une injustice si criante me touchèrent sensiblement. Un Français qui était avec moi m'avoua qu'il sentait une joie maligne de voir que les Anglais, qui nous reprochent si hautement notre servitude, étaient esclaves aussi bien que nous. J'avais un sentiment plus humain, j'étais affligé de ce qu'il n'y avait plus de liberté sur la terre.

Je vous avais écrit sur cela bien de la morale chagrine, lorsqu'un acte du parlement mit fin à cet abus d'enrôler les matelots par force [1], et me fit jeter ma lettre au feu. Pour vous donner une plus forte idée des contrariétés dont je vous parle, j'ai vu quatre traités fort savants contre la réalité des miracles de Jésus-Christ, imprimés ici impunément, dans le temps qu'un pauvre libraire a été pilorié pour avoir publié une traduction de *la Religieuse*.

On m'avait promis que je retrouverais mes jeux olympiques à Newmarket. Toute la noblesse, me disait-on, s'y assemble deux fois l'an ; le roi même s'y rend quelquefois avec la famille royale. Là vous voyez un nombre prodigieux de chevaux les plus vites de l'Europe, nés d'étalons arabes et de juments anglaises, qui volent dans une carrière d'un gazon vert à perte de vue, sous de petits postillons vêtus d'étoffes de soie, en présence de toute la cour. J'ai été chercher ce beau spectacle, et j'ai vu des maquignons de qualité qui pariaient l'un contre l'autre et qui mettaient, dans cette solennité, infiniment plus de filouterie que de magnificence.

Voulez-vous que je passe des petites choses aux grandes? Je vous demanderai si vous pensez qu'il soit bien aisé de vous définir une nation qui a coupé la tête à Charles Ier, parce qu'il voulait introduire l'usage des surplis en Écosse, et qu'il avait exigé un tribut que les juges avaient déclaré lui appartenir; tandis que cette même nation a vu, sans murmurer, Cromwell chasser les parlements, les lords, les évêques, et détruire toutes les lois.

Songez que Jacques II a été détrôné en partie pour s'être obstiné à donner une place dans un collége à un pédant catholique [2], et souvenez-vous que Henri VIII, ce tyran sanguinaire, moitié catholique, moitié protestant, changea la religion du pays, parce qu'il voulait épouser une effrontée, laquelle il envoya ensuite sur l'échafaud ; qu'il écrivit un mauvais livre contre Luther en faveur du pape, puis se fit pape lui-même en Angleterre, faisant pendre tous ceux qui niaient sa suprématie et brûler ceux qui ne croyaient pas la transsubstantiation, et tout cela gaiement et impunément.

Un esprit d'enthousiasme, une superstition furieuse avait saisi toute

---

1. Cette violence s'exerce encore pendant la guerre. K.
2. Le jésuite Peters, confesseur de Jacques II.

la nation durant les guerres civiles; une impiété douce et oisive succéda à ces temps de trouble, sous le règne de Charles II.

Voilà comme tout change et que tout semble se contredire. Ce qui est vérité dans un temps est erreur dans un autre. Les Espagnols disent d'un homme : *Il était brave hier*. C'est à peu près ainsi qu'il faudrait juger des nations et surtout des Anglais. On devrait dire : Ils étaient tels en cette année, en ce mois.

A M. THIRIOT.

Avril 1729.

Mon cher Thiriot, vous me faites songer à mes intérêts, que j'ai trop négligés. J'avoue que j'ai eu tort de tout abandonner comme j'ai fait. Je me souviens que Marc-Tulle Cicéron, dans ses bavarderies éloquentes, dit quelque part : *Turpe est rem suam deserere*. Muni donc du sentiment d'un ancien, et rendu à la raison par vos remontrances, je vous envoie la patente de la pension que me fait la reine; il est juste qu'elle m'en daigne faire payer quelques années, puisque monsieur son mari m'a ôté mes rentes, contre le droit des gens. La difficulté n'est plus que de faire présenter à la reine un placet; je ne sais ni à qui il faut s'adresser, ni qui paye les pensions de cette nature. Je soupçonne seulement que M. Brossoret, secrétaire des commandements, a quelque voix en chapitre; mais je lui suis inconnu. Je crois que M. Pallu est de ses amis et pourrait lui parler.

Mais, mon cher Thiriot, les obligations que j'ai déjà à M. Pallu me rendent timide avec lui. Irai-je encore importuner, pour des grâces nouvelles, un homme qui ne devrait recevoir de moi que des remerciements? La vivacité avec laquelle il s'intéresse à ma malheureuse affaire ne sortira jamais de mon cœur [1]. Cependant j'ai été trois ans sans lui écrire, comme à tout le reste du monde. On n'a pu arracher de moi que des lettres pour des affaires indispensables. Je me suis condamné moi-même à me priver de la plus douce consolation que je puisse recevoir,

1. Son affaire avec le chevalier de Rohan.

c'est-à-dire du commerce de ceux qui avaient quelque amitié pour moi.

Ma misère m'aigrit et me rend plus farouche. Irai-je donc, après trois ans de silence, importuner, pour une pension, des personnes à qui je suis déjà si redevable?

C'est à vous, mon cher enfant, à conduire cette affaire comme vous le jugerez convenable. Je vous remets entre les mains des intérêts que j'aurais entièrement oubliés sans vous.

Si vous avez des nouvelles de M. de Maisons, de M. de Pont-de-Vesle, de M. Bertier, de M. de Brancas, mandez-moi comment ils se portent. C'est toujours une consolation pour moi de savoir que les personnes que j'honore le plus sont en bonne santé.

Surtout, quand vous verrez M. Pallu, assurez-le que ma reconnaissance n'en est pas moins vive pour être muette.

Vos *Mémoires de Mademoiselle* [1] ne font pas d'honneur au style des princesses. Adieu.

A M. DE FORMONT.

Ce jeudi... 1730.

Je serais un homme bien ingrat, monsieur, si en arrivant à Paris je ne commençais pas par vous remercier de toutes vos bontés. Je regarde mon voyage de Rouen comme un des plus heureux événements de ma vie. Quand nos éditions se noieraient en chemin, quand *Ériphyle* et *Jules César* seraient sifflés, j'aurais bien de quoi me dédommager, puisque je vous ai connu. Il ne me reste plus à présent d'autre envie que de revenir vous voir. Le séjour de Paris commence à m'épouvanter. On ne pense point au milieu du tintamarre de cette maudite ville.

Carmina secessum scribentis et otia quærunt.
Ovid., I, *Trist.* 1, 41.

Je commençais un peu à philosopher avec vous; mais je ne sais si

---

1. *Mémoires de mademoiselle de Montpensier*, dite *Mademoiselle*, fille de Gaston d'Orléans, frère de Louis XIII.

j'aurai pris une assez bonne dose de philosophie pour résister au train de Paris. Puisque vous n'avez plus soin de moi, ayez donc la bonté de donner à *Henri IV* les moments que vous employiez avec l'auteur. J'aurais bien mieux aimé que vous eussiez corrigé mes fautes que celles de Jore. Vous êtes un peu plus sévère que M. de Cideville ; mais vous ne l'êtes pas assez. Dorénavant, quand je ferai quelque chose, je veux que vous me coupiez bras et jambes. Adieu ; je ne vous mande aucune nouvelle, parce que je n'ai pas encore vu, et même ne verrai de longtemps, aucun de ces fous qu'on appelle *le beau monde*. Je vous embrasse de tout mon cœur, et me compte quelque chose de plus que votre très-humble et très-obéissant serviteur ; car je suis votre ami, et vous suis tendrement attaché pour toute ma vie.

AU P. PORÉE.

Paris, 7 janvier 1730.

Je vous envoie, mon cher père, la nouvelle édition qu'on vient de faire de la tragédie d'*OEdipe*. J'ai eu soin d'effacer, autant que je l'ai pu, les couleurs fades d'un amour déplacé, que j'avais mêlées malgré moi aux traits mâles et terribles que ce sujet exige.

Je veux d'abord que vous sachiez, pour ma justification, que, tout jeune que j'étais quand je fis l'*OEdipe*, je le composai à peu près tel que vous le voyez aujourd'hui : j'étais plein de la lecture des anciens et de vos leçons, et je connaissais fort peu le théâtre de Paris ; je travaillai à peu près comme si j'avais été à Athènes. Je consultai M. Dacier, qui était du pays ; il me conseilla de mettre un chœur dans toutes les scènes, à la manière des Grecs : c'était me conseiller de me promener dans Paris avec la robe de Platon. J'eus bien de la peine seulement à obtenir que les comédiens de Paris voulussent exécuter les chœurs qui paraissent trois ou quatre fois dans la pièce ; j'en eus bien davantage à faire recevoir une tragédie presque sans amour. Les comédiennes se moquèrent de moi quand elles virent qu'il n'y avait point de rôle pour l'amoureuse. On trouva la scène de la double confidence entre OEdipe et Jocaste, tirée en partie de

Sophocle, tout à fait insipide. En un mot, les acteurs, qui étaient dans ce temps-là petits maîtres et grands seigneurs, refusèrent de représenter l'ouvrage.

J'étais extrêmement jeune, je crus qu'ils avaient raison : je gâtai ma pièce, pour leur plaire, en affadissant par des sentiments de tendresse un sujet qui les comporte si peu. Quand on vit un peu d'amour, on fut moins mécontent de moi; mais on ne voulut point du tout de cette grande scène entre Jocaste et OEdipe : on se moqua de Sophocle et de son imitateur. Je tins bon ; je dis mes raisons, j'employai des amis; enfin ce ne fut qu'à force de protections que j'obtins qu'on jouerait *OEdipe*.

Il y avait un acteur nommé Quinault (Dufresne), qui dit tout haut que, pour me punir de mon opiniâtreté, il fallait jouer la pièce telle qu'elle était, avec ce mauvais quatrième acte tiré du grec. On me regardait d'ailleurs comme un téméraire d'oser traiter un sujet où Pierre Corneille avait si bien réussi. On trouvait alors l'*OEdipe* de Corneille excellent : je le trouvais un fort mauvais ouvrage, et je n'osais le dire ; je ne le dis enfin qu'au bout de dix ans, quand tout le monde est de mon avis.

Il faut souvent bien du temps pour que justice soit rendue : on l'a faite un peu plus tôt aux deux *OEdipes* de M. de La Motte. Le révérend P. de Tournemine a dû vous communiquer la petite préface dans laquelle je lui livre bataille. M. de La Motte a bien de l'esprit : il est un peu comme cet athlète grec qui, quand il était terrassé, prouvait qu'il avait le dessus.

Je ne suis de son avis sur rien, mais vous m'avez appris à faire une guerre d'honnête homme. J'écris avec tant de civilité contre lui, que je l'ai demandé lui-même pour examinateur de cette préface, où je tâche de lui prouver son tort à chaque ligne; et il a lui-même approuvé ma petite dissertation polémique. Voilà comme les gens de lettres devraient se combattre ; voilà comme ils en useraient, s'ils avaient été à votre école : mais ils sont d'ordinaire plus mordants que des avocats, et plus emportés que des jansénistes. Les lettres humaines sont devenues très-inhumaines ; on injurie, on cabale, on calomnie, on fait des couplets. Il est plaisant qu'il soit permis de dire aux gens par écrit ce qu'on n'oserait pas leur dire en face ! Vous m'avez appris, mon cher père, à fuir ces bassesses et à savoir vivre comme à savoir écrire.

> Les Muses, filles du Ciel,
> Sont des sœurs sans jalousie :
> Elles vivent d'ambroisie,
> Et non d'absinthe et de fiel ;
> Et quand Jupiter appelle
> Leur assemblée immortelle
> Aux fêtes qu'il donne aux dieux,
> Il défend que le Satyre
> Trouble les sons de leur lyre
> Par ses sons audacieux.

Adieu, mon cher et révérend père ; je suis pour jamais à vous et aux vôtres, avec la tendre reconnaissance que je vous dois, et que ceux qui ont été élevés par vous ne conservent pas toujours, etc.

A M. DE CIDEVILLE.

A Paris, ce 10 janvier 1731.

> Je ne l'ai plus, aimable Cideville,
> Ce don charmant, ce feu sacré, ce dieu
> Qui donne aux vers un tour tendre et facile,
> Et qui dictait à La Faye, à Chaulieu,
> Conte, dixain, épître, vaudeville.
> Las ! mon démon de moi s'est retiré.
> Depuis longtemps il est en Normandie.
> Donc quand voudrez, par Phébus inspiré,
> Me défier aux combats d'harmonie,
> Pour que je sois contre vous préparé,
> Renvoyez-moi, s'il vous plaît, mon génie.

Adieu ; comptez toujours sur la plus tendre amitié de l'hypocondre V.

A M. DE CIDEVILLE.

A Paris, ce 2 mars 1731.

Comme je vis ici moitié en philosophe, moitié en hibou, je n'ai reçu qu'hier votre lettre du 27 et les vers que vous m'aviez envoyés par M. Formont. Thiriot, qui ne sait pas même ma demeure, ne put me rendre les vers qu'hier. Ce fut une journée complète pour moi de recevoir en même temps les bonnes nouvelles que vous me mandez et les beaux vers dont vous m'honorez. Il y a, mon cher ami, des choses charmantes dans votre épître : il y a naïveté, esprit et grâce. Ce même esprit qui vous fait faire de si jolies choses vous en fait aussi sentir les défauts. Vous avez raison de croire votre épître un peu trop longue et pas assez châtiée.

> Réprimez d'une main avare et difficile
> De ce terrain fécond l'abondance inutile.
> Émondez ces rameaux confusément épars ;
> Ménagez cette séve, elle en sera plus pure.
> Songez que le secret des arts
> Est de corriger la nature.

Je vais m'arranger pour venir raisonner belles-lettres avec vous, en bonne fortune, pendant quelques mois. Je vais faire partir, peut-être dès demain, une valise pleine de prose et de vers, après quoi vous me verrez bientôt arriver. Je vous demande la permission d'envoyer cette valise à votre adresse. A l'égard de ma maigre figure, elle se transportera à Rouen avant qu'il soit dix jours. Ainsi je compte que vous aurez la bonté de me retenir ce petit trou dont vous m'avez parlé pour le 15 du présent mois. Vous ne sauriez croire les obligations infinies que je vous ai.

> Omne tulit punctum qui miscuit utile dulci.
> Hor., *de Arte poet.* v. 343.

Adieu, ami charmant, négociateur habile, poëte aimable, et qui, par-dessus tout cela, avez une santé de fer, dont bien éloigné est votre très-obligé serviteur. Si vous avez quelque chose à me mander d'ici à mon arrivée, ayez la bonté de m'écrire sous le couvert de M. de Livri. Comme je soupe là tous les jours, vos lettres m'en seront plus tôt rendues. Ne soyez pas étonné de toutes ces précautions : je n'en saurais trop prendre pour faire réussir mon dessein, qui me fera passer trois mois avec vous.[1] Adieu.

---

1. Ce dessein était de faire croire qu'il avait passé de nouveau en Angleterre.

À M. FAVIÈRES [1].

4 mars 1731.

Je vous suis très-obligé, mon cher Favières, des vers latins et français que vous avez bien voulu m'envoyer. Je ne sais point qui est l'auteur des latins ; mais je le félicite, quel qu'il soit, sur le goût qu'il a, sur son harmonie et sur le choix de sa bonne latinité, et surtout de l'espèce convenable à son sujet.

Rien n'est si commun que des vers latins, dans lesquels on mêle le style de Virgile avec celui de Térence, ou des épîtres d'Horace. Ici il paraît que l'auteur s'est toujours servi de ces expressions tendres et harmonieuses qu'on trouve dans les églogues de Virgile, dans Tibulle, dans Properce, et même dans quelques endroits de Pétrone, qui respirent la mollesse et la volupté.

Je suis enchanté de ces vers :

> Ridet ager, lascivit humus, nova nascitur arbos...

Et, en parlant de l'Amour :

> Vulnere qui certo lædere pectus amat.

Je n'oublierai pas cet endroit où il parle des plaisirs qui fuient avec la jeunesse :

> Sic fugit humanæ tempestas aurea vitæ,
> Arguti fugiunt, agmina blanda, joci.

Je citerais trop de vers, si je marquais tous ceux dont j'ai goûté la force et l'énergie.

Mais, quoique l'ouvrage soit rempli de feu et de noblesse, je conseillerais plutôt à un homme qui aurait du goût et du talent pour la littérature, de les employer à faire des vers français. C'est à ceux qui

---

[1]. Conseiller au parlement, auteur du poëme latin intitulé : *Ver, carmen pentametrum*, dont la traduction française est attribuée à Querlon.

peuvent cultiver les belles-lettres avec avantage à faire à notre langue l'honneur qu'elle mérite. Plus on a fait provision des richesses de l'antiquité, et plus on est dans l'obligation de les transporter en son pays. Ce n'est pas à ceux qui méprisent Virgile, mais à ceux qui le possèdent, d'écrire en français.

Venons maintenant, mon cher Favières, à votre traduction du *Printemps*, ou, plutôt, à votre imitation libre de cet ouvrage. Vos expressions sont vives et brillantes, vos images bien frappées ; et, surtout, je vois que vous êtes fidèle à l'harmonie, sans laquelle il n'y a jamais de poésie.

Il faudrait vous rappeler ici trop de vers, si je voulais marquer tous ceux dont j'ai été frappé. Adieu ; je vais dans un pays où le printemps ne ressemble guère à la description que vous en faites l'un et l'autre. Je pars pour l'Angleterre dans quatre ou cinq jours, et suis bien loin assurément de faire des tragédies.

> Frange, miser, calamos, vigilataque prœlia dele.
> Juvén., sat. vii, v. 27.

J'ai renoncé pour jamais aux vers,

> Nunc... versus et cætera ludicra pono.
> Hor., lib. I, ep. 1, v. 10.

Mais il s'en faut bien que je sois devenu philosophe, comme celui dont je vous cite les vers. Adieu ; je vous aime, en vers et en prose, de tout mon cœur, et vous serai attaché toute ma vie.

A M. DE FORMONT.

> O qu'entre Cideville et vous
> J'aurais voulu passer ma vie !
> C'est dans un commerce si doux
> Qu'est la bonne philosophie.

Revenez donc, aimables amis, philosopher avec moi, et ne vous avisez point de chercher les beaux jours à une lieue de Rouen. Vous n'avez point de mois de mai en Normandie :

> Vos climats ont produit d'assez rares merveilles,
> C'est le pays des grands talents,
> Des Fontenelle, des Corneilles;
> Mais ce ne fut jamais l'asile du printemps.

Si Rouen avait d'aussi beaux jours que de bons esprits, je vous avoue que je voudrais m'y fixer pour le reste de ma vie. Je vous dirais, avec Virgile :

> . . . . Soli cantare periti
> Arcades. O mihi tum quam molliter ossa quiescant...
> Atque utinam ex vobis unus, vestrique fuissem
> Aut custos gregis, aut maturæ vinitor uvæ!...
> Serta mihi Phyllis legeret, cantaret Amyntas.
>   EGL. x, 32.

Mais votre climat n'a point *maturam uvam*. Ma malheureuse machine m'obligera de m'éloigner du pays où l'on pense, pour aller chercher ceux où l'on transpire ; mais, dans quelque pays du monde que j'habite, vous aurez toujours en moi un homme plein de tendresse et d'estime pour vous. C'est avec ces sentiments, mes chers messieurs, que je serai toute ma vie votre, etc.

A M. LEFÈVRE,

SUR LES INCONVÉNIENTS ATTACHÉS A LA LITTÉRATURE [1].

1732.

Votre vocation, mon cher Lefèvre, est trop bien marquée pour y résister. Il faut que l'abeille fasse de la cire, que le ver à soie file, que

---

1. Cette lettre paraît écrite en 1732; car en ce temps l'auteur avait pris chez lui ce jeune homme, nommé M. Lefèvre, à qui elle est adressée. On dit qu'il promettait beaucoup, qu'il était très-savant et faisait bien des vers : il mourut la même année.

M. de Réaumur les dissèque et que vous les chantiez. Vous serez poëte et homme de lettres, moins parce que vous le voulez que parce que la nature l'a voulu. Mais vous vous trompez beaucoup en imaginant que la tranquillité sera votre partage. La carrière des lettres, et surtout celle du génie, est plus épineuse que celle de la fortune. Si vous avez le malheur d'être médiocre (ce que je ne crois pas), voilà des remords pour la vie ; si vous réussissez, voilà des ennemis : vous marchez sur le bord d'un abîme, entre le mépris et la haine.

Mais quoi, me direz-vous, me haïr, me persécuter, parce que j'aurai fait un bon poëme, une pièce de théâtre applaudie, ou écrit une histoire avec succès, ou cherché à m'éclairer et à instruire les autres!

Oui, mon ami, voilà de quoi vous rendre malheureux à jamais. Je suppose que vous ayez fait un bon ouvrage : imaginez-vous qu'il vous faudra quitter le repos de votre cabinet pour solliciter l'examinateur ; si votre manière de penser n'est pas la sienne, s'il n'est pas l'ami de vos amis, s'il est celui de votre rival, s'il est votre rival lui-même, il vous est plus difficile d'obtenir un privilége qu'à un homme qui n'a point la protection des femmes d'avoir un emploi dans les finances. Enfin, après un an de refus et de négociations, votre ouvrage s'imprime ; c'est alors qu'il faut, ou assoupir les Cerbères de la littérature, ou les faire aboyer en votre faveur. Il y a toujours trois ou quatre gazettes littéraires en France et autant en Hollande ; ce sont des factions différentes. Les libraires de ces journaux ont intérêt qu'ils soient satiriques ; ceux qui y travaillent servent aisément l'avarice du libraire et la malignité du public. Vous cherchez à faire sonner ces trompettes de la Renommée ; vous courtisez les écrivains, les protecteurs, les abbés, les docteurs, les colporteurs : tous vos soins n'empêchent pas que quelque journaliste ne vous déchire. Vous lui répondez, il réplique : vous avez un procès par écrit devant le public, qui condamne les deux parties au ridicule.

C'est bien pis si vous composez pour le théâtre. Vous commencez par comparaître devant l'aréopage de vingt comédiens, gens dont la profession, quoique utile et agréable, est cependant flétrie par l'injuste mais irrévocable cruauté du public. Ce malheureux avilissement où ils sont les irrite ; ils trouvent en vous un client, et ils vous prodiguent tout le mépris dont ils sont couverts. Vous attendez d'eux votre première sentence ; ils vous jugent ; ils se chargent enfin de votre pièce : il ne faut plus qu'un mauvais plaisant dans le parterre pour la faire tomber. Réussit-elle, la farce qu'on appelle *italienne*, celle de la Foire, vous parodient; vingt libelles vous prouvent que vous n'avez pas dû réussir. Des savants, qui entendent mal le grec et qui ne lisent point ce qu'on fait en français, vous dédaignent ou affectent de vous dédaigner.

Vous portez en tremblant votre livre à une dame de la cour; elle le donne à une femme de chambre qui en fait des papillotes, et le laquais galonné qui porte la livrée du luxe insulte à votre habit, qui est la livrée de l'indigence.

Enfin je veux que la réputation de vos ouvrages ait forcé l'envie à dire quelquefois que vous n'êtes pas sans mérite; voilà tout ce que vous pouvez attendre de votre vivant; mais qu'elle s'en venge bien en vous persécutant! On vous impute des libelles que vous n'avez pas même lus, des vers que vous méprisez, des sentiments que vous n'avez point. Il faut être d'un parti, ou bien tous les partis se réunissent contre vous.

Il y a dans Paris un grand nombre de petites sociétés où préside toujours quelque femme qui, dans le déclin de sa beauté, fait briller l'aurore de son esprit. Un ou deux hommes de lettres sont les premiers ministres de ce petit royaume. Si vous négligez d'être au rang des courtisans, vous êtes dans celui des ennemis, et on vous écrase. Cependant, malgré votre mérite, vous vieillissez dans l'opprobre et dans la misère. Les places destinées aux gens de lettres sont données à l'intrigue, non au talent. Ce sera un précepteur qui, par le moyen de la mère de son élève, emportera un poste que vous n'oserez pas seulement regarder. Le parasite d'un courtisan vous enlèvera l'emploi auquel vous êtes propre.

Que le hasard vous amène dans une compagnie où il se trouvera quelqu'un de ces auteurs réprouvés du public ou de ces demi-savants qui n'ont pas même assez de mérite pour être de médiocres auteurs, mais qui aura quelque place ou qui sera intrus dans quelque corps; vous sentirez, par la supériorité qu'il affectera sur vous, que vous êtes justement dans le dernier degré du genre humain.

Au bout de quarante ans de travail, vous vous résolvez à chercher par les cabales ce qu'on ne donne jamais au mérite seul; vous vous intriguez comme les autres pour entrer dans l'Académie française et pour aller prononcer, d'une voix cassée, à votre réception, un compliment qui le lendemain sera oublié pour jamais. Cette Académie française est l'objet secret des vœux de tous les gens de lettres ; c'est une maîtresse contre laquelle ils font des chansons et des épigrammes jusqu'à ce qu'ils aient obtenu ses faveurs, et qu'ils négligent dès qu'ils en ont la possession.

Il n'est pas étonnant qu'ils désirent d'entrer dans un corps où il y a toujours du mérite et dont ils espèrent, quoique assez vainement, d'être protégés. Mais vous me demanderez pourquoi ils en disent tous tant de mal jusqu'à ce qu'ils y soient admis, et pourquoi le public, qui respecte assez l'Académie des sciences, ménage si peu l'Académie française. C'est que les travaux de l'Académie française sont exposés aux yeux du grand nombre et les autres sont voilés. Chaque Français croit savoir sa langue et se pique d'avoir du goût, mais il ne se pique pas d'être physicien. Les mathématiques seront toujours pour la nation en général une espèce de mystère, et par conséquent quelque chose de respectable. Des équations algébriques ne donnent de prise ni à l'épigramme, ni à la chanson, ni à l'envie ; mais on juge durement ces énormes recueils de vers médiocres, de compliments, de harangues, et ces éloges qui sont quelquefois aussi faux que l'éloquence avec laquelle on les débite. On est fâché de voir la devise de l'*immortalité* à la tête de tant de déclamations, qui n'annoncent rien d'éternel que l'oubli auquel elles sont condamnées.

Il est très-certain que l'Académie française pourrait servir à fixer le goût de la nation. Il n'y a qu'à lire ses *Remarques sur le Cid* ; la jalousie du cardinal de Richelieu a produit au moins ce bon effet. Quelques ouvrages dans ce genre seraient d'une utilité sensible. On les demande depuis cent années au seul corps dont ils puissent émaner avec fruit et bienséance. On se plaint que la moitié des académiciens soit composée de seigneurs qui n'assistent jamais aux assemblées, et que dans l'autre moitié il se trouve à peine huit ou neuf gens de lettres qui soient assidus. L'Académie est souvent négligée par ses propres membres. Cependant, à peine un des quarante a-t-il rendu les derniers soupirs que dix concurrents se présentent ; un évêché n'est pas plus brigué ; on court en poste à Versailles ; on fait parler toutes les femmes ; on fait agir tous les intrigants ; on fait mouvoir tous les ressorts ; des haines violentes sont souvent le fruit de ces démarches. La principale origine de ces horribles couplets, qui ont perdu à jamais le célèbre et malheureux Rousseau, vient de ce qu'il manqua la place qu'il briguait à l'Académie. Obtenez-vous cette préférence sur vos rivaux, votre bonheur n'est bientôt qu'un fantôme; essuyez-vous un refus, votre affliction est réelle. On pourrait mettre sur la tombe de presque tous les gens de lettres :

> Ci-gît, au bord de l'Hippocrène,
> Un mortel longtemps abusé.
> Pour vivre pauvre et méprisé,
> Il se donna bien de la peine.

Quel est le but de ce long sermon que je vous fais? Est-ce de vous détourner de la route de la littérature? Non; je ne m'oppose point ainsi à la destinée : je vous exhorte seulement à la patience.

A M. BROSSETTE [1].

14 avril 1732.

Je suis bien flatté de plaire à un homme comme vous, monsieur; mais je le suis encore davantage de la bonté que vous avez de vouloir bien faire des corrections si judicieuses dans l'*Histoire de Charles XII*.

Je ne sais rien de si honorable pour les ouvrages de M. Despréaux que d'avoir été commentés par vous et lus par Charles XII. Vous avez raison de dire que le sel de ses satires ne pouvait guère être senti par un héros vandale, qui était beaucoup plus occupé de l'humiliation du czar et du roi de Pologne que de celle de Chapelain et de Cottin. Pour moi, quand j'ai dit que les satires de Boileau n'étaient pas ses meilleures pièces, je n'ai pas prétendu pour cela qu'elles fussent mauvaises. C'est la première manière de ce grand peintre, fort inférieure à la vérité à la seconde, mais très-supérieure à celle de tous les écrivains de son temps, si vous en exceptez M. Racine. Je regarde ces deux grands hommes comme les seuls qui aient eu un pinceau correct, qui aient toujours employé des couleurs vives, et copié fidèlement la nature. Ce qui m'a toujours charmé dans leur style, c'est qu'ils ont dit ce qu'ils voulaient dire, et que jamais leurs pensées n'ont rien coûté à l'harmonie ni à la pureté du langage. Feu

1. Né à Lyon en 1671, mort en 1743, auteur d'un commentaire sur les ouvrages de Boileau.

M. de La Motte, qui écrivait bien en prose, ne parlait plus français quand il faisait des vers. Les tragédies de tous nos auteurs, depuis M. Racine, sont écrites dans un style froid et barbare; aussi La Motte et ses consorts faisaient tout ce qu'ils pouvaient pour rabaisser Despréaux, auquel ils ne pouvaient s'égaler. Il y a encore, à ce que j'entends dire, quelques-uns de ces beaux esprits subalternes qui passent leur vie dans les cafés, lesquels font à la mémoire de M. Despréaux le même honneur que les Chapelain faisaient à ses écrits de son vivant. Ils en disent du mal, parce qu'ils sentent que si M. Despréaux les eût connus, il les aurait méprisés autant qu'ils méritent de l'être. Je serais très-fâché que ces messieurs crussent que je pense comme eux, parce que je fais une grande différence entre ses premières satires et ses autres ouvrages. Je suis surtout de votre avis sur la neuvième satire [1], qui est un chef-d'œuvre, et dont l'*Épître aux Muses* de M. Rousseau n'est qu'une imitation un peu forcée. Je vous serai très-obligé de me faire tenir la nouvelle édition des ouvrages de ce grand homme, qui méritait un commentateur comme vous. Si vous voulez aussi, monsieur, me faire le plaisir de m'envoyer l'*Histoire de Charles XII*, de l'édition de Lyon, je serai fort aise d'en avoir un exemplaire.

A M. DE CIDEVILLE.

25 d'auguste 1732.

Mes chers et aimables critiques, je voudrais que vous pussiez être témoins du succès de *Zaïre*; vous verriez que vos avis ne m'ont pas été inutiles, et qu'il y en a peu dont je n'aie profité. Souffrez, mon cher Cideville, que je me livre avec vous en liberté au plaisir de voir réussir ce que vous avez approuvé. Ma satisfaction s'augmente en vous la communiquant. Jamais pièce ne fut si bien jouée que *Zaïre* à la quatrième représentation. Je vous souhaitais bien là : vous auriez vu que le public ne hait pas votre ami. Je parus dans une loge, et tout le parterre me battit des mains. Je rougissais, je me cachais, mais je serais un fripon si je ne

---

[1]. A son esprit.

vous avouais pas que j'étais sensiblement touché. Il est doux de n'être pas honni dans son pays ; je suis sûr que vous m'en aimerez davantage. Mais, messieurs, renvoyez-moi donc *Ériphyle*, dont je ne peux me passer et qu'on va jouer à Fontainebleau. Mon Dieu, ce que c'est que de choisir un sujet intéressant! *Ériphyle* est bien mieux écrite que *Zaire*; mais tous les ornements, tout l'esprit et toute la force de la poésie ne valent pas, à ce qu'on dit, un trait de sentiment. Adieu, mes chers Cideville et Formont.

> Quod si me tragicis vatibus inseres,
> Sublimi feriam sidera vertice.
> HOR., lib. I, od. 1.

Je vous embrasse bien tendrement.

A M. DE FORMONT.

Le... septembre 1732.

Je viens d'apprendre par notre cher Cideville, qui part de Rouen, que vous y revenez. Je ne savais où vous prendre pour vous remercier, mon cher ami, mon juge éclairé, de la lettre obligeante que vous m'avez écrite de Gaillon. Je suis bien fâché que vous n'ayez vu que la première représentation de *Zaire*. Les acteurs jouaient mal; le parterre était tumultueux, et j'avais laissé dans la pièce quelques endroits négligés qui furent relevés avec un tel acharnement que tout l'intérêt était détruit. Petit à petit j'ai ôté ces défauts, et le public s'est raccoutumé à moi. *Zaire* ne s'éloigne pas du succès d'*Inès de Castro*; mais cela même me fait trembler. J'ai bien peur de devoir aux grands yeux noirs de Mlle Gaussin, au jeu des acteurs et au mélange nouveau des plumets et des turbans, ce qu'un autre croirait devoir à son mérite. Je vais retravailler la pièce comme si elle était tombée. Je sais que le public, qui est quelquefois indulgent au théâtre par caprice, est sévère à la lecture par raison. Il ne demande pas mieux qu'à se dédire et à siffler ce qu'il a applaudi. Il faut le forcer à être content. Que de travaux et de peines pour cette fumée de vaine gloire !

Cependant que ferions-nous sans cette chimère? elle est nécessaire à l'âme comme la nourriture l'est au corps. Je veux refondre *Ériphyle* et *la Mort de César*, le tout pour cette année. En attendant, je suis obligé de travailler à des additions que je prépare pour une édition de Hollande de *Charles XII*. Il a fallu s'abaisser à répondre à une misérable critique faite par La Motraye. L'homme ne méritait pas de réponse; mais toutes les fois qu'il s'agit de la vérité et de ne pas tromper le public, les plus misérables adversaires ne doivent pas être négligés. Quand je me serai dépêtré de ce travail ingrat, j'achèverai ces *Lettres anglaises* que vous connaissez; ce sera tout au plus le travail d'un mois; après quoi il faudra bien revenir au théâtre et finir enfin par l'*Histoire du siècle de Louis XIV*. Voilà, mon cher Formont, tout le plan de ma vie. Je la regarderai comme très-heureuse, si je peux en passer une partie avec vous. Vous m'aplaniriez les difficultés de mes travaux, vous m'encourageriez, vous m'en assureriez le succès, et il m'en serait cent fois plus précieux. Que j'aime bien mieux laisser aller dorénavant ma vie dans cette tranquillité douce et occupée, que si j'avais eu le malheur d'être conseiller au parlement! Tout ce que je vois me confirme dans l'idée où j'ai toujours été de n'être jamais d'aucun corps, de ne tenir à rien qu'à ma liberté et à mes amis. Il me semble que vous ne désapprouvez pas trop ce système, et qu'il ne faudra pas prêcher longtemps Cideville pour le lui faire embrasser dans l'occasion. Il vient de m'écrire, mais il me mande qu'il va à la campagne, et je ne sais où lui adresser ma réponse. Aimez-moi toujours, mon cher Formont, et que votre philosophie nourrisse la mienne des plaisirs de l'amitié.

A MADEMOISELLE DE LUBERT.

A Fontainebleau, ce 29 octobre 1732.

Muse et Grâce, Mme de Fontaine-Martel m'a envoyé votre lettre pour me servir de consolation dans l'exil où je suis à Fontainebleau. Je vois que vous êtes instruite des tracasseries que j'ai eues avec mon parlement, et de la combustion où toute la cour a été pendant trois ou quatre jours, au sujet d'une mauvaise comédie que j'ai empêché d'être représentée. J'ai eu un crédit étonnant en fait de bagatelles, et j'ai remporté des victoires signalées sur des choses où il ne s'agissait de rien du tout. Il s'est formé deux partis : l'un de la reine et des dames du palais, et l'autre des princesses et de leurs adhérents. La reine a été victorieuse, et j'ai fait la paix avec les princesses. Il n'en a coûté, pour cette importante affaire, que quelques petits vers médiocres, mais qui ont été trouvés fort bons par celles à qui ils étaient adressés ; car il n'y a point de déesse dont le nez ne soit réjoui de l'odeur de l'encens. Que j'aurais de plaisir à en brûler pour vous, Muse et Grâce! mais il faut vous le déguiser trop adroitement ; il faut vous cacher presque tout ce qu'on pense.

> Je n'ose dans mes vers parler de vos beautés
> Que sous le voile du mystère.
> Quoi! sans art je ne puis vous plaire,
> Lorsque sans lui vous m'enchantez!

Non, Muse et Grâce, il faut que vous vous accoutumiez à vous entendre dire naïvement qu'il n'y a rien dans le monde de plus aimable que vous, et qu'on voudrait passer sa vie à vous voir et à vous entendre. Il faut que vous raccommodiez le parlement avec la cour, afin que vous puissiez venir souper très-fréquemment chez Mme Fontaine-Martel ; car si vous restez à Tours seulement encore quinze jours, il y aura assurément une députation du Parnasse pour venir vous chercher. Elle sera composée de ceux qui font des vers, de ceux qui les récitent, de ceux qui les notent, de ceux qui les chantent, de ceux qui s'y connaissent. Il faudra que tout cela vienne vous enlever de Tours ou s'y établir avec vous. Je me mêlerai parmi MM. les députés, et je vous dirai :

> Un parlement n'est nécessaire
> Que pour tout maudit chicaneur ;
> Mais les gens d'esprit et d'honneur
> Font du plaisir leur seule affaire.
> Plaignez leur destin rigoureux :
> Six semaines de votre absence
> Les ont tous rendus malheureux ;
> Rendez-vous à leur remontrance,
> Et revenez vivre avec eux ;
> Tout en ira bien mieux en France.

Permettez-moi d'assurer M. le président de Lubert de mes respects, et daignez m'honorer de votre souvenir.

A MADAME LA MARQUISE DU DEFFAND.

Le...

Vous m'avez proposé, madame, d'acheter une charge d'écuyer chez Mme la duchesse du Maine, et, ne me sentant pas assez dispos pour cet emploi, j'ai été obligé d'attendre d'autres occasions de vous faire ma cour. On dit qu'avec cette charge d'écuyer il en vaque une de lecteur; je suis bien sûr que ce n'est pas un bénéfice simple chez Mme du Maine comme chez le roi. Je voudrais de tout mon cœur prendre pour moi cet emploi, mais j'ai en main une personne qui, avec plus d'esprit, de jeunesse et de poitrine, s'en acquittera mieux que moi.

Voici, madame, une occasion de montrer la bonté de votre cœur et votre crédit. La personne dont je vous parle est un jeune homme nommé M. l'abbé Linant, à qui il ne manque rien du tout que de la fortune. Il a auprès de vous une recommandation bien puissante : il est ami de M. de Formont, qui vous répondra de son esprit et de ses mœurs. Je ne suis ici que le précurseur de M. de Formont, qui va bientôt obtenir cette grâce de vous, et je vous en remercierai comme si c'était à moi seul que vous l'eussiez faite. En vérité, si vous placez ce jeune homme, vous ferez une action charmante; vous encouragerez un talent bien décidé qu'il a pour les vers; vous vous attacherez pour le reste de votre vie quelqu'un d'aimable qui vous devra tout; vous aurez le plaisir d'avoir tiré le mérite de la misère et de l'avoir mis dans la meilleure école du monde. Au nom de Dieu, réussissez dans cette affaire pour votre plaisir, pour votre honneur, pour celui de Mme du Maine, et pour l'amour de Formont, qui vous en prie par moi.

Adieu, madame; je vous suis attaché comme l'abbé Linant vous le sera, avec le plus respectueux et le plus tendre dévouement.

A M. L'ABBÉ D'OLIVET.

A Vassi, en Champagne.

Mon ancien maître, qui l'êtes toujours comme vous savez, et que j'aime comme si vous n'étiez pas mon maître, sachez que si j'étais resté à Paris, je vous aurais vu très-souvent, et que, puisque je me suis confiné à la campagne, il faut que je sois avec vous en commerce de lettres; car, de près ou de loin, je veux que vous m'aimiez et que vous m'instruisiez. Dites-moi donc, mon très-cher abbé, quelle fortune a faite l'*Histoire du vicomte de Turenne*. Daignez me dire si l'*Histoire ancienne* de Rollin ne commence pas à lasser un peu le public. Les tréteaux de Melpomène et de Thalie retentissent-ils de fadaises amusantes ou sifflées? Mettez un peu au fait, je vous en prie, un pauvre solitaire qui

> Armis
> Herculis ad postem fixis latet abditus agro.
> Hor., lib. I, ep. i.

Mais si vous voulez me faire un véritable plaisir, mandez-moi à quoi vous occupez votre loisir. Allez-vous

> Inter silvas Academi quærere verum?
> Hor., lib. II, ep. ii.

Vous occupez-vous de philosophie ancienne et moderne, ou de l'histoire de nos belles-lettres? Si vous déterriez jamais dans votre chemin quelque chose qui pût servir à faire connaître le progrès des arts dans le siècle de Louis XIV, vous me feriez la plus grande faveur du monde de m'en faire part. Tout me sera bon : anecdotes sur la littérature, sur la philosophie; histoire de l'esprit humain, c'est-à-dire de la sottise humaine, poésie, peinture, musique. Je sais que vous êtes *harum nugarum exquisitissimus detector*.

Je vous demande en grâce de me faire part de ce que vous pourrez déterrer de singulier sur ces matières, ou du moins de m'indiquer les sources un peu détournées. Il me semble, mon cher abbé, que j'aurais passé des journées délicieuses à m'entretenir avec vous de ces riens qui m'intéressent, et qui, tout futiles qu'ils sont, ne laissent pas d'être matière à réflexion pour quiconque sait penser. Écrivez-moi donc, mon ancien maître, avec familiarité, avec amitié, *currente calamo et animo*. Songez que vous n'avez guère d'ami de plus vieille date, ni qui vous soit plus tendrement et plus vivement attaché, quand il ne vous aimerait que d'hier.

A M. DE MONCRIF.

10 avril 1733.

Il m'est absolument impossible de sortir. Ma santé est dans un état qui ferait pitié même à Marivaux le métaphysique, ou à Rousseau le cynique. Oserai-je vous supplier de demander à S. A. S. monseigneur le comte de Clermont s'il permettra que son nom se trouve dans le *Temple du Goût*, en cas que l'on donne, de mon aveu, une édition de cette bagatelle? Je n'ose prendre la liberté d'écrire à S. A. S. sur une pièce qui a trouvé tant de contradicteurs; mais, si vous voulez bien me faire savoir ses intentions, j'attendrai ses ordres avant de rien faire. Son nom est déjà si cher aux beaux-arts qu'il ne lui appartient plus; il est à nous, mais je n'oserai jamais en faire usage sans son aveu. Je vous supplie de lui faire la cour d'un pauvre malade.

Adieu; je m'intéresse au succès du ballet comme vous-même. Comptez que je vous aime de tout mon cœur.

A M. DE MONCRIF.

11 avril 1733.

Vous savez *plaire*[1], aimer, chanter, écrire;
Moi, je n'ai rien qu'un talent mal voulu,

---

1. Moncrif est auteur d'un ouvrage intitulé : *Essais sur la nécessité et sur les moyens de plaire*, 1738, in-12.

Honni des sots, et qu'on prend pour satire.
Donc je verrai mon *Temple* vermoulu.
Vous, vous serez baisé, fredonné, lu,
Claqué surtout, heureux comme un élu;
Et moi sifflé; mais je ne fais qu'en rire.

Du milieu de votre empire rendez-moi un bon office, s'il vous plaît. Ce grand lévrier de Crébillon fils a envoyé à son singulier père ce misérable *Temple* pour être lu et approuvé. On prétend qu'on l'a remis ès mains d'une vieille muse, qui est la gouvernante de M. de Crébillon; et cette vieille a dit qu'elle ferait tenir le paquet à Berci. Mais si vous ne daignez vous en faire informer par vos gens, le *Temple du Goût* ira à tous les diables. Ce n'est pas encore tout, car ils disent que M. de Crébillon laissera manger mon *Temple* par ses chats, et qu'il sera longtemps sans le lire; et il fera bien : car il vaut mieux qu'il achève *Catilina* que de perdre son temps à lire mes guenilles. Cependant, si vous vouliez un peu le presser, il aurait du temps pour lire mon *Temple* et pour achever son divin *Catilina*. Écrivez-lui donc un petit mot, mon aimable Quin-Monc. Je vous souhaite, et à Lull-Brass [1], tout le plaisir que nous aurons mardi. Je ne sortirai que ce jour-là, et je serai à midi au parterre. *I love you with all my heart.*

A M. DE CIDEVILLE.

12 avril 1733.

Ce *Temple du Goût*, cet amas de pierres de scandale est tellement devenu un nouvel édifice, qu'il n'y a pas deux pans de muraille de l'ancien. Ceux qui l'ont pris sous leur protection veulent qu'on l'imprime avec privilége et qu'il soit affiché dans Paris, afin de fermer la bouche aux malins faiseurs d'interprétations. Il est accompagné d'une lettre en forme de préface; on y pourrait joindre le *Temple de l'Amitié*, avec quelques pièces fugitives, et Jore pourrait s'en charger.

A l'égard des *Lettres anglaises,* je vous prie, mon cher ami, de me

---

1. Quin.-Monc., c'est-à-dire *Quinault*-Moncrif; Lull.-Brass., c'est-à-dire *Lulli*-Brassac.

mander si Jore y travaille. On a fait marché à Londres avec ce pauvre Thiriot, à condition que les *Lettres* ne paraîtraient pas en France pendant la première chaleur du débit à Londres et à Amsterdam. Ainsi quelle honte pour lui et pour moi, si le malheur voulait qu'on en pût voir une feuille en ce pays-ci avant le temps! Je crois vous avoir mandé qu'*Adélaïde du Guesclin* est dans son cadre. Il ne s'agit plus que de la transcrire pour vous l'envoyer. Voici bien de la besogne. Nous avons encore l'*Histoire de Charles XII*, que Jore veut réimprimer. J'ai écrit en Hollande qu'on m'envoyât un exemplaire par la poste; mais je ne l'ai pas encore reçu.

J'ai bien envie de venir faire un tour à Rouen et de raisonner de tout cela avec vous. Voici le temps

> Où les zéphyrs de leurs chaudes haleines
> Ont fondu l'écorce des eaux [1].

Quel plaisir de vous lire *Adélaïde* et même *Ériphyle*, revue et corrigée! J'entends quel plaisir pour moi, car de votre côté ce sera complaisance.

Je n'ai encore montré qu'un acte à Formont. Il m'a parlé de votre idée anacréontique [1]. Vous savez que l'exécution seule décide du mérite du sujet. On peut bien conseiller sur la manière de traiter une pièce, mais non pas sur le fond de la chose. C'est à l'auteur à se sentir.

> Cui lecta potenter erit res,
> Nec facundia deseret hunc, nec lucidus ordo.
> Hor., *de Arte poet.*

Vale; je vous aime de tout mon cœur.

A MADAME LA DUCHESSE DE SAINT-PIERRE.

Les lettres charmantes que vous écrivez, madame, et celles qu'on vous envoie tournent la tête aux gens qui les voient, et donnent une

---

[1]. Vers de J.-B. Rousseau, dont Voltaire s'est souvent moqué. (Liv. III, od. VII.)
[2]. Cideville composait a'ors une petite pièce lyrique en un acte, intitulée *Anacréon*.

furieuse envie d'écrire. Mais je n'ose plus écrire en prose depuis que je vois la vôtre et celle de votre amie.

> Ce style aimable et gracieux
> Et cette prose si polie
> Me font voir que la poésie
> N'est pas le langage des dieux.

Je suis réduit à ne vous parler qu'en vers par vanité ; car si vous et votre amie vous vous avisiez jamais de faire des vers, je n'oserais plus en faire. Vous avez pris pour vous toutes les grâces de l'esprit et du sentiment, il ne me reste plus que des rimes. Je vous rimerai donc que

> Dans l'asile de ma retraite
> Je fuyais les chagrins, j'ai trouvé le bonheur ;
> Occupé sans tumulte, amusé sans langueur,
> Je méprise le monde, et je vous y regrette ;
> L'étude et l'amitié me tiennent sous leur loi :
> Sage, heureux à la fois, dans une paix profonde
> Je bénis mon destin d'être ignoré du monde ;
> Mais il sera plus doux si vous pensez à moi.

Permettez, madame, que j'assure M. de Forcalquier de mon tendre dévouement.

> J'aime sa grâce enchanteresse ;
> Il parle avec esprit et pense sagement :
> Nos vieux barbons font cas de son discernement,
> Et notre brillante jeunesse
> Veut imiter son enjouement ;
> Avec tant d'agréments qui le suivent sans cesse
> N'obtiendra-t-il jamais celui d'un régiment ?

A M. DE CIDEVILLE.

Ce mardi, 21 avril 1733.

Voici au net et en bref ma situation, mon très-cher ami. On a tant clabaudé contre le *Temple du Goût*, que ceux qui s'y intéressent ont pris le parti de le faire imprimer, avec approbation et privilége, sous les yeux de M. Rouillé, qui verra les feuilles : ainsi Jore ne peut être chargé de cette impression.

Mais voici de quoi il peut se charger : 1° des *Lettres anglaises*, qu'on a commencé à imprimer à Londres à trois mille exemplaires, et dont il faut qu'il tire deux mille cinq cents ; car nous ne pouvons aller en rien aussi loin que les Anglais ;

2° D'*Ériphyle*, que j'ai retravaillée, et dont on demande à force une édition ;

3° Du *Roi de Suède*, revu, corrigé et augmenté, avec la réponse au sieur de La Motraye.

Il faudrait aussi qu'il me donnât une réponse positive au sujet de *la Henriade*, car il n'y en a plus du tout à Paris. M. Rouillé ferme les yeux sur l'entrée et le débit de *la Henriade*, mais il ne peut, à ce qu'il dit, en permettre juridiquement l'entrée ; c'est donc à Jore à voir s'il veut s'en charger pour son compte, ou me la faire tenir incessamment chez moi, comme il me l'avait promis. Je vous prie de lui lire tous ces articles, et de vouloir bien me mander sa réponse positive sur tout cela. Voilà pour tout ce qui regarde notre féal ami Jore.

Vous avez perdu votre archevêque, mon cher ami ; vous en êtes sans doute bien fâché pour son neveu, qui va être réduit à faire sa fortune tout seul. Vous n'aurez un archevêque de plus de dix mois ; le très-sage cardinal de Fleury voudra que le roi jouisse de l'annate aussi long-temps que faire se pourra. Mais, quoique votre ville soit privée si longtemps d'un pasteur, cela ne m'empêcherait point du tout de venir y philosopher et poétiser avec vous une partie de l'été ; je vais m'arranger pour cela. Ma santé est affreuse, mais un petit voyage ne l'altérera pas davantage, et je souffrirai moins auprès de vous. Je vous jure, mon cher ami, que, si je ne peux exécuter cette charmante idée, c'est que la chose sera impossible. Savez-vous bien que j'ai en tête un opéra, et que nous nous y amuserions ensemble, tandis qu'on imprimerait *Charles XII* et *Ériphyle*. Notre ami Formont ne serait peut-être pas des nôtres ; il a bien l'air de rester longtemps à Paris, car il y est reçu et fêté à peu près comme vous le serez quand vous y viendrez. J'ai peur qu'il ne vous ait mandé bien du mal de l'opéra du chevalier de Brassac ; nous le raccommodons à force, et j'espère vous en dire beaucoup de bien au premier jour. J'ai toujours grande opinion du vôtre, et je compte que vous l'achèverez quand nous nous verrons à Rouen. *Vale.*

A M. DE CIDEVILLE.

15 mai 1733.

Mon cher ami, je suis enfin vis-à-vis ce beau portail, dans le plus vilain quartier de Paris [1], dans la plus vilaine maison, plus étourdi du bruit des cloches qu'un sacristain ; mais je ferai tant de bruit avec ma lyre, que le bruit des cloches ne sera plus rien pour moi. Je suis malade ; je me mets en ménage ; je souffre comme un damné. Je brocante, j'achète des magots [2] et des Titien, je fais mon opéra [3], je fais transcrire *Ériphyle* et *Adélaïde;* je les corrige, j'efface, j'ajoute, je barbouille ; la tête me tourne. Il faut que je vienne goûter avec vous les plaisirs que donnent les belles-lettres, la tranquillité et l'amitié. Formont est allé porter sa philosophique paresse chez Mme Moras. Il y a mille ans que je ne l'ai vu ; il me consolait, car il me parlait de vous. Adieu ; je souffre trop pour écrire.

A M. THIRIOT.

A LONDRES.

Paris, 15 mai 1733.

Je quitte aujourd'hui les agréables pénates de la baronne, et je vais me claquemurer vis-à-vis le portail Saint-Gervais, qui est presque le seul ami que m'ait fait le *Temple du Goût.*

Mandez-moi si vous voulez que je vous envoie ma vieille *Ériphyle*

---

1. Rue de Long-Pont.
2. C'est-à-dire des tableaux de l'école flamande. On connaît ce mot de Louis XIV au sujet des tableaux de Téniers : « Otez-moi ces magots. »
3. *Tanis et Zélide.*

vêtue à la grecque, corrigée avec soin, et dans laquelle j'ai mis des chœurs. Je la dédie à l'abbé Franchini[1]. J'aime à dédier mes ouvrages à des étrangers, parce que c'est toujours une occasion toute naturelle de parler un peu des sottises de mes compatriotes. Je compte donner l'année prochaine ma tragédie nouvelle, dont l'héroïne est une nièce de Bertrand du Guesclin, dont le vrai héros est un gentilhomme français, et dont les principaux personnages sont deux princes du sang. Pour me délasser, je fais un opéra. A tout cela vous direz que je suis fou, et il pourrait bien en être quelque chose; mais je m'amuse, et qui s'amuse me paraît fort sage. Je me flatte même que mes amusements vous seront utiles, et c'est ce qui me les rend bien agréables. L'opéra du chevalier de Brassac, sifflé indignement le premier jour, revient sur l'eau et a un très-grand succès. Ceux qui l'ont condamné sont aussi honteux que ceux qui ont approuvé *Gustave*.

Launai a donné son *Paresseux*; mais il y a apparence que le public ne variera pas sur le compte du sieur Launai. Quand on bâille à une première représentation, c'est un mal dont on ne guérit jamais. Je plains le pauvre auteur : il va faire imprimer sa pièce, et le voilà ruiné, s'il pouvait l'être. Il n'aura de ressource qu'à faire imprimer quelque petite brochure contre moi, ou à vendre les vers des autres. Vous savez qu'il a vendu à Jore pour quinze cents livres le manuscrit de l'abbé de Chaulieu, qui vous appartenait; sans cela le pauvre diable était à l'aumône, car il avait imprimé deux ou trois ouvrages à ses dépens. Il est heureux que l'abbé de Chaulieu ait été, il y a vingt ou trente ans, un homme aimable.

Adieu; je vous embrasse tendrement.

A M. DE FORMONT.

26 janvier 1735.

L'extrême plaisir que j'ai eu à lire votre *Épitre à M. l'abbé Duresnel* fait que je vous pardonne, mon cher ami, de ne me l'avoir pas

---

[1]. C'est à cet abbé Franchini qu'Algarotti écrivit en 1735, sur la tragédie de *Jules César*. Il ne reste aucune trace de cette dédicace dont parle ici Voltaire.

envoyée plus tôt; car, lorsqu'on est content, il n'y a rien que l'on ne pardonne.

> Votre ferme pinceau, qui rien ne dissimule,
> Peint du siècle passé les nobles attributs
>   A notre siècle ridicule.
> Vous nous montrez les biens que nous avons perdus.
> Les poëtes du temps seront bien confondus
>   Quand ils liront votre opuscule.
> Devant des indigents votre main accumule
>   Les vastes trésors de Crésus;
>   Vous vantez la taille d'Hercule
>   Devant des nains et des bossus.

En vérité je ne saurais vous dire trop de bien de ce petit ouvrage. Vous avez ranimé dans moi cette ancienne idée que j'avais d'un essai sur le siècle de Louis XIV. S'il n'y avait que l'histoire d'un roi à faire, je ne m'en donnerais pas la peine; mais son siècle mérite assurément qu'on en parle; et si jamais je suis assez heureux pour avoir sous ma main les secours nécessaires, je ne mourrai pas que je n'aie mis à fin cette entreprise. Ce que vous dites en vers de tous les grands hommes de ce temps-là sera le modèle de ma prose :

> Car, s'ils n'étaient connus par leurs écrits sublimes,
>   Vous les eussiez rendus fameux;
> Juste en vos jugements, et charmant dans vos rimes,
> Vous les égalez tous lorsque vous parlez d'eux.

Il est bien vrai que M. Cassini n'a pas découvert la route des astres, et qu'il ne nous a rien appris sur cela; mais il a découvert le cinquième satellite de Saturne, et a observé le premier ses révolutions. Cela suffit pour mériter l'éloge que vous lui donnez. On sait bien que ce n'est pas lui qui a fait le premier almanach. On pourrait, si on voulait, vous dire encore que Boileau a commencé à travailler longtemps avant que Quinault fît des opéras. On doit être assez content quand on n'essuie que de pareilles critiques.

Je n'ai lu aucun ouvrage nouveau hors l'*Écumoire* de ce grand enfant, et *les Princesses de Malabar*[1] de je ne sais quel animal qui a

---

1. *Les Princesses malabares, ou le Célibat philosophique*, par Pierre de Longue; Amst., 1734, in-12. — L'*Écumoire*, c'est *Tanzaï et Néardané*, de Crébillon fils.

trouvé le secret de faire un fort mauvais livre sur un sujet où il est pourtant fort aisé de réussir.

Je connaissais les Mémoires du maréchal de Villars. Il m'en avait lu quelque chose il y a plusieurs années. Il chargea l'abbé Houtteville[1], deux ans avant sa mort, du soin de les arranger. Vous croyez bien que les endroits familiers sont du maréchal, et que ceux qui sont trop tournés sont de l'auteur de *la Religion prouvée par les faits*. Je crois que M. le duc de Villars a eu la bonté de me les envoyer dans un paquet qu'il a fait adresser vis-à-vis Saint-Gervais, mais que je n'ai point encore reçu. Voyez-vous toujours Mme du Deffand? elle m'a abandonné net. Je dois une lettre à notre tendre et charmant Cideville. Pour Thiriot, je ne sais ce que je lui dois; on me mande qu'il m'a tourné casaque publiquement : je ne le veux pas croire, pour l'honneur de l'humanité. *Vale, te amplector.*

A M. LE COMTE D'ARGENTAL[2].

A Cirey, 1er mars 1735.

Je profite, mon cher et respectable ami, du voyage de M. le marquis du Châtelet pour répandre mon cœur dans le vôtre avec liberté. Je n'ai osé vous écrire depuis que je suis à Cirey, et vous croyez bien que je n'ai écrit à personne. Vous sentez, sans doute, combien il en coûte de garder le silence avec quelqu'un à qui je voudrais parler toute ma vie de ma tendre reconnaissance.

---

1. L'abbé Houtteville ne composa que l'*Éloge de Villars;* ce fut l'abbé Mongon qui publia les Mémoires, en 1734, 3 vol. in-12, dont le premier est, selon quelques-uns, totalement du maréchal.

2. Conseiller honoraire du parlement de Paris, et depuis ministre plénipotentiaire de Parme à Paris. Charles-Augustin de Fériol, comte d'Argental, naquit à Paris, le 20 de décembre 1700, d'une famille distinguée par son amour pour les lettres et les arts. Il fut le second fils de M. de Fériol, d'abord receveur général des finances du Dauphiné, et ensuite président au parlement de Metz, comme son père, et de Marie-Angélique Guérin de Tencin, sœur du cardinal de ce nom, et de la célèbre Mme de Tencin. On doit à M. de Fériol, son oncle, ambassadeur de la Porte ottomane, un ouvrage intéressant sur les mœurs et les usages des Turcs; M. de Pont-de-Vesle, frère aîné de M. d'Argental, a été fort connu par les agréments de son esprit, sa gaieté, ses vers faciles, et par plusieurs comédies restées au théâtre.

Je n'ai pu reconnaître toutes vos bontés qu'en suivant vos ordres à la lettre lorsque j'étais en Hollande. Je trouvai en arrivant une cabale établie par Rousseau contre moi, et une foule de libelles imprimés depuis longtemps pour me noircir ; de sorte que je me voyais à la fois persécuté en France et calomnié dans toute l'Europe. Je ne pris d'autre parti que de vivre assez retiré et de chercher des consolations dans l'étude et dans la société de quelques amis, que je m'attirai malgré les efforts de mes ennemis. Le hasard me fit connaître une ou deux de ces personnes que Rousseau avait animées contre moi. J'eus le bonheur de les voir détrompées en peu de temps. Loin de vouloir continuer cette malheureuse guerre d'injures, je retranchai de l'édition qu'on fait de mes ouvrages tout ce qui se trouve contre Rousseau.

Je vous envoie la lettre d'un homme de lettres d'Amsterdam qui vous instruira mieux de tout cela que je ne pourrais faire, et qui vous fera voir en même temps ce que c'est que Rousseau. Je vous prie de lire cette lettre d'Amsterdam et la copie de l'écrit qu'elle contient. Je crois qu'il est bon que ce nouveau crime de Rousseau soit public. Peut-être ceux qu'il anime à me persécuter en France rougiront-ils de prendre son parti, et imiteront ceux qu'il avait séduits en Hollande, qui sont tous revenus à moi, et m'aiment autant qu'ils le détestent.

Vous n'ignorez peut-être pas qu'en dernier lieu ce scélérat, croyant aplanir son retour en France, a fait imprimer contre le vieux Saurin les calomnies les plus atroces. Vous savez que c'est lui qui écrivait et qui faisait écrire que j'étais venu prêcher l'athéisme en Hollande, que j'avais soutenu une thèse d'athéisme à Leyde contre M. s'Gravesande, qu'on m'avait chassé de l'université, etc. Vous êtes instruit de la lettre de M. s'Gravesande, dans laquelle cette indigne et absurde calomnie est si pleinement confondue ; l'original est entre les mains de M. de Richelieu : je ne sais quel usage il en a fait, ni même s'il en doit faire usage. Je souhaiterais fort pourtant que M. de Maurepas en fût informé ; ne pourrait-il pas dans l'occasion en parler au cardinal, et ne dois-je pas le souhaiter ?

Je vous avoue que si l'amitié, plus forte que tous les autres sentiments, ne m'avait pas rappelé, j'aurais bien volontiers passé le reste de mes jours dans un pays où du moins mes ennemis ne peuvent me nuire, et où le caprice, la superstition et l'autorité d'un ministre ne sont point à craindre. Un homme de lettres doit vivre dans un pays libre, ou se résoudre à mener la vie d'un esclave craintif, que d'autres esclaves jaloux accusent sans cesse auprès du maître. Je n'ai à attendre en France que des persécutions; ce sera là toute ma récompense. Je sens que je serai toujours la victime du premier calomniateur. Hérault est celui qui m'a le plus nui auprès du cardinal. Faut-il qu'un homme qui pense comme moi ait à craindre un homme comme Hérault! Eh! qui me répondra que, m'ayant desservi avec malice, il ne me poursuive pas avec acharnement? J'ai beau me cacher dans l'obscurité, j'ai beau n'écrire à personne, on saura où je suis, et mon obstination à me cacher rendra peut-être encore ma retraite coupable. Enfin je vis dans une crainte continuelle, sans savoir comment je peux parer les coups qu'on me porte tous les jours. Il n'y a pas d'apparence que je revienne jamais à Paris m'exposer encore aux fureurs de l'envie. Je vivrai à Cirey ou dans un pays libre. Je vous l'ai toujours dit : Si mon père, mon frère ou mon fils était premier ministre dans un État despotique, j'en sortirais demain; jugez ce que je dois éprouver de répugnance en m'y trouvant aujourd'hui.

Je ne demande qu'à vivre enseveli dans les montagnes de Cirey, et je n'y désirerai jamais rien que de vous y voir. Adieu, les deux frères aimables; je vous embrasse tendrement. Voici une lettre pour M. de Maurepas, que vous donnerez si vous le jugez à propos; mais il faut qu'il sache d'où viennent les deux chevreuils.

Je ne peux rien vous dire des *Éléments de la philosophie* de Newton. Je n'ai point reçu de nouvelles de mes libraires de Hollande. Ce sont de bonnes gens, mais très-peu exacts. J'ai un beau sujet de tragédie, je le travaillerai à loisir, et je ne donnerai l'ouvrage que quand les comédiens auront repris *Zaïre* et *Brutus*.

Je n'ai point de termes pour vous dire à quel point mon cœur est à vous.

A M. DE CIDEVILLE.

Paris, 16 avril 1735.

Vraiment, mon cher ami, je ne vous ai point encore remercié de cet aimable recueil que vous m'avez donné. Je viens de le relire avec un nouveau plaisir. Que j'aime la naïveté de vos peintures! que votre imagination est riante et féconde! Et, ce qui répand sur tout cela un charme inexprimable, c'est que tout est conduit par le cœur. C'est toujours l'amour ou l'amitié qui vous inspire. C'est une espèce de profanation à moi de ne vous écrire que de la prose, après les beaux exemples que vous me donnez; mais, mon cher ami :

> Carmina secessum scribentis et otia quærunt.
> Ovid., *Trist.*, el. i.

Je n'ai point de recueillement dans l'esprit; je vis de dissipation depuis que je suis à Paris; *tendunt extorquere poemata*; mes idées poétiques s'enfuient de moi. Les affaires et les devoirs m'ont appesanti l'imagination; il faudra que je fasse un tour à Rouen pour me ranimer.

Les vers ne sont plus guère à la mode à Paris. Tout le monde commence à faire le géomètre et le physicien. On se mêle de raisonner. Le sentiment, l'imagination et les grâces sont bannis. Un homme qui aurait vécu sous Louis XIV, et qui reviendrait au monde, ne reconnaîtrait plus les Français; il croirait que les Allemands ont conquis ce pays-ci. Les belles-lettres périssent à vue d'œil. Ce n'est pas que je sois fâché que la philosophie soit cultivée, mais je ne voudrais pas qu'elle devînt un tyran qui exclût tout le reste. Elle n'est en France qu'une mode qui succède à d'autres, et qui passera à son tour; mais aucun art, aucune science ne doit être de mode. Il faut qu'ils se tiennent tous par la main; il faut qu'on les cultive en tout temps.

Je ne veux point payer de tribut à la mode; je veux passer d'une expérience de physique à un opéra ou à une comédie, et que mon goût ne soit jamais émoussé par l'étude. C'est votre goût, mon cher Cideville, qui soutiendra toujours le mien; mais il faudrait vous voir, il faudrait passer avec vous quelques mois; et notre destinée nous sépare quand tout devrait nous réunir.

A M. L'ABBÉ ASSELIN,

PROVISEUR DU COLLÉGE D'HARCOURT.

Mai 1735.

En me parlant de tragédie, monsieur, vous réveillez en moi une idée que j'ai depuis longtemps de vous présenter *la Mort de César*, pièce de ma façon, toute propre pour un collége où l'on n'admet point de femmes sur le théâtre. La pièce n'a que trois actes, mais c'est de tous mes ouvrages celui dont j'ai le plus travaillé la versification. Je m'y suis proposé pour modèle votre illustre compatriote[1], et j'ai fait ce que j'ai pu pour imiter de loin

> La main qui crayonna
> L'âme du grand Pompée et l'esprit de Cinna.

Il est vrai que c'est un peu la grenouille qui s'enfle pour être aussi grosse que le bœuf; mais enfin je vous offre ce que j'ai. Il y a une dernière scène à refondre, et, sans cela, il y a longtemps que je vous aurais fait la proposition. En un mot, César, Brutus, Cassius et Antoine sont à votre service quand vous voudrez. Je suis bien sensible à la bonne volonté que vous voulez bien témoigner pour le petit Champbonin, que je vous ai recommandé. C'est un jeune enfant qui ne demande qu'à travailler, et qui peut, je crois, entrer tout d'un coup en rhétorique ou en philosophie. Nous sommes bon gentilhomme et bon enfant, mais nous sommes pauvre. Si l'on pouvait se contenter d'une pension modique, cela nous accommoderait fort; et elle serait au moins payée régulièrement, car les pauvres sont les seuls qui payent bien.

Enfin, monsieur, si vous saviez quelque débouché pour ce jeune

---

1. L'abbé Asselin était de Vire, et par conséquent Normand, comme Corneille.

homme, je vous aurais une obligation infinie. Je voudrais qu'il fût élevé sous vos yeux, car il aime les bons vers.

Adieu, monsieur; comptez sur l'amitié, sur l'estime, sur la reconnaissance de V. Point de cérémonie; je suis quaker avec mes amis. Signez-moi un A.

AUX AUTEURS DU NOUVELLISTE DU PARNASSE.

Messieurs,

On m'a fait tenir à la campagne où je suis[1], près de Kenterbury, depuis quatre mois, les lettres que vous publiez avec succès en France depuis environ ce temps. J'ai vu dans votre dix-huitième lettre des plaintes injurieuses que l'on vous adresse contre moi, sur lesquelles il est juste que j'aie l'honneur de vous écrire, moins pour ma propre justification que pour l'intérêt de la vérité.

Un ami ou peut-être un parent de feu M. de Campistron me fait des reproches pleins d'amertume et de dureté de ce que j'ai, dit-il, insulté à la mémoire de cet illustre écrivain, dans une brochure de ma façon, et que je me suis servi de ces termes indécents : *le pauvre Campistron*. Il aurait raison, sans doute, de me faire ce reproche, et vous, messieurs, de l'imprimer, si j'avais en effet été coupable d'une grossièreté si éloignée de mes mœurs. C'est pour moi une surprise également vive et douloureuse de voir que l'on m'impute de pareilles sottises. Je ne sais ce que c'est que cette brochure[2], je n'en ai jamais entendu parler. Je n'ai fait aucune brochure en ma vie : si jamais homme devait être à l'abri d'une pareille accusation, j'ose dire que c'était moi, messieurs.

Depuis l'âge de seize ans, où quelques vers un peu satiriques, et par conséquent très-condamnables, avaient échappé à l'imprudence de mon âge et au ressentiment d'une injustice, je me suis imposé la loi de ne jamais tomber dans ce détestable genre d'écrire. Je passe mes jours dans des souffrances continuelles de corps qui m'accablent, et dans

---

1. Cette lettre est supposée écrite d'Angleterre.
2. Lettre d'un spectateur français au sujet d'*Inès de Castro*.

l'étude des bons livres, qui me console ; j'apprends quelquefois dans mon lit que l'on m'impute, à Paris, des pièces fugitives que je n'ai jamais vues et que je ne verrai jamais. Je ne puis attribuer ces accusations frivoles à aucune jalousie d'auteur ; car qui pourrait être jaloux de moi? Mais quelque motif qu'on ait pu avoir pour me charger de pareils écrits, je déclare ici, une bonne fois pour toutes, qu'il n'y a personne en France qui puisse dire que je lui aie jamais fait voir, depuis que je suis hors de l'enfance, aucun écrit satirique en vers ou en prose ; et que celui-là se montre qui puisse seulement avancer que j'aie jamais applaudi un seul de ces écrits, dont le mérite consiste à flatter la malignité humaine.

Non-seulement je ne me suis jamais servi de termes injurieux, soit de bouche, soit par écrit, en citant feu M. de Campistron, dont la mémoire ne doit pas être indifférente aux gens de lettres ; mais je me suis toujours révolté contre cette coutume impolie qu'ont prise plusieurs jeunes gens d'appeler par leur simple nom des auteurs illustres qui méritent des égards.

Je trouve toujours indigne de la politesse française, et du respect que les hommes se doivent les uns aux autres, de dire Fontenelle, Chaulieu, Crébillon, Lamotte, Rousseau, etc. ; et j'ose dire que j'ai corrigé quelques personnes de ces manières indécentes de parler, qui sont toujours insultantes pour les vivants, et dont on ne doit se servir envers les morts que quand ils commencent à devenir anciens pour nous. Le peu de curieux qui pourront jeter les yeux sur les préfaces de quelques pièces de théâtre que j'ai hasardées verront que je dis toujours le grand Corneille, qui a pour nous le mérite de l'antiquité ; et que je dis M. Racine et M. Despréaux, parce qu'ils sont presque mes contemporains.

Il est vrai que dans la préface d'une tragédie adressée à milord Bolingbroke, rendant compte à cet illustre Anglais des défauts et des beautés de notre théâtre, je me suis plaint, avec justice, que la galanterie dégrade parmi nous la dignité de la scène ; j'ai dit, et je dis encore, que l'on avait applaudi ces vers d'*Alcibiade*, indignes de la tragédie (act. I, sc. III) :

> Hélas! qu'est-il besoin de m'en entretenir?
> Mon penchant à l'amour, je l'avouerai sans peine,
> Fut de tous mes malheurs la cause trop certaine;
> Mais, bien qu'il m'ait coûté des chagrins, des soupirs,
> Je n'ai pu refuser mon âme à ses plaisirs;

> Car enfin, Amintas, quoi qu'on en puisse dire,
> Il n'est rien de semblable à ce qu'il nous inspire.
> Où trouve-t-on ailleurs cette vive douceur
> Capable d'enlever et de charmer un cœur?
> Ah! lorsque, pénétré d'un amour véritable,
> Et gémissant aux pieds d'un objet adorable,
> J'ai connu dans ses yeux timides ou distraits
> Que mes soins de son cœur avaient troublé la paix :
> Que, par l'aveu secret d'une ardeur mutuelle,
> La mienne a pris encore une force nouvelle ;
> Dans ces tendres instants j'ai toujours éprouvé
> Qu'un mortel peut sentir un bonheur achevé.

J'aurais pu dire avec la même vérité que les derniers ouvrages du grand Corneille sont indignes de lui, et sont inférieurs à cet *Alcibiade*, et que la *Bérénice* de M. Racine n'est qu'une élégie bien écrite, sans offenser la mémoire de ces grands hommes. Ce sont les fautes de ces écrivains illustres qui nous instruisent : j'ai cru même faire honneur à M. de Campistron, en le citant à des étrangers à qui je parlais de la scène française ; de même que je croirais rendre hommage à l'inimitable Molière, si, pour faire sentir les défauts de notre scène comique, je disais que, d'ordinaire, les intrigues de nos comédies ne sont ménagées que par des valets, que les plaisanteries ne sont presque jamais dans la bouche des maîtres ; et que j'apportasse en preuve la plupart des pièces de ce charmant génie, qui, malgré ce défaut et celui de ses dénoûments, est si au-dessus de Plaute et de Térence.

J'ai ajouté qu'*Alcibiade* est une pièce suivie, mais faiblement écrite : le défenseur de M. de Campistron m'en fait un crime ; mais qu'il me soit permis de me servir de la réponse d'Horace :

> Nempe incomposito dixi pede currere versus
> Lucili : quis tam Lucili fautor inepte est
> Ut non hoc fateatur?
>   Lib. 1, sat. x.

On me demande ce que j'entends par un style faible : je pourrais répondre, le mien. Mais je vais tâcher de débrouiller cette idée, afin que cet écrit ne soit pas absolument inutile, et que, ne pouvant, par mon exemple, prouver ce que c'est qu'un style noble et fort, j'essaye au moins d'expliquer mes conjectures et de justifier ce que je pense en général du style de la tragédie d'*Alcibiade*.

Le style fort et vigoureux, tel qu'il convient à la tragédie, est celui qui ne dit ni trop ni trop peu, et qui fait toujours des tableaux à l'esprit, sans s'écarter un moment de la passion.

Ainsi Cléopâtre, dans *Rodogune,* s'écrie (act. V, sc. I) :

> Trône, à t'abandonner je ne puis consentir;
> Par un coup de tonnerre il vaut mieux en sortir.
> . . . .
> Tombe sur moi le ciel, pourvu que je me venge!

Voilà du style très-fort et peut-être trop. Le vers qui précède le dernier :

> Il vaut mieux mériter le sort le plus étrange,

est du style le plus faible.

Le style faible, non-seulement en tragédie, mais en toute poésie, consiste encore à laisser tomber ses vers deux à deux, sans entremêler de longues périodes et de courtes, et sans varier la mesure ; à rimer trop en épithètes ; à prodiguer des expressions trop communes ; à répéter souvent les mêmes mots ; à ne pas se servir à propos des conjonctions qui paraissent inutiles aux esprits peu instruits, et qui contribuent cependant beaucoup à l'élégance du discours :

> Tantum series, juncturaque pollet!
> *De Arte poet.*

Ce sont toutes ces finesses imperceptibles qui font en même temps et la difficulté et la perfection de l'art :

> In tenui labor, at tenuis non gloria.
> GEORG. IV.

J'ouvre dans ce moment le volume des tragédies de M. de Campistron, et je vois à la première scène de l'*Alcibiade :*

> Quelle que soit pour nous la tendresse des rois,
> Un moment leur suffit pour faire un autre choix.

Je dis que ces vers, sans être absolument mauvais, sont faibles et sans beauté.

Pierre Corneille, ayant la même chose à dire, s'exprime ainsi :

> Et malgré ce pouvoir dont l'éclat nous séduit,
> Sitôt qu'il nous veut perdre, un coup d'œil nous détruit.

Ce *quelle que soit* de l'*Alcibiade* fait languir le vers : de plus *un moment leur suffit pour faire un autre choix* ne fait pas, à beaucoup près, une peinture aussi vive que ce vers :

> Sitôt qu'il nous veut perdre, un coup d'œil nous détruit.

Je trouve encore :

> Mille exemples connus de ces fameux revers...
> Affaibli notre empire, et dans mille combats...
> Nous cache mille soins dont il est agité...
> Il a mille vertus dignes du diadème...
> Par mille exploits fameux justement couronnés...
> En vain mille beautés, dans la Perse adorées...
> En vain par mille soins la princesse Artémise...
> Le sort le plus cruel, mille tourments affreux.

Je dis que ce mot *mille* si souvent répété, et surtout dans des vers assez lâches, affaiblit le style au point de le gâter ; que la pièce est pleine de ces termes oiseux qui remplissent négligemment l'hémistiche ; je m'offre de prouver à qui voudra que presque tous les vers de cet ouvrage sont énervés par ces petits défauts de détail qui répandent leur langueur sur toute la diction.

Si j'avais vécu du temps de M. de Campistron, et que j'eusse eu l'honneur d'être son ami, je lui aurais dit à lui-même ce que je dis ici au public ; j'aurais fait tous mes efforts pour obtenir de lui qu'il retouchât le style de cette pièce, qui serait devenue avec plus de soin un très-bon ouvrage. En un mot, je lui aurais parlé, comme je fais ici, pour la perfection d'un art qu'il cultivait d'ailleurs avec succès.

Le fameux acteur qui représenta si longtemps Alcibiade cachait toutes les faiblesses de la diction par les charmes de son récit : en effet, l'on peut dire d'une tragédie comme d'une histoire, *Historia, quoquo modo scripta, bene legitur ; et tragœdia, quoquo modo scripta, bene repræsentatur* ; mais les yeux du lecteur sont des juges plus difficiles que les oreilles du spectateur.

Celui qui lit ces vers d'*Alcibiade :*

> Je répondrai, seigneur, avec la liberté [1]
> D'un Grec qui ne sait pas cacher la vérité,

se ressouvient à l'instant de ces beaux vers de *Britannicus :*

> Je répondrai, madame, avec la liberté
> D'un soldat qui sait mal farder la vérité.

Il voit d'abord que les vers de M. Racine sont pleins d'une harmonie singulière qui caractérise en quelque façon Burrhus, par cette césure coupée, *d'un soldat,* etc. ; au lieu que les vers d'*Alcibiade* sont rampants et sans force ; en second lieu, il est choqué d'une imitation si marquée ; en troisième lieu, il ne peut souffrir que le citoyen d'un pays renommé par l'éloquence et par l'artifice donne à ces mêmes Grecs un caractère qu'ils n'avaient pas (Act. III, sc. I) :

> Vous allez attaquer des peuples indomptables,
> Sur leurs propres foyers plus qu'ailleurs redoutables.

On voit partout la même langueur de style. Ces rimes d'épithètes, *indomptables, redoutables,* choquent l'oreille délicate du connaisseur, qui veut des choses et qui ne trouve que des sons. *Sur leurs propres foyers plus qu'ailleurs* est trop simple, même pour la prose.

Je n'ai trouvé aucun homme de lettres qui n'ait été de mon avis, et qui ne soit convenu avec moi que le style de cette pièce est, en général, très-languissant. J'ajouterai même que c'est la diction seule qui abaisse M. de Campistron au-dessous de M. Racine. J'ai toujours soutenu que les pièces de M. de Campistron étaient pour le moins aussi régulièrement conduites que toutes celles de l'illustre Racine ; mais il n'y a que la poésie du style qui fasse la perfection des ouvrages en vers. M. de Campistron l'a toujours trop négligée ; il n'a imité le coloris de M. Racine que d'un pinceau timide ; il manque à cet auteur, d'ailleurs judicieux et tendre, ces beautés de détail, ces expressions heureuses, qui sont l'âme de la

---

[1]. Voltaire ne cite pas exactement ces deux vers : les voici :

> Je parlerai du moins avec la liberté
> D'un Grec qui ne doit point cacher la vérité.
> Acte III, scène III.

poésie, et font le mérite des Homère, des Virgile, des Tasse, des Milton, des Pope, des Corneille, des Racine, des Boileau.

Je n'ai donc avancé qu'une vérité, et même une vérité utile pour les belles-lettres; et c'est parce qu'elle est vérité qu'elle m'attire des injures.

L'anonyme (quel qu'il soit) me dit, à la suite de plusieurs personnalités, que je suis un très-mauvais modèle; mais au moins il ne le dit qu'après moi : je ne me vante que de connaître mon art et mon impuissance. Il dit ailleurs (ce qui n'est point une injure, mais une critique permise) que ma tragédie de *Brutus* est très-défectueuse. Qui le sait mieux que moi? C'est parce que j'étais très-convaincu des défauts de cette pièce, que je la refusai constamment, un an entier, aux comédiens. Depuis même je l'ai fort retouchée ; j'ai retourné ce terrain où j'avais travaillé si longtemps avec tant de peine et si peu de fruit. Il n'y a aucun de mes faibles ouvrages que je ne corrige tous les jours, dans les intervalles de mes maladies. Non-seulement je vois mes fautes, mais j'ai obligation à ceux qui m'en reprennent; et je n'ai jamais répondu à une critique qu'en tâchant de me corriger.

Cette vérité que j'aime dans les autres, j'ai droit d'exiger que les autres la souffrent en moi. M. de Lamotte sait avec quelle franchise je lui ai parlé, et que je l'estime assez pour lui dire, quand j'ai l'honneur de le voir, quelques défauts que je crois apercevoir dans ses ingénieux ouvrages. Il serait honteux que la flatterie infectât le petit nombre d'hommes qui pensent. Mais plus j'aime la vérité, plus je hais et dédaigne la satire, qui n'est jamais que le langage de l'envie. Les auteurs qui veulent apprendre à penser aux autres hommes doivent leur donner des exemples de politesse comme d'éloquence, et joindre les bienséances de la société à celle du style. Faut-il que ceux qui cherchent la gloire courent à la honte par leurs querelles littéraires, et que les gens d'esprit deviennent souvent la risée des sots!

On m'a souvent envoyé en Angleterre des épigrammes et de petites satires contre M. de Fontenelle; j'ai eu soin de dire, pour l'honneur de mes compatriotes, que ces petits traits qu'on lui décoche ressemblent aux injures que l'esclave disait autrefois au triomphateur.

Je crois que c'est être bon Français de détourner, autant qu'il est en moi, le soupçon qu'on a dans les pays étrangers que les Français ne rendent jamais justice à leurs contemporains. Soyons justes, messieurs, ne craignons ni de blâmer, ni surtout de louer ce qui le mérite ; ne lisons point *Pertharite*, mais pleurons à *Polyeucte*. Oublions, avec M. de Fontenelle, des lettres composées dans sa jeunesse[1] ; mais apprenons par cœur, s'il est possible, *les Mondes, la Préface de l'Histoire de l'Académie des Sciences*, etc. Disons, si vous voulez, à M. de Lamotte qu'il n'a pas assez bien traduit *l'Iliade*, mais n'oublions pas un mot des belles odes et des autres pièces heureuses qu'il a faites. C'est ne pas payer ses dettes que de refuser de justes louanges. Elles sont l'unique récompense des gens de lettres ; et qui leur payera ce tribut, sinon nous qui, courant à peu près la même carrière, devons connaître mieux que d'autres la difficulté et le prix d'un bon ouvrage ?

J'ai entendu dire souvent en France que tout est dégénéré, et qu'il y a dans tout genre une disette d'hommes étonnante. Les étrangers n'entendent à Paris que ces discours, et ils nous croient aisément sur notre parole ; cependant quel est le siècle où l'esprit humain ait fait plus de progrès que parmi nous ? Voici un jeune homme de seize ans[2] qui exécute en effet ce qu'on a dit autrefois de M. Pascal, et qui donne un traité sur les courbes, qui ferait honneur aux plus grands géomètres. L'esprit de raison pénètre si bien dans les écoles, qu'elles commencent à rejeter également et les absurdités inintelligibles d'Aristote et les chimères ingénieuses de Descartes. Combien d'excellentes histoires n'avons-nous pas depuis trente ans ? Il y en a telle qui se lit avec plus de plaisir que *Philippe de Commines* ; il est vrai qu'on n'ose l'avouer tout haut, parce que l'auteur est encore vivant[3]. Et le moyen d'estimer un contemporain autant qu'un homme mort il y a plus de deux cents ans !

> Ploravere suis non respondere favorem
> Speratum meritis.
>
> Hor., lib. II, ep. I.

Personne n'ose convenir franchement des richesses de son siècle. Nous sommes comme les avares, qui disent toujours que le temps est dur. J'abuse de votre patience, messieurs ; pardonnez cette longue

---

1. Les Lettres du chevalier d'Her ***.
2. Clairault.
3. Voltaire veut probablement désigner Vertot.

lettre et toutes ces réflexions au devoir d'un honnête homme qui a dû se justifier, et à mon amour extrême pour les lettres, pour ma patrie et pour la vérité.

Je suis, etc.

A M. THIRIOT,

A PARIS.

Lunéville, le 12 juin 1735.

Oui, je vous injurierai jusqu'à ce que je vous aie guéri de votre paresse. Je ne vous reproche point de souper tous les soirs avec M. de La Popelinière, je vous reproche de borner là toutes vos pensées et toutes vos espérances. Vous vivez comme si l'homme avait été créé uniquement pour souper, et vous n'avez d'existence que depuis dix heures du soir jusqu'à deux heures après minuit. Il n'y a soupeur qui se couche ni bégueule qui se lève plus tard que vous. Vous restez dans votre trou jusqu'à l'heure des spectacles à dissiper les fumées du souper de la veille; ainsi vous n'avez pas un moment pour penser à vous et à vos amis. Cela fait qu'une lettre à écrire devient un fardeau pour vous. Vous êtes un mois entier à répondre, et vous avez encore la bonté de vous faire illusion au point d'imaginer que vous serez capable d'un emploi et de faire quelque fortune, vous qui n'êtes pas capable seulement de vous faire dans votre cabinet une occupation suivie, et qui n'avez jamais pu prendre sur vous d'écrire régulièrement à vos amis, même dans les affaires intéressantes pour vous et pour eux. Vous me rabâchez *de seigneurs et de dames les plus titrés :* qu'est-ce que cela veut dire? Vous avez passé votre jeunesse, vous deviendrez bientôt vieux et infirme ; voilà à quoi il faut que vous songiez. Il faut vous préparer une arrière-saison tranquille, heureuse, indépendante. Que deviendrez-vous quand vous serez malade et abandonné? Sera-ce une consolation pour vous de dire : J'ai bu du vin de Champagne autrefois en bonne compagnie? Songez qu'une bouteille qui a été fêtée quand elle était pleine d'eau des Barbades est jetée dans un coin dès qu'elle est cassée, et qu'elle reste en morceaux dans la poussière; que voilà ce qui arrive à tous ceux qui n'ont songé qu'à être admis à quelques soupers, et que la fin d'un vieil inutile, infirme, est une chose bien pitoyable. Si cela ne vous donne pas un peu de courage et ne vous excite pas à secouer l'engourdissement dans lequel vous laissez votre âme, rien ne vous guérira. Si je vous aimais moins, je vous plaisanterais sur votre paresse; mais je vous aime, et je vous gronde beaucoup.

Cela posé, songez donc à vous, et puis songez à vos amis; buvez du vin de Champagne avec des gens aimables, mais faites quelque chose qui vous mette en état de boire un jour du vin qui soit à vous. N'oubliez point vos amis, et ne passez pas des mois entiers sans leur écrire un mot. Il n'est point question d'écrire des lettres pensées et réfléchies avec soin, qui peuvent un peu coûter à la paresse; il n'est question que de deux ou trois mots d'amitié, et quelques nouvelles soit de littérature, soit des sottises humaines, le tout courant sur le papier sans peine et sans attention. Il ne faut pour cela que se mettre un demi-quart d'heure vis-à-vis son écritoire. Est-ce donc là un effort si pénible? J'ai d'autant plus d'envie d'avoir avec vous un commerce régulier, que votre lettre m'a fait un plaisir extrême. Je pourrai vous demander de temps temps des anecdotes concernant le siècle de Louis XIV. Comptez qu'un jour cela peut vous être très-utile, et que cet ouvrage vous vaudrait vingt volumes de *Lettres philosophiques*.

J'ai lu le *Turenne*[1]; le bonhomme a copié des pages entières du cardinal de Retz, des phrases de Fénelon; je le lui pardonne, il est coutumier du fait; mais il n'a point rendu son héros intéressant. Il l'appelle *grand*, mais il ne le rend pas tel; il le loue en rhétoricien. Il pille les *Oraisons funèbres* de Mascaron et de Fléchier, et puis il fait réimprimer ces oraisons funèbres parmi les preuves. Belle preuve d'histoire qu'une oraison funèbre!

Je ne suis surpris ni du jugement que vous portez sur la pièce de l'abbé Leblanc[2], ni de son succès. Il se peut très-bien faire que la pièce soit détestable et applaudie.

Écrivez-moi, et aimez toute votre vie un homme vrai qui n'a jamais changé.

1. *Histoire de Turenne*, par Ramsay.
2. *Abensaïd*, tragédie jouée le 6 juin.

P. S. Qu'est-ce que c'est qu'un portrait de moi en quatre pages qui a couru? Quel est le barbouilleur? Envoyez-moi cette enseigne à bière.

Faites souvenir de moi les Froulai, les Desalleurs, les Pont-de-Vesle, les du Deffand *et totam hanc suavissimam gentem.*

A M. BERGER.

A Cirey... février 173 .

Le succès de mes *Américains* est d'autant plus flatteur pour moi, mon cher monsieur, qu'il justifie votre amitié pour ma personne et votre goût pour mes ouvrages. J'ose vous dire que les sentiments vertueux qui sont dans cette pièce sont dans mon cœur; et c'est ce qui fait que je compte beaucoup plus sur l'amitié d'une personne comme vous, dont je suis connu, que sur les suffrages d'un public toujours inconstant, qui se plaît à élever des idoles pour les détruire, et qui depuis longtemps passe la moitié de l'année à me louer, et l'autre à me calomnier. Je souhaiterais que l'indulgence avec laquelle cet ouvrage vient d'être reçu pût encourager notre grand musicien Rameau à reprendre en moi quelque confiance et à achever son opéra de *Samson* sur le plan que je me suis toujours proposé. J'avais travaillé uniquement pour lui. Je m'étais écarté de la route ordinaire dans le poëme, parce qu'il s'en écarte dans la musique. J'ai cru qu'il était temps d'ouvrir une carrière nouvelle à l'opéra comme sur la scène tragique. Ces beautés de Quinault et de Lulli sont devenues des lieux communs. Il y aura peu de gens assez hardis pour conseiller à M. Rameau de faire de la musique pour un opéra dont les deux premiers actes sont sans amour; mais il doit être assez hardi pour se mettre au-dessus du préjugé. Il doit m'en croire et s'en croire lui-même. Il peut compter que le rôle de Samson, joué par Chassé, fera autant d'effet au moins que celui de Zamore, joué par Dufresne. Tâchez de persuader cela à cette tête à double croche : que son intérêt et sa gloire l'encouragent; qu'il me promette d'être entièrement de concert avec moi; surtout qu'il n'use pas sa musique en la faisant jouer de maison en maison; qu'il orne de beautés nouvelles les morceaux que je lui ai faits. Je lui enverrai la pièce quand il le voudra ; M. de Fontenelle en sera l'examinateur. Je me flatte que M. le prince de Carignan la protégera, et qu'enfin ce sera de tous les ouvrages de ce grand musicien celui qui, sans contredit, lui fera le plus d'honneur.

A l'égard de M. de Marivaux, je serais très-fâché de compter parmi mes ennemis un homme de son caractère, et dont j'estime l'esprit et la probité. Il y a surtout dans ses ouvrages un caractère de philosophie, d'humanité et d'indépendance, dans lequel j'ai trouvé avec plaisir mes propres sentiments. Il est vrai que je lui souhaite quelquefois un style moins recherché et des sujets plus nobles, mais je suis bien loin de l'avoir voulu désigner en parlant des comédies métaphysiques. Je n'entends par ce terme que ces comédies où l'on introduit des personnages qui ne sont point dans la nature, des personnages allégoriques, propres tout au plus pour le poëme épique, mais très-déplacés sur la scène, où tout doit être peint d'après nature. Ce n'est pas, ce me semble, le défaut de M. de Marivaux ; je lui reprocherais au contraire de trop détailler les passions et de manquer quelquefois le chemin du cœur en prenant des routes un peu trop détournées. J'aime d'autant plus son esprit, que je le prierais de le moins prodiguer. Il ne faut point qu'un personnage de comédie songe à être spirituel ; il faut qu'il soit plaisant malgré lui, et sans croire l'être ; c'est la différence qui doit être entre la comédie et le simple dialogue. Voilà mon avis, mon cher monsieur ; je le soumets au vôtre.

J'avais prêté quelque argent à feu M. de Laclède, mais sans billet ; je voudrais en avoir perdu dix fois davantage, et qu'il fût en vie. Je vous supplie de m'écrire tout ce que vous apprendrez au sujet de mes *Américains*. Je vous embrasse tendrement.

Qu'est devenu l'abbé Desfontaines ? dans quelle loge a-t-on mis ce chien qui mordait ses maîtres ? hélas ! je lui donnerais encore du pain, tout enragé qu'il est. Je ne vous écris point de ma main, parce que je suis un peu malade. Adieu.

A M. PALLU,

INTENDANT DE MOULINS.

A Cirey, le 9 février 1736.

Un peu de maladie, monsieur, m'a privé de la consolation de vous écrire des pouilles de ma main. Je me sers d'un secrétaire; je me donne des airs d'intendant. Hélas! cruel que vous êtes, c'est bien vous qui faites l'intendant avec moi en ne répondant point à mes requêtes! J'avais cru vous faire ma cour et flatter votre goût en vous envoyant, il y a quelques mois, une scène tout entière traduite d'un vieil auteur anglais; mais vous ne vous souciez ni de l'Anglais ni de moi. Vous aviez promis à Mme du Châtelet des petits cygnes de Moulins et des petits bateaux. Savez-vous bien que des bagatelles, quand on les a promises, deviennent solides et sacrées, et qu'il vaudrait mieux être deux ans sans faire payer la taille aux peuples de *la mère aux gaînes* [1] que de manquer d'envoyer des petits cygnes à Cirey? Vous croyez donc qu'il n'y a dans le monde que des ministres, Moulins et Versailles?

En lisant aujourd'hui des vers anglais de Pope sur le bonheur, voici comme j'ai réfuté ce raisonneur :

> Pope, l'Anglais, ce sage si vanté,
> Dans sa morale au Parnasse embellie,
> Dit que les biens, les seuls biens de la vie,
> Sont le repos, l'aisance et la santé.
> Il s'est mépris : quoi! dans l'heureux partage
> Des dons du ciel faits à l'humain séjour,
> Ce triste Anglais n'a pas compté l'amour!
> Qu'il est à plaindre! il n'est heureux ni sage.

Mettez l'amitié à la place de l'amour, et vous verrez combien vous manquez à ma félicité. Donnez-moi au moins votre protection, comme si j'étais né dans Moulins. Ayez pitié de cette pauvre *Alzire*, que l'on imprime, à ce qu'on m'a dit, furtivement, comme on a imprimé le *Jules*

---

1. La ville de Moulins, célèbre par sa coutellerie.

César. Il est bien dur de voir ainsi ses enfants estropiés. M. Rouillé peut d'un mot empêcher qu'on me fasse ce tort; c'est à vous que je veux en avoir l'obligation. Si vous me rendez ce bon office, j'aurai pour vous bien du respect et de la reconnaissance; et, si vous m'écrivez, je vous aimerai de tout mon cœur.

A M. DE LA ROQUE,

AUTEUR DU MERCURE DE FRANCE.

A Cirey, ce 10 février 1736.

Je suis bien fâché, monsieur, qu'un peu d'indisposition m'empêche de vous écrire de ma main. Je n'ai que la moitié du plaisir en vous marquant ainsi combien je suis sensible à vos politesses. Il est bien doux de plaire à un homme qui, comme vous, connaît et aime tous les beaux-arts. Vous me rappelez toujours par votre goût, par votre politesse et par votre impartialité l'idée du charmant M. de La Faye, qu'on ne peut trop regretter. Je pense bien comme vous sur les beaux-arts :

> Vers enchanteurs, exacte prose,
> Je ne me borne point à vous.
> N'avoir qu'un goût, c'est peu de chose;
> Beaux-arts, je vous invoque tous :
> Musique, danse, architecture,
> Art de graver, docte peinture,
> Que vous m'inspirez de désirs!
> Beaux-arts, vous êtes des plaisirs;
> Il n'en est point qu'on doive exclure.

Je voudrais bien, monsieur, vous envoyer quelques-unes de ces bagatelles pour lesquelles vous avez trop d'indulgence; mais vous savez que ces petits vers, que j'adresse quelquefois à mes amis, respirent une liberté dont le public sévère ne s'accommoderait pas. Si parmi ces libertins qui vont toujours nus, il s'en trouve quelques-uns de vêtus à la mode du pays, j'aurai l'honneur de vous les envoyer.

Je suis, etc.

A M. DE LAMARE.

A Cirey, 15 mars 1736.

Je me flatte, monsieur, que quand vous ferez imprimer quelques-uns de vos ouvrages, vous le ferez avec plus d'exactitude que vous n'en avez eu dans l'édition de *Jules César*. Permettez que mon amitié se plaigne que vous ayez hasardé dans votre préface des choses sur lesquelles vous deviez auparavant me consulter.

Vous dites, par exemple, que dans certaines circonstances le parricide était regardé comme une action de courage, et même de vertu, chez les Romains : ce sont de ces propositions qui auraient grand besoin d'être prouvées.

Il n'y a aucun exemple de fils qui ait assassiné son père pour le salut de la patrie. Brutus est le seul; encore n'est-il pas absolument sûr qu'il fût le fils de César.

Je crois que vous deviez vous contenter de dire que Brutus était stoïcien et presque fanatique, féroce dans la vertu, et incapable d'écouter la nature quand il s'agissait de sa patrie, comme sa lettre à Cicéron le prouve.

Il est assez vraisemblable qu'il savait que César était son père, et que cette considération ne le retint pas ; c'est même cette circonstance et ce combat singulier entre la tendresse et la fureur de la liberté qui seuls pouvaient rendre la pièce intéressante : car de représenter des Romains nés libres, des sénateurs opprimés par leur égal, qui conspirent contre un tyran, et qui exécutent de leurs mains la vengeance publique, il n'y a rien là que de simple, et Aristote (qui, après tout, était un très-grand génie) a remarqué, avec beaucoup de pénétration et de connaissance du cœur humain, que cette espèce de tragédie est languissante et insipide; il l'appelle la plus vicieuse de toutes : tant l'insipidité est un poison qui tue tous les plaisirs !

Vous auriez donc pu dire que César est un grand homme, ambitieux jusqu'à la tyrannie; et Brutus un héros d'un autre genre, qui poussa l'amour de la liberté jusqu'à la fureur.

Vous pouviez remarquer qu'ils sont représentés tous condamnables, mais à plaindre, et que c'est en quoi consiste l'artifice de cette pièce. Vous paraissez surtout avoir d'autant plus de tort de dire que les Romains approuvaient le parricide de Brutus, qu'à la fin de la pièce les Romains ne se soulèvent contre les conjurés que lorsqu'ils apprennent que Brutus a tué son père. Ils s'écrient :

<blockquote>O monstre que les dieux devraient exterminer!

(Act. III, sc. VIII.)</blockquote>

Je vous avais dit, à la vérité, qu'il y avait, parmi les *Lettres de Cicéron,* une lettre de Brutus[1] par laquelle on peut inférer qu'il avait tué son père pour la cause de la liberté. Il me semble que vous avez assuré la chose trop positivement.

Celui qui a traduit la lettre italienne de M. le marquis Algarotti semble être tombé dans une méprise à l'endroit où il est dit que c'est un de ceux qu'on appelle *doctores umbratici* qui a fait la première édition furtive de cette pièce. Je me souviens que quand M. Algarotti me lut sa lettre en italien, il y désignait un précepteur qui, ayant volé cet ouvrage, le fit imprimer. Cet homme a même été puni; mais, par la traduction, il semble qu'on ait voulu désigner les professeurs de l'Université. L'auteur de la brochure qu'on donne toutes les semaines sous le titre d'*Observations,* etc., a pris occasion de cette méprise pour insinuer que M. le marquis Algarotti avait prétendu attaquer les professeurs de Paris; mais cet étranger respectable, qui a fait tant d'honneur à l'Université de Padoue, est bien loin de ne pas estimer celle de Paris, dans laquelle on peut dire qu'il n'y a jamais eu tant de probité et tant de goût qu'à présent.

Si vous m'aviez envoyé votre préface, je vous aurais prié de corriger ces bagatelles; mais vos fautes sont si peu de chose en comparaison des miennes, que je ne songe qu'à ces dernières. J'en ferais une fort grande de ne vous point aimer, et vous pouvez compter toujours sur moi.

---

1. Sed mihi priùs omnia dii deæque eripuerint, quàm illud judicium, quo non modò hæredi ejus quem occidi non concesserim quod in illo non tuli, sed ne patri quidem meo, si reviviscat, ut, patiente me, plus legibus ac senatu possit. (*Bruti Epist. ad Cic.*)

A MADAME LA MARQUISE DU DEFFAND.

A Cirey, par Vassi en Champagne, 18 mars 1736.

Une assez longue maladie, madame, m'a empêché de répondre plus tôt à la lettre charmante dont vous m'avez honoré. Vous devez vous intéresser à cette maladie ; elle a été causée par trop de travail : eh ! quel objet ai-je dans tous mes travaux que l'envie de vous plaire, de mériter votre suffrage? Celui que vous donnez à mes *Américains*, et surtout à la vertu tendre et simple d'Alzire, me console bien de toutes les critiques de la petite ville qui est à quatre lieues de Paris, à cinq cents lieues du bon goût, et qu'on appelle la cour. Je ferai ce que je pourrai assurément pour rendre Gusman plus tolérable. Je ne veux point me justifier sur un rôle qui vous déplaît; mais Grandval ne m'a-t-il pas fait aussi un peu de tort? n'a-t-il pas outré le caractère? n'a-t-il pas rendu féroce ce que je n'ai prétendu peindre que sévère?

Vous pensâtes, dites-vous, dès les premiers vers, que ce Gusman ferait pendre son père. Eh ! madame, le premier vers qu'il dit est celui-ci :

Quand vous priez un fils, seigneur, vous commandez.

N'a-t-il pas l'autorité de tous les vice-rois du Pérou? et cette inflexibilité ne peut-elle pas s'accorder avec les sentiments d'un fils? Sylla et Marius aimaient leur père.

Enfin la pièce est fondée sur le changement de son cœur; et si le cœur était doux, tendre, compatissant au premier acte, qu'aurait-on fait au dernier?

Permettez-moi de vous parler plus positivement sur Pope. Vous me dites que l'amour social *fait que tout ce qui est est bien*. Premièrement ce n'est point ce qu'il nomme *amour social* (très-mal à propos) qui est chez lui le fondement et la preuve de l'ordre de l'univers. Tout ce qui est est bien, parce qu'un Être infiniment sage en est l'auteur; et c'est l'objet de la première épître. Ensuite il appelle *amour social*, dans l'épître dernière, cette Providence bienfaisante par laquelle les animaux servent de subsistance les uns aux autres. Milord Shaftesbury, qui le premier a établi une partie de ce système, prétendait, avec raison, que Dieu avait donné à l'homme l'amour de lui-même pour l'engager à conserver son être; et l'*amour social*, c'est-à-dire un instinct très-subordonné à l'amour-propre, et qui se joint à ce grand ressort, est le fondement de la société.

Mais il est bien étrange d'imputer à je ne sais quel amour social dans Dieu cette fureur irrésistible avec laquelle toutes les espèces d'animaux sont portées à s'entre-dévorer. Il paraît du dessein à cela, d'accord : mais c'est un dessein qui assurément ne peut être appelé amour.

Tout l'ouvrage de Pope fourmille de pareilles obscurités. Il y a cent éclairs admirables qui percent à tous moments cette nuit, et votre imagination brillante doit les aimer. Ce qui est beau et lumineux est votre élément. Ne craignez point de faire la disserteuse, ne rougissez point de joindre aux grâces de votre personne la force de votre esprit; faites des nœuds avec les autres femmes, mais parlez-moi raison.

Je vous supplie, madame, de me ménager les bontés de M. le président Hénault : c'est l'esprit le plus droit et le plus aimable que j'aie jamais connu. Mille respects et un éternel attachement.

A M. L'ABBÉ MOUSSINOT,

TRÉSORIER DU CHAPITRE DE SAINT-MERRI, A PARIS[1].

Cirey, 21 mars 1736.

Mon cher abbé, j'aime mille fois mieux votre coffre-fort que celui d'un notaire; il n'y a personne à qui je me fiasse dans le monde autant

---

1. Moussinot « était un chanoine de Saint-Merry, un homme de bien, un homme simple et vertueux, attaché à ses devoirs d'ecclésiastique, de chanoine et d'ami... Le chapitre de Saint-Merry lui confia sa caisse, les jansénistes le firent dépositaire de la leur; Voltaire lui remit la sienne : elle ne pouvait être en de meilleures mains. C'était une singularité de voir un même ecclésiastique trésorier, en même temps, d'un chapitre, d'une secte et d'un philosophe; remplissant avec exactitude et un secret religieux les devoirs de ce triple état. » (Note de Duvernet.)

qu'à vous : vous êtes aussi intelligent que vertueux ; vous étiez fait pour être le procureur général de l'*ordre* des jansénistes, car vous savez qu'ils appellent leur union l'*ordre*; c'est leur argot; chaque communauté, chaque société a le sien. Voyez donc si vous voulez vous charger de l'argent d'un indévot, et faire par amitié pour cet indévot ce que par devoir vous faites pour votre chapitre. Vous pourrez dans l'occasion en faire de bons marchés de tableaux; vous m'emprunterez de l'argent dans votre coffre. Mes affaires, comme vous savez, sont très-aisées et très-simples : vous serez mon surintendant en quelque endroit que je sois ; vous parlerez pour moi, et en votre nom, aux Villars, aux Richelieu, aux d'Estaing, aux Guise, aux Guébriant, aux d'Auneuil, aux Lezeau et autres illustres débiteurs de votre ami. Quand on parle pour son ami, on demande justice; quand c'est moi qui réclame cette justice, j'ai l'air de demander grâce, et c'est ce que je voudrais éviter.

Ce n'est pas tout; vous agirez en plénipotentiaire, soit pour mes pensions auprès de M. Pâris Duverney, auprès de M. Tanevot, premier commis des finances; soit pour mes rentes sur l'Hôtel de ville, sur Arouet, mon frère; soit enfin pour les actions et pour l'argent que j'ai chez différents notaires. Vous aurez, mon cher abbé, carte blanche pour tout ce qui me regarde, et tout sera dans le plus grand secret. Mandez-moi si cette charge vous plaît. En attendant votre réponse, je vous prie d'envoyer chercher par votre frotteur un jeune homme nommé Baculard d'Arnaud; c'est un étudiant en philosophie au collége d'Harcourt; il demeure rue Mouffetard : donnez-lui, je vous en prie, ce petit manuscrit[1], et faites-lui de ma part un petit présent de douze francs. Je vous prie de ne pas négliger cette petite grâce, que je vous demande ; ce manuscrit sera négocié à son profit. Je vous embrasse de tout mon cœur : aimez-moi toujours, et surtout resserrons les nœuds de notre amitié par la confiance et par les services réciproques.

1. L'*Épître sur la Calomnie.*

A M. BERGER.

A Cirey, le 10 septembre 1736.

Mon cher ami, vous êtes l'homme le plus exact et le plus essentiel que je connaisse ; c'est une louange qu'il faut toujours vous donner. Je suis également sensible à vos soins et à votre exactitude.

J'ai reçu une lettre bien singulière du prince royal de Prusse. Je vous en enverrai une copie. Il m'écrit comme Julien écrivait à Libanius. C'est un prince philosophe ; c'est un homme, et par conséquent une chose bien rare. Il n'a que vingt-quatre ans ; il méprise le trône et les plaisirs, et n'aime que la science et la vertu. Il m'invite à le venir trouver ; mais je lui mande qu'on ne doit jamais quitter ses amis pour des princes, et je reste à Cirey. Si Gresset va à Berlin, apparemment qu'il aime moins ses amis que moi. J'ai envoyé à notre ami Thiriot la réponse de Libanius à Julien. Il doit vous la communiquer. Vous aurez incessamment la préface, ou plutôt l'avertissement de Linant, puisque ni vous ni Thiriot n'avez voulu faire la préface de *la Henriade*. Continuez, mon cher ami, à m'écrire ces lettres charmantes qui valent bien mieux que des préfaces. Embrassez pour moi les Crébillon, les Bernard et les La Bruère. Adieu.

A M. L'ABBÉ D'OLIVET.

A Cirey, ce 18 octobre 1736.

Fiet Aristarchus. Vous êtes, mon très-cher abbé, le meilleur ami et le meilleur critique qu'il y ait au monde. Que n'avez-vous eu la bonté de relire *la Henriade* avec les mêmes yeux ! la nouvelle édition est achevée. Vous m'auriez corrigé bien des fautes, vous les auriez changées en beautés.

Venons à notre ode. Aimez-vous mieux ce commencement?

> L'Etna renferme le tonnerre
> Dans ses épouvantables flancs ;
> Il vomit le feu sur la terre,
> Il dévore ses habitants.
> Le tigre, acharné sur sa proie,
> Sent d'une impitoyable joie
> Son âme horrible s'enflammer.
> Notre cœur n'est point né sauvage ;
> Grands dieux! si l'homme est votre image,
> Il n'était fait que pour aimer.
>
> . . . .
> Colbert, ton heureuse industrie
> Sera plus chère à nos neveux
> Que la politique inflexible
> De Louvois, prudent et terrible,
> Qui brûlait le Palatinat,

ou,

> De Louvois, dont la main terrible
> Embrasait le Palatinat.

Avec ces changements et les autres que vous souhaitez, pensez-vous que l'ouvrage doive risquer le grand jour? Pensez-vous que vous puissiez l'opposer à l'ode de M. Racine? Parlez-moi donc un peu du fond de la pièce, et parlez-moi toujours en ami. Si vous voulez, je vous enverrai de temps en temps quelques-unes de mes folies. Je m'égaye encore à faire des vers, même en étudiant Newton. Je suis occupé actuellement à savoir ce que pèse le soleil. C'est bien là une autre folie. Qu'importe ce qu'il pèse, me direz-vous, pourvu que nous en jouissions? Oh! il importe fort pour nous autres songe-creux, car cela tient au grand principe de la gravitation. Mon cher ami, mon cher maître, Newton est le plus grand homme qui ait jamais été, mais le plus grand, de façon que les géants de l'antiquité sont auprès de lui des enfants qui jouent à la fossette.

> Et omnes
> Præcellit stellas exortus uti æthereus sol.
>   Lucr., lib. III, v. 1056-57.
>
> Dicendum est Deus ille fuit, Deus.
>   Lucr., lib. V, v. 8.

Cependant ne nous décourageons point; cueillons quelques fleurs dans ce monde, qu'il a mesuré, qu'il a pesé, qu'il a seul connu. Jouons sous les bras de cet Atlas qui porte le ciel; faisons des drames, des odes, des guenilles. Aimez-moi, consolez-moi d'être si petit. Adieu, mon cher ami, mon cher maître.

A M. LE COMTE DE TRESSAN.

A Cirey, le 21 octobre 1736.

> Tandis qu'aux fanges du Parnasse,
> D'une main criminelle et basse,
> Rufus va cherchant des poisons,
> Ta main délicate et légère
> Cueille aux campagnes de Cythère
> Des fleurs dignes de tes chansons.
>
> Loin ce rimeur atrabilaire,
> Ce cynique, ce plagiaire,
> Qui, dans ses efforts odieux,
> Fait servir à la calomnie,
> A la rage, à l'ignominie,
> Le langage sacré des dieux!
>
> Sans doute les premiers poëtes,
> Inspirés, ainsi que vous l'êtes,
> Étaient des dieux ou des amants :
> Tout a changé, tout dégénère,
> Et dans l'art d'écrire et de plaire;
> Mais vous êtes des premiers temps.

Ah, monsieur! votre charmante épître, vos vers, qui, comme vous, respirent les grâces, méritaient une autre réponse. Mais, s'il fallait vous envoyer des vers dignes de vous, je ne vous répondrais jamais; vous me donnez en tout des exemples que je suis bien loin de suivre. Je fais mes efforts; mais malheur à qui fait des efforts!

Votre souvenir, votre amitié pour moi, enchantent mon cœur autant que vos vers éveilleraient mon imagination. J'ose compter sur votre amitié. Il n'y a point de bonheur qui n'augmente par votre commerce.

Pourquoi faut-il que je sois privé de ce commerce délicieux ! Ah ! si votre muse daignait avoir pour moi autant de bienveillance que de coquetterie ; si vous daigniez m'écrire quelquefois, me parler de vos plaisirs, de vos succès dans le monde, de tout ce qui vous intéresse, que je défierais les Rousseau et les Desfontaines de troubler ma félicité !

Comptez, monsieur, sur le tendre et respectueux attachement de Voltaire.

A M. L'ABBÉ D'OLIVET.

A Cirey... 1736.

Mon cher maître, j'ai enfin reçu votre *Prosodie*, petit livre où il y a beaucoup à prendre, qui était très-difficile à faire, et qui est fort bien fait. Je vous en remercie, et j'ai grande envie de voir le reste de l'ouvrage. Mandez-moi donc tout franchement si vous croyez que l'ode puisse tenir contre cette ode de M. Racine. Vous n'êtes pas dans la nécessité de louer mon *ode*, parce que je loue votre *Prosodie*. Vous ne me devez que la vérité, car c'est la seule chose que vous recevez de moi quand je vous loue ; et je vous aurai plus d'obligation de vos critiques, dont j'ai besoin, que vous ne m'en aurez de mes éloges, dont vous n'avez que faire.

Qu'est-ce que c'est, mon cher abbé, qu'une comédie intitulée *l'Enfant prodigue*, qu'il a pris en fantaisie à la moitié de Paris de m'attribuer ? Je suis bien étonné que l'on parle encore de moi : je voudrais être oublié du public, et jamais de vous.

A M. THIRIOT.

A Leyde, le 17 janvier 1737.

Il est vrai, mon cher ami, que j'ai été très-malade, mais la vivacité de mon tempérament me tient lieu de force ; ce sont des ressorts délicats qui me mettent au tombeau, et qui m'en retirent bien vite. Je suis venu à Leyde consulter le Dr Boërhaave sur ma santé, et s'Gravesande sur la philosophie de Newton. Le prince royal me remplit tous les jours d'admiration et de reconnaissance ; il daigne m'écrire comme à son ami ; il fait pour moi des vers français tels qu'on en faisait à Versailles dans le temps du bon goût et des plaisirs. C'est dommage qu'un pareil prince n'ait point de rivaux. Je ne manque pas de lui glisser quelques mots de vous dans toutes mes lettres. Si ma tendre amitié pour vous vous peut être utile, ne serai-je pas trop heureux ? Je ne vis que pour l'amitié, c'est elle qui m'a retenu à Cirey si longtemps ; c'est elle qui m'y ramènera si je retourne en France. Le prince royal m'a envoyé le comte Borck, ambassadeur du roi de Prusse en Angleterre, pour m'offrir sa maison à Londres, en cas que je voulusse y aller, comme le bruit en a couru : je suis d'ailleurs traité ici beaucoup mieux que je ne mérite. Le libraire Ledet, qui a gagné quelque chose à débiter mes faibles ouvrages, et qui en fait actuellement une magnifique édition, a plus de reconnaissance que les libraires de Paris n'ont d'ingratitude. Il m'a forcé de loger chez lui quand je viens à Amsterdam voir comment va la philosophie newtonienne. Il s'est avisé de prendre pour enseigne la tête de votre ami Voltaire. La modestie qu'il faut avoir défend à ma sincérité de vous dire l'excès de considération qu'on a ici pour moi.

Je ne sais quelle gazette impertinente, misérable écho des misérables nouvelles à la main de Paris, s'était avisée de dire que je m'étais retiré dans les pays étrangers pour écrire plus librement. Je démens cette imposture en déclarant, dans la *Gazette d'Amsterdam*, que je désavoue tout ce qu'on fait courir sous mon nom, soit en France, soit dans les pays étrangers, et que je n'avoue rien que ce qui aura ou un privilége ou une permission connue. Je confondrai mes ennemis en ne leur donnant aucune prise, et j'aurai la consolation qu'il faudra toujours mentir pour me nuire.

J'ai trouvé ici le gouvernement de France en très-grande réputation ; et ce qui m'a charmé, c'est que les Hollandais sont plus jaloux de notre compagnie des Indes que Rousseau ne l'est de moi. J'ai vu aujourd'hui des négociants qui ont acheté, à la dernière vente de Nantes, ce qui leur manquait à Amsterdam. Voilà de ces choses dont Pollion peut faire usage auprès du ministre dans l'occasion ; mais, comme je fais plus de cas d'un bon vers que du négoce et de la politique, tâchez donc de me marquer ce que vous trouvez de si négligé dans les vers dont vous me parlez. Je suis aussi sévère que vous pour le moins ; et, dans les intervalles que me laisse la philosophie, je corrige toutes les pièces de poésies que j'ai faites depuis *Œdipe* jusqu'au *Temple de l'amitié*. Il y en aura quelques-unes qui vous seront adressées ; ce seront celles dont j'aurai plus de soin.

A M. DE S'GRAVESANDE.

Cirey, 1737.

Vous vous souvenez, monsieur, de l'absurde calomnie qu'on fit courir dans le monde pendant mon séjour en Hollande. Vous savez si nos prétendues disputes sur le spinosisme et sur des matières de religion ont le moindre fondement. Vous avez été si indigné de ce mensonge, que vous avez daigné le réfuter publiquement ; mais la calomnie a pénétré jusqu'à la cour de France, et la réfutation n'y est pas parvenue. Le mal a des ailes, et le bien va à pas de tortue. Vous ne sauriez croire avec quelle noirceur on a écrit et parlé au cardinal de Fleury. Tout mon bien est en France, et je suis dans la nécessité de détruire une imposture que dans votre pays je me contenterais de mépriser, à votre exemple.

Souffrez donc, aimable et respectable philosophe, que je vous supplie très-instamment de m'aider à faire connaître la vérité. Je n'ai point encore écrit au cardinal pour me justifier. C'est une posture trop humiliante que celle d'un homme qui fait son apologie ; mais c'est un beau rôle que celui de prendre en main la défense d'un homme innocent. Ce rôle est digne de vous, et je vous le propose comme à un homme qui a un cœur digne de son esprit. Écrivez au cardinal ; deux mots et votre nom feront beaucoup, je vous en réponds : il en croira un homme accoutumé à démontrer la vérité. Je vous remercie, et je me souviendrai toujours de celles que vous m'avez enseignées. Je n'ai qu'un regret, c'est de n'en plus apprendre sous vous. Je vous lis au moins, ne pouvant plus vous entendre. L'amour de la vérité m'avait conduit à Leyde, l'amitié seule m'en a arraché. En quelque lieu que je sois, je conserverai pour vous le plus tendre attachement et la plus parfaite estime.

AU PRINCE ROYAL DE PRUSSE.

Octobre 1737.

Monseigneur, il est bien douloureux que Cirey soit si loin du trône de Remusberg. Vos bienfaits et vos ordres sont bien longtemps en chemin. Je reçois le 10 octobre une lettre du 16 auguste, remplie de vers et d'excellente morale, et de bonne métaphysique, et de grands sentiments, et d'une bonté qui enchante mon cœur. Ah! monseigneur, pourquoi êtes-vous prince? Pourquoi n'êtes-vous pas, du moins un an ou deux, un homme comme les autres? On aurait le bonheur de vous voir; et c'est le seul qui me manque depuis que vous daignez m'écrire. Vous êtes comme le Dieu d'Abraham, d'Isaac et de Jacob; vous communiquez avec les fidèles par le ministère des anges. Vous nous aviez envoyé l'ange Césarion, et il est trop tôt retourné vers son ciel : nous vous avons vu dans votre ambassadeur. Vous voir face à face est un bonheur qui ne nous est pas donné; c'est pour les élus de Remusberg.

Notre petit paradis de Cirey présente ses très-humbles respects à votre empyrée; et la déesse Émilie s'incline devant Gott-Frédéric. J'ai donc enfin reçu après mille détours, et cette belle lettre, l'ode et le troisième cahier de la métaphysique wolfienne. Voilà, encore une fois, de ces bienfaits que les autres rois, ces pauvres hommes qui ne sont que rois, sont incapables de répandre.

Je vous dirai sur cette métaphysique, un peu longue, un peu trop pleine de choses communes, mais d'ailleurs admirable, très-bien liée et souvent très-profonde; je vous dirai, monseigneur, que je n'entends goutte à l'être simple de Wolf. Je me vois transporté tout d'un coup dans un climat dont je ne puis respirer l'air, sur un terrain où je ne puis mettre le pied, chez des gens dont je n'entends point la langue. Si je me flattais d'entendre cette langue, je serais peut-être assez hardi pour disputer contre M. Wolf, en le respectant, s'entend. Je nierais, par exemple, tout net la définition de l'étendue, qui est, selon ce philosophe, la continuité des êtres. L'espace pur est étendu et n'a pas besoin d'autres êtres pour cela. Si M. Wolf nie l'espace pur, en ce cas nous sommes de deux religions différentes : qu'il reste dans la sienne, et moi dans la mienne. Je suis tolérant; je trouve très-bon que l'on pense autrement que moi : car, que tout soit plein ou non, ne m'importe, et moi je suis tout plein d'estime pour lui.

Je ne peux finir sur les remerciments que je dois à votre altesse royale. Vous daignez encore me promettre des mémoires sur ce que le czar [1] a fait pour le bien des hommes : c'est ce qui vous touche le plus; c'est l'exemple que vous devez surpasser et le thème que je dois écrire. Vous êtes né pour commander à des hommes plus dignes de vous que les sujets du czar. Vous avez tout ce qui manquait à ce grand homme; et, sur toutes choses, vous avez l'humanité qu'il avait le malheur de ne pas connaître.

Enfin, pour comble de bienfaits, monseigneur, vous m'envoyez une nouvelle ode de votre main. C'est ainsi que César jeune et oisif s'occupait. Lui et Auguste, et presque tous les bons empereurs ont fait des vers : je citerais même les mauvais princes; mais je ne veux pas déshonorer la poésie.

Vous faites très-bien, grand prince, d'exercer aussi dans ce genre votre génie qui s'étend à tout : puisque vous avez fait à la langue française l'honneur de la savoir si bien, c'est un excellent moyen de la parler avec plus d'énergie que de mettre ses pensées en vers; car c'est l'essence des vers de dire plus et mieux que la prose. J'ai donc une seconde fois pris la liberté d'examiner très-scrupuleusement votre ouvrage. J'ose vous dire mon avis sur les moindres choses. Quelque parfaite connaissance que vous ayez de la langue française, on ne devine point par le génie certains tours, certaines façons de parler que l'usage établit parmi nous. Il est impossible de distinguer quelquefois le mot qui appartient à la prose, de celui que la poésie souffre; et celui qui est admis dans un genre de celui qui n'est pas reçu. Je fais tous les jours de ces fautes quand j'écris en latin. Il est vrai que votre altesse royale possède infiniment mieux le français que je ne sais la langue latine; mais enfin il y a

---

1. Pierre le Grand.

toujours quelque petite virgule, quelques points sur les *i* à mettre; et je me charge, sous votre bon plaisir, de ce petit détail.

Je vois que le bonheur est rarement pur. Votre altesse royale m'écrit des lettres d'un grand homme, m'envoie les ouvrages d'un sage; et vous voyez que le chemin est bien long pour me faire parvenir ces trésors. M. du Breuil remet les paquets à un ami qui a des correspondances, et cela prend bien des détours. Vous m'avez rendu avide et impatient. Je suis comme les courtisans, insatiable de nouveaux bienfaits. Voulez-vous, monseigneur, essayer de la voie de M. Thiriot? Il me remettra les paquets par une voie sûre de Paris à Cirey.

Recevez, monseigneur, avec votre bonté ordinaire, les sincères protestations du respect profond, du tendre, de l'inviolable dévouement, de l'estime et de la passion, enfin de tous les sentiments avec lesquels je suis, etc.

A M. L'ABBÉ MOUSSINOT.

Novembre 1737.

Votre patience, mon cher abbé, va être mise à une étrange question; je tremble qu'elle n'en puisse soutenir l'épreuve. J'espère tout de votre amitié. Affaires temporelles, affaires spirituelles, ce sont là les deux grands sujets du long bavardage que je vais vous faire.

M. de Lezeau me doit trois ans; il faut le presser sans trop l'importuner. Une lettre au prince de Guise, cela ne coûte rien et avance les affaires. Les Villars et les d'Auneuil doivent deux années; il faut poliment et sagement remontrer à ces messieurs leurs devoirs à l'égard de leurs créanciers; il faut aussi terminer avec M. de Richelieu, et en passer par où l'on voudra. J'aurais de grandes objections à faire sur ce qu'il me propose; mais j'aime encore mieux une conclusion qu'une objection. Concluez donc, mon cher ami; je m'en rapporte aveuglément à vos lumières, qui me sont toujours très-utiles.

Prault doit donner cinquante francs à monsieur votre frère. Je le veux; c'est un petit pot-de-vin, une bagatelle qui est entrée dans mon marché¹, et, quand cette bagatelle sera payée, monsieur votre frère grondera de ma part le négligent Prault, qui, dans les envois des livres que je veux, met toujours des retards qui m'impatientent cruellement; rien de tout ce qu'il m'expédie n'arrive à point nommé.

Monsieur votre frère demandera ensuite à ce libraire, ou à tel autre qu'il voudra, un *Puffendorf*, la *Chimie* de Boërhaave la plus complète ; une *Lettre sur la divisibilité de la matière*, chez Jombert ; la *Table des trente premiers tomes de l'Histoire de l'Académie des Sciences* ; Mariotte, *de la Nature de l'air*; idem, *du Froid et du Chaud* ; Boyle, *De ratione inter ignem et flammam*, difficile à trouver ; c'est l'affaire de monsieur votre frère.

Autres commissions. Deux rames de papier de ministre, autant de papier à lettres, le tout papier de Hollande ; douze bâtons de cire d'Espagne à l'esprit-de-vin, une sphère copernicienne, un verre ardent des plus grands, mes estampes du Luxembourg, deux globes avec leurs pieds, deux thermomètres, deux baromètres ; les plus longs sont les meilleurs ; deux planches bien graduées, des terrines, des retortes. En fait d'achat, mon ami, qu'on préfère toujours le beau et le bon un peu cher au médiocre moins coûteux.

Voilà pour le bel esprit qui cherche à s'instruire à la suite des Fontenelle, des Boyle, de Boërhaave, et autres savants. Ce qui suit est pour l'homme matériel, qui digère fort mal, qui a besoin de faire, à ce qu'on lui dit, de grands exercices, et qui, outre ce besoin de nécessité, a encore d'autres besoins de société. Je vous prie en conséquence de lui faire acheter un bon fusil, une jolie gibecière avec appartenances, marteaux d'armes, tire-bourre et grandes boucles de diamants pour souliers, autres boucles à diamants pour jarretières ; vingt livres de poudre à poudrer ; dix livres de poudre de senteur, une bouteille d'essence au jasmin, deux énormes pots de pommade à la fleur d'oranger, deux houppes à poudrer, un très-bon couteau, trois éponges fines, trois balais pour secrétaire, quatre paquets de plumes, deux pinces de toilette très-propres, une paire de ciseaux de poche très-bons, deux brosses à frotter, enfin trois paires de pantoufles bien fourrées ; et puis je ne me souviens de rien de plus.

De tout cela on fera un ballot, deux s'il le faut, trois même s'ils sont

---

1. Le marché relatif à *l'Enfant prodigue*.

nécessaires. Votre emballeur est excellent. Envoyez le tout par Joinville, non à mon adresse, car je suis en Angleterre (je vous prie de vous en souvenir), mais à l'adresse de madame de Champbonin.

Tout cela coûte, me direz-vous; et où prendre de l'argent? Où vous voudrez, mon cher abbé; on a des actions, on en fond: il ne faut jamais rien négliger de son plaisir, parce que la vie est courte; je serai tout à vous pendant cette courte vie.

AU PRINCE DE PRUSSE.

A Cirey, le 20 décembre 1737.

Vous m'ordonnez, monseigneur, de vous présenter quelques règles pour discerner les mots de la langue française qui appartiennent à la prose, de ceux qui sont consacrés à la poésie. Il serait à souhaiter qu'il y eût sur cela des règles; mais à peine en avons-nous pour notre langue. Il me semble que les langues s'établissent comme les lois : de nouveaux besoins, dont on ne s'est aperçu que petit à petit, ont donné naissance à bien des lois qui paraissent se contredire. Il semble que les hommes aient voulu se conduire et parler au hasard. Cependant, pour mettre quelque ordre dans cette matière, je distinguerai les idées, les tours et les mots poétiques.

Une idée poétique, c'est, comme le sait votre altesse royale, une image brillante substituée à l'idée naturelle de la chose dont on veut parler : par exemple, je dirai en prose : « Il y a dans le monde un jeune prince vertueux et plein de talents, qui déteste l'envie et le fanatisme. » Je dirai en vers :

> O Minerve! ò divine Astrée!
> Par vous sa jeunesse inspirée
> Suivit les arts et les vertus.
> L'Envie au cœur faux, à l'œil louche,
> Et le Fanatisme farouche
> Sous ses pieds tombent abattus.

Un tour poétique, c'est une inversion que la prose n'admet point.

Je ne dirai point en prose : « D'un maître efféminé corrupteurs politiques », mais « corrupteurs politiques d'un prince efféminé. » Je ne dirai point :

> Tel, et moins généreux, aux rivages d'Épire,
> Lorsque de l'univers il disputait l'empire,
> Confiant sur les eaux, aux aquilons mutins,
> Le destin de la terre et celui des Romains,
> Défiant à la fois et Pompée et Neptune,
> César à la tempête opposait sa fortune.

Ce *César* à la sixième ligne est un tour purement poétique, et en prose je commencerais par *César*.

Les mots uniquement réservés pour la poésie, j'entends la poésie noble, sont en petit nombre; par exemple, on ne dira pas en prose *coursiers* pour chevaux, *diadème* pour couronne, *empire de France* pour royaume de France, *char* pour carrosse, *forfaits* pour crimes, *exploits* pour actions, l'*empyrée* pour le ciel, les *airs* pour l'air, *fastes* pour registres, *naguère* pour depuis peu, etc.

A l'égard du style familier, ce sont à peu près les mêmes termes qu'on emploie en prose et en vers. Mais j'oserai dire que je n'aime point cette liberté qu'on se donne souvent de mêler dans un ouvrage qui doit être uniforme, dans une épître, dans une satire, non-seulement les styles différents, mais encore les langues différentes; par exemple, celle de Marot et celle de nos jours. Cette bigarrure me déplaît autant que ferait un tableau où l'on mêlerait des figures de Calot et les charges de Téniers avec des figures de Raphaël. Il me semble que ce mélange gâte la langue, et n'est propre qu'à jeter tous les étrangers dans l'erreur.

D'ailleurs, monseigneur, l'usage et la lecture des bons auteurs en ont beaucoup plus appris à votre altesse royale que mes réflexions ne pourraient lui en dire.

A M. DE CIDEVILLE.

A Cirey, ce 23 décembre 1737.

> L'Amitié, ma déesse unique,
> Vient enfin de me réveiller

De cette langueur léthargique
Où je paraissais sommeiller,
Et m'a dit d'un ton véridique :
« N'as-tu pas assez barbouillé
Ton système philosophique?
Assez énoncé, détaillé
De Louis l'histoire authentique?
N'as-tu pas encor rimaillé
Récemment une œuvre tragique?
Seras-tu sans cesse embrouillé
De vers et de mathématique?
Renonce plutôt à Newton,
A Sophocle, aux vers de Virgile,
A tous les maîtres d'Hélicon,
Mais sois fidèle à Cideville. »

J'ai répondu du même ton :
« O ma patronne, ô ma déesse!
Cideville est le plus beau don
Que je tienne de ta tendresse;
Il est lui seul mon Apollon,
C'est lui dont je veux le suffrage;
Pour lui mon esprit tout entier
S'occupait d'un trop long ouvrage;
Et si j'ai paru l'oublier,
C'est pour lui plaire davantage. »

Voilà une de mes excuses, mon cher Cideville, et cette excuse vous arrivera incessamment par le coche. C'est une tragédie : c'est *Mérope*, tragédie sans amour, et qui peut-être n'en est que plus tendre. Vous en jugerez, vous qui avez un cœur si bon et si sensible, vous qui seriez le plus tendre des pères, comme vous avez été le meilleur des fils, et comme vous êtes le plus fidèle ami et le plus sensible des amants.

Une autre excuse bien cruelle de mon long silence, c'est que la calomnie, qui m'a persécuté si indignement, m'a forcé enfin de rompre tout commerce avec mes meilleurs amis pendant une année. On ouvrait toutes mes lettres, on empoisonnait ce qu'elles avaient de plus innocent; et des personnes qui avaient apparemment juré ma perte en faisaient des extraits odieux qu'ils portaient jusqu'aux ministres dans l'occasion. J'avais cru apaiser la rage de ces persécuteurs en faisant un tour en Hollande; ils m'y ont poursuivi. Rousseau, entre autres, ce monstre né pour calomnier, écrivit que j'étais venu en Hollande prêcher contre la religion, que j'avais tenu école de déisme chez M. s'Gravesande, fameux philosophe de Hollande. Il fallut que M. s'Gravesande démentît ce bruit abominable dans les gazettes. Je ne m'occupai, dans mon séjour en Hollande, qu'à voir les expériences de la physique newtonienne que fait M. s'Gravesande, qu'à étudier et qu'à mettre en ordre les *Éléments* de cette physique, commencés à Cirey. Je n'ai opposé à la rage de mes ennemis qu'une vie obscure, retirée, des études sérieuses auxquelles ils n'entendent rien.

A M. THIRIOT.

A Cirey, le 25 janvier 1738.

Je comptais, mon cher ami, vous envoyer un énorme paquet pour le prince, et j'aurais été charmé que vous eussiez lu tout ce qu'il contient; vous eussiez vu et peut-être approuvé la manière dont je pense sur bien des choses, et surtout sur vous : je lui parle de vous comme le doit faire un homme qui vous estime et qui vous aime depuis si longtemps. Il doit, par vos lettres, vous aimer et vous estimer aussi; cela est indubitable, mais ce n'est pas assez. Il faut que vous soyez regardé par lui comme un philosophe indépendant, comme un homme qui s'attache à lui par goût, par estime, sans aucune vue d'intérêt. Il faut que vous ayez auprès de lui cette espèce de considération qui vaut mieux que mille écus d'appointements, et qui, à la longue, attire en effet des récompenses solides. C'est sur ce pied-là que je vous ai cru tout établi dans son esprit, et c'est de là que je suis parti toutes les fois qu'il s'est agi de vous. J'étais d'autant plus disposé à le croire, que vous me mandâtes, il y a quelque temps, à propos de M. de Kaiserling, que le prince envoya de Berlin à Mme la marquise du Châtelet : *Le prince nous a aussi envoyé un gentilhomme,* etc. Vous ajoutiez je ne sais quoi de *bruit dans le monde,* à quoi je n'entendais rien ; et tout ce que je comprenais, c'était que le prince vous donnait tous les agréments et toutes les récompenses que vous méritez et que vous devez en attendre.

Enfin je croyais ces récompenses si sûres, que M. de Kaiserling, qui est en effet son favori, et dont le prince ne me parle jamais que comme de son ami intime, me dit que l'intention de son altesse royale était de vous faire sentir de la manière la plus gracieuse les effets de sa bienveillance. Voici à peu près mot à mot ce qu'il me dit : « Notre prince « n'est pas riche à présent, et il ne veut pas emprunter, parce qu'il dit « qu'il est mortel, et qu'il n'est pas sûr que le roi son père payât ses « dettes. Il aime mieux vivre en philosophe, en attendant qu'il vive un « jour en grand roi; et il serait très-fâché, alors, qu'il y eût un prince « sur la terre qui récompensât mieux ses serviteurs que lui. Je vous « avouerai même, continua-t-il, que l'extrême envie qu'il a d'établir sa « réputation chez les étrangers l'engagera toujours à prodiguer des ré-« compenses d'éclat sur ses serviteurs qui ne sont pas ses sujets. »

Ce fut à cette occasion que je parlai de vous à M. de Kaiserling dans des termes qui lui firent une très-grande impression. C'est un homme de beaucoup de mérite, qui s'est conduit avec le roi en serviteur vertueux, et, auprès du prince, en ami véritable. Le roi l'estime, et le prince l'aime comme son frère. Mme la marquise du Châtelet l'a si bien reçu, lui a donné des fêtes si agréables, avec un air si aisé, et qui sentait si peu l'empressement et la fatigue d'une fête, elle l'a forcé d'une manière si noble et si adroite à recevoir des présents extrêmement jolis, qu'il s'en est retourné enchanté de tout ce qu'il a vu, entendu et reçu. Ses impressions ont passé dans l'âme du prince royal, qui en a conçu pour Mme la marquise du Châtelet toute l'estime et, j'ose dire, l'admiration qu'elle mérite. Je vous fais tout ce détail, mon cher ami, pour vous persuader que M. de Kaiserling doit être l'homme par qui les bienfaits du prince doivent tomber sur vous.

Je vous répète que je suis bien content de la politique habile et noble que vous avez mise dans le refus adroit d'une petite pension, et si, par hasard (car il faut prévoir tout), il arrivait que son altesse royale prît votre refus pour un mécontentement secret, ce que je ne crois pas, je vous réponds qu'en ce cas M. de Kaiserling vous servirait avec autant de zèle que moi-même. Continuez sur ce ton : que vos lettres insinuent toujours au prince le prix qu'il doit mettre à votre affection à son service, à vos soins, à votre sagesse, à votre désintéressement; et je vous réponds, moi, que vous vous en trouverez très-bien. J'ai été prophète une fois en ma vie, aussi n'était-ce pas dans mon pays; c'était à Londres, avec notre cher Falkener. Il n'était que marchand, et je lui prédis qu'il serait ambassadeur à la Porte. Il se mit à rire; et enfin le voilà ambassadeur. Je vous prédis que vous serez un jour chargé des affaires du prince devenu roi; et, quoique je fasse cette prédiction dans mon pays, votre sagesse l'effectuera. Mais, d'une manière ou d'autre, soyez sûr d'une fortune.

Je suis bien aise que Piron gagne quelque chose à me tourner en ridicule[1]. L'aventure de la Malcrais-Maillard est assez plaisante. Elle prouve au moins que nous sommes très-galants; car, quand Maillard nous écrivait, nous ne lisions pas ses vers; quand Mlle de Lavigne nous écrivit, nous lui fîmes des déclarations.

M. le chancelier n'a pas cru devoir m'accorder le privilége des *Éléments de Newton*; peut-être dois-je lui en être très-obligé. Je traitais la philosophie de Descartes comme Descartes a traité celle d'Aristote. M. Pitot, qui a examiné mon ouvrage avec soin, le trouvait assez exact; mais enfin je n'aurais eu que de nouveaux ennemis, et je garderai pour moi les vérités que Newton et s'Gravesande m'ont apprises. Adieu, mon cher ami.

A M. THIRIOT.

Cirey, ce 7 février 1738.

Je vous envoie, mon cher ami, une lettre pour le prince royal, en réponse à celle que vous m'avez dépêchée par l'autre voie. Sa lettre contenait une très-belle émeraude accompagnée de diamants brillants, et je ne lui envoie que des paroles. Soyez sûr, mon cher Thiriot, que mes remercîments pour lui seront bien plus tendres et bien plus énergiques quand il aura fait pour vous ce que vous méritez et ce que j'attends. Ne soyez point du tout en peine de la façon dont je m'exprime sur votre compte, quand je lui parle de vous; je ne lui écris jamais rien qui vous regarde, qu'à l'occasion des lettres qu'il peut faire passer par vos mains,

---

1. Dans *la Métromanie*, où Piron a tiré partie de cette aventure, que tout le monde connaît.

et que je le prie de vous confier. Je suis bien loin de paraître soupçonner qu'il soit seulement possible qu'il vous ait donné le moindre sujet d'être mécontent. Quand je serais capable de faire cette balourdise, l'amitié m'en empêcherait bien. Elle est toujours éclairée quand elle est si vraie et si tendre. Continuez donc à le servir dans le commerce aimable de littérature dont vous êtes chargé, et soyez sûr, encore une fois, qu'il vous dira un jour : *Euge, serve bone et fidelis, quia super pauca fuisti fidelis*, etc.

Vous vous intéressez à mes nièces ; vous savez sans doute ce que c'est que M. de La Rochemondière, qui veut de notre aînée. Je le crois homme de mérite, puisqu'il cherche à vivre avec quelqu'un qui en a. Si je peux faciliter ce mariage, en assurant vingt-cinq mille livres, je suis tout prêt, et, s'il en veut trente, j'en assurerai trente ; mais, pour de l'argent comptant, il faut qu'il soit assez philosophe pour se contenter du sien, et de vingt mille écus que ma nièce lui apportera. Je me suis cru, en dernier lieu, dans la nécessité de prêter tout ce dont je pouvais disposer. Le prêt est très-assuré ; le temps du payement ne l'est pas ; ainsi je ne peux m'engager à rien donner actuellement par un contrat. Mais ma nièce doit regarder mes sentiments pour elle comme quelque chose d'aussi sûr qu'un contrat par-devant notaire. J'aurais bien mauvaise opinion de celui qui la recherche, si un présent de noce de plus ou de moins (qu'il doit laisser à ma discrétion) pouvait empêcher le mariage. C'est une chose que je ne peux soupçonner. Je ferai à peu près pour la cadette ce que je fais pour l'aînée. Leur frère, correcteur des comptes, est bien pourvu. Le petit frère sera, quand il voudra, officier dans le régiment de M. du Châtelet. Voilà toute la nichée établie d'un trait de plume. Votre cœur charmant, et qui s'intéresse si tendrement à ses amis, veut de ces détails. C'est un tribut que je lui paye.

Mandez-moi si ce que l'on publie touchant la cuirasse de François Ier est vrai. Je ne sais de qui est *Maximien*[1]. On la dit de l'abbé Leblanc. Mais quel qu'en soit l'auteur, je serais très-fâché qu'on m'en donnât la gloire, si elle est bonne ; et en cas qu'elle ne vaille rien, je rends les sifflets à qui ils appartiennent.

1. Tragédie de Lachaussée.

A M. R***[1],

A Cirey, ce 20 juin 1738.

Quelques affaires indispensables m'empêchèrent de vous répondre, monsieur, le dernier ordinaire, au sujet de la démarche que le sieur Rousseau a faite à mon égard, et de l'ode qu'il m'envoie. Quant à son ode, je ne peux que vous répéter ce que je vous en ai déjà dit, et les avances de réconciliation qu'il me fait ne me feront point trouver cette ode comparable à ses premières. *Omnia tempus habent.* L'état où il est n'est plus pour lui le temps des odes.

> Solve senescentem mature sanus equum, ne
> Peccet ad extremum...
> Hor. I, ép. 1.

Ceux qui ont dit que les vers étaient, comme l'amour, le partage de la jeunesse, ont eu raison. On peut étendre loin cette jeunesse. Je ne dirai pas avec M. Gresset que, passé trente ans, on ne doit plus faire de vers; au contraire, ce n'est guère qu'à cet âge qu'on en fait ordinairement de bons. Voyez tous les exemples qu'en apporte M. l'abbé Dubos, dans son livre très-instructif de la poésie et de la peinture. Racine avait environ trente ans lorsqu'il fit son *Andromaque*. Corneille fit le *Cid* à trente-cinq. Virgile entreprit l'*Énéide* à quarante ans. Je pense donc à peu près comme l'Arioste, qui parle ainsi aux dames pour lesquelles il composa ses admirables rêveries d'*Orlando furioso :*

> Sol la prima lanuggine vi essorto,
> Tutta a fuggir, volubile e incostante;
> E corre i frutti non acerbi e duri,
> Ma che non sien pero troppo maturi.

Il en est à peu près ainsi des poëtes : il faut qu'ils ne soient *ne troppo duri, ne troppo maturi.* J'ai commencé la *Henriade* à vingt ans.

---

1. Roques? Cette lettre parut avec l'initiale R dans la *Bibliothèque française*. (G. A.)

Elle vaudrait mieux si je ne l'avais commencé qu'à trente-cinq. Mais si je fais un poëme épique à soixante ans, je vous réponds qu'il sera pitoyable. On peut être pape et empereur dans la plus extrême vieillesse, mais non pas poëte.

Aussi, étant parvenu à l'âge de quarante-trois ans, je renonce déjà à la poésie. La vie est trop courte, et l'esprit de l'homme trop destiné à s'instruire sérieusement, pour consumer tout son temps à chercher des sons et des rimes. Virgile exprime ses regrets d'ignorer la physique.

> Me vero primum dulces ante omnia musæ.
> . . . .
> Accipiant, cœlique vias et sidera monstrent,
> Defectus solis varios lunæque labores;
> Unde tremor terris, qua vi maria alta dehiscant;
> Quid tantum Oceano properent se tingere soles
> Hiberni, vel quæ tardis mora noctibus obstet.
> Etc.

Notre La Fontaine a imité cet endroit de Virgile :

> Quand pourront les neuf Sœurs, loin des cours et des villes,
> M'occuper tout entier, et m'apprendre des cieux
> Les divers mouvements inconnus à nos yeux,
> Les noms et les vertus de ces clartés errantes?
> Etc.   Liv. IX, fab. IV.

Ce que Virgile et La Fontaine regrettaient, je l'étudie. La connaissance de la nature, l'étude de l'histoire, partagent mon temps. C'est assez d'avoir cultivé vingt-trois ans la poésie, et je conseillerais à tous ceux qui auront consacré leur printemps à cet art difficile et agréable, de donner leur automne et leur hiver à des choses plus faciles, non moins séduisantes, et qu'il est honteux d'ignorer.

AU PRINCE DE PRUSSE.

A Bruxelles, ce 1ᵉʳ septembre 1738.

> Ce nectar jaune de Hongrie
> Enfin dans Bruxelle est venu;

Le duc d'Aremberg l'a reçu
Dans la nombreuse compagnie
Des vins dont sa cave est fournie :
Et quand Voltaire en aura bu
Quelques coups avec Émilie [1],
Son misérable individu,
Dans son estomac morfondu,
Sentira renaître la vie :
La faculté, la pharmacie
N'auront jamais tant de vertu.
Adieu, monsieur de Superville;
Mon ordonnance est du bon vin,
Frédéric est mon médecin,
Et vous m'êtes fort inutile.
Adieu; je ne suis plus tenté
De vos drogues d'apothicaire,
Et tout ce qui me reste à faire,
C'est de boire à votre santé.

Monseigneur, c'est M. Shilling qui m'apprit, il y a quelques jours, la nouvelle du débarquement de ce bon vin dans la cave du patron de cette liqueur; et M. le duc d'Aremberg nous donnera ce divin tonneau à son retour d'Enghien; mais la lettre de votre altesse royale, datée du 26 juin, et rendue par ledit M. Shilling, vaut tout le canton de Tokai.

O prince aimable et plein de grâce,
Parlez : par quel art immortel,
Avec un goût si naturel,
Touchez-vous la lyre d'Horace
De ces mains dont la sage audace
Va confondre Machiavel?
Le ciel vous fit expressément
Pour nous instruire et pour nous plaire.
O monarques que l'on révère,
Grands rois, tâchez d'en faire autant;
Mais, hélas! vous n'y pensez guère.

Et avec toutes ces grâces légères dont votre charmante lettre est pleine, voilà M. Shilling qui jure encore que le régiment de votre altesse royale est le plus beau régiment de Prusse, et par conséquent le plus beau régiment du monde; car *omne tulit punctum* est votre devise.

1. La marquise du Châtelet, dont Voltaire était l'hôte.

A M. L'ABBÉ D'OLIVET.

A Cirey, ce 20 octobre 1738.

Quoique je sois en commerce avec Newton-Maupertuis et avec Descartes-Mairan, cela n'empêche pas que Quintilien-d'Olivet ne soit toujours dans mon cœur, et que je ne le regarde comme mon maître et mon ami. *Multæ sunt mansiones in domo patris mei,* et je peux encore dire : *in domo meâ*. Je passe ma vie, mon cher abbé, avec une dame qui fait travailler trois cents ouvriers, qui entend Newton, Virgile et le Tasse, et qui ne dédaigne pas de jouer au piquet. Voilà l'exemple que je tâche de suivre, quoique de très-loin. Je vous avoue, mon cher maître, que je ne vois pas pourquoi l'étude de la physique écraserait les fleurs de la poésie. La vérité est-elle si malheureuse qu'elle ne puisse souffrir les ornements? L'art de bien penser, de parler avec éloquence, de sentir vivement et de s'exprimer de même, serait-il donc l'ennemi de la philosophie? Non, sans doute, ce serait penser en barbare. Malebranche, dit-on, et Pascal avaient l'esprit bouché pour les vers, tant pis pour eux; je les regarde comme des hommes bien formés d'ailleurs, mais qui auraient le malheur de manquer d'un des cinq sens.

Je sais qu'on s'est étonné, et qu'on m'a même fait l'honneur de me haïr, de ce qu'ayant commencé par la poésie, je m'étais ensuite attaché à l'histoire, et que je finissais par la philosophie. Mais, s'il vous plaît, que fesais-je au collége quand vous aviez la bonté de former mon esprit? Que me fesiez-vous lire et apprendre par cœur à moi et aux autres? des poëtes, des historiens, des philosophes. Il est plaisant qu'on n'ose pas exiger de nous dans le monde ce qu'on a exigé dans le collége et qu'on n'ose pas attendre d'un esprit fait les mêmes choses auxquelles on exerça son enfance.

Je sais fort bien, et je sens encore mieux, que l'esprit de l'homme est très-borné; mais c'est par cette raison-là même qu'il faut tâcher d'étendre les frontières de ce petit état, en combattant contre l'oisiveté et l'ignorance naturelle avec laquelle nous sommes nés. Je n'irai pas en un jour faire le plan d'une tragédie et des expériences de physique ; *sed omnia tempus habent*, et, quand j'ai passé trois mois dans les épines des mathématiques, je suis fort aise de retrouver des fleurs.

Je trouve même fort mauvais que le P. Castel ait dit, dans un extrait des *Éléments de Newton*, que je passais du frivole au solide. S'il savait ce que c'est que le travail d'une tragédie et d'un poëme épique, *si sciret donum Dei*, il n'aurait pas lâché cette parole. *La Henriade* m'a coûté dix ans; les *Éléments de Newton* m'ont coûté six mois, et, ce qu'il y a de pis, c'est que *la Henriade* n'est pas encore faite : j'y travaille encore quand le dieu qui me l'a fait faire m'ordonne de la corriger; car, comme vous savez,

> Est deus in nobis : agitante calescimus illo.
> Ovid., *Fast.*, vi, v.

Et, pour vous prouver que je sacrifie encore aux autels de ce dieu, c'est que M. Thiriot doit vous faire lire une *Mérope* de ma façon, une tragédie française où sans amour, sans le secours de la religion, une mère fournit cinq actes entiers. Je vous prie de m'en dire votre sentiment tout aussi naïvement que vous l'avez dit à Rousseau sur *les Aïeux chimériques*.

Je sais que non-seulement vous m'aimez, mais que vous aimez la gloire des lettres et celle de votre siècle. Vous êtes bien loin de ressembler à tant d'académiciens, soit de votre tripot, soit de celui des Inscriptions, qui, n'ayant jamais rien produit, sont les mortels ennemis de tout homme de génie et de talent; qui se donneront bien de garde d'avouer que de leur vivant la France a eu un poëte épique; qui loueront jusqu'au Camoëns pour me rabaisser, et qui, me lisant en secret, affecteront en public de garder le silence sur ce qu'ils estiment malgré eux. Peut-être *exstinctus amabitur idem*. Vous êtes trop au-dessus de ces lâches cabales formées par les esprits médiocres; vous encouragez trop les arts par vos excellents préceptes pour ne pas chérir un homme qui a été formé par eux. Je ne sais pourquoi vous m'appelez *pauvre ermite*; si vous aviez vu mon ermitage, vous seriez bien loin de me plaindre. Gardez-vous de confondre le tonneau de Diogène avec le palais d'Aristippe. Notre première philosophie est ici de jouir de tous les agréments qu'on peut se procurer : nous saurions très-bien nous en passer; mais nous savons aussi en faire usage; et, peut-être si vous veniez à Cirey, préféreriez-vous la douceur de ce séjour à toutes les infâmes cabales des gens de lettres, au brigandage des journaux, aux jalousies, aux querelles, aux calomnies, qui infestent la littérature. Il y a des têtes couronnées, mon cher abbé, qui ont envoyé dans cet ermitage de madame du Châtelet leurs favoris pour venir l'admirer, et qui voudraient y venir eux-mêmes ; et, si vous y veniez, nous en serions tout aussi flattés. La visite du sage vaut celles des princes.

Adieu; je ne vous écris point de ma main, je suis malade, je vous embrasse tendrement. Adieu, mon ami et mon maître.

A M. L'ABBÉ DUBOS.

A Cirey, 30 octobre 1738.

Il y a déjà longtemps, monsieur, que je vous suis attaché par la plus forte estime; je vais l'être par la reconnaissance. Je ne vous répéterai point ici que vos livres doivent être le bréviaire des gens de lettres, que vous êtes l'écrivain le plus utile et le plus judicieux que je connaisse; je suis si charmé de voir que vous êtes le plus obligeant, que je suis tout occupé de cette dernière idée.

Il y a longtemps que j'ai assemblé quelques matériaux pour faire l'histoire du siècle de Louis XIV : ce n'est point simplement la vie de ce prince que j'écris, ce ne sont point les annales de son règne, c'est plutôt l'histoire de l'esprit humain, puisée dans le siècle le plus glorieux à l'esprit humain.

Cet ouvrage est divisé en chapitres; il y en a vingt environ destinés à l'histoire générale : ce sont vingt tableaux des grands événements du temps. Les principaux personnages sont sur le devant de la toile; la foule est dans l'enfoncement. Malheur aux détails ! la postérité les néglige tous ; c'est une vermine qui tue les grands ouvrages. Ce qui caractérise le siècle, ce qui a causé des révolutions, ce qui sera important dans cent années, c'est là ce que je veux écrire aujourd'hui.

Il y a un chapitre pour la vie privée de Louis XIV ; deux pour les grands changements faits dans la police du royaume, dans le commerce, dans les finances ; deux pour le gouvernement ecclésiastique, dans lequel la révocation de l'édit de Nantes et l'affaire de la Régale sont comprises ; cinq ou six pour l'histoire des arts, à commencer par Descartes et à finir par Rameau.

Je n'ai d'autres mémoires pour l'histoire générale qu'environ deux cents volumes de mémoires imprimés que tout le monde connaît ; il ne s'agit que de former un corps bien proportionné de tous ces membres épars, et de peindre avec des couleurs vraies, mais d'un trait, ce que Larrey, Limiers, Lamberti, Roussel, etc., etc., falsifient et délayent dans des volumes.

J'ai pour la vie privée de Louis XIV les *Mémoires du marquis de Dangeau*, en quarante volumes, dont j'ai extrait quarante pages ; j'ai ce que j'ai entendu dire à de vieux courtisans, valets, grands seigneurs et autres, et je rapporte les faits dans lesquels ils s'accordent. J'abandonne le reste aux feseurs de conversations et d'anecdotes. J'ai un extrait de la fameuse lettre du roi au sujet de M. de Barbésieux, dont il marque tous les défauts auxquels il pardonne en faveur des services du père ; ce qui caractérise Louis XIV bien mieux que les flatteries de Pellisson.

Je suis assez instruit de l'aventure de l'*homme au masque de fer*, mort à la Bastille. J'ai parlé à des gens qui l'ont servi.

Il y a une espèce de mémorial écrit de la main de Louis XIV, qui doit être dans le cabinet de Louis XV. M. Hardion le connaît sans doute ; mais je n'ose en demander communication.

Sur les affaires de l'Église, j'ai tout le fatras des injures de parti, et je tâcherai d'extraire une once de miel de l'absinthe des Jurieu, des Quesnel, des Doucin, etc.

Pour le dedans du royaume, j'examine les mémoires des intendants et les bons livres qu'on a sur cette matière. M. l'abbé de Saint-Pierre a fait un journal politique de Louis XIV que je voudrais bien qu'il me confiât. Je ne sais s'il fera cet acte de *bienfaisance* pour gagner le paradis.

A l'égard des arts et des sciences, il n'est question, je crois, que de tracer la marche de l'esprit humain en philosophie, en éloquence, en poésie, en critique ; de marquer les progrès de la peinture, de la sculpture, de la musique, de l'orfèvrerie, des manufactures de tapisserie, de glaces, d'étoffes d'or, de l'horlogerie. Je ne veux que peindre, chemin fesant, les génies qui ont excellé dans ces parties. Dieu me préserve d'employer trois cents pages à l'histoire de Gassendi! La vie est trop courte, le temps trop précieux pour dire des choses inutiles.

En un mot, monsieur, vous voyez mon plan mieux que je ne pourrais vous le dessiner. Je ne me presse point d'élever mon bâtiment. *Pendent opera interrupta, minæque murorum ingentes*. Si vous daignez me conduire, je pourrai dire alors : *Æquataque machina cœlo*. (*Æneid.*, IV.) Voyez ce que vous pouvez faire pour moi, pour la vérité, pour un siècle qui vous compte parmi ses ornements.

A qui daignerez-vous communiquer vos lumières, si ce n'est à un homme qui aime sa patrie et la vérité, et qui ne cherche à écrire l'histoire ni en flatteur, ni en panégyriste, ni en gazetier, mais en philosophe? Celui qui a si bien débrouillé le chaos de l'origine des Français m'aidera sans doute à répandre la lumière sur les plus beaux jours de la France. Songez, monsieur, que vous rendrez service à votre disciple et à votre admirateur.

Je serai toute ma vie avec autant de reconnaissance que d'estime, etc.

A M. DE CIDEVILLE.

Cirey, ce 10 novembre 1738.

Mon cher ami, je vous dois une *Mérope*, et je ne vous envoie qu'une épître. Je ne vous paye rien de ce que je vous dois : *Tam rarò scribimus, ut toto non quater in anno* [1].

Vous m'avez envoyé une ode charmante. Je rougis de ma misère quand je songe que je n'y ai répondu que par des applaudissements. Vos richesses, en me comblant de joie, me font sentir ma pauvreté. Ne croyez pas, mon cher ami, qu'en vous envoyant une épître, je prétende éluder la promesse de la *Mérope*. A qui donc donnerai-je les prémices de mes ouvrages, si ce n'est à mon cher Cideville, à celui qui joint le don de bien juger au talent d'écrire avec tant de facilité et de grâce? Quel cœur dois-je songer à émouvoir, si ce n'est le vôtre? Je compte

---

1. HORAT., lib. II, sat. III, *Sic raro scribis*.

que mes ouvrages seront au moins reçus comme les tributs de l'amitié. Ils vous parleront de moi ; ils vous peindront mon âme.

Ma retraite heureuse ne m'offre point de nouvelles à vous apprendre. Elle laisse un peu languir le commerce ; mais l'amitié ne languit point. Je ne m'occupe à aucune sorte de travail que je ne me dise à moi-même : Mon ami sera-t-il content ? cette pensée sera-t-elle de son goût ? Enfin, sans vous écrire, je passe mes jours dans l'envie de vous plaire et dans le plaisir d'écrire pour vous.

A M. THIRIOT.

Le 13 novembre 1738.

Vous me voyez, mon cher ami, dans un point de vue, et moi je me vois dans un autre. Vous vous imaginez, à table avec Mme de La Popelinière et M. Desalleurs, que les calomnies de Rousseau ne me font point de tort, parce qu'elles ne gâtent point votre vin de Champagne ; mais moi qui sais qu'il a employé pendant dix ans la plume de Rousset et de Varenne à Amsterdam pour me noircir dans toute l'Europe ; moi qui, par l'indignation du prince royal même contre tant de traits, reconnais très-bien que ces traits portent coup, j'en pense tout différemment. Je ne sais pourquoi vous me citez l'exemple des grands auteurs du siècle de Louis XIV qui ont eu des ennemis. En premier lieu, ils ont confondu ces ennemis autant qu'ils l'ont pu ; en second lieu, ils ont eu des protections qui me manquent ; et enfin ils avaient un mérite supérieur qui pouvait les consoler. Ce qui m'est arrivé à la fin de 1736 doit me faire tenir sur mes gardes. Je sais très-bien que les journaux peuvent faire de très-mauvaises impressions ; je sais qu'un homme qu'on outrage impunément est avili ; et je ne veux accoutumer personne à parler de moi d'une manière qui ne me convienne pas. Ma sensibilité doit vous plaire. Un ami s'intéresse à la réputation de son ami comme à la sienne propre.

Je vois que vous vous y intéressez efficacement, puisque vous m'envoyez des critiques sur les épîtres. Je vous en remercie de tout mon cœur. Soyez sûr que j'en profiterai. Continuez ; mais songez que ce *frappant et ce vif* que vous cherchez cesse d'être tel quand il revient trop souvent.

> Non fumum ex fulgore, sed ex fumo dare lucem
> Cogitat [1].

Je ne suis pas de votre avis en tout. Vous me reprochiez d'imiter Despréaux; à présent vous voulez que je lui ressemble. Trouvez-vous donc dans ses épîtres tant de vivacité et tant de traits? il me semble que leur grand mérite est d'être naturelles, correctes et raisonnables; mais de la sublimité, des grâces, du sentiment, est-ce là qu'il les faut chercher?

Vous proscrivez la *barque* des rois; cependant il ne s'agit ici que de la barque légère, de la barque du bonheur, de la petite barque que chaque individu gouverne, roi ou garçon de café. Mais comme le vulgaire ne veut voir un roi que dans un vaisseau de cent pièces de canon, et qu'il faut s'accommoder aux idées reçues, je sacrifie la barque.

Je donne des coups de pinceau à mesure que je vois des taches; mais aidez-moi à les remarquer, car la multiplicité de mes occupations et le maudit amour-propre font voir bien trouble. *Vale, te amo.*

AU PRINCE DE PRUSSE.

A Cirey, le 1er janvier 1739.

> Jeune héros, esprit sublime,
> Quels vœux pour vous puis-je former?
> Vous êtes bienfaisant, sage, humain, magnanime :
> Vous avez tous les dons, car vous savez aimer.
> Puissent les souverains, qui gouvernent les rênes
> De ces puissants États gémissant sous leurs lois,
> Dans le sentier du vrai vous suivre quelquefois,
> Et, pour vous imiter, prendre au moins quelques peines!
> Ce sont là tous mes vœux; ce sont là les étrennes
> Que je présente à tous les rois.

Comme j'allais continuer sur ce ton, monseigneur, la lettre de votre

---

1. Horace, *de Arte poetica*, v. 143.

altesse royale et l'épître au prince qui a le bonheur d'être votre frère, sont venues me faire tomber la plume des mains. Ah! monseigneur, que vous avez un loisir singulièrement employé, et que le talent, extraordinaire dans tout homme né hors de France, de faire des vers français, et plus rare encore dans une personne de votre rang, s'accroît et se fortifie de jour en jour! mais que ne faites-vous point? et de la science des rois jusqu'à la musique et l'art de la peinture, quelle carrière ne remplissez-vous pas? Quel présent de la nature n'avez-vous pas embelli par vos soins?

Mais quoi, monseigneur, il est donc vrai que votre altesse royale a un frère digne d'elle? C'est un bonheur bien rare : mais, s'il n'en est pas tout à fait digne, il faudra qu'il le devienne après la belle épître de son frère aîné; voilà le premier prince qui ait reçu une éducation pareille.

Il me semble, monseigneur, qu'il y a eu un des électeurs, vos ancêtres, qu'on surnomma le Cicéron de l'Allemagne; n'était-ce pas Jean II? Votre altesse royale est bien persuadée de mon respect pour ce prince; mais je suis persuadé que Jean II n'écrivait point en prose comme Frédéric. Et, à l'égard des vers, je défie toute l'Allemagne, et presque toute la France, de faire rien de mieux que cette belle épître :

    O vous en qui mon cœur, tendre et plein de retour,
    Chérit encor le sang qui lui donna le jour!

Cet *encor* me paraît une des plus grandes finesses de l'art et de la langue; c'est dire, bien énergiquement en deux syllabes, qu'on aime ses parents une seconde fois dans son frère.

Mais, s'il plaît à votre altesse royale, n'écrivez pas *opinion* par un *g*, et daignez rendre à ce mot les quatre syllabes dont il est composé; voilà les occasions où il faut que les grands princes et les grands génies cèdent aux pédants.

Toute la grandeur de votre génie ne peut rien sur les syllabes; et vous n'êtes pas le maître de mettre un *g* où il n'y en a point. Puisque me voici sur les syllabes, je supplierai encore votre altesse royale d'écrire *vice* avec un *c*, et non avec deux *ss*. Avec ces petites attentions, vous serez de l'Académie française quand il vous plaira; et, principauté à part, vous lui ferez bien de l'honneur; peu de ses académiciens s'expriment avec autant de force que mon prince; et la grande raison est qu'il pense plus qu'eux. En vérité, il y a dans votre épître un portrait de la Calomnie, qui est de Michel-Ange, et un de la Jeunesse, qui est de l'Albane.

Je suis, avec le plus profond respect, avec admiration, avec la tendresse que vous me permettez, etc.

A M. LE COMTE DE CAYLUS.

Vous me comblez de joie et de reconnaissance, monsieur; je m'intéresse presque autant que vous aux progrès des arts, et particulièrement à la sculpture et à la peinture, dont je suis simple amateur. M. Bouchardon est notre Phidias. Il y a bien du génie dans son idée de l'Amour qui fait un arc de la massue d'Hercule; mais alors cet Amour sera bien grand; il sera nécessairement dans l'attitude d'un garçon charpentier; il faudra que la massue et lui soient à peu près de même hauteur. Car Hercule avait, dit-on, neuf pieds de haut, et sa massue environ six. Si le sculpteur observe ces dimensions, comment reconnaîtrons-nous l'Amour enfant, tel qu'on doit toujours le figurer? Pensez-vous que l'Amour faisant tomber des copeaux à ses pieds à coups de ciseaux soit un objet bien agréable? De plus, en voyant une partie de cet arc qui sort de la massue, devinera-t-on que c'est l'arc de l'Amour? L'épée aux pieds, dira-t-elle que c'est l'épée de Mars? et pourquoi de Mars plutôt que d'Hercule? Il y a longtemps qu'on a peint l'Amour jouant avec les armes de Mars, et cela est en effet pittoresque; mais j'ai peur que la pensée de Bouchardon ne soit qu'ingénieuse. Il en est, ce me semble, de la sculpture et de la peinture comme de la musique; elles n'expriment point l'esprit. Un madrigal ingénieux ne peut être rendu par un musicien; et une allégorie fine, et qui n'est que pour l'esprit, ne peut être exprimée ni par le sculpteur ni par le peintre. Il faut, je crois, pour rendre une pensée fine, que cette pensée soit animée de quelque passion; qu'elle soit caractérisée d'une manière non équivoque, et, surtout, que l'expression de cette pensée soit aussi gracieuse à l'œil que l'idée est riante pour l'esprit. Sans cela on dira : Un sculpteur a voulu caractériser l'Amour, et il a fait l'Amour sculpteur. Si un pâtissier devenait peintre, il peindrait l'Amour tirant de son four des petits pâtés. Ce serait à mes yeux un mérite, si cela était gracieux; mais la seule idée des calus que l'exercice de la sculpture donne souvent aux mains peut défigurer l'amant de Psyché. Enfin ma grande objection est que, si M. Bouchardon peut faire de son marbre deux figures, il est fort triste qu'une grande vilaine massue ou une petite massue sans proportion gâte son ouvrage. J'ai peut-être tort; je l'ai sûrement, si vous me condamnez; mais je vous demande, monsieur, ce qui fera la beauté de son ouvrage? C'est l'attitude de l'Amour, c'est la noblesse et le charme de sa figure : le reste n'est pas fait pour les yeux. N'est-il pas vrai qu'une main bien faite, un œil animé vaut mieux que toutes les allégories? Je voudrais que notre grand sculpteur fît quelque chose de passionné. Puget a si bien exprimé la Douleur! un Apollon qui vient de tuer Hyacinthe; un Amour qui voit Psyché évanouie; une Vénus auprès d'Adonis expirant; ce sont là, à mon gré, de ces sujets qui peuvent faire briller toutes les parties de la sculpture. Je suis bien hardi de parler ainsi devant vous; je vous supplie, monsieur, d'excuser tant de témérité.

Je n'ai rien à dire sur la belle fontaine[1] qui va embellir notre capitale, sinon qu'il faudrait que M. Turgot fût notre édile et notre préteur perpétuel. Les Parisiens devraient contribuer davantage à embellir leur ville, à détruire les monuments de la barbarie gothique, et particulièrement ces ridicules fontaines de village qui défigurent notre ville. Je ne doute pas que Bouchardon ne fasse de cette fontaine un beau morceau d'architecture; mais qu'est-ce qu'une fontaine adossée à un mur, dans une rue, et cachée à moitié par une maison? Qu'est-ce qu'une fontaine qui n'aura que deux robinets, où les porteurs d'eau viendront remplir leurs seaux? Ce n'est pas ainsi qu'on a construit les fontaines dont Rome est embellie. Nous avons bien de la peine à nous tirer du goût mesquin et grossier. Il faut que les fontaines soient élevées dans les places publiques, et que les beaux monuments soient vus de toutes les portes. Il n'y a pas une seule place publique dans le vaste faubourg Saint-Germain; cela fait saigner le cœur. Paris est comme la statue de Nabuchodonosor, en partie or et en partie fange.

1. Rue de Grenelle-Saint-Germain.

AU PÈRE PORÉE

JÉSUITE.

A Cirey, ce 15 janvier 1739.

Mon très-cher et très-révérend Père, je n'avais pas besoin de tant de bontés, et j'avais prévenu par mes lettres l'ample justification que vous faites, je ne dis pas de vous, mais de moi ; car, si vous aviez pu dire un mot qui n'eût pas été en ma faveur, je l'aurais mérité. J'ai toujours tâché de me rendre digne de votre amitié, et je n'ai jamais douté de vos bontés.

Le morceau que vous voulez bien m'envoyer me donne bien de l'envie de voir le reste. Le *non plane cæcus* est, à la vérité, un bien mince salaire pour un homme qui a créé une nouvelle optique, toute fondée sur l'expérience et sur le calcul, et qui seule suffirait pour mettre Newton à la tête des physiciens.

Je vous supplie de vouloir bien présenter mes hommages sincères à votre courageux confrère, qui a fait soutenir les rayons colorés. Il est bien étrange qu'il y ait quelqu'un qui soutienne autre chose.

Je vous devais *Mérope*, mon très-cher Père, comme un hommage à votre amour pour l'antiquité et pour la pureté du théâtre. Il s'en faut bien que l'ouvrage soit d'ailleurs digne de vous être présenté ; je ne vous l'ai fait lire que pour le corriger.

Messène n'est point une faute de copiste. Vous savez bien que le Péloponèse, aujourd'hui la Morée, se divisait en plusieurs provinces, l'Achaïe ou Argolide, où était Mycènes[1], la Messénie, dont la capitale était Messène ; la Laconie, etc.

Il faudra sans difficulté retrancher tout ce qui vous choque dans le suicide ; mais songez au quatrième livre de Virgile et à tous les poëtes de l'antiquité.

Je ne peux m'empêcher de vous dire ici ce que je pense sur ces

---

1. L'*Argolide, où était Mycènes*, n'est pas la même chose que l'Achaïe, qu'elle avait au nord, fait remarquer M. Beuchot.

scènes d'attendrissement réciproque que vous demandez entre Mérope et son fils. C'est précisément ces sortes de scènes qu'il faut éviter avec un soin extrême ; car, comme vous savez mieux que moi, jamais une passion réciproque n'émeut le spectateur ; il n'y a que les passions contredites qui plaisent. Ce qu'on s'imagine dans son cabinet devoir toucher entre une mère et un fils devient de la plus grande insipidité aux spectacles. Toute scène doit être un combat ; une scène où deux personnages craignent, désirent, aiment la même chose, serait le dernier période de l'affadissement ; le grand art doit être d'éviter ces lieux communs, et il n'y a que l'usage du monde et du théâtre qui puisse rendre sensible cette vérité.

Le marquis Mafféi en est si pénétré, qu'il a poussé l'art jusqu'à ne jamais produire sur la scène la mère avec le fils que quand elle le veut tuer, ou pour le reconnaître à la dernière scène du cinquième acte ; et je l'aurais imité, si je n'avais trouvé la ressource de faire reconnaître le fils par la mère en présence du tyran même, ressource qui ne serait qu'un défaut si elle ne produisait un nouveau danger.

En un mot, le plus grand écueil des arts dans le monde, c'est ce qu'on appelle les lieux communs. Je n'entre pas dans un plus long détail. Songez seulement, mon cher Père, que ce n'est pas un lieu commun que la tendre vénération que j'aurai pour vous toute ma vie. Je vous supplie de conserver votre santé, d'être longtemps utile au monde, de former longtemps des esprits justes et des cœurs vertueux.

Je vous conjure de dire à vos amis combien je suis attaché à votre société. Personne ne me la rend plus chère que vous. Je suis, avec la plus tendre estime et avec une éternelle reconnaissance, mon très-cher et révérend Père, votre, etc.

A M. HELVÉTIUS.

A Cirey, 25 février 1739.

Mon cher ami, l'ami des muses et de la vérité, vous avez un génie mâle, et votre ouvrage étincelle d'imagination. J'aime mieux quelques-unes de vos sublimes fautes que les médiocres beautés dont on nous veut affadir. Si vous me permettez de vous dire en général ce que je pense pour les progrès qu'un si bel art peut faire entre vos mains, je vous dirai : Craignez, en atteignant le grand, de sauter au gigantesque ; n'offrez que des images vraies, et servez-vous toujours du mot propre. Voulez-vous une petite règle infaillible pour les vers ? la voici. Quand une pensée est juste et noble, il n'y a encore rien de fait ; il faut voir si la manière dont vous l'exprimez en vers serait belle en prose ; et si votre vers, dépouillé de la rime et de la césure, vous paraît alors chargé d'un mot superflu ; s'il y a dans la construction le moindre défaut, si une conjonction est oubliée ; enfin si le mot le plus propre n'est pas employé, ou s'il n'est pas à sa place, concluez alors que l'or de cette pensée n'est pas bien enchâssé. Soyez sûr que des vers qui auront l'un de ces défauts ne se retiendront jamais par cœur, ne se feront point relire ; et il n'y a de bons vers que ceux qu'on relit et qu'on retient malgré soi. Il y en a beaucoup de cette espèce dans votre épître [1], tels que personne n'en peut faire à votre âge, et tels qu'on en faisait il y a cinquante ans. Ne craignez donc point d'honorer le Parnasse de vos talents ; ils vous honoreront sans doute, parce que vous ne négligerez jamais vos devoirs ; et puis voilà de plaisants devoirs ! Les fonctions de votre état ne sont-elles pas quelque chose de bien difficile pour une âme comme la vôtre ? Cette besogne se fait comme on règle la dépense de sa maison et le livre de son maître d'hôtel. Quoi ! pour être fermier général on n'aurait pas la liberté de penser ! Eh, morbleu ! Atticus était fermier général, les chevaliers romains étaient fermiers généraux, et pensaient en Romains. Continuez donc, Atticus.

Je vous remercie tendrement de ce que vous avez fait pour d'Arnaud. J'ose vous recommander ce jeune homme comme mon fils ; il a du mérite, il est pauvre et vertueux, il sent tout ce que vous valez, il vous sera attaché toute sa vie. Le plus beau partage de l'humanité, c'est de pouvoir faire du bien ; c'est ce que vous savez et ce que vous pratiquez mieux que moi.

1. *De l'Amour de l'étude.*

A M. DE LANOUE

AUTEUR DE LA TRAGÉDIE DE MAHOMET II.

A Cirey, 3 avril 1739.

Votre belle tragédie, monsieur, est arrivée à Cirey comme les Maupertuis et les Bernouilli en partaient. Les grandes vérités nous quittent ; mais à leur place les grands sentiments et de très-beaux vers, qui valent bien des vérités, nous arrivent.

Madame la marquise du Châtelet a lu votre ouvrage avec autant de plaisir que le public l'a vu. Je joins mon suffrage au sien, quoiqu'il soit d'un bien moindre poids, et j'y ajoute mes remercîments du plaisir que vous me faites, et de la confiance que vous voulez bien avoir en moi.

Je crois que vous êtes le premier parmi les modernes qui ayez été à la fois acteur et auteur tragique ; car celui qui donna *Hercule* sous son nom [1] n'en était pas l'auteur ; d'ailleurs cet *Hercule* est comme s'il n'avait point été.

Ce double mérite n'a guère été connu que chez les anciens Grecs, chez cette nation heureuse de qui nous tenons tous les arts, qui savait récompenser et honorer tous les talents, et que nous n'estimons ni n'imitons pas assez.

Je vous avoue, monsieur, que je sens un plaisir incroyable quand je vois des vers de génie, des vers nobles, pleins d'harmonie et de pensées : c'est un plaisir rare ; mais je viens de le goûter avec transport.

> Tranquille maintenant, l'amour qui le séduit
> Suspend son caractère, et ne l'a point détruit. —
> Sur les plus turbulents j'ai versé mes fureurs ;
> A la fidélité réservant la disgrâce,
> Mon adroite indulgence a caressé l'audace. —
> Dans leurs sanglantes mains le tonnerre s'allume,
> Sous leurs pas embrasés la terre se consume. —
> J'ai vaincu, j'ai conquis, je gouverne à présent. —
> Parmi tant de dangers ma jeunesse imprudente

[1]. La Thuilerie.

> S'égarait, et marchait aveuglée et contente. —
> La gloire et les grandeurs n'ont pu remplir mes vœux ;
> Un instant de vertu vient de me rendre heureux. —
> Tout autre bruit se tait lorsque la foudre gronde :
> Tonne sur ces cruels, et rends la paix au monde. —
> Cruel Aga ! pourquoi dessillais-tu mes yeux ?
> Pourquoi, dans les replis d'un cœur ambitieux,
> Avec des traits de flamme aiguillonnant la gloire,
> A l'amour triomphant arracher la victoire ?

Il me semble que votre ouvrage étincelle partout de ces traits d'imagination, et lorsque vous aurez achevé de polir les autres vers qui enchâssent ces diamants brillants, il doit en résulter une versification très-belle, et même d'un nouveau genre. Il ne faut sans doute rien de trop hardi dans les vers d'une tragédie ; mais aussi les Français n'ont-ils pas souvent été un peu trop timides ? A la bonne heure qu'un courtisan poli, qu'une jeune princesse, ne mettent dans leurs discours que de la simplicité et de la grâce ; mais il me semble que certains héros étrangers, des Asiatiques, des Américains, des Turcs, peuvent parler sur un ton plus fier, plus sublime : *major è longinquo*. J'aime un langage hardi, métaphorique, plein d'images, dans la bouche de Mahomet II. Ces idées superbes sont faites pour son caractère : c'est ainsi qu'il s'exprimait lui-même. Savez-vous bien qu'en entrant dans Sainte-Sophie, qu'il venait de changer en mosquée, il s'écria en vers persans qu'il composa sur-le-champ : « Le palais impérial est tombé ; les oiseaux qui annoncent le carnage ont fait entendre leurs cris sur les tours de Constantin. »

On a beau dire que ces beautés de diction sont des beautés épiques ; ceux qui parlent ainsi ne savent pas que Sophocle et Euripide ont imité le style d'Homère. Ces morceaux épiques, entremêlés avec art parmi des beautés plus simples, sont comme des éclairs qu'on voit quelquefois enflammer l'horizon, et se mêler à la lumière douce et égale d'une belle soirée. Toutes les autres nations aiment, ce me semble, ces figures frappantes. Grecs, Latins, Arabes, Italiens, Anglais, Espagnols, tous nous reprochent une poésie un peu trop prosaïque. Je ne demande pas qu'on outre la nature, je veux qu'on la fortifie et qu'on l'embellisse. Qui aime mieux que moi les pièces de l'illustre Racine ? qui les sait plus par cœur ? Mais serais-je fâché que Bajazet, par exemple, eût quelquefois un peu plus de sublime ?

Elle veut, Acomat, que je l'épouse. — Eh bien !
. . . .
Tout cela finirait par une perfidie !
J'épouserais ! et qui ? (s'il faut que je le die)
Une esclave attachée à ses seuls intérêts...
Si votre cœur était moins plein de son amour,
Je vous verrais, sans doute, en rougir la première ;
Et pour vous épargner une injuste prière,
Adieu ! je vais trouver Roxane de ce pas,
Et je vous quitte. — Et moi, je ne vous quitte pas. —
Que parlez-vous, madame, et d'époux, et d'amant ?
O ciel ! de ce discours quel est le fondement ?
Qui peut vous avoir fait ce récit infidèle ?...
Je vois enfin, je vois qu'en ce même moment
Tout ce que je vous dis vous touche faiblement.
Madame, finissons et mon trouble et le vôtre ;
Ne nous affligeons point vainement l'un et l'autre.
Roxane n'est pas loin, etc.

Je vous demande, monsieur, si à ce style, dans lequel tout le rôle de ce Turc est écrit, vous reconnaissez autre chose qu'un Français qui s'exprime avec élégance et avec douceur ? Ne désirez-vous rien de plus mâle, de plus fier, de plus animé dans les expressions de ce jeune Ottoman qui se voit entre Roxane et l'empire, entre Atalide et la mort ? C'est à peu près ce que Pierre Corneille disait à la première représentation de *Bajazet* à un vieillard qui me l'a raconté : « Cela est tendre, touchant, bien écrit, mais c'est toujours un Français qui parle. » Vous sentez bien, monsieur, que cette petite réflexion ne dérobe rien au respect que tout homme qui aime la langue française doit au nom de Racine. Ceux qui désirent un peu plus de coloris à Raphaël et au Poussin ne les admirent pas moins. Peut-être qu'en général cette maigreur, ordinaire à la versification française, ce vide de grandes idées, est un peu la suite de la gêne de nos phrases et de notre poésie. Nous avons besoin de hardiesse, et nous devrions ne rimer que pour les oreilles. Il y a vingt ans que j'ose le dire. Si un vers finit par le mot *terre*, vous êtes sûr de voir *la guerre* à la fin de l'autre : cependant prononce-t-on *terre* autrement que *père* et *mère* ? Prononce-t-on *sang* autrement que *camp* ? Pourquoi donc craindre de faire rimer aux yeux ce qui rime aux oreilles ? On doit songer, ce me semble, que l'oreille n'est juge que des sons, et non de la figure des caractères. Il ne faut point multiplier les obstacles sans nécessité, car alors c'est diminuer les beautés. Il faut des lois sévères, et non un vil esclavage. De peur d'être trop long, je ne vous en dirai pas davantage sur le style; j'ai d'ailleurs trop de choses à vous dire sur le sujet de votre pièce. Je n'en sais point qui fût plus difficile à manier; il n'était conforme, par lui-même, ni à l'histoire ni à la nature. Il a fallu assurément bien du génie pour lutter contre ces obstacles.

Un moine, nommé Bandelli, s'est avisé de défigurer l'histoire du grand Mahomet II par plusieurs contes incroyables ; il y a mêlé la fable de la mort d'Irène, et vingt autres écrivains l'ont copié. Cependant il est sûr que jamais Mahomet n'eut de maîtresse connue des chrétiens sous ce nom d'Irène ; que jamais les janissaires ne se révoltèrent contre lui ni pour une femme ni pour aucun autre sujet; et que ce prince, aussi prudent, aussi savant, et aussi politique qu'il était intrépide, était incapable de commettre cette action d'un forcené, que nos historiens lui reprochent si ridiculement. Il faut mettre ce conte avec celui des quatorze icoglans auxquels on prétend qu'il fit ouvrir le ventre pour savoir qui d'eux avait mangé ses figues ou ses melons. Les nations subjuguées imputent toujours des choses horribles et absurdes à leurs vainqueurs : c'est la vengeance des sots et des esclaves.

L'*Histoire de Charles XII* m'a mis dans la nécessité de lire quelques ouvrages historiques concernant les Turcs. J'ai lu entre autres, depuis peu, l'*Histoire ottomane* du prince Cantimir, voïvode de Moldavie, écrite à Constantinople. Il ne daigne, ni lui ni aucun auteur turc ou arabe, parler seulement de la fable d'Irène : il se contente de représenter Mahomet comme le plus grand homme et le plus sage de son temps. Il fait voir que Mahomet, ayant pris d'assaut, par un malentendu, la moitié de Constantinople, et ayant reçu l'autre à composition, observa religieusement le traité, et conserva même la plupart des églises de cette autre partie de la ville, lesquelles subsistèrent trois générations après lui.

Mais qu'il eût voulu épouser une chrétienne, qu'il l'eût égorgée, voilà ce qui n'a jamais été imaginé de son temps. Ce que je dis ici, je le dis en historien, non en poëte. Je suis très-loin de vous condamner. Vous avez suivi le préjugé reçu, et un préjugé suffit pour un peintre et pour un poëte. Où en seraient Virgile et Homère, si on les avait chicanés sur les faits? Une fausseté qui produit au théâtre une belle situation, est préférable, en ce cas, à toutes les archives de l'univers; elle devient vraie pour moi, puisqu'elle a produit le rôle de votre aga des janissaires, et la situation aussi frappante que neuve et hardie de Mahomet levant le poignard sur une maîtresse dont il est aimé. Continuez, monsieur, d'être du petit nombre de ceux qui empêchent que les belles-lettres ne périssent en France. Il y a encore et de nouveaux sujets de tragédie et même de nouveaux genres. Je crois les arts inépuisables : celui du théâtre est un des plus beaux comme des plus difficiles. Je serais bien à plaindre si je perdais le goût de ces beautés, parce que j'étudie un peu d'histoire et de physique. Je regarde un homme qui a aimé la poésie, et qui n'en est plus touché, comme un malade qui a perdu un de ses sens. Mais je n'ai rien à craindre avec vous, et eussé-je entièrement renoncé aux vers, je dirais en voyant les vôtres :

Agnosco veteris vestigia flammæ.
VIRG., *Æn.*, IV.

Je dois sans doute, monsieur, la faveur que je reçois de vous à M. de Cideville, mon ami de trente années ; je n'en ai guère d'autres. C'est un des magistrats de France qui a le plus cultivé les lettres ; c'est un Pollion en poésie, et un Pylade en amitié. Je vous prie de lui présenter mes remercîments et de recevoir les miens. Je suis, monsieur, avec une estime dont vous ne pouvez douter, votre, etc.

AU PRINCE DE PRUSSE.

Cirey, 15 février 1739.

Monseigneur, j'ai reçu les étrennes. Je vous en ai donné en sujet, et votre altesse royale m'en a donné en roi. Votre lettre sans date, vos jolis vers,

Quelque démon malicieux
Se joue assurément du monde, etc.,

ont dissipé tous les nuages qui se répandaient sur le ciel serein de Cirey. Les peines viennent de Paris, et les consolations viennent de Remusberg

Au nom d'Apollon, notre maître, daignez me dire, monseigneur, comment vous avez fait pour connaître si parfaitement des états de la vie qui semblent être si éloignés de votre sphère? Avec quel microscope les yeux de l'héritier d'une grande monarchie ont-ils pu démêler toutes les nuances qui bigarrent la vie commune? Les princes ne savent rien de tout cela; mais vous êtes homme autant que prince.

L'abbé Alari demandait un jour à notre roi la permission d'aller à la campagne pour quelques jours, et de partir sur-le-champ. « Comment! dit le roi, est-ce que votre carrosse à six chevaux est dans la cour? » Il croyait alors que tout le monde avait un carrosse à six chevaux au moins.

Vous me feriez croire, monseigneur, à la métempsycose. Il faut que votre âme ait été longtemps dans le corps de quelque particulier fort aimable, d'un La Rochefoucauld, d'un La Bruyère. Quelle peinture des riches accablés de leur bonheur insipide, des querelles et des chagrins qui en effet troublent les mariages les plus heureux en apparence! mais quelle foule d'idées et d'images! Avec une petite lime de deux liards, que tout cet or-là serait parfaitement travaillé! Vous créez, et je ne sais plus que raboter; c'est ce qui fait que je n'ose pas encore envoyer à votre altesse royale ma nouvelle tragédie; mais je prends la liberté de lui offrir un des petits morceaux que j'ai retouchés depuis peu dans la *Henriade*.

A M. LE MARQUIS D'ARGENSON.

A Bruxelles, 28 juillet 1739.

Monsieur, un Suisse, passant par Bruxelles pour aller à Paris, était désigné pour être dépositaire du plus instructif et du meilleur ouvrage que j'aie lu depuis vingt ans[1]; mais la crainte de tous les accidents qui peuvent arriver à un étranger inconnu m'a déterminé à ne confier l'ouvrage qu'à l'abbé Moussinot, qui aura l'honneur de vous le rendre.

On m'assure que l'auteur de cet ouvrage unique ne va point en-

---

1. Les *Considérations sur le gouvernement ancien et présent de la France*, de d'Argenson.

terrer à Lisbonne les talents qu'il a pour conduire les hommes et pour les rendre heureux. Puisse-t-il rester à Paris, et puissé-je le retrouver dans un de ces postes où l'on a fait, jusqu'ici, tant de mal et si peu de bien ! Si je suivais mon goût, je vous jure bien que je ne remettrais les pieds dans Paris que quand je verrais M. d'Argenson à la place de son père et à la tête des belles-lettres.

La décadence du bon goût, le brigandage de la littérature me font sentir que je suis né citoyen; je suis au désespoir de voir une nation si aimable si prodigieusement gâtée. Figurez-vous, monsieur, que M. de Richelieu inspira au roi, il y a quatre ans, l'envie de voir la comédie de l'*Héritier ridicule*[1], et cela sur une prétendue anecdote de la cour de Louis XIV. On prétendait que le roi et Monsieur avaient fait jouer cette pièce deux fois en un jour. Je suis bien éloigné de croire ce fait; mais ce que je sais bien, c'est que cette malheureuse comédie est un des plus plats et des plus impertinents ouvrages qu'on ait jamais barbouillés. Les comédiens français eurent tant de honte que Louis XV la leur demandât, qu'ils refusèrent de la jouer. Enfin Louis XV a obtenu cette belle représentation des bateleurs de Compiègne; lui et les siens s'y sont terriblement ennuyés. Qu'arrivera-t-il de là? Que le roi, sur la foi de M. de Richelieu, croira que cette pièce est le chef-d'œuvre du théâtre, et que, par conséquent, le théâtre est la chose la plus méprisable.

Encore passe, si les gens qui se sont consacrés à l'étude n'étaient pas persécutés; mais il est bien douloureux de se voir maîtrisé, foulé aux pieds par des hommes sans esprit, qui ne sont pas nés assurément pour commander, et qui se trouvent dans de très-belles places qu'ils déshonorent.

Heureusement il y a encore quelques âmes comme la vôtre; mais c'est bien rarement dans ce petit nombre qu'on choisit les dispensateurs de l'autorité royale et les chefs de la nation. Un fripon de la lie du peuple[2] et de la lie des êtres pensants, qui n'a d'esprit que ce qu'il en faut pour nouer des intrigues subalternes, et pour obtenir des lettres de cachet, ignorant et haïssant les lois, patelin et fourbe, voilà celui qui

---

1. Par Scarron.
2. Le lieutenant de police Hérault.

réussit, parce qu'il entre par la chatière ; et l'homme digne de gouverner vieillit dans des honneurs inutiles.

Ce n'était pas à Bruxelles, c'était à Compiègne qu'il fallait que votre livre fût lu. Quand il n'y aurait que cette seule définition-ci, elle suffirait à un roi : « Un parfait gouvernement est celui où toutes les parties sont « également protégées. » Que j'aime cela ! « Les savantes recherches sur « le droit public ne sont que l'histoire des anciens abus. » Que cela est vrai! Eh ! qu'importe à notre bonheur de savoir les *Capitulaires de Charlemagne?* Pour moi, ce qui m'a dégoûté de la profession d'avocat, c'est la profusion de choses inutiles dont on voulut charger ma cervelle. *Au fait* est ma devise.

Que ce que vous me dites sur la Pologne me plaît encore ! J'ai toujours regardé la Pologne comme un beau sujet de harangue et comme un gouvernement misérable ; car, avec tous ses beaux priviléges, qu'est-ce qu'un pays où les nobles sont sans discipline, le roi un zéro, le peuple abruti par l'esclavage, et où l'on n'a d'argent que celui qu'on gagne à vendre sa voix ? Je vous ai déjà parlé, je crois, de la vieille barbarie du gouvernement féodal.

Votre article sur la Toscane : *Ils viennent de tomber entre les mains des Allemands,* etc., est bien d'un homme amoureux du bonheur public ; et je dirai avec vous :

> Barbarus has segetes! . . . .
> Virg., *Bucol.,* I.

Je suis fâché de ne pouvoir relire tout le livre pour marquer toutes les beautés de détail qui m'ont frappé, indépendamment de la sage économie et de l'enchaînement de principes qui en fait le mérite.

Il y a une anecdote dont je ne puis encore convenir, c'est que les nouvelles rentes ne furent pas proposées par M. Colbert. J'ai toujours ouï dire que ce fut lui-même qui les proposa, étant à bout de ses ressources, et je ne crois pas que Louis XIV consultât d'autres que lui[1].

Avant de finir ma lettre, j'ai voulu avoir encore le plaisir de relire le chapitre VI[2] et la fin du précédent : « Un monarque qui n'a plus à

---

1. Elles furent proposées à Colbert par des membres du parlement, et il les adopta par faiblesse et malgré lui. (K.)
2. *Dispositions à étendre la démocratie en France.*

« songer qu'à gouverner, gouverne toujours bien. » Cette admirable maxime se trouve à la suite de choses très-édifiantes. Mais, pour Dieu, que ce monarque songe donc à gouverner !

Je ne sais si on songe assez à une chose dont j'ai cru m'apercevoir. J'ai manqué souvent d'ouvriers à la campagne ; j'ai vu que les sujets manquaient pour la milice ; je me suis informé en plusieurs endroits s'il en était de même ; j'ai trouvé qu'on s'en plaignait presque partout ; et j'ai conclu de là que la France n'est pas si peuplée (proportion gardée) que l'Allemagne, la Hollande, la Suisse, l'Angleterre. Du temps de M. de Vauban nous étions dix-huit millions : combien sommes-nous à présent ? C'est ce que je voudrais bien savoir.

Voilà l'abbé Moussinot qui va monter en chaise, et moi je vais fermer votre livre ; mais je ferai avec lui comme avec vous, je l'aimerai toute ma vie.

On me mande que Prault vient d'imprimer une petite histoire de Molière et de ses ouvrages, de ma façon. Voici le fait : M. Pallu me pria d'y travailler lorsqu'on imprimait le Molière in-4° ; j'y donnai mes petits soins, et quand j'eus fini, M. de Chauvelin donna la préférence à M. de La Serre :

Sic vos non vobis ! . . . .

Ce n'est pas d'aujourd'hui que Midas a des oreilles d'âne. Mon manuscrit est enfin tombé à Prault, qui l'a imprimé, dit-on, et défiguré ; mais l'auteur vous est toujours attaché avec la plus respectueuse estime et le plus tendre dévouement.

A M. LE PRÉSIDENT HÉNAULT

LE FAVORI DES MUSES.

Bruxelles, ce 2 mars 1740.

Quand à la ville un solitaire envoie
Des fruits nouveaux, honneur de ses jardins,

Nés sous ses yeux, et plantés par ses mains,
Il les croit bons, et prétend qu'on le croie.

Quand, par le don de son portrait flatté,
La jeune Aminte à ses lois vous engage,
Elle ressemble à la divinité
Qui veut vous faire adorer son image.

Quand un auteur, de son œuvre entêté,
Modestement vous en fait une offrande,
Que veut de vous sa fausse humilité?
C'est de l'encens que son orgueil demande.

Las! je suis loin de tant de vanité.
A tous ces traits gardez de reconnaître
Ce qui par moi vous sera présenté;
C'est un tribut, et je l'offre à mon maître.

J'ose donc, monsieur, vous envoyer ce tribut très-indigne; j'aurais voulu faire encore plus de changements à ces faibles ouvrages; mais Bruxelles est l'éteignoir de l'imagination.

Les vers et les galants écrits
Ne sont pas de cette province,
Et dans les lieux où tout est prince
Il est très-peu de beaux esprits.
Jean Rousseau, banni de Paris,
Vit émousser dans ce pays
Le tranchant aigu de sa pince;
Et sa muse, qui toujours grince,
Et qui fuit les jeux et les ris,
Devint ici grossière et mince.
Comment vouliez-vous que je tinsse
Contre les frimas épaissis?
Voudriez-vous que je redevinsse
Ce que j'étais quand je suivis
Les traces du pasteur du Mince,
Et que je sentais les Henris?
Apollon la tête me rince,
Il s'aperçoit que je vieillis;
Il voulut qu'en lisant Leibnitz
De plus rimailler je m'abstinsse;
Il le voulut, et j'obéis;
Auriez-vous cru que j'y parvinsse?

Il serait plus doux, monsieur, de parvenir à avoir l'honneur de vivre avec vous, et à jouir des délices de votre commerce. L'imagination de Virgile eût langui s'il avait vécu loin des Varius et des Pollion. Que dois-je devenir loin de vous?

AU PRINCE DE PRUSSE.

A Bruxelles, le 10 mars 1740.

Quoi! tout prêt à tenir les rênes d'un empire,
Vous seul vous redoutez ce comble des grandeurs
    Que tout l'univers désire!
Vous ne voyez qu'un père, et vous versez des pleurs!
Grand Dieu! qu'avec amour l'Europe vous contemple,
Vous qui du seul devoir avez rempli les lois,
Vous si digne du trône, et peut-être d'un temple,
Aux fils des souverains vous immortel exemple,
Vous qui serez un jour l'exemple des bons rois!
Hélas! si votre père, en ces moments funestes,
    Pouvait lire dans votre cœur,
Dieu! qu'il remercîrait les puissances célestes!
A ses derniers moments quel serait son bonheur!
Qu'il périrait content de vous avoir fait naître!
Qu'en vous laissant au monde, il laisse de bienfaits!
Qu'il se repentirait... Mais j'en dis trop peut-être;
    Je vous admire et je me tais.

Je ne m'attendais pas, monseigneur, à cette lettre du 26 février que j'ai reçue le 9 mars : celle-ci partira lundi 14, parce que ce sera le jour de la poste d'Amsterdam.

J'ignore actuellement votre situation, mais je ne vous ai jamais tant aimé et tant admiré. Si vous êtes roi, vous allez rendre beaucoup d'hommes heureux ; si vous restez prince royal, vous allez les instruire. Si je me comptais pour quelque chose, je désirerais pour mon intérêt que vous restassiez dans votre heureux loisir, et que vous pussiez encore vous amuser à écrire de ces choses charmantes qui m'enchantent et qui m'éclairent. Étant roi, vous n'allez être occupé qu'à faire fleurir les arts dans vos États, à faire des alliances sages et avantageuses, à établir des manufactures, à mériter l'immortalité. Je n'entendrai parler que de vos travaux et de votre gloire; mais probablement je ne recevrai plus de ces vers agréables, ni de cette prose forte et sublime, qui vous donnerait bien une autre sorte d'immortalité, si vous vouliez. Un roi n'a que vingt-quatre heures dans la journée : je les vois employées au bonheur des hommes; et je ne vois pas qu'il puisse y avoir une minute de réservée pour le commerce littéraire dont votre altesse royale m'a honoré avec tant de bonté. N'importe : je vous souhaite un trône, parce que j'ai l'honnêteté de préférer la félicité de quelques millions d'hommes à la satisfaction de mon individu.

J'attends toujours vos derniers ordres sur le Machiavel ; je compte que vous ordonnerez que je fasse imprimer la traduction de La Houssaye à côté de votre réfutation. Plus vous allez réfuter Machiavel par votre conduite, plus j'espère que vous permettrez que l'antidote préparé par votre plume soit imprimé.

A MILORD HERVEY [1]

GARDE DES SCEAUX D'ANGLETERRE.

SUR LOUIS XIV.

Je fais compliment à votre nation, milord, sur la prise de Porto-Bello et sur votre place de garde des sceaux. Vous voilà fixé en Angleterre; c'est une raison pour moi d'y voyager encore. Je vous réponds bien que, si certain procès est gagné, vous verrez arriver à Londres une petite compagnie choisie de Newtoniens à qui le pouvoir de votre attraction et celui de milady Harvey feront passer la mer. Ne jugez point, je vous prie, de mon essai sur le *Siècle de Louis XIV*, par les deux chapitres imprimés en Hollande avec tant de fautes qui rendent mon ouvrage inintelligible. Si la traduction anglaise est faite sur cette copie informe, le traducteur est digne de faire une version de l'*Apocalypse*;

1. John Hervey, né le 15 octobre 1696, nommé garde des sceaux dans les premiers mois de 1740, mort le 5 août 1743.

mais surtout soyez un peu moins fâché contre moi de ce que j'appelle le siècle dernier le siècle de Louis XIV. Je sais bien que Louis XIV n'a pas eu l'honneur d'être le maître ni le bienfaiteur d'un Bayle, d'un Newton, d'un Halley, d'un Addison, d'un Dryden; mais dans le siècle qu'on nomme de Léon X, ce pape Léon X avait-il tout fait? N'y avait-il pas d'autres princes qui contribuèrent à polir et à éclairer le genre humain? Cependant le nom de Léon X a prévalu, parce qu'il encouragea les arts plus qu'aucun autre. Eh! quel roi a donc en cela rendu plus de services à l'humanité que Louis XIV? Quel roi a répandu plus de bienfaits, a marqué plus de goût, s'est signalé par de plus beaux établissements? Il n'a pas fait tout ce qu'il pouvait faire, sans doute, parce qu'il était homme; mais il a fait plus qu'aucun autre, parce qu'il était un grand homme : ma plus forte raison pour l'estimer beaucoup, c'est qu'avec des fautes connues il a plus de réputation qu'aucun de ses contemporains; c'est que, malgré un million d'hommes dont il a privé la France, et qui tous ont été intéressés à le décrier, toute l'Europe l'estime et le met au rang des plus grands et des meilleurs monarques.

Nommez-moi donc, milord, un souverain qui ait attiré chez lui plus d'étrangers habiles, et qui ait plus encouragé le mérite dans ses sujets? Soixante savants de l'Europe reçurent à la fois des récompenses de lui, étonnés d'en être connus.

« Quoique le roi ne soit pas votre souverain, leur écrivait M. Colbert, il veut être votre bienfaiteur; il m'a commandé de vous envoyer la lettre de change ci-jointe comme un gage de son estime. » Un Bohémien, un Danois, recevaient de ces lettres datées de Versailles. Guglielmini bâtit une maison à Florence des bienfaits de Louis XIV; il mit le nom de ce roi sur le frontispice : et vous ne voulez pas qu'il soit à la tête du siècle dont je parle!

Ce qu'il a fait dans son royaume doit servir à jamais d'exemple. Il chargea de l'éducation de son fils et de son petit-fils les plus éloquents et les plus savants hommes de l'Europe. Il eut l'attention de placer trois enfants de Pierre Corneille, deux dans les troupes, et l'autre dans l'Église; il excita le mérite naissant de Racine, par un présent considérable pour un jeune homme inconnu et sans bien; et, quand ce génie se fut perfectionné, ces talents, qui souvent sont l'exclusion de la fortune, firent la sienne. Il eut plus que de la fortune, il eut la faveur, et quelquefois la familiarité d'un maître dont un regard était un bienfait ; il était, en 1688 et 1689, de ces voyages de Marly tant brigués par les courtisans; il couchait dans la chambre du roi pendant ses maladies, et lui lisait ces chefs-d'œuvre d'éloquence et de poésie qui décoraient ce beau règne.

Cette faveur, accordée avec discernement, est ce qui produit de l'émulation et qui échauffe les grands génies ; c'est beaucoup de faire des fondations, c'est quelque chose de les soutenir ; mais s'en tenir à ces établissements, c'est souvent préparer les mêmes asiles pour l'homme inutile et pour le grand homme ; c'est recevoir dans la même ruche l'abeille et le frelon.

Louis XIV songeait à tout; il protégeait les Académies et distinguait ceux qui se signalaient. Il ne prodiguait point ses faveurs à un genre de mérite à l'exclusion des autres, comme tant de princes qui favorisent non ce qui est bon, mais ce qui leur plaît; la physique et l'étude de l'antiquité attirèrent son attention. Elle ne se ralentit pas même dans les guerres qu'il soutenait contre l'Europe; car en bâtissant trois cents citadelles, en faisant marcher quatre cent mille soldats, il faisait élever l'Observatoire et tracer une méridienne d'un bout du royaume à l'autre, ouvrage unique dans le monde. Il faisait imprimer dans son palais les traductions des bons auteurs grecs et latins; il envoyait des géomètres et des physiciens au fond de l'Afrique et de l'Amérique chercher de nouvelles connaissances. Songez, milord, que, sans le voyage et les expériences de ceux qu'il envoya à Cayenne en 1672, et sans les mesures de M. Picard, jamais Newton n'eût fait ses découvertes sur l'attraction. Regardez, je vous prie, un Cassini et un Huygens, qui renoncent tous deux à leur patrie, qu'ils honorent, pour venir en France jouir de l'estime et des bienfaits de Louis XIV. Et pensez-vous que les Anglais même ne lui aient pas d'obligation? Dites-moi, je vous prie, dans quelle cour Charles II puisa tant de politesse et tant de goût ? Les bons auteurs de Louis XIV n'ont-ils pas été vos modèles? N'est-ce pas d'eux que votre sage Addison, l'homme de votre nation qui avait le goût le plus sûr, a tiré souvent ses excellentes critiques ? L'évêque Burnet avoue que ce goût, acquis en France par les courtisans de Charles II, réforma chez vous jusqu'à la chaire, malgré la différence de nos religions : tant la saine raison a partout d'empire ! Dites-moi si les bons livres de ce temps n'ont pas servi à l'éducation de tous les princes de l'Empire. Dans quelles cours de l'Allemagne n'a-t-on pas vu des théâtres français? Quel prince ne tâchait pas d'imiter Louis XIV? Quelle nation ne suivait pas alors les modes de la France?

Vous m'apportez, milord, l'exemple du czar Pierre le Grand, qui a fait naître les arts dans son pays, et qui est le créateur d'une nation nouvelle; vous me dites cependant que son siècle ne sera pas appelé dans l'Europe le *Siècle du czar Pierre*; vous en concluez que je ne dois pas appeler le siècle passé le *Siècle de Louis XIV*. Il me semble que la différence est bien palpable. Le czar Pierre s'est instruit chez les autres peuples; il a porté leurs arts chez lui; mais Louis XIV a instruit les nations; tout, jusqu'à ses fautes, leur a été utile. Les protestants, qui ont quitté ses états, ont porté chez vous-mêmes une industrie qui faisait la richesse de la France. Comptez-vous pour rien tant de manufactures de soie et de cristaux? ces dernières surtout furent perfectionnées chez vous par nos réfugiés, et nous avons perdu ce que vous avez acquis.

Enfin la langue française, milord, est devenue presque la langue universelle. A qui en est-on redevable? était-elle aussi étendue du temps de Henri IV? Non, sans doute; on ne connaissait que l'italien et l'espagnol. Ce sont nos excellents écrivains qui ont fait ce changement. Mais qui a protégé, employé, encouragé ces excellents écrivains? C'était M. Colbert, me direz-vous; je l'avoue, et je prétends bien que le ministre doit partager la gloire du maître. Mais qu'eût fait un Colbert sous un autre prince; sous votre roi Guillaume, qui n'aimait rien, sous le roi d'Espagne Charles II, sous tant d'autres souverains?

Croiriez-vous bien, milord, que Louis XIV a réformé le goût de sa cour en plus d'un genre? il choisit Lulli pour son musicien, et ôta le privilége à Cambert, parce que Cambert était un homme médiocre, et Lulli un homme supérieur. Il savait distinguer l'esprit du génie; il donnait à Quinault les sujets de ses opéras; il dirigeait les peintures de Lebrun; il soutenait Boileau, Racine et Molière contre leurs ennemis; il encourageait les arts utiles comme les beaux-arts, et toujours en connaissance de cause; il prêtait de l'argent à Van-Robais pour établir ses manufactures; il avançait des millions à la compagnie des Indes, qu'il avait formée; il donnait des pensions aux savants et aux braves officiers. Non-seulement il s'est fait de grandes choses sous son règne, mais c'est lui qui les faisait. Souffrez donc, milord, que je tâche d'élever à sa gloire un monument que je consacre encore plus à l'utilité du genre humain.

Je ne considère pas seulement Louis XIV parce qu'il a fait du bien aux Français, mais parce qu'il a fait du bien aux hommes; c'est comme homme, et non comme sujet, que j'écris; je veux peindre le dernier siècle, et non pas simplement un prince. Je suis las des histoires où il n'est question que des aventures d'un roi, comme s'il existait seul, ou que rien n'existât que par rapport à lui; en un mot, c'est encore plus d'un grand siècle que d'un grand roi que j'écris l'histoire.

Pellisson eût écrit plus éloquemment que moi : mais il était courtisan et il était payé. Je ne suis ni l'un ni l'autre; c'est à moi qu'il appartient de dire la vérité.

J'espère que dans cet ouvrage vous trouverez, milord, quelques-uns de vos sentiments; plus je penserai comme vous, plus j'aurai droit d'espérer l'approbation publique.

AU ROI DE PRUSSE.

18 juin 1740.

Sire, si votre sort est changé, votre belle âme ne l'est pas ; mais la mienne l'est. J'étais un peu misanthrope, et les injustices des hommes m'affligeaient trop. Je me livre à présent à la joie avec tout le monde. Grâce au ciel, Votre Majesté a déjà rempli presque toutes mes prédictions. Vous êtes déjà aimé, et dans vos États et dans l'Europe. Un résident de l'empereur disait dans la dernière guerre au cardinal de Fleuri : Monseigneur, les Français sont bien aimables, mais sont tous Turcs. L'envoyé de Votre Majesté peut dire à présent : Les Français sont tous Prussiens.

Le marquis d'Argenson, conseiller d'État du roi de France, ami de M. de Valori, et homme d'un vrai mérite, avec qui je me suis entretenu souvent à Paris de Votre Majesté, m'écrit du 13, que M. de Valori s'exprime avec lui dans ces propres mots : « Il commence son règne comme il y apparence qu'il le continuera; partout des traits de bonté de cœur,

FRÉDÉRIC II

justice qu'il rend au défunt, tendresse pour ses sujets. » Je ne fais mention de cet extrait à Votre Majesté que parce que je suis sûr que cela a été écrit d'abondance de cœur, et qu'il m'est revenu de même. Je ne connais point M. de Valori, et Votre Majesté sait que je ne devais pas compter sur ses bonnes grâces; cependant, puisqu'il pense comme moi et qu'il vous rend tant de justice, je suis bien aise de la lui rendre.

Le ministre qui gouverne le pays où je suis me disait : Nous verrons s'il renverra tout d'un coup les géants inutiles qui ont fait tant crier; et moi je lui répondis : Il ne fera rien précipitamment. Il ne montrera point un dessein marqué de condamner les fautes qu'a pu faire son prédécesseur, il se contentera de les réparer avec le temps. Daignez donc avouer, grand roi, que j'ai bien deviné.

Votre Majesté m'ordonne de songer, en lui écrivant, moins au roi qu'à l'homme. C'est un ordre bien selon mon cœur. Je ne sais comment m'y prendre avec un roi, mais je suis bien à mon aise avec un homme véritable, avec un homme qui a dans sa tête et dans son cœur l'amour du genre humain.

A M. L'ABBÉ PRÉVOST.

Bruxelles, juin 1740.

Arnauld fit autrefois l'apologie de Boileau, et vous voulez, monsieur, faire la mienne. Je serais aussi sensible à cet honneur que le fut Boileau, non que je sois aussi vain que lui, mais parce que j'ai plus besoin d'apologie. La seule chose qui m'arrête tout court est celle qui empêcha le grand Condé d'écrire des mémoires. Vous voyez que je ne prends pas d'exemples médiocres. Il dit qu'il ne pourrait se justifier sans accuser trop de monde.

. . . . Si parva licet componere magnis.
Georg., IV.

Je suis à peu près dans le même cas.

Comment pourrais-je, par exemple, ou comment pourriez-vous parler des souscriptions de ma *Henriade*, sans avouer que M. Thiriot, alors fort jeune, dissipa malheureusement l'argent des souscriptions de France? J'ai été obligé de rembourser à mes frais tous les souscripteurs qui ont eu la négligence de ne point envoyer à Londres, et j'ai encore par devers moi les reçus de plus de cinquante personnes. Serait-il bien agréable pour ces personnes, qui, pour la plupart, sont des gens très-riches, de voir publier qu'ils ont eu l'économie de recevoir à mes dépens l'argent de mon livre? Il est très-vrai qu'il m'en a coûté beaucoup pour avoir fait la *Henriade*, et que j'ai donné autant d'argent en France que ce poëme m'en a valu à Londres; mais plus cette anecdote est désagréable pour notre nation, plus je craindrais qu'on ne la publiât.

S'il fallait parler de quelques ingrats que j'ai faits, ne serait-ce pas me faire des ennemis irréconciliables? Loin de chercher à publier l'opprobre des gens de lettres, je ne cherche qu'à le couvrir.

Il y a un article dans votre lettre qui m'intéresse beaucoup davantage : c'est le besoin que vous avez de douze cents livres. M. le prince de Conti[1] est à plaindre de ce que ses dépenses le mettent hors d'état de donner à un homme de votre mérite autre chose qu'un logement. Je voudrais être prince, ou fermier général, pour avoir la satisfaction de vous marquer une estime solide. Mes affaires sont actuellement fort loin de ressembler à celles d'un fermier général, et sont presque aussi dérangées que celles d'un prince. J'ai même été obligé d'emprunter deux mille écus de M. Bronod, notaire; et c'est de l'argent de Mme la marquise du Châtelet que j'ai payé ce que je devais à Prault fils; mais sitôt que je verrai jour à m'arranger, soyez très-persuadé que je préviendrai l'occasion de vous servir avec plus de vivacité que vous ne pourriez la faire naître. Rien ne me serait plus agréable et plus glorieux que de pouvoir n'être pas inutile à celui de nos écrivains que j'estime le plus. C'est avec ces sentiments très-sincères que je suis, monsieur, etc.

---

1. Chez qui Prévost était logé.

AU ROI DE PRUSSE.

A la Haye, le 20 juillet 1740.

> Tandis que Votre Majesté
> Allait en poste au pôle arctique
> Pour faire la félicité
> De son peuple lithuanique,
> Ma très-chétive infirmité
> Allait d'un air mélancolique
> Dans un chariot détesté,
> Par Satan sans doute inventé,
> Dans ce pesant climat belgique.
> Cette voiture est spécifique
> Pour trémousser et secouer
> Un bourguemestre apoplectique;
> Mais certe il fut fait pour rouer
> Un petit Français très-étique,
> Tel que je suis, sans me louer.

J'arrivai donc hier à la Haye après avoir eu bien de la peine d'obtenir mon congé.

> Mais le devoir parlait, il faut suivre ses lois;
>   Je vous immolerais ma vie;
> Et ce n'est que pour vous, digne exemple des rois,
>   Que je peux quitter Émilie.

Vos ordres me semblaient positifs; la bonté tendre et touchante avec laquelle votre humanité me les a donnés, me les rendait encore plus sacrés. Je n'ai donc pas perdu un moment. J'ai pleuré de voyager sans être à votre suite; mais je me suis consolé, puisque je faisais quelque chose que Votre Majesté souhaitait que je fisse en Hollande.

> Un peuple libre et mercenaire,
> Végétant dans ce coin de terre,
> Et vivant toujours en bateau,
> Vend aux voyageurs l'air et l'eau,
> Quoique tous deux n'y valent guère.
> Là, plus d'un fripon de libraire
> Débite ce qu'il n'entend pas,
> Comme fait un prêcheur en chaire;

Vend de l'esprit de tous États,
Et fait passer en Germanie
Une cargaison de romans
Et d'insipides sentiments
Que toujours la France a fournie.

La première chose que je fis hier, en arrivant, fut d'aller chez le plus retors et le plus hardi libraire du pays, qui s'était chargé de la chose en question. Je répète encore à Votre Majesté que je n'avais pas laissé dans le manuscrit un mot dont personne en Europe pût se plaindre. Mais, malgré cela, puisque Votre Majesté avait à cœur de retirer l'édition, je n'avais plus ni d'autre volonté ni d'autre désir. J'avais déjà fait sonder ce hardi fourbe nommé Jean Vanduren[1], et j'avais envoyé en poste un homme qui, par provision, devait au moins retirer sous des prétextes plausibles quelques feuilles du manuscrit, lequel n'était pas à moitié imprimé; car je savais bien que mon Hollandais n'entendrait à aucune proposition. En effet, je suis venu à temps; le scélérat avait déjà refusé de rendre une page du manuscrit. Je l'envoyai chercher, je le sondai, je le tournai de tous les sens : il me fit entendre que, maître du manuscrit, il ne s'en dessaisirait jamais pour quelque avantage que ce pût être; qu'il avait commencé l'impression, qu'il la finirait.

Quand je vis que j'avais affaire à un Hollandais qui abusait de la liberté de son pays, et à un libraire qui poussait à l'excès son droit de persécuter les auteurs, ne pouvant ici confier mon secret à personne, ni implorer le secours de l'autorité, je me souvins que Votre Majesté dit dans un des chapitres de l'*Anti-Machiavel* qu'il est permis d'employer quelque honnête finesse en fait de négociations. Je dis donc à Jean Vanduren que je ne venais que pour corriger quelques pages du manuscrit: « Très-volontiers, monsieur, me dit-il; si vous voulez venir chez moi, je vous le confierai généreusement feuille à feuille; vous corrigerez ce qu'il vous plaira, enfermé dans ma chambre, en présence de ma famille et de mes garçons. »

J'acceptai son offre cordiale, j'allai chez lui, et je corrigeai en effet quelques feuilles qu'il reprenait à mesure, et qu'il lisait pour voir si je ne le trompais point. Lui ayant inspiré par là moins de défiance, j'ai retourné aujourd'hui dans la même prison, où il m'a enfermé de même;

---

1. Libraire de Hollande qui imprimait l'*Anti-Machiavel*.

et, ayant obtenu six chapitres à la fois pour les confronter, je les ai raturés de façon, et j'ai écrit dans les interlignes de si horribles galimatias et des coq-à-l'âne si ridicules, que cela ne ressemble plus à un ouvrage. Cela s'appelle faire sauter son vaisseau pour n'être point pris par l'ennemi. J'étais au désespoir de sacrifier un si bel ouvrage; mais enfin j'obéissais au roi que j'idolâtre, et je vous réponds que j'y allais de bon cœur. Qui est étonné à présent et confondu? c'est mon vilain. J'espère demain faire avec lui un marché honnête, et le forcer à me rendre le tout, manuscrit et imprimé; et je continuerai à rendre compte à Votre Majesté.

AU ROI DE PRUSSE.

A Bruxelles, 1ᵉʳ septembre 1740.

Sire, mon roi est à Clèves; une petite maison l'attend à Bruxelles; un palais presque digne de lui l'attend à Paris, et moi j'attends ici mon maître.

> Mon cœur me dit que je touche
> A ce moment fortuné
> Où j'entendrai de la bouche
> De l'Apollon couronné
> Ces traits que la sage Rome
> Aurait admirés jadis;
> Je verrai, j'entendrai l'homme
> Que j'adore en ses écrits.

O Paris! ô Paris! séjour des gens aimables et des badauds, du bon et du mauvais goût, de l'équité et de l'injustice; grand magasin de tout ce qu'il y a de bon et de beau, de ridicule et de méchant, sois digne, si tu peux, du vainqueur que tu recevras dans ton enceinte irrégulière et crottée. Puisse-t-il te voir incognito et jouir de tout sans les embarras de la royauté! Puisse-t-il ne voir et n'être vu que quand il voudra! Heureux l'hôtel du Châtelet [1], le cabinet des Muses, la galerie d'Hercule, le salon de l'Amour!

---

1. L'hôtel Lambert. — Dans une lettre du 15 avril 1739, Voltaire écrivait : « Comme il faut rendre compte de tout à son maître, il y a apparence qu'au retour des Pays-Bas nous

Le Sueur et Le Brun, nos illustres Apelles,
  Ces rivaux de l'antiquité,
Ont, en ces lieux charmants, étalé la beauté
  De leurs peintures immortelles;
Les neuf sœurs elles-mêmes ont orné ce séjour
  Pour en faire leur sanctuaire;
Elles avaient prévu qu'il recevrait un jour
Celui qui des neuf sœurs est le juge et le père.

AU ROI DE PRUSSE.

A Herford, 11 novembre 1740.

Dans un chemin creux et glissant,
Comblé de neiges et de boues,
La main d'un démon malfaisant
De mon char a brisé les roues.
J'avais toujours imprudemment
Bravé celle de la Fortune;
Mais je change de sentiment :
Je la fuyais, je l'importune,
Je lui dis d'une faible voix :
O toi qui gouvernes les rois,
Excepté le héros que j'aime;
O toi qui n'auras sous tes lois
Ni son cœur ni son diadème,
Je vais trouver mon seul appui :
Qu'enfin ta faveur me seconde;
Souffre qu'en paix j'aille vers lui;
Va troubler le reste du monde.

La fortune, Sire, a été trop jalouse de mon accès auprès de Votre Majesté; elle est bien loin d'exaucer ma prière; elle vient de briser, sur le chemin d'Herford, ce carrosse qui me menait dans la terre promise.

songerons à nous fixer à Paris. Madame du Châtelet vient d'acheter une maison bâtie par un des plus grands architectes de France, et peinte par Le Brun et par Le Sueur; c'est une maison faite pour un souverain qui serait philosophe; elle est heureusement dans un quartier de Paris qui est éloigné de tout; c'est ce qui fait qu'on a eu pour deux cent mille francs ce qui a coûté deux millions à bâtir et à orner. »

Dumolard l'oriental, que j'amène dans les États de Votre Majesté suivant vos ordres, prétend, Sire, que dans l'Arabie jamais pèlerin de la Mecque n'eut une plus triste aventure, et que les Juifs ne furent pas plus à plaindre dans le désert.

Un domestique va d'un côté demander du secours à des Westphaliens qui croient qu'on leur demande à boire; un autre court sans savoir où. Dumolard, qui se promet bien d'écrire notre voyage en arabe et en syriaque, est cependant de ressource comme s'il n'était pas savant. Il va à la découverte moitié à pied, moitié en charrette; et moi je monte en culotte de velours, en bas de soie et en mules, sur un cheval rétif.

> Hélas! grand roi, qu'eussiez-vous cru,
> En voyant ma faible figure
> Chevauchant tristement à cru
> Un coursier de mon encolure?
> C'est ainsi qu'on vit autrefois
> Ce héros vanté par Cervante,
> Son écuyer et Rossinante
> Égaré au milieu des bois.
> Ils ont fait de brillants exploits,
> Mais j'aime mieux ma destinée;
> Ils ne servaient que Dulcinée,
> Et je sers le meilleur des rois.

En arrivant à Herford dans cet équipage, la sentinelle m'a demandé mon nom; j'ai répondu, comme de raison, que je m'appelais Don Quichotte, et j'entre sous ce nom. Mais quand pourrai-je me jeter à vos pieds sous celui de votre créature, de votre admirateur, de..., etc.

A M. LE PRÉSIDENT HÉNAULT.

A Bruxelles, ce 15 mai 1741.

J'ai reçu hier bien tard, monsieur, la lettre dont vous m'avez honoré le 19 avril, et qui était adressée à Valenciennes. Je n'ai pas été assez heureux pour voir M. de Boufflers dans son ermitage, ni M. de

Séchelles[1] dans son royaume. Le procès de Mme du Châtelet nous a rappelés à Bruxelles. Je voudrais bien que vous jugeassiez, en dernier ressort, celui de *Mahomet*, auquel vous avez la bonté de vous intéresser. Il y avait très-longtemps que j'avais commencé cet ouvrage aussi bien que *Mérope*; je les avais tous deux abandonnés, soit à cause de la difficulté du sujet, soit que d'autres études m'entraînassent, et que je fusse un peu honteux de faire toujours des vers entre Newton et Leibnitz. Mais, depuis que le roi de Prusse en fait après une victoire, il ne faut pas rougir d'être poëte. N'aimez-vous pas le style de sa lettre? *On dit les Autrichiens battus, et je crois que c'est vrai*; et de là, sans penser à sa bataille, il m'écrit une demi-douzaine de stances, dont quelques-unes ont l'air d'avoir été faites à Paris par des gens du métier. S'il peut y avoir quelque chose de mieux que de trouver le temps d'écrire dans de pareilles circonstances, c'est assurément d'avoir le temps de faire de jolis vers. Il ne manque à Mme du Châtelet que des vers, après avoir vaincu le secrétaire perpétuel de l'Académie des sciences; mais elle fait mieux, elle daigne toujours avoir de l'amitié pour moi, quoique je ne sois point du tout de son avis. Elle me trouva, ces jours passés, écrivant au roi de Prusse. Il y avait dans ma lettre :

> Songez que les boulets ne vous épargnent guère;
> Que du plomb dans un tube entassé par des sots
> Peut casser aisément la tête d'un héros,
> Lorsque multipliant son poids par *sa vitesse*,
> Il fend l'air qui résiste, et pousse autant qu'il presse.
> *Épît.*

Elle mit de sa main, *par le carré de sa vitesse*. J'eus beau lui dire que le vers serait trop long; elle répondit qu'il fallait toujours être de l'avis de Leibnitz, en vers et en prose; qu'il ne fallait point songer à la mesure des vers, mais à celle des *forces vives*. Si vous ne sentez pas bien la plaisanterie de cette dispute, consultez l'abbé de Molières ou Pitot, gens fort plaisants, qui vous mettront au fait. N'allez-vous pas, monsieur, acheter bien des livres à l'inventaire de la bibliothèque de Lancelot[2]? Le roi de Prusse a renvoyé votre bibliothécaire Dumolard. Il paraît qu'il

---

1. Intendant de Flandre.
2. Membre de l'Académie des inscriptions et belles-lettres, mort en 1740.

ne paye pas les arts comme il les cultive, ou peut-être Dumolard s'est-il lassé d'attendre. Je lui rendrai toujours tous les services qui dépendront de moi ; vous ne doutez pas que je ne m'intéresse vivement à un homme que vous protégez.

Je serais bien curieux de voir ce que vous avez rassemblé sur l'*Histoire de France*. Vous vous êtes fait une belle occupation, et bien digne de vous. Je vis toujours dans l'espérance de m'instruire un jour auprès de vous, et de profiter des agréments de votre commerce ; mais la vie se passe en projets, et on meurt avant d'avoir rien fait de ce qu'on voulait faire. Il est bien triste d'être à Bruxelles quand vous êtes à Paris. Quand vous passerez par la rue de Beaune [1], souvenez-vous de moi.

A M. HELVÉTIUS.

A Bruxelles, ce 20 de juin 1741.

Je me gronde bien de ma paresse, mon cher et aimable ami ; mais j'ai été si indignement occupé de prose depuis un mois, que j'osais à peine vous parler de vers. Mon imagination s'appesantit dans des études qui sont à la poésie ce que des garde-meubles sombres et poudreux sont à une salle de bal bien éclairée. Il faut secouer la poussière pour vous répondre. Vous m'avez écrit, mon charmant ami, une lettre où je reconnais votre génie. Vous ne trouvez point Boileau assez fort ; il n'a rien de sublime, son imagination n'est point brillante, j'en conviens avec vous ; aussi il me semble qu'il ne passe point pour un poëte sublime, mais il a bien fait ce qu'il pouvait et ce qu'il voulait faire. Il a mis la raison en vers harmonieux ; il est clair, conséquent, facile, heureux dans ses transitions ; il ne s'élève pas, mais il ne tombe guère. Ses sujets ne comportent pas cette élévation dont ceux que vous traitez sont susceptibles. Vous avez senti votre talent, comme il a senti le sien. Vous êtes philosophe, vous voyez tout en grand ; votre pinceau est fort et hardi. La nature en tout cela vous a mis, je vous le dis avec la plus grande sincé-

1. Où Voltaire avait habité chez Mme de Bernières.

rité, fort au-dessus de Despréaux; mais ces talents-là, quelque grands qu'ils soient, ne seront rien sans les siens. Vous avez d'autant plus besoin de son exactitude, que la grandeur de vos idées souffre moins la gêne et l'esclavage. Il ne vous coûte point de penser, mais il coûte infiniment d'écrire. Je vous prêcherai donc éternellement cet art d'écrire que Despréaux a si bien connu et si bien enseigné, ce respect pour la langue, cette liaison, cette suite d'idées, cet air aisé avec lequel il conduit son lecteur, ce naturel qui est le fruit de l'art, et cette apparence de facilité qu'on ne doit qu'au travail. Un mot mis hors de sa place gâte la plus belle pensée. Les idées de Boileau, je l'avoue encore, ne sont jamais grandes, mais elles ne sont jamais défigurées; enfin, pour être au-dessus de lui, il faut commencer par écrire aussi nettement et aussi correctement que lui.

Votre danse haute ne doit pas se permettre un faux pas; il n'en fait point dans ses petits menuets. Vous êtes brillant de pierreries; son habit est simple, mais bien fait. Il faut que vos diamants soient bien mis en ordre, sans quoi vous auriez un air gêné avec le diadème en tête. Envoyez-moi donc, mon cher ami, quelque chose d'aussi bien travaillé que vous imaginez noblement; ne dédaignez point tout à la fois d'être possesseur de la mine et ouvrier de l'or qu'elle produit. Vous sentez combien, en vous parlant ainsi, je m'intéresse à votre gloire et à celle des arts. Mon amitié pour vous a redoublé encore à votre dernier voyage. J'ai bien la mine de ne plus faire de vers. Je ne veux plus aimer que les vôtres.

A M. DE CIDEVILLE.

Bruxelles, ce 11 juillet 1741.

Vir bonus et prudens versus reprehendet inertes;
. . . .
Fiet Aristarchus. . .

Hor., *de Arte poetica*.

Voilà comme il faut des amis. Dites-moi donc votre sentiment, mon cher Aristarque, et ayez la bonté de renvoyer bien cacheté à l'abbé

Moussinot ce que j'ai soumis à vos lumières. Si Mahomet n'est pas votre prophète, soyez le mien. Il serait plus doux de se parler que de s'écrire; mais la destinée recule toujours le temps heureux où Paris doit nous réunir. Nous y habiterons un jour, je n'en veux pas douter; mais j'y arriverai vieilli par les maladies et par la faiblesse de mon tempérament. Le cœur ne vieillit point, je le sais bien; mais il est dur aux immortels de se trouver logés dans des ruines. Je rêvais, il n'y a pas longtemps, à cette décadence qui se fait sentir de jour en jour, et voici comme j'en parlais, car il faut que je vous fasse cette douloureuse confidence :

> Si vous voulez que j'aime encore,
> Rendez-moi l'âge des amours;
> Au crépuscule de mes jours
> Rejoignez, s'il se peut, l'aurore.
>
> Des beaux lieux où le dieu du vin
> Avec l'Amour tient son empire,
> Le Temps, qui me prend par la main,
> M'avertit que je me retire.
>
> De son inflexible rigueur
> Tirons au moins quelque avantage.
> Qui n'a pas l'esprit de son âge,
> De son âge a tout le malheur.
>
> Laissons à la belle jeunesse
> Ses folâtres emportements;
> Nous ne vivons que deux moments,
> Qu'il en soit un pour la sagesse.
>
> Quoi! pour toujours vous me fuyez,
> Tendresse, illusion, folie,
> Dons du ciel qui me consoliez
> Des amertumes de la vie!
>
> On meurt deux fois, je le vois bien;
> Cesser d'aimer et d'être aimable,
> C'est une mort insupportable;
> Cesser de vivre, ce n'est rien.
>
> Ainsi je déplorais la perte
> Des erreurs de mes premiers ans;
> Et mon âme aux désirs ouverte
> Regrettait ses égarements.

> Du ciel alors daignant descendre,
> L'Amitié vint à mon secours;
> Elle était peut-être aussi tendre,
> Mais moins vive que les amours.
>
> Touché de sa beauté nouvelle,
> Et de sa lumière éclairé,
> Je la suivis, mais je pleurai
> De ne pouvoir plus suivre qu'elle.

Cette amitié est pourtant une charmante consolation. Eh! qui m'en fait connaître le prix mieux que vous? Adieu, bonsoir, charmant ami. Je vais m'enfoncer dans le travail, qui, après l'amitié, est une grande consolation.

AU ROI DE PRUSSE.

A Paris, ce 26 mai 1742.

> Le Salomon du Nord en est donc l'Alexandre,
> Et l'amour de la terre en est aussi l'effroi!
> L'Autrichien vaincu, fuyant devant mon roi,
> Au monde à jamais doit apprendre
> Qu'il faut que les guerriers prennent de vous la loi,
> Comme on vit les savants la prendre.
> J'aime peu les héros, ils font trop de fracas;
> Je hais ces conquérants, fiers ennemis d'eux-même,
> Qui dans les horreurs des combats
> Ont placé le bonheur suprême,
> Cherchant partout la mort, et la faisant souffrir
> A cent mille hommes leurs semblables.
> Plus leur gloire a d'éclat, plus ils sont haïssables.
> O ciel, que je vous dois haïr!
> Je vous aime pourtant, malgré tout ce carnage
> Dont vous avez souillé les champs de nos Germains,
> Malgré tous ces guerriers que vos vaillantes mains
> Font passer au sombre rivage.
> Vous êtes un héros, mais vous êtes un sage:
> Votre raison maudit les exploits inhumains
> Où vous força votre courage:
> Au milieu des canons, sur des morts entassés,

Affrontant le trépas et fixant la victoire,
Du sang des malheureux cimentant votre gloire,
Je vous pardonne tout, si vous en gémissez.

Je songe à l'humanité, sire, avant de songer à vous-même; mais, après avoir en abbé de Saint-Pierre pleuré sur le genre humain dont vous devenez la terreur, je me livre à toute la joie que me donne votre gloire. Cette gloire sera complète si Votre Majesté force la reine de Hongrie à recevoir la paix, et les Allemands à être heureux. Vous voilà le héros de l'Allemagne et l'arbitre de l'Europe; vous en serez le pacificateur, et nos prologues d'opéra ne seront plus que pour vous.

La fortune qui se joue des hommes, mais qui vous semble asservie, arrangé plaisamment les événements de ce monde. Je savais bien que vous feriez de grandes actions, j'étais sûr du beau siècle que vous alliez faire naître; mais je ne me doutais pas, quand le comte du Four[1] allait voir le maréchal de Broglio, et qu'il n'en était pas trop content, qu'un jour ce comte du Four aurait la bonté de marcher avec une armée triomphante au secours du maréchal, et le délivrerait par une victoire. Votre Majesté n'a pas daigné jusqu'à présent instruire le monde des détails de cette journée; elle a eu, je crois, autre chose à faire que des relations; mais votre modestie est trahie par quelques témoins oculaires, qui disent tous qu'on ne doit le gain de la bataille qu'à l'excès de courage et de prudence que vous avez montré. Ils ajoutent que mon héros est toujours sensible, et que ce même homme qui fait tuer tant de monde est au chevet du lit de Rotembourg. Voilà ce que vous ne mandez point, et que vous pourriez pourtant avouer, comme des choses qui vous sont toutes naturelles.

Continuez, sire; mais faites autant d'heureux au moins dans ce monde que vous en avez ôté; que mon Alexandre redevienne Salomon le plus tôt qu'il pourra, et qu'il daigne se souvenir quelquefois de son ancien admirateur, de celui qui par le cœur est à jamais son sujet; de celui qui viendrait passer sa vie à vos pieds, si l'amitié, plus forte que les rois et que les héros, ne le retenait pas, et qui sera attaché à jamais à Votre Majesté avec le plus profond respect et la plus tendre vénération.

1. Nom sous lequel Frédéric était venu à Strasbourg, en 1740.

A M. ***[1]

DE L'ACADÉMIE FRANÇAISE.

Mars 1743.

J'ai l'honneur de vous envoyer les premières feuilles d'une seconde édition des *Éléments* de Newton, dans lesquelles j'ai donné un extrait de sa métaphysique. Je vous adresse cet hommage comme à un juge de la vérité. Vous verrez que Newton était de tous les philosophes le plus persuadé de l'existence d'un Dieu, et que j'ai eu raison de dire qu'un catéchiste annonce Dieu aux enfants, et qu'un Newton le démontre aux sages.

Je compte dans quelque temps avoir l'honneur de vous présenter l'édition complète qu'on commence du peu d'ouvrages qui sont véritablement de moi. Vous verrez partout, monsieur, le caractère d'un bon citoyen. C'est par là seulement que je mérite votre suffrage, et je soumets le reste à votre critique éclairée. J'ai entendu de votre bouche, avec une grande consolation, que j'avais osé peindre dans *la Henriade* la religion avec ses propres couleurs, et que j'avais même eu le bonheur d'exprimer le dogme avec autant de correction que j'avais fait avec sensibilité l'éloge de la vertu. Vous avez daigné même approuver que j'osasse, après nos grands maîtres, transporter sur la scène profane l'héroïsme chrétien[2]. Enfin, monsieur, vous verrez si, dans cette édition, il y a rien dont un homme qui fait comme vous tant d'honneur au monde et à l'Église puisse n'être pas content. Vous verrez à quel point la calomnie m'a noirci. Mes ouvrages, qui sont tous la peinture de mon cœur, seront mes apologistes.

J'ai écrit contre le fanatisme[3] qui dans la société répand tant d'amertumes, et qui dans l'état politique a excité tant de troubles. Mais plus je suis ennemi de cet esprit de faction, d'enthousiasme, de rébellion,

---

1. Lettre adressée à l'archevêque de Sens, Languet (G. A.).
2. Dans *Zaïre*.
3. Allusion à *Mahomet*.

plus je suis l'adorateur d'une religion dont la morale fait du genre humain une famille, et dont la pratique est établie sur l'indulgence et sur les bienfaits. Comment ne l'aimerais-je pas, moi qui l'ai toujours célébrée? Vous, dans qui elle est si aimable, vous suffiriez à me la rendre chère. Le stoïcisme ne nous a donné qu'un Épictète, et la philosophie chrétienne forme des milliers d'Épictètes qui ne savent pas qu'ils le sont, et dont la vertu est poussée jusqu'à ignorer leur vertu même. Elle nous soutient surtout dans le malheur, dans l'oppression, et dans l'abandonnement qui la suit, et c'est peut-être la seule consolation que je doive implorer après trente années de tribulations et de calomnies qui ont été le fruit de trente années de travaux.

J'avoue que ce n'est pas ce respect véritable pour la religion chrétienne qui m'inspira de ne faire jamais aucun ouvrage contre la pudeur; il faut l'attribuer à l'éloignement naturel que j'ai eu dès mon enfance pour ces sottises faciles, pour ces indécences ornées de rimes qui plaisent par le sujet à une jeunesse effrénée. Je fis à dix-neuf ans une tragédie d'après Sophocle, dans laquelle il n'y a pas même d'amour. Je commençai à vingt ans un poëme épique dont le sujet est la vertu qui triomphe des hommes et qui se soumet à Dieu. J'ai passé mon temps dans l'obscurité à étudier un peu de physique, à rassembler des mémoires pour l'histoire de l'esprit humain, pour celle d'un siècle dans lequel l'esprit humain s'est perfectionné. J'y travaille tous les jours, sinon avec succès, au moins avec une assiduité que m'inspire l'amour de ma patrie.

Voilà peut-être, monsieur, ce qui a pu m'attirer, de la part de quelques-uns de vos confrères, des politesses qui auraient pu m'encourager à demander d'être admis dans un corps qui fait la gloire de ce même siècle dont j'écris l'histoire. On m'a flatté que l'Académie trouverait même quelque grandeur à remplacer un cardinal qui fut un temps l'arbitre de l'Europe par un simple citoyen qui n'a pour lui que ses études et son zèle.

Mes sentiments véritables sur ce qui peut regarder l'État et la religion, tout inutiles qu'ils sont, étaient bien connus en dernier lieu de feu M. le cardinal de Fleury. Il m'a fait l'honneur de m'écrire, dans les derniers temps de sa vie, vingt lettres qui prouvent assez que le fond de mon cœur ne lui déplaisait pas. Il a daigné faire passer jusqu'au roi même un peu de cette bonté dont il m'honorait. Ces raisons seraient mon excuse, si j'osais demander dans la république des lettres la place de ce sage ministre.

Le désir de donner de justes louanges au père de la religion et de l'État m'aurait peut-être fermé les yeux sur mon incapacité ; j'aurais fait voir au moins combien j'aime cette religion qu'il a soutenue, et quel est mon zèle pour le roi qu'il a élevé. Ce serait ma réponse aux accusations cruelles que j'ai essuyées ; ce serait une barrière contre elles, un hommage solennel rendu à des vérités que j'adore, et un gage de ma soumission aux sentiments de ceux qui nous préparent dans le dauphin un prince digne de son père.

A M. DE VAUVENARGUES

A NANCY.

Paris, 15 avril 1743.

J'eus l'honneur de dire à M. le duc de Duras que je venais de recevoir une lettre d'un philosophe plein d'esprit, qui d'ailleurs était capitaine au régiment du roi. Il devina aussitôt M. de Vauvenargues. Il serait en effet fort difficile, monsieur, qu'il y eût deux personnes capables d'écrire une telle lettre ; et, depuis que j'entends raisonner sur le goût, je n'ai rien vu de si fin et de si approfondi que ce que vous m'avez fait l'honneur de m'écrire.

Il n'y avait pas quatre hommes dans le siècle passé qui osassent s'avouer à eux-mêmes que Corneille n'était souvent qu'un déclamateur ; vous sentez, monsieur, et vous exprimez cette vérité en homme qui a des idées bien justes et bien lumineuses. Je ne m'étonne point qu'un esprit aussi sage et aussi fin donne la préférence à l'art de Racine, à cette sagesse toujours éloquente, toujours maîtresse du cœur, qui ne lui fait dire que ce qu'il faut, et de la manière dont il le faut ; mais, en même temps, je suis persuadé que ce même goût qui vous a fait sentir si bien la supériorité de l'art de Racine vous fait admirer le génie de Corneille, qui a créé la tragédie dans un siècle barbare. Les inventeurs ont le premier rang à juste titre dans la mémoire des hommes. Newton en savait assurément plus qu'Archimède; cependant les *Équipondérants* d'Archimède seront à jamais un ouvrage admirable. La belle scène d'Horace et de Curiace, les deux charmantes scènes du *Cid*, une grande partie de *Cinna*, le rôle de Sévère, presque tout celui de Pauline, la moitié du dernier acte de *Rodogune*, se soutiendraient à côté d'*Athalie*, quand même ces morceaux seraient faits aujourd'hui; de quel œil devons-nous donc les regarder, quand nous songeons au temps où Corneille a écrit? J'ai toujours dit : *Multæ sunt mansiones in domo patris mei*. Molière ne m'a point empêché d'estimer *le Glorieux* de M. Destouches; *Rhadamiste* m'a ému, même après *Phèdre*. Il appartient à un homme comme vous, monsieur, de donner des préférences, et point d'exclusions.

Vous avez grande raison, je crois, de condamner le sage Despréaux[1] d'avoir comparé Voiture à Horace. La réputation de Voiture a dû tomber, parce qu'il n'est presque jamais naturel, et que le peu d'agréments qu'il a sont d'un genre bien petit et bien frivole. Mais il y a des choses si sublimes dans Corneille au milieu de ses froids raisonnements, et même des choses si touchantes, qu'il doit être respecté avec ses défauts. Ce sont des tableaux de Léonard de Vinci qu'on aime encore à voir à côté des Paul Véronèse et des Titien. Je sais, monsieur, que le public ne connaît pas encore assez tous les défauts de Corneille; il y en a que l'illusion confond encore avec le petit nombre de ses rares beautés.

Il n'y a que le temps qui puisse fixer le prix de chaque chose : le public commence toujours par être ébloui.

On a d'abord été ivre des *Lettres persanes* dont vous me parlez. On a négligé le petit livre de la *Décadence des Romains*, du même auteur; cependant je vois que tous les bons esprits estiment le grand sens qui règne dans ce livre d'abord méprisé, et font assez peu de cas de la frivole imagination des *Lettres persanes*, dont la hardiesse en certains endroits fait le plus grand mérite. Le grand nombre des juges décide à la longue d'après les voix du petit nombre éclairé; vous me paraissez, monsieur, fait pour être à la tête de ce petit nombre. Je suis fâché que le parti des armes, que vous avez pris, vous éloigne d'une ville où je

---

1. Satire ix.

serais à portée de m'éclairer de vos lumières ; mais ce même esprit de justesse qui vous fait préférer l'art de Racine à l'intempérance de Corneille, et la sagesse de Locke à la profusion de Bayle, vous servira dans votre métier. La justesse sert à tout. Je m'imagine que M. de Catinat aurait pensé comme vous.

J'ai pris la liberté de remettre au coche de Nancy un exemplaire que j'ai trouvé d'une des moins mauvaises éditions de mes faibles ouvrages ; l'envie de vous offrir ce petit témoignage de mon estime l'a emporté sur la crainte que votre goût me donne. J'ai l'honneur d'être, avec tous les sentiments que vous méritez, monsieur, votre, etc.

A M. LE MARQUIS D'ARGENSON.

A Ciroy, ce 8 ou 9 d'août[1], Dieu merci,
je ne sais pas comme je vis.

A propos, je suis un infâme paresseux. Ah ! que j'ai tort, que je vous demande pardon, monsieur ! Vous mariez un fils que j'aime presque autant que son père. Vous écrivez sans cesse aux fermiers généraux, et moi je ne vous écris point. Je disais toujours : J'écrirai demain, et demain je faisais une plate comédie-ballet pour l'infante-dauphine, et je me grondais, et puis j'étais honteux. Je le suis bien encore, mais je passe par-dessus tout cela. Pour Dieu ! faites-en autant, et aimez-moi toujours. Mais y a-t-il tant de compliments à vous faire de ce que vous êtes du conseil des finances ! Je vous en ferai, où plutôt à la France, quand vous serez chancelier ; car je veux que vous le soyez pour me dépiquer. N'y manquez pas, je vous en conjure, et le plus tôt sera le mieux.

Je vous avertis que je viendrai chercher bientôt la réponse à mon chiffon ; et quand vous serez soûl des fermes, et gabelles, et dixièmes, et autres grosses besognes, je vous lirai ma petite drôlerie pour l'infante, en présence du nouveau marié. Nous partons vers le 20 de ce mois.

Savez-vous bien, monsieur, que mon plus grand chagrin n'est pas

1. 1744.

de ne vous avoir point écrit, mais de passer ma vie sans vous faire ma cour? Je vous la ferai, je vous jure, mais quand? Vous ne soupez point; je ne dîne point; vous allez entendre au conseil des choses assommantes, et j'en fais de frivoles. N'importe, il faut absolument que je reprenne mon habitude de vous soumettre mes rêveries :

Dum validus, *dum* lætus eris, *dum* denique posces.
HOR., lib. I, ep. XIII.

Mes respects, si vous le permettez, à monsieur votre fils tout comme à vous; mais, malgré mon long et coupable silence, je vous suis dévoué avec l'attachement le plus tendre et le plus vieux. Il y a, ne vous déplaise, plus de quarante ans; cela fait frémir.

Adieu, monsieur; aimez-moi un peu, je vous en supplie; que j'aie cette consolation dans cette courte vie. Il y a quarante ans, ô ciel! que je vous aime, et je n'ai pas eu l'honneur de vivre avec vous la valeur de quarante jours! Ah! ah!

A M. DE VAUVENARGUES.

Décembre 1744.

L'état où vous m'apprenez que sont vos yeux a tiré, monsieur, des larmes des miens; et l'éloge funèbre[1] que vous m'avez envoyé a augmenté mon amitié pour vous, en augmentant mon admiration pour cette belle éloquence avec laquelle vous êtes né. Tout ce que vous dites n'est que trop vrai, en général. Vous en exceptez sans doute l'amitié. C'est elle qui vous a inspiré, et qui a rempli votre âme de ces sentiments qui condamnent le genre humain. Plus les hommes sont méchants, plus la vertu est précieuse; et l'amitié m'a toujours paru la première de toutes les vertus, parce qu'elle est la première de nos consolations. Voilà la première oraison funèbre que le cœur ait dictée, toutes les autres sont l'ouvrage de la vanité. Vous craignez qu'il n'y ait un peu de déclamation. Il est bien difficile que ce genre d'écrire se garantisse de ce défaut;

1. Éloge de Caumont, jeune officier, ami de Vauvenargues, mort à Prague en 1742.

qui parle longtemps parle trop sans doute. Je ne connais aucun discours oratoire où il n'y ait des longueurs. Tout art a son endroit faible : quelle tragédie est sans remplissage, quelle ode sans strophes inutiles? Mais, quand le bon domine, il faut être satisfait ; d'ailleurs ce n'est pas pour le public que vous avez écrit, c'est pour vous, c'est pour le soulagement de votre cœur ; le mien est pénétré de l'état où vous êtes. Puissent les belles-lettres vous consoler ! Elles sont en effet le charme de la vie quand on les cultive pour elles-mêmes, comme elles le méritent; mais, quand on s'en sert comme d'un organe de la renommée, elles se vengent bien de ce qu'on ne leur a pas offert un culte assez pur, elles nous suscitent des ennemis qui persécutent jusqu'au tombeau. Zoïle eût été capable de faire tort à Homère vivant. Je sais bien que les Zoïles sont détestés, qu'ils sont méprisés de toute la terre, et c'est là précisément ce qui les rend dangereux. On se trouve compromis, malgré qu'on en ait, avec un homme couvert d'opprobre.

Je voudrais, malgré ce que je vous dis là, que votre ouvrage fût public ; car, après tout, quel Zoïle pourrait médire de ce que l'amitié, la douleur et l'éloquence ont inspiré à un jeune officier? et qui ne serait étonné de voir le génie de M. Bossuet à Prague? Adieu, monsieur, soyez heureux, si les hommes peuvent l'être ; je compterai parmi mes beaux jours celui où je pourrai vous revoir. Je suis avec les sentiments les plus tendres, etc.

A M. LE MARQUIS D'ARGENSON.

Le jour de la Circoncision 1745.

Monsieur Bon [1], premier président,
Dans vos vers me paraît plaisant;
Mais les Anglais ne le sont guères.
Ils descendent assurément
De ces *araynes* carnassières
Dont vous parlez si sagement [2].

1. Premier président de la chambre des comptes de Montpellier, connu par une *Dissertation sur l'araignée*.
2. D'Argenson avait comparé les rois aux araignées, dont les plus grosses dévorent les petites.

> Puissent ces méchants insulaires,
> Selon leurs coutumes premières,
> Prendre le soin de s'égorger !
> Mais ils entendent leurs affaires,
> Et c'est nous qu'ils veulent manger.

Vous les en empêcherez bien, monseigneur. Béni soit Apollon, qui vous a inspiré des choses si jolies dont je ne me doutais pas !

> Pollio et ipse facit nova carmina; pascite taurum...
> VIRG., ecl. III.

Il me semble que vos jolis vers, et encore moins ma chétive prose, ne produiront pas la paix cet hiver. Il vous faudra une bonne année pour accorder les araignées ; mais il y a apparence qu'on ne nous gobera pas comme des mouches.

Je vous remercie bien de votre confidence : c'est un secret d'État que des vers d'un ministre. Le cardinal de Richelieu en faisait davantage, mais pas si bien.

Je vous souhaite la bonne année, monseigneur, et je prends la liberté de vous aimer de tout mon cœur, tout comme si vous n'étiez pas ministre.

A M. DE VAUVENARGUES.

Versailles, le 7 janvier 1745.

Le dernier ouvrage[1] que vous avez bien voulu m'envoyer, monsieur, est une nouvelle preuve de votre grand goût, dans un siècle où tout me semble un peu petit, et où le faux bel esprit s'est mis à la place du génie.

Je crois que, si on s'est servi du terme d'*instinct* pour caractériser La Fontaine, ce mot *instinct* signifiait génie. Le caractère de ce bon homme était si simple, que dans la conversation il n'était guère au-

---

1. *Réflexions critiques sur quelques poëtes.*

dessus des animaux qu'il faisait parler ; mais, comme poëte, il avait un instinct divin, et d'autant plus *instinct* qu'il n'avait que ce talent. L'abeille est admirable, mais c'est dans sa ruche ; hors de là l'abeille n'est qu'une mouche.

J'aurais bien des choses à vous dire sur Boileau et sur Molière. Je conviendrais sans doute que Molière est inégal dans ses vers, mais je ne conviendrais pas qu'il ait choisi des personnages et des sujets trop bas. Les ridicules fins et déliés dont vous parlez ne sont agréables que pour un petit nombre d'esprits déliés. Il faut au public des traits plus marqués. De plus ces ridicules si délicats ne peuvent guère fournir des personnages de théâtre. Un défaut presque imperceptible n'est guère plaisant. Il faut des ridicules forts, des impertinences dans lesquelles il entre de la passion, qui soient propres à l'intrigue. Il faut un joueur, un avare, un jaloux, etc. Je suis d'autant plus frappé de cette vérité, que je suis actuellement occupé d'une fête pour le mariage de M. le dauphin, dans laquelle il entre une comédie, et je m'aperçois plus que jamais que ce délié, ce fin, ce délicat, qui font le charme de la conversation, ne conviennent guère au théâtre. C'est cette fête qui m'empêche d'entrer avec vous, monsieur, dans un plus long détail, et de vous soumettre mes idées ; mais rien ne m'empêche de sentir le plaisir que me donnent les vôtres.

Je ne prêterai à personne le dernier manuscrit que vous avez eu la bonté de me confier. Je ne pus refuser le premier à une personne digne d'en être touchée. La singularité frappante de *cet ouvrage, en faisant des admirateurs, a fait nécessairement des indiscrets.* L'ouvrage a couru. Il est tombé entre les mains de M. de La Bruère qui, n'en connaissant pas l'auteur, a voulu, dit-on, en enrichir son *Mercure.* Ce M. de La Bruère est un homme de mérite et de goût. Il faudra que vous lui pardonniez. Il n'aura pas toujours de pareils présents à faire au public. J'ai voulu en arrêter l'impression, mais on m'a dit qu'il n'en était plus temps. Avalez, je vous en prie, ce petit dégoût, si vous haïssez la gloire.

Votre état me touche à mesure que je vois les productions de votre esprit si vrai, si naturel, si facile et quelquefois si sublime. Qu'il serve à vous consoler, comme il servira à me charmer. Conservez-moi une amitié que vous devez à celle que vous m'avez inspirée. Adieu, monsieur ; je vous embrasse tendrement.

A M. LE MARQUIS DE VALORI.

A Paris, le 1ᵉʳ mai 1745.

Vous achevez mon bonheur, monsieur, par l'intérêt que vous daignez y prendre ; c'est le comble de la séduction de parler le langage de la poésie, pour me rendre encore plus sensible aux grâces que le roi m'a faites.

> Modeste et généreux, Louis nous fait chérir
> Et sa personne et son empire.
> Que ne puis-je le peindre aux siècles à venir !
> Mais il faudrait savoir écrire
> Comme vous savez le servir.

Je sens tout le prix de la coquetterie que vous me faites en m'envoyant les vers de M. Darget ; ce doit être un grand agrément pour vous d'avoir un homme qui écrit si joliment ; mais permettez que je le félicite aussi d'être auprès de vous. Ses vers et votre prose me donnent bien de la vanité.

> Apollon chez Admète autrefois fut berger ;
> Chez Valori je le vois secrétaire ;
> Il peut se déguiser et ne saurait changer,
> On le connaît à l'art de plaire.

J'ai reçu un peu tard votre charmante lettre ; M. d'Argenson me l'avait envoyée à Châlons, où j'avais suivi Mᵐᵉ du Châtelet qui y avait gardé M. son fils malade de la petite vérole. La lettre m'a été renvoyée aujourd'hui à Paris ; elle me flatte trop pour que je tarde à y répondre. Je vous suis fort obligé d'avoir bien voulu parler de moi au roi de Prusse ; il doit être d'autant plus sensible à ma petite fortune, que les bontés dont il m'honore n'ont pas peu servi à déterminer celles du roi notre maître. M. de Maupertuis quitte la France pour Berlin. On ne peut en effet quitter notre cour que pour celle où vous êtes ; mais enfin tout le monde ne peut pas quitter la France, et il faut bien que les beaux-arts se partagent. D'ailleurs M. de Maupertuis a de la santé, et je suis plus infirme que jamais; les grands voyages me sont interdits comme les grands plaisirs. Vous qui avez de la santé, monsieur, vous allez probablement en Silésie, tandis que M. d'Argenson va en Flandre; chacun de vous sera auprès d'un héros. Puissent ces deux héros nous donner bientôt la paix dont l'Allemagne et l'Angleterre ont plus besoin que nous.

A M. NÉRICAULT DESTOUCHES.

Paris, ce 8 mai 1745.

J'ai été à Châlons, monsieur, garder le fils de Mme du Châtelet, qui avait la petite vérole; c'est là que j'ai lu et relu le beau recueil [1] dont vous avez bien voulu me faire présent. J'en ai senti tout le prix, et j'avoue que je ne reviens point d'étonnement que les comédiens ne jouent pas tous les jours vos belles pièces. Les comédiens n'entendent guère leurs intérêts, ce me semble, de ne pas nous donner souvent *le Médisant*, *l'Homme singulier*, *l'Ingrat*, *le Curieux impertinent*, *l'Ambitieux*, en un mot ce que vous avez fait.

Je viens de relire encore *le Dissipateur*, qui me paraît un ouvrage bien digne de vous. J'avoue que je donne la préférence au *Glorieux*, dont vous savez que j'ai toujours été idolâtre. Mais il n'y a aucun de vos ouvrages que je ne voulusse voir paraître sur le théâtre; nous les verrons apparemment, quand il y aura des comédiens dignes de les jouer. En attendant, leur lecture me consolera. Ceux qui aiment la vraie morale doivent en faire leurs délices : je suis bien fâché d'être privé de celles de votre conversation; l'homme et l'auteur me seront toujours également chers. Pardonnez à un pauvre malade s'il ne vous écrit pas de sa main; il ne vous est pas moins tendrement attaché.

1. Le *Théâtre* de Destouches.

A M. LE PRÉSIDENT HÉNAULT.

Ce 13, 14 et 15 juin 1745.

Rival heureux de Salluste et d'Horace,
Vous savez peindre, orner la vérité.
Je n'ai montré qu'une impuissante audace
Dans ce combat que ma muse a chanté [1].
J'ai crayonné pour le moment qui passe,
Et vous gravez pour la postérité.

Soyez comme le roi, soyez indulgent. J'avais mandé à M. le maréchal de Noailles que j'offrais un petit tribut, que c'était là un bien petit monument de la gloire du roi. Il m'a fait l'honneur de m'écrire que le roi avait dit que j'avais tort, que ce n'était pas un petit monument. Je souhaite que l'ouvrage ne soit pas médiocre, puisqu'il a été honoré de vos avis, et qu'il est consacré à la gloire de vos amis et de vos parents. Voilà la sixième édition de Paris, conforme à la septième de Lille. L'importance du sujet l'a emporté sur la faiblesse du poëme. Il n'y a guère de ville du royaume où il n'en ait été fait une édition. Mais, mon respectable Pollion, mon cher Mécène, votre santé m'intéresse plus que les lauriers des héros et les presses des imprimeurs. Vous vivrez dans les siècles à venir : puissent les eaux de Plombières vous faire vivre longtemps pour ce grand nombre d'honnêtes gens qui vous chérissent, pour le public qui vous estime, mais surtout pour vous! Que les eaux soient pour vous la fontaine de Jouvence! Je vais passer de tout le tracas que m'a donné cette belle victoire à celui d'une nouvelle fête [2] ; mais je la ferai dans mon goût, dans un goût noble et convenable aux grandes choses qu'il faut exprimer ou faire entendre. On ne me forcera plus à m'abaisser au Morillo [3].

Allons nous délasser à voir d'autres procès.
Les Plaideurs.

1. Fontenoy.
2. *Le Temple de la Gloire.*
3. Dom Morillo, personnage de la *Princesse de Navarre.*

Tous les héros que j'ai chantés m'ont fait des remercîments. J'en ai reçu de M. le maréchal de Saxe et de M. de Ximenès. Il n'y a que M. de Castelmoron qui ne m'a pas daigné écrire ni faire dire un mot. J'ajoute à M. de Castelmoron M. d'Aubeterre. Je ne vous mets pas là ce petit paragraphe pour me plaindre; peut-être n'ont-ils pas reçu les exemplaires que je leur ai envoyés, et je suis trop heureux d'avoir rendu justice à des personnes qui vous sont chères, et qui méritaient une meilleure trompette que la mienne.

Je n'ai point dédié l'ouvrage au roi au hasard, comme vous le pensez bien. Il a vu l'épître dédicatoire.

A M. J.-J. ROUSSEAU [1].

Le 15 décembre 1745.

Vous réunissez, monsieur, deux talents qui ont toujours été séparés jusqu'à présent. Voilà déjà deux bonnes raisons pour moi de vous estimer et de chercher à vous aimer. Je suis fâché pour vous que vous employiez ces deux talents à un ouvrage qui n'en est pas trop digne. Il y a quelques mois que M. le duc de Richelieu m'ordonna absolument de faire en un clin d'œil une petite et mauvaise esquisse de quelques scènes insipides et tronquées qui devaient s'ajuster à des divertisse-

---

1. Cette lettre de Voltaire est une réponse à la lettre suivante de J.-J. Rousseau, alors inconnu :

Paris, le 11 décembre 1745.

Monsieur, il y a quinze ans que je travaille pour me rendre digne de vos regards et des soins don vous favorisez les jeunes muses en qui vous découvrez quelque talent. Mais, pour avoir fait la musique d'un opéra, je me trouve, je ne sais comment, métamorphosé en musicien. C'est, monsieur, en cette qualité que M. le duc de Richelieu m'a chargé des scènes dont vous avez lié les divertissements de la *Princesse de Navarre*. Il a même exigé que je fisse, dans le canevas, les changements nécessaires pour les rendre convenables à votre nouveau sujet. J'ai fait mes respectueuses représentations; M. le duc a insisté, j'ai obéi. C'est le seul parti qui convienne à l'état de ma fortune. M. Ballot s'est chargé de vous communiquer ces changements. Je me suis attaché à les rendre en moins de mots qu'il était possible. C'est le seul mérite que je puisse leur donner. Je vous supplie, monsieur, de vouloir les examiner, ou plutôt d'en substituer de plus dignes de la place qu'ils doivent occuper.

Quant au récitatif, j'espère aussi, monsieur, que vous voudrez bien le juger avant l'exécution, et m'indiquer les endroits où je me serai écarté du beau et du vrai, c'est-à-dire de votre pensée. Quel que soit pour moi le succès de ces faibles essais, ils me seront toujours glorieux, s'ils me procurent l'honneur d'être connu de vous, et de vous montrer l'admiration et le profond respect avec lesquels j'ai l'honneur d'être, monsieur, votre très-humble, etc.

J.-J. ROUSSEAU, *citoyen de Genève*.

ments qui ne sont point faits pour elles. J'obéis avec la plus grande exactitude ; je fis très-vite et très-mal. J'envoyai ce misérable croquis à M. le duc de Richelieu, comptant qu'il ne servirait pas, ou que je le corrigerais. Heureusement il est entre vos mains, vous en êtes le maître absolu ; j'ai perdu tout cela entièrement de vue. Je ne doute pas que vous n'ayez rectifié toutes les fautes échappées nécessairement dans une composition si rapide d'une simple esquisse, que vous n'ayez rempli les vides et suppléé à tout.

Je me souviens qu'entre autres balourdises, il n'est pas dit dans ces scènes, qui lient les divertissements, comment la princesse Grenadine passe tout d'un coup d'une prison dans un jardin ou dans un palais. Comme ce n'est point un magicien qui lui donne des fêtes, mais un seigneur espagnol, il me semble que rien ne doit se faire par enchantement. Je vous prie, monsieur, de vouloir bien revoir cet endroit, dont je n'ai qu'une idée confuse. Voyez s'il est nécessaire que la prison s'ouvre, et qu'on fasse passer notre princesse de cette prison dans un beau palais doré et verni, préparé pour elle. Je sais très-bien que cela est fort misérable, et qu'il est au-dessous d'un être pensant de se faire une affaire sérieuse de ces bagatelles ; mais enfin, puisqu'il s'agit de déplaire le moins qu'on pourra, il faut mettre le plus de raison qu'on peut, même dans un mauvais divertissement d'opéra.

Je me rapporte de tout à vous et à M. Ballot, et je compte avoir bientôt l'honneur de vous faire mes remercîments, et de vous assurer, monsieur, à quel point j'ai celui d'être, etc.

A M. LE COMTE DE TRESSAN.

A Paris, ce 21 d'auguste 1746.

Je dois passer, monsieur, dans votre esprit, pour un ingrat et pour un paresseux. Je ne suis pourtant ni l'un ni l'autre ; je ne suis qu'un malade dont l'esprit est prompt et la chair très-infirme. J'ai été, pendant un mois entier, accablé d'une maladie violente et d'une tragédie qu'on me faisait faire pour les relevailles de Mme la dauphine. C'était à moi naturellement de mourir, et c'est Mme la dauphine qui est morte, le jour que j'avais achevé ma pièce [1]. Voilà comme on se trompe dans tous ses calculs!

Vous ne vous êtes assurément pas trompé sur Montaigne. Je vous remercie bien, monsieur, d'avoir pris sa défense. Vous écrivez plus purement que lui, et vous pensez de même. Il semble que votre portrait, par lequel vous commencez, soit le sien. C'est votre frère que vous défendez, c'est vous-même. Quelle injustice criante de dire que Montaigne n'a fait que commenter les anciens! Il les cite à propos, et c'est ce que les commentateurs ne font pas. Il pense, et ces messieurs ne pensent point. Il appuie ses pensées de celles des grands hommes de l'antiquité; il les juge, il les combat, il converse avec eux, avec son lecteur, avec lui-même; toujours original dans la manière dont il présente les objets, toujours plein d'imagination, toujours peintre et, ce que j'aime, toujours sachant douter. Je voudrais bien savoir d'ailleurs s'il a pris chez les anciens tout ce qu'il dit sur nos modes, sur nos usages, sur le nouveau monde découvert presque de son temps, sur les guerres civiles dont il était le témoin, sur le fanatisme des deux sectes qui désolaient la France. Je ne pardonne à ceux qui s'élèvent contre cet homme charmant, que parce qu'ils nous ont valu l'apologie que vous avez bien voulu en faire.

Je suis bien édifié de savoir que celui qui veille sur nos côtes [2] est entre Montaigne et Épictète. Il y a peu de nos officiers qui soient en pareille compagnie.

Je ne sais si la personne à qui vous avez envoyé votre dissertation également instructive et polie osera imprimer sa condamnation. Pour moi, je conserverai chèrement l'exemplaire que vous m'avez fait l'honneur de m'envoyer. Pardonnez-moi encore une fois, je vous en supplie, d'avoir tant tardé à vous en faire mes tendres remercîments. Je voudrais en vérité passer une partie de ma vie à vous voir et à vous écrire; mais qui fait dans ce monde ce qu'il voudrait?

Adieu, monsieur; conservez à ce pauvre malade des bontés qui font sa consolation, et croyez que l'espérance de vous voir quelquefois et de jouir des charmes de votre commerce me soutient dans mes longues infirmités.

1. *Sémiramis*.
2. Tressan commandait alors l'armée des côtes de la Manche.

A M. LE MARQUIS DES ISSARTS.

Versailles, le 7 d'auguste 1747

Monsieur, la lettre aimable dont vous m'honorez me donne bien du plaisir et bien des regrets; elle me fait sentir tout ce que j'ai perdu. J'ai pu être témoin du moment où Votre Excellence signait le bonheur de la France[1]; j'ai pu voir la cour de Dresde, et je ne l'ai point vue. Je ne suis pas né heureux; mais vous, monsieur, avouez que vous êtes aussi heureux que vous le méritez.

> Qu'il est doux d'être ambassadeur
> Dans le palais de la candeur!
> On dit, et même avec justice,
> Que vos pareils ailleurs ont eu
> Tant soit peu besoin d'artifice;
> Mais ils traitaient avec le vice,
> Vous traitez avec la vertu.

Vous avez retrouvé à Dresde ce que vous avez quitté à Versailles, un roi aimé de ses sujets.

> Vous pourrez dire quelque jour
> Qui des deux rois tient mieux sa cour;
> Quel est le plus doux, le plus juste,
> Et qui fait naître plus d'amour
> Ou de Louis-Quinze ou d'Auguste :
> C'est un grand point très-contesté.
> Ce problème pourrait confondre
> La plus fine sagacité,
> Et je donne à votre équité
> Dix ans entiers pour me répondre.

Rien ne prouve mieux combien il est difficile de savoir au juste la vérité dans ce monde; et puis, monsieur, les personnes qui la savent le

---

[1]. C'est le 9 février que le mariage du dauphin avec la fille d'Auguste II avait été signé par cet ambassadeur de France.

mieux sont toujours celles qui la disent le moins. Par exemple, ceux qui ont l'honneur d'approcher des trois princesses que la reine de Pologne a données à la France, à Naples et à Munich[1] pourront-ils jamais dire laquelle des trois nations est la plus heureuse?

> Que même on demande à la reine
> Quel plus beau présent elle a fait,
> Et quel fut son plus grand bienfait,
> On la rendra fort incertaine.
> Mais si de moi l'on veut savoir
> Qui des trois peuples doit avoir
> La plus tendre reconnaissance
> Et nourrir le plus doux espoir,
> Ne croyez pas que je balance.

En voyant Mgr le dauphin avec Mme la dauphine, je me souviens de Psyché, et je songe que Psyché avait deux sœurs.

> Chacune des deux était belle,
> Tenait une brillante cour,
> Eut un mari jeune et fidèle;
> Psyché seule épousa l'Amour.

Mais il y aurait peut-être, monsieur, un moyen de finir cette dispute, dans laquelle Pâris aurait coupé sa pomme en trois.

> Je suis d'avis que l'on préfère
> Celle qui le plus promptement
> Saura donner un bel enfant
> Semblable à leur auguste mère.

Vous voyez, monsieur, que, sans être politique, j'ai l'esprit conciliant; je compte bien vous faire ma cour avec de tels sentiments, et, de plus, vous pouvez être sûr qu'on est très-disposé à Versailles à mériter cette préférence. Si on travaille aussi efficacement à Bréda[2], nous aurons la paix du monde la plus honorable.

Je serais très-flatté, monsieur, si mes sentiments respectueux pour M. le comte de Brühl lui étaient transmis par votre bouche. Je n'ose vous

---

1. Avec Marie-Josèphe, mariée au dauphin, c'étaient Marie-Amélie, mariée à don Carlos, roi des Deux-Siciles, et Marie-Anne, mariée à Maximilien-Joseph, électeur de Bavière.
2. Il se tenait un congrès dans cette ville.

supplier de daigner, si l'occasion s'en présentait, me mettre aux pieds de Leurs Majestés. Si vous avez quelques ordres à me donner pour Versailles ou pour Paris, vous serez obéi avec zèle.

A MARIE LECZINSKA, REINE DE FRANCE.

Le 10 octobre 1748.

Je me jette aux pieds de Votre Majesté. Vous n'assistez aux spectacles que par condescendance pour votre auguste rang, et c'est un sacrifice que votre vertu fait aux bienséances du monde. J'implore cette vertu même, et je la conjure avec la plus vive douleur de ne pas souffrir que ces spectacles soient déshonorés par une satire odieuse qu'on veut faire contre moi à Fontainebleau sous vos yeux[1]. La tragédie de *Sémiramis* est fondée, d'un bout à l'autre, sur la morale la plus pure, et par là du moins elle peut s'attendre à votre protection. Daignez considérer, madame, que je suis domestique du roi et par conséquent le vôtre; mes camarades, les gentilshommes du roi, dont plusieurs sont employés dans les cours étrangères, et d'autres, dans des places très-honorables, m'obligeront à me défaire de ma charge, si j'essuie devant eux et devant toute la famille royale un avilissement aussi cruel. Je conjure Votre Majesté, par la bonté et par la grandeur de son âme et par sa piété, de ne pas me livrer ainsi à mes ennemis ouverts et cachés, qui, après m'avoir poursuivi par les calomnies les plus atroces, veulent me perdre par une flétrissure publique. Daignez envisager, madame, que ces parodies satiriques ont été défendues à Paris pendant plusieurs années. Faut-il qu'on les renouvelle pour moi seul sous les yeux de Votre Majesté! Elle ne souffre pas la médisance dans son cabinet; l'autorisera-t-elle devant toute la cour? Non; madame, votre cœur est trop juste pour ne pas se laisser toucher pas mes prières et ma douleur, et pour faire mourir de douleur et de honte un ancien serviteur, et le premier sur qui sont tombées vos bontés[2]. Un mot de votre bouche, madame, à M. le duc de Fleury

1. La parodie de *Sémiramis*, par Montigny.
2. La reine lui avait fait une pension de 1,500 livres en 1725.

et à M. de Maurepas suffira pour empêcher un scandale dont les suites me perdraient. J'espère de votre humanité qu'elle sera touchée, et qu'après avoir peint la vertu, je serai protégé par elle.

Je suis, etc.

A M. LE COMTE D'ARGENTAL.

A Lunéville, ce 23 octobre 1748.

Voici, mon cher et respectable ami, un gros paquet de Babylone; mais à présent, le point essentiel est d'empêcher la parodie à la ville comme à la cour. J'ai lieu de penser que M. Montmartel m'ayant écrit de la part de Mme de Pompadour, et m'ayant redit ses propres paroles, que « le roi était bien éloigné de vouloir me faire la moindre peine, et que la parodie ne serait certainement point jouée, » j'ai lieu, dis-je, de me flatter que cette proscription d'un abus aussi pernicieux est pour Paris comme pour Versailles.

Je vais écrire dans cet esprit à M. Berryer, et l'ordre du roi à Fontainebleau sera pour lui un nouveau motif de me marquer sa bienveillance, et une nouvelle facilité de se faire entendre aux personnes qui pourraient favoriser encore la cabale qui s'est élevée contre moi. Je suis fâché que M. le duc d'Aumont soit le seul qui ne réponde point à mes lettres; mais je n'en compte pas moins sur sa fermeté et sur la chaleur de ses bons offices, animé par votre amitié. Je vous prie de m'instruire sur tout ce qui se passe de cette affaire qui m'est devenue très-essentielle.

La reine m'a fait écrire, par Mme de Luynes, que les parodies étaient d'usage, et qu'on avait travesti Virgile. Je réponds que ce n'est pas un compatriote de Virgile qui a fait l'*Énéide travestie*, que les Romains en étaient incapables; que si on avait récité une *Énéide* burlesque à Auguste et à Octavie, Virgile en aurait été indigné; que cette sottise était réservée à notre nation longtemps grossière et toujours frivole; qu'on a trompé la reine quand on lui a dit que les parodies étaient encore d'usage; qu'il y a cinq ans qu'elles sont défendues; que le théâtre français entre dans l'éducation de tous les princes de l'Europe, et que Gilles et Pierrot ne sont pas faits pour former l'esprit des descendants de saint Louis.

A M. MARMONTEL.

Le 16 juin 1749.

Il n'entre, Dieu merci, dans ma maison, mon cher ami, aucune brochure satirique ; mais je n'ai pu empêcher qu'on fît ailleurs devant moi la lecture d'une feuille[1] qu'on dit qui paraît toutes les semaines, dans laquelle votre tragédie d'*Aristomène* est déchirée d'un bout à l'autre. Je vous assure que cette feuille excita l'indignation de l'assemblée comme la mienne. Les critiques que l'auteur fait par ses seules lumières ne valent rien ; le public avait fait les autres. S'il y a des défauts dans votre pièce, ils n'avaient pas échappé (et quel est celui de nos ouvrages qui soit sans défauts ?); mais ce public, qui est toujours juste, avait senti encore mieux les beautés dont votre pièce est pleine, et les ressources de génie avec lesquelles vous avez vaincu la difficulté du sujet. Il y a bien de l'injustice et de la maladresse à n'en point parler. Tout homme qui s'érige en critique entend mal son métier, quand il ne découvre pas, dans un ouvrage qu'il examine, les raisons de son succès. L'abbé Desfontaines, de très-odieuse mémoire[2], fit dix feuilles d'observations sur l'*Inès* de M. de La Motte ; mais, dans aucune, il ne s'aperçut du véritable et tendre intérêt qui règne dans cette pièce. La satire est sans yeux pour tout ce qui est bon. Qu'arrive-t-il? les satires passent, comme dit le grand Racine[3], et les bons écrits qu'elles attaquent demeurent ; mais il demeure aussi quelque chose de ces satires, c'est la haine et le mépris que leurs auteurs accumulent sur leurs personnes. Quel indigne métier, mon cher ami ! Il me semble que ce sont des malheureux condamnés aux mines qui rapportent de leur travail un peu de terre et de cailloux, sans découvrir l'or qu'il fallait chercher.

1. *Lettres sur quelques écrits de ce temps*, par Fréron. (G. A.)
2. Il était mort en décembre 1745.
3. *Britannicus*, seconde préface.

N'y a-t-il pas d'ailleurs une cruauté révoltante à vouloir décourager un jeune homme qui consacre ses talents, et de très-grands talents, au public, et qui n'attend sa fortune que d'un travail très-pénible et souvent très-mal récompensé ? C'est vouloir lui ôter ses ressources, c'est vouloir le perdre; c'est un procédé lâche et méchant que les magistrats devraient réprimer. Consolez-vous avec les honnêtes gens qui vous estiment ; méprisons, vous et moi, ces mercenaires barbouilleurs de papier qui s'érigent en juges avec autant d'impudence que d'insuffisance, qui louent à tort et à travers quiconque passe pour avoir un peu de crédit, et qui aboient contre ceux qui passent pour n'en avoir point. Ils donnent au monde un spectacle déshonorant pour l'humanité; mais il est un spectacle plus noble encore que le leur n'est avilissant, c'est celui des gens de lettres qui, en courant la même carrière, s'aiment et s'estiment réciproquement, qui sont rivaux et qui vivent en frères ; c'est ce que vous avez dit dans des vers admirables, et c'est un exemple que j'espère donner longtemps avec vous.

Votre véritable ami, etc.

A M. ALLIOT.

Le 29 d'auguste 1749, à neuf heures un quart du matin.

Je vous supplie, monsieur, de vouloir bien donner des ordres[1] en vertu desquels je sois traité sur le pied d'un étranger, et ne me mettez pas dans la nécessité de vous importuner tous les jours.

Je suis venu ici pour faire ma cour au roi. Ni mon travail ni ma santé ne me permettent d'aller piquer des tables. Le roi daigne entrer dans mon état; je compte passer ici quelques mois.

Sa Majesté sait que le roi de Prusse m'a fait l'honneur de m'écrire quatre lettres pour m'inviter à aller chez lui. Je puis vous assurer qu'à Berlin je ne suis pas obligé à importuner pour avoir du pain, du vin et de la chandelle. Permettez-moi de vous dire qu'il est de la dignité du roi et de l'honneur de votre administration de ne pas refuser ces petites

1. Alliot était commissaire général de la maison de Stanislas. (G. A.)

attentions à un officier de la cour du roi de France qui a l'honneur de venir rendre ses respects au roi de Pologne.

A STANISLAS

ROI DE POLOGNE, DUC DE LORRAINE ET DE BAR.

Le 29 d'auguste 1749, à neuf heures trois quarts du matin.

Sire, il faut s'adresser à Dieu quand on est en paradis. Votre Majesté m'a permis de venir lui faire ma cour jusqu'à la fin de l'automne, temps auquel je ne puis me dispenser de prendre congé de Votre Majesté. Elle sait que je suis très-malade, et que des travaux continuels me retiennent dans mon appartement autant que mes souffrances. Je suis forcé de supplier Votre Majesté qu'elle ordonne qu'on daigne avoir pour moi les bontés nécessaires et convenables à la dignité de sa maison, dont elle honore les étrangers qui viennent à sa cour. Les rois sont, depuis Alexandre, en possession de nourrir les gens de lettres, et quand Virgile était chez Auguste, *Alliotus*, conseiller aulique d'Auguste, faisait donner à Virgile du pain, du vin et de la chandelle. Je suis malade aujourd'hui, et je n'ai ni pain ni vin pour dîner[1]. J'ai l'honneur d'être avec un profond respect, sire, de Votre Majesté le très-humble, etc.

A MADAME LA DUCHESSE DU MAINE.

Le 26 novembre 1749.

Promesse.

Je soussigné, en présence de mon génie et de ma protectrice, jure

1. Voltaire avait souvent de ces querelles avec M. Alliot; et quand le roi était pris pour juge, il décidait en faveur de Voltaire. La femme de M. Alliot était très-sotte et très-superstitieuse. Un jour qu'elle se trouvait avec Voltaire, dans un moment d'orage affreux, elle lui fit sentir que sa présence pourrait bien attirer le tonnerre sur la maison. Voltaire, qui, dit-on, n'était pas très-rassuré, dit à haute voix et en montrant le ciel : « Madame, j'ai pensé et écrit plus de bien de celui que vous craignez tant, que vous n'en pourrez dire de toute votre vie. »

de lui dédier, avec sa permission, *Électre* et *Catilina*, et promets que la dédicace sera un long exposé de tout ce que j'ai appris dudit génie dans sa cour.

Fait au Palais des Arts et des Plaisirs.

Le Protégé.

A MADEMOISELLE CLAIRON [1].

Le 12 janvier 1750, au soir (après la première représentation d'*Oreste*).

Vous avez été admirable, vous avez montré dans vingt morceaux ce que c'est que la perfection de l'art, et le rôle d'Électre est certainement votre triomphe ; mais je suis père, et, dans le plaisir extrême que je ressens des compliments que tout un public enchanté fait à ma fille, je lui ferai encore quelques petites observations pardonnables à l'amitié paternelle.

Pressez, sans déclamer, quelques endroits comme :

> Sans trouble, sans remords, Égisthe renouvelle
> De son hymen affreux la pompe criminelle...
> Vous vous trompiez, ma sœur ; hélas ! tout nous trahit, etc.

Vous ne sauriez croire combien cette adresse met de variété dans le jeu et accroît l'intérêt.

Dans votre imprécation contre le tyran :

> L'innocent doit périr, le crime est trop heureux,

vous n'appuyez pas assez. Vous dites *l'innocent doit périr* trop lentement, trop langoureusement. L'impétueuse Électre ne doit avoir, en cet endroit, qu'un désespoir furieux, précipité et éclatant. Au dernier hémistiche pesez sur *cri*, *le crime est trop heureux* ; c'est sur *cri* que

---

[1]. Claire-Josèphe de La Tude, si connue sous le nom de Clairon, naquit en 1723, débuta au Théâtre-Français le 19 septembre 1743, et quitta le théâtre en avril 1765. Mlle Clairon est morte le 18 janvier 1803.

doit être l'éclat. Mlle Gaussin m'a remercié de lui avoir mis le doigt sur *fou*; *la foudre va partir*. Ah! que ce *fou* est favorable! m'a-t-elle dit.

La nature en tout temps est funeste en ces lieux :

vous avez mis l'accent sur *fu*, comme Mlle Gaussin sur *fou*; aussi a-t-on applaudi; mais vous n'avez pas encore fait assez résonner cette corde.

Vous ne sauriez trop déployer les deux morceaux du quatrième et du cinquième acte. Ces Euménides demandent une voix plus qu'humaine, des éclats terribles.

Encore une fois, débridez, avalez des détails, afin de n'être pas uniforme dans les récits douloureux. Il ne faut se négliger sur rien, et ce que je vous dis là n'est pas un rien.

Voilà bien des critiques. Il faut être bien dur pour s'apercevoir de ces nuances dans l'excès de mon admiration et de ma reconnaissance. Bonsoir, Melpomène; portez-vous bien.

A M. LE MARQUIS DES ISSARTS

AMBASSADEUR DE FRANCE A DRESDE.

A Paris, ce 19 février 1750.

Je vous renvoie, monsieur, ce que je voudrais rapporter moi-même sur-le-champ aux pieds de celle qui fait tant d'honneur à la France et à l'Italie. Je vous avoue que je suis bien étonné : il n'y a pas une faute de français dans tout l'ouvrage[1]; il n'y en a pas deux contre les règles sévères de notre versification, et le style est beaucoup plus clair que celui de bien de nos auteurs. Rien ne marque mieux un esprit juste et droit que de s'expliquer clairement. Les expressions ne sont confuses que quand les idées le sont.

1. Tragédie en vers français que la princesse de Saxe, sœur de madame la dauphine, avait envoyée à Voltaire pour l'examiner et lui dire son sentiment.

Cet ouvrage est le fruit d'une connaissance profonde et fine de la langue française et de l'italienne, et d'un génie facile et heureux. Un tel mérite est bien rare dans les conditions ordinaires. Il est unique dans l'état où la personne respectable dont je tais le nom est née. Je lui dresse en secret des autels, et je voudrais pouvoir lui porter mon encens dans la partie du ciel qu'elle habite.

> Quels talents divers elle allie!
> Comme elle charme tour à tour
> Tantôt les dieux de ce séjour
> Et tantôt ceux de l'Italie!
>
> Rome, la première cité,
> Et Paris, au moins la seconde,
> Ont dit dans leur rivalité :
> Son esprit, comme sa beauté,
> Est de tous les pays du monde.
>
> On dit qu'autrefois de Saba
> Certaine reine un peu savante
> Devers Salomon voyagea
> Et s'en retourna fort contente;
>
> Mais, s'il était un Salomon,
> Je sais ce que ferait le sage;
> Il ferait à Dresde un voyage,
> Et viendrait y prendre leçon.
>
> Mais, retenu par les merveilles
> Qui soumettent à leurs appas
> Le cœur, les yeux et les oreilles,
> Le sage ne reviendrait pas.

A MADEMOISELLE CLAIRON

SUR LA TRAGÉDIE D'ORESTE.

Lundi ... janvier 1750.

Vous avez dû recevoir, mademoiselle, un changement très-léger, mais qui est très-important. Je ne crois pas m'aveugler; je vois que tous les véritables gens de lettres rendent justice à cet ouvrage, comme on la rend à vos talents. Ce n'est que par un examen continuel et sévère de moi-même, ce n'est que par une extrême docilité pour de sages conseils, que je parviens chaque jour à rendre la pièce moins indigne des charmes que vous lui prêtez.

Si vous aviez le quart de la docilité dont je fais gloire, vous ajouteriez des perfections bien singulières à celles dont vous ornez votre rôle. Vous vous diriez à vous-même quel effet prodigieux font les contrastes, les inflexions de voix, les passages du débit rapide à la déclamation douloureuse, les silences après la rapidité, l'abattement morne et s'exprimant d'une voix basse après les éclats que donne l'espérance, ou qu'a fournis l'emportement. Vous auriez l'air abattu, consterné, les bras collés, la tête un peu baissée, la parole basse, sombre, entrecoupée. Quand Iphise vous dit :

> Pammène vous conjure
> De ne point approcher de sa retraite obscure ;
> Il y va de ses jours...

vous lui répondriez, non pas avec un ton ordinaire, mais avec tous ces symptômes du découragement, après un *ah* très-douloureux,

> Ah !... que m'avez-vous dit !
> Vous vous êtes trompée...

En observant ces petits artifices de l'art, en parlant quelquefois sans déclamer, en nuançant ainsi les belles couleurs que vous jetez sur le personnage d'Électre, vous arriveriez à cette perfection à laquelle vous touchez, et qui doit être l'objet d'une âme noble et sensible. La mienne se sent faite pour vous admirer et pour vous conseiller ; mais, si vous voulez être parfaite, songez que personne ne l'a jamais été sans écouter des avis, et qu'on doit être docile à proportion de ses grands talents.

AU ROI DE PRUSSE.

Le ... 1750.

Sire, voici une des tracasseries que j'eus l'honneur de vous prédire il y a dix ans, lorsqu'après avoir envoyé votre *Anti-Machiavel* en Hollande, par les ordres de Votre Majesté, je fis ce que je pus pour supprimer cet ouvrage.

Votre Majesté peut se souvenir que le fripon Van Duren, qui se dit aujourd'hui votre libraire, n'eut pas plus d'égards à mes ratures que le grand-pensionnaire à mes représentations. Ce coquin avait fait transcrire le manuscrit, et je ne pus pas obtenir des chefs de la République qu'on l'obligeât à rendre pour de l'argent ce qu'on lui avait donné *gratis*.

Le livre parut donc malgré tous mes efforts réitérés, et il parut avec quelques passages contre la personne d'un roi que vous avez imité par des victoires[1], et contre un autre monarque que vous chérissez[2], et qui eût été votre allié naturel contre les Russes, si les Polonais avaient été assez heureux et assez fermes pour soutenir celui qu'ils ont si légitimement élu. Ses vertus et son alliance avec la maison de France sont des nœuds qui vous unissent avec lui. Ce monarque est très-affligé de la manière dont vous vous êtes expliqué sur Charles XII et sur lui-même. Il est très-aisé de réparer ce qui peut être échappé à votre plume sur ces deux princes qui vous sont chers. Je vous supplie, Sire, de faire une édition qui sera la seule authentique, et dans laquelle je ne doute pas que Votre Majesté ne rende plus de justice à deux rois ses amis.

Votre Majesté doit approuver aujourd'hui plus que jamais le dessein qu'avait Charles XII de chasser les Russes de la Livonie et de l'Ingrie, et de mettre une barrière entre eux et l'Europe. Si le roi de Pologne était sur le trône où il doit être, les Polonais pourraient alors se souvenir de ce qu'ils ont été, et contribuer à renvoyer les ours moscovites dans leurs forêts; ce sont là vos sentiments et vos désirs.

1. Charles XII, roi de Suède.
2. Stanislas Leczinski, roi de Pologne.

Quelques lignes conformes à vos idées, et qui rendaient justice aux deux monarques, feraient un effet désiré de tous ceux qui admirent votre livre, et votre plume serait comme la lance d'Achille, qui guérit la blessure qu'elle avait faite.

A M. LE COMTE D'ARGENTAL.

A Potsdam, ce 7 d'auguste 1750.

Mes divins anges! votre Sans-Souci est donc à Neuilly? vous avez moins de colonnes de marbre, moins de balustrades de cuivre doré; votre salon, quelque beau qu'il soit, n'a pas une coupole magnifique; le roi très-chrétien ne vous a pas envoyé des statues dignes d'Athènes, et vous n'avez pas même encore pu réussir à vous défaire de vos bustes; avec tout cela, je tiens que Neuilly vaut encore Sans-Souci; mais je détesterai et Neuilly et votre bois de Boulogne si Mme d'Argental n'y retrouve pas la santé, si M. de Choiseul ne soupe pas à fond, si M. le coadjuteur a mal à la poitrine. Je vous passe à vous une indigestion. Heureux les gens qui ne sont malades que quand ils le veulent!

Tout ce que j'apprends des spectacles de Paris fait que je ne regrette que Neuilly et mon petit théâtre. Le mauvais goût a levé l'étendard dans Paris. Vous en avez encore pour quelques années; c'est une maladie épidémique qui doit avoir son cours, et l'on ne reviendra au bon que quand vous serez fatigués du mauvais. La profusion vous a perdus; l'excès de l'esprit a égaré, dans presque tous les genres, le talent et le génie; et la protection donnée à *Catilina* a achevé de tout perdre. J'avoue que les Prussiens ne font pas de meilleures tragédies que nous; mais vous aurez bien de la peine à donner pour les couches de Mme la dauphine un spectacle aussi noble et aussi galant que celui qu'on prépare à Berlin. Un carrousel composé de quatre quadrilles nombreuses, carthaginoises, persanes, grecques et romaines, conduites par quatre princes qui y mettent l'émulation de la magnificence, le tout à la clarté de vingt mille lampions qui changeront la nuit en jour; les prix distribués par une belle princesse, une foule d'étrangers qui accourent à ce spectacle, tout cela n'est-il pas le temps brillant de Louis XIV qui renaît sur les bords de la Sprée ? Joignez à cela une liberté entière que je goûte ici, les attentions et les bontés inexprimables du vainqueur de la Silésie, qui porte tout son fardeau de roi depuis cinq heures du matin jusqu'à dîner, qui donne absolument le reste de la journée aux belles-lettres, qui daigne travailler avec moi trois heures de suite, qui soumet à la critique son grand génie, et qui est à souper le plus aimable des hommes, le lien et le charme de la société. Après cela, mes anges, rendez-moi justice. Qu'ai-je à regretter que vous seuls ? J'y mets aussi Mme Denis. Vous seuls êtes pour moi au-dessus de ce que je vois ici. Je ne vous parlerai point aujourd'hui d'*Aurélie* et des éditions de mes œuvres dont on me menace encore de tous côtés. J'apprends du roi de Prusse à corriger mes fautes. Le temps que je ne passe pas auprès de lui, je le mets à travailler sans relâche autant que ma santé le permet. O sages habitants de Neuilly, conservez-moi une amitié plus précieuse pour moi que toute la grandeur d'un roi plein de mérite ! Mon âme se partage entre vous et Frédéric le Grand.

A MADAME DENIS

A PARIS.

A Potsdam, 13 d'octobre 1750.

Nous voilà dans la retraite de Potsdam : le tumulte des fêtes est passé, mon âme en est plus à son aise. Je ne suis pas fâché de me trouver auprès d'un roi qui n'a ni cour ni conseil. Il est vrai que Potsdam est habité par des moustaches et des bonnets de grenadier ; mais, Dieu merci, je ne les vois point. Je travaille paisiblement dans mon appartement, au son du tambour. Je me suis retranché les dîners du roi ; il y a trop de généraux et trop de princes. Je ne pouvais m'accoutumer à être toujours vis-à-vis d'un roi en cérémonie, et à parler en public. Je soupe avec lui en plus petite compagnie. Le souper est plus court, plus gai et plus sain. Je mourrais au bout de trois mois, de chagrin et d'indigestion, s'il fallait dîner tous les jours avec un roi en public.

On m'a cédé, ma chère enfant, en bonne forme, au roi de Prusse.

Mon mariage est donc fait; sera-t-il heureux? Je n'en sais rien. Je n'ai pas pu m'empêcher de dire *oui*. Il fallait bien finir par ce mariage, après des coquetteries de tant d'années. Le cœur m'a palpité à l'autel. Je compte venir, cet hiver prochain, vous rendre compte de tout, et peut-être vous enlever. Il n'est plus question de mon voyage d'Italie. Je vous ai sacrifié sans remords le saint-père et la ville souterraine; j'aurais dû peut-être vous sacrifier Potsdam. Qui m'aurait dit, il y a sept ou huit mois, quand j'arrangeais ma maison avec vous à Paris, que je m'établirais à trois cents lieues dans la maison d'un autre? et cet autre est un maître! Il m'a bien juré que je ne m'en repentirais pas : il vous a comprise, ma chère enfant, dans un espèce de contrat qu'il a signé avec moi, et que je vous enverrai; mais viendrez-vous gagner votre douaire de quatre mille livres?

J'ai bien peur que vous ne fassiez comme Mme de Rothembourg, qui a toujours préféré les opéras de Paris à ceux de Berlin. O destinée! comme vous arrangez les événements, et comme vous gouvernez les pauvres humains!

Il est plaisant que les mêmes gens de lettres de Paris qui auraient voulu m'*exterminer* il y a un an, crient actuellement contre mon éloignement, et l'appellent désertion. Il semble qu'on soit fâché d'avoir perdu sa victime. J'ai très-mal fait de vous quitter, mon cœur me le dit tous les jours plus que vous ne pensez; mais j'ai très-bien fait de m'éloigner de ces messieurs-là.

Je vous embrasse avec tendresse et avec douleur.

A MADAME DENIS.

A Potsdam, 28 d'octobre 1750.

Je ne sais pas pourquoi le roi me prive de la place d'historiographe de France, et qu'il daigne me conserver le brevet de son gentilhomme ordinaire; c'est précisément parce que je suis en pays étranger que je suis plus propre à être historien; j'aurais moins l'air de la flatterie, la liberté dont je jouis donnerait plus de poids à la vérité. Ma chère enfant, pour écrire l'histoire de son pays, il faut être hors de son pays.

Me voilà donc à présent à deux maîtres. Celui qui a dit qu'on ne peut servir deux maîtres à la fois avait assurément bien raison : aussi, pour ne point le contredire, je n'en sers aucun. Je vous jure que je m'enfuirais s'il me fallait remplir les fonctions de chambellan, comme dans les autres cours. Ma fonction est de ne rien faire. Je jouis de mon loisir. Je donne une heure par jour au roi de Prusse pour arrondir un peu ses ouvrages de prose et de vers. Je suis son grammairien, et point son chambellan. Le reste du jour est à moi, et la soirée finit par un souper agréable. Il arrivera qu'en dépit des titres dont je ne fais nul cas, je n'exercerai point du tout la chambellanie, et que j'écrirai l'histoire.

J'ai apporté ici heureusement tous mes extraits sur Louis XIV. Je ferai venir de Leipzig les livres dont j'aurai besoin, et je finirai ici ce *Siècle de Louis XIV*, que peut-être je n'aurais jamais fini à Paris. Les pierres dont j'élevais ce monument à l'honneur de ma patrie auraient servi à m'écraser. Un mot hardi eût paru une licence effrénée ; on aurait interprété les choses les plus innocentes avec cette charité qui empoisonne tout. Voyez ce qui est arrivé à Duclos après son *Histoire de Louis XI*. S'il est mon successeur en historiographerie, comme on le dit, je lui conseille de n'écrire que quand il fera, comme moi, un petit voyage hors de France.

Je corrige à présent la seconde édition que le roi de Prusse va faire de l'histoire de son pays. Un auteur comme celui-là peut dire ce qu'il veut sans sortir de sa patrie. Il use de ce droit dans toute son étendue. Figurez-vous que, pour avoir l'air plus impartial, il tombe sur son grand-père de toutes ses forces. J'ai rabattu les coups tant que j'ai pu. J'aime un peu ce grand-père[1], parce qu'il était magnifique et qu'il a laissé de beaux monuments. J'ai eu bien de la peine à faire adoucir les termes dans lesquels le petit-fils reproche à son aïeul la vanité de s'être fait roi ; c'est une vanité dont ses descendants retirent des avantages assez solides, et le titre n'en est point du tout désagréable. Enfin je lui ai dit : C'est votre grand-père, ce n'est pas le mien, faites-en tout ce que vous voudrez ; et je me suis réduit à éplucher des phrases. Tout cela

---

1. Frédéric I*er*.

amuse et rend la journée pleine; mais, ma chère enfant, ces journées se passent loin de vous. Je ne vous écris jamais sans regrets, sans remords et sans amertume.

A MADAME DENIS

A PARIS.

A Berlin, au château, 26 de décembre 1750.

Je vous écris à côté d'un poêle; la tête pesante et le cœur triste en jetant les yeux sur la rivière de la Sprée, parce que la Sprée tombe dans l'Elbe, l'Elbe dans la mer, et que la mer reçoit la Seine, et que notre maison de Paris est assez près de cette rivière de Seine; et je dis : Ma chère enfant, pourquoi suis-je dans ce palais, dans ce cabinet qui donne sur cette Sprée, et non pas au coin de notre feu? Rien n'est plus beau que la décoration du palais du soleil dans *Phaéton*. Mlle Astrua est la plus belle voix de l'Europe; mais fallait-il vous quitter pour un gosier à roulades et pour un roi? Que j'ai de remords, ma chère enfant! que mon bonheur est empoisonné! que la vie est courte! qu'il est triste de chercher le bonheur loin de vous! et que de remords si on le trouve!

Je suis à peine convalescent; comment partir? Le char d'Apollon s'embourberait dans les neiges détrempées de pluie qui couvrent le Brandebourg. Attendez-moi, aimez-moi, recevez-moi, consolez-moi, et ne me grondez pas. Ma destinée est d'avoir affaire à Rome de façon ou d'autre. Ne pouvant y aller, je vous envoie Rome en tragédie par le courrier de Hambourg, telle que je l'ai retouchée; que cela serve du moins à amuser les douleurs communes de notre éloignement. J'ai bien peur que vous ne soyez pas trop contente du rôle d'Aurélie. Vous autres femmes, vous êtes accoutumées à être le premier mobile des tragédies, comme vous l'êtes de ce monde. Il faut que vous ayez des rivales, que vous fassiez des rivaux; il faut qu'on vous adore, qu'on vous tue, qu'on vous regrette, qu'on se tue avec vous. Mais, mesdames, Cicéron et Caton ne sont pas galants; César et Catilina n'étaient pas gens à se tuer pour vous. Ma chère enfant, je veux que vous vous fassiez homme pour lire ma pièce. Envoyez prier l'abbé d'Olivet de vous prêter son bonnet de nuit, sa robe de chambre et son Cicéron, et lisez *Rome sauvée* dans cet équipage.

Pendant que vous vous arrangerez pour gouverner la république romaine sur le théâtre de Paris, et pour travestir en Caton et en Cicéron nos comédiens, je continuerai paisiblement à travailler au *Siècle de Louis XIV*, et je donnerai à mon aise les batailles de Nervinde et d'Hochstedt. *Variété, c'est ma devise.* J'ai besoin de plus d'une consolation. Ce ne sont point les rois, ce sont les belles-lettres qui la donnent.

A M. LESSING [1].

A Berlin, 1ᵉʳ janvier 1751.

On vous a déjà écrit, monsieur, pour vous prier de rendre l'exemplaire qu'on m'a dérobé et qu'on a remis entre vos mains. Je sais qu'il ne pouvait être confié à un homme moins capable d'en abuser et plus capable de le bien traduire. Mais comme j'ai depuis corrigé beaucoup cet ouvrage, et que j'y ai fait insérer plus de quarante cartons, vous me feriez un tort considérable de le traduire dans l'état où vous l'avez. Vous m'en feriez un beaucoup plus grand encore de souffrir qu'on imprimât le livre en français; vous ruineriez M. de Francheville [2], qui est un très-honnête homme et qui est l'éditeur de cet ouvrage. Vous sentez qu'il serait obligé de porter ses plaintes au public et aux magistrats de Saxe. Rien ne pourrait vous nuire davantage et vous fermer plus certainement le chemin de la fortune. Je serais très-affligé si la moindre négligence de votre part, dans cette affaire, mettait M. de Francheville dans la cruelle nécessité de rendre ses plaintes publiques.

---

1. Le célèbre littérateur allemand, mort en 1781. — Il s'agit ici du *Siècle de Louis XIV*, que le jeune Lessing avait par indiscrétion emporté de chez son ami M. Richier, secrétaire de Voltaire, mais qu'il rendit aussitôt. (*A. François.*)

2. Conseiller aulique de Prusse et membre de l'Académie de Berlin. (*A. F.*)

Je vous prie donc, monsieur, de me renvoyer l'exemplaire qu'on vous a déjà redemandé en mon nom; c'est un vol qu'on m'a fait. Vous avez trop de probité pour ne pas réparer le tort que j'essuie.

Je serai très-satisfait que non-seulement vous traduisiez le livre en allemand, mais que vous le fassiez paraître en italien, ainsi que vous l'avez dit au précepteur des enfants de M. de Schullembourg. Je vous renverrai l'ouvrage entier avec tous les cartons et tous les renseignements nécessaires, et je récompenserai avec plaisir la bonne foi avec laquelle vous m'aurez rendu ce que je vous redemande. On sait malheureusement, à Berlin, que c'est mon secrétaire Richier qui a fait ce vol. Je ferai ce que je pourrai pour ne pas perdre le coupable, et je lui pardonnerai même, en faveur de la restitution que j'attends de vous. Ayez la bonté de me faire tenir le paquet par les chariots de poste, et comptez sur ma reconnaissance, étant entièrement à vous.

A MADAME LA DUCHESSE DU MAINE.

Berlin, ce 1er janvier 1751.

Madame, j'ai appris la maladie de votre altesse sérénissime avec douleur, avec effroi, et son rétablissement avec des transports de joie. On fait des vœux dans le pays où je suis, où les beaux-arts commencent à naître, comme on en fait en France, où ils dégénèrent. On y souhaite ardemment votre conservation si nécessaire au maintien du bon goût et de la vraie politesse de l'esprit, dont votre altesse est le modèle. Vivez, madame, aussi longtemps que M. de Fontenelle; mais, quand vous vivriez encore plus longtemps, vous ne verriez jamais un temps tel que celui dont vous avez été l'ornement et la gloire.

Je suis avec un profond respect et un attachement inviolable, madame, etc.

A M. DEVAUX.

A Potsdam, le 8 mai 1751.

Mon cher Panpan (car il n'y a pas moyen d'oublier le nom sous lequel vous étiez si aimable), le jour même que je reçus vos ordres de servir votre ami (prière est ordre en ce cas), je courus chez un prince, et puis chez un autre, et les places étaient prises. J'écrivis le lendemain à la sœur[1] d'un héros, à la digne sœur du Marc-Aurèle du Nord, pour savoir si elle avait besoin de quelqu'un d'aimable, qui fût à la fois de bonne compagnie et de service. Point de décision encore. Je comptais ne vous écrire que pour vous envoyer quelque brevet signé Wilhelmine, pour votre ami; mais, puisqu'on tarde tant, je ne peux pas tarder à vous remercier de vous être souvenu de moi.

Quand vous recevrez une seconde lettre de moi, ce sera sûrement l'exécution de vos volontés, et M. de Liébaud pourra partir sur-le-champ. Si je ne vous écris point, c'est qu'il n'y aura rien de fait.

Mon cher Panpan, mettez-moi, je vous prie, aux pieds de la plus aimable veuve[2] des veuves. Je ne l'oublierai jamais, et quand je retournerai en France, elle sera cause assurément que je prendrai ma route par la Lorraine. Vous y aurez bien votre part, mon cher et ancien ami. Je viendrai vous prier de me présenter à votre Académie.

Notre séjour à Potsdam est une Académie perpétuelle. Je laisse le roi faire le Mars tout le matin, mais le soir il fait l'Apollon, et il ne paraît pas à souper qu'il ait exercé cinq ou six mille héros de six pieds; ceci est Sparte et Athènes; c'est un camp et le jardin d'Épicure; des trompettes et des violons, de la guerre et de la philosophie. J'ai tout mon temps à moi; je suis à la cour, je suis libre; et, si je n'étais pas entièrement libre, ni une énorme pension, ni une clef d'or qui déchire la poche, ni un licou qu'on appelle *cordon d'un ordre*, ni même les soupers avec un philosophe qui a gagné cinq batailles, ne pourraient me

---

1. Wilhelmine, margrave de Bareuth.
2. Mme de Boufflers.

donner un grain de bonheur. Je vieillis, je n'ai guère de santé, et je préfère d'être à mon aise avec mes paperasses, mon *Catilina*, mon *Siècle de Louis XIV* et mes pilules, aux soupers des rois et à ce qu'on appelle *honneurs et fortune*. Il s'agit d'être content, d'être tranquille ; le reste est chimère. Je regrette mes amis, je corrige mes ouvrages, et je prends médecine. Voilà ma vie, mon cher Panpan. S'il y a quelqu'un par hasard dans Lunéville qui se souvienne du solitaire de Potsdam, présentez mes respects à ce quelqu'un.

Il a été un temps où tout ce qui porte le nom de Beauveau[1] me prenait sous sa protection ; ce temps est-il absolument passé ? Mme la marquise de Boufflers daigne-t-elle me conserver quelques bontés ? serait-elle bien aise de me revoir à sa cour ? serait-elle assez bonne de dire au roi de Pologne, qui ne s'en souciera peut-être guère, que je serai toute ma vie pénétré des bontés et des vertus de sa majesté ? C'est le meilleur des rois, car il fait tout le bien qu'il peut faire.

Adieu, mon très-cher Panpan. Aimez toujours les vers, et n'aimez que les bons ; et conservez quelque bonne volonté pour un homme qui a toujours été enchanté de votre caractère. *Vale et me ama.*

A LA DUCHESSE LOUISE-DOROTHÉE DE SAXE-GOTHA.

A Berlin, ce 23 mai 1751.

Madame, votre altesse sérénissime daignera-t-elle accepter le tribut qu'un homme, qui lui est peut-être inconnu, ose mettre à ses pieds ? Monseigneur le prince votre fils, à qui j'ai quelquefois fait ma cour à Paris, me servira de protecteur auprès de votre altesse sérénissime. J'avais la plus forte passion de me présenter dans votre cour en allant à Berlin, et d'admirer de près les vertus d'une mère si respectable ; je ne me console point de n'avoir pu jouir de cet honneur et de celui d'approcher encore de monseigneur le prince de Gotha, que j'ai vu donner à Paris de si grandes espérances.

1. Mme de Boufflers était une Beauvau.

Je ne prendrais pas la liberté de présenter à votre altesse sérénissime ce recueil qu'on a fait à Dresde de mes ouvrages[1], si cet exemplaire n'était, par sa singularité, digne de tenir une place dans une bibliothèque. Il y a plus de deux cents pages corrigées par ma main, ou réimprimées. Il n'y a que trois exemplaires au monde de cette espèce. J'ai cru remplir mon devoir en envoyant un de ces exemplaires à madame la princesse royale de Pologne, et en mettant l'autre à vos pieds. J'ose me flatter, madame, de votre indulgence et de votre bonté.

Je suis avec le plus profond respect, madame, etc.

A MADAME LA MARQUISE DU DEFFAND.

A Potsdam, ce dernier de mai 1751.

Apparemment, madame, que mon camarade d'Hamon sert son roi aussi vite qu'il rend tard les lettres des particuliers. J'aurais bien voulu faire, dans ce mois de juin où nous sommes, ce voyage dont il parle ; et en vérité, madame, vous en seriez un des principaux motifs. J'aurais pu même prendre l'occasion du voyage que fait le roi mon nouveau maître dans le pays qu'habitait autrefois la princesse de Clèves ; mais ce voyage sera fort court, et je lui ai promis de rester chez lui jusqu'au mois de septembre. Il faut tenir sa parole aux rois, et surtout à celui-là ; d'ailleurs il m'inspire tant d'ardeur pour le travail, que si je n'avais pas appris à m'occuper, je l'apprendrais auprès de lui. Je n'ai jamais vu d'homme si laborieux. Je rougirais d'être oisif, quand je vois un roi qui gouverne quatre cents lieues de pays tout le matin, et qui cultive les lettres toute l'après-dînée. Voilà le secret d'éviter l'ennui dont vous me parlez ; mais pour cela il faut avoir la rage de l'étude comme lui, et comme moi son serviteur chétif.

Quand il vient de Paris quelques livres nouveaux, tout pleins d'esprit qu'on n'entend point, tout hérissés de vieilles maximes rebrochées et rebrodées avec du clinquant nouveau, savez-vous bien, madame, ce

---

1. L'édition de 1748. (G. A.)

que nous faisons? nous ne les lisons point. Tous les bons livres du siècle passé sont ici, et cela est fort honnête ; on les relit pour se préserver de la contagion.

Vous me parlez de deux éditions de mes sottises. Il est bien clair, madame, que la moins ample est la moins mauvaise. Je n'ai vu encore ni l'une ni l'autre. Je les condamne toutes, et je pense que, comme il ne faut point publier tout ce qu'ont fait les rois, mais seulement ce qu'ils ont fait de mémorable, il ne faut point imprimer tout ce qu'ont écrit de pauvres auteurs, mais seulement ce qui peut, à toute force, être digne de la postérité.

On me mande que l'édition de Paris est incomparablement moins mauvaise que celle de Rouen, qu'elle est plus correcte ; j'aurais l'honneur de vous la présenter, si j'étais à Paris. On veut que j'en fasse une ici à ma fantaisie ; mais je ne sais comment m'y prendre. Je voudrais jeter dans le feu la moitié de ce que j'ai fait, et corriger l'autre. Avec ces beaux sentiments de pénitence, je ne prends aucun parti, et je continue à mettre en ordre le *Siècle de Louis XIV*. J'ai apporté tous mes matériaux ; ils sont d'or et de pierreries ; mais j'ai peur d'avoir la main lourde.

Ce siècle était beau ; il a enseigné à penser et à parler à celui-ci ; mais gare que les disciples ne soient au-dessous de leurs maîtres, en voulant faire mieux! Je tâche au moins de m'exprimer tout naturellement, et j'espère que, quand je reverrai Paris, on ne m'entendra plus. M. le président Hénault, pour qui je crois vous avoir dit des choses assez tendres, parce que je les pense, m'aurait-il tout à fait oublié ? Il ne faut pas que les saints dédaignent ainsi leurs dévots. J'ai d'autant plus de droits à ses bontés qu'il est du siècle de Louis XIV.

Vous allez donc toujours à Sceaux, madame ? J'avais pris la liberté de donner une lettre à d'Hamon pour madame la duchesse du Maine ; il la rendra dans quelques années. Vous avez fait deux pertes à cette cour un peu différentes l'une de l'autre, Mme de Staal et Mme de Malause.

Conservez-vous et ne mangez point trop ; je vous ai prédit, quand vous étiez si malade, que vous vivriez très-longtemps. Surtout ne vous dégoûtez point de la vie, car, en vérité, après y avoir bien rêvé, on trouve qu'il n'y a rien de mieux. Je conserverai pendant toute la mienne les sentiments que je vous ai voués, et j'aimerai toujours Paris, à cause de vous et du petit nombre des élus.

A MADAME DE FONTAINE.

Potsdam, le 17 auguste 1751.

J'ai reçu assez tard votre lettre de Plombières, ma chère nièce; elle est du 17 juillet et ne m'est parvenue qu'au bout d'un mois. Ou elle est mal datée, ou les postes de vos montagnes *cornues* ne sont pas trop régulières. Ma réponse ira probablement vous trouver à Paris. Enfin vous vous êtes donc souvenue de votre déserteur, dans l'oisiveté du séjour des eaux. Elles me firent autrefois beaucoup de bien; mais le cuisinier de M. de Richelieu me fit beaucoup de mal. Je me flatte que vous avez un meilleur régime que moi. Votre estomac est un peu fait sur le modèle du mien, mais soyez plus sage si vous pouvez. Pour moi, après avoir tâté des eaux froides, des eaux chaudes et de toutes les espèces de bons et de mauvais régimes, après avoir passé par les mains des charlatans, des médecins et des cuisiniers, après avoir été malade à Berlin le dernier hiver, je me suis mis à souper, à dîner et même à déjeuner : on dit que je m'en porte mieux, et que je suis rajeuni; je sens bien qu'il n'en est rien; mais j'ai vécu doucement six mois presque de suite avec mon roi, mangeant comme un diable, et prenant, ainsi que lui, un peu de rhubarbe en poudre de deux jours l'un. Si jamais vous en voulez faire autant, voilà mon secret, essayez-en; il est bon pour les rois et pour leurs chambellans, il sera peut-être bon pour vous; mais je crains furieusement l'hiver pour vous et pour moi. Il me semble que c'est là notre plus dangereuse saison : elle serait pour moi la plus agréable si je la passais avec vous; mais je doute fort que je puisse vous embrasser l'hiver à Paris. J'ai quelques petites occupations de mon métier que je crains qui ne me mènent plus loin que je ne voulais; et si l'hiver commence avant que ma besogne soit finie, il n'y aura pas moyen de partir. Je n'ai pas dans la cour où je suis les consolations que vous avez à Paris; je deviens bien vieux, mon cœur, mais il y a des fleurs et des fruits en tout temps. Je n'ai jamais joui d'une vie plus heureuse et plus tranquille. Figurez-vous un château admirable, où le maître me laisse une liberté entière, de beaux jardins, bonne chère, un peu de travail, de la société et des soupers délicieux, avec un roi philosophe qui oublie ses cinq victoires et sa grandeur. Vous m'avouerez que je suis excusable d'avoir quitté Paris; cependant je ne me pardonne pas encore d'être si loin de vous et de ma famille. Il s'en est peu fallu que je n'aie été sur le point de faire un voyage à Paris. J'aurais passé par Strasbourg et par Lunéville, et je serais venu prendre les eaux avec vous à Plombières. Je suis obligé de différer longtemps mon voyage; mais, si Dieu me donne vie, je compte bien vous embrasser au plus tard au printemps prochain.

A MADAME DENIS

A PARIS.

A Berlin, 2 de septembre 1751.

J'ai encore le temps, ma chère enfant, de vous envoyer un nouveau paquet. Vous y trouverez une lettre de La Métrie pour M. le maréchal de Richelieu; il implore sa protection. Tout lecteur qu'il est du roi de Prusse, il brûle de retourner en France. Cet homme si gai, et qui passe pour rire de tout, pleure quelquefois comme un enfant d'être ici. Il me conjure d'engager M. de Richelieu à lui obtenir sa grâce. En vérité, il ne faut jurer de rien sur l'apparence.

La Métrie, dans ses préfaces, vante son extrême félicité d'être auprès d'un grand roi qui lui lit quelquefois ses vers, et en secret il pleure avec moi. Il voudrait s'en retourner à pied; mais moi!..... pourquoi suis-je ici? Je vais bien vous étonner.

Ce La Métrie est un homme sans conséquence, qui cause familièrement avec le roi après la lecture. Il me parle avec confiance; il m'a juré qu'en parlant au roi, ces jours passés, de ma prétendue faveur et de la petite jalousie qu'elle excite, le roi lui avait répondu : « J'aurai besoin de lui encore un an, tout au plus; on presse l'orange, et on en jette l'écorce. »

Je me suis fait répéter ces douces paroles; j'ai redoublé mes interrogations; il a redoublé ses serments. Le croirez-vous? dois-je le croire? cela est-il possible? Quoi! après seize ans de bontés, d'offres, de promesses; après la lettre qu'il a voulu que vous gardassiez comme un gage inviolable de sa parole! et dans quel temps encore, s'il vous plaît? dans le temps que je lui sacrifie tout pour le servir, que non-seulement je corrige ses ouvrages, mais que je lui fais à la marge une rhétorique, une poétique suivie, composée de toutes les réflexions que je fais sur les propriétés de notre langue, à l'occasion des petites fautes que je peux remarquer; ne cherchant qu'à aider son génie, qu'à l'éclairer et qu'à le mettre en état de se passer en effet de mes soins!

Je me faisais assurément un plaisir et une gloire de cultiver son génie; tout servait à mon illusion. Un roi qui a gagné des batailles et des provinces, un roi du nord qui fait des vers en notre langue, un roi enfin que je n'avais pas cherché, et qui me disait qu'il m'aimait; pourquoi m'aurait-il fait tant d'avances? Je m'y perds! je n'y conçois rien. J'ai fait ce que j'ai pu pour ne point croire La Métrie.

Je ne sais pourtant. En relisant ses vers, je suis tombé sur une épître à un peintre nommé Pène, qui est à lui; en voici les premiers vers :

> Quel spectacle étonnant vient de frapper mes yeux!
> Cher Pène, ton pinceau te place au rang des dieux.

Ce Pène est un homme qu'il ne regarde pas. Cependant c'est *le cher Pène*, c'est *un dieu*. Il pourrait bien en être autant de moi, c'est-à-dire pas grand'chose. Peut-être que, dans tout ce qu'il écrit, son esprit seul le conduit, et le cœur est bien loin. Peut-être que toutes ces lettres, où il me prodiguait des bontés si vives et si touchantes, ne voulaient rien dire du tout.

Voilà de terribles armes que je vous donne contre moi. Je serai bien condamné d'avoir succombé à tant de caresses. Vous me prendrez pour M. Jourdain, qui disait : « Puis-je rien refuser à un seigneur de la cour qui m'appelle son cher ami? » Mais je vous répondrai : C'est un roi aimable.

Vous imaginez bien quelles réflexions, quel retour, quel embarras et, pour tout dire, quel chagrin l'aveu de La Métrie fait naître. Vous m'allez dire : Partez; mais moi je ne peux pas dire, partons. Quand on a commencé quelque chose, il faut le finir ; et j'ai deux éditions sur les bras, et des engagements pris pour quelques mois. Je suis en presse de tous les côtés. Que faire ? ignorer que La Métrie m'ait parlé, ne me confier qu'à vous, tout oublier, et attendre. Vous serez sûrement ma consolation. Je ne dirai point de vous : Elle m'a trompé en me jurant qu'elle m'aimait. Quand vous seriez reine, vous seriez sincère.

Mandez-moi, je vous en prie, fort au long, tout ce que vous pensez par le premier courrier qu'on dépêchera à mylord Tyrconnel.

A M. LE PRÉSIDENT HÉNAULT.

A Berlin, le 28 janvier 1752.

Je vous dois de nouveaux remercîments, mon cher et illustre confrère, et c'est à vous que je dois dédier le *Siècle de Louis XIV*, si on en fait en France une édition qui aille la tête levée. J'ai envoyé à Paris le premier tome corrigé selon vos vues. Je me flatte qu'on ne s'opposera pas à l'impression d'un ouvrage qui est, autant que je l'ai pu, l'éloge de la patrie, et qui va inonder l'Europe.

Je suis bien étonné de l'apparence d'ironie que vous trouvez dans ce premier tome; j'ai voulu n'y mettre que de la philosophie et de la vérité, j'ai voulu passer légèrement sur ce fatras de détails de guerres, qui, dans leur temps, causent tant de malheurs et tant d'attention, et qui, au bout d'un siècle, ne causent que de l'ennui. J'ai même fini ainsi ce premier tome :

« Voilà le précis, peut-être encore trop long, des plus importants événements de ce siècle; ces grandes choses paraîtront petites un jour, quand elles seront confondues dans la multitude immense des révolutions qui bouleversent le monde; et il n'en resterait alors qu'un faible souvenir, si les arts perfectionnés ne répandaient sur ce siècle une gloire unique qui ne périra jamais. »

Vous voyez par là que mon second tome est mon principal objet; et cet objet aurait été bien mieux rempli, si j'avais travaillé en France. Les bontés d'un grand roi et l'acharnement de mes ennemis m'ont privé de cette ressource. Je vous supplie, monsieur, d'ajouter à toutes vos bontés celle de dire à M. d'Argenson que je compte sur les siennes. On m'a dit qu'il a été mécontent d'un parallèle entre Louis XIV et le roi Guillaume.

Il est vrai que malheureusement on a omis dans l'impression le trait principal qui donne tout l'avantage au roi de France. Le voici :

« Ceux qui estiment plus un roi de France qui sait donner l'Espagne à son petit-fils qu'un gendre qui détrône son beau-père; ceux qui admirent davantage le protecteur que le persécuteur du roi Jacques, ceux-là donneront la préférence à Louis XIV. »

D'ailleurs M. d'Argenson ne peut ignorer que Louis XIV et Guillaume ont toujours été deux objets de comparaison dans l'Europe. Il ignore encore moins que l'histoire ne doit point être un fade panégyrique; et, s'il a eu le temps de lire le livre, il a pu s'apercevoir que, sans m'écarter de la vérité, j'ai loué, autant que je l'ai pu et autant que je l'ai dû, la nation et ceux qui l'ont bien servie. L'article de son père n'a pas dû lui déplaire.

Enfin, monsieur, j'ai prétendu ériger un monument à la vérité et à la patrie, et j'espère qu'on ne prendra pas les pierres de cet édifice pour me lapider. Je me flatte encore que vous ne vous bornerez pas au service de m'avoir éclairé. Je voudrais que la postérité sût que l'homme du royaume le plus capable de me donner des lumières a été celui dont j'ai reçu le plus de marques de bonté.

Je vous supplie de ne me pas oublier auprès de Mme du Deffand, et de me conserver une amitié qui fait ma gloire et ma consolation.

A M. LE MARÉCHAL DUC DE RICHELIEU.

A Potsdam, 10 de juin 1752.

Mon héros, vos bontés m'ont fait éprouver une espèce de plaisir que je n'avais pas goûté depuis longtemps. En lisant votre belle lettre de trente-deux pages, j'ai cru vous entendre, j'ai cru vous voir; je me suis imaginé être à votre chocolat, au milieu de vos pagodes, et goûter le plaisir délicieux de votre entretien. Je vous remercie tendrement de tous les éclaircissements que vous voulez bien me donner ; ce sont presque les seuls qui me manquaient.

Vous savez que j'avais passé près d'un an à faire des extraits des lettres de tous les généraux et de beaucoup de ministres ; je doute qu'il y ait à présent un homme dans l'Europe aussi bien au fait que moi de l'histoire de la dernière guerre. C'est là qu'il est permis d'entrer dans les détails, parce qu'il s'agit d'une histoire particulière ; mais ces détails demandent un très-grand art. Il est difficile de conserver un événement particulier dans la foule de toutes ces révolutions qui bouleversent la terre. Tant de projets, tant de ligues, tant de guerres, tant de batailles, se succèdent les unes aux autres, qu'au bout d'un siècle ce qui paraissait, dans son temps, si grand, si important, si unique, fait place à des événements nouveaux qui occupent les hommes, et qui laissent les précédents dans l'oubli. Tout s'engloutit dans cette immensité; tout devient enfin un point sur la carte ; et les opérations de la guerre causent à la longue autant d'ennui qu'elles ont donné d'inquiétude quand la destinée d'un état dépendait d'elles.

Si je croyais pouvoir jeter quelque intérêt sur cet amas et sur cette complication de faits, je me vanterais d'être venu à bout du plus difficile de mes ouvrages; mais, ce qui me rend cette tâche plus agréable et plus aisée, c'est le plaisir de parler souvent de vous. Mon monument de papier ne vaudra pas le monument de marbre que vous savez. Nous verrons cependant qui vous aura fait plus ressemblant du sculpteur ou de moi. Si M. le maréchal de Noailles était aussi complaisant et aussi laborieux que vous, s'il daignait achever ce qu'il entreprend d'abord avec vivacité, le *Siècle de Louis XIV* en vaudrait mieux.

Je ne sais si vous savez que ce *Siècle* était une suite d'une *Histoire générale* que j'ai composée depuis Charlemagne jusqu'à nos jours. On m'a volé une partie de cet ouvrage et tout ce qui regardait les arts. *Louis XIV* m'est resté; mais une première édition n'est qu'un essai. Quoiqu'il y ait dix fois plus de choses utiles et intéressantes dans ces deux petits volumes que dans toutes les histoires immenses et ennuyeuses de Louis XIV, cependant je sais bien qu'il manque beaucoup de traits à ce tableau. J'ai fait des péchés d'omission et de commission. Plusieurs personnes instruites ont bien voulu me communiquer des lumières, j'en profite tous les jours : voilà pourquoi je n'ai point voulu que l'édition faite à Berlin, ni celle qu'on a faite sur-le-champ, en conformité, en Hollande et à Londres, entrassent dans Paris. Je suis dans la nécessité d'en faire une nouvelle que mon libraire de Leipzig a déjà commencée. Si M. le maréchal de Noailles n'a pas la bonté de faire un petit effort, cette édition sera encore imparfaite.

Je n'ose vous proposer, monseigneur, de vous enfermer une heure ou deux pour m'instruire des choses dont vous pourriez vous souvenir; vous rendriez service à la patrie et à la vérité. Ce motif sera plus puissant que mes prières. Je ferais sur-le-champ usage de vos remarques. Ma nièce doit avoir à présent deux exemplaires chargés de corrections à la main; je voudrais que vous eussiez le temps et la bonté d'en examiner un. Votre lettre de trente-deux pages me fait voir de quoi vous êtes capable, et m'enhardit auprès de vous. Il me semble que ce serait employer dignement une heure du loisir où vous êtes. S'il y avait quelque guerre, je ne vous ferais pas de pareilles propositions; je me flatte bien qu'alors vous n'auriez pas de loisir, et que vous commanderiez nos armées.

Dans ce siècle, que j'ai tâché de peindre, c'était un Français, dont vous fûtes l'élève, qui fit heureusement la guerre et la paix. Je suis très-persuadé qu'avec vous la France n'a pas besoin d'étrangers pour faire l'une et l'autre. Qui donc a, dans un plus haut degré que vous, le talent de se décider à propos et de faire des manœuvres hardies, talent qui a fait la gloire du prince Eugène, que vous avez tant connu? qui ferait la guerre avec plus de vivacité et la paix avec plus de hauteur? quel officier, en France, a plus d'expérience que vous? et l'esprit, s'il vous plaît, ne sert-il à rien? Mais il n'y a guère d'apparence que vos talents soient sitôt mis en œuvre : l'Europe est trop armée pour faire la guerre. S'il arrive pourtant que le diable brouille les cartes, et que le bon génie de la France conduise nos affaires par vous, il n'y a pas d'apparence que je sois alors votre historien. Je suis dans un état à ne devoir pas compter sur la vie. Vous serez peut-être surpris que, dans cet état, je fasse des *Siècle*, et des *Histoire de la guerre* de 1741, et des *Rome sauvée*, et autres bagatelles; mais c'est que j'ai tout mon temps à moi; c'est que, dans une cour, je n'ai pas la moindre cour à faire, et, auprès d'un roi, pas le moindre devoir à remplir. Je vis à Potsdam comme vous m'avez vu vivre à Cirey, à cela près que je n'ai point charge d'âme dans mon bénéfice. La vie de château est celle qui convient le mieux à un malade et à un griffonneur. Il y a bien loin de ma tranquille cellule du château de Potsdam au voyage de Naples et de Rome ; cependant, s'il est vrai que vous vous donniez ce petit plaisir, je vous jure que je viendrai vous trouver.

Il est vrai que mon extrême curiosité, que je n'ai jamais satisfaite sur l'Italie, et ma santé me font continuellement penser à ce voyage, qui serait d'ailleurs très-court ; mais je vous jure, monseigneur, que j'ai beaucoup plus d'envie de vous faire ma cour que de voir la ville souterraine. Je me suis cru quelquefois sur le point de mourir ; mon plus grand regret était de n'avoir point eu la consolation de vous revoir. Il me semble qu'après trente-cinq ans d'attachement, je ne devais pas être réservé à mourir si loin de vous. La destinée en a ordonné autrement. Nous sommes des ballons que la main du sort pousse aveuglément et d'une manière irrésistible. Nous faisons deux ou trois bonds, les uns sur du marbre, les autres sur du fumier, et puis nous sommes anéantis pour jamais. Tout bien calculé, voilà notre lot. La consolation qui resterait à un certain âge, ce serait de faire encore un bond auprès des gens à qui on a donné dès longtemps son cœur. Mais sais-je ce que je ferai demain ? Occupons comme nous pourrons, de quart d'heure en quart d'heure, la vanité de notre vie. S'il est permis d'espérer quelque chose à un homme dont la machine se détruit tous les jours, j'espère venir vous voir cette année, avant que l'exercice de votre charge vous dérobe à mes empressements, et vous fasse perdre un temps précieux.

Nous attendons ici le chevalier de Latouche ; je le verrai avec plaisir, mais je le verrai peu. Le goût de la retraite me domine actuellement. J'aime Potsdam quand le roi y est ; j'aime Potsdam quand il n'y est pas. Je trompe mes maladies par un travail assidu et agréable. J'ai deux gens de lettres auprès de moi, qui sont mes lecteurs, mes copistes, et qui m'amusent, entièrement libre auprès d'un roi qui pense en tout comme moi. Algarotti et d'Argens viennent me voir tous les jours au château où je suis logé ; nous vivons tous trois en frères, comme de bons moines dans un couvent.

Pardonnez à mon tendre attachement, si je vous rends ce compte exact de ma vie ; elle devait vous être consacrée ; souffrez au moins que je vous en soumette le tableau. Mon âme, toujours dépendante de la vôtre, vous devait ce compte de l'usage que je fais de mon existence. Vous ne m'avez point parlé de M. le duc de Fronsac, ni de Mlle de Richelieu ; je souhaite cependant que vous soyez un aussi heureux père que vous êtes un homme considérable par vous-même. Le bonheur domestique est à la longue le plus solide et le plus doux. Adieu, monseigneur ; je fais mille vœux pour que vous soyez heureux longtemps et que je puisse en être témoin quelques moments.

Si mon camarade Lebailli, chargé des affaires depuis la mort du caustique et ignorant Tyrconnel, m'avait averti, en me faisant tenir votre paquet, du temps où le courrier qui l'a apporté partirait, je ferais un paquet un peu plus gros, mais vous ne le recevriez qu'au bout de six semaines, parce que ce courrier va à Hambourg et y attend longtemps les dépêches du Nord. J'ai mieux aimé me livrer au plaisir de vous écrire et de vous faire parvenir au plus tôt les tendres assurances de mon respectueux attachement, que de vous envoyer des livres que d'ailleurs vous recevriez beaucoup plus tard que ceux qui doivent être incessamment entre les mains de ma nièce pour vous être rendus.

Je m'aperçois que j'ai encore beaucoup bavardé, après avoir cru finir ma lettre. Pardonnez cette prolixité à un homme qui compte parmi les douceurs les plus flatteuses de sa vie celle de s'entretenir avec vous et de vous ouvrir son cœur. Adieu, encore une fois, mon héros ; adieu, homme respectable, qui soutenez l'honneur de la patrie. Il me semble que je vous serais attaché par vanité, si je ne vous l'étais pas par le goût le plus vif. Conservez-moi des bontés que je préfère à tout.

A MADAME DENIS.

A Potsdam, le 24 juillet 1752.

Vous avez la plus grande raison, vous et vos amis, de presser mon retour, mais vous ne m'en avez pas toujours pressé par des courriers extraordinaires, et ce qu'on mande par la poste est bientôt su. Quand il n'y aurait que ce malheur-là dans l'absence (et il y en a tant d'autres), il faudrait ne jamais quitter sa famille et ses amis. L'établissement des postes est une belle chose, mais c'est pour les lettres de change. Le cœur n'y trouve pas son compte ; il n'est plus permis de l'ouvrir dès qu'on est éloigné.

La plus grande des consolations est interdite ; je ne vous écris plus, ma chère enfant, que par des voies sûres qui sont rares. Voici mon état : Maupertuis a fait discrètement courir le bruit que je trouvais les ouvrages du roi fort mauvais ; il m'accuse de conspirer contre une puissance dangereuse, qui est l'amour-propre ; il débite sourdement que le roi m'ayant envoyé de ses vers à corriger, j'avais répondu : « Ne se lassera-t-il point de m'envoyer son linge sale à blanchir ! » Il tient cet étrange discours à l'oreille de dix ou douze personnes, en leur recommandant bien à toutes le secret. Enfin je crois m'apercevoir que le roi a été à la fin dans la confidence. Je ne fais que m'en douter ; je ne peux m'éclaircir. Ce n'est pas là une situation bien agréable ; mais ce n'est pas tout.

Il arriva ici, sur la fin de l'année passée, un jeune homme, nommé La Beaumelle, qui est, je crois, de Genève[1], et qui est renvoyé de Copenhague, où il était moitié prédicateur, moitié bel esprit. Il est auteur d'un livre intitulé *Mes Pensées* ; livre où il dit librement son avis sur toutes les puissances de l'Europe. Maupertuis, avec sa bonté ordinaire, et sans y entendre malice, alla persuader à ce jeune homme que j'avais dit au roi du mal de son livre et de sa personne, et que je l'avais empêché d'entrer au service de Sa Majesté. Aussitôt ce La Beaumelle, pour réparer le tort prétendu que j'ai fait à sa fortune, a préparé des notes scandaleuses pour le *Siècle de Louis XIV*, qu'il va faire imprimer je ne sais où. Ceux qui ont vu ces belles notes disent qu'il y a autant de sottises que de mots.

Quant à la querelle de Maupertuis et de Kœnig, en voici le sujet :

Ce Kœnig est amoureux d'un problème de géométrie, comme les anciens paladins de leurs dames. Il fit, l'année passée, le voyage de la Haye à Berlin, uniquement pour aller conférer avec Maupertuis sur une formule d'algèbre et sur une loi de la nature dont vous ne vous souciez guère. Il lui montra deux lettres d'un vieux philosophe du siècle passé, nommé Leibnitz, dont vous ne vous souciez pas davantage, et lui fit voir que Leibnitz avait parlé de la même loi, et combattait son sen-

---

1. Il avait été élevé à Genève, mais il était né à Valerangue, dans le bas-Languedoc. (G. A.)

timent. Maupertuis, qui est plus occupé de ce qu'il croit intrigues de cour que de vérités géométriques, ne lut pas seulement les lettres de Leibnitz.

Le professeur de la Haye lui demanda permission d'exposer son opinion dans les journaux de Leipzig; et avec cette permission, il réfuta, le plus poliment du monde, dans ces journaux, l'opinion de Maupertuis, et s'appuya de l'autorité de Leibnitz, dont il fit imprimer les fragments qui avaient rapport à cette dispute. Voici ce qui est étrange :

Maupertuis, ayant parcouru et mal lu ce journal de Leipzig et ces fragments de Leibnitz, alla se mettre dans la tête que Leibnitz était de son opinion, et que Kœnig avait forgé ces lettres pour lui ravir, à lui Maupertuis, la gloire d'avoir inventé une bévue. Sur ce beau fondement il fait assembler les académiciens pensionnaires dont il distribue les gages; il accuse formellement Kœnig d'être un faussaire, et fait passer un jugement contre lui, sans que personne opine, et malgré les oppositions du seul géomètre qui fût à cette assemblée.

Il fit encore mieux; il ne se trouva pas au jugement; mais il écrivit une lettre à l'Académie pour demander la grâce du coupable qui était à la Haye, et qui, ne pouvant être pendu à Berlin, fut seulement déclaré faussaire et fripon géomètre, avec toute la modération imaginable.

Ce beau jugement est imprimé. Voici maintenant le comble : notre modéré président écrit deux lettres à Mme la princesse d'Orange, dont Kœnig est le bibliothécaire, pour la prier de lui imposer silence et pour ravir à son ennemi, condamné et flétri, la permission de défendre son honneur.

Je n'ai appris que d'hier tous ces détails dans ma solitude. On ne laisse pas de voir des choses nouvelles sous le soleil : on n'avait point encore vu de procès criminel dans une Académie des sciences. C'est une vérité démontrée qu'il faut s'enfuir de ce pays-ci.

Je mets ordre tout doucement à mes affaires. Je vous embrasse très-tendrement.

A MADAME DENIS

A PARIS.

A Potsdam, le 15 d'octobre 1752.

Voici qui n'a point d'exemple, et qui ne sera pas imité; voici qui est unique. Le roi de Prusse, sans avoir lu un mot de la réponse de Kœnig, sans écouter, sans consulter personne, vient d'écrire, vient de faire imprimer une brochure contre Kœnig, contre moi, contre tous ceux qui ont voulu justifier l'innocence de ce professeur si cruellement condamné. Il traite tous ses partisans d'envieux, de sots, de malhonnêtes gens. La voici, cette brochure singulière, et c'est un roi qui l'a faite[1] !

Les journalistes d'Allemagne, qui ne se doutaient pas qu'un monarque qui a gagné des batailles fût l'auteur d'un tel ouvrage, en ont parlé librement, comme de l'essai d'un écolier qui ne sait pas un mot de la question. Cependant on a réimprimé la brochure à Berlin, avec l'aigle de Prusse, une couronne, un sceptre, au devant du titre. L'aigle, le sceptre et la couronne sont bien étonnés de se trouver là. Tout le monde hausse les épaules, baisse les yeux et n'ose parler. Si la vérité est écartée du trône, c'est surtout lorsqu'un roi se fait auteur. Les coquettes, les rois, les poëtes, sont accoutumés à être flattés. Frédéric réunit ces trois couronnes-là. Il n'y a pas moyen que la vérité perce ce triple mur de l'amour-propre. Maupertuis n'a pu parvenir à être Platon, mais il veut que son maître soit Denis de Syracuse.

Ce qu'il y a de plus rare dans cette cruelle et ridicule affaire, c'est que le roi n'aime point du tout Maupertuis, en faveur duquel il emploie son sceptre et sa plume. Platon a pensé mourir de douleur de n'avoir point été de certains petits soupers où j'étais admis; et le roi nous a avoué cent fois que la vanité féroce de ce Platon le rendait insociable.

Il a fait pour lui de la prose cette fois-ci, comme il avait fait des vers pour d'Arnaud, pour le plaisir d'en faire; mais il y entre un plaisir bien moins philosophe, celui de me mortifier : c'est être bien auteur.

---

1. Elle était intitulée : *Lettre au public*.

Mais ce n'est encore que la moindre partie de ce qui s'est passé. Je me trouve malheureusement auteur aussi, et dans un parti contraire. Je n'ai point de sceptre, mais j'ai une plume; et j'avais je ne sais comment taillé cette plume de façon qu'elle a tourné un peu Platon en ridicule sur ses géants, sur ses prédictions, sur ses dissections, sur son impertinente querelle avec Kœnig. La raillerie est innocente; mais je ne savais pas alors que je tirais sur les plaisirs du roi. L'aventure est malheureuse. J'ai affaire à l'amour-propre et au pouvoir despotique, deux êtres bien dangereux. J'ai d'ailleurs tout lieu de présumer que mon marché avec M. le duc de Wurtemberg a déplu. On l'a su et on m'a fait sentir qu'on le savait. Il me semble pourtant que Titus et Marc-Aurèle n'auraient point été fâchés contre Pline, si Pline avait placé une partie de son bien sur la tête de Plinia dans le Montbelliard.

Je suis actuellement très-affligé et très-malade; et, pour comble, je soupe avec le roi. C'est le festin de Damoclès. J'ai besoin d'être aussi philosophe que le vrai Platon l'était chez le vrai Denis.

A MADAME DENIS

A PARIS.

A Berlin, 18 de décembre 1752.

Je vous envoie, ma chère enfant, les deux contrats du duc de Wurtemberg: c'est une petite fortune assurée pour votre vie. J'y joins mon testament. Ce n'est pas que je croie à votre ancienne prédiction que le roi de Prusse me ferait mourir de chagrin. Je ne me sens pas d'humeur à mourir d'une si sotte mort; mais la nature me fait beaucoup plus de mal que lui, et il faut toujours avoir son paquet prêt et le pied à l'étrier pour voyager dans cet autre monde où, quelque chose qui arrive, les rois n'auront pas grand crédit.

Comme je n'ai pas dans ce monde-ci cent cinquante mille moustaches à mon service, je ne prétends point du tout faire la guerre. Je ne songe qu'à déserter honnêtement, à prendre soin de ma santé, à vous revoir, à oublier ce rêve de trois années.

Je vois bien qu'*on a pressé l'orange*; il faut penser à sauver l'écorce. Je vais me faire, pour mon instruction, un petit dictionnaire à l'usage des rois.

Mon ami signifie *mon esclave.*

Mon cher ami veut dire *vous m'êtes plus qu'indifférent.*

Entendez par *je vous rendrai heureux, je vous souffrirai tant que j'aurai besoin de vous.*

Soupez avec moi ce soir signifie *je me moquerai de vous ce soir.*

Le dictionnaire peut être long; c'est un article à mettre dans l'*Encyclopédie*.

Sérieusement, cela serre le cœur. Tout ce que j'ai vu est-il possible? Se plaire à mettre mal ensemble ceux qui vivent ensemble avec lui! dire à un homme les choses les plus tendres, et écrire contre lui des brochures! et quelles brochures! arracher un homme à sa patrie par les promesses les plus sacrées, et le maltraiter avec la malice la plus noire! quels contrastes! et c'est là l'homme qui m'écrivait tant de choses philosophiques, et que j'ai cru philosophe! et je l'ai appelé le Salomon du Nord!

Vous vous souvenez de cette belle lettre qui ne vous a jamais rassurée. *Vous êtes philosophe*, disait-il; *je le suis aussi*. Ma foi, sire, nous ne le sommes ni l'un ni l'autre.

Ma chère enfant, je ne me croirai tel que quand je serai avec mes pénates et avec vous. L'embarras est de sortir d'ici. Vous savez ce que je vous ai mandé dans ma lettre du 1ᵉʳ novembre. Je ne peux demander de congé qu'en considération de ma santé. Il n'y a pas moyen de dire: Je vais à Plombières au mois de décembre.

Il y a ici une espèce de ministre du saint Évangile nommé Pérard, né comme moi en France: il demandait permission d'aller à Paris pour ses affaires; le roi lui fit répondre qu'il connaissait mieux ses affaires que lui-même, et qu'il n'avait nul besoin d'aller à Paris.

Ma chère enfant, quand je considère un peu en détail tout ce qui se passe ici, je finis par conclure que cela n'est pas vrai, que cela est impossible, qu'on se trompe, que la chose est arrivée à Syracuse il y a quelque trois mille ans. Ce qui est bien vrai, c'est que je vous aime de tout mon cœur, et que vous faites ma consolation.

A M. LE COMTE D'ARGENTAL.

Berlin, 26 de février 1753.

Mon cher ange, j'ai été très-malade et en même temps plus occupé qu'un homme en santé ; étonné de travailler dans l'état où je suis, étonné d'exister encore, en me soutenant par l'amitié, c'est-à-dire par vous et par Mme Denis. Je suis ici le meunier de La Fontaine. On m'écrit de tous côtés : Partez,

> Fuge crudeles terras, fuge littus iniquum.
> VIRG., Æn., II.

Mais partir quand on est depuis un mois dans son lit et qu'on n'a point de congé ; se faire transporter couché, à travers cent mille baïonnettes, cela n'est pas tout à fait aussi aisé qu'on le pense. Les autres me disent : Allez-vous en à Potsdam, le roi vous a fait chauffer votre appartement ; allez souper avec lui. Cela m'est encore plus difficile. S'il s'agissait d'aller faire une intrigue de cour, de parvenir à des honneurs et de la fortune, de repousser les traits de la calomnie, de faire ce qu'on fait tous les jours auprès des rois, j'irais jouer ce rôle-là tout comme un autre ; mais c'est un rôle que je déteste, et je n'ai rien à demander à aucun roi. Maupertuis, que vous avez si bien défini, est un homme que l'excès d'amour-propre a rendu très-fou dans ses écrits et très-méchant dans sa conduite ; mais je ne me soucie point du tout d'aller dénoncer sa méchanceté au roi de Prusse. J'ai plus à reprocher au roi qu'à Maupertuis, car j'étais venu pour Sa Majesté, et non pour ce président de Bedlam. J'avais tout quitté pour elle, et rien pour Maupertuis ; elle m'avait fait des serments d'une amitié à toute épreuve, et Maupertuis ne m'avait rien promis ; il a fait son métier de perfide en intéressant sourdement l'amour-propre du roi contre moi. Maupertuis savait mieux qu'un autre à quel excès se porte l'orgueil littéraire. Il a su prendre le roi par son faible. La calomnie est entrée très-aisément dans un cœur né jaloux et soupçonneux. Il s'en faut beaucoup que le cardinal de Richelieu ait porté autant d'envie à Corneille que le roi de Prusse m'en portait. Tout ce que j'ai fait pendant deux ans, pour mettre ses ouvrages de prose et de vers en état de paraître, a été un service dangereux qui déplaisait dans le temps même qu'il affectait de m'en remercier avec effusion de cœur. Enfin son orgueil d'auteur piqué l'a porté à écrire une malheureuse brochure contre moi, en faveur de Maupertuis, qu'il n'aime point du tout. Il a senti, avec le temps, que cette brochure le couvrait de honte et de ridicule dans toutes les cours d'Europe ; et cela l'aigrit encore. Pour achever le galimatias qui règne dans toute cette affaire, il veut avoir l'air d'avoir fait un acte de justice et de le couronner par un acte de clémence. Il n'y a aucun de ses sujets, tout Prussiens qu'ils sont, qui ne le désapprouve ; mais vous jugez bien que personne ne le lui dit. Il faut qu'il se dise tout à lui-même ; et ce qu'il se dit en secret, c'est que j'ai la volonté et le droit de laisser à la postérité sa condamnation par écrit. Pour le droit, je crois l'avoir ; mais je n'ai d'autre volonté que de m'en aller et d'achever dans la retraite le reste de ma carrière, entre les bras de l'amitié et loin des griffes des rois qui font des vers et de la prose. Je lui ai mandé tout ce que j'ai sur le cœur ; je l'ai éclairci ; je lui ai dit tout. Je n'ai plus qu'à lui demander une seconde fois mon congé. Nous verrons s'il refusera à un moribond la permission d'aller prendre les eaux.

Tout le monde me dit qu'il me la refusera ; je le voudrais pour la rareté du fait. Il n'aura qu'a ajouter à l'*Anti-Machiavel* un chapitre sur le droit de retenir les étrangers par force, et le dédier à Busiris.

Quoi qu'on me dise, je ne le crois pas capable d'une si atroce injustice. Nous verrons. J'exige de vous et de Mme Denis que vous brûliez tous deux les lettres que je vous écris par cet ordinaire, ou plutôt par cet extraordinaire. Adieu, mes chers anges.

A MADAME DENIS,

A PARIS.

A Berlin, 15 de mars 1753.

Je commence à me rétablir, ma chère enfant. J'espère que votre ancienne prédiction ne sera pas tout à fait accomplie. Le roi de Prusse m'a envoyé du quinquina pendant ma maladie; ce n'est pas cela qu'il me faut: c'est mon congé. Il voulait que je retournasse à Potsdam. Je lui ai demandé la permission d'aller à Plombières : je vous donne en cent à deviner la réponse. Il m'a fait écrire par son factotum qu'il y avait des eaux excellentes à Glatz, vers la Moravie.

Voilà qui est horriblement vandale, et bien peu Salomon : c'est comme si on envoyait prendre les eaux en Sibérie. Que voulez-vous que je fasse? il faut bien aller à Potsdam; alors il ne pourra me refuser mon congé. Il ne soutiendra pas le tête-à-tête d'un homme qui l'a enseigné deux ans, et dont la vue lui donnera des remords. Voilà ma dernière résolution.

Au bout du compte, quoique tout ceci ne soit pas de notre siècle, les taureaux de Phalaris et les lits de fer de Busiris ne sont plus en usage; et Salomon minor ne voudra être ni Busiris ni Phalaris. J'ai ce pays-ci en horreur : mon paquet est tout fait. J'ai envoyé tous mes effets hors du Brandebourg; il ne reste guère que ma personne.

J'ai le cœur serré de tout ce que je vois et de tout ce que j'entends. Adieu; j'ai tant de choses à vous dire que je ne vous dis rien.

A M. LE COMTE D'ARGENTAL.

A Francfort-sur-le-Mein, au *Lion-d'Or*, le 4 juin 1753.

Quand vous saurez, mon cher ange, toutes les persécutions cruelles que Maupertuis m'a attirées, vous ne serez pas surpris que j'aie été si longtemps sans vous écrire. Quand vous saurez que j'ai toujours été en route ou malade, et que j'ai compté venir bientôt vous embrasser, vous me pardonnerez encore davantage; et, quand vous saurez le reste, vous plaindrez bien votre vieil ami. Je vous adresse ma lettre à Paris, sachant bien qu'un conseiller d'honneur n'entre point dans la querelle des conseillers ordinaires, et est trop sage pour voyager. J'ai voyagé, mon cher et respectable ami, et le pigeon a eu l'aile cassée avant de revenir au colombier. Je suis d'ailleurs forcé de rester encore quelque temps à Francfort, où je suis tombé malade. J'ai appris, en passant par Cassel, que Maupertuis y avait séjourné quatre jours, sous le nom de Morel, et qu'il y avait fait imprimer un libelle de La Beaumelle, sous le titre de Francfort, revu et corrigé par lui. Vous remarquerez qu'il imprimait cet ouvrage au mois de mai, sous le nom de La Beaumelle, dans le temps que ce La Beaumelle était à la Bastille dès le mois d'avril. C'est bien mal calculer pour un géomètre. Il l'a envoyé à M. le duc de Saxe-Gotha, lorsque j'étais chez ce prince. C'est encore un mauvais calcul; cela n'a fait que redoubler les bontés que M. le duc de Saxe-Gotha et toute sa maison avaient pour moi.

Voilà une étrange conduite pour un président d'Académie. Il est nécessaire, pour ma justification, qu'on en soit instruit. Ce sont là de ses artifices, et c'est ainsi, à peu près, qu'il en usait avec d'autres personnes lorsqu'il mettait le trouble dans l'Académie des sciences. Cette vie-ci, mon cher ange, me paraît orageuse. On ne sait où se fourrer. Il fallait rester avec vous. Ne me grondez pas, je suis très-bien puni, et je le suis surtout par mon cœur. Je m'imagine que vous, et Mme d'Argental, et vos amis, vous me plaignez autant que vous me condamnez. Mme Denis est à Strasbourg, et moi à Francfort, et je ne puis l'aller trouver. Je suis arrivé avec les jambes et les mains enflées. Cette petite addition à mes maux n'accommode point en voyage. Je resterai à Francfort, dans mon lit, tant qu'il plaira à Dieu.

Adieu, mon cher ange, je baise, à tous tant que vous êtes, le bout de vos ailes avec tendresse et componction. Il est très-cruellement probable que je pourrai rester ici assez de temps pour y recevoir la consolation d'une de vos lettres, au lieu d'avoir celle de venir vous embrasser.

A FRANÇOIS 1er,

EMPEREUR D'ALLEMAGNE.

A Francfort, le 5 juin 1753.

Sire, c'est moins à l'Empereur qu'au plus honnête homme de l'Europe que j'ose recourir dans une circonstance qui l'étonnera peut-être, et qui me fait espérer en secret sa protection.

Sa Sacrée Majesté me permettra d'abord de lui faire voir comment le roi de Prusse me fit quitter ma patrie, ma famille, mes emplois, dans un âge avancé. La copie ci-jointe[1], que je prends la liberté de confier à la bonté compatissante de Sa Sacrée Majesté, l'en instruira.

Après la lecture de cette lettre du roi de Prusse, on pourrait être étonné de ce qui vient de se passer secrètement dans Francfort.

J'arrive à peine dans cette ville, le 1er juin, que le sieur Freitag, résident de Brandebourg, vient dans ma chambre, escorté d'un officier prussien et d'un avocat, qui est du sénat, nommé Büker. Il me demande un livre imprimé, contenant les poésies du roi son maître, en vers français.

C'est un livre où j'avais quelques droits, et que le roi de Prusse m'avait donné, quand il fit les présents de ses ouvrages.

J'ai dit au résident de Brandebourg que je suis prêt de remettre au roi, son maître, les faveurs dont il m'a honoré, mais que ce volume est peut-être encore à Hambourg, dans une caisse de livres prête à être embarquée; que je vais aux bains de Plombières, presque mourant, et que je le prie de me laisser la vie en me laissant continuer ma route.

Il me répond qu'il va faire mettre une garde à ma porte; il me force à signer un écrit par lequel je promets de ne point sortir jusqu'à ce que les poésies du roi, son maître, soient revenues; et il me donne un billet de sa main conçu en ces termes :

« Aussitôt le grand ballot que vous dites d'être à Leipzig ou à Hambourg sera arrivé, et que vous aurez rendu l'*œuvre de poëshie* à moi, que le roi redemande, vous pourrez partir où bon vous semblera. »

J'écris sur-le-champ à Hambourg pour faire revenir l'*œuvre de poëshie* pour lequel je me trouve prisonnier dans une ville impériale, sans aucune formalité, sans le moindre ordre du magistrat, sans la moindre apparence de justice. Je n'importunerais pas Sa·Sacrée Majesté s'il ne s'agissait que de rester prisonnier jusqu'à ce que l'*œuvre de poëshie*, que M. Freitag redemande, fût arrivé à Francfort; mais on me fait craindre que M. Freitag n'ait des desseins plus violents, en croyant faire sa cour à son maître, d'autant plus que toute cette aventure reste encore dans le plus profond secret.

1. De la lettre de Frédéric du 23 août 1750.

Je suis très-loin de soupçonner un grand roi de se porter, pour un pareil sujet, à des extrémités que son rang et sa dignité désavoueraient, aussi bien que sa justice, contre un vieillard moribond qui lui avait tout sacrifié, qui ne lui a jamais manqué, qui n'est point son sujet, qui n'est plus son chambellan, et qui est libre. Je me croirais criminel de le respecter assez peu pour craindre de lui une action odieuse... Mais il n'est que trop vraisemblable que son résident se portera à des violences funestes, dans l'ignorance où il est des sentiments nobles et généreux de son maître.

C'est dans ce cruel état qu'un malade mourant se jette aux pieds de Votre Sacrée Majesté, pour la conjurer de daigner ordonner, avec la bonté et le secret qu'une telle situation me force d'implorer, qu'on ne fasse rien contre les lois, à mon égard, dans sa ville impériale de Francfort.

Elle peut ordonner à son ministre en cette ville de me prendre sous sa protection; elle peut me faire recommander à quelque magistrat attaché à son auguste personne.

Sa Sacrée Majesté a mille moyens de protéger les lois de l'Empire et de Francfort; et je ne pense pas que nous vivions dans un temps si malheureux que M. Freitag puisse impunément se rendre maître de la personne et de la vie d'un étranger, dans la ville où sa Sacrée Majesté a été couronnée.

Je voudrais, avant ma mort, pouvoir être assez heureux pour me mettre un moment à ses pieds. Son altesse royale Mme la duchesse de Lorraine [1], sa mère, m'honorait de ses bontés. Peut-être d'ailleurs sa Sacrée Majesté pousserait l'indulgence jusqu'à n'être pas mécontente, si j'avais l'honneur de me présenter devant elle et de lui parler.

Je supplie Sa Majesté Impériale de me pardonner la liberté que je prends de lui écrire, et surtout de la fatiguer d'une si longue lettre; mais sa bonté et sa justice sont mon excuse.

Je la supplie aussi de faire grâce à mon ignorance, si j'ai manqué à quelque devoir dans cette lettre, qui n'est qu'une requête secrète et soumise. Elle m'a déjà daigné donner une marque de ses bontés, et j'en espère une de sa justice.

---

1. Charlotte d'Orléans, sœur du régent, morte en 1744. (G. A.)

Je suis avec le plus profond respect, etc. VOLTAIRE, gentilhomme ordinaire de sa Majesté très-chrétienne.

A MADAME DENIS.

A Mayence, 9 de juillet 1753.

Il y avait trois ou quatre ans que je n'avais pleuré, et je comptais bien que mes vieilles prunelles ne connaîtraient plus cette faiblesse, jusqu'à ce qu'elles se fermassent pour jamais. Hier le secrétaire du comte de Stadion me trouva fondant en larmes; je pleurais votre départ et votre séjour; l'atrocité de ce que vous avez souffert perdait de son horreur quand vous étiez avec moi; votre patience et votre courage m'en donnaient; mais, après votre départ, je n'ai plus été soutenu.

Je crois que c'est un rêve; je crois que tout cela s'est passé du temps de Denis de Syracuse : je me demande s'il est bien vrai qu'une dame de Paris, voyageant avec un passe-port du roi son maître, ait été traînée dans les rues de Francfort par des soldats, conduite en prison sans aucune forme de procès, sans femme de chambre, sans domestique, ayant à sa porte quatre soldats la baïonnette au bout du fusil, et contrainte de souffrir qu'un commis de Freitag, un scélérat de la plus vile espèce, passât seul la nuit dans sa chambre. Quand on arrêta la Brinvilliers, le bourreau ne fut jamais seul avec elle : il n'y a point d'exemple d'une indécence si barbare. Et quel était votre crime? d'avoir couru deux cents lieues pour conduire aux eaux de Plombières un oncle mourant, que vous regardiez comme votre père.

Il est bien triste, sans doute, pour le roi de Prusse de n'avoir pas encore réparé cette indignité commise en son nom par un homme qui se dit son ministre. Passe encore pour moi : il m'avait fait arrêter pour ravoir son livre imprimé de poésies, dont il m'avait gratifié, et auquel j'avais quelque droit; il me l'avait laissé comme le gage de ses bontés et comme la récompense de mes soins : il a voulu reprendre ce bienfait; il n'avait qu'à dire un mot, ce n'était pas la peine de faire emprisonner un vieillard qui va prendre les eaux. Il aurait pu se souvenir que, depuis plus de quinze ans, il m'avait prévenu par ses bontés séduisantes ; qu'il m'avait, dans ma vieillesse, tiré de ma patrie ; que j'avais travaillé avec lui deux ans de suite à perfectionner ses talents ; que je l'ai bien servi, et ne lui ai manqué en rien ; qu'enfin il est bien au-dessous de son rang et de sa gloire de prendre parti dans une querelle académique, et de finir, pour toute récompense, en me faisant demander ses poésies par des soldats.

J'espère qu'il connaîtra tôt ou tard qu'il a été trop loin ; que mon ennemi l'a trompé, et que ni l'auteur ni le roi ne devaient pas jeter tant d'amertume sur la fin de ma vie. Il a pris conseil de sa colère, il le prendra de sa raison et de sa bonté. Mais que fera-t-il pour réparer l'outrage abominable qu'on vous a fait en son nom ? Milord Maréchal sera sans doute chargé de vous faire oublier, s'il est possible, les horreurs où Freitag vous a plongée.

On vient de m'envoyer ici des lettres pour vous ; il y en a une de Mme de Fontaine qui n'est pas consolante. On prétend toujours que j'ai été Prussien. Si on entend par là que j'ai répondu par de l'attachement et de l'enthousiasme aux avances singulières que le roi de Prusse m'a faites pendant quinze années de suite, on a grande raison ; mais si on entend que j'ai été son sujet et que j'ai cessé un moment d'être Français, on se trompe. Le roi de Prusse ne l'a jamais prétendu et ne me l'a jamais proposé. Il ne m'a donné la clef de chambellan que comme une marque de bonté, que lui-même appelle frivole dans les vers qu'il fit pour moi, en me donnant cette clef et cette croix que j'ai remises à ses pieds. Cela n'exigeait ni serments, ni fonctions, ni naturalisation. On n'est point sujet d'un roi pour porter son ordre. M. d'Écouville, qui est en Normandie, a encore la clef de chambellan du roi de Prusse, qu'il porte comme la croix de saint Louis.

Il y aurait bien de l'injustice à ne pas me regarder comme Français, pendant que j'ai toujours conservé ma maison à Paris et que j'y ai payé la capitation. Peut-on prétendre sérieusement que l'auteur du *Siècle de Louis XIV* n'est pas Français ? oserait-on dire cela devant les statues de Louis XIV et de Henri IV ; j'ajouterai même de Louis XV, parce que je suis le seul académicien qui fis son panégyrique quand il nous donna la paix ? et lui-même a ce panégyrique traduit en six langues.

Il se peut faire que Sa Majesté prussienne, trompée par mon ennemi et par un mouvement de colère, ait irrité le roi mon maître contre moi ; mais tout cédera à sa justice et à sa grandeur d'âme. Il sera le premier à demander au roi mon maître qu'on me laisse finir mes jours dans ma patrie ; il se souviendra qu'il a été mon disciple et que je n'emporte rien d'auprès de lui que l'honneur de l'avoir mis en état d'écrire mieux que moi. Il se contentera de cette supériorité et ne voudra pas se servir de celle que lui donne sa place, pour accabler un étranger qui l'a enseigné quelquefois, qui l'a chéri et respecté toujours. Je ne saurais lui imputer les lettres qui courent contre moi sous son nom : il est trop grand et trop élevé pour outrager un particulier dans ses lettres ; il sait trop comme un roi doit écrire, et il connaît le prix des bienséances ; il est né surtout pour faire connaître celui de la bonté et de la clémence. C'était le caractère de notre bon roi Henri IV ; il était prompt et colère, mais il revenait. L'humeur n'avait chez lui que des moments, et l'humanité l'inspira toute sa vie.

Voilà, ma chère enfant, ce qu'un oncle, ou plutôt ce qu'un père malade dicte pour sa fille. Je serai un peu consolé si vous arrivez en bonne santé. Mes compliments à votre frère et à votre sœur. Adieu ; puissé-je venir mourir dans vos bras, ignoré des hommes et des rois !

RÉPONSE

DE MADAME DENIS A M. DE VOLTAIRE.

A Paris, le 26 d'auguste 1753.

J'ai à peine la force de vous écrire, mon cher oncle : je fais un effort que je ne peux faire que pour vous. L'indignation universelle, l'horreur et la pitié que les atrocités de Francfort ont excitées ne me guérissent pas. Dieu veuille que mon ancienne prédiction que le roi de Prusse vous ferait mourir ne retombe que sur moi ! J'ai été saignée quatre fois en huit jours. La plupart des ministres étrangers ont envoyé savoir de mes nouvelles : on dirait qu'ils veulent réparer la barbarie exercée à Francfort.

Il n'y a personne en France, je dis personne sans aucune exception qui n'ait condamné cette violence mêlée de tant de ridicule et de cruauté.

Elle donne des impressions plus grandes que vous ne croyez. Milord Maréchal s'est tué de désavouer à Versailles, et dans toutes les maisons, tout ce qui s'est passé à Francfort. Il a assuré, de la part de son maître, qu'il n'y avait point de sa part. Mais voici ce que le sieur Federsdoff m'écrit de Potsdam, le 12 de ce mois : « Je déclare que j'ai toujours honoré M. de Voltaire comme un père, toujours prêt à lui servir. Tout ce qui vous est arrivé à Francfort a été fait par ordre du roi. Finalement je souhaite que vous jouissiez toujours d'une prospérité sans pareille, étant avec respect, etc. »

Ceux qui ont vu cette lettre ont été confondus. Tout le monde dit que vous n'avez de parti à prendre que celui que vous prenez, d'opposer de la philosophie à des choses si peu philosophes. Le public juge les hommes sans considérer leur état, et vous gagnez votre cause à ce tribunal. Nous faisons très-bien tous deux de nous taire, le public parle assez.

Tout ce que j'ai souffert augmente encore ma tendresse pour vous, et je viendrais vous trouver à Strasbourg ou à Plombières, si je pouvais sortir de mon lit, etc., etc.

A S. A. S. LE LANDGRAVE DE HESSE-CASSEL.

A Suhwetzingen, près de Manheim, le 4 auguste 1753.

Monseigneur, Votre Altesse Sérénissime m'a recommandé de lui apprendre la suite de l'aventure odieuse de Francfort. Le roi de Prusse l'a fait désavouer par son envoyé en France. Cependant le brigandage exercé par Freitag, qui se dit ministre du roi de Prusse à Francfort, n'a pas encore été réparé; les effets volés n'ont point été restitués, et on n'a point encore rendu l'argent qu'on avait pris dans nos poches. Il ne faut point de formalités pour voler, et il en faut pour restituer. Il y a grande apparence que le conseil de la ville de Francfort ne voudra pas se couvrir d'opprobre, et on doit espérer que le roi de Prusse fera justice du malheureux qui, pour se faire valoir d'un côté auprès de son maître, et de l'autre pour dépouiller des étrangers, a commis des violences si atroces. Il aurait peut-être fallu être sur les lieux pour obtenir une justice plus prompte. Voilà en partie pourquoi j'avais eu dessein de passer quelques semaines à Hanau. Mais ma santé et les bontés de ma cour m'ont rappelé en France, et je compte y retourner après avoir profité quelque temps des agréments de la cour de Manheim, dont je jouis sans oublier ceux de la vôtre. Je serai pénétré toute ma vie, monseigneur, des bontés dont Votre Altesse Sérénissime m'a honoré depuis que j'ai eu l'honneur de lui faire ma cour à Paris. Si j'étais plus jeune, je me flatterais de pouvoir encore venir me mettre à ses pieds. Mais, si je n'ai pas cette consolation, j'aurai du moins celle de penser que vous me conservez votre bienveillance, et je serai attaché à Votre Altesse Sérénissime jusqu'au dernier moment de ma vie, avec le plus profond respect et le plus tendre dévouement.

A M. LE COMTE D'ARGENTAL.

Strasbourg, 19 d'auguste 1753.

Mon cher ange, j'ignore si Mme Denis vous a donné un chiffon de lettre que je vous écrivis étant un peu attristé et très-malade. J'ai été en France depuis à petits pas, m'arrêtant partout où je trouvais bon gîte, et surtout chez l'électeur palatin. Vous me direz que je dois être rassasié d'électeurs[1], mais celui-là est très-consolant.

> Sæpe premente deo, fert deus alter opem.
> OVID.

Enfin je m'en allais tout doucement à Plombières prendre les eaux, par ordre du roi; mais par les ordonnances de Gervasi, qui est meilleur médecin que les plus grands rois, je reste quelque temps à Strasbourg. Je vise à l'hydropisie. Je n'en avais pas l'air; mais vous savez qu'il n'y a rien de plus sec qu'un hydropique. Gervasi a jugé que des eaux n'étaient pas trop bonnes contre des eaux, et il m'a condamné aux cloportes[2]? J'ai été plus d'une fois en ma vie condamné aux bêtes.

---

1. Frédéric II était *électeur* de Brandebourg.
2. Ils servaient de remède contre l'hydropisie.

J'ai trouvé ici la fille de Monime[1], à qui vos bontés ont sauvé autrefois quelque bien. C'est une créature aujourd'hui bien à plaindre. J'ai peur même que le préteur son père, qui n'était pas un préteur romain, ne lui ait fait perdre une partie de ce que vous lui aviez sauvé. J'ai cherché dans ses traits quelque ressemblance à votre ancienne amie, et je n'en ai point trouvé. Je ne m'intéresse pas moins à son triste sort.

L'abbé d'Aïdie, qui a passé ici avec M. le cardinal de Soubise, m'est venu apparaître un moment. Vous le verrez probablement bientôt, et ce ne sera pas à Pontoise. Je me flatte bien que vous faites à Paris de fréquents voyages, et que, si vous vous exilez par respect humain, vous revenez voir vos amis par goût. J'ignore parfaitement quand j'aurai la consolation de vous embrasser de mes mains potelées. Je crois que si vous me voyez en vie, vous me mettrez à mal, cela veut dire que vous me feriez faire encore une tragédie. L'électeur palatin m'a fait la galanterie de faire jouer quatre de mes pièces. Cela a ranimé ma vieille verve, et je me suis mis, tout mourant que je suis, à dessiner le plan d'une pièce nouvelle toute pleine d'amour. J'en suis honteux ; c'est la rêverie d'un vieux fou. Tant que j'aurai les doigts enflés à Strasbourg, je ne serai pas tenté d'y travailler ; mais si je vous voyais, mon cher ange, je ne répondrais de rien.

Comment se porte Mme d'Argental? comment vont vos amis, vos plaisirs, votre Pontoise? avez-vous vu ma pauvre nièce, le martyr de l'amitié et la victime des Vandales? n'avez-vous pas été bien ébaubi? L'aventure est unique. Jamais Parisienne n'avait été encore mise en prison chez les Bructères pour l'*œuvre de poëshies* d'un roi des Borusses. Certes le cas est rare.

Mon ange, tout ce que vous voyez vous rendra plus philosophe que jamais. Si je vous disais que je le suis, me croiriez-vous? Je n'en crois rien, moi. Cependant, depuis Gotha jusqu'à Strasbourg, de princes en vangois, et de palais en prison et cabarets, j'ai tranquillement travaillé cinq heures par jour au même ouvrage. J'y travaille encore avec mes doigts enflés, qui vous écrivent que je vous aime tendrement.

---

1. Mlle Daudet, fille d'Adrienne Lecouvreur et de M. de Klinglin, préteur royal à Strasbourg. (G. A.)

A M. DE MALESHERBES.

A Colmar, 25 décembre 1753.

Parmi les barbouilleurs de papier qui font des vœux pour M. de Malesherbes, qui lui souhaitent des années heureuses et qui l'ennuient, il en est un, sur les bords du Rhin, qui lui est attaché avec un respect aussi tendre que toute la rue Saint-Jacques ensemble[1]. Il prend la liberté de lui envoyer les feuilles ci-jointes. Si M. de Malesherbes daigne les parcourir, on lui demande bien pardon de lui faire perdre ce temps, et on le remercie très-humblement de son indulgence.

A M. DE MALESHERBES.

A Colmar, 24 février 1754.

Monsieur, les maladies qui m'accablent et qui me mènent où M. de la Reynière est allé[2] me privent de la consolation de vous témoigner de ma main combien je suis sensible à tout ce qui vous regarde. Permettez, monsieur, qu'en même temps j'aie l'honneur de vous adresser le procès-verbal ci-joint. Je mets aussi sous votre protection une lettre à monseigneur le chancelier. La calomnie va vite, et la vérité va lentement. Pourquoi faut-il qu'il soit si aisé de dire au roi que j'ai fait un livre impertinent, et qu'il soit si difficile de dire que je ne l'ai pas fait? L'acte public[3] que j'ai l'honneur de vous envoyer doit servir au moins à démontrer mon innocence, s'il ne sert pas à faire cesser une persécution injuste. Personne n'est plus à portée que vous de rendre gloire à la vérité, et peut-être un mot de votre bouche, dit à propos, m'empêcherait de

---

1. Quartier de la librairie qui dépendait de l'administration de M. Malesherbes. (G. A.)
2. Il venait de mourir d'indigestion. (G. A.)
3. C'est le procès-verbal de la comparaison faite par-devant notaire de l'*Abrégé* publié par Neaulme et du manuscrit de Voltaire.

mourir hors de ma patrie. Quoi qu'il arrive, je serai jusqu'au dernier moment, avec bien de la reconnaissance et du respect, monsieur, votre très-humble et très-obéissant serviteur.

P.-S. Je vous supplie instamment de vouloir bien empêcher l'entrée d'un nouveau libelle intitulé *Nouveau volume du Siècle de Louis XIV*, et imprimé à la Haye, chez Jean Van Duren.

A M. DE BRENLES.

Colmar, le 21 mai 1754.

Je me crois déjà votre ami, monsieur, et je supprime les cérémonies et les *monsieur* en sentinelle au haut d'une page. Je m'intéresse à votre bonheur comme si j'étais votre compatriote ; le bonheur est bien imparfait quand on vit seul. Messer Ludovico Ariosto dit que *Senza moglie a lato, l'uom non puote esser di bontade perfetto.*

Il faut être deux, au moins, pour jouir de toutes les douceurs de la vie, et il faut n'être que deux, quand on a une femme comme celle que vous avez trouvée. J'en ai bien parlé avec la bonne Mᵐᵉ Goll. Elle sait combien Mᵐᵉ de Brenles a de mérite ; vous avez épousé votre semblable. Si je faisais encore de petits vers, je dirais :

> Il faut trois dieux dans un ménage,
> L'Amitié, l'Estime et l'Amour ;
> On dit qu'on les vit l'autre jour
> Qui signaient votre mariage.

Pour moi, monsieur, je vais trouver les naïades ferrugineuses de Plombières. Le triste état où je suis m'empêche d'être témoin de votre félicité.

A M. DE CIDEVILLE.

A Plombières, le 9 juillet 1654.

Mon cher et ancien ami, quoique *chat échaudé* ait la réputation de craindre l'*eau froide,* cependant j'ai risqué l'eau chaude. Vous savez que j'aimerais bien mieux être auprès des naïades de Forges que de celles de Plombières; vous savez où je voudrais être, et combien il m'eût été doux de mourir dans la patrie de Corneille et dans les bras de mon cher Cideville; mais je ne peux ni passer ni finir ma vie selon mes désirs. J'ai au moins auprès de moi, à présent, une nièce qui me console en me parlant de vous. Nous ne faisons point de châteaux en Espagne, mais nous en faisons en Normandie. Nous imaginons que quelque jour nous pourrions bien vous venir voir. Elle m'a parlé, comme vous, du poëme de *l'Agriculture*. C'était à vous à le faire et à dire.

O fortunatos nimium, sua *nam* bona *noscunt!*
VIRG., *Georg.,* II.

Pour moi, je dis :

Nos. . . . . dulcia linquimus arva.
VIRG., ecl. I.

mais ne me dites point de mal des livres de dom Calmet.

Ses antiques fatras ne sont point inutiles ;
Il faut des passe-temps de toutes les façons,
Et l'on peut quelquefois supporter les Varrons,
Quoiqu'on adore les Virgiles.

D'ailleurs il y a cent personnes qui lisent l'histoire, pour une qui lit les vers. Le goût de la poésie est le partage du petit nombre des élus. Nous sommes un petit troupeau, et encore est-il dispersé. Et puis je ne sais si, à mon âge, il me siérait encore de chanter. Il me semble que j'aurais la voix un peu rauque. Et pourquoi chanter :

. . . . . . deserti ad Strymonis undam?
VIRG., *Georg.,* IV.

Enfin je me suis vu contraint de songer sérieusement à cette *Histoire universelle* dont on a imprimé des fragments si indignement défigurés. On m'a forcé à reprendre malgré moi un ouvrage que j'avais abandonné, et qui méritait tous mes soins. Ce n'était pas les sèches *Annales de l'Empire*, c'était le tableau des siècles, c'était l'histoire de l'esprit humain. Il m'aurait fallu la patience d'un bénédictin et la plume d'un Bossuet. J'aurai au moins la vérité d'un de Thou. Il n'importe guère où l'on vive pourvu qu'on vive pour les beaux-arts, et l'histoire est la partie des belles-lettres qui a le plus de partisans dans tous les pays.

> Les fruits des rives du Permesse
> Ne croissent que dans le printemps;
> D'Apollon les trésors brillants
> Font les charmes de la jeunesse,
> Et la froide et triste vieillesse
> N'est faite que pour le bon sens.

Adieu, mon cher ami; je vous aime bien plus que la poésie. Mme Denis vous fait mille compliments.

A M. GUIGER,

BARON DE PRANGINS.

De votre château de Prangins, 12 février 1755.

Nous ne pouvons trop, monsieur, vous renouveler nos remercîments, Mme Denis et moi. Toute la famille de M. de Ribeaupierre s'est empressée d'adoucir par ses soins officieux les maladies qui me persécutent. M. de Ribeaupierre le fils a surtout contribué à notre consolation; c'est un jeune homme qui réunit le meilleur cœur du monde, l'intelligence et l'activité. MM. Tronchin et Labat, vos amis, ont bien voulu être les nôtres. Ils nous ont procuré la maison de Saint-Jean (les *Délices*), que vous connaissez. Les jardins en sont délicieux. C'est une acquisition sur laquelle je ne devais pas compter. Elle me plaît d'autant plus qu'elle me mettra à portée de venir vous voir toutes les fois que vous viendrez dans votre magnifique château, et de m'informer de plus près des progrès singuliers que fait monsieur votre fils. J'apprends de tous côtés qu'on n'a jamais vu d'enfant si au-dessus de son âge. On dit que vous avez le courage de vouloir lui donner la petite vérole pour l'en préserver, courage qui a réussi à tous ceux qui ont pensé à l'anglaise, et que les Français ne connaissent pas encore. Ils sont venus tard à tout ce qui est hardi et utile. Ils ont été obligés d'adopter enfin les principes de la philosophie anglaise, ceux du commerce, ceux des finances. Ils arriveront enfin à l'inoculation, à force de tristes expériences.

J'espère toujours que vous nous amènerez Mme de Fontaine; il faut qu'une Parisienne voie qu'il est ailleurs des beautés de la nature et de l'art, et que le lac de Genève vaut bien la Seine. Pour moi, je trouve que la solitude vaut bien Paris.

Si vous avez quelques nouvelles, monsieur, de ce qui se passe à Pondichéry, et que vous puissiez nous en faire part, je vous en serai obligé. Ce qu'on en dit ne pourrait être que funeste à la compagnie des Indes.

Je finis en vous remerciant encore et en vous assurant que je serai toute ma vie, avec la plus invariable reconnaissance, monsieur, votre, etc.

A M. D'ALEMBERT.

1755.

J'ai obéi comme j'ai pu à vos ordres; je n'ai ni le temps, ni les connaissances, ni la santé qu'il faudrait pour travailler comme je voudrais: je ne vous présente ces essais que comme des matériaux que vous arrangerez à votre gré dans l'édifice immortel que vous élevez. Ajoutez, retranchez, je vous donne mes cailloux pour fourrer dans quelque coin de mur. J'ose croire que tous les sujets *in medio positi*, qui sont si connus, si rebattus, sur lesquels il y a si peu de doutes, sur lesquels on a fait tant de volumes, doivent être, par ces raisons-là même, traités un peu sommairement. On pourrait faire un in-folio sur ce seul mot *Littérature*. Si vous voulez que je parle des littérateurs italiens et espagnols, il faut donc que je m'étende sur les français ; il faudrait encore que j'eusse des livres espagnols et italiens, et je n'en ai pas un.

Muratori, outre ses immenses collections historiques, a écrit de *la Perfection de la poésie italienne*; il a fait des observations sur Pétrarque. L'*Histoire de la poésie italienne*, par Grescembeni, m'a paru un ouvrage assez instructif. J'ai lu le comte Orsi, qui a justifié le Tasse contre le père Bouhours : son livre est plus rempli, à ce qui m'a paru, d'érudition que de bon goût. Gravina m'a paru écrire sur la tragédie comme Dacier, aidé de sa femme, les aurait faites. Cette espèce de littérature commença, je crois, du temps de Castelvetro ; ensuite vint Jules Scaliger, mais qui n'a écrit qu'en latin. Si vous croyez devoir faire entrer ces rocailles dans notre grand temple, il n'y a point à Paris d'aide à maçon qui n'en sache plus que moi et qui ne vous serve mieux. D'ailleurs ne suffit-il pas, dans un dictionnaire, de définir, d'expliquer, de donner quelques exemples ? faut-il discuter les ouvrages de tous ceux qui ont écrit sur la matière dont on parle ?

A l'égard des Espagnols, je ne connais que *Don Quichotte* et Antonio de Solis. Je ne sais pas assez l'espagnol pour avoir lu d'autres livres.

Adieu, monsieur ; je crains d'abuser de votre temps ; vous devez être accablé de travail. Mille compliments à votre compagnon. Adieu, Atlas et Hercule, qui portez le monde sur vos épaules.

A M. LEKAIN.

Aux Délices, 24 mars 1755.

Je reçois dans le moment votre lettre de Dijon, du 18 mars. J'envoie ma réponse à Lyon, mon cher ami, chez Mlle Destouches. Vous allez sans doute recueillir à Lyon autant d'applaudissements et d'honoraires qu'à Dijon. Si, après cela, vous avez le courage de venir chez moi, il faut que vous ayez encore celui d'y être très-mal logé et très-mal couché. Mes Délices sont sens dessus dessous. Je suis entouré d'ouvriers qui m'occupent du matin au soir. Vous me verrez devenu maçon, charpentier, jardinier ; il n'y a que vous qui puissiez me rendre à mon premier métier. Vous ferez aisément le voyage de Lyon à Genève, par les voitures publiques. Ma maison est précisément à la porte de Genève, et je vous enverrai un carrosse qui vous prendra en chemin, le jour de votre arrivée. Vous n'aurez qu'à m'instruire du jour auquel la voiture publique se rend à Genève ; mon ermitage est précisément sur le chemin qui conduit de Lyon à cette ville. Vous n'aurez pas la peine d'entrer dans Genève pour venir chez moi.

Si mon carrosse ne vous rencontrait pas en chemin, vous n'aurez qu'à dire au voiturier d'arrêter à Saint-Jean, à deux cents pas de la porte de Genève.

Nous vous faisons, Mme Denis et moi, les plus tendres compliments.

Je vous embrasse de tout mon cœur.

Je ne suis pas à Prangins ; songez bien que je suis chez moi, aux Délices, à Saint-Jean, aux portes de Genève, et que la maison méritera son nom, quand vous y serez.

A M. J.-J. ROUSSEAU,

A PARIS.

30 augusto 1755.

J'ai reçu, monsieur, votre nouveau livre[1] contre le genre humain ; je vous en remercie. Vous plairez aux hommes, à qui vous dites leurs vérités, mais vous ne les corrigerez pas. On ne peut peindre avec des couleurs plus fortes les horreurs de la société humaine, dont notre ignorance et notre faiblesse se promettent tant de consolations. On n'a jamais employé tant d'esprit à vouloir nous rendre bêtes, il prend envie de marcher à quatre pattes quand on lit votre ouvrage. Cependant, comme il y a plus de soixante ans que j'en ai perdu l'habitude, je sens malheureusement qu'il m'est impossible de la reprendre, et je laisse cette allure naturelle à ceux qui en sont plus dignes que vous et moi. Je ne peux non

---

1. Le *Discours sur l'inégalité des conditions*.

plus m'embarquer pour aller trouver les sauvages du Canada : premièrement, parce que les maladies dont je suis accablé me retiennent auprès du plus grand médecin de l'Europe, et que je ne trouverais pas les mêmes secours chez les Missouris ; secondement, parce que la guerre est portée dans ce pays-là, et que les exemples de nos nations ont rendu les sauvages presque aussi méchants que nous. Je me borne à être un sauvage paisible dans la solitude que j'ai choisie, auprès de votre patrie, où vous devriez être.

Je conviens avec vous que les belles-lettres et les sciences ont causé quelquefois beaucoup de mal. Les ennemis du Tasse firent de sa vie un tissu de malheurs ; ceux de Galilée le firent gémir dans les prisons, à soixante-dix ans, pour avoir connu le mouvement de la terre ; et, ce qu'il y a de plus honteux, c'est qu'ils l'obligèrent à se rétracter. Dès que vos amis eurent commencé le *Dictionnaire encyclopédique*, ceux qui osèrent être leurs rivaux les traitèrent de déistes, d'athées, et même de jansénistes.

Si j'osais me compter parmi ceux dont les travaux n'ont eu que la persécution pour récompense, je vous ferais voir des gens acharnés à me perdre, du jour que je donnai la tragédie d'*OEdipe*; une bibliothèque de calomnies ridicules imprimées contre moi ; un homme faisant imprimer mon propre ouvrage du *Siècle de Louis XIV*, avec des notes dans lesquelles la plus crasse ignorance vomit les plus infâmes impostures ; un autre qui vend à un libraire quelques chapitres d'une prétendue *Histoire universelle* sous mon nom ; le libraire assez avide pour imprimer ce tissu informe de bévues, de fausses dates, de faits et de noms estropiés, et enfin des hommes assez lâches et assez méchants pour m'imputer la publication de cette rapsodie.

Je vous ferais voir la société infectée de ce genre d'hommes inconnu à toute l'antiquité, qui, ne pouvant embrasser une profession honnête, soit de manœuvre, soit de laquais, et sachant malheureusement lire et écrire, se font courtiers de littérature, vivent de nos ouvrages, volent des manuscrits, les défigurent et les vendent.

J'ajouterais qu'en dernier lieu on a volé une partie des matériaux que j'avais rassemblés dans les archives publiques pour servir à l'*Histoire de la guerre de* 1741, lorsque j'étais historiographe de France ; qu'on a vendu à un libraire de Paris ce fruit de mon travail ; qu'on se saisit à l'envi de mon bien, comme si j'étais déjà mort, et qu'on le dénature pour le mettre à l'encan.

Je vous peindrais l'ingratitude, l'imposture et la rapine me poursuivant depuis quarante ans jusqu'au pied des Alpes, et jusqu'au bord de mon tombeau. Mais que conclurai-je de toutes ces tribulations? que je ne dois pas me plaindre; que Pope, Descartes, Bayle, le Camoëns, et cent autres, ont essuyé les mêmes injustices, et de plus grandes; que cette destinée est celle de presque tous ceux que l'amour des lettres a trop séduits.

Avouez en effet, monsieur, que ce sont là de ces petits malheurs particuliers dont à peine la société s'aperçoit. Qu'importe au genre humain que quelques frelons pillent le miel de quelques abeilles? Les gens de lettres font grand bruit de toutes ces petites querelles; le reste du monde ou les ignore ou en rit.

De toutes les amertumes répandues sur la vie humaine, ce sont là les moins funestes. Les épines attachées à la littérature et à un peu de réputation ne sont que des fleurs en comparaison des autres maux qui de tout temps ont inondé la terre. Avouez que ni Cicéron, ni Varron, ni Lucrèce, ni Virgile, ni Horace, n'eurent la moindre part aux proscriptions. Marius était un ignorant. Le barbare Sylla, le crapuleux Antoine, l'imbécile Lépide, lisaient peu Platon et Sophocle; et pour ce tyran sans courage, Octave-Cépias surnommé si lâchement *Auguste*, il ne fut un détestable assassin que dans les temps où il fut privé de la société des gens de lettres.

Avouez que Pétrarque et Boccace ne firent pas naître les troubles de l'Italie; avouez que le badinage de Marot n'a pas produit la Saint-Barthélemi, et que la tragédie du *Cid* ne causa pas les troubles de la fronde. Les grands crimes n'ont guère été commis que par de célèbres ignorants. Ce qui fait et fera toujours de ce monde une vallée de larmes, c'est l'insatiable cupidité et l'indomptable orgueil des hommes, depuis Thamas Kouli-kan, qui ne savait pas lire, jusqu'à un commis de la douane, qui ne sait que chiffrer. Les lettres nourrissent l'âme, la rectifient, la consolent; elles vous servent, monsieur, dans le temps que vous écrivez contre elles; vous êtes comme Achille, qui s'emporte contre la gloire, et comme le père Malebranche, dont l'imagination brillante écrivait contre l'imagination.

Si quelqu'un doit se plaindre des lettres, c'est moi, puisque, dans tous les temps et dans tous les lieux, elles ont servi à me persécuter. Mais il faut les aimer malgré l'abus qu'on en fait, comme il faut aimer la société dont tant d'hommes méchants corrompent les douceurs; comme il faut aimer sa patrie, quelques injustices qu'on y essuie; comme il faut aimer et servir l'Être suprême, malgré les superstitions qui déshonorent si souvent son culte.

M. Chappuis m'apprend que votre santé est bien mauvaise; il faudrait la venir rétablir dans l'air natal, jouir de la liberté, boire avec moi du lait de nos vaches et brouter nos herbes.

Je suis très-philosophiquement, et avec la plus tendre estime, etc.

A M. LE DOCTEUR TRONCHIN.

Aux Délices, 18 avril 1756.

Depuis que vous m'avez quitté,
Je retombe dans ma souffrance;
Mais je m'immole avec gaîté,
Quand vous assurez la santé
Aux petits-fils des rois de France.

Votre absence, mon cher Esculape, ne me coûte que la perte d'une santé faible et inutile au monde. Les Français sont accoutumés à sacrifier de tout leur cœur quelque chose de plus à leurs princes.

Monseigneur le duc d'Orléans et vous, vous serez tous deux bénis dans la postérité.

Il est des préjugés utiles,
Il en est de bien dangereux;
Il fallait pour triompher d'eux
Un père, un héros courageux,
Secondé de vos mains habiles.
Autrefois à ma nation
J'osai parler dans mon jeune âge
De cette *inoculation*
Dont, grâce à vous, on fait usage.

On la traita de vision,
On la reçut avec outrage,
Tout ainsi que *l'attraction.*
J'étais un trop faible interprète
De ce vrai qu'on prit pour erreur,
Et je n'ai jamais eu l'honneur
De passer chez moi pour prophète.

Comment recevoir, disait-on,
Des vérités de l'Angleterre?
Peut-il se trouver rien de bon
Chez des gens qui nous font la guerre?
Français, il fallait consulter
Ces Anglais qu'il vous faut combattre ·
Rougit-on de les imiter
Quand on a si bien su les battre?
Également à tous les yeux
Le dieu du jour doit sa carrière.

La vérité doit sa lumière
A tous les temps, à tous les lieux.
Recevons sa clarté chérie,
Et, sans songer quelle est la main
Qui la présente au genre humain,
Que l'univers soit sa patrie.

Une vieille duchesse anglaise aima mieux autrefois mourir de la fièvre que de guérir avec le quinquina, parce qu'on appelait alors ce remède la *poudre des jésuites.* Beaucoup de dames jansénistes seraient très-fâchées d'avoir un médecin moliniste. Mais, Dieu merci, messieurs vos confrères n'entrent guère dans ces querelles. Ils guérissent et tuent indifféremment les gens de toute secte.

On dit que vous prendrez votre chemin par Lunéville. Faites vivre cent ans le bienfaiteur[1] de ce pays-là, et revenez ensuite dans le vôtre. Imitez Hippocrate, qui préféra sa patrie à la cour des rois.

Vos deux enfants me sont venus voir aujourd'hui, je les ai reçus comme les fils d'un grand homme. Mille compliments à M. de Labat, si vous avez le temps de lui parler.

Je vous embrasse tendrement.

1. Stanislas.

LE M^{AL} DUC DE RICHELIEU

A M. LE MARÉCHAL DUC DE RICHELIEU.

Aux Délices, près de Genève, avril 1756.

Prenez Port-Mahon, mon héros ; c'est mon affaire. Vous savez qu'un fou d'Anglais parie vingt contre un, à bureau ouvert dans Londres, qu'on vous mènera prisonnier en Angleterre avant quatre mois. J'envoie commission à Londres de déposer vingt guinées contre cet extravagant, et j'espère bien gagner quatre cents livres sterling, avec quoi je donnerai un beau feu de joie le jour que j'apprendrai que vous avez fait la garnison de Saint-Philippe prisonnière de guerre. Je ne suis pas le seul qui parie pour vous. Vous vengerez la France, et vous enrichirez plus d'un Français. Je me flatte que, malgré la fatigue et les chaleurs, la gloire vous donne de la santé à vous et à M. le duc de Fronsac. Vous avez auprès de vous toute votre famille. Permettez-moi de souhaiter que vous buviez tous à la glace dans ce maudit fort de Saint-Philippe, couronnés de lauriers, comme des Romains triomphant des Carthaginois.

Je n'ose pas vous supplier d'ordonner à un de vos secrétaires de m'envoyer les bulletins ; mais, si vous pouvez me faire cette faveur, vous ne pouvez assurément en honorer personne plus intéressé à vos succès.

Permettez que les deux Suisses vous présentent leur tendre respect.

A MADEMOISELLE ***[1].

Aux Délices, près de Genève, 20 juin 1756.

Je ne suis, mademoiselle, qu'un vieux malade, et il faut que mon état soit bien douloureux puisque je n'ai pu répondre plus tôt à la lettre

---

1. Les éditeurs de Kehl donnent cette lettre comme adressée à Mme Dupuy, femme du secrétaire perpétuel de l'Académie des inscriptions et belles-lettres.

dont vous m'honorez, et que je ne vous envoie que de la prose pour vos jolis vers. Vous me demandez des conseils, il ne vous en faut point d'autre que votre goût. L'étude que vous avez faite de la langue italienne doit encore fortifier ce goût avec lequel vous êtes née, et que personne ne peut donner. Le Tasse et l'Arioste vous rendront plus de services que moi, et la lecture de nos meilleurs poëtes vaut mieux que toutes les leçons; mais, puisque vous daignez de si loin me consulter, je vous invite à ne lire que les ouvrages qui sont depuis longtemps en possession des suffrages du public, et dont la réputation n'est point équivoque. Il y en a peu; mais on profite bien davantage en les lisant, qu'avec tous les mauvais petits livres dont nous sommes inondés. Les bons auteurs n'ont de l'esprit qu'autant qu'il en faut, ne le recherchent jamais, pensent avec bon sens et s'expriment avec clarté. Il semble qu'on n'écrive plus qu'en énigmes. Rien n'est simple, tout est affecté; on s'éloigne en tout de la nature, on a le malheur de vouloir mieux faire que nos maîtres.

Tenez-vous-en, mademoiselle, à tout ce qui plaît en eux. La moindre affectation est un vice. Les Italiens n'ont dégénéré après le Tasse et l'Arioste que parce qu'ils ont voulu avoir trop d'esprit, et les Français sont dans le même cas. Voyez avec quel naturel Mme de Sévigné et d'autres dames écrivent; comparez ce style avec les phrases entortillées de nos petits romans; je vous cite les héroïnes de votre sexe, parce que vous me paraissez faite pour leur ressembler. Il y a des pièces de Mme Deshoulières qu'aucun auteur de nos jours ne pourrait égaler. Si vous voulez que je vous cite des hommes, voyez avec quelle clarté, quelle simplicité notre Racine s'exprime toujours. Chacun croit, en le lisant, qu'il dirait en prose tout ce que Racine a dit en vers. Croyez que tout ce qui ne sera pas aussi clair, aussi simple, aussi élégant, ne vaudra rien du tout.

Vos réflexions, mademoiselle, vous en apprendront cent fois plus que je ne pourrais vous en dire. Vous verrez que nos bons écrivains, Fénelon, Bossuet, Racine, Despréaux, employaient toujours le mot propre. On s'accoutume à bien parler en lisant souvent ceux qui ont bien écrit; on se fait une habitude d'exprimer simplement et noblement sa pensée sans effort. Ce n'est point une étude; il n'en coûte aucune peine de lire ce qui est bon, et de ne lire que cela; on n'a de maître que son plaisir et son goût.

Pardonnez, mademoiselle, à ces longues réflexions; ne les attribuez qu'à mon obéissance à vos ordres.

J'ai l'honneur d'être avec respect, etc.

A M. LEKAIN.

Aux Délices, 4 auguste 1756.

Mon cher Lekain, tout ce qui est aux Délices a reçu vos compliments et vous fait les siens, aussi bien qu'à tous vos camarades. Puisque vous osez enfin observer le costume, rendre l'action théâtrale et étaler sur la scène toute la pompe convenable, soyez sûr que votre spectacle acquerra une grande supériorité. Je suis trop vieux et trop malade pour espérer d'y contribuer; mais si j'avais encore la force de travailler, ce serait dans un goût nouveau, digne des soins que vous prenez et de vos talents. Je suis borné, à présent, à m'intéresser à vos succès. On ne peut y prendre plus de part, ni être moins en état de les seconder. Je vous embrasse de tout mon cœur.

A M. L'ABBÉ D'OLIVET.

A Monrion, 19 mars 1757.

Vos lettres sont venues à bon port, mon très-cher maître. Les *veredarii* sont exacts, parce qu'il leur en revient quelque chose. Il est vrai que j'ai été obligé d'avertir que je ne recevais point de lettres d'inconnus, et vous trouverez que j'ai eu raison quand vous saurez que très-souvent la poste m'apportait pour cent francs de paquets de gens discrets qui m'envoyaient leurs manuscrits à corriger ou à admirer. Le nombre des fous mes confrères, *quos scribendi cacoethes tenet*, est immense. Celui des autres fous, à lettres anonymes, n'est pas moins considérable. Mais pour vous, mon cher abbé, qui êtes très-sage et qui m'aimez, sachez qu'une de vos lettres est un de mes plus grands plaisirs, et serait ma plus chère consolation, si j'avais besoin d'être consolé.

Vous parlez de brochures ; il y a autant de feuilles dans Paris qu'à mes arbres ; mais aussi la chute des feuilles est fréquente. On en a imprimé une de moi où il est question de vous et de la langue française, à laquelle vous avez rendu tant de services. C'est une réponse que j'avais faite à M. Deodati Tovazzi, qui disait un peu trop de mal de notre langue.

Je savais que l'archidiacre de Fontenelle et de Lamotte était admis pour compiler, compiler des phrases à notre tripot, et qu'on vous accusait d'avoir molli en cette occasion. Je crois, mon cher maître, qu'on vous calomnie.

L'abbé Trublet m'avait pétrifié.

Mais pourquoi ne serait-il pas de l'Académie? l'abbé Cotin en était bien : j'attends l'abbé Le Blanc avec une impatience extrême. J'ai une querelle avec vous sur les vers croisés. Je trouve qu'ils sauvent l'uniformité de la rime, qu'on peut se passer avec eux de *frères lais*, et qu'ils sont harmonieux. *Licentia sumpta pudenter* n'est pas mal ; mais je vous dirai à l'oreille que c'est un écueil. Il y a dans ce genre de vers un rhythme caché fort difficile à attraper. Si quelqu'un m'imite, il courra des risques. J'aimerais passionnément à m'entretenir avec vous de littérature, et à pleurer sur la nôtre. Mais vous vous moquez de moi avec *votre banlieue* ; il faudrait que je fusse d'avance imbécile de quitter les deux lieues de pays que je possède, et où je suis indépendant, pour Arcueil et pour Gentilly. Tenez, tenez, voici ma réponse dans ce paquet : *Ad urbem non descendet vates tuus. Omittet mirari beatæ fumum et opes strepitumque Paris.* Je n'ai eu l'idée du bonheur que depuis que je suis chez moi dans la retraite. Mais quelle retraite ! J'ai quelquefois cinquante personnes à table ; je les laisse avec Mme Denis, qui fait les honneurs, et je m'enferme. J'ai bâti ce qu'en Italie on appelle un *palazzo* ; mais je n'en aime que mon cabinet de livres, *senectutem alunt*. Vivez, mon cher abbé ; on n'est point vieux avec de la santé. Je veux, avant de mourir, vous adresser une épître sur le peu d'usage que font nos littérateurs de vos préceptes et de vos exemples. Quel style que celui d'aujourd'hui ! ni nombre, ni harmonie, ni grâces, ni décence. Chacun cherche à faire des sauts périlleux. Je laisse les Gilles sur leur corde lâche, et je cultive comme je peux mes champs et ma raison.

M. de Ximenès vous remercie : il a du goût ; il étudie beaucoup : il a lu vos ouvrages ; il aime mieux votre préface sur *de Natura deorum* et votre *Histoire de la Philosophie* que les tours de force de Jean-Jacques, lequel Jean-Jacques mérite la petite correction qu'il a reçue. Adieu encore une fois.

A M. DE MONCRIF.

A Monrion, 27 mars 1757.

Mon cher confrère, j'ai été enchanté de votre souvenir, et affligé de la bienséance qui empêche le maître du château [1] d'écrire un petit mot ; mais je conçois qu'il aura été excédé de la multitude des lettres inutiles et embarrassantes auxquelles on n'a que des choses vagues à répondre. Il est toujours bon qu'il sache qu'il y a deux espèces de Suisses qui l'aiment de tout leur cœur. Tavernier, qui avait acheté la terre d'Aubonne, à quelques lieues de mon ermitage, interrogé par Louis XIV pourquoi il avait choisi une terre en Suisse, répondit, comme vous savez : « Sire, j'ai été bien aise d'avoir quelque chose qui ne fût qu'à moi. » Je n'ai pas tant voyagé que Tavernier, mais je finis comme lui.

Vous avez donc soixante-neuf ans, mon cher confrère ; qui est-ce qui ne les a pas à peu près ? Voici le temps d'être à soi et d'achever tranquillement sa carrière. C'est une belle chose que la tranquillité ! Oui, mais l'ennui est de sa connaissance et de sa famille. Pour chasser ce vilain parent, j'ai établi un théâtre à Lausanne, où nous jouons *Zaïre*, *Alzire*, *l'Enfant prodigue*, et même des pièces nouvelles. N'allez pas croire que ce soient des pièces et des acteurs suisses ; j'ai fait pleurer, moi bonhomme Lusignan, un parterre très-bien choisi ; et je souhaite que les Clairon et les Gaussin jouent comme Mme Denis. Il n'y a dans Lausanne que des familles françaises, des mœurs françaises, du goût français, beaucoup de noblesse, de très-bonnes maisons dans une très-

---

1. Le comte d'Argenson, exilé à son château des Ormes, où Moncrif était alors.

vilaine ville. Nous n'avons de suisse que la cordialité; c'est l'âge d'or avec les agréments du siècle de fer.

Je suis histrion les hivers à Lausanne, et je réussis dans les rôles de vieillard : je suis jardinier au printemps, à mes Délices, près de Genève, dans un climat plus méridional que le vôtre. Je vois de mon lit le lac, le Rhône, et une autre rivière. Avez-vous, mon cher confrère, un plus bel aspect? Avez-vous des tulipes au mois de mars? Avec cela on barbouille de la philosophie et de l'histoire; on se moque des sottises du genre humain et de la charlatanerie de vos physiciens, qui croient avoir mesuré la terre, et de ceux qui passent pour des hommes profonds parce qu'ils ont dit qu'on fait des anguilles avec de la pâte aigre.

On plaint ce pauvre genre humain qui s'égorge dans notre continent à propos de quelques arpents de glace en Canada. On est libre comme l'air depuis le matin jusqu'au soir. Mes vergers, et mes vignes, et moi, nous ne devons rien à personne. C'est encore là ce que je voulais, mais je voudrais aussi être moins éloigné de vous; c'est dommage que le pays de Vaud ne touche pas à la Touraine.

A M. DE CIDEVILLE.

Aux Délices, 18 mai 1757.

J'ai admiré, mon cher et ancien ami, la bonté de votre âme, dans le compte que vous avez daigné me rendre des aventures de Mlle de Ponthieu[1]; mais je n'ai pas été moins surpris de la netteté de votre exposé dans un sujet si embrouillé. On ne peut mieux rapporter un mauvais procès; vous auriez été un excellent avocat général. J'ai tardé trop longtemps à vous remercier.

Je n'ai nulle envie de me mettre actuellement dans la foule de ceux qui donnent des pièces au public : il est inutile d'envoyer son plat à ceux qu'on crève de bonne chère. Je ne veux présenter mes oiseaux du lac Léman que dans des temps de jeûne. Vous savez d'ailleurs qu'on

---

1. *Adèle de Ponthieu*, tragédie de La Place, jouée le 28 avril. (G. A.)

n'est pas oisif pour être un campagnard ; il vaut bien autant planter des arbres que faire des vers. Je n'adresse point[1] d'*Épître à mon jardinier Antoine*; mais j'ai assurément une plus jolie campagne que Boileau, et ce n'est point *la fermière qui ordonne*[2] nos soupers.

J'ai eu la curiosité autrefois de voir cette maison de Boileau ; cela avait l'air d'un fort vilain petit cabaret borgne : aussi Despréaux s'en défit-il, et je me flatte que je garderai toujours mes Délices.

J'en suis plus amoureux, plus la raison m'éclaire.
Armide.

Je n'ai guère vu ni un plus beau plain-pied ni des jardins plus agréables, et je ne crois pas que la vue du Bosphore soit si variée. J'aime à vous parler campagne ; car, ou vous êtes actuellement à la vôtre, ou vous y allez. On dit que vous en avez fait un très-joli séjour ; c'est dommage qu'il soit si éloigné de mon lac. Je me flatte que la santé de M. l'abbé du Resnel est raffermie, et que la vôtre n'a pas besoin de l'être. C'est là le point important, c'est le fondement de tout, et l'empire de la terre ne vaut pas un bon estomac. Je souffre ici bien moins qu'ailleurs, mais je digère presque aussi mal que si j'étais dans une cour ; sans cela, je serais trop heureux ; mais Mme Denis digère, et cela suffit : vous m'avouerez qu'elle en est bien digne, après avoir quitté Paris pour moi.

Bonsoir, mon cher et ancien ami. J'ai toujours oublié de vous demander si les trois Académies, dont Fontenelle était le doyen, ont assisté à son convoi. Si elles n'ont pas fait cet honneur aux lettres et à elles-mêmes, je les déclare barbares.

A M. THIRIOT.

Aux Délices, 1er octobre 1757.

Vraiment, je n'ai point eu cette lettre que vous m'écrivîtes huit jours après m'avoir envoyé les *Mémoires* de Hébert. Il se perdit, dans

1. Comme Boileau.
2. *Épître de Boileau à Lamoignon.*

ce temps-là, un paquet du courrier de Lyon, sans qu'on ait pu jamais savoir ce qu'il est devenu. Les amants et les banquiers sont ceux qui perdent le plus à ces aventures. Je ne suis ni l'un ni l'autre, mais je regrette fort votre lettre. Nous avons depuis longtemps, mon ancien ami, celle de *Frédéric* au très-aimable et très-humain conjuré anglais réfugié[1], gouverneur de Neufchâtel. Je vous assure que j'en reçois de beaucoup plus singulières encore, et de lui et de sa famille. J'ai vu bien des choses extraordinaires en ma vie ; je n'en ai point vu qui approchassent de certaines choses qui se passent et que je ne peux dire. Ma philosophie s'affermit et se nourrit de toutes ces vicissitudes.

Vous ai-je mandé que M. et Mme de Montferrat sont venus ici bravement faire inoculer un fils unique qu'ils aiment autant que leur propre vie ? Mesdames de Paris, voilà de beaux exemples. Mme la comtesse de Toulouse ne pleurerait pas aujourd'hui M. le duc d'Antin, si on avait eu du courage. Un fils du gouverneur du Pérou, qui sort de mon ermitage, me dit qu'on inocule dans le pays d'Alzire. Les Parisiens sont vifs et tardifs.

Ce ne sont pas les auteurs de l'*Encyclopédie* qui sont tardifs ; je crois le septième tome imprimé, et je l'attends avec impatience. La cour de Pétersbourg n'est pas si prompte ; elle m'envoie toutes les archives de Pierre le Grand. Je n'ai reçu que le recueil de tous les plans et un des médaillons d'or grands comme des patènes.

Je vous assure que je suis bien flatté que les descendants des Lisois soient contents de ce qui m'est échappé, par-ci, par-là, sur leur respectable maison. Nous autres badauds de Paris, nous devons chérir les Montmorency[2] par-dessus toutes les maisons du royaume. Ils ont été nos défenseurs nés ; ils étaient les premiers seigneurs, sans contredit, de notre Ile-de-France, les premiers officiers de nos rois, et, presque en tout temps, les chefs de la gendarmerie royale. Ils sont aux autres maisons ce qu'une belle dame de Paris est à une belle dame de province ; et, en qualité de Parisien et de barbouilleur de papier, j'ai toujours eu ce nom en vénération. Ce serait bien autre chose, si je voyais la beauté près de laquelle vous avez le bonheur de vivre.

---

1. Milord Maréchal.
2. Thiriot était devenu l'hôte des Montmorency. (G. A.)

Quel est donc ce paquet que vous m'envoyez contre-signé *Bouret*? Je voudrais bien que ce fût un paquet russe; car j'ai actuellement plus de correspondance avec la grande Permie et Archangel qu'avec Paris. Est-il vrai que M. Bouret n'a plus le portefeuille des fermes générales, et qu'il est réduit à ne plus songer qu'à son plaisir? Bonsoir; je vous quitte pour aller planter.

> . . . . Mais planter à cet âge,
> Disaient trois jouvenceaux, enfants du voisinage;
> Assurément il radotait.
> *La Fontaine.*

Au moins, je radote heureusement; et je finis bien plus tranquillement que je n'ai commencé. *Vale, amice.*

Le Suisse V.

A M. TRONCHIN, DE LYON.

Lausanne, 20 octobre 1757.

Votre amitié, monsieur, et votre probité éclairée me fortifient contre la répugnance que j'aurais naturellement à communiquer des idées qui peut-être sont très-hasardées; je vous les soumets avec confiance.

Il n'a tenu qu'à moi, il y a près de deux ans, d'accepter du roi de Prusse des biens dont je n'ai pas besoin, et ce qu'on appelle des honneurs dont je n'ai que faire. Il m'a écrit en dernier lieu avec une confiance que je juge même trop grande et dont je n'abuserai pas. Mme la margrave m'étonnerait beaucoup si elle faisait le voyage de Paris; elle était mourante il y a quinze jours, et je doute qu'elle puisse et qu'elle veuille entreprendre ce voyage. Ce qu'elle m'a écrit, ce que le roi son frère m'a écrit, est si étrange, si singulier, qu'on ne le croirait pas, que je ne le crois pas moi-même, et que je n'en dirai rien, de peur de lui faire trop de tort.

Je dois me borner à vous avouer qu'en qualité d'homme très-attaché à cette princesse, d'homme qui a appartenu à son frère, et surtout d'homme qui aime le bien public, je lui ai conseillé de tenter des démarches à la cour de France. Je n'ai jamais pu me persuader qu'on voulût donner à la maison d'Autriche plus de puissance qu'elle n'en a jamais eu en Allemagne sous Ferdinand II, et la mettre en état de s'unir à la première occasion avec l'Angleterre plus puissamment que jamais. Je ne me mêle point de politique ; mais la balance en tout genre me paraît bien naturelle.

Je sais bien que le roi de Prusse, par sa conduite, a forcé la cour de France à le punir et à lui faire perdre une partie de ses États. Elle ne peut empêcher à présent que la maison d'Autriche ne reprenne sa Silésie, ni même que les Suédois ne se ressaisissent de quelque terrain en Poméranie. Il faut sans doute que le roi de Prusse perde beaucoup ; mais pourquoi le dépouiller de tout? Quel beau rôle peut jouer Louis XV en se rendant l'arbitre des puissances, en faisant les partages, en renouvelant la célèbre époque de la paix de Westphalie! Aucun événement du siècle de Louis XIV ne serait aussi glorieux.

Il m'a paru que Mme la margrave avait une estime particulière pour un homme respectable[1] que vous voyez souvent. J'imagine que si elle écrivait directement au roi une lettre touchante et raisonnée, et qu'elle adressât cette lettre à la personne dont je vous parle, cette personne pourrait, sans se compromettre, l'appuyer de son crédit et de son conseil. Il serait, ce me semble, bien difficile qu'on refusât l'offre d'être l'arbitre de tout, et de donner des lois absolues à un prince qui croyait, le 17 juin, en donner à toute l'Allemagne. Qui sait même si la personne principale, qui aurait envoyé la lettre de Mme la margrave au roi, qui l'aurait appuyée, qui l'aurait fait réussir, ne pourrait pas se mettre à la tête du congrès qui réglerait la destinée de l'Europe? Ce ne serait sortir de sa retraite honorable que pour la plus noble fonction qu'un homme puisse faire dans le monde; ce serait couronner sa carrière de gloire.

Je vous avouerai que le roi de Prusse était, il y a quinze jours, très-loin de se prêter à une telle soumission. Il était dans des sentiments extrêmes et bien opposés; mais ce qu'il ne voulait pas hier, il peut le vouloir demain; je n'en serais pas surpris, et quelque parti qu'il prenne, il ne m'étonnera jamais.

1. Le cardinal de Tencin. (G. A.)

Peut-être que la personne principale dont je vous parle ne voudrait pas conseiller une nouvelle démarche à Mme la margrave ; peut-être cet homme sage craindrait que ceux qui ne sont pas de son avis dans le conseil l'accusassent d'avoir engagé cette négociation pour faire prévaloir l'autorité de ses avis et de sa sagesse ; peut-être verrait-il à cette entremise des obstacles qu'il est à portée d'apercevoir mieux que personne ; mais s'il voit les obstacles, il voit aussi les ressources. Je conçois qu'il ne voudra pas se compromettre ; mais si, dans vos conversations, vous lui expliquez mes idées mal digérées, s'il les modifie, si vous entrevoyez qu'il ne trouvera pas mauvais que j'insiste auprès de Mme la margrave, et même auprès du roi son frère, pour les engager à se remettre en tout à la discrétion du roi, alors je pourrai écrire avec plus de force que je n'ai fait jusqu'à présent. J'ai parlé au roi de Prusse dans mes lettres avec beaucoup de liberté : il m'a mis en droit de lui tout dire ; je puis user de ce droit dans toute son étendue, à la faveur de mon obscurité. Il m'écrit par des voies assez sûres ; j'ose vous dire que, si ces lettres avaient été prises, il aurait eu cruellement à se repentir. Je continue avec lui ce commerce très-étrange ; mais je lui écrirai ce que je pense avec plus de fermeté et d'assurance, si ce que je pense est approuvé de la personne dont vous approchez. Vous jugez bien que son nom ne serait jamais prononcé.

Je sais bien qu'après les procédés que le roi de Prusse a eus avec moi, il est fort surprenant qu'il m'écrive, et que je sois peut-être le seul homme à présent qu'il ait mis dans la nécessité de lui parler comme on ne parle point aux rois ; mais la chose est ainsi.

C'est donc à vous, mon cher monsieur, à développer à l'homme respectable dont il est question ma situation et mes sentiments avec votre prudence et votre discrétion ordinaires. Je n'ai besoin de rien sur la terre que de santé ; toute mon ambition se borne à n'avoir pas la colique, et je crois que le roi de Prusse serait très-heureux s'il pensait comme moi.

BILLET SÉPARÉ.

J'ai quelque envie de jeter au feu la lettre que je viens de vous écrire ; mais on ne risque rien en confiant ses châteaux en Espagne à son ami. Vous pourriez, dans quelque moment de loisir, dire la substance de ma lettre à la personne en question ; vous pourriez même la lui lire, si vous y trouviez jour, si vous trouviez la chose convenable, s'il en avait quelque curiosité. Vous en pourriez rire ensemble ; et quand vous en aurez bien ri, je vous prierai de me renvoyer ce songe que j'ai mis sur le papier, et que je ne crois bon qu'à vous amuser un moment.

A DOM FANGÉ.

29 novembre 1757.

Il serait difficile, monsieur, de faire une inscription digne de l'oncle et du neveu ; à défaut de talent, je vous offre ce que me dicte mon zèle :

> Des oracles sacrés que Dieu daigne nous rendre,
> Son travail assidu perça l'obscurité ;
> Il fit plus, il les crut avec simplicité,
> Et fut, par ses vertus, digne de les entendre.

Il me semble au moins que je rends justice à la science, à la foi, à la modestie, à la vertu de feu dom Calmet ; mais je ne pourrai jamais célébrer, ainsi que je le voudrais, sa mémoire, qui me sera infiniment chère, etc.

A MADAME D'ÉPINAY.

A Lausanne, 26 décembre 1757.

Heureux ceux qui vous font la cour, malheureux ceux qui vous ont connue et qui sont condamnés aux regrets ! Le hibou des Délices est à présent le hibou de Lausanne ; il ne sort pas de son trou ; mais il s'occupe avec sa nièce de toutes vos bontés. Il se flatte qu'il y aura de beaux jours cet hiver ; car, après vous, madame, c'est le soleil qui lui plaît davantage. Il a dans sa masure un petit nid bien indigne de vous

Mme D'Épinay

recevoir; mais quand nous aurons de beaux jours et des spectacles, peut-être, madame, ne dédaignerez-vous point de faire un petit voyage le long de notre lac. Vous aurez des nerfs; M. Tronchin vous en donnera; j'espère qu'il vous accompagnera. Tous nos acteurs s'efforceront de vous plaire; nous savons que l'indulgence est au nombre de vos bonnes qualités.

Je vous demande votre protection auprès du premier des médecins et du plus aimable des hommes, et je lui demande la sienne auprès de vous. Mais si vous voyez la tribu Tronchin, et des Jallabert, et des Crommelin, etc., comme on le dit, vous ne sortirez point de Genève, vous ne viendrez point à Lausanne. L'oncle et la nièce en meurent de peur.

Recevez, madame, avec votre bonté ordinaire, le respect et le sincère attachement du hibou suisse.

Me permettez-vous, madame, de présenter mes respects à M. l'abbé de Nicolaï? Je voudrais bien que M. votre fils, qui est si au-dessus de son âge et si digne de vous, et son aimable gouverneur voulussent se souvenir du Suisse de Lausanne.

A LA DUCHESSE DE SAXE-GOTHA.

A Lausanne, 4 janvier 1758.

A tous Croates, pandours, housards, qui ces présentes ouvriront, salut, et peu de butin :

Pandours et Croates, laissez passer cette lettre à Son Altesse Sérénissime Mme la duchesse de Saxe-Gotha, qui est aussi aimable, aussi bienfaisante, aussi noble, aussi douce, aussi éclairée que vous êtes ignorants, durs, pillards et sanguinaires. Sachez qu'il n'y a rien à gagner pour vous si vous prenez ma lettre en chemin, et que ce n'est pas là un butin qui vous convienne. Vous me feriez une extrême peine, dont il ne vous reviendrait rien du tout. D'ailleurs il ne doit être rien de commun entre Mme la duchesse de Gotha et vous, vilains pandours. Elle est le modèle parfait de la politesse, et vous ne savez pas vivre; elle a beaucoup d'esprit, et vous n'avez jamais rien lu, vous n'avez pas le moindre goût; vous cherchez à rendre ce monde-ci le plus abominable des mondes possibles, et elle voudrait qu'il fût le meilleur. Il le serait sans doute, si elle en était la maîtresse.

Il est vrai qu'elle est un peu embarrassée avec le système de Leibnitz; elle ne sait comment faire, avec tant de mal physique et moral, pour vous prouver l'optimisme; mais c'est vous qui en êtes cause, maudits housards; c'est par vous que le mal est dans le monde; vous êtes les enfants du mauvais principe.

Je vous conjure, au nom du bon principe, de ne jamais entrer dans ses États; j'espère encore y aller un jour, et je ne veux point y trouver de vos traces.

Madame, si ces messieurs sont un peu honnêtes, Votre Altesse Sérénissime recevra sans doute mes profonds respects et mon très-tendre attachement en 1758. Mgr le duc, toute votre auguste famille, daigneront se souvenir de moi. La grande maîtresse des cœurs ne m'oubliera pas. N'a-t-elle pas pris soin de quelque pauvre Français blessé à Rosbach? ne lui a-t-elle pas donné des bouillons?

Je veux finir, madame, par faire réparation à messieurs les housards. Je me flatte qu'ils n'ont point ravagé vos États, que Votre Altesse Sérénissime est en paix au milieu de la guerre, et que la sérénité de sa belle âme se répand sur son pays. Je ne suis qu'un pauvre Suisse, mais il n'y a personne, dans les treize cantons, qui désire plus d'être à vos pieds que moi. Qu'on fasse la paix, et je fais un pèlerinage dans votre temple, qui est celui des Grâces. Je réitère à Votre Altesse Sérénissime mon respect et mes vœux.

Le Suisse V.

A M. LE COMTE D'ARGENTAL.

A Lausanne, 3 mars 1758.

Mon cher ange, le porteur est M. de Crommelin, né à Genève, et homme de tous les pays. Il a vu jouer deux fois *Fanime*; il vous dira s'il aime la pièce et si nous sommes de bons acteurs. Il vous dira surtout si j'avais un beau bonnet : il y a peu de personnes dans notre petit pays roman qui soient aussi bons juges que M. de Crommelin. Je vous enverrai la pièce quand vous jugerez à propos qu'elle soit jouée, quand vous croirez avoir trouvé avec le public

> . . . . *Mollia* fandi
> Tempora . . . .
> VIRG., *Æn.,* lib. IV.

Et vous la trouverez corrigée, non pas comme je l'aurais voulu, mais comme je l'ai pu, au milieu des fatras historiques, de l'embarras des ameublements, et des soupers.

Je n'ai pu jouer encore *la Femme qui a raison*. Il faut que je retourne à mes Délices pour planter. Je suis encore plus jardinier que poëte ; c'est que je jouis de mon jardin, et que je suis privé du *tripot* de Paris. Je porte une terrible envie à M. de Crommelin qui aura le bonheur de vous voir.

A MADAME DE GRAFFIGNY.

Aux Délices, 16 mai 1758.

Je suis bien sensible, madame, à la marque de confiance que vous me donnez. Nous pouvons nous dire l'un à l'autre ce que nous pensons du public, de cette mer orageuse que tous les vents agitent, et qui tantôt vous conduit au port, tantôt vous brise contre un écueil ; de cette multitude qui juge de tout au hasard, qui élève une statue pour lui casser le nez, qui fait tout à tort et à travers ; de ces voix discordantes qui crient *hosanna* le matin, et *crucifige* le soir ; de ces gens qui font du bien et du mal sans savoir ce qu'ils font. Les hommes ne méritent certainement pas qu'on se livre à leur jugement et qu'on fasse dépendre son bonheur de leur manière de penser. J'ai tâté de cet abominable esclavage, et j'ai heureusement fini par fuir tous les esclavages possibles.

Quand j'ai quelques rogatons tragiques ou comiques dans mon portefeuille, je me garde de les envoyer à votre parterre. C'est mon vin du cru ; je le bois avec mes amis. J'histrionne pour mon plaisir, sans avoir ni cabale à craindre ni caprice à essuyer. Il faut vivre un peu pour soi, pour sa société; alors on est en paix. Qui se donne au monde est en guerre; et, pour faire la guerre, il faut qu'il y ait prodigieusement à gagner, sans quoi on la fait en dupe; ce qui est arrivé quelquefois à quelques puissances de ce monde.

Au reste, les cabales n'empêcheront jamais que vous ne soyez la personne du monde qui a l'esprit le plus aimable et le meilleur goût. Je n'ose vous prier de m'envoyer votre Grecque [1]; mais je vous avoue pourtant que les lettres de la mère me donnent une grande envie de voir la *Fille*. Comptez, madame, sur la tendre et respectueuse amitié du Suisse V.

A M. LE COMTE D'ARGENTAL.

Aux Délices, 24 mai 1758.

Mon divin ange, je vous envoie de la prose. Vous aimeriez mieux une tragédie, je le sais bien, et j'aimerais mieux travailler pour vous que pour l'*Encyclopédie*; mais, entre nous, il est plus aisé de faire le métier de Diderot que celui de Racine. Je vous demande en grâce de lire cet article *Histoire*; il me semble qu'il y a quelque chose d'assez neuf et d'assez utile; mais si vous n'en jugez pas ainsi, j'en jugerai comme vous. J'ai plus de foi à votre goût que je n'ai d'amour-propre.

Je n'en ai point sur mon portrait, c'est d'amour-propre dont je parle. Vous dites que le portrait ne me ressemble pas : vous êtes la belle Javotte, et moi le beau Cléon. Vous croyez donc qu'après huit ans la charpente de mon visage n'a point changé? Je vous jure, en toute humilité, que le portrait ressemble. Je le trouve encore bien honnête à mon âge de soixante et quatre ans; et si vous vouliez vous entendre avec mon patron d'Olivet pour en faire tirer une copie et la nicher dans l'Académie, au-dessous de la grosse et rubiconde face de M. l'abbé de Bernis, vous empêcheriez nos amis les dévots de dire qu'on n'a pas osé mettre la mine d'un profane comme moi au-dessous de celle du plus

[1]. *La Fille d'Aristide*, comédie.

gras des abbés. J'aurais plus de raison, mon cher et respectable ami, de vous demander votre effigie que vous de demander la mienne; mais j'espère vous voir en personne. Je ne peux pas concevoir que Mme de Groslée ne vous prie pas à mains jointes de venir la voir, et alors je serai un homme heureux. J'aurais bien des choses à vous dire à présent *secreto*, et surtout sur le ridicule dont je suis affublé de ne pouvoir venir qu'après la paix. Cette aventure est d'un très-bon comique.

Il est vrai, mon cher ange, que, dans les horreurs et les vicissitudes de cette guerre, il y a eu des scènes bouffonnes comme dans les tragédies de Shakespeare. Premièrement, le roi de Prusse, qui a un petit grain dans la tête, fait un opéra en vers français de ma tragédie de *Mérope*, en faisant son traité avec l'Angleterre, et m'envoie ce beau chef-d'œuvre; ensuite, quand il est battu et que les Hanovriens sont chassés d'Hanovre, il veut se tuer; il fait son paquet; il prend congé en vers et en prose; moi, qui suis bon dans le fond, je lui mande qu'il faut vivre. Je le conseille comme Cinéas conseillait Pyrrhus. J'aurais voulu même qu'il se fût adressé à M. le maréchal de Richelieu pour finir tout en cédant quelque chose. Arrive alors l'inconcevable affaire de Rosbach; et voilà que mon homme, qui voulait se tuer, tue en un mois Français, Autrichiens, et est le maître des affaires. Cette situation peut changer demain, mais elle est très-affermie aujourd'hui.

Or, maintenant je suppose que les Autrichiens ont intercepté mes lettres, y a-t-il là de quoi leur donner la moindre inquiétude? n'est-ce pas le lion qui craint une souris? qu'ai-je à faire à tout cela, s'il vous plaît? Tout le monde, je crois, souhaite la paix. Si on empêche de venir dans votre ville tous ceux qui désirent la fin de tant de maux, il ne viendra chez vous personne. J'avoue que je voudrais que M. de Staremberg fût bien persuadé que personne n'a plus applaudi que moi au traité de Versailles, en qualité de spectateur de la pièce; j'ai battu des mains dans un coin du parterre.

C'est une chose rare que le roi de Prusse m'ayant tant fait de mal, les Autrichiens m'en fassent encore. Patience : Dieu est juste. Mais, en attendant que je sois récompensé dans l'autre monde, votre ami, le chevalier de Chauvelin, l'ambassadeur, ne pourrait-il pas, à votre instigation, dire un petit mot de moi à cet ambassadeur impérial et royal? Ne pourrait-il pas lui glisser qu'il y a un barbouilleur de papier qui a trouvé son traité admirable, et qui désire d'en écrire un jour les suites heureuses? Ce serait là une belle négociation : M. de Chauvelin verrait ce que M. de Staremberg pense. Pour moi, je pense que ce monde est fou, et que vous êtes le plus aimable des hommes.

A M. LE COMTE DE TRESSAN.

7 juin 1758.

M. de Florian ne sera pas assurément le seul, mon très-cher gouverneur, qui vous écrira du petit ermitage des Délices, c'est un plaisir dont j'aurai aussi ma part. Il y a bien longtemps que je n'ai joui de cette consolation. Ma déplorable santé rend ma main aussi paresseuse que mon cœur est actif; et puis on a tant de choses à dire qu'on ne dit rien. Il s'est passé des aventures si singulières dans ce monde, qu'on est tout ébahi, et qu'on se tait; et comme cette lettre passera par la France, c'est encore une raison pour ne rien dire. Quand je lis les *Lettres de Cicéron*, et que je vois avec quelle liberté il s'explique au milieu des guerres civiles, et sous la domination de César, je conclus qu'on disait plus librement sa pensée du temps des Romains que du temps des postes. Cette belle facilité d'écrire d'un bout de l'Europe à l'autre traîne avec elle un inconvénient assez triste, c'est qu'on ne reçoit pas un mot de vérité pour son argent. Ce n'est que quand les lettres passent par le territoire de nos bons Suisses qu'on peut ouvrir son cœur. Par quelque poste que ce billet passe, je peux au moins vous assurer que vous n'avez ni de plus vieux serviteur ni de plus tendrement attaché que moi. Peut-être, quand vous aurez la bonté de m'écrire par la Suisse, me direz-vous ce que vous pensez sur bien des choses, par exemple sur l'*Encyclopédie*, sur la *Fille d'Aristide*, sur l'Académie française. N'aurai-je jamais le bonheur de m'entretenir avec vous? n'irai-je jamais à Plombières? pourquoi Tronchin ne m'ordonne-t-il point les eaux? pourquoi ma retraite est-elle si loin de votre gouvernement, quand mon cœur en est si près? Mille tendres respects.

Le Suisse VOLTAIRE.

A MM. DESMAHIS ET DE MARGENCI.

1758.

> Ainsi Bachaumont et Chapelle
> Écrivirent dans le bon temps;
> Et leurs simples amusements
> Ont rendu leur gloire immortelle.
> Occupés d'un heureux loisir,
> Éloignés de s'en faire accroire,
> Ils n'ont cherché que le plaisir,
> Et sont au temple de Mémoire.
> Vous avez leur art enchanteur
> D'embellir une bagatelle [1];
> Ils vous ont servi de modèle,
> Et vous auriez été le leur.

Mais ils écrivaient au gros gourmand, au buveur Broussin, avec lequel ils soupaient; et vous n'écrivez, messieurs, qu'à un vieux philosophe qui cultive la terre. Je finis comme Virgile commença, par les *Géorgiques*. Voilà tout ce que j'avais de commun avec lui; j'y ajoute encore que les Horaces de nos jours m'écrivent de très-jolis vers. Souvenez-vous qu'Horace fit un voyage vers Naples, où il rencontra ce Virgile qui était, disait-il, un très-bon homme.

Je suis bon homme aussi; mais ce n'est pas assez pour de beaux esprits de Paris, et il faudrait quelque chose de mieux pour vous faire entreprendre le voyage des Alpes, qui n'est pas si plaisant que celui d'Horace votre devancier.

Je crois que, malgré les mauvais vers qui pleuvent, il y a encore dans Paris assez de goût pour que les commis de la poste n'ignorent pas la demeure des gens de votre espèce. Vous ne m'avez point donné d'adresse; je présente, à tout hasard, mes obéissances très-humbles à mes deux confrères. Le gentilhomme ordinaire de la chambre du roi est doublement mon camarade, car le roi m'a conservé mon brevet, mais le dieu des vers m'a ôté le sien. Rien n'est si triste qu'un poëte vétéran.

---

1. *Le Voyage à Saint-Germain.*

> Nunc itaque et versus et cætera ludicra pono.
> Hor., lib. I, ep. 1.

Mais j'aime les vers passionnément, quand on en fait comme vous. Je me borne à vous lire et à vous dire combien je vous estime tous deux.

A M. L'ABBÉ D'OLIVET.

Aux Délices, 22 auguste 1758.

Un Cramer, mon cher maître, m'a dit de vos nouvelles, que vous vous portiez mieux que jamais, que vous vous souvenez encore de moi, et que vous voulez que j'envoie mon maigre visage pour mettre à côté de votre grosse face. Tout cela est-il vrai? et ma physionomie ne sera-t-elle point de contrebande? Que faites-vous de tant de portraits? bientôt le Louvre ne les contiendra pas. Portez-vous bien et conservez-vous, voilà le grand point; c'est peu de chose d'exister en peinture. Si j'avais un portrait de Cicéron, je l'encadrerais avec le vôtre. Mais, pour moi, je ne serai tout au plus qu'avec Campistron ou Crébillon. Dites-moi, je vous prie, si, révérence parler, vous n'êtes pas notre doyen? Il me semble que cette sublime dignité roule entre M. le maréchal de Richelieu et vous.

J'ai bien une autre question à vous faire. Olivet n'est-il pas dans mon voisinage près de Saint-Claude? N'allez-vous jamais chez vous? Ne pourrait-on pas espérer de vous voir dans mon ermitage des Délices? Je mourrais content. *Interim vale et tuum discipulum ama.*

A M. DE CIDEVILLE.

Aux Délices, 1er septembre 1758.

Mon cher et ancien ami, je reviens dans mes chers Délices, après un assez long voyage à la cour palatine. Je trouve, en arrivant, vos jolis vers, dans lesquels vous ne paraissez pas trop content de Paris; et je crois fermement que vous avez raison. Mais avez-vous, dans votre Launai, un peu de société? Il me semble que la retraite n'est bonne qu'avec bonne compagnie.

> Vous savez, mon cher Cideville,
> Que ce fantôme ailé qu'on nomme le bonheur
> N'habite ni les champs, ni la cour, ni la ville.
> Il faudrait, nous dit-on, le trouver dans son cœur;
> C'est un fort beau secret qu'on chercha d'âge en âge.
> Le sage fuit des grands le dangereux appui,
> Il court à la campagne, il y sèche d'ennui;
> J'en suis bien fâché pour le sage.

Ce n'est pas des sages comme vous et moi que je parle; je suis bien sûr que l'ennui n'approche pas plus de votre Launai que de mes Délices. Je prends acte surtout que je n'ai pas quitté mes pénates champêtres par inquiétude, pour aller chez l'électeur palatin par vanité. Je vous avouerai que j'ai mis dans cette cour, et entre les mains de l'électeur, une partie de mon bien, qu'on pille presque partout ailleurs. Il a bien voulu avoir la bonté de faire avec moi un petit traité qui me met en sûreté, moi et les miens, pour le reste de ma vie.

Le bon Horace dit :

> Det vitam, det opes; æquum mi animum ipse parabo.
> Lib. I, ep. XVIII.

Il aurait dû ajouter *det amicos;* mais vous me direz que c'est notre affaire et non celle du ciel. C'est l'amitié de mes nièces qui fait de près le bonheur de ma vie, c'est la vôtre qui le fait de loin :

> Excepto quod non simul essem; cætera lætus.
> HOR., lib. I, ep. X.

Je vous ai bien souvent regretté, et votre souvenir m'a consolé. Vous n'êtes pas homme à franchir les Alpes et à me venir voir sur les bords de mon lac, comme Mme du Boccage; vous vous contentez de cueillir les fleurs d'Anacréon dans vos jardins; vous n'allez pas chercher comme elle la couronne du Tasse au Capitole :

> Satis beatus unicis Sabinis.
> HOR., lib. II, od. XVIII.

Adieu, mon cher et ancien ami; mes deux nièces, toute ma famille, vous font les plus tendres compliments. V.

Eh bien, les Anglais ont donc quitté vos côtes normandes, nonobstant clameur de haro! Est-il vrai qu'ils ont pris beaucoup de canons, de vaches et d'argent? Le Canada va donc être entièrement perdu, le commerce ruiné, la marine anéantie, tout notre argent enterré en Allemagne? Je vous trouve très-heureux, mon cher Cideville, de posséder la terre de Launai. Je n'ai aux Délices que l'agréable, et vous possédez l'agréable et l'utile.

> Beatus ille qui, procul *ridiculis*,
> *Fecunda* rura bobus exercet suis!
> Hor., Epod., II.

A MADAME DU BOCCAGE.

Aux Délices, 3 septembre 1758.

En revoyant, madame, mon petit ermitage, mon premier devoir est de vous remercier, vous et M. du Boccage, de l'honneur que vous avez bien voulu faire aux ermites. Je pourrais en concevoir bien de la vanité, je pourrais vous redire ici tout ce que vous avez entendu de Paris jusqu'à Rome; mais vous devez être lasse de compliments. Permettez-moi seulement de vous dire que, malgré tous vos talents et tout votre mérite, je vous ai trouvée la femme du monde la plus simple, la plus aisée à vivre, la plus digne d'avoir des amis. Si l'intérêt que j'ai toujours pris, madame, à vos succès et à votre gloire pouvait me donner quelques droits à votre amitié, j'oserais vous la demander instamment. Il y a grande apparence que je finirai dans la retraite une vieillesse infirme; mais ce sera pour moi une grande consolation de pouvoir compter sur la bienveillance d'une personne qui fait tant d'honneur à son siècle et à son sexe. Quel triste siècle, madame! et que la disette des talents en tous genres est effrayante! Je ne vois que des livres sur la guerre, et nous sommes battus partout; que des brochures sur la marine et sur le commerce, et notre commerce et notre marine s'anéantissent; que de fades raisonneurs qui ont un peu d'esprit, et il n'y a pas un homme de génie. Notre siècle vit sur le crédit du siècle de Louis XIV. On parle, il est vrai, dans les pays étrangers, la langue que les Pascal, les Despréaux, les Bossuet, les Racine, les Molière, ont rendue universelle ; et c'est dans notre propre langue qu'on dit aujourd'hui dans l'Europe que les Français dégénèrent. S'il y a quelque homme de mérite en France, il est persécuté.

J'ai eu la faiblesse, madame, de laisser sortir de notre petit coin des Alpes cette *Femme qui a raison*. Si elle avait *raison*, elle n'aurait pas fait le voyage de Paris ; c'est un amusement de société ; mais vous avez voulu la porter à M. d'Argental. J'ai été trop flatté de vos bontés pour résister à vos ordres ; mais il faudra que cette bagatelle, qui a servi à nous amuser, reste dans les mains de nos amis. Je suis las du triste métier de paraître en public ; cela est pardonnable dans le temps des illusions, et ce temps est passé pour moi. J'aime les Muses pour elles-mêmes, comme Fénelon voulait qu'on aimât Dieu ; mais je redoute le public. Que revient-il de se commettre avec lui ? de l'embarras, des tracasseries de comédiens, des jalousies d'auteurs, des critiques, des calomnies. On n'entend point, à cent lieues, le petit bruit des louanges, celui des sifflets est perçant, et porte au bout du monde. Pourquoi troubler mon repos, que j'ai cherché, et que j'ai trouvé après tant d'orages ?

Vos bontés pour moi sont plus précieuses sans doute que toute la petite fumée de la vaine gloire dont il n'arrive pas un atome dans mon ermitage ; j'y ai vu la vraie gloire, quand je vous y ai possédée ; je n'en veux pas d'autre.

Tous les habitants de notre retraite se joignent à moi, madame, pour vous dire combien vous êtes aimable. Conservez quelque bonté, je vous en conjure, pour le vieux Suisse Voltaire, à qui vous faites encore aimer la France, et qui est plein pour vous de respect, d'estime et de tous les sentiments que vous méritez.

A M. DE CIDEVILLE.

Aux Délices, 4 octobre 1758.

Que les Russes soient battus, que Louisbourg soit pris, qu'Helvétius ait demandé pardon de son livre, qu'on débite à Paris de fausses nouvelles et de mauvais vers, que le parlement de Paris ait fait pendre un huissier pour avoir dit des sottises, ce n'est pas ce dont je m'inquiète; mais M. Ango de Lézeau et quatre années qu'il me doit sont le grave sujet de ma lettre. Peut-être M. Ango me croit-il mort; peut-être l'est-il lui-même. S'il est en vie, où est-il? s'il est mort, où sont ses héritiers? Dans l'un et l'autre cas, à qui dois-je m'adresser pour vivre?

Pardonnez, mon ancien ami, à tant de questions. Je me trouve un peu embarrassé; j'ai essuyé coup sur coup plus d'une banqueroute. Notre ami Horace dit tranquillement :

> Det vitam, det opes; æquum mi animum ipse parabo.
> Lib. I, epist. xviii.

Vraiment je le crois bien; voilà un grand effort! Il n'avait pas affaire à la famille de Samuel Bernard et à M. Ango de Lézeau. Ce petit babouin crut faire un bon marché avec moi, parce que j'étais fluet et maigre; *rivimus tamen*, et peut-être Ango *occidit* dans son marquisat.

Qu'il soit mort ou vivant, il me semble que j'ai besoin d'un honnête procureur normand. En connaîtriez-vous quelqu'un dont je pusse employer la prose?

Mais vous, que faites-vous dans votre jolie terre de Launai? bâtissez-vous? plantez-vous? avez-vous la faiblesse de regretter Paris? ne méprisez-vous pas la frivolité qui est l'âme de cette grande ville? Vous n'êtes pas de ceux qui ont besoin qu'on leur dise :

> Omitte mirari beatæ
> Fumum et opes strepitumque Romæ.
> Hor., lib. III, od. xxix.

Cependant on dit que vous êtes encore à Paris; j'adresse ma lettre rue Saint-Pierre, pour vous être renvoyée à Launai, si vous avez le bonheur d'y être. Adieu; je vous embrasse.

> *Nisi* quod non simul essem, cætera lætus.
> Hor., lib. 1, ep. x.

A M. DE CIDEVILLE.

Aux Délices, 28 octobre.

Mon cher et ancien ami, j'ai peur que vous n'ayez pas reçu un billet adressé dans la rue Saint-Pierre à Paris et, par renvoi, à votre terre de Launai, si vous n'étiez pas dans la grande vilaine ville. Il s'agirait de savoir si votre marquis Ango de Lézeau est mort ou en vie; s'il a un domicile à Rouen; s'il faut écrire au château de Lézeau; où est ce beau château; en un mot, comment il faut faire pour se faire payer d'une dette de quatre années d'arrérages, de laquelle Ango ne me donne aucunes nouvelles. *Licet miscere seria cum jocis.* Il ne faut pas abandonner le demeurant : *Rem suam deserere turpissimum est,* dit Cicéron.

Si Frédéric est aussi bien frotté qu'on le dit, je ferai relier ensemble l'histoire de Pyrrhus, de Picrochole, la sienne, et la fable du Pot au lait.

Écrivez-moi, je vous en prie, mon cher et ancien ami, des nouvelles d'Ango de Lézeau, mais surtout des vôtres.

Je vous embrasse tendrement.

A M. DE CIDEVILLE,

A SON CHATEAU DE LAUNAI.

Aux Délices, 10 novembre 1758.

Mon affaire avec le marquis Ango est fort sérieuse, mon cher et ancien ami; mais vous l'avez rendue si plaisante par votre aimable lettre, que je ne peux plus m'affliger. Le *constat de cadavere* me fait encore pouffer de rire. Je crois ce puant marquis bien en colère que je vive encore, et que j'aie douté de son existence. Ce petit gnome ne vous a donc pas répondu; je le ferai *ester à droit*, de par de Dieu, fût-ce dans Argentan en basse Normandie. Je vous suis doublement obligé de vos bons conseils et de vos bonnes plaisanteries.

Je vois qu'il n'est pas aisé de trouver un procureur honnête homme, encore moins un marquis qui paye ses dettes. Cet Ango doit être furieusement grand seigneur, car non-seulement il ne paye point ses créanciers, mais il ne daigne pas leur faire civilité. Cet Ango n'est point du tout poli.

Vous allez donc à Paris, mon cher ami, chercher le plaisir et ne le point trouver, jouir de la ville, et ne l'aimer ni ne l'estimer, et y attendre le moment de retourner à votre charmante terre. Pour moi, j'ai renoncé aux villes; j'ai acheté une assez bonne terre à deux lieues de mes Délices; je ne voyage que de l'une à l'autre; et, si j'entreprenais de plus grandes courses, ce serait pour vous.

Le roi de Prusse m'écrit souvent qu'il voudrait être à ma place : je le crois bien; la vie des philosophes est bien au-dessus de celle des rois. Le maréchal de Daun et le greffier de l'Empire instrumentent toujours contre Frédéric. Les uns le vantent, les autres l'abhorrent; il n'a qu'un plaisir, c'est de faire parler de lui. J'ai cru autrefois que ce plaisir était quelque chose, mais je m'aperçois que c'est une sottise; il n'y a de bon que de vivre tranquille dans le sein de l'amitié. Je vous embrasse de tout mon cœur. Mme Denis en fait autant.

A M. DE CIDEVILLE.

*A Ferney, le 25 novembre 1758;
mais écrivez toujours aux Délices.*

Votre amitié pour moi a donc la malice, mon cher ami, de tarabuster le marquis Ango et de lui faire sentir que quelquefois les plus grands seigneurs ne laissent pas d'être obligés de payer leurs dettes, malgré les grands services qu'ils rendent à l'État. Il ne veut pas m'écrire ; vous verrez qu'il s'est rouillé en province. Cependant un bas Normand peut hardiment écrire à un Suisse. Le petit bonhomme de marquis veut donc me donner une assignation sur son trésor royal, et, de quatre années, m'en payer une à cause des dépenses qu'il a faites à la guerre ! Je ferai signifier à monseigneur que je ne l'entends pas ainsi, et que, lui ayant joué le tour de vivre jusqu'à la fin de cette présente année, je veux être payé de mon *dû* ou *deu*. On écrivait autrefois *deu* ou *dub*, parce que dû est toujours *dubium* ; mais *dû*, ou *deu*, ou *dub*, il faut qu'il paye ; et, point d'argent, point de Suisse. Et M. le surintendant Ledoux aura beau faire, je ferai brèche à son trésor, car je bâtis une terre, non pas un marquisat comme la Motte, non un palais comme le palais d'Ango, mais une maison commode et rustique, où j'entre, il est vrai, par deux tours entre lesquelles il ne tient qu'à moi d'avoir un pont-levis, car j'ai des mâchicoulis et des meurtrières ; et mes vassaux feront la guerre à la Motte-Ango. *Licet miscere seria jocis,* mais il ne faut pas abandonner le demeurant ; *rem suam deserere turpissimum est,* dit Cicéron.

Le fait est que j'ai acheté, à une lieue des Délices, une terre qui donne beaucoup de foin, de blé, de paille et d'avoine ; et je suis à présent

Rusticus abnormis sapiens crassaque Minerva.

J'ai des chênes droits comme des pins, qui touchent le ciel, et qui rendraient grand service à notre marine, si nous en avions une. Ma seigneurie a d'aussi beaux droits que la Motte ; et nous verrons, quand nous nous battrons, qui l'emportera.

> Nunc itaque et versus et cætera ludicra pono.

Je sème avec le semoir; je fais des expériences de physique sur notre mère commune; mais j'ai bien de la peine à réduire Mme Denis au rôle de Cérès, de Pomone et de Flore; elle aimerait mieux, je crois, être Thalie à Paris; et moi, non : je suis idolâtre de la campagne, même en hiver. Allez à Paris; allez, vous qui ne pouvez encore vous défaire de vos passions.

> Urbis amatorem fuscum salvere jubemus
> Ruris amatores.

L'ami des hommes, ce M. de Mirabeau, qui parle, qui parle, qui parle, qui décide, qui tranche, qui aime tant le gouvernement féodal, qui fait tant d'écarts, qui se blouse si souvent, ce prétendu ami du genre humain n'est mon fait que quand il dit : Aimez l'agriculture. Je rends grâce à Dieu, et non à ce Mirabeau, qui m'a donné cette dernière passion. Eh bien, quittez donc votre aimable Launai pour Paris; mais retournez à Launai, et regrettez, comme moi, que Launai soit si loin de Ferney. Écrivez-nous quand vous serez à Paris; parlez-nous des sottises que vous y aurez vues, et aimez toujours vos deux amis du lac de Genève, qui vous aiment de tout leur cœur.

A M. LE COMTE D'ARGENTAL.

2 décembre 1758.

Ne pourriez-vous point, mon cher ange, faire tenir à M. l. de B.[1] la lettre que je vous écris? vous me feriez grand plaisir. Serait-il possible qu'on eût imaginé que je m'intéresse au roi de Prusse? J'en suis pardieu bien loin. Il n'y a mortel au monde qui fasse plus de vœux pour le succès des mesures présentes. J'ai goûté la vengeance de consoler un roi qui m'avait maltraité; il n'a tenu qu'à M. de Soubise que je le con-

---

1. L'abbé de Bernis.

solasse davantage. Si on s'était emparé des hauteurs que le diligent Prussien garnit d'artillerie et de cavalerie, tout était fini. Le général Marschall entrait de son côté dans le Brandebourg. Nous voilà renvoyés bien loin, avec une honte qui n'est pas courte. Figurez-vous que, le soir de la bataille, le roi de Prusse, soupant dans un château voisin chez une bonne dame, prit tous ses vieux draps pour faire des bandages à nos blessés. Quel plaisir pour lui! que de générosités adroites, qui ne coûtent rien et qui rendent beaucoup! et que de bons mots, et que de plaisanteries! Cependant je le tiens perdu, si on veut le perdre et se bien conduire. Mais qu'en reviendra-t-il à la France? de rendre l'Autriche plus puissante que du temps de Ferdinand II, et de se ruiner pour l'agrandir? Le cas est embarrassant. Point de *Fanime* quand on nous bat et qu'on se moque de nous; attendons des hivers plus agréables. Bonsoir, mon divin ange.

Nota bene que ce que j'ai confié à M. l. de B. prouve que le roi de Prusse était perdu, si on s'était bien conduit. Ce n'est pas là chercher à déplaire à Marie-Thérèse, et ce que j'ai mandé méritait un mot de réponse vague, un mot d'amitié.

A M. LE COMTE D'ARGENTAL.

Aux Délices, 19 décembre 1758.

Mon cher ange, vous étendez les deux bouts de vos ailes sur tous mes intérêts. Vous voulez que je vous voie et qu'*Oreste* réussisse; ce seraient là deux résurrections dont la première me serait bien plus chère que l'autre. Je suis un peu Lazare dans mon tombeau des Alpes. Je vous ai envoyé mon visage de Lazare il y a un an; et si vous tardez à le faire placer à l'Académie, sous la face grasse de Babet, bientôt je n'en aurai plus du tout à vous offrir. Je deviens plus que jamais pomme tapée. Ne comptez jamais de ma part sur un visage, mais sur le cœur le plus tendre, toujours vif, toujours neuf, toujours plein de vous.

Oui, sans doute, la scène de l'urne est très-changée et très-grecque; et, croyez-moi, les Français, tout Français qu'ils sont, y reviendront comme les Italiens et les Anglais. Ce n'est qu'à la longue que les suffrages se réunissent sur certains ouvrages et sur certaines gens.

Il n'y avait, à mon sens, autre chose à reprendre que l'instinct trop violent de la nature, dans la scène de reconnaissance ; et pour rendre cet instinct plus vraisemblable et plus attendrissant, il n'y a qu'un vers à changer. Électre dit :

> D'où vient qu'il s'attendrit? je l'entends qui soupire.

Voici ce qu'il faut mettre à la place :

> ORESTE.
> O malheureuse Électre !
> ÉLECTRE.
> Il me nomme, il soupire !
> Les remords en ces lieux ont-ils donc quelque empire?
> Etc.

A l'égard de la fin, plus j'y pense, plus je crois qu'il faut la laisser comme elle est, et je suis très-persuadé, étant hors de l'ivresse de la composition, de l'amour-propre, et de la guerre du parterre, que cette pièce bien jouée serait reçue comme *Sémiramis,* qui manqua d'abord son coup, et qui fait aujourd'hui son effet. Ce serait une consolation pour moi, et de la gloire pour vous, si vous forciez le public à être juste.

Pour *Fanime,* il y a longtemps que j'y ai donné les coups de pinceau que vous vouliez, et je vous l'enverrais sur-le-champ, si vous me promettiez que les comédiens n'auraient pas l'insolence d'y rien changer. Ils furent sur le point de faire tomber *l'Orphelin de la Chine,* en retranchant une scène nécessaire qu'ils ont été obligés de remettre. Ils allèrent jusqu'à donner à un confident un nom qui est hébreu : vous sentez combien cela irrite et décourage. *La Femme qui a raison* est dans le même cas ; mais je vous avoue que j'aime mieux cent fois labourer mes terres, comme je fais, que de me voir exposé à l'humiliation d'être corrigé et gâté par des comédiens.

Quand je parle de labourer la terre, je parle très à la lettre. Je me sers du nouveau semoir avec succès, et je force notre mère commune à donner moitié plus qu'elle ne donnait. Vous souvenez-vous que, quand je me fis Suisse, le président de Brosses vous parla de me loger dans un château qu'il a entre la France et Genève? Son château était une masure faite pour des hiboux ; un comté, mais à faire rire ; un jardin, mais où il n'y avait que des colimaçons et des taupes ; des vignes sans raisin, des campagnes sans blé et des étables sans vaches. Il y a de tout actuellement, parce que j'ai acheté son pauvre comté par bail emphytéotique, ce qui, joint à Ferney, compose une grande étendue de pays qu'on peut rendre aisément fertile et agréable. Ces deux terres touchent presque à mes Délices. Je me suis fait un assez joli royaume dans une république. Je quitterai mon royaume pour venir vous embrasser, mon cher et respectable ami ; mais je ne le quitterais pas assurément pour aucun autre avantage, quel qu'il pût être.

Ne pensez-vous pas que, vu le temps qui court, il vaut mieux avoir de beaux blés, des vignes, des bois, des taureaux et des vaches, et lire les *Géorgiques*, que d'avoir des billets de la quatrième loterie, des annuités premières et secondes, des billets sur les fermes, et même des comptes à faire à Cadix ? Qu'en dites-vous ? *Et de Babeta, quid ? et quid de rege hispano ?* et des nouvelles destructions qu'on nous promet pour l'année prochaine ?

Prenez du lait, madame, engraissez, dormez, et que tous les anges se portent bien.

A M. THIRIOT.

Aux Délices, 24 décembre 1758.

Vous vous trompez, mon ancien ami, j'ai quatre pattes au lieu de deux ; un pied à Lausanne, dans une très-belle maison pour l'hiver ; un pied aux Délices près de Genève, où la bonne compagnie vient me voir : voilà pour les pieds de devant. Ceux de derrière sont à Ferney et dans le comté de Tournay, que j'ai acheté, par bail emphytéotique, du président de Brosses.

M. Crommelin se trompe beaucoup davantage sur tous les points. La terre de Ferney est aussi bonne qu'elle a été négligée ; j'y bâtis un assez beau château ; j'ai chez moi la terre et le bois ; le marbre me vient par le lac de Genève. Je me suis fait, dans le plus joli pays de la terre, trois domaines qui se touchent. J'ai arrondi tout d'un coup la terre de Ferney par des acquisitions utiles. Le tout monte à la valeur de plus de dix mille livres de rente, et m'en épargne plus de vingt, puisque ces trois terres défrayent presque une maison où j'ai plus de trente personnes et plus de douze chevaux à nourrir.

> Nave ferar magna an parva, ferar unus et idem.
> Hor., lib. II, ep. II.

Je vivrais très-bien comme vous, mon ancien ami, avec cent écus par mois; mais Mme Denis, l'héroïne de l'amitié, et la victime de Francfort, mérite des palais, des cuisiniers, des équipages, grande chère et beau feu. Vous faites très-sagement d'appuyer votre philosophie de deux cents écus de rente de plus.

> . . . . Tractari mollius ætas
> Imbecilla volet.
> Hor., lib. II, sat. II.

Et il vous faut :

> . . . Mundus victus, non deficiente crumena.
> Hor., lib. I, ep. IV.

Nous serons plus heureux, vous et moi, dans notre sphère, que des ministres exilés, peut-être même que des ministres en place. Jouissez de votre doux loisir; mais je jouirai de mes très-douces occupations, de mes charrues à semoir, de mes taureaux, de mes vaches.

> . . . . . Hanc vitam in terris Saturnus agebat.
> Virg., *Georg.*, lib. II.

Quel fracas pour le livre de M. Helvétius! *voilà bien du bruit pour une omelette* [1]! quelle pitié! Quel mal peut faire un livre lu par quelques philosophes ? J'aurais pu me plaindre de ce livre, et je sais à qui je dois certaine affectation de me mettre à côté de certaines gens [2]; mais

---

1. Mot de Desbarreaux.
2. Helvétius l'avait nommé après Crébillon. (G. A.)

je ne me plains que de la manière dont l'auteur traite l'amitié, la plus consolante de toutes les vertus.

A MADAME LA MARQUISE DU DEFFAND.

Aux Délices, 27 décembre 1758.

J'apprends, madame, que votre ami et votre philosophe Formont a quitté ce vilain monde. Je ne le plains pas ; je vous plains d'être privée d'une consolation qui vous était nécessaire. Vous ne manquerez jamais d'amis, à moins que vous ne deveniez muette ; mais les anciens amis sont les seuls qui tiennent au fond de notre être, les autres ne les remplacent qu'à moitié.

Je ne vous écris presque jamais, madame, parce que je suis mort et enterré entre les Alpes et le mont Jura ; mais du fond de mon tombeau, je m'intéresse à vous comme si je vous voyais tous les jours. Je m'aperçois bien qu'il n'y a que les morts d'heureux.

J'entends parler quelquefois des révolutions de la cour et de tant de ministres qui passent en revue rapidement, comme dans une lanterne magique. Mille murmures viennent jusqu'à moi et me confirment dans l'idée que le repos est le vrai bien, et que la campagne est le vrai séjour de l'homme.

Le roi de Prusse me mande quelquefois que je suis plus heureux que lui ; il a vraiment grande raison ; c'est même la seule manière dont j'ai voulu me venger de son procédé avec ma nièce et avec moi. La douceur de ma retraite, madame, sera augmentée, en recevant une lettre que vous aurez dictée ; vous m'apprendrez si vous daignez toujours vous souvenir d'un des plus anciens serviteurs qui vous restent.

Vous voyez, sans doute, souvent M. le président Hénault ; l'estime véritable et tendre que j'ai toujours eue pour lui me fait souhaiter passionnément qu'il ne m'oublie pas.

Je ne vous reverrai jamais, madame ; j'ai acheté des terres considérables autour de ma retraite ; j'ai agrandi mon sépulcre. Vivez aussi heureusement qu'il est possible ; ayez la bonté de m'en dire des nouvelles. Vous êtes-vous fait lire le *Père de famille?* cela n'est-il pas bien comique? Par ma foi, notre siècle est un pauvre siècle auprès de celui de Louis XIV; mille raisonneurs, et pas un seul homme de génie; plus de grâces, plus de gaieté; la disette d'hommes en tout genre fait pitié. La France subsistera; mais sa gloire, mais son bonheur, son ancienne supériorité..., qu'est-ce que tout cela deviendra?

Digérez, madame, conversez, prenez patience, et recevez, avec votre ancienne amitié, les assurances tendres et respectueuses de l'attachement du Suisse

VOLTAIRE.

A M. DE CIDEVILLE.

Aux Délices, 12 janvier 1759.

Mon cher ami, je suis malade de bonne chère, de deux terres que je bâtis, de cent ouvriers que je dirige, du cultivateur et du semoir, et de nombre de mauvais livres qui pleuvent. Pardonnez-moi si je ne vous écris pas de ma main : *Spiritus enim promptus est, manus autem infirma.*

Je soupçonne que vous êtes actuellement dans cette grande villace de Paris, où tout le monde craint, le matin, pour ses rentes, pour ses billets de loterie, pour ses billets sur la Compagnie, et où l'on va, le soir, battre des mains à de mauvaises pièces, et souper avec gens qu'on fait semblant d'aimer.

J'ai appris avec douleur la perte de notre ami Formont; c'était le plus indifférent des sages : vous avez le cœur plus chaud, avec autant de sagesse, pour le moins. Je le regrette beaucoup plus qu'il ne m'aurait regretté, et je suis étonné de lui survivre. Vivez longtemps, mon ancien ami, et conservez-moi des sentiments qui me consolent de l'absence.

Notre odoriférant marquis a fait un effort qui a dû lui coûter des convulsions; il m'a payé mille écus, par les mains de son receveur des finances. Il faudra que je présente quelquefois des requêtes à son conseil. Le bon droit a besoin d'aide auprès des grands seigneurs, et je vous remercie de la vôtre. Si le marquis savait que j'ai acheté un beau comté, il redouterait ma puissance, et traiterait avec moi de couronne à couronne.

A MADAME LA MARQUISE DU DEFFAND.

Aux Délices, 12 janvier 1759.

Libre d'ambition, de soins et d'esclavage,
Des sottises du monde éclairé spectateur,
    Il se garda bien d'être acteur,
    Et fut heureux autant que sage.
    Il fuyait le vain nom d'auteur ;
Il dédaigna de vivre au temple de Mémoire,
    Mais il vivra dans votre cœur :
    C'est sans doute assez pour sa gloire.

Les fleurs que je jette, madame, sur le tombeau de notre ami Formont sont sèches et fanées comme moi. Le talent s'en va ; l'âge détruit tout. Que pouvez-vous attendre d'un campagnard qui ne sait plus que planter et semer dans la saison ? J'ai conservé de la sensibilité, c'est tout ce qui me reste, et ce reste est pour vous ; mais je n'écris guère que dans les occasions.

Que vous dirais-je du fond de ma retraite ? Vous ne me manderiez aucune nouvelle de la roue de fortune sur laquelle tournent nos ministres du haut en bas, ni des sottises publiques et particulières. Les lettres, qui étaient autrefois la peinture du cœur, la consolation de l'absence et le langage de la vérité, ne sont plus à présent que de tristes et vains témoignages de la crainte d'en trop dire et de la contrainte de l'esprit. On tremble de laisser échapper un mot qui peut être mal interprété : on ne peut plus penser par la poste.

Je n'écris point au président Hénault, mais je lui souhaite, comme à vous, une vie longue et saine. Je dois la mienne au parti que j'ai pris. Si j'osais, je me croirais sage, tant je suis heureux. Je n'ai vécu que du jour où j'ai choisi ma retraite ; tout autre genre de vie me serait insupportable. Paris vous est nécessaire ; il me serait mortel ; il faut que chacun reste dans son élément. Je suis très-fâché que le mien soit incompatible avec le vôtre, et c'est assurément ma seule affliction.

Vous avez voulu aussi essayer de la campagne; mais, madame, elle ne vous convient pas : il vous faut une société de gens aimables, comme il fallait à Rameau des connaisseurs en musique. Le goût de la propriété et du travail est d'ailleurs absolument nécessaire dans des terres. J'ai de très-vastes possessions que je cultive. Je fais plus de cas de votre appartement que de mes blés et de mes pâturages; mais ma destinée était de finir entre un semoir, des vaches et des Génevois.

Voilà ma vie, madame, telle que vous l'avez devinée, tranquille et occupée, opulente et philosophique, et surtout entièrement libre; elle vous est absolument consacrée dans le fond de mon cœur, avec le respect le plus tendre et l'attachement le plus inviolable.

A MADAME DE FONTAINE,

A PARIS.

Aux Délices, 5 mai 1759.

Que j'écrive de la main de notre ami Jean-Louis ou de la mienne, cela est égal, ma chère nièce, pourvu que j'écrive. Votre sœur n'a pas une santé bien brillante et n'est pas, à beaucoup près, si ingambe que moi. Je suis devenu plus grand cultivateur et plus grand architecte que jamais : j'élève des colonnades, et j'ai des charrues vernies; il ne me manque que de tremper mon blé dans de l'eau de lavande. Vous irez, sans doute, bientôt à Ornoi : vous m'y préparerez, s'il vous plaît, les logis; car soyez très-sûre que j'y viendrai radoter avant qu'il soit deux ans.

Vous me conseillez, en attendant, de faire une tragédie, parce que le théâtre est purgé de petits-maîtres. Moi, faire une tragédie, après ce que le grand Jean-Jacques a écrit contre les spectacles! Gardez-vous, sur les yeux de votre tête, de dire que je suis jamais homme à faire une tragédie : non, je ne fais point de tragédie. Vous voudriez, n'est-il pas vrai, une tragédie d'un goût nouveau, pleine de fracas, d'action, de spectacle, bien neuve, bien intéressante, bien singulière, féconde en sentiments, en situations, des mœurs vraies, et cependant nouvelles sur la scène? vous n'aurez rien de tout cela. Gardez-vous de croire que je fasse une tragédie. Assez d'autres en feront et suppléeront, par l'action théâtrale que je leur ai tant recommandée, au génie que je leur recommande encore plus.

Monsieur le conseiller du grand conseil, je vous suis très-obligé d'avoir rompu avec moi votre silence pythagorique. Vous n'êtes pas l'écrivain le plus fécond de nos jours; mais, quand vous vous y mettez, vous écrivez très-joliment, et vous avez, par-dessus Mme de Fontaine, le mérite de l'orthographe. J'espère que, dans l'année 1760, nous recevrons encore de vous un petit mot qui nous fera grand plaisir.

Monsieur le Vitruve d'Ornoi, je ne vous conseille pas de faire à votre château un aussi maudit escalier que vous en avez fait à celui de Tourney. Nous verrons comment vous aurez ajusté les appartements de votre aile. Je n'oublierai point les offres que vous me faites d'être quelquefois, à Paris, mon ambassadeur auprès des puissances nommées banquiers, notaires, ou procureurs du parlement. Il faut que votre mousquetaire Daumart ait été blessé dans quelque bataille; c'est le plus déterminé boiteux que nous ayons dans la province : cependant il ne laisse pas de tuer, en clopinant, tous les renards et tous les cormorans qu'il rencontre.

Monsieur le capitaine de cavalerie [1], vous avez fait un cornette qui est le plus malheureux cornette du pays : non-seulement il n'a point de route, mais je ne sais pas trop par quelle route il pourra se tirer des coquins qu'il a engagés pour servir l'État. Ce sont des gens très-belliqueux, car ils jettent des pierres à tous les passants, comme faisait mon singe. On a beau les mettre en prison, ils finiront par assassiner leur cher cornette sur le grand chemin.

Luc[2] m'écrit du 11 avril que cette campagne-ci sera plus meurtrière que les autres. Dieu veuille qu'il se trompe! Je crois que nous ne nous trompons pas en nous flattant que M. de Silhouette fera, dans son ministère, des choses plus utiles aux hommes que Luc n'en fera de dangereuses.

1. M. de Florian.
2. Le roi de Prusse.

Adieu, ma chère nièce; les deux ermites vous embrassent de tout leur cœur.

Je me suis arrangé avec la république de Genève pour avoir une belle terrasse de trente toises de long. Cela n'est pas bien intéressant, mais c'est un grand embellissement à nos Délices, où je voudrais bien vous revoir.

A M. LE COMTE D'ARGENTAL,

A PARIS.

19 mai 1759.

C'est aujourd'hui, mon cher ange, le 19 de mai; et c'est le 22 d'avril qu'un vieux fou commença une tragédie finie hier. Vous sentez bien, mon divin ange, qu'elle est finie et qu'elle n'est pas faite, et que nos maçons, mes bœufs, mes moutons et les loups nommés fermiers généraux, contre lesquels je combats, et deux ou trois procès qui m'amusent, et des correspondances nécessaires, ne me permettront pas de vous envoyer mon griffonnage l'ordinaire prochain. Mon cher ange, je vous avais bien dit que la liberté et l'honneur rendus à la scène française échauffaient ma vieille cervelle. Ce que vous verrez ne ressemble à rien, et peut-être ne vaut rien. Mme Denis et moi nous avons pleuré; mais nous sommes trop proches parents de la pièce, et il ne faut pas croire à nos larmes. Il faut faire pleurer mes anges et leur faire battre des ailes. Vous aurez sur le théâtre des drapeaux portés en triomphe, des armes suspendues à des colonnes, des processions de guerriers, une pauvre fille excessivement tendre et résolue, et encore plus malheureuse, le plus grand des hommes et le plus infortuné, un père au désespoir. Le cinquième acte commence par un *Te Deum* et finit par un *De profundis*. Il n'y a eu jamais sur aucun théâtre aucun personnage dans le goût de ceux que j'introduis, et cependant ils existent dans l'histoire, et leurs mœurs sont peintes avec vérité. Voilà mon énigme; n'en devinez pas le mot; et, si vous le devinez, gardez-moi le secret le plus inviolable: conspirons, mais ne nous décelons pas; donnons la pièce *incognito*. Jouissons une fois de ce plaisir; il est très-amusant, et d'ailleurs je crois le secret nécessaire. La mesure des vers est aussi neuve au théâtre que le sujet. Mme Denis n'en a point été choquée; au quatrième vers, elle s'y est accoutumée. Elle a trouvé ce genre plus naturel que l'ancien, et quelquefois plus convenable au pathétique. Il met le comédien plus à son aise, j'entends le bon comédien. Avec tout cela, nous pouvons être sifflés, et il faut tâcher de ne l'être pas sous mon nom.

Gardez-vous bien d'être aussi empressés de faire voir mon monstre que je l'ai été à le former. Silence, anges, ou point de pièce.

Et ce n'est pas assez du silence, il faut jurer, comme saint Pierre, que vous ne me connaissez pas.

Nota bene que, dans notre petite drôlerie, nous n'avons ni rois, ni reines, ni princes, ni princesses, ni même de *gouverneur de toute la province,* comme dit Pierre Corneille ; et c'est encore un agrément.

Voyez, ô anges, quel pouvoir vous avez sur un Suisse!

Je viens de lire *Titus.* C'est un tour que vous m'avez joué pour me punir d'avance de l'ennui que je vous causerai; et pour vous punir, je vous adresse ma réponse au petit Métastase. Il ne m'a pas donné son adresse; prenez-vous-en à vous, si j'en use si librement.

Je baise toujours le bout des ailes.

A M. LE DUC DE LA VALLIÈRE.

Aux Délices, mai 1759.

N'ai-je pas tout l'air d'un ingrat, monsieur le duc? Il me semble que je devrais passer une partie de ma vie à vous remercier de vos bontés, et l'autre à tâcher de vous plaire; cependant je ne fais rien de tout cela. Je cultive la terre : je fais quelquefois de mauvais vers ; mais je me garde de les envoyer aux ducs et pairs qui ont de l'esprit et du goût. Vous n'allez plus à la comédie, et par conséquent je ne veux plus en faire; mais comment peut-on avoir une bibliothèque complète de théâtre, et ne point entendre Mlle Clairon? Comment peut-on acheter fort cher des pièces de Hardy, et ne pas aller à celles de Corneille? Avez-vous la tragédie de *Mirame*, dont les trois quarts sont du cardinal de Richelieu? La pièce est bien rare : c'était un détestable rimailleur que ce grand homme. Le cardinal de Bernis faisait mieux des vers que lui, et cependant il n'a pas réussi dans son ministère; cela est inconcevable : c'est apparemment parce qu'il avait renoncé à la poésie. Le roi de Prusse n'en use pas ainsi; il fait plus de vers que l'abbé Pellegrin : aussi a-t-il gagné des batailles.

Je me suis fait un drôle de petit royaume dans mon vallon des Alpes; je suis le Vieux de la Montagne, à cela près que je n'assassine personne. Savez-vous bien, monsieur le duc, que j'ai deux lieues de pays qui ne rapportent pas grand'chose, mais qui ne doivent rien à personne?

> Que les dieux ne m'ôtent rien,
> C'est tout ce que je leur demande.

On m'a écrit que M. de Silhouette faisait de très-bonne besogne. Il est vrai que celui-là n'a point fait de vers, mais il a traduit Pope, et voilà pourquoi il est bon ministre. Monsieur le duc, vous avez fait de très-jolis vers, de ma connaissance; fourrez-vous dans le ministère, vous réussirez infailliblement. Je me jette du mont Jura au pied de Montrouge.

A M. THIRIOT.

Le 18 février 1760.

Je fais venir, mon cher et ancien ami, un dictionnaire de santé et un almanach de l'état de Paris, sur votre parole; je crois surtout la santé très-préférable à Paris. J'ai grande envie de me bien porter, et nulle de venir dans votre ville.

Le philosophe de Sans-Souci, qui n'est pas sans soucis, est encore au rang de ces gens que je n'envie point. Le philosophe de Sans-Souci pille quelquefois des vers, à ce qu'on dit; je voudrais qu'il cessât de piller des villes, et que nous eussions bientôt la paix.

Je prie Dieu que les houssards prussiens ne dévalisent point **M.** de Paulmi en chemin. Je suis très-fâché que mon petit ermitage ne se trouve point sur sa route. Il faudra que tôt ou tard il ramène le roi de Pologne à Dresde. Si ce roi de Pologne était un Sobieski, il y serait déjà l'épée à la main.

Au reste, il faut que le Salomon du nord soit le plus grand général de l'Europe, puisque, après deux batailles perdues et l'affaire de Maxen, il trouve encore le secret de menacer Dresde. Il écrit actuellement sur les campagnes de Charles XII ; c'est Annibal qui juge Pyrrhus. Ce qu'il m'en a envoyé est fort au-dessus des *Rêveries* du maréchal de Saxe.

Darget m'a paru très-inquiet de l'édition des poésies du Salomon ; il a craint qu'on ne lui imputât d'être l'éditeur. Dieu merci, on ne m'en soupçonnera pas, car Salomon me fit la niche de me défaire de ses œuvres à Francfort, et son ambassadeur en cette ville me signa bravement ce beau brevet :

« Monsié, dès que vou aurez rendu les poeshies du roi mon maître vou pourez partir pour où vous semblera ; » et je lui signai, « Bon pour les poeshies du roi votre maître, en partant pour où il me semble. »

Et maintenant il me semble que je suis mieux aux Délices, à Tourney et à Ferney, qu'à Francfort. Voyez-vous quelquefois d'Alembert ? n'a-t-il pas dans sa tête d'aller remplacer Moreau-Maupertuis à Berlin ? C'est, par ma foi, bien pis que d'aller en Pologne.

Je suis fort aise que M. Hénin veuille bien se souvenir de moi : son esprit est, comme sa physionomie, fort doux et fort aimable.

A propos, écrivez-moi si vous avez ouï dire que l'esprit de discorde se soit reglissé dans l'armée de M. le duc de Broglie. Si cela est, nous ferons encore des sottises. Dieu nous en préserve ! car il n'y en a point qui ne coûte fort cher. *Interim vale, et me ama.*

A MADAME LA MARQUISE DU DEFFAND.

18 février 1760.

L'éloquent Cicéron, madame, sans lequel aucun Français ne peut penser, commençait toujours ses lettres par ces mots : « Si vous vous portez bien, j'en suis bien aise; pour moi, je me porte bien. »

J'ai le malheur d'être tout le contraire de Cicéron : si vous vous portez mal, j'en suis fâché; pour moi, je me porte mal. Heureusement je me suis fait une niche dans laquelle on peut vivre et mourir à sa fantaisie. C'est une consolation que je n'aurais pas eue à Craon auprès du révérend père Stanislas[1]. C'est encore une grande consolation de s'être formé une société de gens qui ont une âme ferme et un bon cœur; la chose est rare, même dans Paris. Cependant j'imagine que c'est à peu près ce que vous avez trouvé.

J'ai l'honneur de vous envoyer quelques rogatons assez plats par M. Bouret. Votre imagination les embellira. Un ouvrage, quel qu'il soit, est toujours assez passable quand il donne occasion de penser.

J'aime encore mieux avoir des rentes sur la France que sur la Prusse. Notre destinée est de faire toujours des sottises et de nous relever. Nous ne manquons presque jamais une occasion de nous ruiner et de nous faire battre; mais, au bout de quelques années, il n'y paraît pas. L'industrie de la nation répare les balourdises du ministère. Nous n'avons pas aujourd'hui de grands génies dans les beaux-arts, à moins que ce ne soit M. Le Franc de Pompignan ; mais nous aurons toujours des commerçants et des agriculteurs. Il n'y a qu'à vivre, et tout ira bien.

Je conçois que la vie est prodigieusement ennuyeuse quand elle est uniforme : vous avez à Paris la consolation de l'histoire du jour, et surtout la société de vos amis; moi, j'ai ma charrue et des livres anglais, car j'aime autant les livres de cette nation que j'aime peu leurs personnes. Ces gens-là n'ont, pour la plupart, du mérite que pour eux-mêmes. Il y en a bien peu qui ressemblent à Bolingbroke : celui-là valait

---

1. Le roi de Pologne, duc de Lorraine.

mieux que ses livres ; mais, pour les autres Anglais, leurs livres valent mieux qu'eux.

J'ai l'honneur de vous écrire rarement, madame ; ce n'est pas seulement ma mauvaise santé et ma charrue qui en sont cause.

Songez à votre santé, madame ; elle sera toujours précieuse à ceux qui ont le bonheur de vous voir et à ceux qui s'en souviennent avec le plus grand respect.

A MADAME LA MARQUISE DU DEFFAND.

Aux Délices, 12 avril 1760.

Je ne vous ai envoyé, madame, aucune de ces bagatelles dont vous daignez vous amuser un moment. J'ai rompu avec le genre humain pendant plus de six semaines ; je me suis enterré dans mon imagination ; ensuite sont venus les ouvrages de la campagne, et puis la fièvre : moyennant tout ce beau régime, vous n'avez rien eu, et probablement vous n'aurez rien de quelque temps.

Il faudra seulement me faire écrire : Madame veut s'amuser, elle se porte bien, elle est en train, elle est de bonne humeur, elle ordonne qu'on lui envoie quelques rogatons ; et alors on fera partir quelques paquets scientifiques, ou comiques, ou philosophiques, ou historiques, ou poétiques, selon l'espèce d'amusement que voudra madame, à condition qu'elle les jettera au feu dès qu'elle se les sera fait lire.

Madame était si enthousiasmée de *Clarisse*, que je l'ai lue pour me délasser de mes travaux pendant ma fièvre ; cette lecture m'allumait le sang. Il est cruel, pour un homme aussi vif que je le suis, de lire neuf volumes entiers dans lesquels on ne trouve rien du tout, et qui servent seulement à faire entrevoir que Mlle Clarisse aime un débauché, nommé M. de Lovelace. Je disais : Quand tous ces gens-là seraient mes parents et mes amis, je ne pourrais m'intéresser à eux. Je ne vois dans l'auteur qu'un homme adroit qui connaît la curiosité du genre humain, et qui promet toujours quelque chose de volumes en volumes, pour les vendre.

Les seuls bons livres de cette espèce sont ceux qui peignent continuellement quelque chose à l'imagination, et qui flattent l'oreille par l'harmonie. Il faut aux hommes musique et peinture, avec quelques petits préceptes philosophiques, entremêlés de temps en temps avec une honnête discrétion. C'est pourquoi Horace, Virgile, Ovide, plairont toujours, excepté dans les traductions, qui les gâtent.

Il y a un plaisir bien préférable à tout cela, c'est celui de voir verdir de vastes prairies et croître de belles moissons ; c'est la véritable vie de l'homme, tout le reste est illusion.

Je vous demande pardon, madame, de vous parler d'un plaisir qu'on goûte avec ses deux yeux : vous ne connaissez plus que ceux de l'âme. Je vous trouve admirable de soutenir si bien votre état ; vous jouissez au moins de toutes les douceurs de la société. Il est vrai que cela se réduit presque à dire son avis sur les nouvelles du jour ; et il me semble qu'à la longue cela est bien insipide. Il n'y a que les goûts et les passions qui nous soutiennent dans ce monde. Vous mettez à la place de ces passions la philosophie, qui ne les vaut pas ; et moi, madame, j'y mets le tendre et respectueux attachement que j'aurai toujours pour vous. Je souhaite à votre ami de la santé, et je voudrais qu'il se souvînt un peu de moi.

AU ROI DE PRUSSE.

Au château de Tourney, par Genève, 21 avril 1760.

Sire, un petit moine de Saint-Just disait à Charles-Quint : « Sacrée Majesté, n'êtes-vous pas lasse d'avoir troublé le monde ? Faut-il encore désoler un pauvre moine dans sa cellule ? » Je suis le moine, mais vous n'avez pas renoncé aux grandeurs et aux misères humaines comme Charles-Quint. Quelle cruauté avez-vous de me dire que je calomnie Maupertuis, quand je vous dis que le bruit a couru qu'après sa mort on avait trouvé les œuvres du philosophe de Sans-Souci dans sa cassette ? Si en effet on les y avait trouvées, cela ne prouverait-il pas au contraire qu'il les avait gardées fidèlement ; qu'il ne les avait communiquées à personne, et qu'un libraire en aurait abusé? ce qui aurait disculpé des personnes qu'on a peut-être injustement accusées. Suis-je d'ailleurs obligé de savoir que Maupertuis vous les avait renvoyées? Quel intérêt ai-je à parler mal de lui? que m'importent sa personne et sa mémoire? en quoi ai-je pu lui faire tort en disant à Votre Majesté qu'il avait gardé fidèlement votre dépôt jusqu'à sa mort? Je ne songe moi-même qu'à mourir, et mon heure approche; mais ne la troublez pas par des reproches injustes et par des duretés qui sont d'autant plus sensibles que c'est de vous qu'elles viennent.

Vous m'avez fait assez de mal : vous m'avez brouillé pour jamais avec le roi de France; vous m'avez fait perdre mes emplois et mes pensions; vous m'avez maltraité à Francfort, moi et une femme innocente, une femme considérée, qui a été traînée dans la boue et mise en prison; et ensuite, en m'honorant de vos lettres, vous corrompez la douceur de cette consolation par des reproches amers. Est-il possible que ce soit vous qui me traitiez ainsi, quand je ne suis occupé depuis trois ans qu'à tâcher, quoique inutilement, de vous servir sans aucune autre vue que celle de suivre ma façon de penser!

Cela me fait prendre le monde en horreur avec justice; j'en suis heureusement éloigné dans mes domaines solitaires. Je bénirai le jour où je cesserai, en mourant, d'avoir à souffrir, et surtout de souffrir par vous; mais ce sera en vous souhaitant un bonheur dont votre position n'est peut-être pas susceptible, et que la philosophie seule pourrait vous procurer dans les orages de votre vie, si la fortune vous permet de vous borner à cultiver longtemps ce fonds de sagesse que vous avez en vous; fonds admirable, mais altéré par les passions inséparables d'une grande imagination, un peu par l'humeur et par des situations épineuses qui versent du fiel dans votre âme; enfin par le malheureux plaisir que vous vous êtes toujours fait de vouloir humilier les autres hommes, de leur dire, de leur écrire des choses piquantes; plaisir indigne de vous, d'autant plus que vous êtes plus élevé au-dessus d'eux par votre rang et par vos talents uniques. Vous sentez sans doute ces vérités.

Pardonnez à ces vérités que vous dit un vieillard qui a peu de temps à vivre. Et il vous le dit avec d'autant plus de confiance que, convaincu lui-même de ses misères et de ses faiblesses infiniment plus grandes que les vôtres, mais moins dangereuses par son obscurité, il ne peut être soupçonné par vous de se croire exempt de torts, pour se mettre en droit de se plaindre de quelques-uns des vôtres. Il gémit des fautes que vous pouvez avoir faites autant que des siennes, et il ne veut plus songer qu'à réparer avant sa mort les écarts funestes d'une imagination trompeuse, en faisant des vœux sincères pour qu'un aussi grand homme que vous soit aussi heureux et aussi grand en tout qu'il doit l'être.

A M. DE CHENEVIÈRES,

QUI MANDAIT A L'AUTEUR QUE LOUIS XV AVAIT ANNONCÉ SA MORT A VERSAILLES.

Aux Délices, 26 mai 1760.

Ressusciter est sans doute un grand cas :
C'est un plaisir que je viens de connaître ;
Mais le plus grand, ce serait d'apparaître
A ses amis : je ne m'en flatte pas.
Pour ce prodige, il est quelques obstacles.
C'en serait trop pour les gens d'ici-bas
Que deux plaisirs, et surtout deux miracles.

J'ai grande envie de ressusciter entièrement, c'est-à-dire de voir M. et Mme de Chenevières, et votre ami, qui me fait d'aussi jolis compliments ; mais un maçon, un laboureur, un jardinier, un vigneron, tel que j'ai l'honneur de l'être, ne peut quitter ses champs sans faire une sottise. Je suis plus capable de faire des sottises que des miracles.

Bonjour, homme aimable.

A M. LE MARQUIS ALBERGATI CAPACELLI,

SÉNATEUR DE BOLOGNE.

Aux Délices, 19 juin 1760.

En tout pays on se pique
De molester les talents ;

Goldoni voit maint critique
Combattre ses partisans.

On ne savait à quel titre
On doit juger ses écrits ;
Dans ce procès on a pris
La nature pour arbitre.

Aux critiques, aux rivaux,
La nature a dit sans feinte :
Tout auteur a ses défauts,
Mais ce Goldoni m'a peinte.

Ecco, o mio signore, la mia sentenza. Mi lusigno ch' ella sarà firmata al vostro tribunale. Aspetto un Shaftesbury, et subito lo spedirò a voi.

Mille complimenti à M. Algarotti.

Aimez toujours le théâtre pour être béni. Si nous jouons à Tourney quelque nouveauté, nous ne manquerons pas de l'envoyer à *Bologna quæ docet.* Je vous aime sans vous avoir vu, et j'aime le cher Algarotti, parce que je l'ai vu. Mille respects à l'un et à l'autre.

A M. DE MAIRAN,

ANCIEN SECRÉTAIRE PERPÉTUEL DE L'ACADÉMIE DES SCIENCES.

A Tourney, 9 auguste 1760.

Je vous remercie bien sensiblement, monsieur, d'une attention qui m'honore et d'un souvenir qui augmente mon bonheur dans mes charmantes retraites. Il y a longtemps que je regarde vos lettres au père Parennin et ses réponses comme des monuments bien précieux ; mais n'allons pas plus loin, s'il vous plaît. J'aime passionnément Cicéron, parce qu'il doute ; vos lettres au père Parennin sont des doutes de Cicéron. Mais, quand M. de Guignes a voulu conjecturer après vous, il a rêvé très-creux. J'ai été obligé, en conscience, de me moquer de lui, sans le nommer pourtant, dans la préface de l'*Histoire de Pierre I*^{er}.

On imprimait cette histoire l'année passée, lorsqu'on m'envoya cette plaisanterie de M. de Guignes. Je vous avoue que j'éclatai de rire en voyant que le roi Yu était précisément le roi d'Égypte Menès, comme Platon était, chez Scarron, l'anagramme de *Chopine*, en changeant seulement *pla* en *cho*, et *ton* en *pine*. J'étais émerveillé qu'on fût si doctement absurde dans notre siècle. Je pris donc la liberté de dire dans ma préface : « Je sais que des philosophes d'un grand mérite ont cru voir quelque conformité entre ces peuples; mais on a trop abusé de leurs doutes, etc. »

Or ces philosophes d'un grand mérite, c'est vous, monsieur; et ceux qui abusent de vos doutes, ce sont les Guignes. Je lui en devais d'ailleurs à propos des Huns; car M. de Guignes se moque encore du monde avec son *Histoire des Huns*. J'ai vu des Huns, moi qui vous parle; j'ai eu chez moi des petits Huns, nés à trois cents lieues de l'est de Joloskoi, qui ressemblaient comme deux gouttes d'eau à des *chiens de Boulogne*, et qui avaient beaucoup d'esprit; ils parlaient français comme s'ils étaient nés à Paris; et je me consolais de nous voir battus de tous côtés, en voyant que notre langue triomphait dans la Sibérie; cela est, par parenthèse, bien remarquable. Jamais nous n'avons écrit de si mauvais livres et fait tant de sottises qu'aujourd'hui, et jamais notre langue n'a été si étendue dans le monde.

J'aurai l'honneur de vous soumettre incessamment le premier volume de *l'Empire de Russie*, sous Pierre le Grand. Il commence par une description des provinces de la Russie, et l'on y verra des choses plus extraordinaires que les imaginations de M. de Guignes; mais ce n'est pas ma faute, je n'ai fait que dépouiller les archives de Pétersbourg et de Moscou, qu'on m'a envoyées. Je n'ai point voulu faire paraître ce volume, avant de l'exposer à la critique des savants d'Archangel et du Kamtschatka. Mon exemplaire a resté un an en Russie : on me le renvoie; on m'assure que je n'ai trompé personne en avançant que les Samoïèdes ont le mamelon d'un beau noir d'ébène, et qu'il y a encore des races d'hommes gris-pommelé fort jolis. Ceux qui aiment la variété seront fort aises de cette découverte; on aime à voir la nature s'élargir : nous étions autrefois trop resserrés; les curieux ne seront pas fâchés de voir ce que c'est qu'un empire de deux mille lieues. Mais on a beau faire, Ramponeau, les comédies du boulevard, et Jean-Jacques mangeant sa laitue à quatre pattes, l'emporteront toujours sur les recherches philosophiques.

Je ne peux finir cette lettre, monsieur, sans vous dire un petit mot de vos Égyptiens. Je vous avoue que je crois les Indiens et les Chinois plus anciennement policés que les habitants de Mesraïm ; ma raison est qu'un petit pays, très-étroit, inondé tous les ans, a dû être habité bien plus tard que le sol des Indes et de la Chine, beaucoup plus favorable à la culture et à la construction des villes ; et, comme les pêchers nous viennent de Perse, je crois qu'une certaine espèce d'hommes, à peu près semblable à la nôtre, pourrait bien nous venir d'Asie. Si Sésostris a fait quelques conquêtes, à la bonne heure ; mais les Égyptiens n'ont pas été taillés pour être conquérants. C'est de tous les peuples de la terre le plus mou, le plus lâche, le plus frivole, le plus sottement superstitieux : quiconque s'est présenté pour lui donner les étrivières l'a subjugué comme un troupeau de moutons. Cambyse, Alexandre, les successeurs d'Alexandre, César, Auguste, les califes, les Circassiens, les Turcs, n'ont eu qu'à se montrer en Égypte pour en être les maîtres ; apparemment que du temps de Sésostris ils étaient d'une autre pâte, ou que leurs voisins de Syrie et de Phénicie étaient encore plus méprisables qu'eux.

Pour moi, monsieur, je me suis voué aux Allobroges, et je m'en trouve bien, je jouis de la plus heureuse indépendance ; je me moque quelquefois des Allobroges de Paris. Je vous aime, je vous estime, je vous révérerai jusqu'à ce que mon corps soit rendu aux éléments dont il est tiré.

A M. THIRIOT.

Le 11 auguste : fi, que *août* est barbare !

A peine eus-je écrit à l'ancien ami pour avoir des nouvelles, que Dieu m'exauça, et je reçus sa lettre du 30 juillet, dans laquelle il me parlait de la libération de l'abbé Mords-les, et de *l'Écossaise*, et de *Catherine Vadé*, et d'*Alethoff*, etc. M. d'Argental est celui qui a le plus contribué à nous rendre notre Mords-les. J'ai écrit tous les jours de poste, j'ai toujours été la mouche du coche; mais je bourdonne de si loin, qu'à peine m'entend-on.

Mon ancien ami, il y a trois mois que je crève de rire en me levant et en me couchant. C'est d'ailleurs un drôle de corps que notre ami Protagoras[1]; il est têtu comme une mule, il est tout plein d'esprit; il a toutes sortes d'esprit; il est gai, il est charmant. Il n'ira point en Brandebourg; car Luc est aux abois: sa tentative sur Dresde n'est qu'un coup de désespéré. *Quomodo cecidisti de cœlo, Lucifer, qui mane oriebaris!* O Luc! l'aurais-tu cru que je serais cent fois plus heureux que toi!

Mon ancien ami, il faut que nous nous revoyions avant d'aller trouver Virgile et l'abbé Pellegrin dans l'autre monde.

Qu'est-ce que vous faites chez le médecin Baron? Venez aux Délices; elles sont plus riantes que la rue Culture-Sainte-Catherine.

A MADEMOISELLE CLAIRON.

Aux Délices, le 19 septembre 1760.

> Nous sommes trois que même ardeur excite,
> Également à vous plaire empressés;
> L'un vous égale, et l'autre vous imite,
> Et le troisième, avec moins de mérite,
> Est plus heureux, car vous l'embellissez.
> Je vous dois tout. Je devrais entreprendre
> De célébrer vos talents, vos attraits;
> Mais quoi! les vers ne plaisent désormais
> Que quand c'est vous qui les faites entendre.

Celui qui vous égale quelquefois, mademoiselle, c'est M. le duc de Villars, quand il daigne nous lire quelque morceau de tragédie. Celle qui vous imita parfaitement hier dans *Alzire*, c'est Mme Denis; et le vieil ermite que vous embellissez, vous vous doutez bien qui c'est.

Nous jouâmes hier *Alzire* devant M. le duc de Villars; mais nous devrions partir pour venir voir la divine Aménaïde. Si jamais les pays

---

1. M. d'Alembert.

méridionaux de la France ont le bonheur de vous posséder quelque temps, nous tâcherons de nous trouver sur votre route et de vous enlever. Nous avons un acteur haut de six pieds et un pouce[1], qui sera très-propre à ce coup de main.

Mme Denis et toute la troupe se mettent aux pieds de leur modèle.

A M. LE CHEVALIER DE R....X,

A TOULOUSE.

Aux Délices, 20 septembre 1760.

Monsieur, je ne me porte pas assez bien pour avoir autant d'esprit que vous. Vous me prenez trop à votre avantage, comme disait Waller à Saint-Évremond. Vous êtes bien bon de lire des choses dont je ne me souviens plus guère; mais vous avez trop d'esprit pour ne pas voir que la *Réception de M. de Montesquieu à l'Académie française*, pour s'être moqué d'elle, n'est qu'un trait plaisant et rien de plus. Faites comme l'Académie, monsieur; entrez dans la plaisanterie, et surtout ne lisez jamais les discours de M. Mallet, à moins que vous n'ayez une insomnie.

Vous expliquez très-bien, monsieur, ce que M. de Montesquieu pouvait entendre par le mot *vertu* dans une république. Mais si vous vous souvenez que les Hollandais ont mangé sur le gril le cœur des deux frères de Witt; si vous songez que les bons Suisses, mes voisins, ont vendu le duc Louis Sforce pour de l'argent comptant; si vous songez que le républicain Jean Calvin, après avoir écrit qu'il ne fallait persécuter personne, pas même ceux qui niaient la Trinité, fit brûler tout vif, et avec des fagots verts, un Espagnol qui s'exprimait sur la Trinité autrement que lui : en vérité, monsieur, vous en conclurez qu'il n'y a pas plus de vertu dans les républiques que dans les monarchies. *Ubicumque calculum ponas, ibi naufragium invenies.* Comptez que le monde est

[1]. M. Pictet, de Genève.

un grand naufrage, et que la devise des hommes est : *Sauve qui peut*.

Je suis très-fâché d'avoir dit que Guillaume le Conquérant disposait de la vie et des biens de ses nouveaux sujets, comme un monarque de l'Orient : vous faites très-bien de me le reprocher. Je devais dire seulement qu'il abusait de sa victoire, comme on fait toujours en Orient et en Occident ; car il est très-certain qu'aucun monarque du monde n'a le droit de s'amuser à voler et à tuer ses sujets selon son bon plaisir.

Nos pauvres historiens nous en ont trop fait accroire ; et le plus mauvais service qu'on puisse rendre au genre humain est de dire, comme ils font, que les princes orientaux sont très-bien venus à couper toutes les têtes qui leur déplaisent. Il pourrait très-bien arriver que les princes occidentaux s'imaginassent que cette belle prérogative est de droit divin. J'ai vu beaucoup de voyageurs qui ont parcouru l'Asie ; tous levaient les épaules quand on leur parlait de ce prétendu despotisme indépendant de toutes les lois. Il est vrai que, dans les temps de trouble, les monarques et les ministres d'Orient sont aussi méchants que nos Louis XI et nos Alexandre VI. Il est vrai que les hommes sont partout également portés à violer les lois, quand ils sont en colère ; et que, du Japon jusqu'à l'Irlande, nous ne valons pas grand'chose. Il y a pourtant d'honnêtes gens ; et la vertu, quand elle est éclairée, change en paradis l'enfer de ce monde.

Il paraît, par votre lettre, monsieur, que votre vertu est de ce genre, et que l'illustre président de Montesquieu aurait eu en vous un ami digne de lui.

Un homme dont les terres ne sont pas, je crois, éloignées de chez vous est venu passer quelque temps dans ma retraite : c'est M. le marquis d'Argence. Il me fait éprouver qu'il n'y a rien de plus aimable qu'un homme vertueux qui a de l'esprit. Je voudrais être assez heureux pour que vous me fissiez le même honneur qu'il m'a fait.

J'ai celui d'être, avec la plus respectueuse estime, etc.

A M. LE COMTE D'ARGENTAL.

Le 24 septembre 1760.

Mes divins anges, il faut vous rendre compte de tout. Nous venons de jouer *Tancrède* en présence d'une douzaine de Parisiens, à la tête desquels était M. le duc de Villars. Non, vous ne vous imaginez pas quel talent Mme Denis a acquis. Je voudrais qu'on pût compter les larmes qu'on verse à Paris et chez nous, et nous verrions qui l'emporte. Je vous dois celles de Paris; car les longueurs tarissent les pleurs, et vos coupures judicieuses, en rapprochant l'intérêt, l'ont augmenté.

Détaillons un peu les obligations que je vous ai. Premier acte, premier remercîment. La première scène du second, supprimée, profit tout clair. Le monologue que j'ai envoyé fait très-bien chez nous et doit réussir chez vous. Au troisième acte, pardon. Ce n'est pas sûrement vous qui avez mis ces malheureux vers :

> Car tu m'as déjà dit que cet audacieux
> A sur Aménaïde osé lever les yeux, etc.

On devrait lui répondre : « Mon ami, si on t'a déjà dit qu'on te prend ta maîtresse, tu devais donc en parler d'abord, tu devais donc être au désespoir. » C'est un contre-sens horrible.

Écoutez-moi, mes chers anges; on n'a pas fait réflexion qu'Aldamon n'est pas encore le confident de la passion de Tancrède. On a imaginé que Tancrède lui parlait comme à un homme instruit de l'état de son cœur. Il est évident que c'est et que ce doit être tout le contraire. Aldamon est un soldat attaché à Tancrède, qui a favorisé son retour, et rien de plus. Il est si clair qu'il ne sait point la passion de Tancrède, que Tancrède lui dit :

> Cher ami, je te dois
> Plus que je n'ose dire, et plus que tu ne crois.

Donc Aldamon ne sait rien. Peu à peu la confiance se forme dans cette scène, et Aldamon, qui doit avoir assez de sens pour apercevoir une passion qu'il approuve, court faire son message, en disant à Tancrède :

> C'est vous qui m'envoyez, je réponds du succès.

Il est bien mieux de mettre ce : *je réponds du succès,* dans la bouche du confident que dans celle de Tancrède, car alors Tancrède dit, avec bien plus de bienséance et d'enthousiasme : *Il sera favorable.* Nous demandons tous à genoux qu'on laisse le troisième acte comme il est. Est-il possible qu'on ait ôté ces vers :

> Rien n'est changé, je suis encor sous le couteau.
> Tremblez moins pour ma gloire, etc.

Ces vers, récités avec une fermeté attendrissante, ont arraché des larmes. Si le père est si étriqué, s'il ne prend pas un intérêt tendre à la chose, s'il ne flotte pas entre la crainte et l'espérance, en vérité l'intérêt total diminue, et la pièce en général est bien moins touchante. J'ai écrit à Le Kain sur ce troisième acte, et je lui ai montré l'excès de ma douleur.

Dans le quatrième acte, il y a beaucoup d'art à fonder, comme vous avez fait, mes divins anges, la crédulité de Tancrède. Je voudrais seulement qu'il ne dit pas qu'il a pénétré le fond de cet affreux mystère, mais qu'on ne l'a que trop dévoilé. Vous ne pouvez sans doute souffrir ces vers :

> Dans le rapide cours des plus brillants succès,
> Solamir l'eût-il fait sans être sûr de plaire?

Je tiens toujours que c'est assez que le vieux Argire ait dit à Tancrède, elle est coupable. Un père au désespoir est le plus fort des témoignages. Mais si vous voulez que Tancrède invente encore des raisons pour se convaincre, à la bonne heure ; il faudra faire des vers.

Au cinquième acte, c'est encore un coup de maître d'avoir rendu à la fois le récit de Catane plus vraisemblable et plus intéressant ; mais je ne peux concevoir pourquoi on a retranché :

> Courez, rendez Tancrède à ma fille innocente.

LE KAIN

Ce vers me paraît de toute nécessité. Si,

> O jour du changement! ô jour du désespoir!

a fait un si mauvais effet, cela prouve que Brizard a joué bien froidement; mais, bagatelle.

Je conviens que mademoiselle Clairon peut faire une très-belle figure en tombant aux pieds de Tancrède; mais si vous aviez vu Mme Denis, pleurante et égarée, se relever d'entre les bras qui la soutiennent, et dire d'une voix terrible : *Arrêtez, vous n'êtes point mon père!* vous avoueriez que nul tableau n'approche de cette action pathétique, que c'est là la véritable tragédie. Une partie des spectateurs se leva à ce cri, par un mouvement involontaire; et *pardonnez* arracha l'âme. Il y a un aveuglement cruel à me priver du plus beau morceau de la pièce. Je vous conjure de me le rendre. Qui empêche mademoiselle Clairon de se jeter et de mourir aux pieds de Tancrède, quand son père, éperdu et immobile, est éloigné d'elle, ou qu'il marche à elle? qui l'empêche de dire : *J'expire*, et de tomber près de son amant?

> Barbare! laisse là ce repentir si vain,

fait un très-bel effet parmi nous, qui n'avons pas la ridicule impatience de votre parterre. Vous êtes bien bons de céder à l'impétuosité de la nation, il faut la subjuguer.

La somme totale de ce compte est remercîment, tendresse, respect et envie de ne point mourir sans vous revoir.

A M. LE KAIN.

Le 24 septembre 1760.

Avant d'aller jouer *Tancrède*, et après avoir écrit une longue lettre à M. et à Mme d'Argental, et après avoir fait un petit monologue pour Mlle Clairon, à la fin du second acte, et après avoir enragé qu'on ne m'ait pas averti plus tôt, et après m'être voulu beaucoup de mal d'être si loin de vous, et n'en pouvant plus, j'aurai peut-être encore le temps, mon cher Le Kain, de vous dire un petit mot, que je n'ai point dit à M. et à Mme d'Argental, en leur écrivant à la hâte, et étant ivre de leurs bontés.

C'est au sujet du troisième acte. Nous serions bien fâchés de le jouer comme on le joue au Théâtre-Français. Vous n'avez pas fait attention qu'Aldamon n'est point du tout le confident de Tancrède; c'est un vieux soldat qui a servi sous lui. Mais Tancrède n'est pas assez imprudent pour lui parler d'abord de sa passion; il ne laisse échapper son secret que par degrés. D'abord il lui demande simplement où demeure Aménaïde; et c'est cette simplicité précieuse qui fait ressortir le reste. Il ne s'informe que peu à peu, et par degrés, du mariage. Il ne doit point du tout dire à Aldamon :

> Car tu m'as déjà dit que cet audacieux, etc.

Ce vers gâte la scène de toutes façons. Si Aldamon lui a déjà dit cette nouvelle, s'il en est sûr, s'il s'écrie : *Il est donc vrai*, il doit arriver désespéré. Il ne doit parler que de sa douleur; et le commencement de la scène, qui chez moi fait un très-grand effet, devient très-ridicule.

Ne sentez-vous pas que l'artifice de cette scène consiste, de la part de Tancrède, à s'ouvrir par gradations avec Aldamon? Il s'en faut bien qu'il doive lui dire tout son secret; et quand il lui dit :

> Cher ami, tout mon cœur s'abandonne à ta foi,

remarquez qu'il se donne bien de garde de dire : *J'aime Aménaïde*. Il le lui fait assez entendre, et cela est bien plus naturel et bien plus piquant. Il ne veut paraître que comme un ancien ami de la maison. Il ferait très-mal d'aller plus loin.

> Ce séjour adoré qu'habite Aménaïde

est un vers d'opéra intolérable.

Concevez donc qu'il ne permet à son amour d'éclater que dans son monologue. C'est là qu'il doit commencer à dire : *Aménaïde m'aime*. S'il le dit, ou, s'il le fait trop entendre auparavant, cela devient froid et absurde.

Le vers d'Aldamon,

> Je vais parler de vous; je réponds du succès,

est très à sa place. Il respecte, il aime Tancrède comme un grand homme; il sait que le nom de Tancrède est révéré dans la maison; il est plein de cette idée; il la confond avec un simple message. Et quand Aldamon dit ce vers : *Je réponds du succès,* etc., Tancrède a bien meilleur air à dire avec enthousiasme : *Il sera favorable.*

Je vous prie très-instamment, mon cher ami, de représenter toutes ces choses à M. d'Argental, et de remettre absolument le troisième acte comme il est. Vous me feriez un tort irréparable, si vous continuiez à m'exposer ainsi devant le public, et surtout si l'on imprimait la pièce dans l'état où elle est par ma négligence et mon absence. Voyez à quoi je serais réduit si Prault imprimait la pièce avant que je vous l'aie envoyée, signée de ma main. Prévenez ce coup pour vous et pour moi.

Je ne peux entrer ici dans aucun détail; mais je dois vous dire que, dans la fermentation des esprits, au milieu de la guerre civile littéraire, il faut s'attendre, les premiers jours, aux critiques les plus injustes. C'est une poussière qui s'élève et qui se dissipe bientôt. Je vous embrasse de tout mon cœur.

A M. NOVERRE,

PENSIONNAIRE DU ROI, MAÎTRE DES BALLETS DE L'EMPEREUR.

Septembre 1760.

J'ai lu, monsieur, votre ouvrage de génie [1]; mes remercîments égalent mon estime. Votre titre n'annonce que la danse, et vous donnez de grandes lumières sur tous les arts. Votre style est aussi éloquent que vos ballets ont d'imagination. Vous me paraissez si supérieur dans votre genre, que je ne suis point du tout étonné que vous ayez essuyé des

---

1. *Lettres sur la Danse et sur les Ballets.*

dégoûts qui vous ont fait porter ailleurs vos talents. Vous êtes auprès d'un prince qui en sent tout le prix.

Une vieillesse très-infirme m'a seule empêché d'être témoin de ces magnifiques fêtes, que vous embellissez si singulièrement. Vous faites trop d'honneur à *la Henriade* de vouloir bien prendre le Temple de l'Amour pour un de vos sujets : vous ferez un tableau vivant de ce qui n'est chez moi qu'une faible esquisse. Je crois que votre mérite sera bien senti en Angleterre, parce qu'on y aime la nature. Mais où trouverez-vous des acteurs capables d'exécuter vos idées? Vous êtes un Prométhée; il faut que vous formiez des hommes et que vous les animiez.

J'ai l'honneur d'être, etc.

A MADEMOISELLE CLAIRON.

16 octobre 1760.

Belle Melpomène, ma main ne répondra pas à la lettre dont vous m'honorez, parce qu'elle est un peu impotente; mais mon cœur, qui ne l'est pas, y répondra.

Raisonnons ensemble, raisonnons.

Les monologues, qui ne sont pas des combats de passions, ne peuvent jamais remuer l'âme et la transporter. Un monologue, qui n'est et ne peut être que la continuation des mêmes idées et des mêmes sentiments, n'est qu'une pièce nécessaire à l'édifice; et tout ce qu'on lui demande, c'est de ne pas refroidir. Le mieux, sans contredit, dans votre monologue du seconde acte, est qu'il soit court, mais pas trop court. On peut faire venir Fanie, et finir par une situation attendrissante. Je tâcherai d'ailleurs de fortifier ce petit morceau, ainsi que bien d'autres. On a été forcé de donner *Tancrède* avant que j'y eusse pu mettre la dernière main. Cette pièce ne m'a jamais coûté un mois. Vos talents ont sauvé mes défauts; il est temps de me rendre moins indigne de vous.

Je ne suis point du tout de votre avis [1], ma belle Melpomène, sur

---

1. Ce fut contre son avis, et à la pluralité des voix, que Mlle Clairon fut chargée de proposer à M. de Voltaire de tendre le théâtre en noir et de dresser un échafaud au troisième

le petit ornement de la Grève, que vous me proposez. Gardez-vous, je vous en conjure, de rendre la scène française dégoûtante et horrible, et contentez-vous du terrible. N'imitons pas ce qui rend les Anglais odieux. Jamais les Grecs, qui entendaient si bien l'appareil du spectacle, ne se sont avisés de cette invention de barbares. Quel mérite y a-t-il, s'il vous plaît, à faire construire un échafaud par un menuisier? en quoi cet échafaud se lie-t-il à l'intrigue? Il est beau, il est noble de suspendre des armes et des devises. Il en résulte qu'Orbassan, voyant le bouclier de Tancrède sans armoiries, et sa cotte d'armes sans faveurs des belles, croit avoir bon marché de son adversaire ; on jette le gage de bataille, on le relève ; tout cela forme une action qui sert au nœud essentiel de la pièce. Mais faire paraître un échafaud, pour le seul plaisir d'y mettre quelques valets de bourreau, c'est déshonorer le seul art par lequel les Français se distinguent ; c'est immoler la décence à la barbarie ; croyez-en Boileau qui dit :

> Mais il est des objets que l'art judicieux
> Doit offrir à l'oreille et dérober aux yeux.

Ce grand homme en savait plus que les beaux esprits de nos jours.

J'ai crié trente ou quarante ans qu'on nous donnât du spectacle dans nos conversations en vers appelées tragédies ; mais je crierais bien davantage si on changeait la scène en place de Grève. Je vous conjure de rejeter cette abominable tentation.

J'enverrai dans quelque temps *Tancrède*, quand j'aurai pu y travailler à loisir ; car figurez-vous que, dans ma retraite, c'est le loisir qui me manque. *Fanime* suivra de près : nous venons de l'essayer en présence de M. le duc de Villars, de l'intendant de Bourgogne et de celui de Languedoc. Il y avait une assemblée très-choisie. Votre rôle est plus décent, et par conséquent plus attendrissant qu'il n'était ; vous y mourez d'une manière qu'on ne peut prévoir, et qui a fait un effet terrible, à ce qu'on dit. La pièce est prête. Je vais bientôt donner tous mes soins à *Tancrède*. Quand vous aurez donné la vie à ces deux pièces, je vous supplierai d'être malade et de venir vous mettre entre les mains de Tronchin, afin que nous puissions être tous à vos pieds.

rôle de *Tancrède*. Les principes de cette grande actrice n'ont jamais différé de ceux qui sont établis dans cette lettre.

A MADAME LA COMTESSE D'ARGENTAL.

Aux Délices, 16 octobre 1760.

Je prends la liberté, madame, de faire passer par vos mains ma réponse à Mlle Clairon, et je vous supplie instamment de vous joindre à moi pour empêcher l'avilissement le plus odieux qui puisse déshonorer la scène française et achever notre décadence. Que M. d'Argental et tous ses amis emploient leur crédit pour sauver la France de cet opprobre!

J'ai encore une grâce à vous demander, qui ne regarde que moi, c'est de dissiper mes continuelles alarmes sur l'impression dont on me menace. Il y a certainement dans Paris des exemplaires de *Tancrède* conformes à la leçon des comédiens. Il est certain que, pour peu qu'on attende, la pièce paraîtra dans toute sa misère, pendant que je passe le jour et la nuit à la corriger d'un bout à l'autre, à la rendre moins indigne de vous et du public. Vous en recevrez incessamment une nouvelle copie, et je pense qu'il sera convenable de toutes façons de la reprendre vers la Saint-Martin. On sera obligé de transcrire de nouveau tous les rôles. Il n'y en a pas un seul où je n'aie fait des changements. Si ces changements valent quelque chose, c'est à vous que j'en suis redevable, c'est à votre goût, à l'intérêt que vous avez pris à l'ouvrage, à vos réflexions aussi solides que fines. Si je me suis un peu récrié contre quelques vers qu'on a été forcé de substituer à la hâte, si ces vers m'ont paru défectueux, c'est l'amour de l'art, et non l'amour-propre, qui s'est révolté en moi. Je n'ai pas senti avec moins de reconnaissance la nécessité de plusieurs changements, je n'en ai pas moins approuvé vos remarques, et plusieurs vers mis à la place des miens. M. d'Argental sera-t-il encore longtemps à la campagne? Il me paraît qu'en son absence vous commandez l'armée avec bien du succès. Je me flatte que vos troupes préviendront les irruptions des houssards libraires. Quand jouera-t-on *la Belle Pénitente?* Mlle Clairon est-elle cette pénitente? Elle seule peut faire réussir cette détestable pièce anglaise; mais je me flatte que l'auteur qui s'abaisse à chercher des modèles chez les barbares se sera fort éloigné de son modèle. Si notre scène devient anglaise, nous sommes bien avilis : nous ne sommes déjà que les traducteurs de leurs romans. N'avons-nous pas déjà baissé assez pavillon devant l'Angleterre? c'est peu d'être vaincus, faut-il encore être copistes? O pauvre nation! Madame, le cœur me saigne, mais il est à vous.

A M. LEBRUN,

QUI AVAIT ÉCRIT A L'AUTEUR POUR L'ENGAGER A PRENDRE CHEZ LUI
LA PETITE-FILLE DU GRAND CORNEILLE.

A Ferney, 7 novembre 1760.

Je vous ferais, monsieur, attendre ma réponse quatre mois au moins, si je prétendais la faire en aussi beaux vers que les vôtres. Il faut me borner à vous dire en prose combien j'aime votre ode et votre proposition. Il convient assez qu'un vieux soldat du grand Corneille tâche d'être utile à la petite-fille de son général. Quand on bâtit des châteaux et des églises, et qu'on a des parents pauvres à soutenir, il ne reste guère de quoi faire ce qu'on voudrait pour une personne qui ne doit être secourue que par les grands du royaume.

Je suis vieux, j'ai une nièce qui aime tous les beaux-arts, et qui réussit dans quelques-uns; si la personne dont vous me parlez, et que vous connaissez sans doute, voulait accepter auprès de ma nièce l'éducation la plus honnête, elle en aurait soin comme de sa fille, je chercherais à lui servir de père; le sien n'aurait absolument rien à dépenser pour elle; on lui payerait son voyage jusqu'à Lyon; elle serait adressée, à Lyon, à M. Tronchin, qui lui fournirait une voiture jusqu'à mon château, ou bien une femme irait la prendre dans mon équipage. Si cela convient, je suis à ses ordres et j'espère avoir à vous remercier, jusqu'au dernier jour de ma vie, de m'avoir procuré l'honneur de faire ce que devait faire M. de Fontenelle. Une partie de l'éducation de cette demoiselle serait de nous voir jouer quelquefois les pièces de son grand-père et nous lui ferions broder les sujets de *Cinna* et du *Cid*.

J'ai l'honneur d'être, avec toute l'estime et tous les sentiments que je vous dois, monsieur, votre, etc.

A MADEMOISELLE CORNEILLE.

Aux Délices, 22 novembre 1760.

Votre nom, mademoiselle, votre mérite et la lettre dont vous m'honorez augmentent, dans Mme Denis et dans moi, le désir de vous recevoir et de mériter la préférence que vous voulez bien nous donner. Je dois vous dire que nous passons plusieurs mois de l'année dans une campagne auprès de Genève; mais vous y aurez toutes les facilités et tous les secours possibles pour tous les devoirs de la religion; d'ailleurs notre principale habitation est en France, à une lieue de là, dans un château très-logeable, que je viens de faire bâtir, et où vous serez beaucoup plus commodément que dans la maison d'où j'ai l'honneur de vous écrire. Vous trouverez, dans l'une et dans l'autre habitation, de quoi vous occuper tant aux petits ouvrages de la main, qui pourront vous plaire, qu'à la musique et à la lecture. Si votre goût est de vous instruire de la géographie, nous ferons venir un maître qui sera très-honoré d'enseigner quelque chose à la petite fille du grand Corneille; mais je le serai beaucoup plus que lui de vous voir habiter chez moi.

J'ai l'honneur d'être, avec respect, mademoiselle, votre, etc.

A M. LE KAIN.

Le 16 décembre 1760.

Je n'ai voulu vous répondre, mon cher Roscius, que quand j'aurais vu enfin toute cette confusion dans les rôles de *Tancrède* un peu débrouillée, quand vous seriez débarrassés de la *Belle Pénitente,* et quand vous seriez prêts à reprendre *Tancrède.*

Grâce aux bontés de M. et de Mme d'Argental, tout est en ordre; et si la pièce reste au théâtre, ce sera uniquement à leur bon goût et à leurs attentions infatigables qu'on en aura l'obligation. Je vous prie de vouloir bien vous conformer entièrement, dans la représentation, à l'édition de Prault. Rien n'est plus ridicule que de voir jouer d'une façon ce qui est imprimé d'une autre. Il ne faut jamais sacrifier l'élocution et le style à l'appareil et aux attitudes. L'intérêt doit être dans les choses qu'on dit, et non pas dans de vaines décorations. L'appareil, la pompe, la position des acteurs, le jeu muet, sont nécessaires; mais c'est quand il en résulte quelque beauté, c'est quand toutes ces choses ensemble redoublent le nœud et l'intérêt. Un tombeau, une chambre tendue de noir, une potence, une échelle, des personnages qui se battent sur la scène, des corps morts qu'on enlève, tout cela est fort bon à montrer sur le Pont-Neuf, avec la rareté, la curiosité. Mais quand ces sublimes marionnettes ne sont pas essentiellement liées au sujet, quand on les fait venir hors de propos, et uniquement pour divertir les garçons perruquiers qui sont dans le parterre, on court un peu de risque d'avilir la scène française et de ne ressembler aux barbares Anglais que par leur mauvais côté. Ces farces monstrueuses amuseront pendant quelque temps et ne feront d'autre effet que de dégoûter le public de ces nouveaux spectacles et des anciens.

Je vous exhorte donc, mon cher ami, de ne souffrir d'appareil au théâtre que celui qui est noble, décent, nécessaire.

Pour ce qui est de *Tancrède*, je crois que d'abord vos camarades doivent conformer leur rôle à l'imprimé; qu'ensuite ils doivent en faire une répétition, parce qu'il y a environ deux cents vers différents de ceux qu'on a récités aux premières représentations. Je crois même qu'il y en a beaucoup plus de deux cents; je crois encore que vous devez donner deux représentations avant que Prault mette son édition en vente. Si la pièce réussit, il la vendra beaucoup mieux quand ces deux représentations l'auront fait valoir et lui auront donné un nouveau prix.

Je vous embrasse de tout mon cœur, et je vous prie de me donner de vos nouvelles et des miennes.

A M. LE MARQUIS ALBERGATI CAPACELLI.

A Ferney, 23 décembre 1760.

Monsieur, nous sommes unis par les mêmes goûts, nous cultivons les mêmes arts, et ces beaux-arts ont produit l'amitié dont vous m'honorez ; ce sont eux qui lient les âmes bien nées, quand tout divise le reste des hommes.

J'ai su dès longtemps que les principaux seigneurs de vos belles villes d'Italie se rassemblent souvent pour représenter sur des théâtres élevés avec goût tantôt des ouvrages dramatiques italiens, tantôt même les nôtres. C'est aussi ce qu'ont fait quelquefois les princes des maisons les plus augustes et les plus puissantes ; c'est ce que l'esprit humain a jamais inventé de plus noble et de plus utile pour former les mœurs et pour les polir ; c'est là le chef-d'œuvre de la société : car, monsieur, pendant que le commun des hommes est obligé de travailler aux arts mécaniques, et que leur temps est heureusement occupé, les grands et les riches ont le malheur d'être abandonnés à eux-mêmes, à l'ennui inséparable de l'oisiveté, au jeu plus funeste que l'ennui, aux petites factions plus dangereuses que le jeu et que l'oisiveté.

Vous êtes, monsieur, un de ceux qui ont rendu le plus de service à l'esprit humain dans votre ville de Bologne, cette mère des sciences. Vous avez représenté à la campagne, sur le théâtre de votre palais, plus d'une de nos pièces françaises, élégamment traduites en vers italiens ; vous daignez traduire actuellement la tragédie de *Tancrède* ; et moi, qui vous imite de loin, j'aurai bientôt le plaisir de voir représenter chez moi la traduction d'une pièce de votre célèbre Goldoni, que j'ai nommé et que je nommerai toujours le peintre de la nature. Digne réformateur de la comédie italienne, il en a banni les farces insipides, les sottises grossières, lorsque nous les avions adoptées sur quelques théâtres de Paris. Une chose m'a frappé surtout dans les pièces de ce génie fécond, c'est qu'elles finissent toutes par une moralité qui rappelle le sujet et l'intrigue de la pièce, et qui prouve que ce sujet et cette intrigue sont faits pour rendre les hommes plus sages et plus gens de bien.

Qu'est-ce en effet que la vraie comédie? c'est l'art d'enseigner la vertu et les bienséances en action et en dialogues. Que l'éloquence du monologue est froide en comparaison! A-t-on jamais retenu une seule phrase de trente ou quarante mille discours moraux? et ne sait-on pas par cœur ces sentences admirables, placées avec art dans des dialogues intéressants :

> Homo sum, humani nihil a me alienum puto.
> Apprime in vita est utile, ut ne quid nimis.
> Natura tu illi pater es, consiliis ego, etc.

C'est ce qui fait un des grands mérites de Térence; c'est celui de nos bonnes tragédies, de nos bonnes comédies. Elles n'ont pas produit une admiration stérile; elles ont souvent corrigé les hommes. J'ai vu un prince pardonner une injure après une représentation de la clémence d'Auguste. Une princesse, qui avait méprisé sa mère, alla se jeter à ses pieds en sortant de la scène où Rodolphe demande pardon à sa mère. Un homme connu se raccommoda avec sa femme en voyant *le Préjugé à la mode*. J'ai vu l'homme du monde le plus fier devenir modeste après la comédie du *Glorieux;* et je pourrais citer plus de six fils de famille que la comédie de *l'Enfant prodigue* a corrigés. Si les financiers ne sont plus grossiers, si les gens de cour ne sont plus de vains petits-maîtres, si les médecins ont abjuré la robe, le bonnet et les consultations en latin; si quelques pédants sont devenus hommes, à qui en a-t-on l'obligation? au théâtre, au seul théâtre.

Quelle pitié ne doit-on donc pas avoir de ceux qui s'élèvent contre ce premier art de la littérature, qui s'imaginent qu'on doit juger du théâtre d'aujourd'hui par les tréteaux de nos siècles d'ignorance, et qui confondent les Sophocle et les Ménandre, les Varius et les Térence avec les Tabarin et les Polichinelle!

Mais que ceux-là sont encore plus à plaindre qui admettent les Polichinelle et les Tabarin, et qui rejettent les *Polyeucte*, les *Athalie*, les *Zaïre* et les *Alzire!* Ce sont là de ces contradictions où l'esprit humain tombe tous les jours.

Pardonnons aux sourds qui parlent contre la musique, aux aveugles qui haïssent la beauté; ce sont moins des ennemis de la société, conjurés pour en détruire la consolation et le charme, que des malheureux à qui la nature a refusé des organes.

<blockquote>Nos vero dulces teneant ante omnia musæ.</blockquote>

J'ai eu le plaisir de voir chez moi, à la campagne, représenter *Alzire*, cette tragédie où le christianisme et les droits de l'humanité triomphent également. J'ai vu, dans *Mérope*, l'amour maternel faire répandre des larmes, sans le secours de l'amour galant. Ces sujets remuent l'âme la plus grossière, comme la plus délicate; et si le peuple assistait à des spectacles honnêtes, il y aurait bien moins d'âmes grossières et dures. C'est ce qui fit des Athéniens une nation si supérieure. Les ouvriers n'allaient point porter à des farces indécentes l'argent qui devait nourrir leurs familles, mais les magistrats appelaient, dans des fêtes célèbres, la nation entière à des représentations qui enseignaient la vertu et l'amour de la patrie. Les spectacles que nous donnons chez nous sont une bien faible imitation de cette magnificence; mais enfin ils en retracent quelque idée. C'est la plus belle éducation qu'on puisse donner à la jeunesse, le plus noble délassement du travail, la meilleure instruction pour tous les ordres des citoyens : c'est presque la seule manière d'assembler les hommes pour les rendre sociables.

<blockquote>Emollit mores, nec sinit esse feros.
Ovid., II, ex Ponto, ep. ix.</blockquote>

Aussi je ne me lasserai point de répéter que, parmi vous, le pape Léon X, l'archevêque Trissino, le cardinal Bibiena; et, parmi nous, les cardinaux de Richelieu et Mazarin ressuscitèrent la scène : ils savaient qu'il vaut mieux voir l'*Œdipe* de Sophocle que de perdre au jeu la nourriture de ses enfants, son temps dans un café, sa raison dans un cabaret, sa santé dans des réduits de débauche, et toute la douceur de sa vie dans le besoin et dans la privation des plaisirs de l'esprit.

Il serait à souhaiter, monsieur, que les spectacles fussent, dans les grandes villes, ce qu'ils sont dans vos terres et dans les miennes, et dans celles de tant d'amateurs; qu'ils ne fussent point mercenaires; que ceux qui sont à la tête des gouvernements fissent ce que nous faisons, et ce qu'on fait dans tant de villes. C'est aux édiles à donner les jeux publics; s'ils deviennent une marchandise, ils risquent d'être avilis. Les hommes ne s'accoutument que trop à mépriser les services qu'ils payent. Alors l'intérêt, plus fort encore que la jalousie, enfante les cabales. Les Claveret cherchent à perdre les Corneille, les Pradon veulent écraser les Racine.

C'est une guerre toujours renaissante, dans laquelle la méchanceté, le ridicule et la bassesse sont sans cesse sous les armes.

A M. JEAN-FRANÇOIS CORNEILLE.

Ferney, 25 décembre 1760.

Mademoiselle votre fille, monsieur, me paraît digne de son nom par ses sentiments. Ma nièce, Mᵐᵉ Denis, en prend soin comme de sa fille. Nous lui trouvons de très-bonnes qualités et point de défauts. C'est une grande consolation pour moi dans ma vieillesse de pouvoir un peu contribuer à son éducation. Elle remplit tous ses devoirs de chrétienne. Elle témoigne la plus grande envie d'apprendre tout ce qui convient au nom qu'elle porte. Tous ceux qui la voient en sont très-satisfaits. Elle est gaie et décente, douce et laborieuse : on ne peut être mieux née. Je vous félicite, monsieur, de l'avoir pour fille, et vous remercie de me l'avoir donnée : tous ceux qui lui sont attachés par le sang et qui s'intéressent à sa famille verront que, si elle méritait un meilleur sort, elle n'aura pas à se plaindre de celui qu'elle aura eu dans ma maison. D'autres auraient pu lui procurer une destinée plus brillante; mais personne n'aurait eu plus d'attention pour elle, plus de respect pour son nom et plus de considération pour sa personne. Ma nièce se joint à moi pour vous assurer de nos sentiments et de nos soins.

A M. DEODATI DE TOVAZZI,

SUR LA LANGUE ITALIENNE.

Au château de Ferney, ce 24 janvier 1761.

Je suis très-sensible, monsieur, à l'honneur que vous me faites de m'envoyer votre livre de l'*Excellence de la langue italienne*; c'est envoyer à un amant l'éloge de sa maîtresse. Permettez-moi cependant quelques réflexions en faveur de la langue française, que vous paraissez dépriser un peu trop. On prend souvent le parti de sa femme quand la maîtresse ne la ménage pas assez.

Je crois, monsieur, qu'il n'y a aucune langue parfaite; il en est des langues comme de bien d'autres choses, dans lesquelles les savants ont reçu la loi des ignorants. C'est le peuple ignorant qui a formé les langages; les ouvriers ont nommé tous leurs instruments. Les peuplades, à peine rassemblées, ont donné des noms à tous leurs besoins; et, après un très-grand nombre de siècles, les hommes de génie se sont servis comme ils ont pu des termes établis au hasard par le peuple.

Il me paraît qu'il n'y a dans le monde que deux langues véritablement harmonieuses : la grecque et la latine. Ce sont en effet les seules dont les vers aient une vraie mesure, un rhythme certain, un vrai mélange de dactyles et de spondées, une valeur réelle dans les syllabes. Les ignorants qui formèrent ces deux langues avaient sans doute la tête plus sonnante, l'oreille plus juste, les sens plus délicats que les autres nations.

Vous avez, comme vous le dites, monsieur, des syllabes longues et brèves dans votre belle langue italienne; nous en avons aussi; mais ni vous, ni nous, ni aucun peuple, n'avons de véritables dactyles et de véritables spondées. Nos vers sont caractérisés par le nombre et non par la valeur des syllabes. *La bella lingua toscana è la figlia primogenita del latino.* Mais jouissez de votre droit d'aînesse et laissez à vos cadettes partager quelque chose de la succession.

J'ai toujours respecté les Italiens comme nos maîtres; mais vous avouerez que vous avez fait de fort bons disciples. Presque toutes les langues de l'Europe ont des beautés et des défauts qui se compensent. Vous n'avez point les mélodieuses et nobles terminaisons des mots espagnols, qu'un heureux concours de voyelles et de consonnes rend si sonores : *Los rios, los hombres, las historias, las costumbres.* Il vous manque aussi les diphthongues, qui dans notre langue font un effet si harmonieux : Les *rois*, les *empereurs*, les *exploits*, les *histoires*. Vous nous reprochez nos *e* muets comme un son triste et sourd qui expire dans notre bouche; mais c'est précisément dans ces *e* muets que consiste la grande harmonie de notre prose et de nos vers. *Empire, couronne, diadème, flamme, tendresse, victoire;* toutes ces désinences heureuses laissent dans l'oreille un son qui subsiste encore après le mot prononcé, comme un clavecin qui résonne quand les doigts ne frappent plus les touches.

Avouez, monsieur, que la prodigieuse variété de toutes ces désinences peut avoir quelque avantage sur les cinq terminaisons de tous les mots de votre langue. Encore de ces cinq terminaisons faut-il retrancher la dernière, car vous n'avez que sept ou huit mots qui se terminent en *u;* reste donc quatre sons, *a, e, i, o,* qui finissent tous les mots italiens.

Pensez-vous, de bonne foi, que l'oreille d'un étranger soit bien flattée quand il lit pour la première fois : *Il capitano che'l gran sepolcro liberò di Cristo, e che molto oprò col senno e colla mano?* croyez-vous que tous ces *o* soient bien agréables à une oreille qui n'y est pas accoutumée? Comparez à cette triste uniformité, si fatigante pour un étranger, comparez à cette sécheresse ces deux vers simples de Corneille :

> Le destin se déclare, et nous venons d'entendre
> Ce qu'il a résolu du beau-père et du gendre.

Vous voyez que chaque mot se termine différemment. Prononcez à présent ces deux vers d'Homère :

> Ἐξ οὗ δή τὰ πρῶτα διαστήτην ἐρίσαντε,
> Ἀτρείδης τε ἄναξ ἀνδρῶν, καὶ δῖος Ἀχιλλεύς.

Qu'on prononce ces vers devant une jeune personne soit anglaise ou allemande, qui aura l'oreille un peu délicate, elle donnera la préférence au grec, elle souffrira le français, elle sera un peu choquée de la répétition continuelle des désinences italiennes. C'est une expérience que j'ai faite plusieurs fois.

Vos poëtes, qui ont servi à former votre langue, ont si bien senti ce vice radical de la terminaison des mots italiens qu'ils ont retranché les lettres *e* et *o*, qui finissaient tous les mots à l'infinitif, au passé, et au nominatif; ils disent *amar* pour *amare*, *nocqueron* pour *nocquerono*, *la stagion* pour *la stagione*, *buon* pour *buono*, *malevol* pour *malevole*. Vous avez voulu éviter la cacophonie; et c'est pour cela que vous finissez très-souvent vos vers par la lettre canine *r*; ce que les Grecs ne firent jamais.

J'avoue que la langue latine dut longtemps paraître rude et barbare aux Grecs par la fréquence de ses *ur*, de ses *um*, qu'on prononçait *our* et *oum*, et par la multitude de ses noms propres terminés tous en *us* ou plutôt en *ous*. Nous avons brisé plus que vous cette uniformité. Si Rome était pleine autrefois de sénateurs et de chevaliers en *us*, on n'y voit à présent que des cardinaux et des abbés en *i*.

Vous vantez, monsieur, et avec raison, l'extrême abondance de votre langue; mais permettez-nous de n'être pas dans la disette. Il n'est, à la vérité, aucun idiome au monde qui peigne toutes les nuances des choses. Toutes les langues sont pauvres à cet égard : aucune ne peut exprimer, par exemple, en un seul mot l'amour fondé sur l'estime, ou sur la beauté seule, ou sur la convenance des caractères, ou sur le besoin d'aimer. Il en est ainsi de toutes les passions, de toutes les qualités de notre âme. Ce que l'on sent le mieux est souvent ce qui manque de terme.

Mais, monsieur, ne croyez pas que nous soyons réduits à l'extrême indigence que vous nous reprochez en tout. Vous faites un catalogue en deux colonnes de votre superflu et de notre pauvreté. Vous mettez d'un côté *orgoglio, alterigia, superbia*, et de l'autre, *orgueil* tout seul. Cependant, monsieur, nous avons *orgueil, superbe, hauteur, fierté, morgue, élévation, dédain, arrogance, insolence, gloire, gloriole, présomption, outrecuidance*. Tous ces mots expriment des nuances différentes, de même que chez vous *orgoglio, alterigia, superbia*, ne sont pas toujours synonymes.

Vous nous reprochez dans votre alphabet de nos misères de n'avoir qu'un mot pour signifier *vaillant*.

Je sais, monsieur, que votre nation est très-vaillante quand elle veut et quand on le veut : l'Allemagne et la France ont eu le bonheur d'avoir à leur service de très-braves et de très-grands officiers italiens.

L'italico valor non è ancor morto.

Mais si vous avez *valente, prode, animoso*, nous avons *vaillant, valeureux, preux, courageux, intrépide, hardi, animé, audacieux, brave*, etc. Ce courage, cette bravoure, ont plusieurs caractères différents qui ont chacun leurs termes propres. Nous dirions bien que nos généraux sont vaillants, courageux, braves, etc.; mais nous distinguerions le courage vif et audacieux du général qui emporta, l'épée à la main, tous les ouvrages de Port-Mahon taillés dans le roc vif; la fermeté constante, réfléchie et adroite avec laquelle un de nos chefs sauva une garnison entière d'une ruine certaine et fit une marche de trente lieues à la vue d'une armée ennemie de trente mille combattants.

Nous exprimerions encore différemment l'intrépidité tranquille que les connaisseurs admirèrent dans le petit-neveu du héros de la Valteline, lorsqu'ayant vu son armée en déroute par une terreur panique de nos alliés, ce général, ayant aperçu le régiment de Diesbach et un autre qui faisaient ferme contre une armée victorieuse quoiqu'ils fussent entamés par la cavalerie et foudroyés par le canon, marcha seul à ces régiments, loua leur valeur, leur courage, leur fermeté, leur intrépidité, leur vaillance, leur patience, leur audace, leur animosité, leur bravoure, leur héroïsme, etc. Voyez, monsieur, que de termes pour un! Ensuite il eut le courage de ramener ces deux régiments à petits pas et de les sauver du péril où leur valeur les jetait; les conduisit en bravant les ennemis victorieux, et eut encore le courage de soutenir les reproches d'une multitude toujours mal instruite.

Vous pourrez encore voir, monsieur, que le courage, la valeur, la fermeté de celui qui a gardé Cassel et Gottingen malgré les efforts de soixante mille ennemis très-valeureux est un courage composé d'activité, de prévoyance et d'audace. C'est aussi ce qu'on a reconnu dans celui qui a sauvé Vesel. Croyez donc, je vous prie, monsieur, que nous avons dans notre langue l'esprit de faire sentir ce que les défenseurs de notre patrie ou de notre pays ont le mérite de faire.

Vous nous insultez, monsieur, sur le mot de *ragoût*; vous vous imaginez que nous n'avons que ce terme pour exprimer nos *mets*, nos *plats*, nos *entrées* de table et nos *menus*. Plût à Dieu que vous eussiez raison! je m'en porterais mieux; mais malheureusement nous avons un dictionnaire entier de cuisine.

Vous vous vantez de deux expressions pour signifier *gourmand*; mais daignez plaindre, monsieur, nos gourmands, nos goulus, nos friands, nos mangeurs, nos gloutons.

Vous ne connaissez que le mot de *savant*; ajoutez-y, s'il vous plaît, *docte, érudit, instruit, éclairé, habile, lettré*; vous trouverez parmi nous le nom et la chose. Croyez qu'il en est ainsi de tous les reproches que vous nous faites. Nous n'avons point de diminutifs; nous en avions autant que vous du temps de Marot, et de Rabelais, et de Montaigne; mais cette puérilité nous a paru indigne d'une langue ennoblie par les Pascal, les Bossuet, les Fénelon, les Pellisson, les Corneille, les Despréaux, les Racine, les Massillon, les La Fontaine, les La Bruyère, etc.; nous avons laissé à Ronsard, à Marot, à Dubartas, les diminutifs badins en *otte* et en *ette*, et nous n'avons guère conservé que *fleurette, amourette, fillette, grisette, grandelette, vieillotte, nabotte, maisonnette, villotte*; encore ne les employons-nous que dans le style très-familier. N'imitez pas le *Buonmattei*, qui, dans sa harangue à l'académie de la Crusca, fait tant valoir l'avantage exclusif d'exprimer *corbello, corbellino*, en oubliant que nous avons des *corbeilles* et des *corbillons*.

Vous possédez, monsieur, des avantages bien plus réels, celui des inversions, celui de faire plus facilement cent bons vers en italien que nous n'en pouvons faire dix en français. La raison de cette facilité, c'est que vous vous permettez ces *hiatus*, ces bâillements de syllabes que nous proscrivons; c'est que tous vos mots finissant en *a, e, i, o*, vous fournissent au moins vingt fois plus de rimes que nous n'en avons, et que, par-dessus cela, vous pouvez encore vous passer de rimes. Vous êtes moins asservis que nous à l'hémistiche et à la césure; vous dansez en liberté et nous dansons avec nos chaînes.

Mais, croyez-moi, monsieur, ne reprochez à notre langue ni la rudesse, ni le défaut de prosodie, ni l'obscurité, ni la sécheresse. Vos traductions de quelques ouvrages français prouveraient le contraire. Lisez d'ailleurs tout ce que MM. d'Olivet et Dumarsais ont composé sur la manière de bien parler notre langue : lisez M. Duclos; voyez avec combien de force, de clarté, d'énergie et de grâce s'expriment MM. d'Alembert et Diderot. Quelles expressions pittoresques emploient souvent M. de Buffon et M. Helvétius dans des ouvrages qui n'en paraissent pas toujours susceptibles !

Je finis cette lettre trop longue par une réflexion. Si le peuple a formé les langues, les grands hommes les perfectionnent par les bons livres; et la première de toutes les langues est celle qui a le plus d'excellents ouvrages.

J'ai l'honneur d'être, monsieur, avec beaucoup d'estime pour vous et pour la langue italienne, etc.

A MADAME DE FONTAINE,

A ORNOI.

A Ferney, 27 février 1761.

Nos montagnes couvertes de neige et mes cheveux devenus aussi blancs qu'elles m'ont rendu paresseux, ma chère nièce ; j'écris trop rarement. J'en suis très-fâché, car c'est une grande consolation d'écrire aux gens qu'on aime : c'est une belle invention que de se parler de cent cinquante lieues pour vingt sous.

Avez-vous lu le roman de Rousseau? Si vous ne l'avez pas lu, tant mieux; si vous l'avez lu, je vous enverrai les lettres du marquis de Ximenès sur ce roman suisse.

Nous montrons toujours l'orthographe à la cousine issue de germain de Polyeucte et de Cinna. Si celle-là fait jamais une tragédie, je serai bien attrapé; elle fait du moins de la tapisserie. Je crois que c'est un des beaux-arts; car Minerve, comme vous savez, était la première tapissière du monde.

Votre sœur embellit les dedans de Ferney, et moi je me ruine dans les dehors. C'est une terrible affaire que la création; vous avez très-bien fait de vous borner à rapetasser. Je vous crois actuellement bien à votre aise dans votre château; mais je vous plains de n'avoir ni grand jardin ni grand lac : ce n'est pas assez d'avoir trois mille gerbes de champart, il faut que la vue soit satisfaite.

Le grand écuyer de Cyrus[1] aura beau faire, il ne formera point de paysage où la nature n'en a pas mis. J'ai peur qu'à la longue le terrain ne vous dégoûte. Quand vous voudrez voir quelque chose de fort au-dessus des Délices, venez chez nous à Ferney; surtout n'allez jamais à Paris; ce séjour n'est bon que pour les gens à illusion ou pour les fermiers généraux. Vive la campagne, ma chère nièce; vivent les terres et surtout les terres libres, où l'on est chez soi maître absolu, et où l'on n'a point de vingtièmes à payer! C'est beaucoup d'être indépendant; mais d'avoir trouvé le secret de l'être en France, cela vaut mieux que d'avoir fait *la Henriade*.

Nous allons avoir une troupe de bateleurs auprès des Délices, ce qui fait deux avec la nôtre.

Votre jurisconsulte est-il à Ornoi ou à Paris? votre conseiller-clerc, qui écrit de si jolies lettres, tous les jours de courrier, à ses parents, est-il allé juger? le grand écuyer travaille-t-il en petits points? montez-vous à cheval? Daumart est au lit depuis cinq mois, sans pouvoir remuer. Tronchin vous a guérie, parce qu'il ne vous a rien fait; mais, pour avoir fait quelque chose à Daumart, ce pauvre garçon en mourra, ou sa vie sera pire que la mort. C'est une bien malheureuse créature que ce Daumart; mais son père était encore plus sot que lui, et son grand-père encore plus. Je n'ai pas connu le bisaïeul, mais ce devait être un rare homme.

J'ai commencé ma lettre par le roman de Rousseau, je veux finir par celui de La Popelinière. C'est, je vous jure, un des plus absurdes ouvrages qu'on ait jamais écrits : pour peu qu'il en fasse encore un dans ce goût, il sera de l'Académie.

Bonsoir; portez-vous bien. Je ne vous écris pas de ma main : on dit que j'ai la goutte, mais ce sont mes ennemis qui font courir ce bruit-là. Je vous embrasse de tout mon cœur.

1. M. de Florian.

A M. DUCLOS.

A Ferney, 10 avril 1761.

Je vous assure, monsieur, que vous me faites grand plaisir en m'apprenant que l'Académie va rendre à la France et à l'Europe le service de publier un recueil de nos auteurs classiques, avec des notes qui fixeront la langue et le goût, deux choses assez inconstantes dans ma volage patrie. Il me semble que mademoiselle Corneille aurait droit de me bouder, si je ne retenais pas le grand Corneille pour ma part. Je demande donc à l'Académie la permission de prendre cette tâche, en cas que personne ne s'en soit emparé.

Le dessein de l'Académie est-il d'imprimer tous les ouvrages de chaque auteur classique? faudra-t-il des notes sur *Agésilas* et sur *Attila*, comme sur *Cinna* et sur *Rodogune*? Voulez-vous avoir la bonté de m'instruire des intentions de la Compagnie? exige-t-elle une critique raisonnée? veut-elle qu'on fasse sentir le bon, le médiocre et le mauvais? qu'on remarque ce qui était autrefois d'usage, et ce qui n'en est plus? qu'on distingue les licences des fautes? et ne propose-t-elle pas un petit modèle auquel il faudra se conformer? l'ouvrage est-il pressé? combien de temps me donnez-vous?

Puisqu'on veut bien placer ma maigre figure sous le visage rebondi de M. le cardinal de Bernis, j'aurai l'honneur de vous envoyer incessamment ma petite tête en perruque naissante. L'original aurait bien voulu venir se présenter lui-même et renouveler à l'Académie son attachement et son respect; mais les laboureurs, les vignerons et les jardiniers me font la loi : *E nitido fit rusticus*. Comptez cependant que, dans le fond de mon cœur, je sais très-bien qu'il vaut mieux vous entendre que de planter des mûriers blancs.

A M. L'ABBÉ D'OLIVET.

A Ferney, tout près de votre Franche-Comté, 10 avril 1761.

Mais, mon maître, est-ce que vous n'auriez point reçu un paquet que je fis partir, il y a trois semaines, à l'adresse que vous m'aviez donnée? ou mon paquet ne méritait-il pas un mot de vous? ou êtes-vous malade? ou êtes-vous paresseux?

Eh bien, voilà votre ancien projet de donner un recueil d'auteurs classiques qui fait fortune. Rien ne sera plus glorieux pour l'Académie ni plus utile pour les Français et pour les étrangers. Il est temps de prévenir, j'ai presque dit d'arrêter la décadence de la langue et du goût. Quel grand homme prenez-vous pour votre part? Pour moi j'ai l'impudence de demander Pierre Corneille. C'est Larose qui veut parler des campagnes de Turenne. Je vous dirai :

> Cornelium, Olivete, relegi,
> Qui quid sit magnum, quid turpe, quid utile, quid non,
> Plenius ac melius Rousseau multisque docebat;

et j'ajouterai :

> Quam scit uterque, libens censebo, exerceat artem.

La tragédie est un art que j'ai peut-être mal cultivé; mais je suis de ces barbouilleurs qu'on appelle curieux, et qui, étant à peine capables d'égaler Person, connaissent très-bien la touche des grands maîtres. En un mot, si personne n'a retenu le lot de Corneille, je le demande et j'en écris à M. Duclos. Je crois que vous avez fait une très-bonne acquisition dans M. Saurin. Il est littérateur et homme de génie. Dites-moi qui se charge de La Fontaine. Je l'avais autrefois commencé sur le projet que vous aviez; mais je ne sais ce que cela est devenu. J'ai perdu dans mes fréquentes tournées les trois quarts de mes paperasses, et il m'en reste encore trop. *Vive, vale, scribe, Ciceroniane Olivete.*

A M. L'ABBÉ TRUBLET,

QUI LUI AVAIT ENVOYÉ SON DISCOURS DE RÉCEPTION A L'ACADÉMIE FRANÇAISE.

Au château de Ferney, ce 27 avril 1761.

Votre lettre et votre procédé généreux, monsieur, sont des preuves que vous n'êtes pas mon ennemi, et votre livre vous faisait soupçonner de l'être. J'aime bien mieux en croire votre lettre que votre livre : vous aviez imprimé que je vous faisais bâiller, et moi j'ai laissé imprimer que je me mettais à rire. Il résulte de tout cela que vous êtes difficile à amuser, et que je suis mauvais plaisant ; mais enfin en bâillant et en riant, vous voilà mon confrère, et il faut tout oublier en bons chrétiens et en bons académiciens.

Je suis fort content, monsieur, de votre harangue et très-reconnaissant de la bonté que vous avez de me l'envoyer ; à l'égard de votre lettre : *Nardi parvus onyx eliciet cadum*. Pardon de vous citer Horace, que vos héros, MM. de Fontenelle et de Lamotte, ne citaient guère. Je suis obligé en conscience de vous dire que je ne suis pas né plus malin que vous, et que dans le fond je suis bonhomme. Il est vrai qu'ayant fait réflexion depuis quelques années qu'on ne gagnait rien à l'être, je me suis mis à être un peu gai, parce qu'on m'a dit que cela est bon pour la santé. D'ailleurs je ne me suis pas cru assez important, assez considérable pour dédaigner toujours certains illustres ennemis qui m'ont attaqué personnellement pendant une quarantaine d'années, et qui, les uns après les autres, ont essayé de m'accabler. C'est par pure modestie que je leur ai donné enfin sur les doigts. Je me suis cru précisément à leur niveau, *et in arenam cum æqualibus descendi*, comme dit Cicéron.

Croyez, monsieur, que je fais une grande différence entre vous et eux ; mais je me souviens que mes rivaux et moi, quand j'étais à Paris, nous étions tous fort peu de chose, de pauvres écoliers du siècle de Louis XIV, les uns en vers, les autres en prose, quelques-uns moitié prose, moitié vers, du nombre desquels j'avais l'honneur d'être ; infatigables auteurs de pièces médiocres, grands compositeurs de riens, pesant gravement des œufs de mouche dans des balances de toile d'araignée. Je n'ai presque vu que de la petite charlatanerie : je sens parfaitement la valeur de ce néant; mais, comme je sens également le néant de tout le reste, j'imite le *Vejanius* d'Horace (lib. I, ep. I) :

> . . . . Vejanius, armis
> Herculis ad postem fixis, latet abditus agro.

C'est de cette retraite que je vous dis très-sincèrement que je trouve des choses utiles et agréables dans tout ce que vous avez fait, que je vous pardonne cordialement de m'avoir pincé, que je suis fâché de vous avoir donné quelques coups d'épingle, que votre procédé me désarme pour jamais, que bonhomie vaut mieux que raillerie, et que je suis, monsieur mon cher confrère, de tout mon cœur, avec une véritable estime et sans compliment, comme si de rien n'était, votre, etc.

A M. LE MARQUIS ALBERGATI CAPACELLI.

A Ferney, 1er mai 1761.

Monsieur, ne jugez pas de mes sentiments par mon long silence; je suis accablé de maladies et de travaux. Horace pourrait me dire (lib. II, od. XVIII) :

> Tu secanda marmora
> Locas sub ipsum funus, et sepulchri
> Immemor, struis domos.

Figurez-vous ce que c'est que d'avoir à défricher des déserts et à faire bâtir des maisons à l'italienne par des Allobroges, d'avoir à finir l'*Histoire du czar Pierre* et d'ajuster un théâtre pour des gens qui se portent bien dans le temps qu'on n'en peut plus.

Je crois que le signor Carlo Goldoni y serait lui-même très-embarrassé, et qu'il faudrait lui pardonner s'il était un peu paresseux avec ses amis. Je reçois dans le moment son nouveau théâtre. Je partage, monsieur, mes remercîments entre vous et lui. Dès que j'aurai un moment à moi, je lirai ses nouvelles pièces, et je crois que j'y trouverai toujours cette variété et ce naturel charmant qui font son caractère. Je vois avec peine, en ouvrant le livre, qu'il s'intitule *poëte du duc de Parme*; il me semble que Térence ne s'appelait point le poëte de Scipion ; on ne doit être le poëte de personne, surtout quand on est celui du public. Il me paraît que le génie n'est point une charge de cour et que les beaux-arts ne sont point faits pour être dépendants.

Je présente le sentiment de la plus vive reconnaissance à M. Paradisi. Je me flatte qu'il aura un peu de pitié de mon état et qu'il trouvera bon que je le joigne ici avec vous, monsieur, au lieu de lui écrire en droiture. Je ne lui manderais pas des choses différentes de celles que je vous dis. Je lui dirais combien je l'estime et à quel point je suis pénétré de l'honneur qu'il me fait. Vous voyez, monsieur, que je suis obligé de dicter mes lettres. Je n'ai plus la force d'écrire ; j'ai toutes les infirmités de la vieillesse, mais dans le fond du cœur tous les goûts de la jeunesse. Je crois que c'est ce qui me fait vivre. Comptez, monsieur, que tant que je vivrai, je serai fâché que les truites du lac de Genève soient si loin des saucissons de Bologne, et que je serai toujours avec tous les sentiments que je vous dois, monsieur, votre, etc., *di cuore*,

VOLTAIRE.

A M. LE COMTE D'ARGENTAL.

1er mai 1761.

Permettez, mes anges, que je fasse passer par vos mains cette lettre à M. Duclos, ou plutôt à l'Académie, en réponse à la proposition que notre secrétaire m'a faite de travailler à donner au public nos auteurs classiques. Il est vrai que j'ai un peu d'occupation; car, excepté de fendre du bois, il n'y a sorte de métier que je ne fasse.

Cependant mettez-vous *Oreste* à l'ombre de vos ailes?

Pardon encore une fois ; mais je n'ai pu m'empêcher de donner beaucoup de temps à cette pièce du temps de François Ier. Ce sujet m'a tourné la tête. Vous dites que c'est à peu près ce que j'ai fait de plus mauvais en ce genre; Mme Denis soutient que c'est ce que j'ai fait de mieux.

Je vous demande pardon; mais je donne la préférence cette fois-ci à Mme Denis. Pour Mlle Corneille, elle n'est pas encore dans le secret. Nous lui apprenons toujours à lire, à écrire, à chiffrer, et dans un an nous lui ferons lire *le Cid*. Elle n'a pas le nez tourné au tragique. M. de Ximenès n'est pas non plus dans la confidence : il fait jouer cette semaine *Don Carlos* à Lyon, et est trop occupé de sa gloire pour qu'on lui confie des bagatelles.

A M. DUCLOS.

A Ferney, 1er mai 1761.

Après le *Dictionnaire de l'Académie*, ouvrage d'autant plus utile que la langue commence à se corrompre, je ne connais point d'entreprise plus digne de l'Académie et plus honorable pour la littérature que celle de donner nos auteurs classiques avec des notes instructives.

Voici, monsieur, les propositions que j'ose faire à l'Académie avec autant de défiance de moi-même que de soumission à ses décisions. Je pense qu'on doit commencer par Pierre Corneille, puisque c'est lui qui commença à rendre notre langue respectable chez les étrangers. Ce qu'il y a de beau chez lui est si sublime qu'il rend précieux tout ce qui est moins digne de son génie : il me semble que nous devons le regarder du même œil que les Grecs voyaient Homère, le premier en son genre et l'unique même avec ses défauts. C'est un si grand mérite d'avoir ouvert la carrière, les inventeurs sont si au-dessus des autres hommes, que la postérité pardonne leurs plus grandes fautes. C'est donc en rendant justice à ce grand homme, et en même temps en marquant les vices de langage où il peut être tombé et même les fautes contre son art, que je me propose de faire une édition in-4° de ses ouvrages.

Duclos

J'ose croire, monsieur, que l'Académie ne me désavouera pas si je propose de faire cette édition pour l'avantage du seul homme qui porte aujourd'hui le nom de Corneille, et pour celui de sa fille.

Je ne peux laisser à Mlle Corneille qu'un bien assez médiocre ; ce que je dois à ma famille ne me permet pas d'autres arrangements. Nous tâchons, Mme Denis et moi, de lui donner une éducation digne de sa naissance. Il me paraît de mon devoir d'instruire l'Académie des calomnies que le nommé Fréron a répandues au sujet de cette éducation. Il dit dans une des feuilles de cette année que cette demoiselle, aussi respectable par son infortune et par ses mœurs que par son nom, est élevée chez moi par un bateleur de la Foire, que je loge et que je traite comme mon frère.

Je peux assurer l'Académie, qui s'intéresse au nom de Corneille et à qui je crois devoir compte de mes démarches, que cette calomnie absurde n'a aucun fondement ; que ce prétendu acteur de la Foire est un chirurgien-dentiste du roi de Pologne qui n'a jamais habité au château de Ferney et qui n'y est venu exercer son art qu'une seule fois. Je ne conçois pas comment le censeur des feuilles du nommé Fréron a pu laisser passer un mensonge si personnel, si insolent et si grossier contre la nièce du grand Corneille.

J'assure l'Académie que cette jeune personne, qui remplit tous les devoirs de la religion et de la société, mérite tout l'intérêt que j'espère qu'on voudra bien prendre à elle. Mon idée est que l'on ouvre une simple souscription sans rien payer d'avance.

Je ne doute pas que les plus grands seigneurs du royaume, dont plusieurs sont nos confrères, ne s'empressent à souscrire pour quelques exemplaires. Je suis persuadé même que toute la famille royale donnera l'exemple.

Pendant que quelques personnes zélées prendront sur elles le soin généreux de recueillir ces souscriptions, c'est-à-dire seulement le nom des souscripteurs, et devront les remettre à vous, monsieur, ou à celui qui s'en chargera, les meilleurs graveurs de Paris entreprendront les vignettes et les estampes à un prix d'autant plus raisonnable qu'il s'agit de l'honneur des arts et de la nation. Les planches seront remises ou à l'imprimeur de l'Académie ou à la personne que vous indiquerez. L'imprimeur m'enverra des caractères qu'il aura fait fondre par le meilleur fondeur de Paris; il me fera venir aussi le meilleur papier de France; il m'enverra un habile compositeur et un habile ouvrier. Ainsi tout se fera par des Français et chez des Français. Ce libraire n'aura aucune avance à faire; les deniers de ceux qui acquerront l'ouvrage imprimé seront remis à une personne nommée par l'Académie, et le profit sera partagé entre l'héritier du nom de Corneille et votre libraire, sous le nom duquel les œuvres de Corneille seront imprimées; la plus grosse part, comme de raison, pour M. Corneille.

Je supplie l'Académie de daigner en accepter la dédicace. Chaque amateur souscrira pour tel nombre d'exemplaires qu'il voudra.

Je crois que chaque exemplaire pourra revenir à cinquante livres.

Les sieurs Cramer se feront un plaisir et un honneur de présider sous mes yeux à cet ouvrage; on leur donnera pour leurs honoraires certain nombre d'exemplaires pour les pays étrangers.

Je prendrai la liberté de consulter quelquefois l'Académie dans le cours de l'impression. Je la supplie d'observer que je ne peux me charger de ce travail, à moins que tout ne se fasse sous mes yeux, ma méthode étant de travailler toujours sur les épreuves des feuilles; attendu que l'esprit semble plus éclairé quand les yeux sont satisfaits. D'ailleurs il m'est impossible de me transplanter et de quitter un moment un pays que je défriche.

Je peux répondre que l'édition une fois commencée sera faite au bout de six mois. Telles sont, monsieur, mes propositions, sur lesquelles j'attends les ordres de mes respectables confrères.

Il me paraît que cette entreprise fera quelque honneur à notre siècle et à notre patrie; on verra que nos gens de lettres ne méritaient pas l'outrage qu'on leur a fait quand on a osé leur imputer des sentiments peu patriotiques, une philosophie dangereuse et même de l'indifférence pour l'honneur des arts qu'ils cultivent.

J'espère que plusieurs académiciens voudront bien se charger des autres auteurs classiques. M. le cardinal de Bernis et M. l'archevêque de Lyon feraient une chose digne de leur esprit et de leurs places de présider à une édition des *Oraisons funèbres* et des *Sermons* des illustres Bossuet et Massillon. Les *Fables* de La Fontaine ont besoin de notes, surtout pour l'instruction des étrangers. Plus d'un académicien s'offrira à remplir cette tâche, qui paraîtra aussi agréable qu'utile.

Pour moi j'imagine qu'il me convient d'oser être le commentateur du grand Corneille, non-seulement parce qu'il est mon maître, mais parce que l'héritier de son nom est un nouveau motif qui m'attache à la gloire de ce grand homme.

Je vous supplie donc, monsieur, de vouloir bien faire convoquer une assemblée assez nombreuse pour que mes offres soient examinées et rectifiées, et que je me conforme en tout aux ordres que l'Académie voudra bien me faire parvenir par vous, etc.

A M. LE COMTE D'ARGENTAL.

11 mai 1761.

ACTE V, SCÈNE II.

MÉDIME, armée, soldats dans l'enfoncement.
(A son père.)   (A sa suite.)
Non, n'allez pas plus loin. — Frappez; et vous, soldats,
Laissez périr Médime, et ne la vengez pas.
Vous n'avez que trop bien secondé mon audace ;
J'ai mérité la mort ; méritez votre grâce ;
Sortez, dis-je.
MOHADAR.
Ah, cruelle! est-ce toi que je vois?
MÉDIME, en jetant ses armes.
Pour la dernière fois, seigneur, écoutez-moi.
Je baise cette main dont il faut que j'expire ;
Mais, pour prix de mon sang, pardonnez à Ramire :
C'est assez vous venger, et ce sang à vos yeux,
Ce sang, qui fut le vôtre, est assez précieux.

Peut-être ces deux derniers vers, prononcés avec une grandeur mêlée de tendresse, pourront faire quelque effet.

N. B. Que dans la dernière scène Mohadar dit :

J'ai trop vu, je l'avoue, en ce combat funeste.

Il y avait :

> J'ai trop vu, malgré moi, dans ce combat funeste.

Cela faisait deux *malgré moi* en deux vers.

Voilà, mon divin ange, de quelle manière j'ai obéi sur-le-champ à votre lettre ; et, si vous n'êtes pas content, je trouverai peut-être quelque chose de mieux.

Je sacrifie mes craintes et mes remords aux espérances et à l'absolution que vous me donnez. Allons donc, puisque vous l'ordonnez. C'est déjà quelque chose que Mlle Gaussin ne joue pas Énide ; mais gare que Mlle Clairon ne donne de ses tons à Mlle Hus, et qu'au lieu du contraste intéressant de deux caractères opposés, on ne voie qu'une écolière répétant sa leçon devant sa maîtresse! en ce cas, tout serait perdu. Mlle Clairon en sait-elle assez pour enseigner un jeu différent du sien?

Vous me faites un plaisir sensible, mon cher ange, en donnant le produit de l'impression à Le Kain. Il faudra qu'il veille à empêcher les éditions furtives. Vous pouvez promettre le profit de l'édition de *Tancrède* à Mlle Clairon ; ainsi il n'y aura point de jalousie, et Le Kain pourra hautement jouir de ce petit bénéfice, supposé que la pièce réussisse. Vous saurez que *Tancrède* est corrigé, comme vous et Mme Scaliger l'avez ordonné.

Mais je vous demande une grâce à genoux. Il y a un M. Jacques à Paris. Vous ne connaissez point ce nom-là, c'est un homme de lettres qui a du talent et qui est sans pain. Il voulait venir chez moi ; j'ai pris malheureusement à sa place une espèce de géomètre qui me fait des méridiennes, des cadrans, qui me lève des plans, et je n'ai rien pu faire pour M. Jacques. Je lui destinais cinq cents francs sur la part d'auteur que je donne aux comédiens, et deux cents sur l'édition que je donne à Le Kain (supposé toujours le succès dont mes anges me flattent) : au nom de Dieu réservez cinq cents francs pour Jacques. Il serait même bon qu'il présidât à l'édition et qu'il fît la préface.

Vous me direz : Que ne donnez-vous à Jacques cinq cents francs de votre bourse? Je vous répondrai que je suis ruiné, que j'ai eu la sottise de bâtir et de planter en trois endroits à la fois ; que j'ai chez moi trois personnes à qui j'ai l'insolence de faire une pension ; que Mme Denis, après sa réception à Francfort, a droit de ne se rien refuser à la campagne ; que la proximité d'une grande ville et le concours des étrangers exigent une grande dépense; qu'enfin je suis devenu un grand seigneur, c'est-à-dire que j'ai des dettes et point d'argent, avec un gros revenu. Voilà mon cas; il ne faut rien cacher à son ange gardien.

Vous n'avez point répondu sur la juste haine que je porte à la ville de Paris; est-ce que je n'ai pas raison? Mais j'ai bien plus raison de vous aimer jusqu'à mon dernier moment avec la plus tendre reconnaissance. Mme Scaliger permet-elle qu'on lui en dise autant?

J'ai oublié l'adresse de Jacques. Il demeurait à Paris rue Saint-Jacques, près la fontaine Saint-Séverin, chez... je ne m'en souviens plus. C'est un M. Audelet ou Audet, homme d'affaires... On pourrait donner des billets à Jacques.

A MADAME DE FONTAINE,

A PARIS.

31 mai 1761.

Ma chère nièce, à présent que vous avez passé huit jours avec M. de Silhouette, vous devez savoir l'histoire de la finance sur le bout de votre doigt. Je crois qu'il pense comme *l'ami des hommes*, qu'il n'est pas l'ami d'un tas de fripons qui ont su se faire respecter et se rendre nécessaires en s'appropriant l'argent comptant de la nation; mais je crois que M. de Silhouette est un médecin qui a voulu donner trop tôt l'émétique à son malade. Le duc de Sully ne put remettre l'ordre dans les finances que pendant la paix. Je sais que les déprédations sont horribles, et je sais aussi que ceux qui ont été assez puissants pour les faire le sont assez pour n'être pas punis. Ma chère nièce, tout ceci est un naufrage; *sauve qui peut* est la devise de chaque pauvre particulier. Cultivons donc notre jardin comme Candide : Cérès, Pomone et Flore sont de grandes saintes, mais il faut fêter aussi les muses.

J'aurai peut-être fait encore une tragédie avant que la petite Corneille ait lu *le Cid*. Il me semble que je fais plus qu'elle pour la gloire de son nom : j'entreprends une édition de Corneille avec des remarques qui peuvent être instructives pour les étrangers et même pour les gens de mon pays. L'Académie doit faire imprimer nos meilleurs auteurs du siècle de Louis XIV dans ce goût; du moins elle en a le projet, et j'en commence l'exécution. Cette édition de Corneille sera magnifique, et le produit sera pour l'enfant qui porte ce nom et pour son pauvre père, qui ne savait pas, il y a quatre ans, qu'il y eût jamais eu un Pierre Corneille au monde.

Je crois que la petite brochure[1] de M. Dardelle pourra vous divertir; je vous l'envoie en vous embrassant vous et les vôtres de tout mon cœur.

A M. L'ABBÉ D'OLIVET.

24 juin 1761.

Facundissime et carissime Olivete, lisez le programme simple et court à l'Académie. Si on l'approuve, je l'envoie à M. le duc de Choiseul, à Mme de Pompadour. Je veux que le roi souscrive. Je veux que le président Hénault fasse souscrire la reine. Je me charge des princes d'Allemagne et du parlement d'Angleterre. Je veux la gloire de la France et de l'Académie.

Je crois que je pourrai hardiment, dans un programme imprimé, donner les noms de tous les académiciens, que je mettrai immédiatement après les princes, attendu qu'ils sont les confrères de Corneille.

Renvoyez-moi, s'il vous plaît, mon programme approuvé : *Nec patres conscripti concidant nec deficiant.*

Il serait convenable que chacun signât mon programme. M. le duc de Nivernais a déjà souscrit pour dix exemplaires. Qui sera le brave académicien qui se chargera de la souscription de ses frères à croix d'or, à cordons bleus, etc.? *Ciceronis amator, Cornelium tuere.*

1. *La Conversation de l'abbé Grizel et de l'intendant des Menus.*

A M. LE PRÉSIDENT HÉNAULT.

25 juin 1761.

Mon cher et respectable confrère, je crois qu'il s'agit de l'honneur de l'Académie et de la France. Il faut fixer la langue, que vingt mille brochures corrompent; il faut imprimer avec des notes utiles les grands auteurs du siècle de Louis XIV, et qu'on sache à Pétersbourg et en Ukraine en quoi Corneille est grand et en quoi il est défectueux. Vous encouragez cette entreprise, qui ne réussira pas si vous ne permettez que je vous consulte souvent. Je pense qu'il sera honorable pour la France de relever le nom de Corneille dans ses descendants. J'étais à Londres quand on apprit qu'il y avait une fille de Milton aveugle, vieille et pauvre; en un quart d'heure elle fut riche. La petite-fille d'un homme très-supérieur à Milton n'est, à la vérité, ni vieille ni aveugle, elle a même de très-beaux yeux, et ce ne sera pas une raison pour que les Français l'abandonnent. Il est vrai qu'elle est à présent au-dessus de la pauvreté; mais à qui mieux qu'elle appartiendrait le produit des OEuvres de son aïeul? Les frères Cramer sont assez généreux pour lui céder le profit de cette édition, qui ne sera faite que pour les souscripteurs.

Nous travaillons donc pour le nom de Corneille, pour l'Académie, pour la France. C'est par là que je veux finir ma carrière. Il en coûtera si peu pour faire réussir cette entreprise! *Quarante francs*, chaque exemplaire, sont un objet si mince pour les premiers de la nation, qu'on sera probablement empressé à voir son nom dans la liste des protecteurs de *Cinna* et du sang de Corneille.

Je me flatte que le roi, protecteur de l'Académie, permettra que son nom soit à la tête des souscripteurs. Je charge votre caractère aussi bienfaisant qu'aimable de nous donner la reine. Qu'elle ne considère pas que c'est un profane qui entreprend ce travail; qu'elle considère la nation dont elle est reine.

Qui sont les noms de vos amis que je ferai imprimer? pour combien d'exemplaires souscriront nos académiciens de la cour? Comptez que les Cramer ne tireront que le nombre des exemplaires souscrits, et que ce livre restera un monument de la générosité des souscripteurs, qui ne sera jamais vendu au public. Fera des petites éditions qui voudra, mais notre grande sera unique. Vous pouvez plus que personne; et il sera digne de celui qui a si bien fait connaître la France, de protéger le grand Corneille, quand il n'y pas un seul acteur digne de jouer *Cinna*, et qu'il y a si peu de gens dignes de le lire.

Il me semble que j'ouvre une porte d'or pour sortir du labyrinthe des colifichets où la foule se promène.

Recevez les tendres et respectueux sentiments, etc.

Mille pardons à Mme du Deffand. Cette entreprise ne me laisse pas un moment, et j'ai des ouvrages immenses, des moutons et des procès à conduire.

A M. LE COMTE D'ARGENTAL.

Ferney, 26 juin 1761.

Je n'ai guère la force d'écrire parce que, depuis quelque temps, j'écris jour et nuit. Mes anges sauront que je rends grâce au corsaire qui a fait imprimer *Zulime*. L'impression m'a fait apercevoir d'un défaut capital qui régnait dans cette pièce : c'était l'uniformité des sentiments de l'héroïne, qui disait toujours : *J'aime*; c'est un beau mot, mais il ne faut pas le répéter trop souvent : il faut quelquefois dire : *Je hais*.

Je commence à être moins mécontent de cet ouvrage que je ne l'étais, et je me flatte enfin qu'il ne sera pas tout à fait indigne des bontés dont mes anges l'honorent. Il sera prêt quand ils l'ordonneront. Je n'abandonnerai pourtant ni les moissons, ni mon église, ni ma petite négociation avec le pape.

Je relis Corneille avec une grande attention. Je l'admire plus que jamais en voyant d'où il est parti. C'est un créateur; il n'y a de gloire que pour ces gens-là; nous ne sommes aujourd'hui que de petits écoliers. Je suis persuadé que mes notes au bas des pages des bonnes pièces de Corneille ne seront pas sans utilité et sans agrément; elles pourront former une poétique complète, sans avoir l'insolence et l'ennui du ton dogmatique.

Je suis résolu à ne faire imprimer que le nombre des exemplaires pour lesquels on aura souscrit. Les petites éditions seront au profit des libraires; et s'il y a, comme je le crois, quelque amour de la véritable gloire dans la nation, la grande édition assurera quelque fortune aux héritiers du nom du grand Corneille. Je finirai ainsi ma carrière d'une manière honorable et qui ne sera pas indigne de l'ancienne amitié dont mes anges m'honorent.

Je les supplie de vouloir bien me procurer sans délai le nom de M. le duc d'Orléans par M. de Foncemagne, afin que je l'imprime dans le programme.

Je voudrais avoir celui de M. le premier président; il me le doit en dédommagement de la banqueroute que son beau-frère m'a faite. Jamais mon entreprise ne vaudra au sang de Corneille la moitié de ce que Bernard m'a volé. Je crois avoir déjà prévenu M. le comte de Choiseul, l'ambassadeur, que je ne doutais pas qu'il n'honorât ma liste de son nom, et j'attends ses ordres. Je demande la même grâce à M. de Courteilles, à M. de Malesherbes, à Mme sa sœur et à tous les amis de mes anges.

Je désirerais passionnément la souscription du président de Meynières et de quelques membres du parlement, pour expier les sottises de maître Ledain et de maître Omer.

Je n'ai point encore écrit à M. le duc de Choiseul sur cette petite affaire. Je supplie M. le comte l'ambassadeur d'avoir la bonté de lui en parler, ils sont aussi tous deux mes anges. Je vous baise à tous le bout des ailes, et je recommande à vos bontés Cinna, Horace, Sévère, Cornélie et la cousine issue de Germain de Cornélie. Si on me seconde avec quelque vivacité, cette édition ne sera qu'une affaire de six mois.

Nièce et Cornélie-chiffon, et V..., vous disent tout ce qu'il y a de plus tendre.

A M. LE DUC DE CHOISEUL.

13 juillet 1761.

Monseigneur, vous savez qu'au sortir du grand conseil tenu pour le testament du roi d'Espagne, Louis XIV rencontra quatre de ses filles qui jouaient, et leur dit : Eh bien, quel parti prendriez-vous à ma place? Ces jeunes princesses dirent leur avis au hasard. Le roi leur répliqua : De quelque avis que je sois j'aurai des censeurs.

Vous daignez en user avec moi, vieux radoteur, comme Louis XIV avec ses enfants. Vous voulez que je bavarde, bavarde, et que je compile, compile. Vos bontés et ma façon d'être, qui est sans conséquence, me donnent toujours le droit que Gros-Jean prenait avec son curé.

D'abord je crois fermement que tous les hommes ont été, sont et seront menés par les événements. Je respecte fort le cardinal de Richelieu; mais il ne s'engagea avec Gustave-Adolphe que quand Gustave eut débarqué en Poméranie sans le consulter; il profita de la circonstance. Le cardinal Mazarin profita de la mort du duc de Veymar; il obtint l'Alsace pour la France, et le duché de Rhétel pour lui.

Louis XIV ne s'attendait point, en faisant la paix de Rysvick, que son petit-fils aurait, trois ans après, la succession de Charles-Quint. Il s'attendait encore moins que l'arrière-petit-fils abandonnerait les Français pendant quatre ans aux déprédations de l'Angleterre, maîtresse de Gibraltar. Vous savez quel hasard fit la paix avec l'Angleterre, signée par ce beau lord Bolingbroke. Vous ferez comme tous les grands hommes de cette espèce, qui ont mis à profit les circonstances où ils se sont trouvés.

Vous avez eu la Prusse pour alliée, vous l'avez pour ennemie; l'Autriche a changé de système, et vous aussi. La Russie ne mettait, il y a vingt ans, aucun poids dans la balance de l'Europe, et elle en met un considérable. La Suède a joué un grand rôle et en joue un très-petit. Tout a changé et changera; mais, comme vous l'avez dit, la France restera toujours un beau royaume et redoutable à ses voisins, à moins que les classes des parlements n'y mettent la main.

Vous savez que les alliés sont comme les amis qu'on appelait de mon temps au quadrille : on changeait d'amis à chaque coup.

Il me semble d'ailleurs que l'amitié de messieurs de Brandebourg a toujours été fatale à la France. Ils nous abandonnèrent au siége de Metz, fait par Charles-Quint. Ils prirent beaucoup d'argent de Louis XIV et lui firent la guerre. Vous savez que Luc vous trahit deux fois dans la guerre de 1741, et sûrement vous ne le mettrez pas en état de vous trahir une troisième. Sa puissance n'était alors qu'une puissance d'accident, fondée sur l'avarice de son père et sur l'exercice à la prussienne. L'argent amassé a disparu; il est battu avec son exercice. Je ne crois pas qu'il reste quarante familles à présent dans son beau royaume de Prusse. La Poméranie est dévastée, le Brandebourg misérable ; personne n'y mange de pain blanc; on n'y voit que de la fausse monnaie, et encore très-peu. Ses états de Clèves sont séquestrés; les Autrichiens sont vainqueurs en Silésie. Il serait plus difficile à présent de le soutenir que de l'écraser. Les Anglais se ruinent à lui donner des secours indiscrets vers la Hesse, et, grâce au ciel, vous rendez ces secours inutiles. Voilà l'état des choses.

Maintenant si on voulait parier, il faudrait, dans la règle des probabilités, parier trois contre un que Luc sera perdu avec ses vers, et ses plaisanteries, et ses injures, et sa politique, tout cela étant également mauvais.

Cette affaire finie, supposé qu'un coup de désespoir ne rétablisse pas ses affaires et ne ruine pas les vôtres, tout finit en Allemagne. Vous avez un beau congrès, dans lequel vous êtes toujours garant du traité de Westphalie, et j'en reviens toujours à dire que tous les princes d'Allemagne diront : Luc est tombé parce qu'il s'est brouillé avec la France ; c'est à nous d'avoir toujours la France pour protectrice. Certainement, après la chute de Luc, la reine de Hongrie ne viendra pas vous redemander ni Strasbourg, ni Lille, ni votre Lorraine. Elle attendra au moins dix ans, et alors vous lui lâcherez le Turc et les Suédois pour de l'argent, si vous en avez.

Le grand point est d'avoir beaucoup d'argent. Henri IV se prépara à se rendre l'arbitre de l'Europe en faisant faire des balances d'or par le duc de Sully. Les Anglais ne réussissent qu'avec des guinées et un crédit qui les décuple. Luc n'a fait trembler quelque temps l'Allemagne que parce que son père avait plus de sacs que de bouteilles dans ses caves de Berlin. Nous ne sommes plus au temps de Fabricius. C'est le plus riche qui l'emporte, comme parmi nous c'est le plus riche qui achète une charge de maître des requêtes et qui ensuite gouverne l'État. Cela n'est pas noble, mais cela est vrai.

Les Russes m'embarrassent; mais jamais l'Autriche n'aura de quoi les soudoyer deux ans contre vous.

L'Espagne m'embarrasse, car elle n'a pas grand'chose à gagner à vous débarrasser des Anglais; mais au moins est-il sûr qu'elle aura plus de haine pour l'Angleterre que pour vous.

L'Angleterre m'embarrasse, car elle voudra toujours vous chasser de l'Amérique septentrionale; et vous aurez beau avoir des armateurs, vos armateurs seront tous pris au bout de quatre ou cinq ans, comme on l'a vu dans toutes les guerres.

Ah! monseigneur, monseigneur, il faut vivre au jour la journée quand on a affaire à des voisins. On peut suivre un plan chez soi, encore n'en suit-on guère. Mais quand on joue contre les autres, on écarte suivant le jeu qu'on a. Un système, grand Dieu! celui de Descartes est tombé; l'empire romain n'est plus; Pompignan même perd son crédit : tout se détruit, tout passe. J'ai bien peur que, dans les grandes affaires, il n'en soit comme dans la physique : on fait des expériences, et on n'a point de système.

J'admire les gens qui disent : La maison d'Autriche va être bien puissante, la France ne pourra résister. Eh! messieurs, un archiduc vous a pris Amiens, Charles-Quint a été à Compiègne, Henri V d'Angleterre a été couronné à Paris. Allez, allez, on revient de loin, et vous n'avez pas à craindre la subversion de la France, quelque sottise qu'elle fasse.

Quoi! point de systèmes! je n'en connais qu'un, c'est d'être bien chez soi; alors tout le monde vous respecte.

Le ministre des affaires étrangères dépend de la guerre et de la finance : ayez de l'argent et des victoires, alors le ministre fait tout ce qu'il veut.

A M. L'ABBÉ D'OLIVET.

Ferney, 16 auguste 1761.

Nous sommes vieux l'un et l'autre, mon cher Cicéron; par conséquent il faut se presser. J'ai envoyé à M. le secrétaire perpétuel de l'Académie l'épître dédicatoire adressée à la Compagnie, le commentaire sur *les Horaces* et sur *Cinna*, et la préface du *Cid*. Je vous envoie les remarques sur *le Cid*, et je vous supplie, vous qui êtes si au fait de l'histoire littéraire de ce temps-là, de m'aider de vos lumières. J'attends de votre ancienne amitié que vous voudrez bien presser un peu l'ouvrage. Nous n'attendons, pour commencer l'impression, que l'approbation du Corps auquel je dédie ce monument, qui me paraît assez honorable pour notre nation.

Presque tous les amateurs s'accordent à désirer un commentaire perpétuel sur toutes les tragédies de Pierre Corneille. Cet ouvrage n'est ni aussi long ni aussi difficile qu'on le pense pour un homme qui, depuis longtemps, a fait une lecture assidue et réfléchie de toutes ces pièces; il n'en est point qui n'ait de beaux endroits. Les remarques sur les fautes pourront être utiles, et les remarques historiques pourront être intéressantes.

Je ne m'embarrasse point de la manière dont les Cramer imprimeront l'ouvrage : c'est leur affaire. Il y aura probablement six ou sept volumes in-4°; et, à deux louis d'or l'exemplaire, il y aurait beaucoup de perte sans la protection que le roi et les premiers du royaume accordent à cette entreprise. J'aurai peut-être l'honneur d'y contribuer autant que le roi même; car il faudra que je fasse toutes les avances et que je supplée toutes les non-valeurs; mais il n'y a rien qu'on ne fasse pour satisfaire ses passions; et la mienne est d'élever avant ma mort un monument dont la nation me sache quelque gré. Vous voyez que j'ai puisé un peu de vanité dans la lecture de votre Cicéron; mais je vous avertis qu'il n'y a rien de fait, si l'Académie ne me seconde pas.

Je supplie M. le secrétaire de marquer en marge tout ce qu'il faudra que je corrige, et je le corrigerai sur-le-champ; je ne fatiguerai pas l'Académie de mes observations sur *Pertharite, Agésilas, Suréna, Attila, Andromède, la Toison d'or, Pulchérie*, en un mot sur les pièces qu'on ne joue jamais, et dont le commentaire sera très-court; mais je prendrai la liberté de la consulter sur tous mes doutes. Vous sentez qu'il est important qu'un tel ouvrage ait la sanction du Corps, et qu'on puisse faire un livre classique qui sera l'instruction des étrangers et des Français.

Couronnez votre carrière, mon cher ami, en donnant tous vos soins au succès de notre entreprise.

Je suis obligé de dicter tout ce que j'écris, attendu qu'il ne me reste plus guère que la parole, et que je dicte en me levant, en me couchant, en mangeant et en souffrant. *Vale, care Olivete.*

A MADAME LA MARQUISE DU DEFFAND.

A Ferney, 18 auguste 1761.

J'ai connu des gens, madame, qui se plaignaient de vivre avec des sots, et vous vous plaignez de vivre avec des gens d'esprit. Si vous avez imaginé que vous retrouveriez la politesse et les agréments des La Fare et des Saint-Aulaire, l'imagination des Chaulieu, le brillant du duc de La Feuillade et tout le mérite du président Hénault dans nos littérateurs d'aujourd'hui, je vous conseille de décompter.

Vous ne sauriez, dites-vous, vous intéresser à la chose publique. C'est assurément le meilleur parti qu'on puisse prendre; mais si vous étiez comme moi exposée à donner à dîner tous les jours à des Russes, à des Anglais, à des Allemands, vous seriez un peu embarrassée d'être Française.

Je m'occupe du temps passé pour me dépiquer du temps présent. Je crois qu'il vaut mieux commenter Corneille que de lire ce qu'on fait aujourd'hui. Toutes les nouvelles affligent, et presque tous les nouveaux livres impatientent.

Mon commentaire impatientera aussi, car il sera fort long. C'est une entreprise terrible que de discuter *Cinna* et *Agésilas*, *Rodogune* et *Attila*, *le Cid* et *Pertharite*. Je ne crois pas que, depuis Scaliger, il y ait eu un plus grand pédant que moi. L'ouvrage contiendra sept ou huit gros volumes; cela fait trembler.

Vous devez, madame, avoir actuellement M. le président Hénault : il faut que vous me protégiez auprès de lui. J'ai envoyé à l'Académie l'épître dédicatoire, que je crois curieuse; la préface sur *le Cid*, dans laquelle il y a aussi quelques anecdotes qui pourront vous amuser; les notes sur *le Cid*, sur *les Horaces*, sur *Cinna*, *Pompée*, *Héraclius*, *Rodogune*, qui ne vous amuseront point, parce qu'il faut avoir le texte sous les yeux.

Je voudrais bien que M. le président Hénault prît tout cela chez M. le secrétaire, et qu'il en dît son avis avec M. de Nivernais. Je crois qu'il conviendrait qu'ils allassent tous deux à l'Académie et qu'ils me jugeassent; car il me faut la sanction de la Compagnie, et que l'ouvrage, qui lui est dédié, ne se fasse que de concert avec elle. Je ne suis point du tout jaloux de mes opinions; mais je le suis de pouvoir être utile, et je ne peux l'être qu'avec l'approbation de l'Académie. C'est une négociation que je mets entre vos mains, madame; celle de M. de Bussi sera plus difficile.

Vous vous plaignez de n'avoir rien qui vous occupe : occupez-vous de Pierre Corneille; il en vaut la peine par son sublime et par l'excès de ses misères.

Je vous sais bon gré, madame, de lire l'*Histoire d'Angleterre* par Thoyras : vous la trouverez plus exacte, plus profonde et plus intéressante que celle de notre insipide Daniel. Je ne pardonnerai jamais à ce jésuite d'avoir plus parlé de frère Coton que de Henri IV, et de laisser à peine entrevoir que ce Henri IV soit un grand homme.

Si vous aimez l'histoire, je vous en enverrai une dans quelques mois, qui est fort insolente et que je crois vraie d'un bout à l'autre; mais actuellement laissez-moi avec le grand Corneille.

Je vous réitère, madame, les remercîments de ma petite élève, qui porte un si beau nom et qui ne s'en doute pas. Je me mets aux pieds de Mme la duchesse de Luxembourg.

Adieu, madame, vivez aussi heureuse qu'il est possible; tolérez la vie : vous savez que peu de personnes en jouissent. Vous vous êtes accoutumée à vos privations; vous avez des amis, vous êtes sûre que, quand on vient vous voir, c'est pour vous-même. Je regretterai toujours de n'avoir point cet honneur, et je vous serai attaché bien véritablement jusqu'au dernier moment de ma vie.

A M. DUCLOS.

18 auguste 1761.

J'ai toujours oublié, monsieur, de vous parler de la personne qui prétendait vous apporter des papiers de ma part. Je n'ai eu l'honneur de vous en adresser que par M. d'Argental. Vous avez dû recevoir l'épître dédicatoire à la Compagnie, la préface sur *le Cid*, les notes sur *le Cid*, *les Horaces* et *Cinna*. Je vous prie de communiquer le tout à M. le duc de Nivernais et à M. le président Hénault; mais il serait plus convenable encore que le tout fût examiné à l'Académie; vos observations feraient ma loi. Les autres pièces suivront immédiatement, et les Cramer commenceront à imprimer sans aucun délai.

Les souscriptions que nous avons suffiront pour entamer l'entreprise, en cas que nous puissions compter sur le payement des quatre cents louis que le roi daigne accorder. Nous comptons même être en état de prier les gens de lettres qui ne sont pas riches de vouloir bien accepter un exemplaire comme un hommage que nous devons à leurs lumières, sans recevoir d'eux un payement qui ne doit être fait que par ceux que la fortune met en état de favoriser les arts. Il me paraît qu'une condition essentielle pour cet ouvrage, assez important et dédié à l'Académie, est que les noms des académiciens se trouvent dans la liste des souscripteurs.

M. le duc de Nivernais a commencé par souscrire pour 12 exemplaires;

M. le cardinal de Bernis, 12;

M. le duc de Richelieu, 12;

M. le duc de Villars, 6;

M. le comte de Clermont, 6;

M. le président Hénault, 2.

Je prends la liberté, en qualité d'entrepreneur de cette affaire et de père de Mlle Corneille, de souscrire pour cent. Ce n'est point par vanité, c'est par nécessité; parce que, si l'on se sert de grand papier et s'il y a huit volumes, comme le prétendent MM. Cramer, les frais iront à cinquante mille livres.

J'avais écrit à M. le coadjuteur, en le remerciant de la bonté qu'il a eue de m'envoyer son discours, et à M. Watelet, connu par son goût pour les arts et par ses talents; je n'en ai point eu de réponse. Je vous avouerai qu'il serait honteux pour l'Académie, dont tant de grands seigneurs sont membres, que des fermiers généraux fissent plus qu'elle en cette occasion : cela jetterait même sur notre Compagnie un ridicule dont les Frérons n'abuseraient que trop. M. l'archevêque de Lyon souscrira comme le cardinal de Bernis; mais, pour imprimer son nom dans la liste, il convient qu'il soit appuyé de celui du coadjuteur de Strasbourg et du précepteur de M. le duc de Bourgogne. C'est ce que vous pouvez proposer, monsieur, avec plus de bienséance que personne, dans la place où vous êtes.

Sera-t-il dit que nos grands seigneurs ne viendront à l'Académie que le jour de leur réception, qu'ils se contenteront de faire un discours, et qu'ils dédaigneront d'entrer dans un dessein honorable pour l'Académie et pour la France? Je compte sur vous, monsieur, comme sur le protecteur le plus vif de cette entreprise digne de vous. Je vous prie de m'éclairer et de me soutenir dans toutes les difficultés attachées à tout ce qui est nouveau et estimable.

Je prévois que MM. Cramer persisteront dans la résolution de donner l'édition in-4° tome à tome, de trois en trois mois, sans aucunes estampes, et que l'ouvrage, qui coûterait au moins trois louis d'or chez les libraires, n'en coûtera que deux. Il y aurait une très-grande perte sans les bontés du roi et de plusieurs princes de l'Europe, sans la générosité de M. le duc de Choiseul et de Mme de Pompadour.

Ce ne sont point proprement des souscriptions qu'on demande; il n'y a point de conditions à faire avec ceux qui donnent leur temps, leur argent et leur travail, pour l'honneur de la nation. Nous ne demandons que le nom de quiconque voudra avoir un livre utile à bon marché, afin que les libraires proportionnent le nombre des exemplaires au nombre des demandeurs, et que ceux qui auront eu la bassesse de craindre de donner deux louis pour s'instruire ne puissent jamais avoir un livre qu'ils seraient indignes de posséder. Pardon de ma noble colère.

Je compte absolument sur vous, au nom de Pierre et de Marie Corneille.

A M. L'ABBÉ D'OLIVET,

CHANCELIER DE L'ACADÉMIE FRANÇAISE.

Au château de Ferney, ce 20 auguste 1761.

Vous m'aviez donné, mon cher chancelier, le conseil de ne commenter que les pièces de Corneille qui sont restées au théâtre. Vous vouliez me soulager ainsi d'une partie de mon fardeau, et j'y avais consenti, moins par paresse que par le désir de satisfaire plus tôt le public; mais j'ai vu que dans la retraite j'avais plus de temps qu'on ne pense, et, ayant déjà commenté toutes les pièces de Corneille qu'on représente, je me vois en état de faire quelques notes utiles sur les autres.

Il y a plusieurs anecdotes curieuses qu'il est agréable de savoir. Il y a plus d'une remarque à faire sur la langue. Je trouve, par exemple, plusieurs mots qui ont vieilli parmi nous, qui sont même entièrement oubliés, et dont nos voisins les Anglais se servent heureusement. Ils ont un terme pour signifier cette plaisanterie, ce vrai comique, cette gaieté, cette urbanité, ces saillies qui échappent à un homme sans qu'il s'en doute; et ils rendent cette idée par le mot humeur, *humour*, qu'ils prononcent *yumor*; et ils croient qu'ils ont seuls cette humeur, que les autres nations n'ont point de terme pour exprimer ce caractère d'esprit. Cependant c'est un ancien mot de notre langue, employé en ce sens dans plusieurs comédies de Corneille. Au reste, quand je dis que cette *humeur* est une espèce d'urbanité, je parle à un homme instruit, qui sait que nous avons appliqué mal à propos le mot d'*urbanité* à la politesse, et qu'*urbanitas* signifiait à Rome précisément ce qu'*humour* signifie chez les Anglais. C'est en ce sens qu'Horace dit : *Frontis ad urbanæ descendi præmia*; et jamais ce mot n'est employé autrement dans cette satire que nous avons sous le nom de Pétrone, et que tant d'hommes sans goût ont prise pour l'ouvrage d'un consul Petronius.

Le mot *partie* se trouve encore dans les comédies de Corneille pour *esprit*. Cet homme a des *parties*. C'est ce que les Anglais appellent *parts*. Ce terme était excellent; car c'est le propre de l'homme de n'avoir que des parties : on a une sorte d'esprit, une sorte de talent, mais on ne les a pas tous. Le mot *esprit* est trop vague; et quand on vous dit : Cet homme a *de l'esprit*, vous avez raison de demander : Duquel?

Que d'expressions nous manquent aujourd'hui, qui étaient énergiques du temps de Corneille; et que de pertes nous avons faites, soit par pure négligence, soit par trop de délicatesse! On assignait, on *appointait* un temps, un rendez-vous; celui qui dans le moment marqué arrivait au lieu convenu, et qui n'y trouvait pas son *prometteur*, était *désappointé*. Nous n'avons aucun mot pour exprimer aujourd'hui cette situation d'un homme qui tient sa parole et à qui on en manque.

Qu'on arrive aux portes d'une ville fermée, on est : quoi? nous n'avons plus de mot pour exprimer cette situation : nous disions autrefois *forclos*; ce mot très-expressif n'est demeuré qu'au barreau. Les *affres* de la mort, les *angoisses* d'un cœur *navré* n'ont point été remplacés.

Nous avons renoncé à des expressions absolument nécessaires, dont les Anglais se sont heureusement enrichis. Une rue, un chemin sans issue s'exprimait si bien par *non-passe*, *impasse*, que les Anglais ont imité; et nous sommes réduits au mot bas et impertinent de *cul-de-sac*, qui revient si souvent et qui déshonore la langue française.

Je ne finirais point sur cet article si je voulais surtout entrer ici dans le détail des phrases heureuses que nous avions prises des Italiens, et que nous avons abandonnées. Ce n'est pas d'ailleurs que notre langue ne soit abondante et énergique; mais elle pourrait l'être bien davantage. Ce qui nous a ôté une partie de nos richesses, c'est cette multitude de livres frivoles dans lesquels on ne trouve que le style de la conversation et un vain ramas de phrases usées et d'expressions impropres. C'est cette malheureuse abondance qui nous appauvrit.

Je passe à un article plus important, qui me détermine à commenter jusqu'à *Pertharite*. C'est que dans ces ruines on trouve des trésors cachés. Qui croirait, par exemple, que le germe de Pyrrhus et d'Andromaque est dans *Pertharite?* qui croirait que Racine en ait pris les sentiments, les vers même? Rien n'est pourtant plus vrai, rien n'est plus palpable. Un Grimoald, dans Corneille, menace une Rodelinde de faire périr son fils au berceau, si elle ne l'épouse :

> Son sort est en vos mains : aimer ou dédaigner
> Le va faire périr, ou le faire régner.

Pyrrhus dit précisément dans la même situation :

> Je vous le dis, il faut ou périr ou régner.

Grimoald, dans Corneille, veut punir

> . . . . Sur ce fils innocent
> La dureté d'un cœur si peu reconnaissant.

Pyrrhus dit dans Racine :

> Le fils me répondra des mépris de la mère.

Rodelinde dit à Garibalde :

> Comte, penses-y bien ; et, pour m'avoir aimée,
> N'imprime point de tache à tant de renommée ;
> Ne crois que ta vertu, laisse-la seule agir,
> De peur qu'un tel affront ne te donne à rougir.
> On publierait de toi que les yeux d'une femme,
> Plus que ta propre gloire, auraient touché ton âme.
> On dirait qu'un héros si grand, si renommé,
> Ne serait qu'un tyran, s'il n'avait point aimé.

Andromaque dit à Pyrrhus :

> Seigneur, que faites-vous, et que dira la Grèce?
> Faut-il qu'un si grand cœur montre tant de faiblesse?
> Voulez-vous qu'un dessein si beau, si généreux,
> Passe pour le transport d'un esprit amoureux?
> . . . .
> Non, non; d'un ennemi respecter la misère,

> Sauver des malheureux, rendre un fils à sa mère,
> De cent peuples pour lui combattre la rigueur
> Sans me faire payer son salut de mon cœur,
> Malgré moi, s'il le faut, lui donner un asile,
> Seigneur, voilà des soins dignes du fils d'Achille.

L'imitation est visible; la ressemblance est entière. Il y a bien plus, et je vais vous étonner. Tout le fond des scènes d'Oreste et d'Hermione est pris d'un Garibalde et d'une Edwige, personnages inconnus de cette malheureuse pièce inconnue. Quand il n'y aurait que ces noms barbares, ils eussent suffi pour faire tomber *Pertharite*; et c'est à quoi Boileau fait allusion quand il dit (*Art poét.*, ch. III) :

> Qui de tant de héros va choisir Childebrand.

Mais Garibalde, tout Garibalde qu'il est, ne laisse pas de jouer avec son Edwige absolument le même rôle qu'Oreste avec Hermione. Edwige aime encore Grimoald, comme Hermione aime Pyrrhus. Elle veut que Garibalde la venge d'un traître qui la quitte pour Rodelinde : Hermione veut qu'Oreste la venge de Pyrrhus, qui la quitte pour Andromaque.

EDWIGE.
Pour gagner mon amour il faut servir ma haine.

HERMIONE.
Vengez-moi, je crois tout.

GARIBALDE.
Le pourrez-vous, madame, et savez-vous vos forces?
Savez-vous de l'amour quelles sont les amorces?
Savez-vous ce qu'il peut, et qu'un visage aimé
Est toujours trop aimable à ce qu'il a charmé?
Si vous ne m'abusez, votre cœur vous abuse, etc.

ORESTE.
Et vous le haïssez! avouez-le, madame,
L'amour n'est pas un feu qu'on renferme en une âme :
Tout nous trahit : la voix, le silence, les yeux,
Et les feux mal couverts n'en éclatent que mieux.

Ces idées, que le génie de Corneille avait jetées au hasard sans en profiter, le goût de Racine les a recueillies et les a mises en œuvre; il a tiré de l'or, en cette occasion, *de stercore Ennii*.

Corneille ne consultait personne, et Racine consultait Boileau ; aussi l'un tomba toujours depuis *Héraclius*, et l'autre s'éleva continuellement.

On croit assez communément que Racine amollit et avilit même le théâtre par ces déclarations d'amour qui ne sont que trop en possession de notre scène. Mais la vérité me force d'avouer que Corneille en usait ainsi avant lui, et que Rotrou n'y manquait pas avant Corneille. Il n'y a aucune de leurs pièces qui ne soit fondée en partie sur cette passion : la seule différence est qu'ils ne l'ont jamais bien traitée, qu'ils n'ont jamais parlé au cœur, qu'ils n'ont jamais attendri. L'amour n'a été touchant que dans les scènes du *Cid* imitées de Guillem de Castro. Corneille a mis de l'amour jusque dans le sujet terrible d'*Œdipe*.

Vous savez que j'osai traiter ce sujet il y a quarante-sept ans. J'ai encore la lettre de M. Dacier, à qui je montrai le quatrième acte, imité de Sophocle. Il m'exhorte, dans cette lettre de 1714, à introduire les chœurs et à ne point parler d'amour dans un sujet où cette passion est si impertinente. Je suivis son conseil ; je lus l'esquisse de la pièce aux comédiens ; ils me forcèrent à retrancher une partie des chœurs et à mettre au moins quelque souvenir d'amour dans Philoctète, afin, disaient-ils, qu'on pardonnât l'insipidité de Jocaste et d'Œdipe en faveur des sentiments de Philoctète.

Le peu de chœurs même que je laissai ne furent point exécutés. Tel était le détestable goût de ce temps-là. On représenta quelque temps après *Athalie*, ce chef-d'œuvre du théâtre. La nation dut apprendre que la scène pouvait se passer d'un genre qui dégénère quelquefois en idylle et en églogue. Mais, comme *Athalie* était soutenue par le pathétique de la religion, on s'imagina qu'il fallait toujours de l'amour dans les sujets profanes.

Enfin *Mérope* et en dernier lieu *Oreste* ont ouvert les yeux du public. Je suis persuadé que l'auteur d'*Électre* pense comme moi, et que jamais il n'eût mis deux intrigues d'amour dans le plus sublime et le plus effrayant sujet de l'antiquité, s'il n'y avait été forcé par la malheureuse habitude qu'on s'était faite de tout défigurer par ces intrigues puériles étrangères au sujet : on en sentait le ridicule, et on l'exigeait dans les auteurs.

Les étrangers se moquaient de nous, mais nous n'en savions rien. Nous pensions qu'une femme ne pouvait paraître sur la scène sans dire : *J'aime*, en cent façons et en vers chargés d'épithètes et de chevilles. On n'entendait que *ma flamme* et *mon âme*; *mes feux* et *mes vœux*; *mon cœur* et *mon vainqueur*. Je reviens à Corneille, qui s'est élevé au-dessus de ces petitesses dans ses belles scènes des *Horaces*, de *Cinna*, de *Pompée*, etc. Je reviens à vous dire que toutes ces pièces pourront fournir quelques anecdotes et quelques réflexions intéressantes.

Ne vous effrayez pas si tous ces commentaires produisent autant de volumes que votre Cicéron. Engagez l'Académie à me continuer ses bontés, ses leçons, et surtout donnez-lui l'exemple.

A M. D'ALEMBERT.

31 auguste 1761.

Messieurs de l'Académie françoise ou française, prenez bien à cœur mon entreprise, je vous en prie; ne manquez pas les jours des assemblées, soyez bien assidus. Y a-t-il rien de plus amusant, s'il vous plaît, que d'avoir un Corneille à la main, de se faire lire mes observations, mes anecdotes, mes rêveries, d'en dire son avis en deux mots, de me critiquer, de me faire faire un ouvrage utile, tout en badinant? J'attends tout de vous, mon cher confrère.

Il me paraît que M. Duclos s'intéresse à la chose. Je me flatte que vous vous en amuserez, et que je verrai quelquefois de vos notes sur mes marges. Encouragez-moi beaucoup, car je suis docile comme un enfant; je ne veux que le bien de la chose; j'aime mieux Corneille que mes opinions; j'écris vite, je corrige de même; secondez-moi, éclairez-moi et aimez-moi.

A M. DE CIDEVILLE.

Ferney, 26 janvier 1763.

Mon ancien ami, votre jolie relation du mariage du jeune Dupuis[1] nous vient comme de cire; car figurez-vous que nous marions Mlle Corneille dans quelques jours à un jeune Dupuits d'environ vingt-trois ans et demi, cornette de dragons, possédant environ huit mille livres de rente en fonds de terre, à la porte de notre château, d'une figure très-agréable, de mœurs charmantes, qui n'ont rien du dragon. La différence entre ce Dupuits et celui de la comédie, c'est que le nôtre n'a point de père qui fasse des niches à ses enfants; c'est un orphelin. Nous logeons chez nous l'orphelin et l'orpheline. Ils s'aiment passionnément; cela me ragaillardit et n'empêche pourtant pas que je n'aie une grosse fluxion sur les yeux et que je ne sois menacé de perdre la vue comme Lamotte.

Avouez, mon ancien ami, que la destinée de ce chiffon d'enfant est singulière. Je voudrais que le bonhomme Pierre revînt au monde pour être témoin de tout cela, et qu'il vît le bonhomme Voltaire menant à l'église la seule personne qui reste de son nom. Je commente l'oncle, je marie la nièce; ce mariage est venu tout à propos pour me consoler de n'avoir plus à travailler sur des *Cid*, des *Horaces*, des *Cinna*, des *Pompée*, des *Polyeucte*. J'en suis à *Pertharite*, ne vous déplaise. La commission est triste, et ce qui suit n'est pas trop ragoûtant. Il fallait que Pierre eût le diable au corps pour faire imprimer tout ce détestable fatras. Mlle Corneille, avec sa petite mine, a deux yeux noirs qui valent cent fois mieux que les douze dernières pièces de l'oncle Pierre. L'avez-vous vue? la connaissez-vous? c'est une enfant gaie, sensible, honnête, douce, le meilleur petit caractère du monde.

Adieu, mon cher et ancien ami; je vous embrasse le plus tendrement du monde.

---

1. Allusion à la pièce de *Dupuis et Desronais*, de Ch. Collé, jouée pour la première fois le 17 janvier 1763, dont on s'entretenait beaucoup.

A M. LE COMTE D'ARGENTAL.

Ferney, 26 janvier 1763.

Mes divins anges, nous marions donc M*lle* Corneille! Il est très-juste de faire un petit présent au père et à la mère ; mais, dès que ce père a un louis, il ne l'a plus ; il jette l'argent comme Pierre faisait des vers, très-à la hâte. Vous protégez cette famille ; pourriez-vous charger quelqu'un de vos gens de donner à Pierre le trotteur vingt-cinq louis à plusieurs fois, afin qu'il ne jetât pas tout en un jour? Je vous demande bien pardon ; je sais à quel point j'abuse de votre bonté, mais on n'est pas ange pour rien.

Nota bené qu'on pourrait confier cet argent à la mère, qui le ferait durer.

Il y a plus. Vous sentez combien il doit être désagréable à un gentilhomme, à un officier d'avoir un beau-père facteur de la petite poste dans les rues de Paris. Il serait convenable qu'il se retirât à Évreux avec sa femme et qu'on lui donnât un entrepôt de tabac, ou quelque autre dignité semblable qui n'exigeât ni une belle écriture ni l'esprit de Cinna. Je vous soumets ma lettre aux fermiers généraux ; si vous la trouvez bien, je vous supplie de vouloir bien ordonner qu'elle soit envoyée. Peut-être même on trouverait quelque membre de la Compagnie pour l'appuyer.

Cet emploi n'aurait lieu, si on voulait, que jusqu'à ce qu'on vît clair dans les souscriptions et qu'on pût assurer une subsistance honnête au père et à la mère. Je crois aussi qu'il est convenable que j'écrive à M. de la Tour-du-Pin, et que Marie écrive aussi un petit mot, quoiqu'elle dise à M*me* Denis : Maman, je n'ai pas de génie pour la composition.

« Il est vrai que, pour la composition, ce n'est pas mon fort ; mais pour les sentiments du cœur je le dispute aux héros de mon oncle ; je conserverai toute ma vie la reconnaissance que je dois aux anges de M. de Voltaire, qui sont les miens. Je vous prie, monsieur et madame, d'agréer avec votre bonté ordinaire mon attachement inviolable, mon respect, et, si vous le permettez, la tendresse avec laquelle je serai toute ma vie votre très-humble et très-obéissante et très-obligée servante,

« CORNEILLE. »

D'ordinaire elle forme mieux ses caractères, mais aujourd'hui la main lui tremble. Mes anges lui pardonneront sans doute.

J'ai cru aussi qu'il était bon qu'elle écrivît à M. le comte de la Tour-du-Pin, son parent. Il y a un petit mot pour son frère; il ne le mérite guère, après la manière indigne dont il s'est conduit si chrétiennement à l'aide de Fréron; mais cet abbé avait mis deux lignes au bas d'une lettre du comte, à la mort de leur père; ainsi on peut faire ici mention de lui, et cela est honnête.

P. S. On n'a eu la lettre pour père et mère qu'après avoir fermé le gros paquet. Mes anges auront donc toute l'endosse. Personne ne sait ici où demeure le cousin issu de germain des Horaces et de Cinna. Mes anges ont du crédit; ils protégent Marie, et ils feront trouver père et mère; ils remettront entre les mains de nos anges l'extrait baptistaire demandé, supposé qu'il y en ait un. S'il n'y en a point nous nous en passerons.

A M. LEKAIN.

A Ferney, 27 janvier 1763.

En attendant, mon grand acteur, que j'érige un monument à Corneille, Racine et Molière, je fais une œuvre plus plaisante, je marie la nièce de Corneille; et, ce qu'il y a de bon, c'est que, tandis qu'on joue *Dupuis* à la Comédie, je la marie à un Dupuits. Ce n'est pas le vieux Dupuis, c'est un jeune gentilhomme, officier de dragons, dont les terres touchent précisément les miennes. Je garde chez moi futur et future; et, quand vous viendrez nous voir, nous jouerons tous la comédie. Je ferai l'aveugle à merveille, car je le suis; mais je ne dirai pas :

> Dieu, qui fait tout pour le mieux,
> M'a fait une grande grâce

CATHERINE II.

De m'avoir crevé les yeux
Et réduit à la besace.

Je vous embrasse de tout mon cœur.

A L'IMPÉRATRICE DE RUSSIE.

1765.

L'abeille est utile sans doute ;
On la chérit, on la redoute,
Aux mortels elle fait du bien,

Son miel nourrit, sa cire éclaire ;
Mais, quand elle a le don de plaire,
Ce superflu ne gâte rien.

Minerve, propice à la terre,
Instruisit les grossiers humains,
Planta l'olivier de ses mains
Et battit le dieu de la guerre.

Cependant elle disputa
La pomme due à la plus belle ;
Quelque temps Pâris hésita,
Mais Achille eût été pour elle.

Madame, que Votre Majesté impériale pardonne à ces mauvais vers : la reconnaissance n'est pas toujours éloquente. Si votre devise est une abeille, vous avez une terrible ruche ; c'est la plus grande qui soit au monde ; vous remplissez la terre de votre nom et de vos bienfaits. Les plus précieux pour moi sont les médailles qui vous représentent. Les traits de Votre Majesté me rappellent ceux de la princesse votre mère.

J'ai encore un autre bonheur, c'est que tous ceux qui ont été honorés des bontés de Votre Majesté sont mes amis ; je me tiens redevable de ce qu'elle a fait si généreusement pour les Diderot, les d'Alembert et les Calas. Tous les gens de lettres de l'Europe doivent être à vos pieds.

Je suis plus vieux, madame, que la ville où vous régnez et que vous embellissez. J'ose même ajouter que je suis plus vieux que votre empire, en datant sa nouvelle fondation du créateur Pierre le Grand, dont vous perfectionnez l'ouvrage. Cependant je sens que je prendrais la liberté d'aller faire ma cour à cette étonnante abeille qui gouverne cette vaste ruche, si les maladies qui m'accablent me permettaient, à moi pauvre bourdon, de sortir de ma cellule.

Je me ferais présenter par M. le comte Schouvalof et par madame sa femme, que j'ai eu l'honneur de posséder quelques jours dans mon petit ermitage. Votre Majesté impériale a été le sujet de nos entretiens, et jamais je n'ai tant éprouvé le chagrin de ne pouvoir voyager.

Oserais-je, madame, dire que je suis un peu fâché que vous vous appeliez Catherine. Mais soit Junon, Minerve ou Vénus, ou Cérès, qui s'ajustent bien mieux à la poésie en tout pays, je me mets aux pieds de Votre Majesté impériale, avec reconnaissance et avec le plus profond respect.

A M. LE COMTE D'AUTREY.

6 septembre 1765.

Ce n'est donc plus le temps, monsieur, où les Pythagore voyageaient pour aller enseigner les pauvres Indiens. Vous préférez votre campagne à mes masures. Soyez bien persuadé que je mourrai très-affligé de ne vous avoir point vu. J'ai eu l'honneur de passer quelque temps de ma vie avec madame votre mère, dont vous avez tout l'esprit avec beaucoup plus de philosophie.

Si j'avais pu vous posséder cette automne, vous auriez trouvé chez moi un philosophe qui vous aurait tenu tête, et qui mérite de se battre avec vous; pour moi, je vous aurais écouté l'un et l'autre, et je ne me serais point battu; j'aurais tâché seulement de vous faire une bonne chère plus simple que délicate. Il y a des nourritures fort anciennes et fort bonnes, dont tous les sages de l'antiquité se sont toujours bien trouvés. Vous les aimez, et j'en mangerais volontiers avec vous, mais j'avoue que mon estomac ne s'accommode point de la nouvelle cuisine. Je ne puis souffrir un ris de veau qui nage dans une sauce salée, laquelle s'élève quinze lignes au-dessus de ce petit ris de veau. Je ne puis manger d'un hachis composé de dinde, de lièvre et de lapin, qu'on veut me faire prendre pour une seule viande. Je n'aime ni le pigeon à la crapaudine, ni le pain qui n'a pas de croûte. Je bois du vin modérément, et je trouve fort étranges les gens qui mangent sans boire et qui ne savent pas même ce qu'ils mangent.

Je ne vous dissimulerai pas même que je n'aime point du tout qu'on se parle à l'oreille quand on est à table, et qu'on dise ce qu'on a fait hier à son voisin, qui ne s'en soucie guère, ou qui en abuse; je ne désapprouve pas qu'on dise *Benedicite;* mais je souhaite qu'on s'en tienne là parce que, si l'on va plus loin, on ne s'entend plus; l'assemblée devient cohue, et on dispute à chaque service.

Quant aux cuisiniers, je ne saurais supporter l'essence de jambon, ni l'excès des morilles, des champignons, et de poivre et de muscade, avec lesquels ils déguisent des mets très-sains en eux-mêmes, et que je ne voudrais pas seulement qu'on lardât.

Il y a des gens qui vous mettent sur la table un grand surtout où il est défendu de toucher; cela m'a paru très-incivil. On ne doit servir un plat à son hôte que pour qu'il en mange, et il est fort injuste de se brouiller avec lui parce qu'il aura entamé un cédrat qu'on lui aura présenté. Et puis, quand on s'est brouillé pour un cédrat, il faut se raccommoder et faire une paix plâtrée, souvent pire que l'inimitié déclarée.

Je veux que le pain soit cuit au four et jamais dans un privé. Vous auriez des figues au fruit, mais dans la saison.

Un souper sans apprêts, tel que je le propose, fait espérer un sommeil fort doux et fort plein, qui ne sera troublé par aucun songe désagréable.

Voilà, monsieur, comme je désirerais d'avoir l'honneur de manger avec vous. Je suis un peu malade à présent. Je n'ai pas grand appétit, mais vous m'en donneriez et vous me feriez trouver plus de goût à mes simples aliments.

Mme Denis est très-sensible à l'honneur de votre souvenir. Elle est entièrement à mon régime. C'est d'ailleurs une fort bonne actrice; vous en auriez été content dans une assez mauvaise pièce à la grecque, intitulée *Oreste,* et vous l'auriez écoutée avec plaisir, même à côté de

Mlle Clairon. Conservez-moi au moins vos bontés, si vous me refusez votre présence réelle.

A MADAME LA MARQUISE DU DEFFAND.

27 janvier 1766.

Je me jette à vos genoux, madame. Je vois par votre lettre du 6 janvier, qui ne m'est parvenue pourtant que le 18, que je vous avais alarmée. Comptez que je serais désespéré de vous causer la plus légère affliction. Vous sentez bien que, dans la situation où je suis, je ne dois donner aucune prise à la calomnie : vous savez qu'elle saisit les choses les plus innocentes pour les empoisonner.

Il y a des gens qui m'envient une retraite au milieu des rochers, qui n'auraient pitié ni de ma vieillesse ni des maux qui l'accablent et qui me persécuteraient au delà du tombeau; mais je suis pleinement rassuré par votre lettre, et vous avez dû voir par ma dernière avec quelle confiance je vous ouvre mon cœur. Ce cœur est plein de vous, il est continuellement sensible à votre état comme à votre mérite, il aime votre imagination et votre candeur, il vous sera attaché tant qu'il battra dans mon faible corps.

Vous et votre ami vous pouvez avoir été convaincus par ma dernière lettre combien je suis éloigné de quelques philosophes modernes qui osent nier une intelligence suprême, productrice de tous les mondes. Je ne puis concevoir comment de si habiles mathématiciens nient un Mathématicien éternel.

Ce n'était pas ainsi que pensaient Newton et Platon. Je me suis toujours rangé du parti de ces grands hommes. Ils adoraient un dieu et détestaient la superstition.

Je n'ai rien de commun avec les philosophes modernes, que cette horreur pour le fanatisme intolérant; horreur bien raisonnable et qu'il est utile d'inspirer au genre humain pour la sûreté des princes, pour la tranquillité des États et pour le bonheur des particuliers.

Voilà ce qui m'a lié avec des personnes de mérite, qui peut-être ont trop d'inflexibilité dans l'esprit, qui se plient peu aux usages du monde, qui aiment mieux instruire que plaire, qui veulent se faire écouter et qui dédaignent d'écouter ; mais ils rachètent ces défauts par de grandes connaissances et par de grandes vertus.

J'ai d'ailleurs des raisons particulières d'être attaché à quelques-uns d'entre eux, et une ancienne amitié est toujours respectable.

Mais soyez bien persuadée, madame, que de toutes les amitiés la vôtre m'est la plus chère. Je n'envisage point sans une extrême amertume la nécessité de mourir sans m'être entretenu quelques jours avec vous ; c'eût été ma plus chère consolation. Vos lettres y suppléent : je crois vous entendre quand je vous lis. Jamais personne n'a eu l'esprit plus vrai que vous. Votre âme se peint tout entière dans tout ce qui vous passe par la tête : c'est la nature elle-même avec un esprit supérieur ; point d'art, point d'envie de se faire valoir, nul artifice, nul déguisement, nulle contrainte; tout ce qui n'est pas dans ce caractère me glace et me révolte.

A M. LE COMTE D'ESTAING.

Ferney, 8 septembre 1766.

Monsieur, la lettre dont vous m'honorez et les instructions qui l'accompagnent m'inspirent autant de regrets que de reconnaissance. Si j'avais été assez heureux pour recevoir plus tôt ces mémoires, j'aurais eu la satisfaction de rendre à votre mérite et à vos belles actions la justice qui leur est due. Je ne suis instruit qu'après trois éditions ; mais si je vis assez pour en voir une nouvelle, je vous réponds bien du zèle avec lequel je profiterai des lumières que vous avez la bonté de me donner.

Je vois que vos connaissances égalent votre bravoure. Je n'ai pas osé compromettre votre illustre nom dans l'histoire des malheurs de Pondichéry et du général Lally. Le journal du blocus, du siége et de la prise de cette ville insinue que c'est à vous, monsieur, que Chanda-Saeb demanda si d'ordinaire en France on choisissait un fou pour grand vizir. Je me suis bien donné de garde de vous citer en cette occasion. Il m'a paru que la tête avait tourné à ce commandant infortuné, mais qu'il ne méritait pas qu'on la lui coupât. Je suis si persuadé de l'extrême supériorité des lumières des juges que je n'ai jamais compris leur arrêt, qui a condamné un lieutenant général des armées du roi pour avoir trahi les intérêts de l'État et de la Compagnie des Indes. Je crois qu'il est démontré qu'il n'y a jamais eu de trahison; et je trouve encore cette catastrophe fort extraordinaire.

Je suis persuadé, monsieur, que si le ministère s'y était pris quelques mois plus tôt pour préparer l'expédition du Brésil, vous auriez fait cette conquête en peu de temps, et la France vous aurait eu l'obligation de faire une paix plus avantageuse.

Tout ce que vous dites sur les colonies, tant françaises qu'anglaises, fait voir que vous êtes également propre à combattre et à gouverner.

La manière dont les Anglais en usèrent avec vous, quand vous fûtes pris sur un vaisseau marchand, exigeait, ce me semble, que les ministres anglais vous fissent les réparations les plus authentiques et qu'ils vous prévinssent avec tous les égards et tous les empressements qu'ils vous devaient. C'est ainsi qu'ils en usèrent avec M. Ulloa. Je veux croire, pour leur excuse, que ceux qui vous retinrent à Plymouth ne connaissaient pas encore votre personne.

Ma vieillesse et mes maladies ne me permettent pas l'espérance de pouvoir mettre dans leur jour les choses que vous avez daigné me confier; mais, s'il se trouvait quelque occasion d'en faire usage, ne doutez pas de mon zèle.

En cas que vous m'honoriez de quelqu'un de vos ordres, je vous prie, monsieur, d'ajouter à vos bontés celle de me dire votre opinion sur l'arrêt porté contre M. de Lally et sur la conduite qu'on tenait à Pondichéry. Soyez très-persuadé que je vous garderai le secret.

J'ai l'honneur d'être avec beaucoup de respect, monsieur, etc.

A M. LE COMTE D'ARGENTAL.

19 novembre 1766.

Je vous écrivis, je crois, mes anges, le 8 de ce mois, que je pourrais vous envoyer le premier acte de ma *Bergerie*, et, avant que vous m'ayez fait réponse, l'enceinte a été construite. Une tragédie de bergers! et une tragédie faite en dix jours, me direz-vous! aux Petites-Maisons, aux Petites-Maisons, de bons bouillons, des potions rafraîchissantes comme à Jean-Jacques.

Mes divins anges, avant de me rafraîchir, lisez la pièce, et vous serez échauffés. Songez que quand on est porté par un sujet intéressant, par la peinture des mœurs agrestes, opposées au faste des cours orientales, par des passions vraies, par des événements surprenants et naturels, on vogue alors à pleines voiles (non pas à plein voile, comme dit Corneille), et on arrive au port en dix jours. Un sujet ingrat demande une année et un long travail, qui échoue; un sujet heureux s'arrange de lui-même. *Zaïre* ne me coûta que trois semaines. Mais cinq actes en vers à soixante-treize ans, et malade! J'ai donc le diable au corps? oui, et je vous l'ai mandé. Mais les vers sont donc durs, raboteux, chargés d'inutiles épithètes? non; rapportez-vous-en à ce diable qui m'a bercé; lisez, vous dis-je. Maman Denis est épouvantée de la chose, elle n'en peut revenir.

Ce n'est pas *Tancrède*, ce n'est pas *Alzire*, ce n'est pas *Mahomet*, etc. Cela ne ressemble à rien; et cependant cela n'effarouche pas. Des larmes! on en versera, ou on sera de pierre. Des frémissements! on en aura jusqu'à la moelle des os, ou on n'aura point de moelle, et ce n'est pas l'ex-jésuite[1] qui a fait cette pièce; c'est moi.

Dans la fatuité de mon orgueil extrême,
Je le dis à Praslin, à vous, à Fréron même.

---

1. Le Père Adam, que Voltaire logeait chez lui, depuis la suppression de l'Ordre en 1763.

Ma *Bergerie* part donc. Je l'envoie à M. le duc de Praslin pour vous. Faites lire cette drogue à Le Kain; que M. de Chauvelin manque le coucher du roi pour l'entendre. Mettez-moi chaudement dans le cœur de ce M. de Chauvelin; que M. le duc de Praslin juge à la lecture; puis moquez-vous de moi, et j'en rirai moi-même.

Respect et tendresse.

A M. LE COMTE D'ARGENTAL.

20 novembre 1706.

Divins anges, vous vous y attendiez bien; voici des corrections que je vous supplie de faire porter sur le manuscrit.

Maman Denis et un des acteurs de notre petit théâtre de Ferney, fou du tripot, et difficile, disent qu'il n'y a plus rien à faire, que tout dépendra du jeu des comédiens; qu'il doivent jouer *les Scythes* comme ils ont joué *le Philosophe sans le savoir*, et que *les Scythes* doivent faire le plus grand effet si les acteurs ne jouent ni froidement ni à contre-sens.

Maman Denis et mon vieux comédien de Ferney assurent qu'il n'y a pas un seul rôle dans la pièce qui ne puisse faire valoir son homme. Le contraste qui anime la pièce d'un bout à l'autre doit servir la déclamation, et prête beaucoup au jeu muet, aux attitudes théâtrales, à toutes les expressions d'un tableau vivant. Voyez, mes anges, ce que vous en pensez; c'est vous qui êtes juges souverains.

Je tiens qu'il faut donner cette pièce sur-le-champ, et en voici la raison. Il n'y a point d'ouvrage nouveau sur des matières très-délicates qu'on ne m'impute; les livres de cette espèce pleuvent de tous côtés. Je serai infailliblement la victime de la calomnie, si je ne prouve l'*alibi*. C'est un bon alibi qu'une tragédie. On dit : Voyez ce pauvre vieillard! peut-il faire à la fois cinq actes, et cela, et cela encore? Les honnêtes gens alors crient à l'imposture.

Je vous supplie, ô anges bienfaiteurs! de montrer la lettre ci-jointe à M. le duc de Praslin, ou de lui en dire la substance. Il sera très-utile qu'il ordonne à un de ses secrétaires ou premiers commis d'encourager fortement M. Duclairon à découvrir quel est le polisson qui a envoyé de Paris aux empoisonneurs de Hollande son venin contre toute la cour, contre les ministres et contre le roi même, et qui fait passer sa drogue sous mon nom.

Voici la destination que je fais, selon vos ordres, des rôles pour l'Académie royale du théâtre français.

O anges! je n'ai jamais tant été au bout de vos ailes.

N. B. Il y a pourtant dans la *Lettre au docteur Pansophe* des longueurs et des répétitions. Elle est certainement de l'abbé Coyer.

N. B. Voulez-vous mettre mon gros neveu, l'abbé Mignot, du secret?

A M. LE MARQUIS DE VILLETTE.

A Ferney, le 1ᵉʳ décembre 1766.

J'ai une plaisante grâce à vous demander, monsieur; je remarquai, lorsque vous me faisiez l'honneur d'être dans mon taudis, que vous ne soumettiez jamais votre joli visage à la savonnette et au rasoir d'un valet de chambre, qui vient vous pincer le nez et vous échauder le menton. Vous vous serviez de petites pincettes fort commodes, assez larges, armées d'un petit ciseau qui embrasse la racine du poil sans mordre la peau. J'en use comme vous, quoiqu'il y ait une prodigieuse différence entre votre visage et le mien; mais il faut que cet art soit bien peu en vogue, puisque je n'ai pu trouver ni à Genève ni à Lyon une seule pince supportable; il n'y en a pas plus que de bons livres nouveaux. Je vous demande en grâce de vouloir bien ordonner à un de vos gens de m'acheter une demi-douzaine de pinces semblables aux vôtres. Il n'y aurait qu'à les envoyer dans une lettre à M. Tabareau, en le priant de me les faire parvenir à Genève.

Il est vrai que voilà une commission bien ridicule. J'aimerais bien mieux pincer tous les mauvais poètes, tous les calomniateurs, tous les envieux, que de me pincer les joues. Mais enfin j'en suis réduit là. Je suis comme les habitants de nos colonies, qui ne savent plus comment faire quand ils attendent de l'Europe des aiguilles et des peignes. Enfin les petits présents entretiennent l'amitié; et je vous serai très-obligé de cette bonté.

AU CARDINAL DE BERNIS.

Ferney, 22 décembre 1766.

Monseigneur, je souhaite la bonne année à votre Éminence, s'il y a de bonnes années ; car elles sont toutes assez mêlées, et j'en ai vu soixante-treize dont aucune n'a été fort bonne. Je ne m'imaginerai jamais que vous abandonniez entièrement les belles-lettres, vous seriez un ingrat. Vous aimerez toujours les vers français, quand même vous feriez des hymnes latins. Je ne dis pas que vous aimerez les miens ; mais vous me les ferez faire meilleurs. Vous m'avez accoutumé à prendre la liberté de vous consulter : je présente donc à votre muse archiépiscopale une tragédie profane pour ses étrennes. Il m'a paru si plaisant de mettre sur la scène tragique une princesse qui raccommode ses chemises, et des gens qui n'en ont pas, que je n'ai pu résister à la tentation de faire ce qu'on n'a jamais fait. Il m'a paru que toutes les conditions de la vie humaine pouvaient être traitées sans bassesse, et, quoique la difficulté d'ennoblir un tel sujet soit assez grande, le plaisir de la nouveauté m'a soutenu, et j'ai oublié le *solve senescentem;* mais, si vous me dites : *Solve,* je jette tout au feu. Jetez-y surtout ces étrennes si elles vous ennuient, et tenez-moi compte seulement du désir de vous plaire. Je me flatte que vous jouissez d'une bonne santé et que vous êtes heureux. Je sais du moins que vous faites des heureux, et c'est un grand acheminement pour l'être. Vous faites de grands biens dans votre diocèse; vous contemplez de loin les orages, et vous attendez tranquillement l'avenir.

Pour moi, chétif, je fais la guerre jusqu'au dernier moment, jansénistes, molinistes, Frérons, Pompignans, à droite, à gauche, et des prédicants, et J.-J. Rousseau. Je reçois cent estocades, j'en rends deux cents, et je ris. Je vois à ma porte Genève en combustion pour des querelles de bibus, et je ris encore ; et, Dieu merci, je regarde ce monde comme une farce qui devient quelquefois tragique.

Tout est égal au bout de la journée, et tout est encore plus égal au bout de toutes les journées.

Quoi qu'il en soit, je me meurs d'envie que vous soyez mon juge, et je vous demande en grâce de me dire si j'ai pu vous amuser une heure. Vous êtes pasteur, et voici une tragédie dont les pasteurs sont les héros. Il est vrai que des bergers de Scythie ne ressemblent pas à vos ouailles d'Alby ; mais il y a quelques traits où l'on retrouve son monde. On aime à voir dans des peintures, quoique imparfaites, quelque chose de ce qu'on a vu autrefois. Ces réminiscences amusent et font penser. En un mot, monseigneur, aimez toujours les vers, pardonnez aux miens, et conservez vos bontés pour votre vieux et attaché serviteur.

A M. DE CHABANON.

A Ferney, 22 décembre 1766.

Il y a longtemps que j'aurais dû vous remercier, mon cher confrère, d'avoir fait votre tragédie. Vous savez combien j'adore les talents. M. de La Harpe travaille chez moi dix heures par jour, et moi, vieux fou, j'en ai fait tout autant. La rage des tragédies m'a repris comme à vous ; mais, de par Melpomène, gardons-nous bien de les faire jouer. Figurez-vous que *Zaïre* fut huée dès le second acte, que *Sémiramis* tomba tout net, qu'*Oreste* fut à peu près sifflé, que la même *Adélaïde du Guesclin*, redemandée par le public, avait été conspuée par cet aimable public ; que *Tancrède* fut d'abord fort mal reçu, etc., etc., etc.

Je conclus donc, et je conclus bien, qu'il faut faire imprimer sa drogue ; ensuite les comédiens donnent notre orviétan sur leur échafaud, s'ils le veulent ou s'ils peuvent ; et notre pauvre honneur est en sûreté : car remarquez bien qu'ils ne représenteront jamais une pièce imprimée que quand le public leur dira : Jouez donc cela, il y a du bon dans cela, cela vous vaudra de l'argent. Alors ils vous jouent, ils vous défigurent; Mlle Dumesnil court à bride abattue, un autre dit des vers comme on lit la gazette, un autre mugit, un autre fait les beaux bras, et la pièce va au diable; et alors le public, qui est toujours juste, comme vous savez, avertit, en sifflant, qu'il siffle messieurs les acteurs et mesdemoiselles les actrices, et non pas le pauvre diable d'auteur.

Ce parti me paraît prodigieusement sage, et d'une très-fine politique. Faites imprimer votre *Eudoxie* ou *Eudocie*, quand nous en serons tous deux contents; et alors je vous réponds que les comédiens mêmes ne pourront la faire tomber.

A M. LE COMTE D'ARGENTAL.

A Ferney, samedi au matin, 3 janvier, avant que
la poste de France soit arrivée à Genève.

Mes anges sauront donc pourquoi j'ai fait imprimer *les Scythes :*

1° C'est que je n'ai pas voulu mourir intestat, et sans avoir rendu aux deux satrapes, Nalrisp et Élochivis[1], l'hommage que je leur dois;

2° C'est que mon épître dédicatoire est si drôle, que je n'ai pu résister à la tentation de la publier;

3° C'est qu'il n'y a réellement point de comédiens pour jouer cette pièce, et que je serai mort avant qu'il y en ait;

4° C'est que j'emporte aux enfers ma juste indignation contre les comédiennes qui ont défiguré mes ouvrages pour se donner des airs penchés sur le théâtre; et contre les libraires, éternels fléaux des auteurs, lesquels infâmes libraires de Paris m'ont rendu ridicule, et se sont emparés de mon bien pour le dénaturer avec un privilége du roi.

J'ai donc voulu faire savoir aux amateurs du théâtre, avant de mourir, que je protestais contre tous les libraires, comédiens et comé-

---

1. Praslin et Choiseul.

diennes, qui sont les causes de ma mort; et c'est ce que mes anges verront dans l'avis au lecteur, qui est après ma naïve préface.

Je proteste encore, devant Dieu et devant les hommes, qu'il n'y a pas une seule critique de mes anges et de mes satrapes à laquelle je n'aie été très-docile. Ils s'en apercevront par le papier collé page 19 et par d'autres petits traits répandus çà et là.

Je proteste encore contre ceux qui prétendent que je suis tombé en apoplexie; je n'ai été évanoui qu'un quart d'heure tout au plus, et mon style n'est point apoplectique.

Si mes anges et mes satrapes veulent que la pièce soit jouée avant que l'édition paraisse, ils sont les maîtres. Gabriel Cramer la mettra sous cent clefs, pourvu qu'il y ait des acteurs pour la jouer, et que les comédiens la fassent succéder immédiatement après la Pomme [1]; car, pour peu qu'on diffère, il sera impossible d'empêcher l'édition de paraître; les provinces de France en seront inondées, et il en arrivera à Paris de tous côtés.

Je la lus devant des gens d'esprit, et même devant des connaisseurs, quatre jours avant mon apoplexie, et je fis fondre en larmes pendant tout le second acte et les trois suivants.

J'enverrai au bout des ailes de mes anges les paroles et la musique, dès que les comédiens auront pris une résolution. J'attends leurs ordres avec la soumission la plus profonde.

A M. LE COMTE D'ARGENTAL.

4 janvier 1767.

Comme les cuisiniers, mon cher ange, partent toujours de Paris le plus tard qu'ils peuvent, et s'arrêtent en chemin à tous les bouchons, j'ai reçu un peu tard la lettre que vous avez bien voulu m'écrire le 14 de décembre. Ma réponse arrivera gelée; notre thermomètre est à douze degrés au-dessous du terme de la glace; une belle plaine de

---

1. *Guillaume Tell.*

neige, d'environ quatre-vingts lieues de tour, forme notre horizon; me voilà en Sibérie pour quatre mois. Ce n'est pas assurément cette situation qui me fait désirer de vous revoir et de vous embrasser; je quitterais le paradis terrestre pour jouir de cette consolation. J'espère bien quelque jour venir faire un tour à Paris, uniquement pour vous et pour Mme d'Argental. Il me sera impossible d'abandonner longtemps ma colonie. J'ai fondé Carthage, il faut que je l'habite, sans quoi Carthage périrait; mais je vous réponds bien que, si je suis en vie dans dix-huit mois, vous reverrez un vieux radoteur qui vous aime comme s'il ne radotait point.

M. de Thibouville me dit qu'il faut que je vous envoie la lettre de M. le duc de Duras; je ne sais trop où la retrouver. Elle contenait, en substance, que la belle Dubois m'avait traité comme ses amants, qu'elle m'avait trompé; que la comédie était, comme beaucoup d'autres choses, fort en décadence; qu'il avait établi un petit séminaire de comédiens à Versailles, qui ne promettait pas grand'chose; que Le Kain était toujours bien malade, et que la tragédie était tout aussi malade que lui.

Nous manquons d'hommes en bien des genres, mon cher ange, cela est très-vrai; mais les autres nations ne sont pas en meilleur état que nous.

M. Chardon m'avait promis de rapporter l'affaire des Sirven avant la naissance de notre Sauveur; mais les petites niches qu'il a plu au parlement de lui faire ont retardé l'effet de sa bonne volonté. L'affaire n'a point été rapportée; je ne sais plus où j'en suis, après cinq ans de peines. Il faut se résigner à Dieu et au parlement.

Pour mon petit procès avec Mme Gilet, il ne m'inquiète guère; c'est une idiote qui veut quelquefois faire le bel esprit, et qui parle quelquefois à tort et à travers à M. Gilet. Elle est peu écoutée; mais M. Gilet a quelquefois des fantaisies, des lubies; et il y a des affaires dans lesquelles il se rend fort difficile. Il est triste d'avoir des démêlés avec des gens de ce caractère. Je suis sensiblement touché de la bonté que vous avez de songer à redresser l'esprit de M. Gilet.

Mon pauvre Damilaville est tout ébouriffé de la crainte de n'être pas à la tête des vingtièmes. Je vous avoue que je lui souhaiterais une autre place; c'est un lieutenant-colonel dont tout le monde désire que le régiment soit réformé.

N'êtes-vous pas bien aise que l'affaire de Pologne soit accommodée à la plus grande gloire de Dieu et de la raison? Joseph Bourdillon, professeur en droit public, n'a pas laissé de servir dans ce procès. Puissé-je réussir comme lui dans celui des Sirven! puissé-je surtout venir un jour vous dire combien je vous aime, combien je vous suis attaché pour le reste de ma languissante vie!

A M. DE PEZAI.

5 janvier 1767.

Je vous fais juge, monsieur, des procédés de Jean-Jacques Rousseau avec moi. Vous savez que ma mauvaise santé m'avait conduit à Genève auprès de M. Tronchin, le médecin, qui alors était ami de Rousseau : je trouvai les environs de cette ville si agréables, que j'achetai d'un magistrat, quatre-vingt-sept mille livres, une maison de campagne, à condition qu'on m'en rendrait trente-huit mille, lorsque je la quitterais. Rousseau dès lors conçut le dessein de soulever le peuple de Genève contre les magistrats, et il a eu enfin la funeste et dangereuse satisfaction de voir son projet accompli.

Il écrivit d'abord à M. Tronchin qu'il ne remettrait jamais les pieds dans Genève, tant que j'y serais; M. Tronchin peut vous certifier cette vérité. Voici sa seconde démarche.

Vous connaissez le goût de Mme Denis, ma nièce, pour les spectacles; elle en donnait dans le château de Tourney et dans celui de Ferney, qui sont sur la frontière de France, et les Génevois y accouraient en foule. Rousseau se servit de ce prétexte pour exciter contre moi le parti qui est celui des représentants, et quelques prédicants qu'on nomme ministres.

Voilà pourquoi, monsieur, il prit le parti des ministres, au sujet de la comédie, contre M. d'Alembert, quoique ensuite il ait pris le parti de M. d'Alembert contre les ministres, et qu'il ait fini par outrager également les uns et les autres; voilà pourquoi il voulut d'abord m'engager dans une petite guerre au sujet des spectacles; voilà pourquoi, en donnant une comédie et un opéra à Paris, il m'écrivit que je corrompais sa république en faisant représenter des tragédies dans mes maisons par la nièce du grand Corneille, que plusieurs Génevois avaient l'honneur de seconder.

Il ne s'en tint pas là; il suscita plusieurs citoyens ennemis de la magistrature; il les engagea à rendre le conseil de Genève odieux et à lui faire des reproches de ce qu'il souffrait, malgré la loi, un catholique domicilié sur leur territoire, tandis que tout Génevois peut acheter en France des terres seigneuriales et même y posséder des emplois de finance. Ainsi cet homme, qui prêchait à Paris la liberté de conscience, et qui avait tant de besoin de tolérance pour lui, voulait établir dans Genève l'intolérance la plus révoltante et en même temps la plus ridicule.

M. Tronchin entendit lui-même un citoyen, qui est depuis longtemps le principal boute-feu de la république, dire qu'il fallait absolument exécuter ce que Rousseau voulait, et me faire sortir de ma maison des Délices, qui est aux portes de Genève. M. Tronchin, qui est aussi honnête homme que bon médecin, empêcha cette levée de boucliers, et ne m'en avertit que longtemps après.

Je prévis alors les troubles qui s'exciteraient bientôt dans la petite république de Genève; je résiliai mon bail à vie des Délices; je reçus trente-huit mille livres, et j'en perdis quarante-neuf, outre environ trente mille francs que j'avais employés à bâtir dans cet enclos.

Ce sont là, monsieur, les moindres traits de la conduite que Rousseau a eue avec moi; M. Tronchin peut vous les certifier, et toute la magistrature de Genève en est instruite.

Je ne vous parlerai point des calomnies dont il m'a chargé auprès de M. le prince de Conti et de Mme la duchesse de Luxembourg, dont il avait surpris la protection. Vous pouvez d'ailleurs vous informer dans Paris de quelle ingratitude il a payé les services de M. Grimm, de M. Helvétius, de M. Diderot et de tous ceux qui avaient protégé ses extravagantes bizarreries, qu'on voulait alors faire passer pour de l'éloquence.

Le ministère est aussi instruit de ses projets criminels que les véritables gens de lettres le sont de tous ses procédés. Je vous supplie de remarquer que la suite continuelle des persécutions qu'il m'a suscitées, pendant quatre années, a été le prix de l'offre que je lui avais faite de lui donner en pur don une maison de campagne, nommée l'Ermitage, que vous avez vue entre Tourney et Ferney. Je vous renvoie, pour tout le reste, à la lettre que j'ai été obligé d'écrire à M. Hume, et qui était d'un style moins sérieux que celle-ci.

Que M. Dorat juge à présent s'il a eu raison de me confondre avec un homme tel que Rousseau, et de regarder comme une querelle de bouffons les offenses personnelles que M. Hume, M. d'Alembert et moi avons été obligés de repousser, offenses qu'aucun homme d'honneur ne pouvait passer sous silence.

M. d'Alembert et M. Hume, qui sont au rang des premiers écrivains de France et d'Angleterre, ne sont point des bouffons; je ne crois pas l'être non plus, quoique je n'approche pas de ces deux hommes illustres.

Il est vrai, monsieur, que, malgré mon âge et mes maladies, je suis très-gai, quand il ne s'agit que de sottises de littérature, de prose ampoulée, de vers plats, ou de mauvaises critiques; mais on doit être très-sérieux sur les procédés, sur l'honneur et sur les devoirs de la vie.

A M. LE MARQUIS DE FLORIAN,

A PARIS.

Le 14 janvier 1767.

Mon cher grand écuyer de Babylone, il est juste qu'on vous envoie *les Scythes* et *les Persans*; cela amusera la famille : notre abbé turc y a des droits incontestables. Vous pourrez prier Mlle Durancy à dîner; elle trouvera son rôle noté dans l'exemplaire que je vous enverrai : voilà pour votre divertissement du carnaval. Nous répétons la pièce ici; elle sera parfaitement jouée par M. et Mme de La Harpe, et j'espère qu'après Pâques M. de La Harpe vous rapportera une pièce intéressante et bien écrite.

Nous remercions mon Turc bien tendrement. Mme Denis et moi, nous l'aimons à la folie puisqu'il a du courage et qu'il en inspire. C'est une énigme dont il devinera le mot aisément.

Je viens d'écrire à Morival, ou plutôt de lui faire écrire; et, dès que j'aurai sa réponse, j'agirai fortement auprès du prince dont il dépend. Ce prince m'écrit tous les quinze jours ; il fait tout ce que je veux. Les choses dans ce monde prennent des faces bien différentes ; tout ressemble à Janus ; tout, avec le temps, a un double visage. Ce prince ne connaît point Morival, sans doute ; mais il connaît très-bien son désastre. Il m'en a écrit plusieurs fois avec la plus violente indignation, et avec une horreur presque égale à celle que je ressens encore.

Il y a des monstres qui mériteraient d'être décimés. Je vous prie de me dire bien positivement si le premier mémoire que vous eûtes la bonté de m'envoyer de la campagne est exactement vrai. En cas que le frère de Morival veuille fournir quelques anecdotes nouvelles, vous pourrez nous les faire tenir sous l'enveloppe de M. Hénin, résident du roi à Genève.

Vous savez que nous sommes actuellement environnés de troupes, comme de tracasseries. Nous mangeons de la vache, le pain vaut cinq sous la livre, le bois est plus cher qu'à Paris. Nous manquons de tout, excepté de neige. Oh ! pour cette denrée, nous pouvons en fournir l'Europe. Il y en a dix pieds de haut dans mes jardins, et trente sur les montagnes. Je ne dirai pas que je prie Dieu qu'ainsi soit de vous.

Florianet a écrit une lettre charmante, en latin, à Père Adam. Je vous prie de le baiser pour moi des deux côtés. J'embrasse de tout mon cœur la mère et le fils.

A M. LE COMTE DE LA TOURAILLE.

Au château de Ferney, le 19 janvier 1767.

Je suis vieux, monsieur, malade, borgne d'un œil, et maléficié de l'autre. Je joins à tous ces agréments celui d'être assiégé, ou du moins bloqué. Nous n'avons, dans ma petite retraite, ni de quoi manger, ni de quoi boire, ni de quoi nous chauffer ; nous sommes entourés de soldats de six pieds, et de neiges hautes de dix ou douze ; et tout cela parce que J.-J. Rousseau a échauffé quelques têtes d'horlogers et de marchands de draps. La situation très-triste où nous nous trouvons ne m'a pas permis de répondre plus tôt à l'honneur de votre lettre ; vous êtes trop généreux pour n'avoir pas pour moi plus de pitié que de colère. Nous avons ici M. et Mme de La Harpe, qui sont tous deux très-aimables. M. de La Harpe commence à prendre un vol supérieur; il a remporté deux prix de suite à l'Académie par d'excellents ouvrages. J'espère qu'il vous donnera à Pâques une fort bonne tragédie. Il eut l'honneur de dédier à M. le prince de Condé sa tragédie de *Warwick*, qui avait beaucoup réussi. J'ai vu une ode de lui à son altesse sérénissime, dans laquelle il y a autant de poésie que dans les plus belles de Rousseau. Il mérite assurément la protection du digne petit-fils du grand Condé. Il a beaucoup de mérite, et il est très-pauvre. Il ne partage actuellement que la disette où nous sommes.

Adieu, monsieur; agréez les assurances de mes tendres et respectueux sentiments, et ayez la bonté de me mettre aux pieds de son altesse sérénissime.

A MADAME LA MARQUISE DE BOUFFLERS.

A Ferney, 21 janvier 1767.

Madame, non-seulement je voudrais faire ma cour à Mme la princesse de Beauvau, mais assurément je voudrais venir à sa suite me mettre à vos pieds dans les beaux climats où vous êtes; et croyez que ce n'est pas pour le climat, c'est pour vous, s'il vous plaît, madame. M. le chevalier de Boufflers, qui a regaillardi mes vieux jours, sait que je ne voulais pas les finir sans avoir eu la consolation de passer avec vous quelques moments. Il est fort difficile actuellement que j'aie cet honneur; trente pieds de neige sur nos montagnes, dix dans nos plaines, des rhumatismes, des soldats et de la misère, forment la belle situation où je me trouve. Nous faisons la guerre à Genève; il vaudrait mieux la faire aux loups qui viennent manger les petits garçons. Nous avons bloqué Genève de façon que cette ville est dans la plus grande abondance, et nous, dans la plus effroyable disette. Pour moi, quoique je n'aie plus de dents, je me rendrai à discrétion à quiconque voudra me fournir des poulardes. J'ai fait bâtir un assez joli château, et je compte y mettre le feu incessamment pour me chauffer. J'ajoute à tous les avantages dont je jouis que je suis borgne et presque aveugle, grâce à mes montagnes de neige et de glace. Promenez-vous, madame, sous des berceaux d'oliviers et d'orangers, et je pardonnerai tout à la nature.

Je ne suis point étonné que M. de Sudre ne soit pas premier capitoul, car c'est celui qui mérite le mieux cette place. Je vous remercie de votre bonne volonté pour lui. Permettez-moi de présenter mon respect à M. le prince de Beauvau et à Mme la princesse de Beauvau, et agréez celui que je vous ai voué pour le peu de temps que j'ai à vivre.

Je ne sais sur quel horizon est actuellement M. le chevalier de Boufflers; mais, quelque part où il soit, il n'y aura jamais rien de plus singulier ni de plus aimable que lui.

A M. LE COMTE DE ROCHEFORT.

4 février 1767.

Il y a environ cinquante ans, mon chevalier, que j'ai eu l'honneur de jouer aux échecs avec M. le vice-chancelier; mais il me gagnait, comme de raison. J'étais attaché à toute sa maison. Il y avait surtout un certain évêque de....., grand philosophe et très-savant, qui m'honorait de la plus sincère amitié. Un vice-chancelier ne se souvient pas de tout cela, mais les petits ne l'oublient pas. J'ai le cœur pénétré de ses bontés et de la justice qu'il a rendue dans l'affaire qui m'intéressait par contre-coup.

Je prends la liberté de lui écrire quatre mots; car il ne faut pas de verbiage pour les hommes en place. On donne à la Chine vingt coups de latte à ceux qui écrivent aux ministres des lettres trop longues et du galimatias.

Je vous écrirais bien au long, à vous, mon chevalier, si j'en croyais mon cœur qui est bavard de son naturel; je vous dirais combien je suis enchanté de vous et de vos bons offices; mais la guerre de Genève, les embarras qu'elle cause, les effroyables neiges qui m'environnent, la fièvre, les rhumatismes imposent silence à ma bavarderie. Cependant il faut que je vous demande si vous avez entendu la musique de *Pandore*, de M. de la Borde.

Vous me permettrez donc de vous embrasser sans cérémonie.

A M. DE CHABANON.

A Ferney, 6 février 1767.

Je vous réponds tard, mon cher confrère, j'ai été malade, je suis en Sibérie, on fait la guerre près de ma tanière, et j'y suis bloqué. Nous avons été exposés à la disette; aucun fléau ne nous a manqué. L'espérance de voir votre tragédie entre dans mes consolations. Je loue toujours beaucoup le dessein que vous avez de la faire imprimer, afin que son succès ne dépende pas du jeu d'un acteur. On dit que le théâtre n'est pas aujourd'hui sur un pied à donner beaucoup de tentation aux auteurs, et d'ailleurs on juge toujours mieux dans le recueillement du cabinet qu'à travers les illusions de la scène. J'ait fait une |pièce fort médiocre, intitulée *les Scythes*; j'ai eu bravement l'impudence de mettre des agriculteurs et des pâtres en parallèle avec des souverains et des petits-maîtres. Je l'avais fait imprimer et ne comptais point la livrer aux comédiens; mais je ne me gouverne pas par moi-même; il a fallu céder au désir de mes amis, dont les volontés sont des ordres pour moi. C'est à vous à voir si vous aurez plus de courage que je n'en ai eu.

Avez-vous entendu la musique de *Pandore?* Confiez-moi ce que vous en pensez; il faut dire la vérité à ses amis. Je crois qu'il y a des morceaux très-agréables; mais on dit qu'en général la musique n'est pas assez forte. Je ne m'y connais point, et vous êtes passé maître. Dites-moi la vérité, encore une fois, et fiez-vous à ma discrétion. Adieu; je ne suis pas trop en état de causer avec un homme qui se porte bien; mais je ne vous en aime pas moins.

A M. LE CARDINAL DE BERNIS.

A Ferney, 9 février 1767.

Ayant été mort, monseigneur, et enterré environ cinq semaines dans les horribles glaces des Alpes et du mont Jura, il a fallu attendre que je fusse un peu ressuscité pour remercier Votre Éminence de ce qu'elle aime toujours ce que vous savez, c'est-à-dire les belles-lettres, et même les vers, et qu'elle daigne aussi aimer ce bon vieillard qui achève sa carrière

Œbaliæ sub montibus altis.

Je vous réponds qu'il a profité de vos bons avis, autant que ses forces ont voulu le lui permettre. Je crois que je dois dire à présent :

Claudite jam rivos, pueri : sat prata biberunt.

N'êtes-vous pas bien content du discours de notre nouveau confrère M. Thomas? Son prédécesseur, Hardion, n'en aurait point autant fait.

J'ai chez moi M. de La Harpe, qui est haut comme Ragotin, mais qui a bien du talent en prose et en vers.

Il a fait un discours sur la guerre et sur la paix, qui a remporté le prix, d'une voix unanime. Si Votre Éminence ne l'a pas lu, elle devrait bien le faire venir de Paris; elle verrait qu'on glane encore dans ce siècle après la moisson du siècle de Louis XIV. Nous cultivons ici les lettres au son du tambour; nous faisons une guerre plus heureuse que la dernière; le quartier général est souvent chez moi. Nous avons déjà conquis plus de cinq pintes de lait, que nos paysannes allaient vendre à Genève. Nos dragons leur ont pris leur lait avec un courage invincible; et, comme il ne faut pas épargner son propre pays quand il s'agit de faire trembler le pays ennemi, nous avons été à la veille de mourir de faim.

Tout ce que dit Votre Éminence sur les prétentions est d'un homme qui connaît bien son siècle et le ridicule des prétendants. Cela mériterait une bonne épître en vers, et si vous ne la faites pas, il faudra bien que quelque inconnu la fasse et la dédie à un homme titré et illustre, sans le nommer. Mais faudra-t-il dans cette épître passer sous silence ceux de vos confrères qui font des mandements dans le goût des *Femmes savantes* de Molière, et qui au nom du Saint-Esprit examinent si un poëte doit écrire dans plusieurs genres ou dans un seul ; et si La Motte et Fontenelle étaient autorisés à trouver des défauts dans Homère? Les femmes petits-maîtres pourraient bien aussi trouver leur place dans cette petite diatribe ; on remettrait, tout doucement, les choses à leur place. J'avoue que les polissons qui, de leur grenier, gouvernent le monde avec leur écritoire sont la plus sotte espèce de tous ; ce sont les dindons de la basse-cour qui se rengorgent. Je finis en renouvelant à Votre Éminence mon très-tendre et profond respect pour le reste de ma vie.

A M. LE DUC DE LA VALLIÈRE.

A Ferney, 21 février 1767.

Il est vrai, monsieur le duc, que j'ai fait une drôle de tragédie où j'ai mis un petit-maître persan avec des paysans scythes, et une demoiselle de qualité qui raccommode ses chemises et celles de son père, supposé qu'on eût des chemises en Scythie. Comme vous ne haïssez pas les choses bizarres, j'aurais pris sans doute la liberté de vous envoyer cette facétie si je n'étais occupé à la corriger ; ce qui me coûte beaucoup, attendu que j'ai eu, il y a quelque temps, un petit *soupçon* d'apoplexie qui m'a un peu affaibli le cervelet. J'ai l'honneur d'entrer dans ma soixante-quatorzième année, quoi qu'en disent mes mauvaises estampes. Vous voyez que ma tragédie n'est pas un jeu d'enfant, mais elle tient beaucoup du radotage, ce qui revient à peu près au même.

Ou j'ai perdu entièrement la mémoire, ou je me souviens très-bien que je vous ai remercié de votre beau certificat en faveur d'Urceus Codrus. Celui qui écrit sous ma dictée (parce que je suis aveugle tout l'hiver) se souvient très-bien de vous avoir remercié de votre témoignage sur Urceus. Nous sommes exacts, nous autres solitaires, parce que nous ne sommes point distraits par le fracas.

On dit que vous faites un bijou de l'hôtel Jansen. Je m'en rapporte bien à vous, surtout si vous avez autant d'argent que de goût.

On dit qu'on joue chez vous un jeu prodigieux. Fi! cela n'est pas philosophe. Vous n'êtes pas encore au point où je vous voudrais.

Cependant conservez-moi vos bontés ; j'ai besoin de cette consolation après avoir été vingt ans sans vous faire ma cour ; car, si vous vous en souvenez, je me suis enfui de France au *Catilina* de Crébillon : c'était pardieu! un détestable ouvrage, c'était le tombeau du sens commun ; mais je veux actuellement qu'on ait de l'indulgence pour les vieillards.

Je vous suis attaché pour le reste de ma vie avec bien du respect et avec toute la vivacité des sentiments d'un jeune homme.

A M. LE MARQUIS DE CHAUVELIN.

A Ferney, 23 février 1767.

Je suis partagé, monsieur, entre la reconnaissance que je vous dois et l'admiration où je suis qu'au milieu de vos occupations, et même de vos dissipations, vous ayez pu faire un plan si rempli de génie et de ressources. Nous convenons qu'il est l'ouvrage d'un esprit supérieur. Vous me direz : Pourquoi ne l'adoptez-vous donc pas ? Vous en verrez les raisons dans le petit mémoire que nous envoyons à M. et à Mme d'Argental.

Mme Denis, M. et Mme de La Harpe, nos acteurs et moi, nous avons retourné de tous les sens ce que vous nous proposez. Nous nous sommes représenté vivement l'action, et tout ce qu'elle comporte, et tout ce qu'elle doit faire dire ; nous sommes tous d'un avis unanime ; nous osons même nous flatter que, quand vous verrez nos raisons déduites dans notre mémoire, elles vous paraîtront convaincantes.

Il est vrai que, malgré toutes nos raisons, nous tremblons d'avoir tort lorsque nous disputons contre vous. Nous sentons bien qu'il y a quelque chose de hasardé dans ce cinquième acte, mais nous ne pouvons juger que d'après l'impression qu'il nous laisse. Nous le jouons, et il nous fait un effet terrible.

Comment voulez-vous que nous abandonnions ce qui nous touche pour un plan qui, tout ingénieux qu'il est, nous paraît avoir des difficultés insurmontables? Il en sera toujours d'une tragédie comme de toutes les affaires de ce monde : il faut choisir entre les inconvénients les moins grands. Il y aura sans doute des critiques; *Zaïre*, *Mérope*, *Tancrède*, etc., en ont essuyé beaucoup, et *le Siége de Calais* a inspiré le plus grand enthousiasme. Il faut se soumettre à cette bizarrerie des hommes; mais nous sommes tous persuadés que la chaleur du cinquième acte doit l'emporter sur toutes les critiques qu'on fera de sang-froid.

Le spectateur assurément se doute bien, dans la tragédie d'*Olympie*, que cette Olympie se jettera dans le bûcher de sa mère; et c'est précisément ce doute qui inspire la curiosité et l'attendrissement. Il est dans la nature humaine de vouloir voir comment les choses qu'on devine seront accomplies. C'est ce que nous détaillons dans notre mémoire, que nous vous supplions de lire avec impartialité. Pour moi, je me défie de mes idées; j'aime et je respecte les vôtres autant que votre personne. C'est avec timidité et avec honte que je suis d'un autre avis que vous; mais enfin il ne faut jamais, dans aucun art, travailler contre son propre sentiment; comme en morale il ne faut point agir contre sa conscience : on est sûr alors de travailler très-mal; l'enthousiasme est entièrement éteint, l'esprit mis à la gêne perd toute son élasticité. On écrit raisonnablement, mais froidement. En un mot, lisez nos représentations, et jugez.

Agréez, monsieur, mon tendre et respectueux attachement pour vous, pour Mme de Chauvelin et pour tout ce qui vous appartient.

N. B. Depuis ma lettre écrite, nous avons joué la pièce; le cinquième acte a fait plus d'effet que les autres, et on a répandu beaucoup de larmes.

A M. LE MARÉCHAL DUC DE RICHELIEU.

A Ferney, 1er mars 1767.

Vous avez daigné, monseigneur, faire une petite visite à Ferney; Mme Denis part pour vous la rendre. Sa santé est déplorable, et il n'y a plus à Genève ni médecin qu'on puisse consulter ni aucun secours qu'on puisse attendre; d'ailleurs vingt ans d'absence ont dérangé ma fortune et n'ont pas accommodé la sienne. Ma fille adoptive Corneille l'accompagne à Paris, où elle verra massacrer les pièces de son grand oncle; pour moi je reste dans mon désert : il faut bien qu'il y ait quelqu'un qui prenne soin du ménage de campagne; c'est ma consolation. J'en éprouverais une plus flatteuse si je pouvais vous faire ma cour; mais c'est un bonheur auquel je ne puis prétendre, et la vie de Paris ne convient ni à mon âge, ni à mes maladies, ni aux circonstances où je me trouve. Je serai très-affligé de mourir sans avoir pris congé de vous. Je me regarde déjà comme un homme mort, quoique j'aie égayé mon agonie autant que je l'ai pu. Non-seulement je vous dis un adieu éternel quand vous honorâtes ma retraite de votre présence, mais j'ai toujours eu depuis le chagrin de ne pouvoir vous écrire que des choses vagues. La douceur d'ouvrir son cœur est aujourd'hui interdite. J'ai respecté les entraves qu'on met à la liberté de s'expliquer par lettres; je n'ai pu que vous ennuyer. J'aurais désiré faire un petit voyage à Bordeaux et vous contempler dans votre gloire; mais c'est encore un plaisir auquel il faut que je renonce. Me voilà donc mort et enterré.

La bonté que vous avez de faire payer ce qui m'est dû de ma rente sera tout entière pour Mme Denis et pour Mme Dupuits. Il faut tout à des femmes et rien à un vieux solitaire. Je ne me suis pas même réservé de chevaux pour me promener. Si j'étais seul je n'aurais besoin de rien. Je vous remercie au nom de Mme Denis, qui bientôt vous remerciera elle-même et vous présentera mes hommages, mon attachement inviolable et mon respect.

A M. LEKAIN.

2 mars 1767.

Mon cher ami, vous êtes bien sûr que je m'intéresse plus à votre santé qu'à tous *les Scythes* du monde. Ménagez-vous, je vous en prie; il faut se bien porter pour être héros : tous ceux de l'antiquité avaient une santé de fer. Il importe fort peu qu'on joue *les Scythes* devant ou après Pâques; mais, si vous en pouvez donner quatre ou cinq représentations avant la fin du carême, je vous conseille de ne pas perdre ces quatre ou cinq bonnes chambrées, parce qu'il est presque impossible que, dans la quinzaine de Pâques, l'édition de Cramer ne devienne publique.

Je n'avais point eu dessein d'abord de faire jouer cette pièce, et la préface l'indique assez; mais puisqu'on la joue à Genève, à Lausanne et chez moi, et qu'on la jouera à Lyon et à Bordeaux, il est bien juste que vous en donniez quelques représentations. Comptez que j'aurai soin de vos intérêts dans l'édition qu'on en fera à Paris, quoiqu'il soit difficile d'obtenir des libraires des conditions aussi favorables pour une pièce déjà imprimée que pour une qui serait toute neuve.

Je vous prie de vous amuser, pendant votre convalescence, à faire collationner sur les rôles tous les changements que je vous ai envoyés. En voici un que je vous recommande : c'est à la première scène du cinquième acte. Il m'a paru, à la représentation, que c'était à Sozame à parler avant sa fille, et qu'Obéide devait être trop consternée pour répondre à la proposition qu'on lui fait d'immoler Athamare. Voici ce petit changement :

OBÉIDE.

Je n'en apprends que trop.

SOZAME.

Je vous l'ai déclaré,
Je respecte un usage en ces lieux consacré;
Mais des sévères lois par vos aïeux dictées,
Les têtes de nos rois pourraient être exceptées.

LE SCYTHE.

Plus les princes sont grands, etc.

Au reste je ne compte sur le rôle d'Obéide qu'autant que vous voudrez bien conduire l'actrice. Vous avez reçu sans doute l'imprimé en marge duquel j'ai écrit mes petites indications. Ce personnage exige une douleur presque toujours étouffée, des repos, des soupirs, un jeu muet, une grande intelligence du théâtre. Ce n'est guère qu'au cinquième acte que ses sentiments se déploient sur le pont aux ânes des imprécations, pont aux ânes que l'on passe toujours avec succès.

Mme Denis vous fait mille compliments; elle ne joue plus la comédie, ni moi non plus; mais M. de La Harpe est un excellent acteur. Je vous embrasse de toute mon âme.

A M. LINGUET,

SUR MONTESQUIEU ET GROTIUS.

15 mars 1767.

. . . .
. . . .

Je crois, comme vous, monsieur, qu'il y a plus d'une inadvertance dans l'*Esprit des Lois*. Très-peu de lecteurs sont attentifs; on ne s'est point aperçu que presque toutes les citations de Montesquieu sont fausses. Il cite le prétendu testament du cardinal de Richelieu, et il lui fait dire, au chapitre VI, dans le livre III, que s'il se trouve dans le peuple quelque malheureux honnête homme, il ne faut pas s'en servir. Ce testament, qui d'ailleurs ne mérite pas la peine d'être cité, dit précisément le contraire; et ce n'est point au sixième, mais au quatrième chapitre.

Il fait dire à Plutarque que les femmes n'ont aucune part au véritable amour. Il ne songe pas que c'est un des interlocuteurs qui parle ainsi, et que ce Grec, trop grec, est vivement réprimandé par le philosophe Daphneüs, pour lequel Plutarque décide. Ce dialogue est tout consacré à l'honneur des femmes; mais Montesquieu lisait superficiellement et jugeait trop vite.

C'est la même négligence qui lui a fait dire que le grand-seigneur n'était point obligé par la loi de tenir sa parole; que tout le bas commerce était infâme chez les Grecs; qu'il déplore l'aveuglement de François Ier, qui rebuta Christophe Colomb, qui lui proposait les Indes, etc. Vous remarquerez que Christophe Colomb avait découvert l'Amérique avant que François Ier fût né.

La vivacité de son esprit lui fait dire, au même endroit, livre IV, chapitre xix, que le conseil d'Espagne eut tort de défendre l'emploi de l'or en dorure. Un décret pareil, dit-il, serait semblable à celui que feraient les États de Hollande, s'ils défendaient la cannelle. Il ne fait pas réflexion que les Espagnols n'avaient point de manufactures, qu'ils auraient été obligés d'acheter les étoffes et les galons des étrangers, et que les Hollandais ne pouvaient acheter ailleurs que chez eux-mêmes la cannelle qui croît dans leurs domaines.

Presque tous les exemples qu'il apporte sont tirés des peuples inconnus du fond de l'Asie, sur la foi de quelques voyageurs mal instruits ou menteurs.

Il affirme qu'il n'y a de fleuve navigable en Perse que le Cyrus : il oublie le Tigre, l'Euphrate, l'Oxus, l'Araxe et le Phase, l'Indus même, qui a coulé longtemps sous les lois des rois de Perse. Chardin nous assure, dans son troisième tome, que le fleuve Zenderouth, qui traverse Ispahan, est aussi large que la Seine à Paris, et qu'il submerge souvent des maisons sur les quais de la ville.

Malheureusement le système de l'*Esprit des Lois* a pour fondement une antithèse qui se trouve fausse. Il dit que les monarchies sont établies sur l'honneur et les républiques sur la vertu; et, pour soutenir ce prétendu bon mot : « La nature de l'honneur (dit-il, livre III, chapitre vii) est de demander des préférences, des distinctions; l'honneur est donc, par la chose même, placé dans le gouvernement monarchique. » Il devrait songer que, par la chose même, on briguait, dans la république romaine, la préture, le consulat, le triomphe, des couronnes et des statues.

J'ai pris la liberté de relever plusieurs méprises pareilles dans ce livre, d'ailleurs très-estimable. Je ne serai pas étonné que cet ouvrage célèbre vous paraisse plus rempli d'épigrammes que de raisonnements solides, et cependant il y a tant d'esprit et de génie qu'on le préférera toujours à Grotius et à Puffendorf. Leur malheur est d'être ennuyeux; ils sont plus pesants que graves.

Grotius, contre lequel vous vous élevez avec tant de justice, a extorqué de son temps une réputation qu'il était bien loin de mériter. Son *Traité de la religion chrétienne* n'est pas estimé des vrais savants. C'est là qu'il dit au chapitre xxii de son premier livre que l'embrasement de l'univers est annoncé dans Hystaspe et dans les Sibylles. Il ajoute à ces témoignages ceux d'Ovide et de Lucain; il cite Lycophron pour prouver l'histoire de Jonas.

Si vous voulez juger du caractère de l'esprit de Grotius, lisez sa harangue à la reine Anne d'Autriche, sur sa grossesse. Il la compare à la juive Anne qui eut des enfants étant vieille; il dit que les dauphins, en faisant des gambades sur l'eau, annoncent la fin des tempêtes, et que, par la même raison, le petit dauphin qui remue dans son ventre annonce la fin des troubles du royaume.

Je vous citerais cent exemples de cette éloquence de collége dans Grotius, qu'on a tant admiré. Il faut du temps pour apprécier les livres et pour fixer les réputations.

Ne craignez pas que le bas peuple lise jamais Grotius et Puffendorf; il n'aime pas à s'ennuyer. Il lirait plutôt (s'il le pouvait) quelques chapitres de l'*Esprit des Lois*, qui sont à portée de tous les esprits parce qu'ils sont très-naturels et très-agréables. Mais distinguons, dans ce que vous appelez peuple, les professions qui exigent une éducation honnête et celles qui ne demandent que le travail des bras et une fatigue de tous les jours. Cette dernière classe est la plus nombreuse. Celle-là, pour tout délassement et pour tout plaisir, n'ira jamais qu'à la grand'-messe et au cabaret, parce qu'on y chante et qu'elle y chante elle-même; mais, pour les artisans plus relevés, qui sont forcés par leurs professions mêmes à réfléchir beaucoup, à perfectionner leur goût, à étendre leurs lumières, ceux-là commencent à lire dans toute l'Europe. Vous ne connaissez guère, à Paris, les Suisses que par ceux qui sont aux portes des grands seigneurs, ou par ceux à qui Molière fait parler un patois inintelligible dans quelques farces; mais les Parisiens seraient étonnés s'ils voyaient dans plusieurs villes de Suisse, et surtout dans Genève, presque tous ceux qui sont employés aux manufactures passer à lire le temps qui ne peut être consacré au travail. Non, monsieur, tout n'est point perdu quand on met le peuple en état de s'apercevoir qu'il a un esprit. Tout est perdu, au contraire, quand on le traite comme une troupe de taureaux; car tôt ou tard ils vous frappent de leurs cornes.

Croyez-vous que le peuple ait lu et raisonné dans les guerres civiles de la Rose rouge et de la Rose blanche en Angleterre, dans celle qui fit périr Charles 1er sur un échafaud, dans les horreurs des Armagnacs et des Bourguignons, dans celles mêmes de la Ligue? Le peuple ignorant et féroce était mené par quelques docteurs fanatiques qui criaient : Tuez tout, au nom de Dieu. Je défierais aujourd'hui Cromwell de bouleverser l'Angleterre par son galimatias d'énergumène; Jean de Leyde de se faire roi de Munster, et le cardinal de Retz de faire des barricades à Paris. Enfin, monsieur, ce n'est pas à vous d'empêcher les hommes de lire, vous y perdriez trop, etc.

A L'IMPÉRATRICE DE RUSSIE.

26 mai 1767.

Un voyage en Asie! allez-vous l'entreprendre,
  Belle et sublime Talestris?
  Que ferez-vous dans ce pays?
  Vous n'y verrez point d'Alexandre.

Hélas! Votre Majesté impériale ferait le tour du globe qu'elle ne rencontrerait guère de rois dignes d'elle. Elle voyage comme Cérès la législatrice en faisant du bien au monde. Je ne sais point la langue russe; mais, par la traduction que vous daignez m'envoyer, je vois qu'elle a des inversions et des tours qui manquent à la nôtre. Je ne suis pas comme une dame de la cour de Versailles qui disait : « C'est bien dommage que l'aventure de la tour de Babel ait produit la confusion des langues; sans cela tout le monde aurait toujours parlé français. »

L'empereur de la Chine, Cam-hi, votre voisin, demandait à un missionnaire si on pouvait faire des vers dans les langues de l'Europe; il ne pouvait le croire.

Que Votre Majesté impériale daigne agréer mes sentiments et le très-profond respect de ce vieux Suisse, etc.

A M. DE PARCIEUX,

SUR SON PROJET D'AMENER LA RIVIÈRE D'YVETTE A PARIS.

A Ferney, le 17 juillet 1767.

Vous avez dû, monsieur, recevoir des éloges et des remercîments de tous les hommes en place ; vous n'en recevez aujourd'hui que d'un homme bien inutile, mais bien sensible à votre mérite et à vos grandes vues patriotiques. Si ma vieillesse et mes maladies m'ont fait renoncer à Paris, mon cœur est toujours votre citoyen. Je ne boirai plus des eaux de la Seine, ni d'Arcueil, ni de l'Yvette, ni même de l'Hippocrène, mais je m'intéresserai toujours au grand monument que vous voulez élever. Il est digne des anciens Romains, et malheureusement nous ne sommes pas Romains. Je ne suis point étonné que votre projet soit encouragé par M. de Sartine. Il pense comme Agrippa ; mais l'Hôtel de ville de Paris n'est pas le Capitole. On ne plaint point son argent pour avoir un opéra-comique, et on le plaindra pour avoir des aqueducs dignes d'Auguste. Je désire passionnément de me tromper. Je voudrais voir la fontaine d'Yvette former un large bassin autour de la statue de Louis XV ; je voudrais que toutes les maisons de Paris eussent de l'eau, comme celles de Londres. Nous venons les derniers en tout. Les Anglais nous ont précédés et instruits en mathématiques, les Italiens en architecture, en peinture, en sculpture, en poésie, en musique ; et j'en suis fâché.

J'ai l'honneur d'être, avec l'estime infinie que vous méritez, et avec la reconnaissance d'un citoyen, monsieur, votre, etc.

A M. COLLINI,

A MANHEIM.

Ferney, 21 octobre 1767.

J'ai lu, mon cher ami, avec un très-grand plaisir votre Dissertation sur la mauvaise humeur où était si justement l'électeur palatin

Charles-Louis contre le vicomte de Turenne. Vous pensez avec autant de sagacité que vous vous exprimez dans notre langue avec pureté. Je reconnais là *il genio fiorentino*. Je ferai usage de vos conjectures dans la nouvelle édition du *Siècle de Louis XIV*, qui est sous presse, et je serais flatté de vous rendre la justice que vous méritez. Voici, en attendant, tout ce que je sais de cette aventure et les idées qu'elle me rappelle.

J'ai eu l'honneur de voir très-souvent, dans ma jeunesse, le cardinal d'Auvergne et le chevalier de Bouillon, neveu du vicomte de Turenne. Ni eux ni le prince de Vendôme ne doutaient du cartel; c'était une opinion généralement établie. Il est vrai que tous les anciens officiers, ainsi que les gens de lettres, avaient un très-grand mépris pour le prétendu Dubuisson, auteur de la mauvaise *Histoire de Turenne*. Ce romancier Sandras de Courtilz, caché sous le nom de Dubuisson, qui mêlait toujours la fiction à la vérité, pour mieux vendre ses livres, pouvait très-bien avoir forgé la lettre de l'électeur, sans que le fond de l'aventure en fût moins vrai.

Le témoignage du marquis de Beauvau, si instruit des affaires de son temps, est d'un très-grand poids. La faiblesse qu'il avait de croire aux sorciers et aux revenants, faiblesse si commune encore en ce temps-là, surtout en Lorraine, ne me paraît pas une raison pour le convaincre de faux sur ce qu'il dit des vivants qu'il avait connus.

Le défi proposé par l'électeur ne me semble point du tout incompatible avec sa situation et son caractère : il était indignement opprimé; et un homme qui, en 1655, avait jeté un encrier à la tête d'un plénipotentiaire pouvait fort bien envoyer un défi, en 1674, à un général d'armée qui brûlait son pays sans aucune raison plausible.

Le président Hénault peut avoir tort de dire que « M. de Turenne répondit avec une modération qui fit honte à l'électeur de cette bravade. » Ce n'était point, à mon sens, une bravade, c'était une très-juste indignation d'un prince sensible et cruellement offensé.

On touchait au temps où ces duels entre les princes avaient été fort communs. Le duc de Beaufort, général des armées de la Fronde, avait tué en duel le duc de Nemours. Le fils du duc de Guise avait voulu se battre en duel avec le grand Condé. Vous verrez dans les *Lettres de*

Pélisson que Louis XIV lui-même demanda s'il lui serait permis en conscience de se battre contre l'empereur Léopold.

Je ne serais point étonné que l'électeur, tout tolérant qu'il était (ainsi que tout prince éclairé doit l'être), ait reproché dans sa colère au maréchal de Turenne son changement de religion, changement dont il ne s'était avisé peut-être que dans l'espérance d'obtenir l'épée de connétable, qu'il n'eut point. Un prince tolérant, et même très-indifférent sur les opinions qui partagent les sectes chrétiennes, peut fort bien, quand il est en colère, faire rougir un ambitieux qu'il soupçonne de s'être fait catholique romain par politique, à l'âge de cinquante-cinq ans; car il est probable qu'un homme de cet âge, occupé des intrigues de cour et, qui pis est, des intrigues de l'amour et des cruautés de la guerre, n'embrasse pas une secte nouvelle par conviction. Il avait changé deux fois de parti dans les guerres civiles; il n'est pas étrange qu'il ait changé de religion.

Je ne serais point encore surpris de plusieurs ravages faits en différents temps dans le Palatinat par M. de Turenne; il faisait volontiers subsister ses troupes aux dépens des amis comme des ennemis. Il est très-vraisemblable qu'il avait un peu maltraité ce beau pays, même en 1644, lorsque le roi de France était allié de l'électeur, et que l'armée de France marchait contre la Bavière. Turenne laissa toujours à ses soldats une assez grande licence. Vous verrez dans les mémoires du marquis de Lafare que, vers le temps même du cartel, il avait très-peu épargné la Lorraine et qu'il avait laissé le pays Messin même au pillage. L'intendant avait beau lui porter ses plaintes, il répondait froidement : *Je le ferai dire à l'ordre.*

Je pense, comme vous, que la teneur des lettres de l'électeur et du maréchal de Turenne est supposée. Les historiens malheureusement ne se font pas un scrupule de faire parler leurs héros. Je n'approuve point dans Tite-Live ce que j'aime dans Homère. Je soupçonne la lettre de Ramsay d'être aussi apocryphe que celle du Gascon Sandras. Ramsay l'Écossais était encore plus Gascon que lui. Je me souviens qu'il donna au petit Louis Racine, fils du grand Racine, une lettre au nom de Pope, dans laquelle Pope se justifiait des petites libertés qu'il avait prises dans son *Essai sur l'homme*. Ramsay avait pris beaucoup de peine à écrire cette lettre en français, elle était assez éloquente; mais vous remarquerez, s'il vous plaît, que Pope savait à peine le français et qu'il n'avait jamais écrit une ligne dans cette langue; c'est une vérité dont j'ai été témoin, et qui est sue de tous les gens de lettres d'Angleterre. Voilà ce qui s'appelle un gros mensonge imprimé; il y a même dans cette fiction je ne sais quoi de faussaire qui me fait de la peine.

Ne soyez point surpris que M. de Chenevière n'ait pu trouver dans le dépôt de la guerre ni le cartel ni la lettre du maréchal de Turenne. C'était une lettre particulière de M. de Turenne au roi, et non au marquis de Louvois. Par la même raison, elle ne doit point se trouver dans les archives de Manheim. Il est très-vraisemblable qu'on ne garda pas plus de copie de ces lettres d'animosité que l'on n'en garde de celles d'amour.

Quoi qu'il en soit, si l'électeur palatin envoya un cartel par le trompette Petit-Jean, mon avis est qu'il fit très-bien, et qu'il n'y a à cela nul ridicule. S'il y en avait eu, si cette bravade avait été honteuse, comme le dit le président Hénault, comment l'électeur, qui voyait ce fait publié dans toute l'Europe, ne l'aurait-il pas hautement démenti? comment aucun homme de sa cour ne se serait-il élevé contre cette imposture?

Pour moi je ne dirai pas comme ce maraud de Frélon dans *l'Écossaise* : « J'en jurerais, mais je ne le parierais pas. » Je vous dirai : Je ne le jure ni ne le parie. Ce que je vous jurerai bien c'est que les deux incendies du Palatinat sont abominables. Je vous jure encore que, si je pouvais me transporter, si je ne gardais pas la chambre depuis près de trois ans et le lit depuis deux mois, je viendrais faire ma cour à Leurs Altesses sérénissimes, auxquelles je serai bien respectueusement attaché jusqu'au dernier moment de ma vie. Comptez de même sur l'estime et sur l'amitié que je vous ai vouées.

A propos d'incendie, il y a des gens qui prétendent qu'on mettra le feu à Genève cet hiver. Je n'en crois rien du tout; mais si on veut brûler Ferney et Tourney, le régiment de Conti et la légion de Flandre, qui sont occupés à peupler mes pauvres villages, prendront gaiement ma défense.

A M. DE CHABANON.

18 décembre 1767.

Mon cher enfant, mon cher ami, mon cher confrère, je ne me connais pas trop en *C sol ut* et en *F ut fa*. J'ai l'oreille dure, je suis un peu sourd; cependant je vous avoue qu'il y a des airs de *Pandore* qui m'ont fait beaucoup de plaisir. J'ai retenu, par exemple, malgré moi :

<blockquote>Ah! vous avez pour vous la grandeur et la gloire.</blockquote>

D'autres airs m'ont fait une grande impression, et laissent encore un bruit confus dans le tympan de mon oreille.

Pourquoi sait-on par cœur les vers de Racine? c'est qu'ils sont bons. Il faut donc que la musique retenue par les ignorants soit bonne aussi. On me dira que chacun sait par cœur :

<blockquote>J'appelle un chat un chat, et Rolet un fripon.
Aimez-vous la muscade? on en a mis partout, etc.</blockquote>

Ce sont des vers du pont Neuf, et cependant tout le monde les sait par cœur; que la plupart des ariettes de Lulli sont des airs du pont Neuf et des barcarolles de Venise, d'accord : aussi ne les a-t-on pas retenus comme bons, mais comme faciles. Mais, pour peu qu'on ait de goût, on grave dans sa mémoire tout l'*Art poétique* et quatre actes entiers d'*Armide*. La déclamation de Lulli est une mélopée si parfaite, que je déclame tout son récitatif en suivant ses notes et en adoucissant seulement les intonations; je fais alors un très-grand effet sur les auditeurs, et il n'y a personne qui ne soit ému. La déclamation de Lulli est donc dans la nature, elle est adaptée à la langue, elle est l'expression du sentiment.

Si cet admirable récitatif ne fait plus aujourd'hui le même effet que dans le beau siècle de Louis XIV, c'est que nous n'avons plus d'acteurs, nous en manquons dans tous les genres; et de plus les ariettes de Lulli ont fait tort à sa mélopée et ont puni son récitatif de la faiblesse de ses symphonies. Il faut convenir qu'il y a bien de l'arbitraire dans la musique. Tout ce que je sais c'est qu'il y a dans la *Pandore* de M. de Laborde des choses qui m'ont fait un plaisir extrême.

A M. MOREAU.

A Ferney, 18 janvier 1768.

Je vous renouvelle, monsieur, cette année, les justes remercîments que je vous ai déjà faits pour les arbres que j'ai reçus et que j'ai plantés. Ni ma vieillesse, ni mes maladies, ni la rigueur du climat, ne me découragent. Quand je n'aurais défriché qu'un champ, et quand je n'aurais fait réussir que vingt arbres, c'est toujours un bien qui ne sera pas perdu. Je crains bien que la glace, survenant après nos neiges, ne gèle les racines; car notre hiver est celui de Sibérie, attendu que notre horizon est borné par quarante lieues de montagnes de glaces. C'est un spectacle admirable et horrible, dont les Parisiens n'ont assurément aucune idée. La terre gèle souvent jusqu'à deux ou trois pieds, et ensuite des chaleurs, telles qu'on en éprouve à Naples, la dessèchent.

Je compte, si vous m'approuvez, faire enlever la glace autour des nouveaux plans que je vous dois, et faire répandre au pied des arbres du fumier de vache mêlé de sable.

Le ministère nous a fait un beau grand chemin, j'en ai planté les bords d'arbres fruitiers; mangera les fruits qui voudra. Le bois de ces arbres est toujours d'un grand service. Je m'imagine, monsieur, que vous n'avez guère plus profité que moi de tous les livres qu'on fait à Paris, au coin du feu, sur l'agriculture. Ils ne servent pas plus que toutes les rêveries sur le gouvernement : *Experientia rerum magistra*.

J'ai l'honneur d'être avec bien de la reconnaissance, monsieur, votre, etc.

A MADAME LA DUCHESSE DE CHOISEUL.

A Ferney, 8 février 1768.

Madame, un vieillard presque aveugle et une jeune femme, qui serait bien fière si elle avait des yeux comme les vôtres, vous supplient de daigner agréer leurs hommages et leurs remercîments. Nous devons à votre protection tout ce que M. le duc de Choiseul a bien voulu accorder à M. Dupuits. Si le vieux bonhomme et moi nous avions quelque petite partie de la succession de Pierre Corneille, nous la dépenserions en grands vers alexandrins pour vous témoigner notre reconnaissance; mais les temps sont bien durs, et la plupart des vers qu'on fait le sont aussi. Nous nous défions même de la prose. Nous entendons si peu les livres qu'on nous envoie de Paris, que nous craignons d'avoir oublié notre langue.

Nous sommes très-honteux l'un et l'autre d'exprimer notre extrême sensibilité dans un style si barbare; mais, madame, nous vous supplions de considérer que nous sommes des Allobroges. Des gens arrivés de Versailles nous ont dit qu'il fallait absolument avoir de la finesse, de la justesse dans l'esprit, des grâces et du goût, pour oser vous écrire; nous ne les avons point crus. Nous ne sommes pas de votre espèce, et nous nous sommes flattés au contraire que la supériorité était indulgente, et que les grâces ne rebutaient pas la naïveté.

Nous sommes, dans cette confiance, avec un profond respect, madame, etc.

A M. THIRIOT.

. . . .
. . . .

Je ne sais ce que c'est qu'une comédie italienne qu'il m'impute intitulée : *Quand me mariera-t-on?* Voilà la première fois que j'en ai entendu parler; c'est un mensonge absurde. Dieu a voulu que j'aie fait des pièces de théâtre pour mes péchés, mais je n'ai jamais fait de farce italienne ; rayez cela de vos anecdotes.

Je ne sais comment une lettre que j'écrivis à milord Littleton et sa réponse sont tombées entre les mains de ce Fréron; mais je puis vous assurer qu'elles sont toutes deux entièrement falsifiées. Jugez-en; je vous envoie les originaux.

Ces messieurs les folliculaires ressemblent assez aux chiffonniers qui vont ramassant des ordures pour faire du papier.

Ne voilà-t-il pas encore une belle anecdote, et bien digne du public, qu'une lettre de moi au professeur Haller, et une lettre du professeur Haller à moi! Et de quoi s'avise M. Haller de faire courir mes lettres et les siennes? et de quoi s'avise un folliculaire de les imprimer et de les falsifier pour gagner cinq sous? Il me la fait signer du château de Tourney, où je n'ai jamais demeuré.

Ces impertinences amusent un moment des jeunes gens oisifs, et tombent le moment d'après dans l'éternel oubli où tous les riens de ce monde tombent en foule.

L'anecdote du cardinal de Fleury sur le *quemadmodum* que Louis XIV n'entendait pas est très-vraie. Je ne l'ai rapportée dans le *Siècle de Louis XIV* que parce que j'en étais sûr; et je n'ai point rapporté celle de *nycticorax*, parce que je n'en étais pas sûr. C'est un vieux conte qu'on me faisait dans mon enfance au collége des jésuites pour me faire sentir la supériorité du père La Chaise sur le grand aumônier de France. On prétendait que le grand aumônier, interrogé sur la signification de *nycticorax*, dit que c'était un capitaine du roi David, et que le révérend père La Chaise assura que c'était un hibou; peu m'importe, et très-peu m'importe encore qu'on fredonne pendant un quart d'heure, dans un latin ridicule, un *nycticorax* grossièrement mis en musique.

Je n'ai point prétendu blâmer Louis XIV d'ignorer le latin; il savait gouverner, il savait faire fleurir tous les arts; cela vaut mieux que d'entendre Cicéron. D'ailleurs cette ignorance du latin ne venait pas de sa faute puisque, dans sa jeunesse, il apprit lui-même l'italien et l'espagnol.

Je ne sais pas pourquoi l'homme que le folliculaire fait parler me reproche de citer le cardinal de Fleury, et s'égaye à dire que j'aime à citer de grands noms. Vous savez, mon cher ami, que mes grands noms sont ceux de Newton, de Locke, de Corneille, de Racine, de La Fontaine, de Boileau. Si le nom de Fleury était grand pour moi, ce serait le nom de l'abbé Fleury, auteur des *Discours* patriotiques et savants, qui ont sauvé de l'oubli son *Histoire ecclésiastique*, et non pas le cardinal de Fleury, que j'ai fort connu avant qu'il fût ministre, et qui, quand il le fut, fit exiler un des plus respectables hommes de France, l'abbé Pucelle, et empêcha bénignement, pendant tout son ministère, qu'on ne soutînt les quatre fameuses propositions sur lesquelles est fondée la liberté française dans les choses ecclésiastiques.

Je ne connais de grands hommes que ceux qui ont rendu de grands services au genre humain.

Quand j'amassai des matériaux pour écrire le *Siècle de Louis XIV*, il fallut bien consulter des généraux, des ministres, des aumôniers, des dames et des valets de chambre. Le cardinal de Fleury avait été aumônier, et il m'apprit fort peu de choses. M. le maréchal de Villars m'apprit beaucoup pendant quatre ou cinq années de temps, comme vous le savez; et je n'ai pas dit tout ce qu'il voulut bien m'apprendre.

M. le duc d'Antin me fit part de plusieurs anecdotes que je n'ai données que pour ce qu'elles valaient.

M. de Torcy fut le premier qui m'apprit, par une seule ligne en marge de mes questions, que Louis XIV n'eut jamais de part à ce fameux testament du roi d'Espagne Charles II, qui changea la face de l'Europe.

Il n'est pas permis d'écrire une histoire contemporaine autrement qu'en consultant avec assiduité et en confrontant tous les témoignages. Il y a des faits que j'ai vus par mes yeux, et d'autres par des yeux meilleurs. J'ai dit la plus exacte vérité sur les choses essentielles. Le roi régnant m'a rendu publiquement cette justice. Je crois ne m'être guère trompé sur les petites anecdotes, dont je fais très-peu de cas; elles ne sont qu'un vain amusement; les grands événements instruisent.

Le roi Stanislas, duc de Lorraine, m'a rendu le témoignage authentique que j'avais parlé de toutes les choses importantes arrivées sous le règne de ce héros imprudent, Charles XII, comme si j'en avais été le témoin oculaire.

A l'égard des petites circonstances, je les abandonne à qui voudra:

je ne m'en soucie pas plus que de l'*Histoire des quatre fils Aymon*.

J'estime bien autant celui qui ne sait pas une anecdote inutile que celui qui la sait.

Puisque vous voulez être instruit des bagatelles et des ridicules, je vous dirai que votre malheureux folliculaire se trompe quand il prétend qu'il a été joué sur le théâtre de Londres avant d'avoir été berné sur celui de Paris par Jérôme Carré. La traduction, ou plutôt l'imitation de la comédie de *l'Écossaise* et de *Fréron*, faite par M. George Colman, n'a été jouée sur le théâtre de Londres qu'en 1766 et n'a été imprimée qu'en 1767 chez Becket et de Hondt. Elle a eu autant de succès à Londres qu'à Paris, parce que par tout pays on aime la vertu des Lindane et des Freeport, et qu'on déteste les folliculaires qui barbouillent du papier et mentent pour de l'argent. Ce fut l'illustre Garrick qui composa l'épilogue. M. George Colman m'a fait l'honneur de m'envoyer sa pièce; elle est intitulée : *The english Merchant*.

C'est une chose assez plaisante qu'à Londres, à Pétersbourg, à Vienne, à Gênes, à Parme, et jusqu'en Suisse, on se soit également moqué de ce Fréron. Ce n'est pas à sa personne qu'on en voulait. Il prétend que *l'Écossaise* ne réussit à Paris que parce qu'il y est détesté ; mais la pièce a réussi à Londres, à Vienne, où il est inconnu. Personne n'en voulait à Pourceaugnac, quand Pourceaugnac fit rire l'Europe.

Ce sont là des anecdotes littéraires assez bien constatées; mais ce sont, sur ma parole, les vérités les plus inutiles qu'on ait jamais dites. Mon ami, un chapitre de Cicéron, *de Officiis* et *de Natura Deorum*, un chapitre de Locke, une Lettre provinciale, une bonne fable de La Fontaine, des vers de Boileau et de Racine : voilà ce qui doit occuper un vrai littérateur.

Je voudrais bien savoir quelle utilité le public retirera de l'examen que fait le folliculaire, si je demeure dans un château ou dans une maison de campagne.

J'ai lu dans une des quatre cents brochures faites contre moi par mes confrères de la plume, que Mme la duchesse de Richelieu m'avait fait présent un jour d'un carrosse fort joli et de deux chevaux gris-pommelés; que cela déplut fort à M. le duc de Richelieu; et là-dessus on bâtit une longue histoire. Le bon de l'affaire, c'est que, dans ce temps-là, M. le duc de Richelieu n'avait point de femme.

D'autres impriment mon portefeuille trouvé ; d'autres, mes lettres à M. B... et à Mme D... à qui je n'ai jamais écrit, et dans ces lettres, toujours des anecdotes.

Ne vient-on pas d'imprimer les lettres prétendues de la reine Christine, de Ninon de Lenclos, etc., etc. ? Des curieux mettent ces sottises dans leurs bibliothèques, et un jour quelque érudit, aux gages d'un libraire, les fera valoir comme des monuments précieux de l'histoire. Quel fatras ! quelle pitié ! quel opprobre de la littérature ! quelle perte de temps !

Je lis actuellement les articles de l'*Encyclopédie*, qui doivent servir d'instruction au genre humain ; mais tout n'est pas égal, etc., etc.

A M. DE PARCIEUX.

A Ferney, le 17 juin 1768.

Je déclare, monsieur, les Parisiens des Welches intraitables et de francs badauds s'ils n'embrassent pas votre projet. Je suis de plus assez mécontent de Louis XIV, qui n'avait qu'à dire *Je veux*, et qui, au lieu d'ordonner à l'Yvette de couler dans toutes les maisons de Paris, dépensa tant de millions au canal de Maintenon. Comment les Parisiens ne sont-ils pas un peu piqués d'émulation, quand ils entendent dire que presque toutes les maisons de Londres ont deux sortes d'eau qui servent à tous les usages ? Il y a des bourses très-fortes à Paris, mais il y a peu d'âmes *fortes*. Cette entreprise serait digne du gouvernement ; mais a-t-il six millions à dépenser, toutes charges payées ? c'est de quoi je doute fort. Ce serait à ceux qui ont des millions de *quarante écus* de rente à se charger de ce grand ouvrage ; mais l'incertitude du succès les effraye, le travail les rebute, et les filles de l'Opéra l'emportent sur les naïades de l'Yvette.

Comment M. le prévôt des marchands, d'une famille chère aux Parisiens, qui aime le bien public, ne fait-il pas les derniers efforts pour faire réussir un projet si utile ? on bénirait sa mémoire. Pour moi, monsieur, qui ne suis qu'un laboureur à *quarante écus*, et au pied des Alpes, que puis-je faire, sinon de plaindre la ville où je suis né, et conserver pour vous une estime très-stérile? Je vous remercie en qualité de Parisien; et quand mes compatriotes cesseront d'être Welches, je les louerai en mauvaise prose et en mauvais vers tant que je pourrai.

A M. SAURIN.

1er juillet 1768.

Mon ancien ami, mon philosophe, mon faiseur de beaux vers, je vous remercie tendrement de votre *Béverley*. Le solitaire des Alpes vous a l'obligation d'avoir été ému pendant une grande heure. Il n'est pas ordinaire d'être touché si longtemps. De l'intérêt, de la vigueur, une foule de beaux vers: voilà votre ouvrage. Je n'ai point lu le *Béverley* anglais, mais je ferais *la gageure imprévue* qu'il n'y a que de l'atrocité.

Au reste, j'ai été fort étonné que Mme Béverley ait reçu cent mille écus de Cadix; car pour moi, je viens d'y perdre vingt mille écus, grâce à MM. Gilli, que probablement vous ne connaissez point.

Oui, sans doute, *multæ sunt mansiones in domo patris nostri*, et vous n'êtes pas mal logé. Je voudrais bien savoir ce qu'a dit ce maraud de Fréron, qui demeure dans la cave.

Savez-vous la petite espèce d'épigramme qu'un Lyonnais, lequel est bien loin d'être poëte, a faite, comme par inspiration, en feuilletant le *Tacite* de La Bletterie? Il était en colère de ne pouvoir lire le latin qui est imprimé en pieds de mouche, et de ne lire que trop bien la traduction française. Voici les vers qu'il fit sur-le-champ:

> Un pédant, dont je tais le nom,
> En inlisible caractère
> Imprime un auteur qu'on révère.
> Tandis que sa traduction
> Aux yeux, du moins, a de quoi plaire.
> Le public est d'opinion
> Qu'il eût dû faire
> Tout le contraire.

Cela m'a paru naïf. Cet hypocrite insolent de La Bletterie est berné en province comme à Paris.

A M. PANCKOUCKE.

A Ferney, 9 juillet 1768.

J'ai reçu, monsieur, votre beau présent. La Fontaine aurait connu la vanité s'il avait vu cette magnifique édition; c'est le luxe de la typographie. L'auteur ne posséda jamais la moitié de ce que son livre a coûté à imprimer et à graver. Si nous n'avions que cette édition, il n'y aurait que des princes, des fermiers généraux et des archevêques qui pussent lire les *Fables* de La Fontaine. Je vous remercie de tout mon cœur, et je souhaite que toutes vos grandes entreprises réussissent.

Vous m'apprenez que je donne beaucoup de ridicule à l'édition de notre ami Gabriel Cramer; je vous assure que je n'en donne qu'à moi. Lorsque je considère tous ces énormes fatras que j'ai composés, je suis tenté de me cacher dessous, et je demeure tout honteux. L'ami Gabriel ne m'a pas trop consulté quand il a ramassé toutes mes sottises pour en faire une effroyable suite d'in-4°. Je lui ai toujours dit qu'on n'allait pas à la postérité avec un aussi gros bagage. Tirez-vous-en comme vous pourrez. Je crierai toujours que le papier et le caractère sont beaux, que l'édition est très-correcte; mais vous ne la vendrez pas mieux pour cela. Il y a tant de vers et de prose dans le monde, qu'on en est las. On peut s'amuser de quelques pages de vers, mais les in-4° de bénédictins effrayent.

Le Suisse qui imprime pour mon ami Gabriel s'est avisé dans *Alzire* de mettre :

Le bonheur m'aveugla, l'*amour* m'a détrompé,

au lieu de :

Le bonheur m'aveugla, la mort m'a détrompé.

Cette pagnoterie fait rire. Il y a longtemps qu'on rit à mes dépens; mais, par ma foi, je l'ai bien rendu.

Je ne puis rien vous dire des estampes, je ne les ai point encore vues, et j'aime mieux les beaux vers que les belles gravures. Je vous aime encore plus que tout cela, car vous êtes fort aimables, vous et Mme votre épouse.

Je vous souhaite toutes sortes de prospérités.

A M. HORACE WALPOLE.

A Ferney, le 15 juillet 1768.

Monsieur, il y a quarante ans que je n'ose plus parler anglais, et vous parlez notre langue très-bien. J'ai vu des lettres de vous écrites comme vous pensez. D'ailleurs mon âge et mes maladies ne me permettent pas d'écrire de ma main. Vous aurez donc mes remercîments dans ma langue.

Je viens de lire la préface de votre *Histoire de Richard III*, elle me paraît trop courte. Quand on a si visiblement raison et qu'on joint à ses connaissances une philosophie si ferme et un style si mâle, je voudrais qu'on me parlât plus longtemps. Votre père était un grand ministre et un bon orateur, mais je doute qu'il eût pu écrire comme vous. Vous ne pouvez pas dire *quia pater major me est*.

J'ai toujours pensé comme vous, monsieur, qu'il faut se défier de toutes les histoires anciennes. Fontenelle, le seul homme du siècle de Louis XIV qui fût à la fois poëte, philosophe et savant, disait qu'elles étaient *des fables convenues*; et il faut avouer que Rollin a trop compilé de chimères et de contradictions.

Après avoir lu la préface de votre histoire, j'ai lu celle de votre roman. Vous vous y moquez un peu de moi : les Français entendent raillerie; mais je vais vous répondre sérieusement.

Vous avez presque fait accroire à votre nation que je méprise Shakespeare. Je suis le premier qui ait fait connaître Shakespeare aux Français; j'en traduisis des passages il y a quarante ans, ainsi que de Milton, de Waller, de Rochester, de Dryden et de Pope. Je peux vous assurer qu'avant moi personne en France ne connaissait la poésie anglaise;

à peine avait-on entendu parler de Locke. J'a été persécuté pendant trente ans par une nuée de fanatiques pour avoir dit que Locke est l'Hercule de la métaphysique, qui a posé les bornes de l'esprit humain.

Ma destinée a encore voulu que je fusse le premier qui ait expliqué à mes concitoyens les découvertes du grand Newton, que quelques personnes parmi nous appellent encore des *systèmes*. J'ai été votre apôtre et votre martyr : en vérité, il n'est pas juste que les Anglais se plaignent de moi.

J'avais dit, il y a très-longtemps, que si Shakespeare était venu dans le siècle d'Addison, il aurait joint à son génie l'élégance et la pureté qui rendent Addison recommandable. J'avais dit *que son génie était à lui, et que ses fautes étaient à son siècle*. Il est précisément, à mon avis, comme le Lope de Vega des Espagnols et comme le Caldéron. C'est une belle nature, mais bien sauvage; nulle régularité, nulle bienséance, nul art, de la bassesse avec de la grandeur, de la bouffonnerie avec du terrible : c'est le chaos de la tragédie dans lequel il y a cent traits de lumière.

Les Italiens, qui restaurèrent la tragédie un siècle avant les Anglais et les Espagnols, ne sont point tombés dans ce défaut; ils ont mieux imité les Grecs. Il n'y a point de bouffons dans l'*OEdipe* et dans l'*Électre* de Sophocle. Je soupçonne fort que cette grossièreté eut son origine dans nos *fous de cour*. Nous étions un peu barbares tous tant que nous sommes en deçà des Alpes. Chaque prince avait son *fou* en titre d'office. Des rois ignorants, élevés par des ignorants, ne pouvaient connaître les plaisirs nobles de l'esprit : ils dégradèrent la nature humaine au point de payer des gens pour leur dire des sottises. De là vint notre *Mère sotte*; et, avant Molière, il y avait toujours un fou de cour dans presque toutes les comédies : cette mode est abominable.

J'ai dit, il est vrai, monsieur, ainsi que vous le rapportez, qu'il y a des comédies sérieuses, telles que *le Misanthrope*, lesquelles sont des chefs-d'œuvre; qu'il y en a de très-plaisantes, comme *George Dandin*; que la plaisanterie, le sérieux, l'attendrissement, peuvent très-bien s'accorder dans la même comédie. J'ai dit que tous les genres sont bons, hors le genre ennuyeux. Oui, monsieur; mais la grossièreté n'est point un genre. *Il y a beaucoup de logement dans la maison de mon père*; mais je n'ai jamais prétendu qu'il fût honnête de loger dans la même chambre Charles-Quint et don Japhet d'Arménie, Auguste et un matelot ivre, Marc-Aurèle et un bouffon des rues. Il me semble qu'Horace pensait ainsi dans le plus beau des siècles : consultez son *Art poétique*. Toute l'Europe éclairée pense de même aujourd'hui, et les Espagnols commencent à se défaire à la fois du mauvais goût comme de l'inquisition ; car le bon esprit proscrit également l'un et l'autre.

Vous sentez si bien, monsieur, à quel point le trivial et le bas défigurent la tragédie, que vous reprochez à Racine de faire dire à Antiochus dans *Bérénice* :

> De son appartement cette porte est prochaine,
> Et cette autre conduit dans celui de la reine.

Ce ne sont pas là certainement des vers héroïques ; mais ayez la bonté d'observer qu'ils sont dans une scène d'exposition, laquelle doit être simple. Ce n'est pas là une beauté de poésie, mais c'est une beauté d'exactitude qui fixe le lieu de la scène, qui met tout d'un coup le spectateur au fait, et qui l'avertit que tous les personnages paraîtront dans ce cabinet, lequel est commun aux autres appartements ; sans quoi il ne serait point vraisemblable que Titus, Bérénice et Antiochus parlassent toujours dans la même chambre.

> Que le lieu de la scène y soit fixe et marqué,

dit le sage Despréaux, l'oracle du bon goût, dans son *Art poétique*, égal pour le moins à celui d'Horace. Notre excellent Racine n'a presque jamais manqué à cette règle ; et c'est une chose digne d'admiration qu'Athalie paraisse dans le temple des juifs, et dans la même place où l'on a vu le grand prêtre, sans choquer en rien la vraisemblance.

Vous pardonnerez encore plus, monsieur, à l'illustre Racine quand vous vous souviendrez que la pièce de *Bérénice* était en quelque façon l'histoire de Louis XIV et de votre princesse anglaise, sœur de Charles second. Ils logeaient tous deux de plain-pied à Saint-Germain, et un salon séparait leurs appartements.

Je remarquerai en passant que Racine fit jouer sur le théâtre les amours de Louis XIV avec sa belle-sœur, et que ce monarque lui en sut très-bon gré : un sot tyran aurait pu le punir. Je remarquerai encore que cette Bérénice si tendre, si délicate, si désintéressée, à qui Racine prétend que Titus devait toutes ses vertus, et qui fut sur le point d'être impératrice, n'était qu'une juive insolente et débauchée. Juvénal l'appelle barbare incestueuse. J'observe, en troisième lieu, qu'elle avait quarante-quatre ans quand Titus la renvoya. Ma quatrième remarque, c'est qu'il est parlé de cette juive dans les *Actes des Apôtres*. Elle était encore jeune lorsqu'elle vint, selon l'auteur des *Actes*, voir le gouverneur de Judée Festus, et lorsque Paul, étant accusé d'avoir souillé le temple, se défendait en soutenant qu'il était toujours bon pharisien [1]. Mais laissons là les galanteries de Bérénice. Revenons aux règles du théâtre, qui sont plus intéressantes pour les gens de lettres.

Vous n'observez, vous autres libres Bretons, ni *unité de lieu*, ni *unité de temps*, ni *unité d'action*. En vérité, vous n'en faites pas mieux; la vraisemblance doit être comptée pour quelque chose. L'art en devient plus difficile, et les difficultés vaincues donnent en tout genre du plaisir et de la gloire.

Permettez-moi, tout Anglais que vous êtes, de prendre un peu le parti de ma nation. Je lui dis si souvent ses vérités, qu'il est bien juste que je la caresse quand je crois qu'elle a raison. Oui, monsieur, j'ai cru, je crois et je croirai que Paris est très-supérieur à Athènes en fait de tragédies et de comédies. Molière et même Regnard me paraissent l'emporter sur Aristophane, autant que Démosthène l'emporte sur nos avocats. Je vous dirai hardiment que toutes les tragédies grecques me paraissent des ouvrages d'écoliers, en comparaison des *sublimes scènes* de Corneille et des *parfaites tragédies* de Racine. C'était ainsi que pensait Boileau lui-même, tout admirateur des anciens qu'il était. Il n'a fait nulle difficulté d'écrire, au bas du portrait de Racine, que ce grand homme avait surpassé Euripide et balancé Corneille.

Oui, je crois démontrer qu'il y a beaucoup plus d'hommes de goût à Paris que dans Athènes. Nous avons plus de trente mille âmes à Paris qui se plaisent aux beaux-arts, et Athènes n'en avait pas dix mille; le bas peuple d'Athènes entrait au spectacle, et il n'y entre pas chez nous, excepté quand on lui donne un spectacle gratis, dans des occasions solennelles ou ridicules. Notre commerce continuel avec les femmes a mis dans nos sentiments beaucoup plus de délicatesse, plus de bienséance

---

1. *Actes des Apôtres*, XXIII, 6, XXV, XXVI.

dans nos mœurs et plus de finesse dans notre goût. Laissez-nous notre théâtre, laissez aux Italiens leurs *favole boscareccie;* vous êtes assez riches d'ailleurs.

De très-mauvaises pièces, il est vrai, ridiculement intriguées, barbarement écrites, ont pendant quelque temps à Paris des succès prodigieux, soutenus par la cabale, l'esprit de parti, la mode, la protection passagère de quelques personnes accréditées. C'est l'ivresse du moment; mais en très-peu d'années l'illusion se dissipe. Don Japhet d'Arménie et Jodelet sont renvoyés à la populace, et *le Siége de Calais* n'est plus estimé qu'à Calais.

Il faut que je vous dise encore un mot sur la rime que vous nous reprochez. Presque toutes les pièces de Dryden sont rimées; c'est une difficulté de plus. Les vers qu'on retient de lui, et que tout le monde cite, sont rimés; et je soutiens encore que *Cinna, Athalie, Phèdre, Iphigénie,* étant rimées, quiconque voudrait secouer ce joug, en France, serait regardé comme un artiste faible qui n'aurait pas la force de le porter.

En qualité de vieillard, je vous dirai une anecdote. Je demandais un jour à Pope pourquoi Milton n'avait pas rimé son poëme, dans le temps que les autres poëtes rimaient leurs poëmes, à l'imitation des Italiens; il me répondit : *Because he could not.*

Je vous ai dit, monsieur, tout ce que j'avais sur le cœur. J'avoue que j'ai fait une grosse faute en ne faisant pas attention que le comte Leicester s'était d'abord appelé Dudley; mais, si vous avez la fantaisie d'entrer dans la chambre des pairs et de changer de nom, je me souviendrai toujours du nom de Walpole avec l'estime la plus respectueuse.

Avant le départ de ma lettre, j'ai eu le temps, monsieur, de lire votre *Richard III.* Vous seriez un excellent *attorney général.* Vous pesez toutes les probabilités; mais il paraît que vous avez une inclination secrète pour ce bossu. Vous voulez qu'il ait été beau garçon, et même galant homme. Le bénédictin Calmet a fait une dissertation pour prouver que Jésus-Christ avait un beau visage. Je veux croire avec vous que Richard III n'était ni si laid ni si méchant qu'on le dit; mais je n'aurais pas voulu avoir affaire à lui. Votre *rose blanche* et votre *rose rouge* avaient de terribles épines pour la nation.

Those gracious kings are all a pack of rogues.

En vérité, en lisant l'histoire des Yorck, des Lancastre et de bien d'autres, on croit lire l'histoire des voleurs de grands chemins. Pour votre Henri VII, il n'était qu'un coupeur de bourses, etc.

Je suis avec respect, etc.

A M. BOURET,

FERMIER GÉNÉRAL.

A Ferney, le 13 auguste 1768.

Monsieur, M. Marmontel, votre ami et le mien, vous a dit sans doute ou vous dira combien notre langue répugne au style lapidaire, à cause de ses verbes auxiliaires et de ses articles. Il vous dira qu'une épigraphe en vers est encore plus difficile, et que de cent il n'y en a pas une de passable, excepté celles qui sont en style burlesque : tant le génie de la nation est tourné à la plaisanterie!

Il est triste d'emprunter deux vers d'un ancien auteur latin pour Louis XV. Répéter ce que les autres ont dit, c'est ne savoir que dire; de plus, le roi viendra chez vous; il verra votre statue et n'entendra pas l'inscription. Si quelque savant duc et pair lui dit que cela signifie qu'on souhaite qu'il vive longtemps, on avouera que la pensée n'est ni neuve ni fine.

Il y a bien pis, si j'ai la hardiesse de vous faire une inscription en vers pour la statue du roi, il faut rencontrer votre goût, il faut rencontrer celui de vos amis; et vous savez que la première idée qui vient à tout convive, soit à table soit en digérant, c'est de trouver détestable tout ce qu'on nous présente, à moins que ce ne soit d'excellent vin de Tokai. Les choses se passaient ainsi de mon temps, et je doute que les Français se soient corrigés.

Je ne vous enverrai donc point de vers pour le roi. Le temps des vers est passé chez la nation, et surtout chez moi. Tout ce que je vous dirai, c'est que si j'étais encore officier de la chambre du roi, si j'avais posé sa statue de marbre sur un beau piédestal, s'il venait voir sa statue, il verrait au bas ces quatre petits vers-ci, qui ne valent rien, mais qui exprimeraient que c'est un de ses domestiques qui a érigé cette statue, qu'on aime beaucoup celui qu'elle représente, et qu'on craint de choquer son indifférente modestie :

> Qu'il est doux de servir ce maître,
> Et qu'il est juste de l'aimer !
> Mais gardons-nous de le nommer ;
> Lui seul pourrait s'y méconnaître.

Je sais bien que les beaux esprits ne trouveraient pas ces vers assez pompeux ; et en effet je ne les ferais pas graver dans une place publique ; mais je les trouverais très-convenables dans ma maison. Ils le seraient pour moi, ils le seraient pour l'objet de mon quatrain. Cela me suffirait ; et les critiques auraient beau dire, mon quatrain subsisterait.

Mais ce que je ferais dans mon petit salon de vingt-quatre pieds, vous ne le ferez pas dans votre salon de cent pieds :

> Mes vers trop familiers seront vus de travers,
> Et pour les grands salons il faut de plus grands vers.

Quoi qu'il en soit, *ognuno faccia secondo il suo cervello*. Je vous réponds que si jamais le roi passe par ma chaumière, et s'il trouve sa statue, il n'y lira pas d'autres vers au bas. J'aurais pu lui donner, comme un autre, de l'héroïque, et *du plus grand roi du monde*, et *de la terre et de l'onde* par le nez ; mais Dieu m'en préserve, et lui aussi !

Mais, si j'étais à votre place, voici comme je m'y prendrais : je collerais du papier sur mon piédestal et j'y mettrais le jour de l'arrivée du roi :

> Juste, simple, modeste, au-dessus des grandeurs,
> Au-dessus de l'éloge, il ne veut que nos cœurs.
> Qui fit ces vers dictés par la reconnaissance ?
> Est-ce Bouret ? Non, c'est la France.

Le roi aurait le plaisir de la surprise. Enfin, si j'étais Louis XV, je serais plus content de ce quatrain que de l'autre. Mais, je vous le répète, il y a des courtisans qui ne sont jamais contents de rien.

Le résultat de tout ceci, monsieur, c'est que vous n'aurez point de vers de moi pour votre statue ; mais je vous aime de tout mon cœur, et cela vaut mieux que des vers. Je vous supplie de dire à M. de Laborde combien je lui suis attaché et combien mon cœur est plein de ses bontés. Si j'avais son portrait, il aurait une statue dans mon petit salon.

> Avec tous les talents le destin l'a fait naître;
> Il fait tous les plaisirs de la société :
> Il est né pour la liberté,
> Mais il aime bien mieux son maître.

J'ai l'honneur d'être, etc.

A M. LE CHEVALIER DE BEAUTEVILLE.

A Ferney, 4 novembre 1768.

Monsieur, je suis obligé en honneur de vous rendre compte de ce qui vient de m'arriver. Une dame fort jolie et fort affligée est venue chez moi : je n'ai pas, à mon âge, de quoi la consoler; elle m'a assuré qu'il n'y avait que vous qui pussiez lui donner de la consolation. J'ai le malheur, m'a-t-elle dit, d'être la femme d'un poëte. — Votre mari est-il jeune, madame? fait-il bien des vers? — Ah! monsieur, il les fait détestables. — Cela est fort commun, madame; mais que peut un ambassadeur de France contre la rage de faire de mauvais vers? — Monsieur, je suis Génevoise, et mon mari est un jeune étourdi nommé Lamande. — Eh bien, madame, envoyez-le chez J.-J. Rousseau, ils travailleront du même métier. — Monsieur, il y a renoncé pour sa vie. Il s'avisa, il y a deux ans, pendant les troubles de Genève, où personne ne s'entendait, de faire une mauvaise brochure en vers qu'on n'entendait pas davantage; il a été banni pour neuf ans par un arrêt du conseil magnifique; il a un père encore plus vieux que vous, qui est aveugle et qui se trouve sans secours; ma mère, vieille et infirme, a besoin de mes soins : je passe ma vie à courir pour me partager entre ma mère et mon mari : M. l'ambassadeur de France est le seul qui puisse finir mes malheurs.

J'ai répondu alors de votre excellence; j'ai assuré la désolée que, si elle venait à votre lever, elle s'en trouverait fort bien, mais que vous étiez actuellement occupé avec les dames de Saint-Omer.

Hélas! monsieur, m'a-t-elle répliqué, il peut, de Saint-Omer, pardonner à mon mari et me le rendre. On a prétendu que mon mari lui avait manqué de respect dans son impertinent ouvrage où personne n'a jamais rien compris... — Madame, ai-je dit, si votre mari avait été citoyen de Berg-op-Zoom, M. le chevalier de Beauteville lui aurait très-mal fait passer son temps; mais, s'il est citoyen de Genève et s'il a écrit des sottises, soyez très-persuadée que M. l'ambassadeur de France n'en sait rien, qu'il ne lit point ces pauvretés, ou qu'il ne s'en souvient plus. Alors elle s'est remise à pleurer. Ah! que M. l'ambassadeur pourrait faire une belle action! disait-elle. — Il la fera, madame, n'en doutez pas; c'est une de ses habitudes. De quoi s'agit-il? — Ce serait, monsieur, qu'il trouvât bon que mon magnifique conseil abrégeât le temps du bannissement de mon sot mari, qui a voulu faire le bel esprit. Il ne faudrait pour cela qu'un mot de la main de son excellence. La grâce de mon mari sera accordée si M. l'ambassadeur daigne seulement vous témoigner qu'il sera satisfait que ce magnifique conseil laisse revenir mon mari Lamande dans sa patrie, et que je puisse y soulager la vieillesse de mes parents. Prenez la liberté de lui demander cette faveur, il ne vous refusera pas; car c'est sans doute une chose très-indifférente pour lui que le sieur Lamande et moi nous soyons à Genève ou en Savoie.

Enfin, monsieur, elle m'a tant pressé, tant conjuré, que j'ose vous conjurer aussi. Une nombreuse famille vous aura l'obligation de la fin de ses peines. Votre excellence peut avoir la bonté de m'écrire qu'elle est satisfaite de deux ans d'expiation de Lamande, et qu'elle verra avec plaisir qu'il soit rappelé dans sa ville.

Voyez, monsieur, si j'ai trop présumé en vous demandant cette grâce, et si vous pardonnez à Lamande et à mon importunité. Le plus grand plaisir que m'ait fait la jolie pleureuse a été de me fournir cette occasion de vous renouveler le respect et l'attachement avec lesquels je suis, etc.

A M. MAILLET DUBOULLAY,

SECRÉTAIRE DE L'ACADÉMIE DE ROUEN.

A Ferney, 20 novembre 1768.

Monsieur, la lettre dont vous m'honorez, au nom de votre illustre Académie, est le prix le plus honorable que je puisse jamais recevoir de mon zèle pour la gloire du grand Corneille et pour les restes de sa famille. L'éloge de ce grand homme devait être proposé par ceux qui font aujourd'hui le plus d'honneur à sa patrie. Je ne doute pas que ceux qui ont remporté le prix, ou qui en ont approché, n'aient pleinement rempli les vues de l'Académie; un si beau sujet a dû animer les auteurs d'un noble enthousiasme. Il me semble que le respect pour ce grand homme est encore augmenté par les petites persécutions du cardinal de Richelieu, par la haine d'un Boisrobert, par les invectives d'un Claveret, d'un Scudéri et d'un abbé d'Aubignac, prédicateur du roi. Corneille est assurément le premier qui donna de l'élévation à notre langue et qui apprit aux Français à penser et à parler noblement. Cela seul lui mériterait une éternelle reconnaissance; mais quand ce mérite se trouve dans des tragédies conduites avec un art inconnu jusqu'à lui, et remplies de morceaux qui occuperont la mémoire des hommes dans tous les siècles, alors l'admiration se joint à la reconnaissance. Personne ne lui a payé ces deux tributs plus volontiers que moi, et c'est toujours en lui rendant le plus sincère hommage que j'ai été forcé de relever des fautes.

> Quas aut incuria fudit,
> Aut humana parum cavit natura.
> Hor., *de Arte poetica*.

Ces fautes, inévitables dans celui qui ouvrit la carrière, instruisent les jeunes gens sans rien diminuer de sa gloire. J'ai eu soin d'avertir plusieurs fois qu'on ne doit juger les grands hommes que par leurs chefs-d'œuvre.

Les Anglais lui opposent leur Shakespeare; mais les nations ont jugé ce procès en faveur de la France. Corneille imita quelque chose des Espagnols; mais il les surpassa, de l'aveu des Espagnols mêmes.

Faites agréer, je vous prie, monsieur, à l'Académie mes très-humbles et respectueux remercîments des deux *Éloges* qu'elle daigne me faire tenir. Je les lirai avec le même transport qu'un officier de l'armée de Turenne devait lire l'*Éloge* de son général, prononcé par Fléchier. Je suis extrêmement sensible au souvenir de M. de Cideville; il y a plus de soixante ans que je lui suis tendrement attaché. La plus grande consolation de mon âge est de retrouver de vieux amis. Je crois en avoir un autre dans votre Académie, si j'en juge par mes sentiments pour lui: c'est M. Lecat, qui joint la plus saine philosophie aux connaissances approfondies de son art.

J'ai l'honneur d'être, etc.

A M. LE PRINCE GALLITZIN.

25 janvier 1769.

Monsieur le prince, l'inoculation dont l'impératrice a tâté en bonne fortune, et sa générosité envers son médecin, ont retenti dans toute l'Europe. Il y a longtemps que j'admire son courage et son mépris pour les préjugés. Je ne crois pas que Moustapha soit un génie à lui résister; jamais philosophe ne s'est appelé *Moustapha*. On me dira peut-être qu'avant ce siècle il n'y avait point de philosophe nommée *Catherine*; mais aussi je veux qu'elle s'appelle *Tomyris* et qu'elle donne bien fort sur les oreilles à celui qui possède aujourd'hui une partie des États de Cyrus. J'ai eu l'honneur de lui marquer que, si elle prend Constantinople, j'irai avec sa permission m'établir sur la Propontide; car il n'y a pas moyen qu'à soixante-quinze ans j'aille affronter les glaces de la mer Baltique.

Je crois qu'il y a un prince de votre nom qui commandera une armée contre les musulmans. Le nom de Gallitzin est d'un bon augure pour la gloire de la Russie.

Je ne crois point ce que j'ai lu dans des gazettes, que des canonniers français sont allés servir dans l'armée ottomane. Les Français ont tiré leur poudre aux moineaux dans la dernière guerre; oseront-ils tirer contre l'aigle de Catherine-Tomyris?

A M. THIRIOT.

A Ferney, le 27 janvier 1769.

Vous m'avez la mine, mon ancien ami, d'avoir bientôt vos soixante-dix ans, et j'en ai soixante-quinze; ainsi vous m'excuserez de n'avoir pas répondu sur-le-champ à votre lettre.

Je vous assure que j'ai été bien consolé de recevoir de vos nouvelles après deux ans d'un profond silence. Je vois que vous ne pouvez écrire qu'aux rois, quand vous vous portez bien.

J'ai perdu mon cher Damilaville, dont l'amitié ferme et courageuse avait été longtemps ma consolation. Il ne sacrifia jamais son ami à la malice de ceux qui cherchent à en imposer dans le monde. Il fut intrépide, même avec les gens dont dépendait sa fortune. Je ne puis trop le regretter, et ma seule espérance, dans mes derniers jours, est de le retrouver en vous.

Je compte bien vous donner des preuves solides de mes sentiments, dès que j'aurai arrangé mes affaires. Je n'ai pas voulu immoler Mme Denis au goût que j'ai pris pour la plus profonde retraite; elle serait morte d'ennui dans ma solitude. J'ai mieux aimé l'avoir à Paris pour ma correspondante que de la tenir renfermée entre les Alpes et le mont Jura. Il m'a fallu lui faire à Paris un établissement considérable. Je me suis dépouillé d'une partie de mes rentes en faveur de mes neveux et de mes nièces. Je compte pour rien ce qu'on donne par son testament; c'est seulement laisser ce qui ne nous appartient plus.

Dès que j'aurai arrangé mes affaires, vous pouvez compter sur moi. J'ai actuellement un chaos à débrouiller, et dès qu'il y aura un peu de lumière, les rayons seront pour vous.

Je vous souhaite une santé meilleure que la mienne, et des amis qui vous soient attachés comme moi jusqu'au dernier moment de leur vie.

A M. LINGUET,

AVOCAT.

Ferney, 15 mars 1769.

Vous êtes *aucunement* le maître, monsieur, de demeurer dans un *cul-de-sac*, de dater vos lettres du mois d'*août*, quoique celui qui a donné son nom à ce mois se nommât *Augustus*, et d'appeler la ville de *Cadomum*, *Can*, quoiqu'on l'écrive *Caen*. Vous aurez pu voir des courtisans chez le roi, sans avoir jamais vu de *courtisanes* chez la reine. Vous avez vu dans votre *cul-de-sac* passer les coureurs du cardinal de Rohan, mais point de *coureuses*. Vous avez vu des architraves dans son palais, et aucune *trave*. Les gendarmes qui font la revue dans la cour de l'hôtel de Soubise sont si intrépides qu'il n'y en pas un de *trépide*.

La langue d'ailleurs s'embellit tous les jours : on commence à *éduquer* les enfants au lieu de les élever ; on *fixe* une femme au lieu de fixer les yeux sur elle. Le roi n'est plus endetté envers le public, mais *vis-à-vis* le public. Les maîtres d'hôtel servent à présent des *rosbifs* de mouton, tandis que le parlement *obtempère* ou n'*obtempère* pas aux édits.

Notre jargon deviendra ce qu'il pourra. Je suis moitié Suisse et moitié Savoyard, enseveli à soixante-quinze ans sous les neiges des Alpes et du mont Jura; je m'intéresse peu aux beautés anciennes et nouvelles de la langue française; mais je m'intéresse beaucoup à vos grands talents, à vos succès, au courage avec lequel vous avez dit quelques vérités. Vous en diriez de plus fortes, si ceux qui sont faits pour les redouter ne cherchaient point à les écraser; cependant elles percent malgré eux. Le temps amène tout, et la raison vient enfin consoler jusqu'aux misérables qui se sont déclarés contre elle. Le même imbécile, conseiller de grand'chambre, qui a donné sa voix contre l'inoculation, finira par inoculer son fils.

J'ai l'honneur d'être, etc.

A M. THIRIOT.

Le 9 augusto 1769.

Grand merci de ce que vous préférez le mois d'*auguste* au barbare mois d'*août*; vous n'êtes pas Welche.

Je ne vous démentirai pas sur *les Guèbres*, j'en connais l'auteur ; c'est un jeune homme qu'il faut encourager. Il paraît avoir de fort bons sentiments sur la tolérance. Les honnêtes gens doivent rembarrer avec vigueur les méchants allégoristes qui trouvent partout des allusions odieuses.

Je ne crois pas que la comédie du *Dépositaire,* que vous m'avez envoyée, soit de la force des *Guèbres :* une comédie ne peut jamais remuer le cœur comme une tragédie; chaque chose doit être à son rang.

Je ne crois pas que Lacombe vous donne beaucoup de votre comédie. Une pièce non jouée, et qui probablement ne le sera point, est toujours très-mal vendue ; en tous cas, mon ancien ami, donnez-la à l'enchère.

Je ne sais rien de si mal écrit, de si mauvais, de si plat, de si faux, que les derniers chapitres de l'*Histoire du Parlement.* Je ne conçois pas comment un livre, dont le commencement est si sage, peut finir si ridiculement; les derniers chapitres ne sont pas même français. Vous me ferez un plaisir extrême de m'envoyer ces deux volumes de *Mélanges historiques* par les guimbardes de Lyon.

Je vous plains de souffrir comme moi; mais avouez qu'il est plaisant que j'aie attrapé ma soixante-seizième année en ayant tous les jours la colique.

Mon ami, nous sommes des roseaux qui avons vu tomber bien des chênes.

A MADAME LA MARQUISE DU DEFFAND.

6 septembre 1760.

Je viens de faire ce que vous voulez, madame ; vous savez que je me fais toujours lire pendant mon dîner. On m'a lu un éloge de Molière qui durera autant que la langue française : c'est *le Tartufe*.

Je n'ai point lu celui qui a été couronné à l'Académie française. Les prix institués pour encourager les jeunes gens sont très-bien imaginés. On n'exige pas d'eux des ouvrages parfaits ; mais ils en étudient mieux la langue ; ils la parlent plus exactement, et cet usage empêche que nous ne tombions dans une barbarie complète.

Les Anglais n'ont pas besoin de travailler pour des prix ; mais il n'y a pas chez eux de bon ouvrage sans récompense : cela vaut mieux que des discours académiques. Ces discours sont précisément comme les thèmes que l'on fait au collège : ils n'influent en rien sur le goût de la nation. Ce qui a corrompu le goût, c'est principalement le théâtre, où l'on applaudit à des pièces qu'on ne peut lire ; c'est la manie de donner des exemples ; c'est la facilité de faire des choses médiocres en pillant le siècle passé et en se croyant supérieur à lui.

Je prouverais bien que les choses passables de ce temps-ci sont toutes puisées dans les bons écrits du siècle de Louis XIV. Nos mauvais livres sont moins mauvais que les mauvais que l'on faisait du temps de Boileau, de Racine et de Molière, parce que, dans ces plats ouvrages d'aujourd'hui, il y a toujours quelques morceaux tirés visiblement des auteurs du règne du bon goût. Nous ressemblons à des voleurs qui changent et qui ornent ridiculement les habits qu'ils ont dérobés, de peur qu'on ne les reconnaisse. A cette friponnerie s'est jointe la rage de la dissertation et celle du paradoxe. Le tout compose une impertinence qui est d'un ennui mortel.

Je vous promets bien, madame, de prendre toutes ces sottises en considération l'hiver prochain, si je suis en vie, et de faire voir à mes chers compatriotes que, de Français qu'ils étaient, ils sont devenus Welches.

Ce sont les derniers chapitres que vous avez lus qui sont assurément d'une autre main, et d'une main très-maladroite. Il n'y a ni vérité dans les faits ni pureté dans le style. Ce sont des guenilles qu'on a cousues à une bonne étoffe[1].

On va faire une nouvelle édition des *Guèbres*, que j'aurai l'honneur de vous envoyer. Criez bien fort pour ces bons *Guèbres*, madame; criez, faites crier, dites combien il serait ridicule de ne point jouer une pièce si honnête, tandis qu'on représente tous les jours le *Tartufe*.

Vous savez que votre grand'maman[2] m'a envoyé un soulier d'un pied de roi de longueur. Je lui ai envoyé une paire de bas de soie qui entrerait à peine dans le pied d'une dame chinoise. Cette paire de bas, c'est moi qui l'ai faite; j'y ai travaillé avec un fils de Calas. J'ai trouvé le secret d'avoir des vers à soie dans un pays tout couvert de neiges sept mois de l'année; et ma soie, dans mon climat barbare, est meilleure que celle d'Italie. J'ai voulu que le mari de votre grand'maman, qui fonde actuellement une colonie dans notre voisinage, vît par ses yeux que l'on peut avoir des manufactures dans notre climat horrible.

Je suis bien las d'être aveugle tous les hivers, mais je ne dois pas me plaindre devant vous. Je serais comme ce sot qui osait crier parce que les Espagnols le faisaient brûler en présence de son empereur qu'on brûlait aussi. Vous me diriez comme l'empereur : Et moi, suis-je sur un lit de roses?

Vous êtes malheureuse toute l'année, et moi je ne le suis que quatre mois : je suis bien loin de murmurer, je ne plains que vous. Pourquoi les causes secondes vous ont-elles si maltraitée? pourquoi donner l'être, sans donner le bien-être? c'est là ce qui est cruel.

Adieu, madame; consolons-nous.

1. Ce paragraphe se rapporte à l'*Histoire du parlement*.
2. La duchesse de Choiseul.

A M. LE COMTE D'ARGENTAL.

13 octobre 1769.

Mon cher ange, j'aurais dû plus tôt vous faire mon compliment de condoléance sur votre triste voyage d'Orangis; je vous aurais demandé ce que c'est qu'Orangis; à qui appartient Orangis; s'il y a un beau théâtre à Orangis; mais j'étais dans un plus triste état que vous. Figurez-vous qu'au 1er d'octobre il est tombé de la neige dans mon pays; j'ai passé tout d'un coup de Naples à la Sibérie; cela n'a pas raccommodé ma vieille et languissante machine. On me dira que je dois être accoutumé, depuis quinze ans, à ces alternatives; mais c'est précisément parce que je les éprouve depuis quinze ans que je ne les peux plus supporter. On me dira encore : George Dandin, vous l'avez voulu; George répondra, comme les autres hommes : J'ai été séduit, je me suis trompé, la plus belle vue du monde m'a tourné la tête; je souffre, je me repens; voilà comme le genre humain est fait.

Si les hommes étaient sages, ils se mettraient toujours au soleil et fuiraient le vent du nord comme leur ennemi capital. Voyez les chiens, ils se mettent toujours au coin du feu; et, quand il y a un rayon de soleil, ils y courent. La Motte, qui demeurait sur votre quai, se faisait porter en chaise depuis dix heures jusqu'à midi, sur le pavé qui borde la galerie du Louvre, et là il était doucement cuit à un feu de réverbère.

J'ai peur que les maladies de Mme d'Argental ne viennent en partie de votre exposition au nord. N'avez-vous jamais remarqué que tous ceux qui habitent sur le quai des Orfèvres ont la face rubiconde et un embonpoint de chanoine, et que ceux qui demeurent à quatre toises derrière eux, sur le quai des Morfondus, ont presque tous des visages d'excommuniés?

C'est assez parler du vent du nord, que je déteste et qui me tue.

Vous avez sans doute vu *Hamlet*; les ombres vont devenir à la mode; j'ai ouvert modestement la carrière, on va y courir à bride abattue; *domandavo acqua non tempestà*. J'ai voulu animer un peu le théâtre en y mettant plus d'action, et tout actuellement est action et pantomime; il n'y a rien de si sacré dont on n'abuse. Nous allons tomber en tout dans l'outré et dans le gigantesque; adieu les beaux vers, adieu les sentiments du cœur, adieu tout. La musique ne sera bientôt plus qu'un charivari italien, et les pièces de théâtre ne seront plus que des tours de passe-passe. On a voulu tout perfectionner, et tout a dégénéré : je dégénère aussi tout comme un autre. J'ai pourtant envoyé à mon ami Laborde le petit changement que je vous avais envoyé pour *Pandore*, un peu enjolivé. Je vous avoue que j'aime beaucoup cette Pandore. Si on joue *Pandore*, je serais homme à me faire porter en litière à ce spectacle; mais, *sic vos non vobis mellificatis apes*.

J'ai donné quelquefois à Paris des plaisirs dont je n'ai point tâté. J'ai travaillé de toute façon pour les autres, et non pas pour moi; en vérité, rien n'est plus noble.

Je vous ai envoyé, je crois, deux placets pour M. le duc de Praslin; ce n'est point encore pour moi, je ne suis point marin, dont bien me fâche; je me meurs sur un vaisseau; sans cela, est-ce que je n'aurais pas été à la Chine, il y a plus de trente ans, pour oublier toutes les persécutions que j'essuyais à Paris, et que j'ai toujours sur le cœur.

Mille tendres respects à Mme d'Argental.

A propos, si tout est chez moi en décadence, mon tendre attachement pour vous ne l'est pas.

A MADAME LA MARQUISE DU DEFFAND.

21 février 1770.

J'ai reçu, madame, le *Charles-Quint* anglais; je n'en ai pu lire que quelques pages; mes yeux me refusent le service, tant que la neige est sur la terre. Il est bien étrange que je m'obstine à rester dans ma solitude pour y être aveugle pendant quatre mois; mais la difficulté de se transplanter à mon âge est si grande et si désagréable, que je n'ai pu encore me résoudre à passer mon hiver dans des climats plus chauds. Je me suis consolé en me regardant comme votre confrère; et, puisque vous m'offrez une privation totale, j'ai cru qu'il y aurait de la pusillanimité à n'en pas supporter une passagère.

Je voulais vous remercier plus tôt; les éclaboussures de Genève m'ont dérangé pendant quelques jours. On s'est mis à tirer sur les passants dans la sainte cité de maître Jean Calvin... On a tué tout roides quatre ou cinq personnes en robe de chambre; et moi, qui passe ma vie en robe de chambre comme Jean-Jacques, je trouve fort mauvais qu'on respecte si peu les bonnets de nuit. On a tué un vieillard de quatre-vingts ans, et cela me fâche encore; vous savez que j'approche plus de quatre-vingts que de soixante-dix, et vous n'ignorez pas combien la réputation d'octogénaire me flatte, et m'est nécessaire. Vous êtes très-coupable envers moi d'avoir étriqué mon âge, au lieu de lui donner de l'ampleur. Vous m'avez réduit malignement à soixante-quinze ans et trois mois, cela est infâme; donnez-moi, s'il vous plaît, soixante-dix-sept ans pour réparer votre faute.

A M. D'ALEMBERT.

19 mars 1770.

Mon cher philosophe, mon cher ami, vous êtes assurément fort modeste, car vous traitez bien mal vos panégyristes, qui n'ont entrepris cet ouvrage que pour vous rendre hommage.

Si l'imprimeur a mis 3 pour 7, cela se corrigera aisément.

Vous avez toujours sur le bout du nez un certain homme [1]. Le contrôleur général vient de me prendre deux cent mille francs [2], seul bien libre que j'avais et dont je pusse disposer; de sorte que, s'il ne me les rend point, je n'ai pas de quoi récompenser mes domestiques après ma mort [3]. L'autre, au contraire, m'a accordé sur-le-champ toutes les grâces

---

1. Le duc de Choiseul.
2. En suspendant le payement des rescriptions.
3. Presque toute la fortune de Voltaire était placée en rentes viagères. (G. A.)

que je lui ai demandées, places, argent, honneurs, et je ne lui ai jamais rien demandé pour moi. Vous devriez me mépriser si je ne l'aimais pas.

Il me paraît que *français* doit avoir la préférence sur *francès* : 1° parce que dans plusieurs livres nouveaux on emploie *français* et non pas *francès*; 2° parce qu'on doit écrire : je *fais*, tu *fais*, il *fait*, et non pas je *fès*, tu *fès*, il *fèt*; 3° parce que la diphthongue *ai* indique bien plus sûrement la prononciation qu'un accent qu'on peut mettre de travers, qu'on peut oublier, et que les provinciaux prononcent toujours mal; 4° parce que la diphthongue *ai* a bien plus d'analogie avec tous les mots où elle est employée; 5° parce qu'elle montre mieux l'étymologie. Je *fais*, *facio*; je *plais*, *placeo*; je *tais*, *taceo*. Vous voyez qu'il y a toujours un *a* dans le latin.

Je fais une grande différence entre les bâillements des voyelles au milieu des mots et les bâillements entre les mots, parce que les syllabes d'un mot se prononcent tout de suite, et qu'on doit très-souvent, dans le discours soutenu, séparer un peu les mots les uns des autres.

Je fais encore une grande différence entre le concours des voyelles et le heurtement des voyelles. *Il y a* longtemps que je vous aime : cet *il y a* est fort doux; *il alla à Arles* est un heurtement affreux.

Nous avons voyelle qui entre et voyelle qui n'entre point. Je dirais hardiment dans une comédie de bas comique : *Il y a plus d'un mois que je ne vous ai vu.*

Je n'aime point un verbe en monosyllabes. Nos barbares de Welches ont fait *il a* d'*habet*.

L'abbé Audra a à Toulouse un, etc.

J'avoue qu'il y a un peu d'arbitraire dans mon euphonie; chacun a l'oreille faite comme il peut.

Un *e* ne me paraît point choquer un *e*, comme *a* choque un *a*.

Immolée à mon père n'écorche point mon oreille, parce que les deux *e* font une syllabe longue. *Immolé à mon père* m'écorche, parce qu'*é* est bref. Je peux avoir tort en voyelles et en consonnes; mais je crois que si les vers des *Quatre Saisons* et de la *Religieuse* flattent mon oreille, et si tant d'autres vers la déchirent, c'est que MM. de Saint-Lambert et de La Harpe ont senti comme je sens.

Je vous demande très-humblement pardon de toutes ces pauvretés; elles sont au-dessous de vous, je le sais bien; il ne faut pas parler d'*a b c* à Newton. J'espère qu'il y aura quelques articles plus amusants pour votre imbécillité. Vous êtes imbécile, à ce que je vois, comme Archimède et Tacite, quand ils étaient las de travailler.

Ne m'oubliez pas auprès de M. de Saint-Lambert. Mme Denis et moi nous vous embrassons de tout notre cœur. V.

A M. DE LABORDE,

BANQUIER DE LA COUR.

A Ferney, 16 avril 1770.

Je n'ai l'honneur de vous connaître, monsieur, que par votre générosité; vous commençâtes par m'aider à marier la petite-fille de Corneille; vous avez eu toujours la bonté de me faire toucher mes rentes, sans souffrir que je perdisse un denier par le change; vous avez bien voulu encore placer mon petit pécule : qu'ai-je fait pour vous ? rien.

Si j'étais jeune je viendrais en poste vous embrasser à La Ferté; mais j'ai bientôt soixante-dix-sept ans, et je suis très-malade.

Je ne savais pas un mot des belles choses qui se sont faites, quand je vous écrivis le 5 de mars. Je n'ai encore vu ni édit ni déclaration ; je suis enterré dans les neiges, où je meurs.

Je comprends un peu à présent, et je conçois qu'on a jeté sur votre maison une grosse bombe, dont un éclat est tombé sur ma chaumière. Dans ce désastre, vous voulez encore rétablir mon toit que les ennemis ont brûlé. C'en est trop, monsieur ; il ne faut pas que vous payiez tous les frais de la guerre; vous êtes trop noble. J'accepte tout ce que vous me proposez, excepté ce dernier trait de grandeur d'âme.

Oui, monsieur, votre idée des rentes sur la ville est très-bonne, et je vous supplie de donner ordre qu'on l'exécute.

Vous savez les desseins de M. le duc de Choiseul sur la fondation d'une ville dans mon voisinage. Vous êtes instruit des meurtres commis à Genève et de la protection que la cour donne aux émigrants.

Je n'ai pas déplu à M. le duc de Choiseul en recueillant chez moi plusieurs habitants de Genève. En six semaines ils ont fait des montres; j'en ai envoyé une caisse à M. le duc de Choiseul lui-même. J'établis une manufacture considérable; si elle tombe, je ne perdrai que l'argent que je prête sans aucun profit.

Les seize mille cinq cents livres dont vous me parlez viendraient très-bien au secours de notre manufacture au mois d'auguste.

Si vous pouviez m'indiquer quelque manière d'avoir de l'or d'Espagne en lingots ou espèces, vous me rendriez un grand service; il ne nous en faudra que pour environ mille louis par an. Les ouvriers disent que l'or est beaucoup trop cher à Genève et qu'on perd trop sur les louis d'or; on donnerait des lettres sur Lyon pour chaque envoi de matière.

Tout cela est fort éloigné de mes occupations ordinaires; mais j'ai le plaisir de décupler les habitants de mon hameau, de faire croître du blé où il croissait des chardons, d'attirer des étrangers et de faire voir au roi que je sais faire autre chose que l'*Histoire du siècle de Louis XIV* et des vers.

Je sais surtout, monsieur, sentir tout votre mérite et toutes les obligations que je vous ai. Je vous crois fort au-dessus des revers que vous avez essuyés. Toutes les âmes nobles sont fermes.

J'ai l'honneur d'être, avec une reconnaissance inviolable, avec l'estime qu'on vous doit, avec l'amitié que vous m'inspirez, monsieur, etc.

A MADAME NECKER.

21 mai 1770.

Ma juste modestie, madame, et ma raison me faisaient croire d'abord que l'idée d'une statue était une bonne plaisanterie; mais, puisque la chose est sérieuse, souffrez que je vous parle sérieusement.

J'ai soixante-seize ans, et je sors à peine d'une grande maladie qui a traité fort mal mon corps et mon âme pendant six semaines. M. Pigalle doit, dit-on, venir modeler mon visage; mais, madame, il faudrait que j'eusse un visage; on en devinerait à peine la place. Mes yeux sont enfoncés de trois pouces, mes joues sont du vieux parchemin mal collé sur des os qui ne tiennent à rien. Le peu de dents que j'avais est parti. Ce que je vous dis là n'est point coquetterie : c'est la pure vérité. On n'a jamais sculpté un pauvre homme dans cet état ; M. Pigalle croirait qu'on s'est moqué de lui ; et, pour moi, j'ai tant d'amour-propre, que je n'oserais jamais paraître en sa présence. Je lui conseillerais, s'il veut mettre fin à cette étrange aventure, de prendre à peu près son modèle sur la petite figure en porcelaine de Sèvres. Qu'importe, après tout, à la postérité qu'un bloc de marbre ressemble à un tel homme ou à un autre? Je me tiens très-philosophe sur cette affaire. Mais, comme je suis encore plus reconnaissant que philosophe, je vous donne, sur ce qui me reste de corps, le même pouvoir que vous avez ce qui me reste d'âme. L'un et l'autre sont fort en désordre ; mais mon cœur est à vous, madame, comme si j'avais vingt-cinq ans, et le tout avec un très-sincère respect. Mes obéissances, je vous en supplie, à M. Necker.

A M. DE LA SAUVAGÈRE.

Au château de Ferney, 23 septembre 1770.

Monsieur, une longue maladie, qui est le fruit de ma vieillesse, ne m'a pas permis de vous remercier plus tôt de votre excellent ouvrage. Il y avait déjà longtemps que je savais quelles obligations vous a l'histoire naturelle, et combien vous aimez la vérité. Vous en avez découvert, dans votre nouveau livre[1], de très-intéressantes qui étaient peu connues : il y en a même qui donnent de grands éclaircissements sur l'histoire ancienne du genre humain, comme les longues et larges pierres qui servaient de monuments à presque tous les peuples barbares, telles qu'on en voit encore en Angleterre. Il est à croire que c'est par là que les Égyptiens commencèrent avant que de bâtir des pyramides.

J'ai passé autrefois quelques mois à Ussé, mais les deux momies n'y étaient plus. L'explication que vous en donnez me paraît très-vrai-

---

1. *Recueil d'Antiquités dans les Gaules*, in-4°.

semblable. On peut lire votre ouvrage sans concevoir la plus grande estime pour l'auteur. Je joins à ce sentiment la reconnaissance et le respect avec lesquels j'ai l'honneur d'être, etc.

A MADAME NECKER.

Ferney, 26 septembre 1770.

Je vous crois actuellement à Paris, madame; je me flatte que vous avez ramené M. Necker en bonne santé. Je lui présente mes très-humbles obéissances, aussi bien qu'à M. son frère, et je les remercie tous deux de la petite correspondance qu'ils ont bien voulu avoir avec mon gendre, le mari de M{ⁱˡᵉ} Corneille.

J'ai actuellement chez moi M. d'Alembert, dont la santé s'est affermie, et dont l'esprit juste et l'imagination intarissable adoucissent tous les maux dont il m'a trouvé accablé. J'achève ma vie dans les souffrances et dans la langueur, sans autre perspective que de voir mes maux augmentés si ma vie se prolonge. Le seul remède est de se soumettre à la destinée.

M. Thomas fait trop d'honneur à mes deux bras. Ce ne sont que deux fuseaux fort secs; ils ne touchent qu'à un temps fort court; mais ils voudraient bien embrasser ce poëte-philosophe qui sait penser et s'exprimer. Comme dans mon triste état ma sensibilité me reste encore, j'ai été vivement touché de l'honneur qu'il a fait aux lettres par son discours académique, et de l'extrême injustice qu'on a faite à ce discours en y entendant ce qu'il n'avait pas certainement voulu dire; on l'a interprété comme les commentateurs font Homère. Ils supposent tous qu'il a pensé autre chose que ce qu'il a dit. Il y a longtemps que ces suppositions sont à la mode.

J'ai ouï conter qu'on avait fait le procès, dans un temps de famine, à un homme qui avait récité tout haut son *Pater noster*; on le traita de séditieux, parce qu'il prononça un peu haut : *Donnez-nous aujourd'hui notre pain quotidien.*

Vous me parlez, madame, du *Système de la Nature*, livre qui fait grand bruit parmi les ignorants, et qui indigne tous les gens sensés. Il est un peu honteux à notre nation que tant de gens aient embrassé si vite une opinion si ridicule. Il faut être bien fou pour ne pas admettre une grande intelligence quand on en a une si petite; mais le comble de l'impertinence est d'avoir fondé un système tout entier sur une fausse expérience faite par un jésuite irlandais qu'on a pris pour un philosophe. Depuis l'aventure de ce Malcrais de La Vigne, qui se donna pour une jolie fille faisant des vers, on n'avait point vu d'arlequinade pareille. Il était réservé à notre siècle d'établir un ennuyeux système d'athéisme sur une méprise. Les Français ont eu grand tort d'abandonner les belles-lettres pour ces profondes fadaises, et on a tort de les prendre sérieusement.

A tout prendre, le siècle de *Phèdre* et du *Misanthrope* valait mieux.

Je vous renouvelle, madame, mon respect, ma reconnaissance et mon attachement.

A M. LE MARQUIS DE CONDORCET.

Du 5 décembre 1770.

Puisque M. le marquis de Condorcet tolère les vers, le roi de la Chine le prie de le tolérer. Il avait envoyé un exemplaire pour vous, monsieur, à votre compagnon de voyage. Je ne sais si on oublie Pékin quand on est à Paris. Cet exemplaire français n'est imprimé que dans une sorte de caractères. Vous savez qu'à la Chine on en a employé soixante-quatre pour rendre l'impression et la lecture plus faciles. C'est de la pâture pour MM. des inscriptions et belles-lettres. Au reste, je ne doute pas que le roi de la Chine n'aime aussi les mathématiques. Pour moi, monsieur, j'aime passionnément les deux mathématiciens qui ont autant de justesse que de grâce dans l'esprit.

Je suis très-malade, et tout de bon, quoique l'hiver soit doux. La faculté digérante me quitte, et par conséquent la faculté pensante. Il me reste l'aimante; j'en ferai usage pour vous, tant que je serai dans l'état du président Hénault, dont j'approche fort; j'entends l'état où il était avant de finir. C'est peu de chose qu'un vieil académicien.

La faculté écrivante me quitte. Le vieil ermite vous assure de ses très-tendres respects.

A M. LE MARÉCHAL DUC DE RICHELIEU.

A Ferney, 9 janvier 1771.

Je suis obligé d'importuner mon héros pour des pauvretés académiques; cela n'est pas fort intéressant, surtout par le temps qui court. Mais on me mande que vous voulez avoir pour confrère un président de Bourgogne, nommé Debrosses. Je vous demande en grâce, monseigneur, de ne me le donner que pour mon successeur; il n'attendra pas longtemps, et vous me feriez mourir de chagrin plus tôt qu'il ne faut, si vous protégiez cet homme, qui est en vérité bien peu digne d'être protégé par mon héros. Daignez seulement jeter les yeux sur la copie de la lettre que j'ai écrite sur cette petite affaire, et vous verrez si je ne mourrais pas de mort subite en cas que M. Debrosses fût académicien de mon vivant. Je vous supplie de ne point faire descendre mes cheveux blancs avec tristesse en enfer, comme dit la sainte Écriture; mais je vous supplie encore plus de me conserver vos bontés.

A MADAME LA MARQUISE DU DEFFAND.

19 janvier 1771.

Votre grand'maman, madame, me fait l'honneur de m'appeler son confrère. Je prends la liberté de me dire plus que jamais votre confrère aussi, car il y a quatre jours que je suis absolument aveugle. Nous sommes enterrés sous la neige. En voilà pour un grand mois au moins.

Votre grand'maman, Dieu merci, est moins à plaindre. Elle est dans le plus beau climat de la terre. Elle sera honorée partout; elle sera plus chère à son mari; elle possède un petit royaume où elle fera du bien.

Mais j'ai un scrupule. On dit que son mari a autant de dettes qu'il a fait de belles actions. On les porte à plus de deux millions. On ajoute qu'un homme de quelque considération lui a mandé que, sans sa femme, il aurait été ailleurs que chez lui. Voilà de ces choses que vous pouvez savoir et que vous pouvez me dire.

Cette petite Vénus en abrégé me paraît un Caton pour les sentiments, et son catonisme est plein de grâces. Vous ne sauriez croire combien je suis fâché de mourir sans vous avoir revues l'une et l'autre.

Un jeune homme, qui me paraît promettre quelque chose, est venu me montrer cette lettre traduite de l'arabe, que je vous envoie[1]. Je pense que votre grand'maman l'a reçue. Je vous conjure de n'en point laisser prendre de copie.

Adieu, madame; je souffre beaucoup, je ne pourrais rien écrire qui pût vous amuser. Je suis forcé de finir en vous disant que je vous serai attaché jusqu'au dernier moment de ma vie.

A M. LE MARÉCHAL DUC DE RICHELIEU.

A Ferney, le 4 février 1771.

Mon héros passe sa vie à m'accabler de bonté et de niches. On me mande qu'il est à la tête d'une faction brillante contre M. Gaillard. Je le supplie de descendre un moment du grand tourbillon dans lequel il plane, pour considérer que M. Gaillard travaille au *Journal des savants* depuis vingt-quatre ans, qu'il a remporté des prix à l'Académie, qu'il a fait l'*Histoire de François I*[er], laquelle est très-estimée, et qu'il n'a fait ni les *Fétiches* ni les *Terres australes*.

---

1. *L'Épître de Benaldaki à Caramouftée.*

Je supplie notre respectable doyen, le neveu de notre fondateur, de ne pas contrister à ce point ma pauvre vieillesse toute décrépite. Je sais bien qu'il ne fera que rire de mes lamentations et qu'il se moquera de moi jusqu'au dernier moment de ma vie. Mon héros est très-capable de me venir voir et de m'accabler de plaisanteries. Il daigne m'aimer depuis longtemps et me tourner parfois en ridicule. Je suis accoutumé à son jeu, et il sait que je supporte la chose avec une patience angélique.

Il me reproche toujours des chimères, des préférences qu'il imagine, des négligences qui n'existent pas ; et, sur ce beau fondement, il mortifie son très-humble et très-obéissant serviteur.

L'Europe croit que j'ai beaucoup de crédit sur l'esprit de mon héros : l'Europe se trompe, et je lui certifierai, quand elle voudra, que je n'en ai aucun, et qu'il passe sa vie à se moquer de moi ; cependant il faut qu'il soit juste.

Là, mon héros, mettez la main sur la conscience ; vous avez fait serment devant Dieu de donner votre voix au plus digne, sans écouter la brigue et les cabales. Jugez quel est le plus digne, et songez à ce que dira de vous la postérité si vous me bafouez dans cette affaire de droit. Je vous avertis que cette postérité a l'œil sur vous, quoique vous soyez continuellement occupé du présent. Je me plaindrai à elle, comme font tous les mauvais poëtes ; et, toute prévenue qu'elle est en votre faveur, elle me rendra justice. Ne désespérez point le très-vieux et très-raillé solitaire du mont Jura, qui vous a toujours aimé et révéré d'un culte de dulie, et qui en est pour son culte.

A MADAME LA PRINCESSE DE TALMONT.

A Ferney, 23 février 1771.

Madame, j'ai soixante-dix-huit ans, je suis né faible, je suis très-malade et presque aveugle : Moustapha lui-même excuserait un homme qui, dans cet état, ne serait pas exact à écrire.

Si M. le prince de Salm vous a dit que je me portais bien, je lui pardonne cette horrible calomnie, en considération du plaisir infini que j'ai eu, quand il m'a fait l'honneur de venir dans ma chaumière.

A l'égard du Grand Turc, madame, je ne puis absolument prendre son parti. Il n'aime ni l'opéra, ni la comédie, ni aucun des beaux-arts; il ne parle point français; il n'est pas mon prochain; je ne puis l'aimer. J'aurai toujours une dent contre des gens qui ont dévasté, appauvri et abruti la Grèce entière. Vous ne pouvez pas honnêtement exiger de moi que j'aime les destructeurs de la patrie d'Homère, de Sophocle et de Démosthène. Je vous respecte même assez pour croire que, dans le fond du cœur, vous pensez comme moi.

J'aurais désiré que vos braves Polonais, qui sont si généreux, si nobles et si éloquents, et qui ont toujours résisté aux Turcs avec tant de courage, se fussent joints aux Russes pour chasser de l'Europe la famille d'Ortogul. Mes vœux n'ont pas été exaucés, et j'en suis bien fâché; mais, quelque chose qui arrive, je suis persuadé que votre respectable nation conservera toujours ce qu'il y a de plus précieux au monde, la liberté. Les Turcs n'ont jamais pu l'entamer, nulle puissance ne la ravira. Vous essuierez toujours des orages; mais vous ne serez jamais submergés; vous êtes comme les baleines qui se jouent dans les tempêtes.

Pour vous, madame, qui êtes dans un port assez commode, je conçois quel est le chagrin de votre belle âme de voir les peines de vos compatriotes. Vous avez toujours pensé avec grandeur, et j'ose dire qu'il y a une espèce de plaisir à sentir qu'on ne peut souffrir que par le malheur des autres. Je ne puis qu'approuver tous vos sentiments, excepté votre tendre amitié pour des barbares qui traitent si mal votre sexe et qui lui ôtent cette liberté dont vous faites tant de cas. Que vous importe, après tout, qu'ils se lavent en commençant par le coude; comme vous n'avez aucun intérêt à ces ablutions, autant vaudrait-il pour vous qu'ils fussent aussi crasseux que les Samoïèdes. Il faut que tous les musulmans soient naturellement bien malpropres, puisque Dieu a été obligé de leur ordonner de se laver cinq fois par jour.

Au reste, madame, je sens que je serais toujours rempli de respect et d'attachement pour vous, soit que vous fussiez à la Mecque, ou à Jérusalem, ou dans Astracan. Je finis mes jours dans un désert fort différent de tous ces lieux si renommés. J'y fais des vœux pour votre bonheur, supposé qu'en effet il y ait du bonheur sur notre globe. Vous avez vu des malheurs de toutes les espèces; je vous recommande à votre esprit et à votre courage. Agréez, madame, le profond respect, etc.

A M. DE LA HARPE.

A Ferney, 25 février 1771.

Le diable se fourre partout depuis longtemps. Si on vous a imputé des vers contre M. le maréchal de Richelieu, on m'attribue une lettre au pape. On veut vous faire arrêter, et on veut m'excommunier : personne n'est en sûreté, ni dans cette vie ni dans l'autre; il suffit d'avoir de la réputation pour être persécuté et damné. Il faut se soumettre à tous les ordres de la Providence. Nous lui devons des remercîments, puisqu'elle vous a choisi pour punir maître Aliboron dit Fréron. Le *Mercure,* en effet, est devenu le seul journal de France, grâce à vos soins. L'âne d'Apulée mangeait des roses, l'âne de Fréron s'enivre; chacun se console à sa façon; je plains seulement son cabaretier. A l'égard du libraire qui faisait la litière d'Aliboron, il ne risque rien; il lui restera toujours le *Journal chrétien,* avec lequel on fait son salut, si on ne fait pas sa fortune.

On dit que gentil Bernard a perdu la mémoire; il a pourtant pour mère une des filles de Mémoire, et il doit avoir du crédit dans la famille.

Est-il vrai que M. de Mairan se dégoûte de son âge de quatre-vingt-treize ans, et qu'il veuille aller trouver Fontenelle? Pour moi, j'irai bientôt trouver Pellegrin, Danchet et le barbare Crébillon. En attendant, je vous embrasse de tout mon cœur.

A MM. DE L'ACADÉMIE FRANÇAISE.

A Ferney, 4 mars 1771.

Messieurs, permettez-moi de vous soumettre une idée dans laquelle j'ose me flatter de me rencontrer avec vous. Rempli de la lecture des

Géorgiques de M. Delille, je sens tout le mérite de la difficulté si heureusement surmontée, et je pense qu'on ne pouvait faire plus d'honneur à Virgile et à la nation. Le poëme des *Saisons* et la traduction des *Géorgiques* me paraissent les deux meilleurs poëmes qui aient honoré la France après l'*Art poétique*. Vous avez donné à M. de Saint-Lambert la place qu'il méritait à plus d'un titre; il ne vous reste qu'à mettre M. Delille à côté de lui. Je ne le connais point; mais je présume, par sa préface, qu'il aime la liberté académique, qu'il n'est ni satirique ni flatteur, et que ses mœurs sont dignes de ses talents.

Je me confirme dans l'estime que je lui dois, par la critique odieuse et souvent absurde qu'un nommé Clément a faite de cet important ouvrage, ainsi que du poëme des *Saisons*. Ce petit serpent de Dijon s'est cassé les dents à force de mordre les deux meilleures limes que nous ayons.

Je pense, messieurs, qu'il est digne de vous de récompenser les talents, en les faisant triompher de l'envie. La critique est permise, sans doute; mais la critique injuste mérite un châtiment; et sa vraie punition est de voir la gloire de ceux qu'elle attaque.

M. Delille ne sait point quelle liberté je prends avec vous. Je souhaite même qu'il l'ignore, et je me borne à vous faire juge de mes sentiments, que je dois vous soumettre.

J'ai l'honneur d'être, avec un profond respect, etc.

A M. Duclos, secrétaire perpétuel, etc.

Si M. Duclos pense comme moi, et s'il trouve ma lettre à l'Académie convenable, je le supplie de la présenter dans la séance qui lui paraîtra la mieux disposée. Je m'en rapporte à ses lumières, à toutes les vues qu'il peut avoir et à l'amitié dont il m'a toujours honoré. Je puis l'assurer que je n'ai jamais eu la moindre liaison avec M. Delille, que je ne lui ai jamais écrit, que j'ignore même s'il fait des démarches pour être reçu à l'Académie; mais il me paraît si digne d'en être, que je n'ai pu m'empêcher de dire ce que j'en pense, supposé que cela soit permis par nos statuts.

Je présente mes respects à M. Duclos.

A M. LE COMTE DE ROCHEFORT.

Ferney, 4 mars 1771.

Mon cher lieutenant de la garde prétorienne, je viens de lire la meilleure pièce qu'on ait faite depuis bien longtemps, pour le fond, pour la conduite et pour le style. Je ne sais pas si elle réussit à Paris comme en province; mais je sais qu'elle est excellente, et que c'est ainsi qu'il faut écrire en prose. La pièce, à la vérité, est en six actes [1]; mais ces six actes sont très-bien distribués, et chacun d'eux doit faire un très-bon effet. Il me paraît que l'auteur a deux choses nécessaires et rares, du génie et de l'esprit. Si, par hasard, vous le voyez à Versailles, je vous supplie de lui dire que j'admire son plan, et que je suis enchanté de son style. Cet ouvrage doit aller à l'immortalité. Rien n'est si beau que la justice gratuite, rien n'est si consolant que de n'être pas obligé d'aller se ruiner à cent lieues de chez soi; c'est le plus grand service rendu à la nation.

Comment se porte Mme Dixneuf ans? ferez-vous un petit tour cette année dans le Vivarais? aurons-nous le bonheur de vous posséder?

Mme Denis vous fait mille compliments. Le pauvre vieux malade vous embrasse comme il peut, car il n'en peut plus.

A M. LE MARQUIS DE FLORIAN.

1er avril 1771.

J'ai été pendant un mois accablé de souffrances, mon cher grand écuyer de Cyrus; j'ai eu la goutte, j'ai été accablé de fluxions sur les yeux, j'ai été aveugle, j'ai été mort, et le vent du nord poursuit encore ma cendre.

---

1. L'établissement des six conseils supérieurs.

Pendant ce temps-là, on m'imputait à Paris je ne sais combien de petites brochures qui courent sur les tracasseries parlementaires, de sorte que je me suis trouvé un des morts les plus vexés.

Tout cela est cause que je ne vous ai pas écrit en même temps que Mme Denis. Tous ceux qui m'écrivent de Paris me protestent qu'ils sont très-fâchés d'y être; mais ils y restent. Vous êtes plus sages qu'eux, vous prenez le parti de vivre à la campagne, sans vous vanter de rien. Je ne sais si vous y êtes actuellement.

N'êtes-vous pas curieux de voir le dénoûment de la pièce qu'on joue à Paris depuis deux mois? Les six actes réussissent très-bien dans les provinces. Pour moi, je vous avoue que je bats des mains quand je vois que la justice n'est plus vénale, que des citoyens ne sont plus traînés des cachots d'Angoulême aux cachots de la Conciergerie, que les frais de justice ne sont plus à la charge des seigneurs. Je le dis hautement, ce règlement me paraît le plus beau qui ait été fait depuis la fondation de la monarchie, et je pense qu'il faut être ennemi de l'État et de soi-même pour ne pas sentir ce bienfait.

Vous avez un neveu qui est charmant : voici un petit mot pour lui que je glisse dans ma lettre, sans cérémonie, pour ne pas multiplier les ports de lettres.

A M. LE PRINCE DE BEAUVAU.

A Ferney, 5 avril 1771.

Je me mets aux pieds de mon très-respectable confrère qui veut bien m'appeler de ce nom. Comme un chêne est le confrère d'un roseau, le roseau, en levant sa petite tête, dit très-humblement au chêne : ceux de Dodone n'ont jamais mieux parlé. Il est vrai, illustre chêne, que vous n'avez point prédit l'avenir; mais vous avez raconté le passé avec une noblesse, une décence, une finesse, un art admirable.

En parlant de ce que le roi a fait de grand et d'utile, vous avez trouvé le secret de faire l'éloge d'un ministre votre ami, dont les soins ont rendu le comtat d'Avignon à la couronne, subjugué et policé la

Corse, rétabli la discipline militaire, et assuré la paix de la France. Vous avez sacrifié à l'amitié et à la vérité. Je n'ai que deux jours à vivre, mais j'emploierai ces deux jours à aimer et à révérer un grand ministre qui m'a comblé de bontés, et le roi approuvera ma reconnaissance.

Je ne me mêle pas assurément des affaires d'État, ce n'est pas le partage des roseaux ; j'applaudis comme vous à l'érection des six conseils, à la justice rendue gratuitement, aux frais de justice dont les seigneurs des terres sont délivrés ; mais je n'écris point sur ces objets : j'en suis bien loin, et je suis indigné contre ceux qui m'attribuent tant de belles choses.

Il y a, entre autres écrits, un *Avis important à la noblesse de France*, dont la moitié est prise mot pour mot d'un petit livre intitulé : *Tout se dira* ; et on a l'injustice et l'ignorance de m'imputer cette feuille, qui n'est qu'un réchauffé. Qu'on m'impute *Barmécide*[1], voilà mon ouvrage ; je le réciterais au roi.

Mais, dans ma vieillesse et dans ma retraite, je ne peux que rendre justice obscurément et sans bruit au mérite.

C'est ainsi que ce pauvre roseau cassé en use avec le beau chêne verdoyant auquel il présente son profond respect.

A MADAME LA MARQUISE DU DEFFAND.

A Ferney, 5 avril 1771.

Eh bien, madame, vous aurez l'Épître au roi de Danemark. Je ne vous l'ai point envoyée, parce que j'ai craint que quelque Welche ne s'en fâchât. Depuis ma correspondance avec l'empereur de la Chine, je me suis beaucoup familiarisé avec les rois ; mais je crains un certain public de Paris, qu'il est plus difficile d'apprivoiser.

D'ailleurs, non-seulement je suis dans les ténèbres extérieures, mais tous les maux sont venus à la fois fondre sur moi. Il y a un avocat, nommé Marchand, qui s'est avisé de faire mon testament : il peut comp-

---

1. *L'Épître de Bonaldaki à Caramouftée.*

ter que je ne lui ferai pas plus de legs que le président Hénault ne vous en a fait.

M. le prince de Beauvau m'a fait l'honneur de m'envoyer son discours à l'Académie. Il est noble, décent, écrit du style convenable ; j'en suis extrêmement content. Je ne le suis point du tout qu'on m'impute des ouvrages où l'on dit que les parlements sont maltraités. Il y en a un d'un jésuite qui est l'auteur d'un livre intitulé : *Tout se se dira,* et d'un autre intitulé : *Il est temps de parler.* Pour moi, je ne me mêle point du tout des affaires d'État ; je me contente de dire hautement que je serai attaché à M. le duc et à Mme la duchesse de Choiseul jusqu'au dernier moment de ma vie.

Je l'ai dit à la terre, au ciel, à Guzman même.[1]

Ce qui m'a paru le plus beau dans le discours de M. le prince de Beauvau, c'est le secret qu'il a trouvé de relever tous les services que M. le duc de Choiseul a rendus à l'État, et qu'en faisant l'éloge du roi, il a fait celui de M. le duc de Choiseul, sans que le roi en puisse prendre le moindre ombrage : il y a bien de la générosité et de la finesse dans ce tour, qui n'est pas assurément commun.

Je n'ai pas approuvé de même quelques remontrances qui m'ont paru trop dures. Il me semble qu'on doit parler à son souverain d'une manière un peu plus honnête. J'ai écrit ce que j'en pensais à un homme qui a montré ma lettre.

J'ajoutais que j'étais enchanté de l'établissement des six conseils nouveaux qui rendent la justice gratuitement. Je trouvais très-bon que le roi payât les frais de justice dans mon village. On a montré ma lettre au roi, qui ne s'est pas fâché ; il aime les sentiments honnêtes ; et il devrait être encore plus content s'il voyait que je parle, dans le peu de lettres que j'écris, de la reconnaissance que je dois au mari de votre grand'maman.

Adieu, madame ; soupez, digérez, conversez ; et quand vous écrirez à votre grand'maman, qui ne m'écrit point, mettez-moi tout de mon long à ses pieds.

1. *Alzire*, acte III, scène IV.

A M. LE CARDINAL DE BERNIS.

A Ferney, le 27 novembre 1771.

On me mande, monseigneur, qu'un Anglais très-anglais, qui s'appelle M. Muller, homme d'esprit, pensant et parlant librement, a répandu dans Rome qu'à son retour il m'apporterait *les oreilles du grand inquisiteur* dans un papier de musique; et que le pape, en lui donnant audience, lui a dit : « Faites mes compliments à M. de Voltaire, et annoncez-lui que sa commission n'est pas faisable; le grand inquisiteur à présent n'a plus d'yeux ni d'oreilles. »

J'ai bien quelque idée d'avoir vu cet Anglais chez moi, mais je puis assurer Votre Éminence que je n'ai demandé les oreilles de personne, pas même celles de Fréron et de La Beaumelle.

Supposez que M. Muller ou Miller ait tenu ce discours dans Rome, et que le pape lui ait fait cette réponse, voici ma réplique ci-jointe. Je voudrais qu'elle pût vous amuser; car, après tout, cette vie ne doit être qu'un amusement. Je vous amuse très-rarement par mes lettres, car je suis bien vieux, bien malade et bien faible. Mes sentiments pour vous ne tiennent point de cette faiblesse; ils ne ressemblent point à mes vers. Agréez mon très-tendre respect, et conservez vos bontés pour le vieillard de Ferney.

Le grand inquisiteur, selon vous, très-saint père,
N'a plus ni d'oreilles ni d'yeux :
Vous entendez très-bien, vous voyez encor mieux,
Et vous savez surtout bien parler et vous taire.
Je n'ai point ces talents, mais je leur applaudis.
Vivez longtemps heureux dans la paix de l'Église.
Allez très-tard en paradis :
Je ne suis point pressé que l'on vous canonise.
Aux honneurs de là-haut rarement on atteint.
Vous êtes juste et bon, que faut-il davantage?
C'est bien assez, je crois, qu'on dise : « Il fut un sage. »
Dira qui veut : « Il fut un saint. »

A M. DUBELLOI.

2 décembre 1771.

Le vieux chantre des pays étrangers fait ses tendres compliments au chantre brillant des Français. C'est une belle époque pour la littérature qu'un simple fils d'Apollon succède à un prince du sang, et que celui qui célèbre si bien la gloire des Capets remplace un descendant de Hugues. Le vieux malade est enchanté d'avoir un tel confrère, cela seul est capable de le rajeunir; le discours de réception achèvera de lui rendre la santé.

Son T : H : O : S : le vieux malade de Ferney.

A M. LAURENT,

INGÉNIEUR ET CHEVALIER DE L'ORDRE DU ROI.

6 décembre 1771.

Je savais, monsieur, il y a longtemps, que vous aviez fait des prodiges de mécanique ; mais je vous avoue que j'ignorais, dans ma chaumière et dans mes déserts, que vous travaillassiez actuellement par ordre du roi aux canaux qui vont enrichir la Flandre et la Picardie. Je remercie la nature qui nous épargne les neiges cette année : je suis aveugle quand la neige couvre nos montagnes ; je n'aurais pu voir les plans que vous avez bien voulu m'envoyer ; j'en suis aussi surpris que reconnaissant. Votre canal souterrain surtout est un chef-d'œuvre inouï. Boileau disait à Louis XIV, dans le beau siècle du goût :

> J'entends déjà frémir les deux mers étonnées
> De voir leurs flots unis au pied des Pyrénées.

Lorsque son successeur aura fait exécuter tous ses projets, les mers ne s'étonneront plus de rien, elles seront très-accoutumées aux prodiges.

Je trouve qu'on se faisait peut-être un peu trop valoir dans le siècle passé, quoique avec justice, et qu'on ne se fait peut-être pas assez valoir dans celui-ci. Je connaissais le poëme de l'empereur de la Chine, et j'ignorais les canaux navigables de Louis XV.

Vous avez raison de me dire, monsieur, que je m'intéresse à tous les arts et aux objets du commerce :

> Tous les goûts à la fois sont entrés dans mon âme.

Quoique octogénaire, j'ai établi des fabriques dans ma solitude sauvage; j'ai d'excellents artistes qui ont envoyé de leurs ouvrages en Russie et en Turquie; et si j'étais plus jeune, je ne désespérerais pas de fournir la cour de Pékin du fond de mon hameau suisse.

Vive la mémoire du grand Colbert, qui fit naître l'industrie en France,

> Et priva nos voisins de ces tributs serviles
> Que payait à leur art le luxe de nos villes.
> BOILEAU, ép. I.

Bénissons cet homme qui donna tant d'encouragements au vrai génie, sans affaiblir les sentiments que nous devons au duc de Sully, qui commença le canal de Briare, et qui aima plus l'agriculture que les étoffes de soie. *Illa debuit facere, et ista non omittere.*

Je défriche depuis longtemps une terre ingrate; les hommes quelquefois le sont encore plus; mais vous n'avez pas fait un ingrat en m'envoyant le plan de l'ouvrage le plus utile.

J'ai l'honneur d'être avec une estime égale à ma reconnaissance, etc.

A MADAME LA MARQUISE DU DEFFAND.

Ferney, 18 mai 1772.

Vraiment, madame, je me suis souvenu que je connaissais votre Danois. Je l'avais vu, il y a longtemps, chez M*me* de Bareith; mais ce n'était qu'en passant. Je ne savais pas combien il était aimable. Il m'a semblé que M. de Bernstorff, qui se connaissait en hommes, l'avait placé à Paris, et que ce pauvre Struenzée, qui ne se connaissait qu'en reines, l'avait envoyé à Naples. Je ne crois pas qu'il ait beaucoup à attendre actuellement du Danemark ni du reste du monde. Sa santé est dans un état déplorable : il voyage avec deux malades qu'il a trouvés en chemin. Je me suis mis en quatrième, et leur ai fait servir un plat de pilules à souper; après quoi, je les ai envoyés chez Tissot, qui n'a jamais guéri personne, et qui est plus malade qu'eux tous, en faisant de petits livres de médecine.

Ce monde-ci est plein, comme vous savez, de charlatans en médecine, en morale, en théologie, en politique, en philosophie. Ce que j'ai toujours aimé en vous, madame, parmi plusieurs autres genres de mérite, c'est que vous n'êtes point charlatane. Vous avez de la bonne foi dans vos goûts et dans vos dégoûts, dans vos opinions et dans vos doutes. Vous aimez la vérité, mais l'attrape qui peut. Je l'ai cherchée toute ma vie sans pouvoir la rencontrer. Je n'ai aperçu que quelque lueur qu'on prenait pour elle; c'est ce qui fait que j'ai toujours donné la préférence au sentiment sur la raison.

A propos de sentiment, je ne cesserai jamais de vous répéter ma profession de foi pour votre grand'maman. Je vous dirai toujours qu'indépendamment de ma reconnaissance qui ne finira qu'avec moi, elle et son mari sont entièrement selon mon cœur.

N'avez-vous jamais vu la carte de Tendre dans *Clélie?* je suis pour eux à Tendre-sur-Enthousiasme. J'y resterai. Vous savez aussi, madame, que je suis pour vous, depuis vingt ans, à Tendre-sur-Regrets. Vous savez quelle serait ma passion de causer avec vous; mais j'ai mis ma

gloire à ne pas bouger; et voilà ce que vous devriez dire à votre grand'-
maman.

Adieu, madame; mes misères saluent les vôtres avec tout l'attachement et toute l'amitié imaginables.

A M. LE MARÉCHAL DUC DE RICHELIEU.

A Ferney, 25 mai 1772.

Mon héros est doyen de notre délabrée Académie, et moi le doyen de ceux que mon héros tourne en ridicule depuis environ cinquante ans. Le cardinal de Richelieu en usait ainsi avec Boisrobert. Il me paraît que chacun a son souffre-douleurs. Permettez à votre humble plaignant de vous dire que, s'il y a des mots plaisants dans votre lettre, il n'y en a pas un seul d'équitable.

Premièrement, je ne suis pas assez heureux pour avoir la plus légère correspondance avec M. le duc de Duras; et s'il m'honorait de sa bonté et de sa familiarité, comme vous le prétendez, vous ne le trouveriez pas mauvais. Bon sang ne peut mentir.

Je vous certifierai ensuite que M. d'Argental a ignoré très-longtemps cette baliverne des *Lois de Minos*, qu'elle a été lue aux comédiens par un jeune homme, et donnée pour être l'ouvrage d'un avocat nommé Duroncel, étant raisonnable qu'une tragédie sur les lois parût faite par un jurisconsulte.

Puis je vous certifierai qu'il y a trois ans que je n'ai écrit à Thiriot. Je vous dirai de plus que je voulais faire imprimer la pièce et donner le revenant bon de l'édition à l'avocat (ainsi que j'ai donné depuis vingt ans le profit de tous mes ouvrages); que je ne voulais point du tout risquer celui-ci au théâtre. Cet avocat l'avait mis entre les mains du libraire Rosset, à Lyon. Le procureur général, qui a la librairie dans son dépar-
tement, crut, sur le titre et sur la dédicace à un ancien conseiller, que c'était une satire des nouveaux parlements et des prêtres; mais le fait est que, s'il y a quelque allusion dans cette pièce, c'est manifestement sur le roi de Pologne qu'elle tombe. J'ai déjà eu l'honneur de vous dire

que M. le procureur général de Lyon envoya la pièce à M. le chancelier, qui l'a gardée; et, quelque extrême bonté qu'il ait pour moi, je n'ai pas voulu la réclamer. Je me suis amusé seulement à corriger beaucoup la pièce, et surtout à l'écrire en français, ce qui n'est pas commun depuis plusieurs années.

Vous me demanderez peut-être pourquoi je n'ai pas pris la liberté de m'adresser à vous et d'implorer vos bontés pour *Minos* : c'est parce que je voulais demeurer inconnu, c'est parce que je craignais prodigieusement que vous m'exerçassiez sur votre humble client l'habitude enracinée où vous êtes de vous moquer de lui; c'est parce que vous n'avez jamais eu la bonté de m'instruire comment je pourrais vous adresser de gros paquets; c'est parce qu'on risque de prendre très-mal son temps avec un vice-roi d'Aquitaine, avec un maréchal de France entouré d'affaires et de courtisans, qui peut être tenté de jeter au feu une malheureuse pièce de théâtre qui se présente mal à propos; c'est que vous vous moquâtes de la tragédie de *Mérope*; c'est qu'à soixante-dix-huit ans il est tout naturel que je ne mérite que vos sifflets en vous ennuyant d'une tragédie. Ce n'est pas que je n'aie tout bas l'insolence de la croire bonne, mais je n'oserais le présumer tout haut : d'ailleurs, à qui confierais-je mes faiblesses plutôt qu'à mon respectable doyen, s'il daignait m'encourager, au lieu de me rabêtir, comme il fait toujours?

Eh bien, quand vous aurez du temps de reste, quand vous voudrez voir mon œuvre, qui est fort différente de celle qu'on a lue au tripot de la comédie, dites-moi donc si je dois vous l'envoyer sous l'enveloppe de M. le duc d'Aiguillon ou sous la vôtre. Mais, Dieu merci, vous ne me dites jamais rien. Ne serait-il pas même de votre intérêt qu'on dît un jour qu'à nos âges on conservait le feu du génie?

Pour vous faire rougir de vos cruautés, tenez, voilà *les Cabales*; elles valent mieux que *la Bégueule* : c'est, je crois, de mes petits morceaux détachés, le moins mauvais. Tournez cela en ridicule, si vous l'osez. Vous serez du moins le seul qui vous en moquerez, car vous êtes le seul à qui je l'envoie en toute humilité.

Vous m'allez dire encore qu'il faut que j'aie une terrible santé, puisque je fais tant de pauvretés à mon âge; voilà sur quoi mon héros se trompe. *Toto cœlo, tota terra aberrat.*

Je suis plié en deux, je souffre vingt-trois heures en vingt-quatre, et je me tuerais si je n'avais pas la consolation de faire des sottises. J'en ferai donc tant que je vivrai; mais je vous serai attaché, monseigneur le railleur, avec un aussi tendre respect que si vous applaudissiez à mes lubies. — Je me prosterne.

N. B. Je crois que le comte de Morangiés n'a point touché les cent mille écus. Oserais-je vous demander ce que vous en pensez?

L'abbé Mignot est mon propre neveu et passe pour le meilleur juge du parlement; ainsi vous gagnerez vos trois procès; mais perdrai-je toujours le mien avec vous?

A UN DE SES CONFRÈRES A L'ACADÉMIE.

Je n'ai point lu, monsieur, les beaux vers où vous dites que le très-inclément Clément me déchire aussi bien que plusieurs de mes amis. Il y a environ soixante ans que je suis accoutumé à être déchiré par les Desfontaines, les Bonneval, les Fréron, les Clément, les La Beaumelle et les autres grands hommes de ce siècle. Je vous envoie la jolie pièce de vers que ce M. Clément fit, il y a peu de temps, à mon honneur et gloire. J'en retranche seulement quelques vers, tant parce qu'il faut être modeste que parce qu'il ne faut pas trop abuser de votre loisir.

> O toi que j'aime autant que je t'admire,
>   Sur ces vers que mon cœur inspire
>   Et que lui seul doit avouer,
> Jette un regard de bonté, de tendresse :
>   L'art d'une main enchanteresse
>   Ne cherche point à t'y louer.
>   Laissons la louange insipide
>   Pour ces mortels peu délicats
> Que de la vérité l'ombre même intimide,
>   Et que l'encens n'affadit pas.
>   C'est un poison qu'en nos climats
>   Une complaisance perfide
>   Prépara pour la vanité.
>   La fable, de la vérité
>   Est une image réfléchie;
> C'est un miroir où l'on n'est point flatté :

Je t'offre sa glace fidèle.
Voltaire, tu t'y connaîtras,
Mais, ô toi, mon autre modèle,
Maudit geai, tu la terniras.

LE ROSSIGNOL ET LE GEAI,

FABLE.

Dès son printemps, dès son jeune âge,
Un rossignol, par son ramage,
Dans ses cantons s'était fait respecter;
Il enchantait son voisinage,
On se taisait pour l'écouter.
Sa voix plaisait aux cœurs, plus encor qu'aux oreilles,
Et ses fredonnements même étaient des merveilles.
Un geai fort sot, fort ennuyeux
Et fort bavard, c'est l'ordinaire,
Ne put entendre sans colère
Du rossignol les chants délicieux.
Le mérite d'autrui le rendait envieux.
Pourquoi? Le voici sans mystère.
C'est qu'il n'en avait point. Il n'avait plu jamais,
Et ne voulait que tout autre pût plaire.
Or, envers maître geai, sur ce point très-sévère,
Le rossignol avait des torts très-vrais :
On l'admirait. Témoin de ses succès,
Jacque enrageait, et lui fit son procès.
Au chanteur, au bon goût, il déclara la guerre,
A sa langue il donna carrière,
De son babil étourdit les forêts.
Outrage, injure journalière,
Il porta tout aux plus grossiers excès.
Que fit messire Jacque? Oh! de l'eau toute claire.
Il avait beau crier : Messieurs, que c'est mauvais!
Cette voix est cassée, elle devrait se taire;
Ah! croyez-moi... L'on n'en voulut rien faire.
Il ne persuada que quelques sots, des geais.
Le rossignol, toujours en paix,
Ne s'avisa de lui répondre.
Répondre aux sots! finirait-on jamais?
Méprisant le stupide, et, pour le mieux confondre,
Il formait avec soin des chants toujours nouveaux,
Toujours plus beaux;
Et les autres oiseaux

> Disaient au geai bouffi de rage :
> Au rossignol tu crois être fatal,
> Détrompe-toi, vain animal,
> Ta censure pour lui peut-elle être un outrage?
> S'il te plaisait, c'est qu'il chanterait mal.

« Monsieur, si vous avez la bonté de me permettre de rendre ces vers publics, après y avoir ajouté, retranché, corrigé ce que bon vous semblera, je les enverrai dans quelque ouvrage périodique, ou dans quel recueil que vous aurez la complaisance de m'indiquer.

« Je suis avec tout le respect possible, etc. »

Vous voyez, monsieur, que ce Clément, qui me traitait impudemment de rossignol, est devenu geai ; mais il ne s'est point paré des plumes du paon. Il s'est contenté de becqueter MM. de Saint-Lambert, Delille, Watelet, Marmontel, etc., etc.

Je voudrais voir cette épître dans laquelle il nous apprend à tous notre devoir, j'en profiterais. Je n'ai que soixante et dix-huit ans ; les jeunes gens comme moi peuvent toujours se corriger, et nous devons une grande reconnaissance à ceux qui nous avertissent publiquement, et avec charité, de nos défauts. J'ai dit autrefois :

> L'envie est un mal nécessaire ;
> C'est un petit coup d'aiguillon
> Qui nous force encore à mieux faire.

Il fallait dire, l'envie est un bien nécessaire, si pourtant ces messieurs ne connaissent d'autre envie que celle de perfectionner les arts et d'être utiles à l'*univers*. M. Clément semble être l'homme du monde le plus utile après l'illustre Fréron ; il entre sagement dans une carrière qui doit l'immortaliser et surtout lui faire beaucoup d'amis, etc.

A M. DEBELLOY.

A Ferney, 8 juin 1772.

Mon cher et illustre confrère, nous avons affaire, vous et moi, à une drôle de nation,

Quæ sola constans in levitate sua est [1].

Elle ressemble à l'Euripe, qui a plusieurs flux et reflux, sans qu'on ait jamais pu en assigner la cause. Il faut en rire.

Puisqu'on s'est déchaîné contre le prince Noir et Du Guesclin, il est sûr que Caboche réussira. La décadence du goût est arrivée. *Les Lois de Minos* sont un très-faible ouvrage qu'on dit avoir quelque rapport avec *les Druides*, et qui, par conséquent, ne sera point joué. J'en avais fait présent à un jeune avocat. Rien n'était plus convenable à un homme du barreau qu'une tragédie sur les lois. Mais elle n'est bonne qu'à être jouée à la basoche. Don Pèdre, Transtamare, le prince Noir, Du Guesclin, étaient de vrais héros faits pour la cour. Il faut que la cabale ait été bien acharnée pour prévaloir sur ces grands noms illustrés encore par vous. De tels orages sont l'aveu de votre réputation. On ne s'est jamais avisé de faire du tapage aux pièces de Danchet et de l'abbé Pellegrin. Le vieux proverbe, qu'il vaut mieux faire envie que pitié, vous est très-applicable.

N'ai-je pas ouï dire que vous aviez une pension du roi? Je songe pour vous au solide autant qu'à la gloire, qu'on ne vous ôtera point. Ce n'est pas assez de vivre dans la postérité, il faut vivre aussi pendant qu'on existe. Vos grands talents m'ont attaché véritablement à vous; je souhaite passionnément que vous soyez aussi heureux que vous méritez de l'être; mais vous êtes aussi bon philosophe que bon poëte.

Je vous embrasse de tout mon cœur, sans les vaines cérémonies que de bons confrères doivent mépriser.

---

1. Et tantum constans (fortuna) in levitate sua est.
OVID., *Trist.*, v, 8.

A M. DE LA HARPE.

Juillet 1772.

Vous n'êtes pas, monsieur, le seul à qui l'on ait attribué les vers d'autrui. Il y a eu de tout temps des pères putatifs d'enfants qu'ils n'avaient pas faits.

M. d'Hannetaire, homme de lettres et de mérite, retiré depuis longtemps à Bruxelles, se plaint à moi, par sa lettre du 6 juin, qu'on ait imprimé sous mon nom une épître en vers qu'il revendique. Elle commence ainsi :

> En vain, en quittant ton séjour,
> Cher ami, j'abjurai la rime;
> La même ardeur encor m'anime
> Et semble augmenter chaque jour.

Il est juste que je lui rende son bien, dont il doit être jaloux. Je ne puis choisir de dépôt plus convenable que celui du *Mercure* pour y consigner ma déclaration authentique que je n'ai nulle part à cette pièce ingénieuse, qu'on m'a fait trop d'honneur, et que je n'ai jamais vu ni cet ouvrage, ni M. de M... auquel il est adressé, ni le recueil où il est imprimé. Je ne veux point être plagiaire, comme on le dit dans l'*Année littéraire*. C'est ainsi que je restituai fidèlement, dans les journaux, des vers d'un tendre amant pour une belle actrice de Marseille. Je protestai avec candeur que je n'avais jamais eu les faveurs de cette héroïne. Voilà comme à la longue la vérité triomphe de tout. Il y a cinquante ans que les libraires ceignent tous les jours ma tête de lauriers qui ne m'appartiennent point. Je les restitue à leurs propriétaires dès que j'en suis informé.

Il est vrai que ces grands honneurs, que les libraires et les curieux nous font quelquefois à vous et à moi, ont leurs petits inconvénients. Il n'y a pas longtemps qu'un homme qui prend le titre d'avocat, et qui divertit le barreau, eut la bonté de faire mon testament et de l'imprimer. Plusieurs personnes, dans nos provinces et dans les pays étrangers, crurent en effet que cette belle pièce était de moi ; mais comme je me suis toujours déclaré contre les testaments attribués aux cardinaux de Richelieu, de Mazarin et d'Albéroni, contre ceux qui ont couru sous les noms des ministres d'État Louvois et Colbert, et du maréchal de Belle-Isle, il est bien juste que je m'élève aussi contre le mien, quoique je sois fort loin d'être ministre. Je restitue donc à M. Marchand, avocat en parlement, mes dernières volontés, qui ne sont qu'à lui ; et je le supplie au moins de vouloir bien regarder cette déclaration comme mon codicille.

En attendant que je le fasse mon exécuteur testamentaire, je dois, pendant que je suis encore en vie, certifier que des volumes entiers de lettres imprimées sous mon nom, où il n'y a pas le sens commun, ne sont pourtant pas de moi.

Je saisis cette occasion pour apprendre à cinq ou six lecteurs, qui ne s'en soucient guère, que l'article MESSIE, imprimé dans le grand *Dictionnaire encyclopédique* et dans plusieurs autres recueils, n'est pas mon ouvrage, mais celui de M. Polier de Bottens, qui jouit d'une dignité ecclésiastique dans une ville célèbre, et dont la piété, la science et l'éloquence sont assez connues. On m'a envoyé depuis peu son manuscrit, qui est tout entier de sa main.

Il est bon d'observer que, lorsqu'on croyait cet ouvrage d'un laïque, plusieurs confrères de l'auteur le condamnèrent avec emportement ; mais quand ils surent qu'il était d'un homme de leur robe, ils l'admirèrent. C'est ainsi qu'on juge assez souvent, et on ne se corrigera pas.

Comme les vieillards aiment à conter, et même à répéter, je vous ramentevrai qu'un jour les beaux esprits du royaume, et c'étaient le prince de Vendôme, le chevalier de Bouillon, l'abbé de Chaulieu, l'abbé de Bussi, qui avait plus d'esprit que son père, et plusieurs élèves de Bachaumont, de Chapelle et de la célèbre Ninon, disaient à souper tout le mal possible de Lamotte-Houdart. Les fables de Lamotte venaient de paraître : on les traitait avec le plus grand mépris ; on assurait qu'il lui était impossible d'approcher des plus médiocres fables de La Fontaine. Je leur parlai d'une nouvelle édition de ce même La Fontaine et de plusieurs fables de cet auteur qu'on avait retrouvées. Je leur en récitai une ; ils furent en extase ; ils se récriaient. Jamais Lamotte n'aura ce style, disaient-ils : quelle finesse et quelle grâce! on reconnaît La Fontaine à chaque mot. La fable était de Lamotte[1].

Passe encore, lorsqu'on ne se trompe que sur de telles fables ; mais lorsque le préjugé, l'envie, la cabale, imputent à des citoyens des ouvrages dangereux ; lorsque la calomnie vole de bouche en bouche aux oreilles des puissants du siècle ; lorsque la persécution est le fruit de cette calomnie : alors que faut-il faire ? cultiver son jardin comme Candide.

A M. D'ALEMBERT.

4 de septembre 1772.

Je voudrais, mon cher et très-grand philosophe, qu'on donnât rarement des prix, afin qu'ils fussent plus forts et plus mérités. Je voudrais que l'Académie fût toujours libre, afin qu'il y eût quelque chose de libre en France. Je voudrais que son secrétaire fût mieux renté, afin qu'il y eût justice dans ce monde.

Je voudrais... je m'arrête dans le fort de mes je voudrais ; je ne finirais point. Je voudrais seulement avoir la consolation de vous revoir avant que de mourir.

On m'a parlé des *Maximes du droit public des Français*[2]. On m'a dit que cela est fort ; mais cela est-il fort bon ? et avons-nous un droit public, nous autres Welches ? Il me semble que la nation ne s'assemble qu'au parterre. Si elle jugeait aussi mal dans les états généraux que dans le tripot de la comédie, on n'a pas mal fait d'abolir ces états. Je ne m'intéresse à aucune assemblée publique qu'à celle de l'Académie, puisque vous y parlez. On vous a cousu la moitié de la bouche ; mais ce qui vous en reste est si bon qu'on vous entendra toujours avec le plus grand plaisir.

Nous attendons une histoire détaillée de l'aventure de Danemark ;

---

1. Voltaire oublie de conter que les convives du prince de Vendôme, s'étant fait répéter la fable, la trouvèrent détestable. Pareil tour fut joué à Voltaire, en 1765, à Ferney. La Harpe lui ayant récité la plus belle strophe de l'ode sur la mort de J.-B. Rousseau, sans lui dire qu'elle était de Le Franc de Pompignan, Voltaire la trouva admirable ; mais il continua d'en parler de la même manière, après avoir su de qui elle était, et se l'être fait répéter.
2. Par l'abbé Mey, 1772.

on la dit très-curieuse; on prétend même qu'elle est vraie : en ce cas, ce sera la première de cette espèce [1].

Le roi de Prusse me mande qu'il m'envoie un service de porcelaine; vous verrez qu'elle se cassera en chemin. Il jouira bientôt de sa Prusse polonaise; en digérera-t-il mieux? en dormira-t-il mieux? en vivra-t-il plus longtemps?

J'ai à vous dire pour nouvelle que nous nous moquons ici de la foudre, que les conducteurs, les antitonnerres [2] deviennent à la mode comme les dragées de Kaiser.

Vivez *memor nostri;* je suis à vous passionnément.

A M. DE LA HARPE.

A Ferney, 22 janvier 1773.

Mon cher ami, mon cher successeur, votre éloge de Racine est presque aussi beau que celui de Fénelon, et vos notes sont au-dessus de l'un et de l'autre. Votre très-éloquent discours sur l'auteur du *Télémaque* vous a fait quelques ennemis. Vos notes sur Racine sont si judicieuses, si pleines de goût, de finesse, de *force* et de *chaleur,* qu'elles pourront bien vous attirer encore des reproches; mais vos critiques (s'il y en a qui osent paraître) seront forcés de vous estimer, et je le dis hardiment, de vous respecter.

Je suis fâché de ne vous avoir pas instruit plus tôt de ce que j'ai entendu dire souvent, il y a plus de quarante ans, à feu M. le maréchal de Noailles, que Corneille tomberait de jour en jour, et que Racine s'élèverait. Sa prédiction a été accomplie, à mesure que le goût s'est formé : c'est que Racine est toujours dans la nature, et que Corneille n'y est presque jamais.

Quand j'entrepris le *Commentaire sur Corneille,* ce ne fut que pour augmenter la dot que je donnais à sa petite-nièce, que vous avez vue; et en effet Mlle Corneille et les libraires partagèrent 100,000 francs que

---

1. Struensée, accusé d'adultère avec la reine de Danemark, avait été décapité le 27 avril. (G. A.)
2. Les paratonnerres.

cette première édition valut. Mon partage fut le redoublement de la haine et de la calomnie de ceux que mes faibles succès rendaient mes éternels ennemis. Ils dirent que l'admirateur des scènes sublimes qui sont dans *Cinna*, dans *Polyeucte*, dans *le Cid*, dans *Pompée*, dans le cinquième acte de *Rodogune*, n'avait fait ce commentaire que pour décrier ce grand homme. Ce que je faisais par respect pour sa mémoire, et beaucoup plus par amitié pour sa nièce, fut traité de basse jalousie et de vil intérêt par ceux qui ne connaissent que ce sentiment, et le nombre n'en est pas petit.

J'envoyais presque toutes mes notes à l'Académie; elles furent discutées et approuvées. Il est vrai que j'étais effrayé de l'énorme quantité de fautes que je trouvais dans le texte; je n'eus pas le courage d'en relever la moitié; et M. Duclos me manda que, s'il était chargé de faire le commentaire, il en remarquerait bien d'autres. J'ai enfin ce courage. Les cris ridicules de mes ridicules ennemis, mais plus encore la voix de la vérité, qui ordonne qu'on dise sa pensée, m'ont enhardi. On fait actuellement une très-belle édition in-4° de *Corneille* et de mon commentaire. Elle est aussi correcte que celle de mes faibles ouvrages est fautive. J'y dis la vérité aussi hardiment que vous.

> Qui n'a plus qu'un moment à vivre
> N'a plus rien à dissimuler.

Savez-vous que la nièce de notre père du théâtre se fâche quand on lui dit du mal de Corneille? mais elle ne peut le lire : elle ne lit que Racine. Les sentiments de femme l'emportent chez elle sur les devoirs de nièce. Cela n'empêche pas que, nous autres hommes qui faisons des tragédies, nous ne devions le plus profond respect à notre père. Je me souviens que quand je donnai, je ne sais comment, *OEdipe*, étant fort jeune et fort étourdi, quelques femmes me disaient que ma pièce (qui ne vaut pas grand'chose) surpassait celle de Corneille (qui ne vaut rien du tout); je répondis par ces deux vers admirables de Pompée :

> Restes d'un demi-dieu dont jamais je ne puis
> Égaler le grand nom, tout vainqueur que j'en suis.

Admirons, aimons le beau, mon cher ami, partout où il est, détestons les vers visigoths dont on nous assomme depuis si longtemps, et moquons-nous du reste. Les petites cabales ne doivent point nous effrayer; il y en a toujours à la cour, dans les cafés et chez les capucins. Racine mourut de chagrin parce que les jésuites avaient dit au roi qu'il était janséniste. On a pu dire au roi, sans que j'en sois mort, que j'étais athée, parce que j'ai fait dire à Henri IV :

> Je ne décide point entre Genève et Rome.

Je décide avec vous qu'il faut admirer et chérir les pièces parfaites de Jean, et les morceaux épars inimitables de Pierre. Moi qui ne suis ni Pierre ni Jean, j'aurais voulu vous envoyer ces *Lois de Minos* qu'on représentera, ou qu'on ne représentera pas sur votre théâtre de Paris; mais on y a voulu trouver des allusions, des allégories. J'ai été obligé de retrancher ce qu'il y avait de plus piquant et de gâter mon ouvrage pour le faire passer. Je n'ai d'autre but, en le faisant imprimer, que celui de faire comme vous, des notes qui ne vaudront pas les vôtres, mais qui seront curieuses; vous en entendrez parler dans peu.

Adieu; le vieux malade de Ferney vous embrasse très-serré.

A M. DE LA HARPE.

A Ferney, le 19 avril 1773.

Vous prêtez de belles ailes à ce Mercure, qui n'était pas même galant du temps de Visé, et qui devient, grâce à vos soins, un monument de goût, de raison et de génie.

Votre dissertation sur l'ode me paraît un des meilleurs ouvrages que nous ayons. Vous donnez le précepte et l'exemple. C'est ce que j'avais conseillé il y a longtemps aux journalistes; mais peut-on conseiller d'avoir du talent? Vos traductions d'Horace et de Pindare prouvent bien qu'il faut être poëte pour les traduire. M. de Chabanon était très-capable de nous donner Pindare en vers français; et s'il ne l'a pas fait, c'est qu'il travaillait pour une société littéraire, plus occupée de la connaissance de la langue grecque et des anciens usages que de notre poésie.

Je pense qu'on ne chanta les odes de Pindare qu'une fois, et encore en cérémonie, le jour qu'on célébrait les chevaux d'Hiéron, ou quelque héros qui avait vaincu à coups de poing. Mais j'ai lieu de croire qu'on répétait souvent à table les chansons d'Anacréon et quelques-unes d'Horace : une ode, après tout, est une chanson ; c'est un des attributs de la joie. Nous avons dans notre langue des couplets sans nombre qui valent bien ceux des Grecs, et qu'Anacréon aurait chantés lui-même, comme on l'a déjà dit très-justement.

Toute la France, du temps de notre adorable Henri IV, chantait *Charmante Gabrielle*; et je doute que dans toutes les odes grecques on trouve un meilleur couplet que le second de cette chanson fameuse :

>Recevez ma couronne,
>Le prix de ma valeur;
>Je la tiens de Bellone,
>Tenez-la de mon cœur.

A l'égard de l'air, nous ne pouvons avoir les pièces de comparaison ; mais j'ai de fortes raisons pour croire que la musique grecque était aussi simple que la nôtre l'a été, et qu'elle ressemblait un peu à nos noëls et à quelques airs de notre chant grégorien : ce qui me le fait croire, c'est que le pape Grégoire Ier, quoique né à Rome, était originaire d'une famille grecque, et qu'il substitùa la musique de sa patrie au hurlement des Occidentaux.

A l'égard des chansons pindariques, j'ai vu avec plaisir, dans un essai de supplément à l'entreprise immortelle de l'*Encyclopédie*, qu'on y cite des morceaux sublimes de Quinault, qui ont toute la force de Pindare, en conservant toujours cet heureux naturel qui caractérise le phénix de la poésie chantante, comme l'appelle La Bruyère.

>Chantons dans ces aimables lieux
>Les douceurs d'une paix charmante;
>Les superbes géants, armés contre les dieux,
>Ne nous donnent plus d'épouvante.
>Ils sont ensevelis sous la masse pesante
>Des monts qu'ils entassaient pour attaquer les cieux.
>Nous avons vu tomber leur chef audacieux
>Sous une montagne brûlante;
>Jupiter l'a contraint de vomir à nos yeux
>Les restes enflammés de sa rage expirante.
>Jupiter est victorieux,

Et tout cède à l'effort de sa main foudroyante.
Chantons dans ces aimables lieux
Les douceurs d'une paix charmante [1].

Le beau chant de la déclamation, qu'on appelle récitatif, donnait un nouveau prix à ces vers héroïques pleins d'images et d'harmonie. Je ne sais s'il est possible de pousser plus loin cet art de la déclamation que dans la dernière scène d'*Armide*; et je pense qu'on ne trouvera dans aucun poëte grec rien d'aussi attachant, d'aussi animé, d'aussi pittoresque, que ce dernier morceau d'*Armide*, et que le quatrième acte de *Roland*.

Non-seulement la lecture d'une ode me paraît un peu insipide à côté de ces chefs-d'œuvre qui parlent à tous les sens; mais je donnerais, pour ce quatrième acte de Quinault, toutes les satires de Boileau, injuste ennemi de cet homme unique en son genre, qui contribua comme Boileau à la gloire du grand siècle, et qui savait apprécier les sombres beautés de son ennemi, tandis que Boileau ne savait pas rendre justice aux siennes.

Je reviens à nos odes : elles sont des stances, et rien de plus; elles peuvent amuser un lecteur, quand il y a de l'esprit et des vérités : par exemple, je vous prie d'apprécier cette stance de Lamotte :

> Les champs de Pharsale et d'Arbelle
> Ont vu triompher deux vainqueurs,
> L'un et l'autre digne modèle
> Que se proposent les grands cœurs;
> Mais le succès a fait leur gloire;
> Et si le sceau de la victoire
> N'eût consacré ces demi-dieux,
> Alexandre, aux yeux du vulgaire,
> N'aurait été qu'un téméraire,
> Et César qu'un séditieux.

Dites-moi si vous connaissez rien de plus vrai, de plus digne d'être senti par un roi et par un philosophe. Pindare ne parlait pas ainsi à cet Hiéron, qui lui donna pour ses louanges cinq talents, évalués du temps du grand Colbert à mille écus le talent, lequel en vaut aujourd'hui deux mille.

La grande ode ou plutôt la grande hymne d'Horace, pour les jeux

1. *Proserpine*, acte 1, scène 1.

séculaires, est belle dans un goût tout différent. Le poëte y chante Jupiter, le soleil, la lune, la déesse des accouchements, Troie, Achille, Énée, etc. Cependant il n'y a point de galimatias; vous n'y voyez point cet entassement d'images gigantesques, jetées au hasard, incohérentes, fausses, puériles par leur enflure même, et qui sont cent fois répétées sans choix et sans raison; ce n'est pas à Pindare que j'adresse ce petit reproche.

Après avoir très-bien jugé et même très-bien imité Horace et Pindare, et après avoir rendu au très-estimable M. de Chabanon la justice que mérite sa prose noble et harmonieuse, qui paraît si facile, malgré le travail le plus pénible, vous avez rendu une autre espèce de justice. Vous avez examiné, avec autant de goût et de finesse que de sagesse et d'honnêteté, je ne sais quelle satire un peu grossière, intitulée *Épître de Boileau*. Je ne la connais que par le peu de vers que vous en rapportez, et dont vous faites une critique très-judicieuse. Je vois que plusieurs personnes d'un rare mérite sont attaquées dans cette satire, MM. de Saint-Lambert, Delille, Saurin, Marmontel, Thomas, De Belloy; et vous-même, monsieur, vous paraissez avoir votre part aux petites injures qu'un jeune écolier s'avise de dire à tous ceux qui soutiennent aujourd'hui l'honneur de la littérature française.

Comment serait reçu un écolier qui viendrait se présenter dans une académie le jour de la distribution des prix, et qui dirait à la porte : Messieurs, je viens vous prouver que vous êtes les plus méprisables des gens de lettres? Il faudrait commencer par être très-estimable pour oser tenir un tel discours; et alors on ne le tiendrait pas.

Lorsque la raison, les talents, les mœurs de ce jeune homme auront acquis un peu de maturité, il sentira l'extrême obligation qu'il vous aura de l'avoir corrigé. Il verra qu'un satirique qui ne couvre pas par des talents éminents ce vice né de l'orgueil et de la bassesse, croupit toute sa vie dans l'opprobre; qu'on le hait sans le craindre; qu'on le méprise sans qu'il fasse pitié; que toutes les portes de la fortune et de la considération lui sont fermées; que ceux qui l'ont encouragé dans ce métier infâme sont les premiers à l'abandonner; et que les hommes méchants qui instruisent un chien à mordre ne se chargent jamais de le nourrir.

Si l'on peut se permettre un peu de satire, ce n'est, ce me semble, que quand on est attaqué. Corneille, vilipendé par Scudéri, daigna faire un mauvais rondeau contre le gouverneur de Notre-Dame-de-La-Garde. Fontenelle, honni par Racine et par Boileau, leur décocha quelques épigrammes médiocres. Il faut bien quelquefois faire la guerre défensive; il y a eu des rois qui ne s'en sont pas tenus à cette guerre de nécessité.

Pour vous, monsieur, il me semble que vous soutenez la vôtre bien noblement. Vous éclairez vos ennemis en triomphant d'eux; vous ressemblez à ces braves généraux qui traitent leurs prisonniers avec politesse, et qui leur font faire grande chère.

Il faut avouer que la plupart des querelles littéraires sont l'opprobre d'une nation.

A L'IMPÉRATRICE DE RUSSIE.

20 avril 1773.

Madame, c'est à présent plus que jamais que Votre Majesté impériale est mon héroïne, et fort au-dessus de la majesté. Comment! au milieu de vos négociations avec Moustapha, au milieu de vos nouveaux préparatifs pour le bien battre, quand la moitié de votre génie doit être vers la Pologne, et l'autre vers Bucharest, il vous reste encore un autre génie qui en sait plus que les membres de votre Académie des sciences, et qui daigne donner à mon ingénieur les leçons qu'il attendait d'eux! Combien avez-vous donc de génies? ayez la bonté de me faire cette confidence. Je ne vous demande pas de me dire si vous irez assiéger Andrinople, fort aisé à prendre, tandis que les troupes autrichiennes s'empareront de la Servie et de la Bosnie. Ces secrets-là ne sont pas plus de ma compétence que le renvoi de nos chevaliers errants. Je me borne à rire quand je lis dans une de vos lettres que vous voulez les garder quelque temps dans vos États pour qu'ils enseignent les belles manières dans vos provinces.

Le portail voûté, élevé sur la glace, et subsistant sur elle depuis quatre ans, me paraît un des miracles de votre règne; mais c'est aussi un miracle de votre climat. Je doute fort qu'on pût, dans nos cantons, élever un monument pareil; pour la bombe remplie d'eau, je pense qu'elle crèverait par une forte gelée, tout comme à Pétersbourg.

On dit que le thermomètre d'esprit-de-vin a été de cinquante degrés au-dessous de la congélation, cette année, dans votre résidence; nous péririons, nous autres Suisses, si jamais le thermomètre descendait chez nous à vingt : notre plus grand froid est à quinze et seize, et cette année il n'a pas atteint jusqu'à dix.

Je me flatte bien que vos bombes crèveront désormais sur les têtes des Turcs, et que M. le prince Orlof bâtira des arcs de triomphe non pas sur la glace, mais dans l'Atmeidan de Stamboul; et c'est alors que vous ferez naître en Grèce des Phidias comme des Miltiades.

Je crois qu'Algarotti se trompe s'il dit que les Grecs inventèrent les arts. Ils en perfectionnèrent quelques-uns, et encore assez tard.

Il y avait d'ailleurs un vieux proverbe que les Chaldéens avaient instruit l'Égypte, et que l'Égypte avait enseigné la Grèce.

Les Grecs avaient été civilisés si tard qu'ils furent obligés d'apprendre l'alphabet de Tyr, quand les Phéniciens vinrent commercer chez eux et y bâtir des villes. Ces Grecs se servaient auparavant de l'écriture symbolique des Égyptiens.

Une autre preuve de l'esprit peu inventif des Grecs, c'est que leurs premiers philosophes allaient s'instruire dans l'Inde, et que Pythagore même y apprit la géométrie.

C'est ainsi, Madame, que des philosophes étrangers viennent déjà prendre des leçons à Pétersbourg. Le grand homme qui prépara les voies dans lesquelles vous marchez, et qui fut le précurseur de votre gloire, disait avec grande raison que les arts faisaient le tour du monde et circulaient comme le sang dans nos veines. Votre Majesté impériale paraît aujourd'hui forcée de cultiver l'art de la guerre, mais vous ne négligez point les autres.

Je ne croyais pas, il y a un mois, habiter encore le globe que vous étonnez. Je rends grâce à la nature, qui a peut-être voulu que je vécusse jusqu'au temps où vous serez établie dans la patrie d'Orphée et de Mars, c'est-à-dire dans quelques mois; mais ne me faites pas attendre plus longtemps. Il faut absolument que je parte. Je mourrai en vous conservant le culte que j'ai voué à Votre Majesté impériale. Que l'immortelle Catherine daigne toujours agréer mon profond respect et conserver ses bontés au vieux malade de Ferney, qui l'idolâtre malgré son respect.

DIDEROT

A M. DIDEROT.

A Ferney, 20 avril 1773.

J'ai été bien agréablement surpris, monsieur, en recevant une lettre signée Diderot, lorsque je revenais d'un bord du Styx à l'autre.

Figurez-vous quelle eût été la joie d'un vieux soldat couvert de blessures, si M. de Turenne lui avait écrit. La nature m'a donné la permission de passer encore quelque temps dans ce monde, c'est-à-dire une seconde entre ce qu'on appelle deux éternités, comme s'il pouvait y en avoir deux.

Je végéterai donc au pied des Alpes encore un instant dans la fluente du temps qui engloutit tout. Ma faculté intelligente s'évanouira comme un songe, mais avec le regret d'avoir vécu sans vous voir.

Vous m'envoyez les fables d'un de vos amis. S'il est jeune, je réponds qu'il ira très-loin; s'il ne l'est pas, on dira de lui qu'il écrivit avec esprit ce qu'il inventa avec génie; c'est ce qu'on disait de La Motte. Qui croirait qu'il y eût encore une louange au-dessus de celle-là? et c'est celle qu'on donne à La Fontaine : *Il écrivit avec naïveté*. Il y a dans tous les arts un je ne sais quoi qu'il est bien difficile d'attraper. Tous les philosophes du monde, fondus ensemble, n'auraient pu parvenir à donner l'*Armide* de Quinault, ni *les Animaux malades de la peste*, que fit La Fontaine, sans savoir même ce qu'il faisait. Il faut avouer que, dans les arts de génie, tout est l'ouvrage de l'instinct. Corneille fit la scène d'Horace et de Curiace comme un oiseau fait son nid, à cela près qu'un oiseau fait toujours bien, et qu'il n'en est pas de même de nous autres chétifs. M. Boisard paraît un très-joli oiseau du Parnasse, à qui la nature a donné, au lieu d'instinct, beaucoup de raison, de justesse et de finesse. Je vous envoie ma lettre de remerciements pour lui. Ma maladie, dont les suites me persécutent encore, ne me permet guère d'être diffus. Soyez sûr que je mourrai en vous regardant comme un homme qui a eu le courage d'être utile à des ingrats, et qui mérite les éloges de tous les sages. Je vous aime, je vous estime, comme si j'étais un sage.
　　　　　　　　　　　　Le vieux malade de Ferney.

A M. LE CHEVALIER HAMILTON,

AMBASSADEUR A NAPLES.

A Ferney, 17 juin 1773.

Monsieur, le public vous a l'obligation de connaître le Vésuve et l'Etna beaucoup mieux qu'ils ne furent connus du temps des cyclopes, et ensuite de celui de Pline. Les montagnes que vous avez vues de mes fenêtres à Ferney sont d'un goût tout opposé. Votre Vésuve et votre Etna sont pleins de caprices : ils ressemblent aux petits hommes trop vifs, qui se mettent souvent en colère sans raison ; mais nos montagnes de glaciers, qui sont dix fois plus hautes et quarante fois plus étendues, ont toujours le même visage et sont dans un calme éternel. Des lacs toujours glacés, de six milles de longueur, sont établis dans la moyenne région de l'air, entre des rochers blancs, au-dessus des nuages et du tonnerre, sans qu'il y ait eu de l'altération depuis des milliers de siècles.

Il n'y a pas bien loin de la fournaise où vous êtes aux glaciers de la Suisse ; et cependant quelle énorme différence entre les terrains, entre les hommes, entre les gouvernements, entre Calvin et San-Gennaro !

J'ai vu avec douleur que vous n'avez pu faire rajuster un thermomètre en Sicile. Que dirait Archimède s'il revenait à Syracuse? mais que diraient les Trajan et les Antonin, s'ils revenaient à Rome?

Je trouve tout simple que les éruptions des volcans produisent des monticules ; ceux que les fourmis élèvent dans nos jardins sont bien plus étonnants. Ces petites montagnes, formées en huit jours par des insectes, ont deux ou trois cents fois la hauteur de l'architecte. Mais pour nos vénérables montagnes, seules dignes de ce nom, d'où partent le Rhin, le Danube, le Rhône, le Pô, ces énormes masses paraissent avoir plus de consistance que Monte-Nuovo, et que la prétendue nouvelle île de Santorin. La grande chaîne des hautes montagnes qui couronnent la terre en tous sens m'a toujours paru aussi ancienne que le monde ; ce sont les os de ce grand animal; il mourrait de soif s'il n'y avait pas de fleuves, et il n'y aurait aucun fleuve sans ces montagnes, qui en sont les réservoirs perpétuels. On se moquera bien un jour de nous quand on saura que nous avons eu des charlatans qui ont voulu nous faire accroire que les courants des mers avaient formé les Alpes, le mont Taurus, les Pyrénées, les Cordilières.

Tout Paris, en dernier lieu, était en alarmes; il s'était persuadé qu'une comète viendrait dissoudre notre globe le 20 ou le 21 de mai. Est-ce par pitié ou par colère que cette catastrophe a été différée? *To be, or not to be; that is the question,* etc.

A M. LE MARÉCHAL DUC DE RICHELIEU.

A Ferney, 26 auguste 1773.

Je mets aux pieds de mon héros une troisième lettre à la noblesse de son ancien gouvernement. Quand le parlement condamnerait M. de Morangiés par les formes, je le croirais toujours innocent dans le fond. Vous êtes maréchal de France et juge de l'honneur; vous êtes pair du royaume et juge de tous les citoyens : prononcez.

Si j'osais demander une autre grâce à notre doyen, je le conjurerais de ne pas flétrir une *Électre*[1] composée, avec quelque soin, d'après celle de Sophocle, sans épisode, sans un ridicule amour, écrite avec une pureté qu'un doyen de l'Académie, un Richelieu doit protéger, représentée avec tant de succès par Mlle Clairon, et qu'enfin Mlle Raucourt pourrait encore embellir; je vous conjurerais de me raccommoder avec elle, puisque vous m'avez attiré sa colère.

Je vous supplierais de ne me point donner le dégoût de préférer une partie carrée d'amours insipides en vers allobroges[2]; une Électre qui s'écrie :

> Je ne puis y souscrire; allons trouver le roi;

1. La tragédie d'*Oreste*.
2. L'*Électre*, de Crébillon.

Faisons tout pour l'amour, s'il ne fait rien pour moi [1].

Une Iphianasse qui dit :

> J'ignore quel dessein vous a fait révéler
> Un amour que l'espoir semble avoir fait parler.
>
> (Acte II, scène II.)

Un Itys qui fait ce compliment à Électre :

> Pénétré du malheur où mon cœur s'intéresse,
> M'est-il enfin permis de revoir ma princesse ?
> Je ne suis point haï. Comblez donc tous les vœux
> Du cœur le plus fidèle et le plus amoureux,
> Etc., etc., etc., etc.
>
> (Acte V, scène II.)

Enfin j'espérerais que vous ne donneriez point cette préférence humiliante à un mort sur un mourant qui vous a été attaché pendant plus de cinquante ans.

Vous savez que mon unique ressource, dans la situation où je suis, serait d'adoucir des personnes prévenues contre moi, en leur inspirant quelque indulgence pour mes faibles talents.

Je suis désespéré de vous importuner de mes plaintes. Je n'ai de consolation qu'en vous parlant de mon respect et de mon attachement inviolable.

A M. LE COMTE DE MILLY.

A Ferney, 25 novembre 1773.

Un vieux malade octogénaire reçoit la lettre dont M. le comte de Milly l'honore. Je me souviens en effet, monsieur, d'avoir fait autrefois la plaisanterie de *l'Homme aux quarante écus*. Il ne serait pas étonnant que cette idée fût tombée aussi dans la tête de quelque autre. On dit un jour à un nommé Autreau : *Voilà monsieur qui se dit l'auteur de votre pièce. — Pourquoi ne l'aurait-il pas faite ?* répondit-il : *Je l'ai bien faite, moi.*

---

[1]. C'est Iphianasse qui prononce ces vers à la fin du premier acte. (G. A.)

Si la personne dont vous me parlez, monsieur, a aussi ses *quarante écus,* cela fait quatre-vingts avec les miens. Il n'y a pas là de quoi aller au bout de l'année ; mais aussi il faut avoir un métier, et c'est à quoi ne pensent pas assez ceux qui n'ont point de fortune et qui ont beaucoup de vanité.

C'est tout ce que je puis vous dire sur cette petite affaire dont vous me parlez.

J'ai l'honneur d'être, etc.

LE VIEUX MALADE DE FERNEY,
Votre confrère à l'Académie de Lyon.

A M. DE MARMONTEL.

29 novembre 1773.

Je prie instamment Bélisaire de faire succéder M. Gaillard au jeune Moncrif, que j'irai trouver incessamment.

A l'égard de l'empereur Kien-Long, je crois qu'il faut lui donner une place d'honoraire à l'Académie des inscriptions, qu'il enrichira de soixante espèces de caractères.

Croyez-vous, mon cher confrère, que M. Riballier se présente cette fois-ci pour remplir la place vacante ?

A M. LE BARON D'ESPAGNAC,

GOUVERNEUR DE L'HÔTEL ROYAL DES INVALIDES.

A Ferney, 15 décembre 1773.

La première chose que j'ai faite, monsieur, en recevant votre livre[1], ç'a été de passer presque toute la nuit à le lire avec mes yeux de quatre-vingts ans ; et le premier devoir dont je m'acquitte en m'éveillant est de

---

1. *Histoire du maréchal de Saxe.*

vous remercier de l'honneur et du plaisir extrême que vous m'avez faits.

J'ai déjà lu ce qui regarde la guerre de Bohême, et je n'ai pu m'empêcher d'aller vite à la bataille de Fontenoy, en attendant que je relise tout l'ouvrage d'un bout à l'autre. On m'avait dit que vous donniez d'autres idées que moi de cette mémorable journée de Fontenoy : je me préparais déjà à me corriger; mais j'ai vu avec une grande satisfaction que vous daignez justifier le petit précis que j'en avais donné sous les yeux de M. le comte d'Argenson. Il n'appartient qu'à un officier tel que vous, monsieur, qui avez servi avec tant de distinction, d'entrer dans tous les détails intéressants que mon ignorance de l'art de la guerre ne me permettait pas de développer. Je regarde votre histoire comme une instruction à tous les officiers, et comme un grand encouragement à bien servir l'État. Vous rendez justice à chacun, sans blesser jamais l'amour-propre de personne. Vous faites seulement sentir très-sagement, par les propres lettres du maréchal de Saxe, combien il était supérieur aux généraux de Charles VII, électeur de Bavière. Il n'y a guère d'officier blessé ou tué dans le cours de cette guerre, dont la famille ne trouve le nom soit dans vos notes, soit dans le corps de l'histoire.

Votre ouvrage sera lu par toute la nation, et principalement par ceux qui sont destinés à la guerre.

Vous êtes très-exact dans toutes les dates, c'est le moindre de vos mérites; mais il est nécessaire, et c'est ce qui manque aux *Commentaires* de César, et même à Polybe.

Vous ne pouvez, monsieur, employer plus dignement le noble loisir dont vous jouissez qu'en instruisant la nation pour laquelle vous avez combattu.

Agréez ma reconnaissance de l'honneur que vous m'avez fait, et le respect avec lequel je serai tant qu'il me restera un peu de vie, monsieur, votre très-humble et très-obéissant serviteur.

P. S. Je viens de lire le portrait du maréchal de Saxe, qui est à la fin du second volume; il est de main de maître, et écrit comme il convient. J'ose espérer qu'on fera bientôt une nouvelle édition in-4° avec des planches qui me paraissent absolument nécessaires pour l'instruction de tout le militaire.

A M. LE COMTE D'ARGENTAL.

A Ferney, 18 décembre 1773.

Je crois, mon cher ange, vous avoir dit dans ma dernière lettre combien j'étais touché de la mort de M. de Chauvelin. Voilà donc les trois Chauvelin anéantis. Celui-là était le plus aimable des trois et le plus raisonnable. Tout ce que nous voyons périr fait faire des réflexions qui ne sont pas plaisantes. Je suis presque honteux de vivre, et je ne sais pas trop pourquoi j'aime encore la vie.

Je sens que je suis un mauvais père, et tout le contraire des bons vieillards. Je me détache de mes enfants à mesure que j'avance en âge et que mes souffrances augmentent.

Voici pourtant la manière dont je voudrais finir *Sophonisbe*, à laquelle vous daignez vous intéresser :

> . . . . Ils sont morts en Romains.
> Grands dieux! puissé-je un jour, ayant dompté Carthage,
> Quitter Rome et la vie avec même courage!

Il me semble qu'il serait trop sec de finir par ce petit mot : *Ils sont morts en Romains*. L'étriqué me déplaît autant que le trop d'ampleur. D'ailleurs c'est une espèce d'avant-goût de ce qui arriva depuis à ce Scipion l'Africain.

Je ne puis rien pour la scène du mariage, et la tête me fend.

Portez-vous bien, vous et Mme d'Argental. C'est à vous de vivre, car je vous crois heureux autant que faire se peut; pour moi il n'importe.

Respect et tendresse.

A M. LE MARQUIS DE FLORIAN.

3 janvier 1774.

Je reçois votre lettre du 26 de décembre, mon cher ami. Il y a bien longtemps que je ne vous avais écrit : j'ai mal fini et mal commencé l'année ; mes maux ont augmenté, et la force de les supporter diminue.

Nous avons, pour m'achever de peindre, un procès très-considérable, très-désagréable, très-impertinent, à soutenir contre celui qui nous avait vendu l'Ermitage, et qui veut y rentrer au bout de quatorze ans. Vous voyez que le pèlerinage de cette vie n'est pas semé de roses, et que les dernières journées de la route sont presque toujours les plus épineuses. Vous ne laissez pas de rencontrer aussi quelque mauvais chemin au milieu de votre carrière, mais vous vous en tirerez heureusement. La pépie de votre serin[1] se guérira par la nature et par vos soins plus que par l'art des médecins. Il y a cent exemples de personnes qui ont vécu très-longtemps avec des humeurs erratiques, qui tantôt causent des migraines, tantôt des pertes de sang qui affectent la poitrine, et qui enfin se dissipent d'elles-mêmes.

J'ai toujours été très-persuadé que tous les remèdes picotants et agissants ne valent rien pour notre cher serin, dont le sang n'est que trop vif et trop allumé. Ce principe me fait croire que les eaux minérales, de quelque nature qu'elles soient, lui seraient très-dangereuses ; elles ont tué Mme d'Egmont. Il m'est évident qu'il n'y a de convenable que le régime. Le sang circule tout entier dans le corps humain six cents fois par jour : la médecine consiste donc à ne point charger cette rivière de sang qui nous donne la vie de particules étrangères qui ne sont faites ni pour nourrir ni pour laver notre corps. De petites purgations très-légères, de temps en temps, aident la nature, qui cherche toujours à se dégager ; mais il ne faut jamais la surcharger ni l'irriter : voilà pourquoi j'ai toujours eu une secrète aversion pour la liqueur rouge de votre mé-

---

1. Mme Florian, ainsi surnommée parce qu'elle chantait fort bien. (G. A.)

decin suisse, et beaucoup de mépris pour un homme qui n'ose pas vous dire quel remède il vous donne. La ridicule charlatanerie de deviner les maladies et les tempéraments par des urines est la honte de la médecine et de la raison. Je ne voulus pas vous dire ce que j'en pensais, parce que je vous vis trop préoccupé. J'espérais que la bonté du tempérament de notre serin le soutiendrait contre le mal que la liqueur rouge du Suisse pourrait lui faire ; mais enfin, puisque vous êtes débarrassé de ce remède dangereux, je puis vous parler avec une entière liberté.

J'ai mangé un de vos petits ortolans. Je me flatte que le petit serin deviendra aussi gras qu'eux, dès qu'il sera un peu tranquille. C'est l'inquiétude, c'est le changement continuel de médecins, c'est le passage rapide d'un régime à un autre qui diminue l'embonpoint; et la tranquillité rend ce que l'inquiétude a ôté.

Je vous embrasse tous deux avec tendresse, et je vous donne rendez-vous, au printemps, dans votre charmante petite cage de Ferney.

Il n'y a rien de nouveau, excepté la nouvelle année, que je vous souhaite très-heureuse.

Vous savez sans doute que le parlement a décrété son membre pourri, le sieur Goëzmann. Les Mémoires de Beaumarchais sont ce que j'ai jamais vu de plus singulier, de plus fort, de plus hardi, de plus comique, de plus intéressant, de plus humiliant pour ses adversaires. Il se bat contre dix ou douze personnes à la fois, et les terrasse comme Arlequin sauvage renversait une escouade du guet. Cela vous amuserait beaucoup, si vous aviez le temps de vous amuser[1].

Adieu ; je vous écris de mon lit, dont je ne sors presque plus.

---

1. Les gens du monde s'étonnaient des tons variés de l'auteur des *Mémoires*, dont la gaieté n'était pourtant qu'un raffinement de mépris pour tous ses lâches adversaires. D'ailleurs il savait bien qu'il n'avait à Paris que ce moyen de se faire lire : changeant de style à chaque page, égayant les indifférents, frappant au cœur des gens sensibles, et raisonnant avec les forts, au point qu'on commençait à croire que plusieurs plumes différentes travaillaient au même sujet.

(*Note de Beaumarchais lui-même.*)

A M. LE COMTE D'ARGENTAL.

31 janvier 1774.

Dès que j'ai reçu la lettre où mon cher ange m'ordonne de lui envoyer des *Fragments indous et français*, sous l'enveloppe de M. de Sartine, j'ai pris sur-le-champ cette liberté avec confiance. Le paquet part à la garde de Dieu. Il vaut mieux prendre des libertés avec M. de Sartine qu'avec l'hippopotame [1].

Je ne conçois pas comment on a pu afficher dans Paris, sous mon nom, la *Sophonisbe* de Mairet. Je n'ai jamais donné cet ouvrage que comme celui de Mairet, un peu retouché, pour engager les jeunes gens à refaire les belles pièces de Corneille, comme *Attila*, *Agésilas*, *Pertharite*, *Théodore*, *Pulchérie*, *la Toison d'or*, etc.

En donnant *Sophonisbe* sous mon nom, on a réveillé la racaille. J'oserais penser qu'il ne faut ni précipiter la retraite, ni laisser languir les représentations, mais prendre un juste milieu, afin que Le Kain ait une rétribution honnête.

Je persiste à croire que Beaumarchais n'a jamais empoisonné personne, et qu'un homme si gai ne peut être de la famille de Locuste [2].

---

1. M. de Voltaire désigne Marin par ce mot pris dans les *Mémoires* de Beaumarchais.
2. Cette opinion de M. de Voltaire produisit dans le temps une assez plaisante anecdote. Si elle a trouvé place ici, c'est qu'elle peint à la fois le temps, les mœurs, les caractères. On jouait aux Français *Eugénie* : un beau monsieur du parquet, après avoir bien déchiré la pièce, tomba tout à coup sur l'auteur. Entre autres choses, il raconta qu'ayant dîné ce jour-là même chez M. le comte d'Argental, il y avait entendu lire une lettre de Voltaire, lequel s'obstinait, on ne savait pourquoi, à soutenir que ce Beaumarchais-là n'avait pas empoisonné ses trois femmes. Mais, ajouta le conteur, c'est un fait dont on est bien sûr parmi messieurs du parlement.

L'homme à qui s'adressait la parole faisait de la main, en riant, signe aux voisins de ne pas interrompre; chacun se lève, il répond froidement : « Il est si vrai, monsieur, que ce misérable homme a empoisonné ses trois femmes, quoiqu'il n'ait été marié que deux fois, qu'on sait de plus au parlement Maupeou qu'il a mangé son bon père en salmis, après avoir étouffé sa mère entre deux épaisses tartines; et j'en suis d'autant plus certain, que je suis ce Beaumarchais-là, qui vous ferait arrêter sur-le-champ, ayant bon nombre de témoins, s'il ne s'apercevait à votre air effaré que vous n'êtes point un de ces rusés scélérats qui com-

Je suis bien embarrassé avec mes Génois et mon marquis Viale. Dieu vous garde d'établir jamais une colonie! c'est une terrible entreprise : M. l'abbé Terrai même y serait un peu embarrassé.

Je baise les ailes de mes anges.

A M. LE MARQUIS DE FLORIAN.

9 février 1774.

Je me flatte, mon cher ami, que Mme de Florian n'est pas réduite à garder le lit comme moi ; il y a très-longtemps que je ne sors du mien qu'à huit heures du soir. Il faut espérer que le petit serin reviendra au printemps sauter dans sa cage de Ferney, que vous avez si joliment embellie, et qu'il voltigera sur les fleurs que vous avez plantées.

Pour ma maladie, elle est incurable, puisqu'elle date de quatre-vingts ans ; c'est un mal qui m'empêche quelquefois d'être aussi exact que je le voudrais dans mes réponses. J'ai fini ma carrière, et le serin n'est qu'au milieu de la sienne. Vous avez tous deux de beaux jours à espérer, et moi je n'ai que deux ou trois tristes nuits à supporter. Nous passons tous comme des ombres; notre vie est comme la place d'un ministre à Versailles : aujourd'hui quelque chose, et demain rien.

Le déplacement de M. de Monteynard coupe la gorge et la bourse à notre voisin Dupuits. Ce ministre l'avait employé deux années de suite sans le payer; il a fallu qu'il empruntât pour servir, et le voilà ruiné. Quand un rocher tombe, il entraîne toujours mille petites pierrailles dans sa chute. Il ne faut compter sur rien que sur les légumes de son jardin, encore y est-on souvent attrapé.

Si on est mécontent de la terre, les aventures de mer ne sont pas plus agréables; et, quoi que Labat vous dise, le vaisseau *l'Hercule* ne rapportera que des chimères. Je vois que la résignation est la seule

posent les atrocités, mais seulement un des bavards qu'on emploie à les propager, au grand péril de leur personne. »

On applaudit; le conteur court encore, oubliant qu'il avait payé pour voir jouer la petite pièce. (*Note de Beaumarchais lui-même.*)

chose qui puisse nous consoler dans ce meilleur des mondes possibles.

Je comptais, l'année passée, que Moustapha irait passer le carnaval à Venise avec Candide, mais je me suis bien trompé. S'il fallait que les ministres qui ont été déplacés de mon temps allassent loger à Venise, dans le même cabaret, la place Saint-Marc ne serait pas assez grande pour leur donner à souper.

J'ai reçu tout ce que vous m'avez envoyé d'Abbeville. On ne peut faire autre chose que ce qu'on a fait dans la dernière édition, qui est achevée. On a rendu justice à M. Belleval, et le public ne s'en soucie guère. Tout passe, tout s'oublie, tout s'anéantit. Le déluge fit autrefois beaucoup de bruit, et actuellement on n'en parle plus que pour en rire. *Vanité des vanités, et tout n'est que vanité.*

Regardez, je vous prie, ma tendre amitié pour vous et pour le serin comme une réalité.

A M. LE COMTE D'ARGENTAL.

25 février 1774.

Il y a longtemps, mon cher ange, que je voulais vous écrire, je ne l'ai pas pu : j'ai eu une violente secousse de mes maux ordinaires, qui se sont tournés à l'extraordinaire. Je n'ai point appelé de médecin : on meurt sans eux, et on guérit sans eux. A présent que je respire un peu, et que j'ai lu le quatrième Mémoire de Beaumarchais, il faut que je vous ouvre mon cœur.

Il y avait longtemps que M. le marquis de Condorcet m'avait un peu dessillé les yeux sur Marin, et m'avait même donné quelques inquiétudes, en me priant très-instamment de ne lui jamais écrire par un tel correspondant. M. de Condorcet me parlait de cet homme précisément comme Beaumarchais en parle. Dans ces circonstances, vous m'écriviez que Marin est l'unique cause du funeste contre-temps que j'ai essuyé à propos des *Lois de Minos*, contre-temps par lequel toutes mes espérances ont été détruites. Il n'est pas douteux qu'en effet ce ne soit Marin qui ait vendu la mauvaise copie au libraire Valade.

Vous voyez dans quel précipice cette perfidie mercenaire m'a plongé. Je me doutais déjà de ses manœuvres et de son avidité par les plaintes qu'il m'avait faites de ce que vous aviez bien voulu faire partager entre Le Kain et lui le produit de je ne sais plus quelle tragédie : tout me paraît éclairci. Je me rappelle même que M. de Sartine en était instruit, quand il me conseilla de ne pas pousser plus loin l'affaire de Valade, et de ne pas exiger qu'il nommât le traître : tout cela m'accable. Je vois toujours avec horreur de quoi certaines gens de lettres sont capables. J'ai le cœur gros, et pourtant il est bien serré.

Beaumarchais m'envoyait ses Mémoires, et je ne le remerciais seulement pas, ne voulant point que Marin, sur lequel je n'avais encore que des soupçons, et auquel je confiais encore tous mes paquets, pût me reprocher d'être en correspondance avec son ennemi. Il faut vous dire encore que, Marin étant bien reçu chez M. le premier président (du moins avant le quatrième Mémoire), j'écrivis à Mme de Sauvigny que je ne voulais pas seulement remercier Beaumarchais de ses factums, parce que j'étais l'ami de Marin.

Je lis et je relis ce quatrième Mémoire; j'y vois les imprudences et la pétulance d'un homme passionné, poussé à bout, justement irrité, né très-plaisant et très-éloquent. Il me persuade tout ce qu'il dit; il me développe surtout le caractère et la conduite de Marin, et par le tableau qu'il fait de cet homme, il me confirme ce que vous m'en avez appris [1].

Vous me demanderez quel est le résultat de ma lettre; le voici : c'est premièrement de vous supplier de me dire franchement ce qu'on pense de Marin dans Paris; secondement, de vouloir bien m'apprendre s'il est vrai qu'il soit encore en crédit auprès de M. le premier président et de M. de Sartine, et quelle est sa situation auprès de M. le duc d'Aiguillon. Vous pouvez en être informé, et il n'y a que vous dans le monde à qui je puisse le demander. N'allez pas me dire que je suis trop curieux, car je vous jure que j'ai raison de l'être. Ce Marin m'a plusieurs fois embâté; il se faisait fort de réussir en tout; il me protégeait réellement. Enfin j'ai besoin d'être instruit, mon cher ange.

Je me flatte que vous ne croyez plus les contes qu'on vous a faits

---

[1]. M. de Voltaire ne connaissait pas encore, même de vue, M. de Beaumarchais, lorsqu'il écrivit cette lettre. (*Note de Beaumarchais.*)

sur Beaumarchais, et que vous êtes détrompé comme moi. Un homme vif, passionné, impétueux, peut donner un soufflet à sa femme, et même deux soufflets à ses deux femmes, mais il ne les empoisonne pas.

Je vous écris hardiment par la poste, parce qu'il n'y a rien dans cette lettre, ni dans aucune autre de mes lettres, qui puisse alarmer le gouvernement; il n'y a que quelques passages qui pourraient alarmer Marin; mais, s'il y a des curieux, ils ne lui en diront mot. Je change d'avis, je m'adresse à M. Bacon, substitut du procureur général. Il vous fera tenir ma lettre.

Mille tendres respects à Mme d'Argental.

A M. LE MARQUIS DE FLORIAN.

7 mars 1774.

L'octogénaire de Ferney est malade et ne peut écrire de sa main; le jeune Wagnière est malade et ne peut prêter sa main à l'octogénaire : il emprunte donc une troisième main pour demander comment on se porte à Montpellier : il subsiste de l'espérance de revoir les deux voyageurs au mois d'avril. M. de Florian sait sans doute que Goëzmann et Beaumarchais sont jugés, et que le public n'est point content. Le public à la vérité juge en dernier ressort; mais ses arrêts ne sont exécutés que par la langue. Le monde a beau parler, il faut obéir [1].

La Chalotais obéit quand la maréchaussée le traîne en prison à Loches, à l'âge de soixante-quatorze ans, pissant le sang, écorché de gravelle.

Pour Mme de Montglat, que la maréchaussée conduisait à Montpellier, pour aller pleurer ses péchés dans un couvent, elle n'a point obéi;

---

1. Les juges restèrent assemblés depuis cinq heures du matin jusqu'à dix heures du soir. Il y eut de très-grands débats; enfin la rage l'emporta : M. de Beaumarchais fut blâmé. Monseigneur le prince de Conti vint le même soir à sa porte l'inviter pour le lendemain à passer la journée chez lui; il y laissa un billet finissant par ces mots : « Je veux que vous veniez demain; nous sommes d'assez bonne maison pour donner l'exemple à la France de la manière dont on doit traiter un grand citoyen tel que vous. » Trois jours après, toute la cour s'était fait écrire chez lui. (*Note de Beaumarchais.*)

elle a pris pendant la nuit un cheval de la maréchaussée même, et s'est échappée au grand galop, en corset et en jupon, tenant d'une main sa boîte de diamants, et de l'autre la bride de son cheval. On croit que cette brave amazone se réfugie à Genève.

Le vieux malade n'a pas pu manger des perdrix rouges dont M. de Florian a régalé Ferney; mais Mme Denis, plus gourmande que jamais, les a trouvées excellentes. Elle voudrait que les deux voyageurs de Montpellier les eussent mangées avec elles au petit Ferney.

La poste part, il faut finir cette lettre et souhaiter le prompt retour des deux aimables voyageurs.

A M. LE MARQUIS DE FLORIAN.

Ferney, 16 mars 1774.

Bienheureux ceux qui ont de la santé, s'ils sentent leur bonheur! Tous nos voisins, et Mme Dupuits et moi, nous sommes sur le grabat; chacun est damné dans ce monde à sa façon. Pour moi, je dis dans ma chaudière : Comment se porte le serin? viendra-t-il nous voir au printemps? restera-t-il dans la cage de M. Lamure?

J'ai prêté la quatrième *Philippique* de Beaumarchais dans Genève ; donc elle ne me reviendra pas. On a imprimé tout ce procès à Lyon ; M. Vasselier peut vous le faire tenir. Beaumarchais a eu raison en tout, et il a été condamné. L'arrêt ne réussit pas mieux à Paris qu'à Montpellier [1].

La colonie prospère, mais moi je suis bien loin de prospérer. Mme Denis sort en carrosse; elle va chez Mme Dupuits et Mme Racle, qui sont toutes deux grosses. Mme Dupuits souffre beaucoup; mais qui ne souffre pas, soit de corps, soit d'esprit? Ce monde-ci est une vallée de

---

1. Cet arrêt a été cassé d'une voix unanime, sous Louis XVI, par la grand'chambre et la Tournelle assemblées, quand le vrai parlement fut rétabli dans ses fonctions. M. de Beaumarchais, rendu à son état de citoyen, fut porté par le peuple, de la grand'chambre à son carrosse, au milieu d'un concours d'applaudissements, fondant en larmes et presque étouffé par la foule.   (*Note de Beaumarchais.*)

misère, comme vous savez. Le bonheur n'est qu'un rêve, et la douleur est réelle; il y a quatre-vingts ans que je l'éprouve. Je n'y sais autre chose que me résigner et me dire que les mouches sont nées pour être mangées par les araignées, et les hommes pour être dévorés par les chagrins. Celui d'être loin de vous et du serin est bien grand pour le vieux malade.

A M. ROSSET,

MAITRE DES COMPTES, AUTEUR D'UN POËME SUR L'AGRICULTURE, DÉDIÉ AU ROI.

A Ferney, le 22 avril 1774.

Monsieur,

Vous pardonnerez sans doute à mon grand âge et à mes maladies continuelles, si je ne vous ai pas remercié plus tôt du beau présent dont vous m'avez honoré.

J'ai lu avec beaucoup d'attention votre poëme sur l'agriculture. J'y ai trouvé l'utile et l'agréable, la variété nécessaire, et la difficulté presque toujours heureusement surmontée.

On dit que vous n'avez jamais cultivé l'art que vous enseignez. Je l'exerce depuis plus de vingt ans, et certainement je ne l'enseignerai pas après vous.

J'ai été étonné que dans votre premier chant vous adoptiez la méthode de M. Tull, Anglais, de semer par planches. Plusieurs de nos Français (que vous appelez toujours François, et que par conséquent vous n'avez jamais osé mettre au bout d'un vers) ont voulu mettre en crédit cette innovation. Je puis vous assurer qu'elle est détestable, du moins dans le climat que j'habite. Un homme qui a été longtemps loué dans les journaux, et qui était cultivateur par titres, se ruinait à semer par planches, et était obligé d'emprunter de l'argent, tandis que son nom brillait dans le *Mercure*.

J'ai défriché les terrains les plus ingrats, qui n'avaient jamais pu seulement produire un peu d'herbe grossière; mais je ne conseillerai à personne de m'imiter, excepté à des moines, parce qu'eux seuls sont assez riches pour suffire à ces frais immenses, et pour attendre vingt ans le fruit de leurs travaux.

Voilà pourquoi l'illustre et respectable M. de Saint-Lambert, que vous avouez être distingué par ses talents, a dit très-justement « qu'il a fait des Géorgiques pour les hommes chargés de protéger les campagnes, et non pour ceux qui les cultivent; que les *Géorgiques* de Virgile ne peuvent être d'aucun usage aux paysans; que donner à cet ordre d'hommes des leçons en vers sur leur métier est un ouvrage inutile; mais qu'il sera utile à jamais d'inspirer à ceux que les lois élèvent au-dessus des cultivateurs la bienveillance et les égards qu'ils doivent à des citoyens estimables. »

Rien n'est plus vrai, monsieur; soyez sûr que si je lisais aux paysans de mes villages les *OEuvres* et les *Jours* d'Hésiode, les *Géorgiques* de Virgile et les vôtres, ils n'y comprendraient rien. Je me croirais même en conscience obligé de leur faire restitution, si je les invitais à cultiver la terre en Suisse comme on la cultivait auprès de Mantoue.

Les *Géorgiques* de Virgile feront toujours les délices des gens de lettres; non pas à cause de ses préceptes, qui sont pour la plupart les vaines répétitions des préjugés les plus grossiers; non pas à cause des impertinentes louanges et de l'infâme idolâtrie qu'il prodigue au triumvir Octave; mais à cause de ses admirables épisodes, de sa belle description de l'Italie, de ce morceau si charmant de poésie et de philosophie qui commence par ce vers :

O fortunatos nimium, etc.
Georg., II.

à cause de sa terrible et touchante description de la peste; enfin à cause de l'épisode d'Orphée.

Voilà pourquoi M. de Saint-Lambert donne aux *Géorgiques* l'épithète de charmantes, que vous semblez condamner.

J'aurais mauvaise grâce, monsieur, de me plaindre que vous avez été plus sévère envers moi qu'envers M. de Saint-Lambert. Vous me reprochez d'avoir dit, dans mon *Discours à l'Académie*, qu'on ne pouvait faire des Géorgiques en français. J'ai dit qu'on ne l'osait pas, et je n'ai jamais dit qu'on ne le pouvait pas. Je me suis plaint de la timidité des auteurs, et non pas de leur impuissance. J'ai dit, en propres mots, qu'on avait resserré les agréments de la langue dans des bornes trop étroites. Je vous ai annoncé à la nation; et il me paraît que vous traitez un peu mal votre précurseur.

Il me semble que vous en voulez aussi à la poésie dramatique, quand vous dites que « la prose a eu au moins autant de part à la formation de notre langue que la poésie de notre théâtre; et que quand Corneille mit au jour ses chefs-d'œuvre, Balzac et Pellisson avaient écrit, et Pascal écrivait. »

Premièrement on ne peut compter Balzac, cet écrivain de phrases ampoulées, qui changea le naturel du style épistolaire en fades déclamations recherchées.

A l'égard de Pellisson, il n'avait rien fait avant le *Cid* et *Cinna*.

Les *Lettres provinciales* de Pascal ne parurent qu'en 1654; et la tragédie de *Cinna*, faite en 1642, fut jouée en 1643. Ainsi il est évident, monsieur, que c'est Corneille qui, le premier, a fait de véritablement beaux ouvrages en notre langue.

Permettez-moi de vous dire que ce n'est pas à vous de rabaisser la poésie. J'aimerais autant que M. d'Alembert et M. le marquis de Condorcet rabaissassent les mathématiques : que chacun jouisse de sa gloire. Celle de M. de Saint-Lambert est d'avoir enseigné aux possesseurs des terres à être humains envers leurs vassaux; aux ministres, à adoucir le fardeau des impôts autant que l'intérêt de l'État peut le permettre. Il a orné son poëme d'épisodes très-agréables. Il a écrit avec sensibilité et avec imagination.

Vous avez joint, monsieur, l'exactitude aux ornements; vous avez lutté à tout moment contre les difficultés de la langue, et vous les avez vaincues. M. de Saint-Lambert a chanté la nature, qu'il aime, et vous avez écrit pour le roi. La Fontaine a dit :

> On ne peut trop louer trois sortes de personnes :
> Les dieux, sa maîtresse et son roi.
> Ésope le disait; j'y souscris quant à moi.

Ésope n'a jamais rien dit de cela; mais qu'importe[1] ?

---

1. Ce n'est pas non plus à Ésope que La Fontaine fait dire cela, mais bien à Malherbe. Liv. I, fable XIV.

A M. LE MARQUIS DE CONDORCET.

4 mai 1774.

Le vieux malade ne peut écrire ni de sa main ni de celle de son scribe, qui est malade aussi; il se sert d'une main étrangère pour vous dire, monsieur le marquis, que vous devenez l'homme le plus nécessaire à la France. Vous avez su tirer *aurum ex stercore Condamini*[1]. Votre ministère de secrétaire fera une grande époque dans la nation.

Je vois, dans tout ce que vous faites, toutes les fleurs de l'esprit et tous les fruits de la philosophie, c'est la corne d'abondance. On courra à vos éloges comme aux opéras de Rameau et de Gluck. La réputation que vous vous faites est bien au-dessus des *honneurs obscurs de quelque légion*[2]. Tout le monde convient qu'une compagnie de cavalerie n'immortalise personne; et je puis vous assurer que vos éloges de l'Académie des sciences éterniseront l'Académie et le secrétaire. Il n'y a qu'une chose de fâcheuse, c'est que le public souhaitera qu'il meure un académicien chaque semaine pour vous en entendre parler.

A M. LE MARÉCHAL DUC DE RICHELIEU.

31 mai 1774.

Quand monseigneur sera dans son royaume d'Aquitaine, ou dans sa province de Richelieu, ou dans son pavillon des Fées, il n'a qu'à me dire : Lève-toi et marche; mon cadavre lui obéira. Je suis dans un état pitoyable; il n'importe. Je ne pourrai jamais avoir l'honneur de manger en public à sa table. Ma décrépitude et mes infirmités ne me le permettent pas. Je doute encore beaucoup que vous daigniez m'accueillir en particulier. Je suis très-sourd, et on dit que mon héros est un peu dur

---

1. Dans son *Éloge de La Condamine*.
2. Voyez *Britannicus*, acte I, scène II.

d'oreille. N'importe, encore une fois. Je serai consolé, et j'oublierai ma misère pour m'occuper de votre gloire et pour être témoin que vous êtes un vrai philosophe. C'est par là qu'il faut finir. Je vous ai déjà dit que votre duc d'Épernon ne l'était pas, et que c'était en tout sens un homme infiniment inférieur à vous. C'est ce que je vous prouverai quand il vous plaira.

Songez, quoique vous ne soyez pas à beaucoup près si vieux que moi, que vous avez vu six générations, en comptant Louis XIV, et que pendant ces six générations vous avez toujours eu une carrière brillante. Cette seule idée est un excellent appui de la philosophie. Je vivrais cent trente-quatre ans comme Jean Causeur, qui vient de mourir en Bretagne, que jamais je ne risquerais de vous envoyer des *Pégases*, et autres fadaises de chétive littérature. Mais je vous envoie hardiment une petite oraison funèbre de Louis XV, composée par un académicien de province, nommé Chambon. Vous n'y trouverez aucun de ces lieux communs, et rien de ces déclamations dont le public est tant rebattu; mais vous y verrez de la vérité. Elle est bien étonnée, cette vérité, de se trouver dans une oraison funèbre, et elle sera encore plus étonnée de ne pas déplaire. Remarquez, je vous en prie, qu'un seul académicien fit l'éloge du feu roi pendant sa vie, et que c'est un académicien qui le premier l'a loué publiquement après sa mort. Les louanges sont un peu restreintes. Il n'y a que celles-là de vraies.

Ce modéré panégyriste n'avait pas de rancune.

Mais ce vain éloge et le monarque, tout sera bientôt oublié. Autrefois, dans de pareilles circonstances, le grand chambellan disait : Messieurs, le roi est mort, songez à vous pourvoir. On y songeait assez sans qu'il le dît. Pour moi, monseigneur, je ne songe qu'à vous être attaché avec le plus tendre respect jusqu'au dernier moment de ma vie.

A M. LE COMTE D'ARGENTAL.

20 juin 1774.

Mon cher ange, l'esprit est prompt et la chair est faible. Si je pouvais mettre un pied devant l'autre, vous croyez bien que mes deux pieds

MADAME DU DEFFAND

Garnier Frères, Éditeurs

seraient chez vous. Je vous aurais même apporté quelques fruits de ma retraite; car je suis de ces vieux arbres près de périr par le tronc, et qui ont encore quelques branches fécondes. C'est une destinée bien funeste que je puisse et que je ne puisse pas venir vous voir; mais j'espère encore, malgré mes quatre-vingts ans et toutes mes misères. Il est vrai que je suis un peu sourd, un peu aveugle, un peu impotent; le tout est surmonté de trois à quatre infirmités abominables; mais rien ne m'ôte l'espérance. Ce fond de la boîte de Pandore me reste. Je ne sais si Laborde conserve encore ce trésor; il se flattait de faire jouer sa *Pandore*, lorsqu'il a été écrasé par Gluck et par la mort de son protecteur.

Vous avez, mon cher ange, l'espérance la plus juste de vivre longtemps, très-honoré et très-heureux avec Mme d'Argental, et vous n'avez aucun des maux qui sont sortis de la boîte. Votre lot est un des plus heureux; votre félicité me sert de consolation.

J'écris à Papillon-philosophe[1], qui est un phénix en amitié. Je me mets aux pieds de Mme d'Argental. Je ne doute pas que vous ne voyiez souvent M. le duc de Praslin; et, comme je le crois plus juste que son cousin, je vous supplie de vouloir bien, dans l'occasion, lui parler de mon attachement inviolable.

A MADAME LA MARQUISE DU DEFFAND.

25 juin 1774.

Je vous ai fait des infidélités, madame, en faveur de M. Delisle; mais aussi il me faisait mille agaceries, quand vous me traitiez avec indifférence. Il me parlait de vous, et vous ne m'en disiez mot. Il m'apprenait que vous aviez été à l'opéra d'*Iphigénie*, et que vous aviez trouvé les vers, le récitatif, les ariettes, la symphonie, les décorations mêmes, détestables. Il nous a envoyé quelques airs qui ont paru très-bons à ma nièce, grande musicienne; mais, comme l'accompagnement manquait, j'ai persisté à croire qu'il n'y a rien dans le monde au-dessus

---

1. Mme de Saint-Julien.

du quatrième acte de *Roland* et du cinquième acte d'*Armide*. Je suis toujours pour le siècle de Louis XIV, malgré tout le mérite du siècle de Louis XV et de Louis XVI.

Enfin, madame, vous vous humanisez avec moi. Vous m'écrivez, vous me fournissez matière à écrire, vous m'envoyez de très-jolis vers qui valent beaucoup mieux qu'une très-grande ode. Je vous en remercie, et je voudrais bien savoir de qui ils sont. Je ne suis pas accoutumé à en recevoir de pareils. Voilà un bon ton, et rien n'est plus rare.

Pour vous, madame, je vous pardonne de ne m'avoir jamais instruit de rien, et d'avoir voulu que je vous écrivisse de mon désert, où j'ignorais tout ce qui se passait dans le monde. Vous m'écriviez quelquefois quatre mots cachetés du grand sceau de vos armes, au lieu de me mettre au fait et de cacheter avec une tête.

M. Delisle a eu plus de compassion que vous; cependant je ne vous ai point abandonnée. Je vous ai fait parvenir de plates vérités en vers et en prose, quand il m'en est tombé entre les mains, et je vous en enverrai tout autant qu'il m'en viendra.

Vous ne me donnez aucunes nouvelles des grands tourbillons qui vous entourent; et moi je vous écrirai tout ce que je saurai dans ma solitude. Vous voyez, madame, que je suis de meilleure composition que vous, et cependant c'est vous qui vous plaignez.

A M. LE CHEVALIER DELISLE.

1ᵉʳ juillet 1774.

Il vaut cent mille fois mieux, monsieur, être à Chanteloup qu'à Mouzon. Votre vieux malade de Ferney, que vous avez ragaillardi par vos lettres, achèvera tout doucement sa petite carrière à Ferney, quoiqu'on le presse de venir badauder à Paris. Il serait fort aise d'entendre l'*Iphigénie* de Gluck; mais il n'est pas homme à faire cent lieues pour des doubles croches; et il craint plus les sots propos, les tracasseries, les inutilités, la perte du temps, qu'il n'aime la musique.

Quand vous serez dans ce vaste tourbillon, vos lettres me tiendront lieu de tous les plaisirs qu'on cherche dans le fracas du monde. Je verrai mieux ses sottises par vos yeux que par les miens, qui sont très-affaiblis par mes quatre-vingts ans. Écrivez-moi de Paris, et je renonce à Paris.

Vous savez que ce n'est que par vous que j'ai été instruit de l'état des choses. Je sais un peu l'histoire de France, mais je ne savais rien du temps présent. J'étais assez instruit que l'ancien parlement, tuteur des rois, avait banni du royaume Charles VII, l'un de ses pupilles; qu'il avait fait brûler en place de Grève la maréchale d'Ancre comme sorcière; qu'il mit à cinquante mille écus la tête d'un cardinal premier ministre; que MM. Culet, Gratau, Martinau, Crépin, Quatresous, Quatrehommes, etc., chassèrent deux fois leur pupille Louis XIV de Paris, et son petit frère, et leur pauvre mère. Je savais même qu'ils voulaient me faire pendre, pour avoir rapporté quelques-uns de ces faits dans le *Siècle de Louis XIV*. Je bénis Dieu et celui qui nous a défaits de *messieurs*; mais je ne l'ai jamais vu, je ne le connais point. Quand je vous dis que je ne le connais point, ce n'est pas de Dieu que je parle; c'est de l'homme qui a détruit *messieurs*, et qui nous a délivrés de la vénalité de la justice. Je ne lui ai jamais rien demandé.

Il n'y a qu'un seul homme en France à qui j'aie jamais demandé des grâces. Il me les a toutes accordées. J'en conserverai, vif ou mort, une reconnaissance inviolable. Je le regarderai toujours comme le premier homme de l'État, quand il aurait autant de Du Barry que Salomon avait de concubines. J'ai toujours pensé de même, et, s'il en doute, je l'aime au point de ne pouvoir lui pardonner.

Je vous demande pardon de vous parler de tout cela; mais j'ai le cœur plein, il faut que je débonde.

Je ne vous dirai rien de ce qu'on fait à Paris, parce que probablement on n'y sait ce qu'on fait ni ce qu'on dit; et j'attendrai, pour avoir des notions justes, que vous soyez dans ce pays-là. Si j'avais le malheur d'être roi, j'aurais assurément le bonheur de vous prendre pour mon premier ministre, car vous êtes le seul qui me disiez la vérité. La plupart de ceux qui me font l'honneur de m'écrire ne me mandent que des bagatelles, ou des bruits populaires, ou des contradictions.

A M. LE COMTE DE LA TOURAILLE.

5 juillet 1774.

Je suis coupable envers vous, monsieur, et d'autant plus coupable que, pensant absolument comme vous, je devais vous faire sur-le-champ mes remercîments et vous envoyer ma profession de foi.

Oui, monsieur, j'aime mieux le *Tartufe* et le *Misanthrope* que les comédies nouvelles. Oui, j'ose préférer Racine à nos drames, et j'aime mieux *Roland* et *Armide* que certains opéras. Ce n'est pas parce que j'ai quatre-vingts ans que je pense ainsi; car j'avais le même mauvais goût à quinze, et probablement je mourrai dans mon péché. Je vois que, chez toutes les nations du monde, les beaux-arts n'ont qu'un temps de perfection; et, après le siècle du génie, tout dégénère à force d'esprit.

Je vous sais un très-grand gré de combattre en faveur du bon goût; mais vous ne ramènerez pas au vin de Bourgogne des gens blasés qui s'enivrent de mauvaise eau-de-vie. Ceci soit dit entre nous; car il ne faut pas fâcher les ivrognes; ils n'entendent ni raison ni raillerie.

On dit que vous avez un drame qui s'appelle le *Vindicatif*; mais il n'y avait qu'à jouer *Atrée*, c'est le plus grand vindicatif qu'on ait jamais connu.

Amusez-vous de ce qu'on vous donnera; le bon temps est passé, le meilleur vin est bu. Vous savez sans doute que dans l'Évangile on donnait toujours le plus mauvais vin au dessert.

Pardonnez-moi encore une fois, monsieur, de vous écrire si tard. Je suis le plus négligent des hommes. J'égare tous mes papiers; je suis comme le siècle : je ne sais ce que je fais; mais je sais bien ce que je dis en vous renouvelant tous les sentiments de ma très-respectueuse estime.

LE VIEUX MALADE.

A M. LE COMTE D'ARGENTAL.

6 juillet 1774.

Mon cher ange, plus d'un personnage des tragédies de Corneille dit qu'il est pénétré à la fois de joie et de douleur; cela m'a paru autrefois une espèce de contradiction, ou du moins une idée un peu trop recherchée; mais je sens qu'il peut y avoir du vrai dans le galimatias. Votre lettre du 25 juin me remplit de joie; mais voici mes douleurs :

J'ai entrepris un régime qui ne me permet pas la moindre fatigue; je suis de la plus extrême faiblesse; ma pauvre colonie exige ma présence réelle; j'ai trois procès pour quelques arpents de terre : ma destinée est bien étrange. Je m'arrangeais, après vingt-cinq ans d'absence, pour me livrer à la félicité de me revoir entre mes deux anges, et il m'est impossible de partir de plus de deux mois. Ce ne sera donc qu'en septembre que je pourrai goûter une joie pure.

A M. LE COMTE CAMPI,

A MODÈNE.

A Ferney, 8 juillet 1774.

Nardi parvus onyx eliciet cadum.
Hor., lib. IV, od. XII.

Le *Dialogue de Pégase et du Vieillard* m'a valu une lettre de vous, que je proposais à tous les jeunes gens comme une leçon de raison et de goût. Il est d'une belle âme et d'un esprit juste de sentir de l'horreur et du mépris pour ce discours que Photin tient à Ptolémée dans la *Pharsale*, et que Corneille a si malheureusement imité dans sa tragédie de *Pompée*, si remplie de grandes beautés et de défauts insupportables.

Lucain tombe d'abord dans une faute, dans une contradiction que Corneille ne s'est point permise : c'est de dire que Ptolémée est un enfant plein d'innocence : *Puer est, innocua est ætas*; et de dire, quelques vers après, que Photin conseilla l'assassinat de Pompée en homme qui savait flatter les pervers, et qui connaissait les tyrans :

> Sed melior suadere malis et nosse tyrannos,
> Ausus Pompeium letho damnare Photinus.
>   Lib. viii.

Mais j'ai toujours vu avec chagrin, et je l'ai dit hardiment, que le Photin de Corneille débite plus de maximes de scélératesse que celui de Lucain ; maximes cent fois plus dangereuses quand elles sont récitées devant les princes avec toute la pompe et toute l'illusion du théâtre, que lorsqu'une lecture froide laisse à l'esprit la liberté d'en sentir l'atrocité.

Je ne m'en dédis point, je ne connais rien de si affreux que ces vers :

> Le droit des rois consiste à ne rien épargner ;
> La timide équité détruit l'art de régner.
> Quand on craint d'être injuste, on a toujours à craindre ;
> Et qui veut tout pouvoir doit oser tout enfreindre,
> Fuir comme un déshonneur la vertu qui le perd,
> Et voler sans scrupule au crime qui le sert.

Vous avez vu très-judicieusement, monsieur, que non-seulement ces maximes sont exécrables et ne doivent être prononcées en aucun lieu du monde, mais qu'elles sont absurdes dans la circonstance où elles sont placées. Il ne s'agit pas du *droit des rois* ; il est question de savoir si on recevra Pompée, ou si on le livrera à César. Il faut plaire au vainqueur ; ce n'est pas là un droit des rois. Ptolémée est un vassal qui craint d'offenser César, son maître.

J'ai exprimé sans ménagement mon horreur pour tous ces lieux communs de barbarie, qui font frémir l'honnêteté et le sens commun. J'ai dit et j'ai dû dire combien sont horribles à la fois et ridicules ces autres vers que j'ai entendu réciter au théâtre :

> Chacun a ses vertus ainsi qu'il a ses dieux...
> Le sceptre absout toujours la main la plus coupable...
> Le crime n'est forfait que pour les malheureux...
> Oui, lorsque de nos soins la justice est l'objet,
> Elle y doit emprunter le secours du forfait.

On ne peut dire plus mal des choses plus odieuses ; cependant il y a des gens d'assez mauvaise foi pour oser excuser ces horreurs ineptes. Point de mauvaise cause qui ne trouve un défenseur, et point de bonne qui n'ait un adversaire ; mais à la longue le vrai l'emporte, surtout quand il est soutenu par des esprits tels que le vôtre.

Si rien n'est plus odieux aux honnêtes gens que ces scélérats de comédie qui parlent toujours de *crime*, qui crient que le *crime* est héroïque, que la *vengeance est divine,* qu'on s'immortalise par des *crimes*, rien n'est plus fade aussi que ces héroïnes qui nous rebattent les oreilles de leur vertu. C'est un grand art dans Racine que Néron ne dise jamais qu'il aime le *crime*, et que Junie ne se vante point *d'être vertueuse.*

Je vous demande bien pardon, monsieur, de vous dire des choses que vous paraissez savoir mieux que moi.

A M. LE COMTE D'ARGENTAL.

14 septembre 1774.

Mon cher ange, je ne m'attendais pas que votre frère passât avant moi. Je suis honteux d'être en vie quand je songe à toutes les victimes qui tombent de tous côtés autour de moi. Mon cœur vous dit : Vivez longtemps, mon cher ange, vous et Mme d'Argental ; comme si la chose dépendait de vous. Nous sommes tous, dans ce monde, comme des prisonniers dans la petite cour d'une prison ; chacun attend son tour d'être pendu, sans en savoir l'heure ; et, quand cette heure vient, il se trouve qu'on a très-inutilement vécu. Toutes les réflexions sont vaines, tous les raisonnements sur la nécessité et sur la misère humaine ne sont que des paroles perdues. Je regrette votre frère, et je vous aime de tout mon cœur ; voilà tout ce que je puis vous dire.

Si vous avez le temps d'entendre parler des sottises des vivants, je vous dirai que votre protégé Lekain a écrit à un Génevois ces belles paroles : « Le calomniateur Maupeou est à la Bastille, et on lui fait son procès. » Cette nouvelle a été crue fermement dans tout Genève. Il n'y a point de ville en Europe qui s'intéresse plus qu'elle à vos affaires de France, attendu qu'elle s'est acquis six ou sept millions de rente sur le roi, par son habileté, tandis que les Welches vont à l'Opéra-Comique.

Personne n'a douté un moment que la nouvelle de Lekain ne fût très-vraie; il était réputé l'avoir apprise de tout le public : cependant elle est fausse. Mais j'ai grand intérêt de savoir si l'homme accusé d'avoir calomnié une personne très-respectable et très-aimable serait en effet coupable d'avoir trempé dans une intrigue qu'on lui impute. Vous pouvez me dire oui ou non, sans vous compromettre.

Je vous ai écrit par Mme de Sauvigny; vous pouvez me dire un mot par M. Bacon, substitut de M. le procureur général. Vous pouvez m'écrire des *on dit;* tout le monde écrit des *on dit;* cent mille lettres à la poste sont pleines de cent mille *on dit.* Où en serions-nous si on ne permettait pas les *on dit?* La société ne subsiste que des *on dit.*

Je voudrais bien venir vous voir sans qu'on dît : Il est à Paris. Plus j'avance en âge, plus je dis :

> Moins connu des mortels, je me cacherais mieux;
> Je hais jusques aux soins dont m'honorent les dieux.

Mes anges, puissiez-vous conserver très-longtemps votre santé, sans laquelle il n'y a rien!

Je suis bien sensible à l'attention que vous avez de me payer les neuf mille quatre cents livres; cela vient très à propos, car ma colonie me ruine. Je prendrai la liberté de tirer une lettre de change sur vous, puisque vous le permettez.

Adieu, mon cher ange; Paris est bien fou, et ce monde-ci bien misérable.

A L'IMPÉRATRICE DE RUSSIE.

A Ferney, ce 6 octobre 1774.

Madame,

> L'amour fit le serment, l'amour l'a violé.

Je pardonne à Votre Majesté impériale, et je rentre dans vos chaînes. Ni le Grand Turc ni moi, nous ne gagnerions rien à être en colère contre vous; mais je mettrais, si j'osais, une condition au pardon que j'accorde si bénignement à Votre Majesté; ce serait de savoir si le marquis de Pugatschef est agent ou instrument. Je n'ai pas l'impertinence de vous demander son secret; je ne crois pas le marquis instrument d'Achmet IV, qui choisissait si mal les siens, et qui probablement n'avait rien de bon à choisir. Pugatschef ne servait pas le pape Ganganelli. Il n'était aux gages ni du roi de la Chine, ni du roi de Perse, ni du Grand Mogol. Je dirais donc avec circonspection à ce Pugatschef : Monsieur, êtes-vous maître ou valet? agissez-vous pour votre compte ou pour celui d'un autre? Je ne vous demande pas qui vous emploie, mais seulement si vous êtes employé : quoi qu'il en soit, monsieur le marquis, j'estime que vous finirez par être pendu : vous le méritez bien, car vous êtes non-seulement coupable envers mon auguste impératrice, qui vous ferait peut-être grâce, mais vous l'êtes envers tout l'empire, qui ne vous pardonnera pas. Laissez-moi maintenant reprendre le fil de mon discours avec votre souveraine.

Madame, quoi! dans le temps que vous êtes occupée du sultan, du grand vizir, de son armée détruite, de vos triomphes, de votre paix si glorieuse et si utile, de vos grands établissements, et même de Pugatschef, vous baissez les yeux sur le Livonien Rose! vous avez deviné que c'est un escroc, un fripon! Votre Majesté clairvoyante a très-bien deviné, et j'étais un imbécile de m'être laissé séduire par sa face rebondie.

Je ne puis, cette année, grossir la foule des Européens et des Asiatiques qui viennent contempler l'admirable autocratrice, victorieuse, pacificatrice, législatrice. La saison est trop avancée; mais je demande à Votre Majesté la permission de venir me mettre à ses pieds l'année prochaine, ou dans deux ans ou dans dix. Pourquoi n'aurais-je pas le plaisir de me faire enterrer dans quelque coin de Pétersbourg, d'où je puisse vous voir passer et repasser sous vos arcs de triomphe, couronnée de lauriers et d'oliviers?

En attendant, je me mets à vos pieds, de mon trou de Ferney, en regardant votre portrait avec des yeux toujours étonnés et un cœur toujours plein de transport.

LE VIEUX MALADE.

A L'IMPÉRATRICE DE RUSSIE.

A Ferney, 19 octobre 1774.

Madame, mon impertinence ne fatigue pas aujourd'hui Votre Majesté Impériale pour la large face du Livonien Rose, ni pour celle de l'avocat Duménil, qui voulait vous aider à faire des lois, *par le conseil de son parrain.* Il s'agit aujourd'hui d'un jeune gentilhomme, bon géomètre, bon ingénieur, ayant des mœurs et du courage; il se nomme De Murnan : sa famille est de la province où je suis. Il est fortement recommandé à M. Euler, que vous honorez de votre protection. Tous ses maîtres rendent de lui le témoignage le plus avantageux.

Votre Majesté ne doit point être surprise qu'il désire passionnément d'entrer à votre service. Tout ce qui doit affliger ce jeune officier, c'est que vous ayez sitôt accordé la paix au sultan; car il aurait bien voulu lever le plan de Constantinople, et contrecarrer le chevalier de Tott.

Il ne m'appartient pas d'oser vous présenter personne; mais enfin Votre Majesté ne peut m'empêcher d'être jaloux de tous ceux qui ont vingt-cinq ans, qui peuvent aller sur la Néva et sur le Bosphore, qui peuvent vous servir de la tête et de la main, et qui seront prédestinés, si, par hasard, ils sont tués à votre service. Il est bien dur de vivre au coin de son feu en pareil cas.

Je me mets tristement aux pieds de Votre Majesté Impériale, comme un vieux Suisse inutile.

A M. DE CHAMPFORT.

A Ferney, 16 novembre 1774.

Monsieur, quand M. de La Harpe m'envoya son bel *Éloge de La Fontaine,* qui n'a point eu le prix, je lui mandai qu'il fallait que celui qui l'a emporté fût le discours le plus parfait qu'on eût vu dans toutes les académies de ce monde. Votre ouvrage m'a prouvé que je ne me suis pas trompé. Je bénis Dieu, dans ma décrépitude, de voir qu'il y ait aujourd'hui des genres dans lesquels on est bien au-dessus du grand siècle de Louis XIV; ces genres ne sont pas en grand nombre, et c'est ce qui redouble l'obligation que je vous ai. Je vous remercie, du fond de mon cœur usé, de tous les plaisirs nouveaux que votre ouvrage m'a donnés; tout ce que je peux vous dire, c'est que La Fontaine n'aurait jamais pu parler d'Ésope et de Phèdre aussi bien que vous parlez de lui.

A propos, monsieur, vous me reprochez, mais avec votre politesse et vos grâces ordinaires, d'avoir dit que La Fontaine n'était pas assez peintre. Il me souvient en effet d'avoir dit autrefois qu'il n'était pas un peintre aussi fécond, aussi varié, aussi animé que l'Arioste, et c'était à propos de *Joconde*; j'avoue mon hérésie au plus aimable prêtre de notre Église.

Vous me faites sentir plus que jamais combien La Fontaine est charmant dans ses bonnes fables; je dis dans les bonnes, car les mauvaises sont bien mauvaises; mais que l'Arioste est supérieur à lui et à tout ce qui m'a jamais charmé, par la fécondité de son génie inventif, par la profusion de ses images, par la profonde connaissance du cœur humain, sans faire jamais le docteur; par ces railleries si naturelles dont il assaisonne les choses les plus terribles! J'y trouve toute la grande poésie d'Homère avec plus de variété, toute l'imagination des *Mille et une Nuits*, la sensibilité de Tibulle, les plaisanteries de Plaute, toujours le merveilleux et le simple. Les exordes de ses chants sont d'une morale si vraie et si enjouée! N'êtes-vous pas étonné qu'il ait pu faire un poëme de plus de quarante mille vers, dans lequel il n'y a pas un morceau ennuyeux, et pas une ligne qui pèche contre la langue, pas un tour forcé, pas un mot impropre? et encore ce poëme est tout en stances.

Je vous avoue que cet Arioste est mon homme, ou plutôt un dieu, comme disent MM. de Florence, *il divin' Ariosto*. Pardonnez-moi ma folie. La Fontaine est un charmant enfant que j'aime de tout mon cœur; mais laissez-moi en extase devant messer *Lodovico*, qui d'ailleurs a fait des épîtres comparables à celles d'Horace. *Multæ sunt mansiones in domo patris mei.* Il y a plusieurs places dans la maison de mon père. Vous occupez une de ces places. Continuez, monsieur; réhabilitez notre siècle; je le quitte sans regret. Ayez surtout grand soin de votre santé. Je sais ce que c'est que d'avoir été quatre-vingt-un ans malade.

Agréez, monsieur, l'estime sincère et les respects du vieux bon homme V.

Je suis toujours très-fâché de mourir sans vous avoir vu.

A M. DE LALANDE.

19 décembre 1774.

Je commence, monsieur, par vous remercier de tout mon cœur des volumes d'astronomie [1] que vous voulez bien me promettre. Il est vrai que je suis presque aveugle l'hiver, et que je ne suis pas fait pour les observations; mais je vous dirai avec Keill :

> Thus we from heaven remote to heaven shall move
> With strength of mind, and tread the abyss above.

J'ai Keill et Grégori, il ne manque que vous. Je n'aurais pas abandonné ce genre d'étude, si j'avais pu me flatter d'y réussir comme vous. A propos d'astronomie, vous m'avouerez que si on a admiré les orreris d'Angleterre [2], qui ne sont qu'une misérable petite copie du grand spectacle de la nature, on doit, à plus forte raison, admirer l'original ; et que Platon n'était pas un sot lorsqu'en méprisant et en détestant toutes les superstitions des hommes, il avouait qu'il existe un éternel géomètre.

Je ne m'étonne point que les fripons engraissés de notre sang se déclarent contre M. Turgot, qui veut le conserver dans nos veines; et que, lorsqu'on nous saigne, ce soit pour l'État et non pour les financiers. M. Turgot est d'ailleurs le protecteur de tous les arts, et il l'est en connaissance de cause. C'est un esprit supérieur et une très-belle âme. Malheur à la France s'il quittait son poste!

---

1. *Astronomie*, en trois volumes in-4°, par M. de Lalande.
2. Espèce de planétaire ou de machine qui représente les mouvements des planètes.

Adieu, monsieur; les habitants de mon désert désirent passionnément d'avoir l'honneur de vous revoir quand vous reviendrez dans notre voisinage. Conservez vos bontés pour le vieux malade qui vous est tendrement attaché.

A M. LE COMTE D'ARGENTAL.

30 décembre 1774.

Ah! mon cher ange, mon cher ange! il faut que je vous gronde. M. de Thibouville, M. de Chabanon, Mme du Deffand, m'apprennent que je viens vous voir au printemps. Oui, j'y veux venir, mais...

Je n'y vais que pour vous, cher ange que vous êtes; je ne puis me montrer à d'autres qu'à vous. Je suis sourd et aveugle, ou à peu près. Je passe les trois quarts de la journée dans mon lit, et le reste au coin du feu. Il faut que j'aie toujours sur la tête un gros bonnet, sans quoi ma cervelle est percée à jour. Je prends médecine environ trois fois par semaine; j'articule très-difficilement, n'ayant pas, Dieu merci, plus de dents que je n'ai d'yeux et d'oreilles.

Jugez, après ce beau portrait, qui est très-fidèle, si je suis en état d'aller à Paris *in fiocchi*. Je ne pourrais me dispenser d'aller à l'Académie, et je mourrais de froid à la première séance.

Pourrais-je fermer ma porte, n'ayant point de portier, à toute la racaille des polissons soi-disant gens de lettres, qui auraient la sotte curiosité de venir voir mon squelette? Je suis un rat de campagne qui ne peut subsister à Paris que dans quelque trou bien inconnu; je n'en sortirais pas dans le peu de séjour que j'y ferais. Je n'y verrais que deux ou trois de vos amis, après qu'ils auraient prêté serment de ne point déceler le rat de la campagne aux chats de Paris. J'arriverais sous le nom d'une de mes masures appelée *terre*; de sorte qu'on ne pourrait m'accuser d'avoir menti, si j'avais le malheur insupportable d'être reconnu.

Gardez-vous donc bien, mon cher ange, d'autoriser ce bruit affreux que je viens vous voir au printemps. Dites qu'il n'en est rien, et je vais mander bien expressément qu'il n'en est rien.

Cependant consolez-vous de vos pertes, jouissez de vos nouveaux amis, de votre considération, de votre fortune, de votre santé, de tout ce qui peut rendre la vie supportable. Vous êtes bien heureux de pouvoir aller au spectacle; c'est une consolation que tous vos vieux magistrats se refusent, je ne sais pourquoi; c'était celle de Cicéron et de Démosthène. Notre parterre de la Comédie n'est rempli que de clercs de procureurs et de garçons perruquiers; nos loges sont parées de femmes qui ne savent jamais de quoi il s'agit, à moins qu'on ne parle d'amour. Les pièces ne valent pas grand'chose; mais je n'en connais pas de bonnes depuis Racine; et, avant lui, il n'y a qu'une quinzaine de belles scènes, tout au plus; mais je ne veux pas ici faire une dissertation.

Mon jeune homme m'occupe beaucoup. Si je puis parvenir seulement à écarter un témoin imbécile et très-dangereux, je suis sûr qu'il gagnera son procès tout d'une voix. Il faudrait un avocat au conseil bien philosophe, bien généreux, bien discret, qui prît la chose à cœur et qui signât une requête au garde des sceaux, pour obtenir la liberté de se mettre en prison et de se faire pendre si le cas y échoit. Ces lettres du sceau, après les cinq ans de contumace, ne se refusent jamais. Laissons passer les fadeurs du jour de l'an et le tumulte du carnaval, après quoi nous verrons à qui appartiendra la tête de cet officier. Son maître commence à prendre la chose fort à cœur, mais non pas si chaudement que moi. Je regarde son procès comme la chose la plus importante et qui peut avoir les suites les plus heureuses; mais il faut que d'Ornoi m'aide. Ce sera à lui de disposer les choses de façon que rien ne traîne et que ce ne soit qu'une affaire de forme. Je vais travailler de mon côté à écarter ce sot témoin, seul obstacle qui m'embarrasse; si je ne réussis pas dans cette entreprise très-sérieuse, je parviendrai du moins à procurer quelque fortune à cet officier auprès de son maître. Les Fréron et les Sabotier ne m'empêcheront pas de faire du bien tant que je vivrai.

Adieu, mon cher ange; amusez-vous, secouez-vous, occupez-vous, aimez toujours un peu le plus vieux, sans contredit, de tous vos serviteurs, qui vous aimera tendrement tant qu'il aura un souffle de vie.

A M. DEVAINES,

PREMIER COMMIS DES FINANCES.

A Ferney, par Lyon, 18 mars 1775.

Vous me faites, monsieur, un présent qui m'est bien cher. J'avais déjà le portrait de M. Turgot ; mais j'ai fait encadrer celui que je tiens de vos bontés, et je l'ai mis au chevet de mon lit, à cause des vers de M. de La Harpe. Non-seulement ces vers sont bons, mais ils sont vrais, ce qui arrive fort rarement à MM. les contrôleurs généraux. J'ai placé cette estampe vis-à-vis de celle de Jean Causeur. Ce n'est pas que Jean Causeur vaille M. Turgot ; mais c'est qu'on l'a gravé à l'âge de cent trente ans. Quoique je me sois confiné au pied des Alpes, entre la Savoie et la Suisse, j'aime encore assez la France pour souhaiter que M. Turgot vive autant que Jean Causeur.

Je vous sais bien bon gré, monsieur, de cultiver les belles-lettres, qui sont d'ordinaire l'opposé de votre administration. L'agriculture, dont je fais profession, n'y est pas si contraire ; mais l'aridité des calculs est presque toujours l'ennemie mortelle de la littérature. Heureux les esprits bien faits, qui touchent à la fois ces deux bouts !

Je vous remercie de vos bontés. J'ai l'honneur d'être, avec l'estime la plus respectueuse, monsieur, votre, etc.

A M. DE THIBOUVILLE.

20 mars 1775.

Je ne vous dirai pas ce que j'ai dit à M. d'Argental. Il y a quatre éditions de *Don Pèdre*, de ce jeune homme, en quinze jours ; mais Dieu me préserve qu'il y eût une seule représentation ! Je vous répète que, si le seul Lekain peut jouer le rôle de Guesclin, il n'y a jamais eu que

Mlle Lecouvreur qui pût faire valoir Léonore, et que le seul Baron était fait pour don Pèdre. Vous n'avez au Théâtre-Français que des marionnettes, et dans Paris que des cabales. Mes anges! mes pauvres anges! le bon temps est passé : vous avez quarante journaux, et pas un bon ouvrage; la barbarie est venue à force d'esprit. Que Dieu ait pitié des Welches! mais aimez toujours le vieux malade qui vous aime, et plaignez un siècle où l'opéra-comique l'emporte sur *Armide* et sur *Phèdre*. Vous vivez au milieu d'une nation égarée, qui est à table depuis quatre-vingts ans, et qui demande sur la fin du repas de mauvaises liqueurs, après avoir bu au premier service d'excellent vin de Bourgogne.

Pour le vieux malade, il ne boit plus que de la tisane.

A MADAME LA MARQUISE DU DEFFAND.

30 mars.

J'ai pu vous dire, madame : *J'ai été très-mal, je le suis encore.*

1° Parce que la chose est vraie;

2° Parce que l'expression est très-conforme, autant qu'il m'en souvient, à nos décisions académiques. Ce *le* signifie évidemment je suis très-mal encore. Ce *le* signifie toujours la chose dont on vient de parler. C'est comme quand on vous dit : Êtes-vous enrhumées, mesdames? elles doivent répondre : Nous le sommes, ou Nous ne le sommes pas. Il serait ridicule qu'elles répondissent : Nous les sommes, ou Nous ne les sommes pas.

Ce *le* est neutre en cette occasion, comme disent les doctes. Il n'en est pas de même quand on vous demande : Êtes-vous les personnes que je vis hier à la comédie du *Barbier de Séville*, dans la première loge? Vous devez répondre alors : Nous les sommes, parce que vous devez indiquer ces personnes dont on vous parle.

Êtes-vous chrétienne? Je le suis. Êtes-vous la juive qui fut menée hier à l'inquisition? Je la suis. La raison en est évidente. Êtes-vous chrétienne? Je suis cela. Êtes-vous la juive d'hier, etc.? Je suis elle.

Voilà bien du pédantisme, madame; mais vous me l'avez demandé;

et vous ferez de moi tout ce que vous voudrez, excepté de me faire venir à Paris. Mon imagination m'y promène quelquefois, parce que vous y êtes; mais la raison me dit que je dois achever ma vie à Ferney. Il faut se cacher au monde quand on a perdu la moitié de son corps et de son âme, et laisser la place à la jeunesse. Il y a et il y aura toujours à Paris beaucoup de jeunes gens qui font et qui feront très-joliment des vers; mais ce n'est pas assez de les faire bons, il leur faut un je ne sais quoi qui force à les retenir par cœur, ou à les relire malgré qu'on en ait, sans quoi cent mille bons vers sont de la peine perdue.

Je suis indigné, depuis quelques années, de la prose de Paris, et surtout de la prose des avocats, qui parlent presque tous comme maître Petit-Jean. Les factums contre M. de Guines et contre M. de Richelieu m'ont paru le comble de l'absurdité. Celui de M. de Richelieu était un peu ennuyeux, mais au moins il était fort raisonnable.

J'espère que quand mon jeune homme sera obligé d'en faire un, il pourra être assez intéressant; mais probablement cette pièce de théâtre ne se jouera pas si tôt.

Adieu, madame; dissipez-vous, soupez, mais surtout digérez, dormez, vivez avec le monde, dont vous ferez toujours le charme. Daignez me conserver toujours un peu d'amitié; cela console à cent lieues.

A M. DEVAINES.

8 mai 1775.

Il est digne des Welches de s'opposer aux grands desseins de M. Turgot; et vous, monsieur, qui êtes un vrai Français, vous êtes aussi indigné que moi de la sottise du peuple. Les Parisiens ressemblent aux Dijonais, qui, en criant qu'ils manquaient de pain, ont jeté deux cents setiers de blé dans la rivière. Les mêmes Dijonais ont écrit que le style du Bourguignon Crébillon était plus coulant que celui de Racine, et qu'Alexis Piron était au-dessus de Molière : tout cela est digne du siècle.

Nous n'avons point encore à Genève le fatras du Génevois Necker, contre le meilleur ministre que la France ait jamais eu. Necker se donnera bien de garde de m'envoyer sa petite drôlerie. Il sait assez que je ne suis pas de son avis. Il y a dix-sept ans que j'eus le bonheur de posséder pendant quelques jours M. Turgot dans ma caverne. J'aimais son cœur, et j'admirai son esprit. Je vois qu'il a rempli toutes mes vues et toutes mes espérances. L'édit du 13 de septembre me paraît un chef-d'œuvre de la véritable sagesse et de la véritable éloquence. Si Necker pense mieux et écrit mieux, je crois dès ce moment Necker le premier homme du monde; mais jusqu'à présent je pense comme vous.

Je suis pénétré de vos bontés, monsieur, et de votre manière de penser, de sentir et de vous exprimer.

A MADAME LA MARQUISE DU DEFFANT.

Ferney, 17 mai 1775.

Vous êtes la plus heureuse femme de votre triste sort, madame, puisque les confitures du roi de Maroc vous font du bien; car sachez que l'on sert de la casse sur la table du roi de Maroc, comme chez nous de la gelée de pomme ou de groseille. Soyez sûre que les tempéraments chez qui la digestion est un peu lente et l'esprit prompt, et à qui la casse fait un bon effet, durent d'ordinaire plus longtemps que les corps frais et dodus; cela est si vrai, que je vis encore après avoir souffert quatre-vingt-un ans presque sans relâche.

Donnez la préférence à la casse, puisque Molière a décidé que *de bonne casse est bonne;* mais, en la louant comme elle le mérite, permettez-moi de vous dire qu'il ne faut pas absolument mépriser la rhubarbe.

Tous les médecins de la faculté, mes confrères, s'ils sont un peu philosophes, conviendront que les mêmes principes agissent dans la casse et dans la rhubarbe. Ce sont les parties les plus volatiles et les plus piquantes qui purgent. J'avoue, car il faut être juste, que la casse, outre ses sels volatils, a quelque chose d'onctueux dont la rhubarbe est privée; et c'est en quoi cette casse mérite la préférence; mais le sublime de la médecine domestique est, à mon gré, d'avoir un jour dans le mois consacré à la rhubarbe.

Je quitte ma robe de médecin pour vous parler des *Filles de Minée*. Je vous jure que je n'ai envoyé ces trois bavardes à personne. C'est une indiscrétion de Cramer dont je suis très-fâché. J'en essuie bien d'autres; c'est ma destinée.

J'envoie pour vous cette mauvaise plaisanterie de feu La Visclède à M. Delisle. Elle ne lui coûtera rien. Elle vous coûterait un écu, et elle ne le vaut pas.

Je voudrais savoir si vous avez lu le livre de M. Necker sur les blés. Bien des gens disent qu'il faut une grande application pour l'entendre, et de profondes connaissances pour lui répondre.

Il paraît un écrit sur l'agriculture qui est beaucoup plus court et quelquefois plus plaisant : il y a même quelques vérités. Je pourrai vous le procurer dans quelques jours. Je tâche de vous amuser de loin, ne pouvant m'approcher de vous. Ma colonie demande continuellement ma présence réelle. C'est un fardeau qu'il faut porter; il est pénible. Ne soyez jamais fondatrice, si vous voulez avoir du temps à vous.

Encore une fois, madame, avalons la lie de nos derniers jours aussi doucement que les premiers verres du tonneau. Il n'y a point pour nous d'autre philosophie. La patience et la casse, voilà donc nos seules ressources! j'en suis fâché.

Mme Denis vous remercie de vos bontés : elle l'a échappé belle.

A M. L'ABBÉ DUVERNET.

A Ferney, juin 1775.

Je ne vous enverrai point, monsieur l'abbé, les pièces de vers faites en mon honneur et gloire. Soyez très-persuadé, monsieur, qu'on aimera mieux une épigramme contre moi, bonne ou mauvaise, que cent éloges. La louange endort, la satire réveille, et le monde est si rassasié de vers, que la satire même a cessé d'être amusante. On a trop de tout dans le siècle où nous sommes, et trop peu de personnes qui pensent comme vous.

Je ne manquerai pas de présenter ma requête aux souverains du théâtre de la Comédie-Française. Je ne connais que Le Kain; mais je tenterai tout auprès des autres, supposé qu'ils jouent un ouvrage nouveau dont je leur ai fait présent, et supposé surtout que cet ouvrage, dont ils n'ont pas grande opinion, ne soit pas sifflé du public, comme on me le fait craindre; car il n'y a pas moyen d'imposer une taxe, quelque légère qu'elle soit, sur ses propres troupes, quand elles ont été battues.

Soyez bien persuadé, monsieur, de tous les sentiments dont est pénétré pour vous le vieux malade.

A M. L'ABBÉ BAUDEAU,

AUTEUR DES ÉPHÉMÉRIDES DU CITOYEN.

Je ne puis assez vous remercier, monsieur, de la bonté que vous avez de me faire envoyer vos *Éphémérides*. Les vérités utiles y sont si clairement énoncées que j'y apprends toujours quelque chose, quoique, à mon âge, on soit d'ordinaire incapable d'apprendre. La liberté du commerce des grains y est traitée comme elle doit l'être; et cet avantage inestimable serait encore plus grand, si l'État avait pu dépenser en canaux de province à province la vingtième partie de ce qu'il nous en a coûté pour deux guerres, dont la première fut entièrement inutile, et l'autre funeste. S'il y a jamais eu quelque chose de prouvé, c'est la nécessité d'abolir pour jamais les corvées. Voilà deux services essentiels que M. Turgot veut rendre à la France; et, en cela, son administration sera très-supérieure à celle du grand Colbert. J'ai toujours admiré cet habile ministre de Louis XIV, bien moins pour ce qu'il fit que pour ce qu'il voulut faire; car vous savez que son plan était d'écarter pour jamais les traitants. La guerre plus brillante que sage de 1672 détruisit toute son économie. Il fallut servir la gloire de Louis XIV, au lieu de servir la

France; il fallut recourir aux emprunts onéreux, au lieu d'imposer un tribut égal et proportionné, comme celui du dixième.

Que la France soit administrée comme l'a été la province de Limoges, et alors cette France, sortant de ses ruines, sera le modèle du plus heureux gouvernement.

Je suis bien content, monsieur, de tout ce que vous dites sur les entraves des artistes, sur les maîtrises, sur les jurandes. J'ai sous mes yeux un grand exemple de ce que peut une liberté honnête et modérée en fait de commerce, aussi bien qu'en fait d'agriculture. Il y avait dans le plus bel aspect de l'Europe après Constantinople, mais dans le sol le plus ingrat et le plus malsain, un petit hameau habité par quarante malheureux dévorés d'écrouelles et de pauvreté. Un homme, avec un bien honnête, acheta ce territoire affreux, exprès pour le changer. Il commença par faire dessécher des marais empestés; il défricha; il fit venir des artistes étrangers de toute espèce, et surtout des horlogers, qui ne connurent ni maîtrise, ni jurande, ni compagnonnage, mais qui travaillèrent avec une industrie merveilleuse, et qui furent en état de donner des ouvrages finis à un tiers meilleur marché qu'on ne les vend à Paris.

M. le duc de Choiseul les protégea avec cette noblesse et cette grandeur qui ont donné tant d'éclat à toute sa conduite.

M. d'Ogni les soutint par des bontés sans lesquelles ils étaient perdus.

M. Turgot, voyant en eux des étrangers devenus Français, et des gens de bien devenus utiles, leur a donné toutes les facilités qui se concilient avec les lois.

Enfin, en peu d'années, un repaire de quarante sauvages est devenu une petite ville opulente, habitée par douze cents personnes utiles, par des physiciens de pratique, par des sages dont l'esprit occupe les mains. Si on les avait assujettis aux lois ridicules inventées pour opprimer les arts, ce lieu serait encore un désert infect, habité par les ours des Alpes et du mont Jura.

Continuez, monsieur, à nous éclairer, à nous encourager, à préparer les matériaux avec lesquels nos ministres élèveront le temple de la félicité publique.

J'ai l'honneur d'être, avec une reconnaissance respectueuse, monsieur, etc.

A M. DE LA HARPE.

15 auguste.

Malgré votre belle imagination, mon cher ami, vous n'imaginez pas le plaisir que vous me faites en m'apprenant que vous avez les deux prix. Vous jugez avez quelle impatience tous ceux qui sont à Ferney attendent vos épîtres en vers et votre éloge en prose du maréchal de Catinat.

Savez-vous bien que je suis tenté de venir me mettre dans un petit coin, à la première représentation de *Menzicof?* Mes entrailles paternelles s'émeuvent de tendresse à chacun de vos succès. Vous devez être à présent dans le fracas des triomphes, des compliments et des nouveaux amis. Les récompenses de la cour seront pour Fontainebleau. Fréron en mourra de rage, s'il ne meurt pas d'indigestion au cabaret : ce sera Apollon qui aura tué le serpent Python.

Il est vrai que Ferney devient une ville singulière et assez jolie; mais je désespère de vous y voir. Vous ne quitterez plus jamais Paris, vous y serez nécessaire. Il semble que le nouveau ministère soit exprès pour vous. Vous avez dans M. Devaines un ami bien digne de l'être. Je lui ai envoyé le *Cri du sang innocent*, et cette *Diatribe* dont vous me parlez. Tout cela est un peu de la moutarde après dîner.

Le jeune homme qui faisait crier le sang innocent, et qui a demeuré chez moi un an, n'a plus à crier. Le roi son maître vient de réparer la barbarie juridique de *messieurs*; il l'appelle auprès de sa personne, il lui donne une compagnie, une place d'ingénieur et une pension. Cela vaut mieux qu'une révision de procès, dont l'événement est toujours douteux, ou qu'une grâce honteuse, qui exige des cérémonies infâmes.

Si M. Devaines ne vous a pas remis ces deux petits ouvrages, je vais lui en envoyer d'autres.

Je vous embrasse dans la joie de mon cœur.

A M. DE FABRY.

31 auguste 1775.

J'apprends, monsieur, que plusieurs personnes à Gex sont effarouchées des bienfaits dont le ministère veut nous combler. C'est probablement faute de savoir encore jusqu'où ces bontés s'étendent; vous pourrez leur apprendre que M. de Trudaine, dans la lettre dont il m'honore, dit expressément que nous pourrons convenir d'un prix avec MM. les fermiers généraux pour le sel.

Le grand point, le bienfait très-signalé et très-inattendu, est que nous soyons débarrassés de cette foule d'employés qui vexent la province, qui remplissent les prisons et qui interdisent tout commerce.

Dès que nous serons délivrés d'un fléau si funeste, nous profiterons dans l'instant de notre liberté pour faire proposer aux fermiers généraux de nous livrer du sel au même prix qu'ils le vendent à Genève; en attendant que nous soyons d'accord avec eux, nous pourrons en acheter à Coppet, et l'avoir à un prix très-modique. Nous ne le paierons que 13 livres le quintal. Il est très-probable que la protection de M. Turgot et de M. de Trudaine engagera les fermiers généraux à traiter avec nous comme avec Genève. Alors il vous sera très-aisé de prendre sur la vente de ce même sel une somme assez considérable pour payer les dettes de la province, pour donner une indemnité à la ferme et pour subvenir à la confection des chemins.

La liberté qu'on daigne nous offrir et l'abolissement des corvées sont des bienfaits inestimables pour les villes et pour les campagnes. Nous n'avons que des grâces à rendre; personne ne le sent plus que vous, et ne le fera mieux sentir. Je m'en rapporte entièrement à votre sagesse et à votre esprit patriotique. J'ai l'honneur d'être, etc.

VOLTAIRE.

A M. DUPONT DE NEMOURS.

10 septembre 1775.

Monsieur, le maçon et l'agriculteur du mont Jura, à qui vous avez bien voulu écrire une lettre flatteuse et consolante, est si sensible à votre bonté qu'il en abuse sur-le-champ.

Je vous dirai d'abord qu'il n'y a peut-être point de pays en France où l'on ait ressenti plus vivement que chez nous tout le bien que les intentions de M. Turgot devaient faire au royaume. Tout petits que nous sommes, nous avons des états, et ces états ont pris de bonne heure toutes les mesures nécessaires pour assurer la liberté du commerce des grains et l'abolition des corvées. Ce sont deux préliminaires que j'ai regardés comme le salut de la France.

Nous avons célébré, au milieu des masures antiques que je change en une petite ville assez agréable, les bienfaits du ministère. Ma colonie a donné des prix de l'arquebuse dans nos fêtes. Ce prix était une médaille d'or représentant M. Turgot gravé au burin. Mme de Saint-Julien, sœur de notre commandant, a remporté ce prix. Tout cela nous a encouragés à demander la distraction de notre petit pays d'avec les fermes générales, projet ancien que M. de Trudaine avait déjà formé, et qui est aussi utile au roi qu'à notre province.

M. Turgot a renvoyé notre mémoire à M. de Trudaine, lequel en conséquence nous a fait ses propositions. Nous les avons acceptées sans délai et sans y changer un seul mot, et nous les avons tous signées avec la plus vive et la plus respectueuse reconnaissance.

Voilà l'état où nous sommes. Les états m'ont chargé de supplier M. Turgot de vouloir bien, s'il est possible, nous donner, pour le 1er d'octobre, ses ordres positifs, suivant lesquels nous prendrons nos arrangements, et nous ferons les fonds pour payer à la ferme générale l'indemnité à elle accordée pour subvenir à la confection des chemins sans corvées, et pour acquitter annuellement les dettes de la province. Nous payerons tout avec allégresse, et nous regarderons le bienfaiteur de la France comme notre bienfaiteur particulier.

J'apprends que vous êtes assez heureux, M. Turgot et vous, pour loger sous le même toit. Je m'adresse à vous pour vous prier de l'instruire de nos intentions, de notre soumission et de notre reconnaissance. Ayez la bonté de faire un mot de réponse.

J'ai l'honneur d'être, etc.

A L'IMPÉRATRICE DE RUSSIE.

A Ferney, 18 octobre 1775.

Madame, après avoir été étonné et enchanté de vos victoires pendant quatre années de suite, je le suis encore de vos fêtes. J'ai bien de la peine à comprendre comment Votre Majesté Impériale a ordonné à la mer Noire de venir dans une plaine auprès de Moscou. Je vois des vaisseaux sur cette mer, des villes sur les bords, des cocagnes pour un peuple immense, des feux d'artifice et tous les miracles de l'Opéra réunis.

Je savais bien que la très-grande Catherine II était la première personne du monde entier; mais je ne savais pas qu'elle fût magicienne.

Puisqu'elle a tant de pouvoir sur tous les éléments, que lui en aurait-il coûté de plus pour m'envoyer la flèche d'Abaris, ou le carrosse du bonhomme Élie, afin que je fusse témoin de toutes vos grandeurs et de tous vos plaisirs?

On croit, dans mon pays, que tout cela est un songe. J'en aurais certifié la vérité; j'aurais dit à mes petits compatriotes, qui font les entendus : Messieurs, les fêtes sur la mer Noire sont encore fort peu de chose en comparaison des établissements pour les orphelins et pour les maisons d'éducation; ces fêtes passent en un jour, mais ces maisons durent tous les siècles.

Je me jette aux pieds de Votre Majesté Impériale pour lui demander bien humblement pardon d'avoir osé l'interrompre par toutes mes importunités misérables.

Je demande pardon d'avoir laissé partir le tableau d'un peintre de la ville de Lyon.

Je demande pardon d'avoir parlé d'un vice-consul de Cadix nommé

Widellin, et d'un autre qui se présente pour exercer la suprême dignité du vice-consulat.

Je demande pardon d'avoir proposé une autre dignité de consul à Marseille.

J'ai honte de dire qu'il se présentait encore un autre consul à Lyon.

L'empire romain ne donnait jamais que deux consulats à la fois; mais tout le monde veut être consul de Russie. Tous ceux qui entrent chez moi et qui voient votre portrait s'imaginent que j'ai un grand crédit à votre cour. Ils me disent : Faites-nous consuls de cette impératrice qui devrait être souveraine de tout ce globe, mais qui en possède environ un quart. Je tâche de réprimer leur ambition.

Je ferais mieux, madame, de réprimer ma bavarderie. Je sens que j'ennuie la conquérante, la législatrice, la bienfaitrice : il m'est permis de l'adorer, mais il ne m'est pas permis de l'ennuyer à cet excès. Il faut mettre des bornes à mon zèle et à mes témérités, il faut se borner malgré soi au profond respect.

A M. DE MALESHERBES,

MINISTRE D'ÉTAT.

A Ferney, 12 novembre 1775.

Vous ne vous contentez pas, monseigneur, des bénédictions de la France; vous étendez vos bontés jusqu'aux frontières de la Suisse. J'étais dans un état assez douloureux, après un de ces petits avertissements que la nature donne souvent aux gens de mon âge, lorsque Mme de Rosambo a daigné faire une apparition dans ma retraite avec M. votre gendre et les cousins issus de germain de Télémaque. J'ai vu chez moi deux familles de grands hommes; et, quoique mon état ne m'ait pas permis de jouir de cet honneur autant que je l'aurais voulu, je me suis senti consolé autant qu'honoré. Vous avez joint à cet avantage, que je vous dois, une lettre charmante, dont vous me permettrez de vous faire les plus sincères et les plus tendres remercîments. Mme de Rosambo est comme vous, monseigneur : elle porte la consolation partout où elle paraît, elle tient de vous le don d'attirer tous les cœurs autour d'elle.

Je crains d'abuser des moments que vous donnez au bien public, en vous parlant des obligations que je vous ai, et de la bonté généreuse avec laquelle vous en avez daigné user envers moi; mais ces bontés ne sortiront jamais de ma mémoire.

J'ai l'honneur d'être, avec le plus sincère et le plus profond respect, monseigneur, votre, etc.

A M. LEKAIN.

A Ferney, 14 novembre 1775.

Une petite apoplexie, mon cher ami, laquelle m'a dérangé le corps et l'âme, m'a empêché de répondre plus tôt à votre lettre de Fontainebleau, du 29 octobre. Je suis persuadé que vous aurez pour vos étrennes des nouvelles du héros dont vous me parlez, et ce n'est pas sans vraisemblance que je conçois cet espoir. Comptez que des talents comme les vôtres ne sont jamais oubliés par ceux qui sont capables de les sentir.

Vous n'avez point fait l'ambassade de Sosie : vous avez été fêté, admiré, et même noblement récompensé par le prince Henri. Vous avez dû, à votre retour, briller à Fontainebleau; et Paris sera toujours le théâtre de votre gloire. Je n'en serai pas le témoin; je sens bien que je ne vous verrai plus. Je m'intéresserai à vous jusqu'à mon dernier moment; l'état où je suis ne me permet pas de vous en dire davantage; je vous embrasse de mes très-faibles mains.

A M. DE THIBOUVILLE.

19 novembre 1775.

Vous croyez donc, monsieur le galactophage, qu'il n'y a de gens sobres dans le monde que ceux qui vivent de lait comme vous, et vous pensez que les autres hommes ne peuvent être malades que d'indigestion. Je vous jure que ma petite apoplexie n'a été chez moi que l'effet de ma faiblesse. Ne me calomniez point, mais daignez quelquefois continuer à converser un peu avec moi quand vous voudrez bien m'écrire.

Vous ne me dites point si vous avez vu *Menzicof* à Fontainebleau, et si ce garçon pâtissier, devenu prince et maître d'un grand empire, et pauvre esclave en Sibérie, a réussi à la cour autant que je le souhaite. La Harpe avait besoin d'un très-grand succès pour fermer la bouche à ses ennemis. Lekain, sans doute, aura paru dans cette pièce. Il ne me paraît pas aussi content de son voyage de Prusse qu'il s'attendait à l'être. Cependant le prince Henri lui a fait un présent très-magnifique, et je crois que le roi de Prusse lui enverra des étrennes.

Est-il vrai qu'on joue à l'Opéra-Comique ou à la foire *la Reddition de Paris à Henri IV?* Sedaine ne devait-il pas donner cette tragédie en prose à la Comédie-Française? et le premier acte n'était-il pas composé de bouchers et de rôtisseurs? Voilà comme les beaux-arts se perfectionnent en France, et ce qui arrive après les grands siècles. Je vais bientôt sortir du mien; mais je suis un peu fâché de partir avant d'avoir achevé la petite ville que je bâtissais. Je suis encore plus affligé de m'en aller sans avoir pris congé de vous et sans vous avoir embrassé. Je me flatte qu'au moins je laisserai mes deux heureux habitants de ce quai des Théatins en bonne santé. J'espère encore que Mme de Saint-Julien, M. Turgot et M. de Trudaine protégeront mon petit pays.

Mme Denis ne vous écrira pas plus qu'à son ordinaire; sa santé est toujours languissante, et sa paresse toujours la même; mais elle vous conservera une amitié inaltérable; c'est ainsi que j'en use vif ou mort.

A MADAME LA MARQUISE DU DEFFAND.

26 novembre 1775.

Puisque vous dites, madame, à M. d'Argental :

> Atys, comblé d'honneurs, n'aime plus Sangaride;

je vous dirai :

> Églé ne m'aime plus, et n'a rien à me dire.

Car j'aime autant Quinault que vous : je ne suis pas de ces pédants qui le trouvent fade et qui le condamnent pour avoir parlé d'amour lorsqu'il en devait parler. Je le regarde comme le second de nos poëtes pour l'élégance, pour la naïveté, la vérité et la précision.

Il est très-vrai que vous n'avez plus rien à me dire, puisque vous ne m'écrivez point; mais il n'est pas vrai que je sois comblé d'honneurs; je ne le suis que de ridicules, et c'est toujours par ses amis qu'on est maltraité.

M. d'Argental s'obstine à me croire tombé dans une espèce d'apoplexie pour avoir été gourmand; et le fait est que mon accident me prit après avoir été un jour sans manger. Il m'appelle aussi commissaire départi par le roi auprès des fermiers généraux, pendant que je suis opprimé départi par ces messieurs.

Voulez-vous, madame, que je vous parle vrai? mon département est l'abîme éternel, où je vais bientôt entrer.

Je lis tous les ouvrages philosophiques de Cicéron sur ce sujet plus usé qu'aisé, et je ne vous conseille pas de les lire; car, quoique ce grand homme soit très-éloquent, il ne nous apprend rien du tout. L'abbé de Chaulieu avait précisément mon âge quand il est mort, et il n'en a pas appris davantage.

Les suites de mon accident m'ont paru si sérieuses, que je n'ai pas voulu faire mon voyage sans prendre la liberté de dire adieu à celle que vous appeliez votre grand'maman. Comme il faut se réconcilier dans ces moments-là, j'avais sur le cœur l'injustice de son mari, qui me croyait un petit ingrat. J'étais assurément bien éloigné de l'être; mais je n'ai pas mieux réussi auprès de votre grand'maman qu'auprès de vous. Vous me croyez comblé d'honneurs, et elle me croit plein de ménagements : elle se moque de mes honneurs et de mon apoplexie.

Jugez si dans cet état j'ai eu des choses bien amusantes à vous dire : je ne savais aucune nouvelle ni de l'opéra-comique ni de l'assemblée du clergé.

Mais vous, madame, qui vivez dans le centre des plaisirs et des grandes affaires, comment voulez-vous qu'un pauvre solitaire ose vous écrire du fond de ses déserts et de ses neiges, privé de toute société et de presque tous ses sens, lorsque vous en avez encore quatre excellents? C'est à vous à réveiller les gens qui s'endorment auprès de leur tombeau; mais ce n'est pas à eux de vous importuner de leurs rêveries; il faut qu'ils soient discrets et qu'ils attendent vos ordres. Il n'y a que les vampires de dom Calmet qui viennent lutiner les vivants.

Soyez très-sûre que si j'ai perdu tout ce qui fait vivre : passions, amusements, imagination et toutes les bagatelles de ce monde, je vous reste sérieusement attaché, et que le serai tant que mes petites apoplexies me le permettront. Je vous regarderai comme la personne de mon siècle qui est le plus selon mon cœur et selon mon goût, supposé que j'aie encore goût et cœur. Je vous demanderai vos bontés comme la première de mes consolations, et je dirai : C'est auprès d'elle que j'aurais voulu passer ma vie.

A M. LE COMTE D'ARGENTAL.

26 novembre.

Il faut donc que je vous dise, mon cher ange, que, si Mme du Deffand se plaint de moi par un vers de Quinault, je me suis plaint d'elle par un vers de Quinault aussi. Je crois qu'actuellement nous som-

TURGOT

mes les seuls en France qui citions aujourd'hui ce Quinault, qui était autrefois dans la bouche de tout le monde.

Je ne sais quel auteur je vous citerai pour me plaindre à vous de votre acharnement à m'accuser de gourmandise. Je veux bien que vous sachiez que je n'avais pas mangé depuis vingt-quatre heures, lorsque mon accident m'arriva. Cette petite aventure a des suites assez désagréables, et je n'ai de secours que dans la patience.

Ma dignité de commissaire départi se trouve apparemment dans le même roman que mon indigestion. Il est triste d'être à la fois apoplectique et ridicule.

Je croyais, quand je vous ai parlé de *Menzicof*, qu'on le jouait déjà à la Comédie-Française. Je n'ai point osé importuner M. le duc de Duras en faveur de *Cicéron* et de *Catilina*; j'ai cru qu'il n'était pas trop séant, dans l'état où je suis, de disputer une place dans le tripot comique; cependant, si vous jugez que la chose soit convenable, je vous obéirai selon ma coutume. Je crains seulement que cette démarche ne soit hasardée pendant les représentations du prince-pâtissier.

Adieu, mon cher ange; aimez toujours un peu celui qui est à vous depuis environ soixante-dix ans.

A M. TURGOT.

22 décembre 1775.

Monseigneur, vous avez d'autres affaires que celles du pays de Gex, ainsi je serai court.

Quand je vous ai proposé de sauver les âmes de soixante fermiers généraux pour une aumône d'environ cinq mille livres, c'était bon marché; et c'était même contre mon intention que je vous adressais ma prière, parce que je crois fermement avec vous qu'il faut les damner pour leurs trente mille livres.

Quand je suis allé à nos états, malgré mon âge de quatre-vingt-deux ans et ma faiblesse, ce n'a été que pour faire accepter purement et simplement vos bontés, sans aucune représentation.

Si on en a fait depuis, pendant que je suis dans mon lit, j'en suis très-innocent, et de plus très-fâché.

Je ne me mêle que de ma petite colonie. Je fais bâtir plusieurs nouvelles maisons de pierres de taille que des étrangers, nouveaux sujets du roi, habiteront ce printemps.

Je défriche et j'améliore le plus mauvais terrain du royaume.

Je bénis, en m'éveillant et en m'endormant, M. le duc de Sully-Turgot.

Si je devais mourir le 2 de janvier 1776, je voudrais avoir fait venir pour mes héritiers, le 1er de janvier, dans ma colonie, du sucre, du café, des épices, de l'huile, des citrons, des oranges, du vin de Saint-Laurent, sans acheter tout cela à Genève.

Je vous supplie de croire que, si j'étais encore dans ma jeunesse; si, par exemple, je n'avais que soixante-dix ans, je ne vous serais pas attaché avec plus d'admiration et de respect.

A M. L'ABBÉ DE VITRAC,

SOUS-PRINCIPAL DU COLLÉGE DE LIMOGES, DES ACADÉMIES DE MONTAUBAN, CLERMONT-FERRAND, LA ROCHELLE, ETC.

A Ferney, 23 décembre 1775.

Je vous dois des remerciments, monsieur, pour les deux pièces d'éloquence que vous avez bien voulu m'envoyer. Il est très-beau de célébrer, au bout de deux cents ans, la mémoire de ceux qui éclairèrent leur siècle, et qui ne méritaient pas d'être oubliés du nôtre. L'éloge de l'ancien Dorat vous a fourni une occasion bien agréable de rendre justice à M. Dorat d'aujourd'hui.

Il y a un autre homme dont Limoges se souviendra un jour avec une tendre reconnaissance, et qui fait actuellement autant de bien à la France qu'il en a fait à votre patrie.

Permettez-moi une observation sur l'anecdote dont vous parlez dans votre ouvrage. Vous supposez, après tant d'autres, que Charles IX est l'auteur de ces beaux vers à Ronsard :

LETTRES CHOISIES DE VOLTAIRE. 513

Tous deux également nous portons des couronnes, etc.

Il n'est guère possible que ces vers soient de la même main qui écrivait à Ronsard :

Si tu ne viens demain me trouver à Pontoise,
Adviendra entre nous une bien grande noise.

On peut croire que ces derniers vers étaient de Charles IX, et que les autres étaient d'Amyot, son précepteur. Le malheureux prince qui commanda la Saint-Barthélemi n'était pas digne de faire de beaux vers.

J'ai l'honneur d'être, etc.

A M. LE SECRÉTAIRE PERPÉTUEL DE L'ACADÉMIE DE PAU.

1775.

Monsieur et cher confrère, je vous envoie mes *Filles de Minée*, et je vous répète en prose ce que j'ai dit en vers, que je ne devais pas traiter ce sujet après Ovide et La Fontaine. Ce n'est pas dans ce monde comme dans l'Évangile ; celui qui vient se présenter à la dernière heure n'est jamais si bien reçu que ceux qui ont travaillé le matin. Voyez ce qui est arrivé à La Motte ; il a voulu faire une petite *Iliade*, on s'est moqué de lui [2]. Il a fait des fables philosophiques dédiées au régent du royaume, qui lui a donné deux mille écus ; tout le monde a dit : Nous aimons mieux le naïf La Fontaine, à qui Louis XIV ne donna rien.

Vous connaissez cet enfant de la nature, ce La Fontaine, et ses trois *Filles de Minée*, que l'abbé d'Olivet a fait imprimer dans un recueil en

1. Cette lettre parut à la suite d'une édition du roman de *Jenni*, et à propos du conte en vers des *Filles de Minée*. Voltaire avait signé son conte du nom d'un secrétaire de l'Académie de Marseille, Chalamond de la Visclède, mort depuis quinze ans. Il écrivit cette lettre sous le même nom.
2. L'*Iliade*, poème en vers français, avec un *Discours sur Homère*, 1714. Il a moitié moins de chants (douze) que le poème grec. (G. A.)

cinq volumes¹; mais vous ne connaissez pas les *Amours de Mars et de Vénus*, qui ne se trouvent que dans l'édition de 1750². Les voici :

> Vous devez avoir lu qu'autrefois le dieu Mars,
> Blessé par Cupidon d'une flèche dorée,
> Après avoir dompté les plus fermes remparts,
> Mit le camp devant Cythérée, etc. ³.

Peut-être direz-vous que ces *Amours de Mars et de Vénus* ne valent pas sa fable des *Deux Pigeons*. Je vous croirai sans peine, comme je crois avec vous que son ode au roi pour l'infortuné Fouquet n'approche pas de son élégie aux nymphes de Vaux pour ce même Fouquet.

> Remplissez l'air de cris en vos grottes profondes,
> Pleurez, nymphes de Vaux, faites croître vos ondes.
> . . . .
> La cabale est contente, Oronte est malheureux, etc.

Il changea ce mot de *cabale*⁴, quand on l'eut fait apercevoir que le grand Colbert servait le roi et l'État avec une équité sévère, et n'était point cabaleur ; mais La Fontaine l'avait entendu dire, et il avait cru bonnement que c'était là le mot propre.

Vous me dites que Jean eut grand tort de faire imprimer ses opéras, et la comédie intitulée *Je vous prends sans vert*, et la comédie de *Clymène*, etc. ; mais l'abbé d'Olivet eut plus de tort encore de faire une collection de tout ce qui pouvait diminuer la gloire de La Fontaine. La manie des éditeurs ressemble à celle des sacristains ; tous rassemblent des guenilles qu'ils veulent faire révérer ; mais de même qu'on ne juge les vrais saints que par leurs bonnes actions, l'on ne juge les hommes à talent que par leurs bons ouvrages.

Vingt pièces de théâtre, très-indignes de l'auteur de *Cinna*, ne lui ont point ôté le nom de grand. Tout ce qu'on reproche à Quinault n'em-

---

1. Ou plutôt en trois volumes. Ajoutons que cette édition de 1729 a été faussement attribuée à d'Olivet. (G. A.)
2. Ou plutôt de 1758. (G. A.)
3. Voyez les Œuvres de La Fontaine. Voltaire reproduisait ici tout ce petit poëme, parce qu'ayant traité le même sujet dans les *Filles de Minée*, il voulait que l'on comparât les deux ouvrages.
4. Au lieu de : *La cabale est contente*, il mit : *Les destins sont contents*.

pêche pas qu'il ne soit un homme unique, et jusqu'à présent inimitable dans un genre très-difficile. Une soixantaine d'anciennes fables rajeunies par La Fontaine, et contées avec un agrément qui n'avait jamais été connu que de Pétrone, et bien saisi que par notre fabuliste ; une vingtaine de contes écrits avec cette facilité charmante et cette négligence heureuse que nous admirons en lui, le mettent infiniment au-dessus de Boccace, et quelquefois même, si j'ose le dire, à côté de l'Arioste, pour la manière de narrer.

Il avait ce grand don de la nature, le talent. L'esprit le plus supérieur n'y saurait atteindre. C'est par les talents que le siècle de Louis XIV sera distingué à jamais de tous les siècles, dans notre France si longtemps grossière. Il y aura toujours de l'esprit ; les connaissances des hommes augmenteront, on verra des ouvrages utiles ; mais des talents, je doute qu'il en naisse beaucoup. Je doute qu'on retrouve l'auteur de *Cinna*, celui d'*Iphigénie*, d'*Athalie*, de *Phèdre*, celui de l'*Art poétique*, celui de *Roland* et d'*Armide* ; celui [1] qui força en chaire, jusqu'à des ministres, de pleurer et d'admirer la fille de Henri IV, veuve de Charles I*er*, et sa fille Henriette, Madame.

Voyez comme les oraisons funèbres d'aujourd'hui sont ensevelies avec ceux qu'elles célèbrent. Voyez comme *Séthos*, malgré quelques beaux passages, et les *Voyages de Cyrus* [2] sont tombés dans l'oubli, tandis que *Télémaque* est toujours l'instruction et le charme de tous les jeunes gens bien nés. Comment s'est-il pu faire que, dans la foule de nos prédicateurs, il n'y en ait pas un seul qui ait approché de l'auteur du *Petit Carême* ? Vous voyez à regret que personne n'a osé seulement tenter d'imiter le créateur du *Tartufe* et du *Misanthrope*. Nous avons quelques comédies très-agréables ; mais un Molière ! je vous prédis hardiment que nous n'en aurons jamais. Quelle gloire pour La Fontaine d'être mis presque à côté de tous ces grands hommes !

L'abbé de Chaulieu ferma ce siècle par trois ou quatre pièces de poésie qui partent du cœur, ou qui semblent en partir. Elles respirent la volupté et la philosophie, et demandent grâce pour toutes les bagatelles insipides dont on a farci son recueil.

---

1. Bossuet.
2. Le premier de ces romans politiques est de Terrasson, le second de Ramsay.

Je m'étonne que La Fontaine n'ait parlé de Chaulieu qu'à propos de l'argent qu'il comptait recevoir par ses mains de la part du duc de Vendôme.

> (Le paillard m'a dit aujourd'hui
> Qu'il faut que je compte avec lui.)
> Aimez-vous cette parenthèse?
> Le reste ira, ne vous déplaise,
> En bas-relief *et cætera*.
> Ce mot-ci s'interprétera
> Des Jeannetons; car les Clymènes
> Aux vieilles gens sont inhumaines.

Comment l'abbé d'Olivet a-t-il pu imprimer trois pièces de La Fontaine, écrites de ce misérable style! On ne reconnaît pas dans ces vers celui qui a dit :

> J'ai quelquefois aimé; je n'aurais pas alors
> Contre le Louvre et ses trésors,
> Contre le firmament et sa voûte céleste,
> Changé les bois, changé les lieux
> Honorés par les pas, éclairés par les yeux
> De l'aimable et jeune bergère
> Pour qui, sous le fils de Cythère,
> Je servis, engagé par mes premiers serments.
> Hélas! quand reviendront de semblables moments?
> Faut-il que tant d'objets, *si doux et si charmants*,
> Me laissent vivre au gré de mon âme inquiète?
> Ah! si mon cœur osait encor se renflammer!
> Ne sentirai-je plus de charme qui *m'arrête*?
> Ai-je passé le temps d'aimer?
> (*Les Deux Pigeons.*)

On croirait ces deux derniers vers d'un seigneur du bel air, d'un homme à grandes passions, d'un duc de Candale, d'un duc de Bellegarde. Cela ne s'accorde pas avec les Jeannetons de Jean La Fontaine, qui demande quelques pistoles au duc de Vendôme et au *paillard* Chaulieu, pour attendrir en sa faveur ses héroïnes du Pont-Neuf.

Tout cela, monsieur, n'empêche pas qu'un nombre considérable de fables pleines de sentiment, d'ingénuité, de finesse et d'élégance, ne soient le charme de quiconque sait lire.

Quand je dis qu'il est presque égal, dans ses bonnes fables, aux grands hommes de son mémorable siècle, je ne dis rien de trop fort. Je serais un exagérateur ridicule si j'osais comparer

> Maître corbeau, sur un arbre perché,
> Tenait en son bec un fromage,

et

> La cigale, ayant chanté
> Tout l'été,

à ces vers de Cornélie qui tient l'urne de son époux :

> Éternel entretien de haine et de pitié,
> Restes du grand Pompée, écoutez sa moitié;

et à ceux de César :

> Restes d'un demi-dieu dont à peine je puis
> Égaler le grand nom, tout vainqueur que j'en suis!

Le *Savetier et le Financier*, les *Animaux malades de la peste*, le *Meunier, son Fils et l'Âne*, etc., etc., tout excellents qu'ils sont dans leur genre, ne seront jamais mis par moi au même rang que la scène d'Horace et de Curiace, ou que les pièces inimitables de Racine, ou que le parfait *Art poétique* de Boileau, ou que le *Misanthrope* et le *Tartufe* de Molière. Le mérite extrême de la difficulté surmontée, un grand plan conçu avec génie, exécuté avec un goût qui ne se dément jamais dans Racine, la perfection enfin dans un grand art, tout cela est bien supérieur à l'art de conter. Je ne veux point égaler le vol de la fauvette à celui de l'aigle. Je me borne à vous soutenir que La Fontaine a souvent réussi dans son petit genre autant que Corneille dans le sien. J'aurais seulement désiré, pour la gloire de la nation, qu'on n'eût point imprimé les dernières fables de l'un et les dernières tragédies de l'autre, depuis *Pertharite*; mais ces maudits éditeurs veulent imprimer tout : ce sont des corbeaux qui s'acharnent sur les morts, comme l'envie sur les vivants. Encore s'ils ne fatiguaient le public que par les mauvais ouvrages des bons auteurs, on pourrait pardonner à leur avidité : ce qu'il y a de pis, c'est qu'ils y ajoutent trop souvent leurs propres sottises, qu'ils font passer sous le nom des écrivains un peu connus. J'ai pâti moi-même, moi inconnu, de cette rage d'imprimer. Combien de pauvretés n'a-t-on pas publiées sous le nom de la Visclède[1], dans des recueils immenses ! *Vers de Bonneval, sur la mort de M*[lle] *Lecouvreur; Vers à mon cher B..., sur Newton; Vers impertinents à M*[me] *du Châtelet; Lettre de Varsovie; Épître de Formont à l'abbé de Rothelin; Ode sur le vrai Dieu; Lettres de M. de la Visclède à ses amis du Parnasse*, etc., etc.

Ceux qui se forment des bibliothèques sont toujours trompés par ce manége qui ne sert qu'à étouffer le bon grain sous un tas énorme d'ivraie. On est parvenu à nous dégoûter de la lecture à force de multiplier les livres et les livrets. S'il est vrai que les Ptolémées eurent autrefois une bibliothèque de quatre cent mille volumes, on ne fit pas mal de la brûler ; et quand on brûlera toutes les brochures qui nous inondent, je commencerai par la mienne.

Nous sommes importunés dans notre siècle d'une foule de petits artistes qui dissèquent le siècle passé. On créait alors, et aujourd'hui on épluche, on critique la création. Je tombe dans ce défaut en vous écrivant ; mais j'ouvre mon cœur à mon ami, et je serais très-fâché que ma lettre devînt publique.

Permettez-moi de remarquer qu'on ne fut point sévère pour La Fontaine, parce qu'il semblait ne prétendre à rien : moins il exigeait, plus on lui accordait ; on lui passait ses mauvaises fables en faveur des excellentes. Il n'en était pas ainsi de Racine et de Boileau, qui prétendaient à la perfection ; on les chicanait sur un mot. C'est ainsi qu'on pardonnait tout à Montaigne, et qu'on tomba rudement sur Balzac, qui voulait être toujours correct et toujours éloquent.

Depuis que La Bruyère, dans ses *Caractères*, eut jugé Corneille et Racine, combien d'écrivains se mirent à juger aussi ! Et enfin on a fait plus de cent volumes sur ce siècle de Louis XIV. Chacun dans ses jugements, soit en vers, soit en prose, a plus cherché à montrer de l'esprit qu'à trouver la vérité, et à faire des antithèses plutôt que des raisonnements.

L'inondation des journalistes et des folliculaires est venue, laquelle a noyé le bon avec le mauvais, et a détruit toute érudition, en présentant des extraits à l'ignorance. Les lecteurs ont décidé comme les magistrats, qui jugent sur le rapport de leur secrétaire.

---

1. Lisez : sous le nom de Voltaire.

Il est arrivé pis, on s'est divisé en factions ; les jansénistes ont voulu que les jésuites n'eussent jamais fait un bon ouvrage, et que le père Bouhours ne sût pas sa langue. Les jésuites ont dénigré Boileau, parce qu'il était ami d'Arnauld. Les folliculaires se sont dit des injures. C'est la bataille des rats et des grenouilles après l'*Iliade*.

Pour vous prouver, monsieur, avec quelle précipitation l'on juge, et comme un bon mot tient lieu de raison, je ne veux que vous citer cette décision de La Bruyère, qui a été la source de tant d'énormes dissertations : « Racine a peint les hommes tels qu'ils sont, et Corneille tels qu'ils devraient être. » Cela est éblouissant, mais cela est très-faux. César n'a jamais dû être assez fat pour dire à Cléopâtre qu'il n'a vaincu à Pharsale que pour lui plaire, lui qui n'avait point vu encore cet enfant de quinze ans ; l'autre Cléopâtre n'a point dû empoisonner l'un de ses enfants, et assassiner l'autre au bout d'une allée dans un jardin ; Théodore n'a point dû s'obstiner à se prostituer dans un mauvais lieu, au lieu d'accepter le secours d'un honnête homme ; Polyeucte n'a point dû briser tout dans un temple, et hasarder de casser toutes les têtes par dévotion ; Léontine n'a point dû se vanter de tout faire, pour ne rien faire du tout. Pompée devait-il répudier sa femme qu'il aimait, pour épouser la nièce d'un tyran ? Pertharite devait-il céder la sienne ? Thésée, dans *OEdipe*, devait-il parler d'amour au milieu de la peste, et dire :

> Quelque ravage affreux qu'étale ici la peste,
> L'absence aux vrais amants est encor plus funeste.
> (Acte I, scène 1.)

Si le judicieux et énergique La Bruyère s'est si évidemment trompé, que feront donc nos petits écoliers qui tranchent avec tant de hardiesse, et qui, plus ignorants et plus impudents qu'un Fréron, osent décider au premier coup d'œil sur des choses qu'un Quintilien aurait longtemps examinées avant de donner son opinion avec modestie ?

Vous me faites, monsieur, une question plus importante. Vous me demandez pourquoi Louis XIV ne fit pas tomber ses bienfaits sur La Fontaine, comme sur les autres gens de lettres qui firent honneur au grand siècle. Je vous répondrai d'abord qu'il ne goûtait pas assez le genre dans lequel ce conteur charmant excella. Il traitait les fables de La Fontaine comme les tableaux de Teniers, dont il ne voulait voir aucun dans ses appartements. Il n'aimait le petit en aucun genre, quoiqu'il eût dans l'esprit autant de délicatesse que de grandeur. Il ne goûta les petits vers de Benserade que parce qu'ils avaient rapport aux fêtes magnifiques qu'il donnait.

De plus, La Fontaine était d'un caractère à ne se pas présenter à la cour de ce monarque. Ses distractions continuelles, son extrême simplicité, réjouissaient ses amis et n'auraient pu plaire à un homme tel que Louis XIV.

La Bruyère s'est servi de couleurs un peu fortes pour peindre notre fabuliste; mais il y a du vrai dans ce portrait : « Un homme paraît gros-« sier, lourd, stupide; il ne sait parler ni raconter ce qu'il vient de voir : « s'il se met à écrire, c'est le modèle des bons contes, etc. » (C. XII. *Des Jugements*.)

La Bruyère, qui peignit tous ses contemporains, en dit autant de Corneille, non que Corneille fût un bon conteur. C'était autre chose; il était souvent très-sublime dans ses bonnes pièces. Boileau ne faisait peut-être pas assez de cas de La Fontaine et de Corneille; il n'était sensible qu'à un style toujours pur, il ne pouvait aimer que la perfection.

Soyez sûr, monsieur, qu'il est très-faux que La Fontaine déplut au roi, comme on l'a dit, pour avoir fait des vers en faveur du surintendant Fouquet. Pellisson, défenseur très-hardi de ce ministre, et même ayant été sa victime, devint un des favoris de Louis XIV, et fit une grande fortune. Son éloquence touchante, son érudition utile, la connaissance des affaires et la souplesse de son esprit en firent un homme d'État. La Fontaine n'avait rien de tout cela. Uniquement borné à son talent, et incapable même de le faire valoir, il n'est pas étonnant qu'il ne fût pas assez remarqué par Louis XIV.

Lulli lui nuisit beaucoup. Vous savez que tout est cabale parmi les gens de lettres, comme parmi les prêtres. La cabale contre Quinault, l'un des grands ornements de ce mémorable siècle, ayant forcé Lulli à recourir à d'autres pour ses opéras, il choisit La Fontaine. Avouons que le fabuliste, faisant parler ses héros du style de Janot Lapin et de dame Belette, ne pouvait réussir après *Atys* et *Thésée*. Lulli était plein d'esprit et de goût; plus il en avait, plus il lui était impossible de mettre en musique de telles paroles. Il n'était pas de ces gens qui disent qu'il est égal de chanter la gazette ou Armide, et qu'il n'y a rien au monde de si nécessaire que des doubles croches[1]. Le pauvre La Fontaine, croyant sérieusement qu'on lui faisait une énorme injustice, fit la satire du *Florentin* contre Lulli. Elle n'est pas dans le goût de celles de Boileau ou d'Horace.

> Le b..... avait juré de m'amuser six mois :
> Il s'est trompé de deux. Mes amis, de leur grâce,
> Me les ont épargnés, l'envoyant où je croi
>   Qu'il va bien sans eux et sans moi.
> Voilà l'histoire en gros : le détail a des suites
>   Qui valent bien d'être déduites,
>   Mais j'en aurais pour tout un an.

Non, sans doute, ce sot détail et ses suites ne valaient pas d'être déduites, et surtout en si mauvais vers. Le pis est qu'il s'excuse sur cette ridicule satire à madame de Thiange, sœur de madame de Montespan, en vers non moins ridicules. Il croit que Lulli lui a ôté sa fortune et sa gloire, en ne faisant point de musique pour ses paroles. Voici comme il s'explique :

> Mais il (le ciel) m'a fait auteur, je m'excuse par là ;
>   Auteur qui, pour tout fruit, moissonne
>   Un peu de gloire ; on le lui ravira ;
>   Et vous croyez qu'il s'en taira !
> Il n'est donc plus auteur ? la conséquence est bonne.

Je sais bien que le cocher de Vertamont aurait fait de tels vers tout aussi bien que La Fontaine. Je sais que ces misères prosaïques en rimes ne sont que des sottises aisées ; mais enfin le même homme est le meilleur metteur en œuvre des anciennes fables d'Ésope et de Pilpay, et celui qui, dans ce genre, a le mieux enchâssé l'esprit des autres. Encore une fois, ce talent unique fait tout pardonner. Lulli même lui pardonna, et très-plaisamment, en disant qu'il aimerait mieux mettre en musique la satire de La Fontaine que ses opéras.

---

1. Allusion à Rameau, qui méprisait la poésie au point de dire : « Donnez-moi la *Gazette de Hollande*, et je la mettrai en musique. » (G. A.)

Il ne faut pas croire que toutes les fables de La Fontaine soient égales [1]. Les personnes de bon goût ne confondront point la fable des deux Pigeons, *Deux pigeons s'aimaient d'amour tendre*, avec celle qui est si connue, *La cigale ayant chanté tout l'été*; ou avec celle qui commence ainsi, *Maître corbeau sur un arbre perché*. Ce qu'on fait apprendre par cœur aux enfants est ce qu'il y a de plus simple et non pas de meilleur; les vers mêmes qui ont le plus passé en proverbe ne sont pas toujours les plus dignes d'être retenus. Il y a incomparablement plus de personnes dans l'Europe qui savent par cœur *J'appelle un chat un chat, et Rolet un fripon*, et beaucoup de pareils vers, qu'il n'y en a qui aient retenu ceux-ci :

> Pour paraître honnête homme en un mot, il faut l'être.
> Il n'est point ici-bas de moisson sans culture.
> Celui-là fait le crime à qui le crime sert.
> Tout empire est tombé, tout peuple eut ses tyrans.
> Tel brille au second rang qui s'éclipse au premier.
> C'est un poids bien pesant qu'un nom trop tôt fameux.
> Nous ne vivons jamais, nous attendons la vie.
> Le crime a ses héros, l'erreur a ses martyrs.
> La douleur est un siècle et la mort un moment [2].

Tous ces vers sont d'un genre très-supérieur à *J'appelle un chat un chat*; mais un proverbe bas est retenu par le commun des hommes plus aisément qu'une maxime noble : c'est pourquoi il faut bien prendre garde qu'il y a des choses qui sont dans la bouche de tout le monde sans avoir aucun mérite; comme ces chansons triviales qu'on chante sans les estimer, et ces vers naïfs et ridicules de comédie qu'on cite sans les approuver :

> Entendez-vous, bailli, ce sublime langage?
> Si vous ne m'entendez, je vous aime autant sourd [3].

Et cent autres de cette espèce.

C'est particulièrement dans les fables de La Fontaine qu'il faut dis-

---

1. Ce qui suit est extrait d'un autre opuscule intitulé : *Connaissance de la poésie et de l'éloquence*. Nous l'ajoutons à la lettre écrite sous le nom de M. de la Visclède pour qu'on ait le jugement complet de Voltaire sur le fabuliste.

2. Vers de Boileau, de Voltaire et de Gresset. (G. A.)

3. Scarron, *Don Japhet d'Arménie*.

cerner soigneusement ces vers naïfs, qui approchent du bas, d'avec les naïvetés élégantes dont cet aimable auteur est rempli.

> La fourmi n'est pas prêteuse.
> Ils sont trop verts, dit-il, et bons pour des goujats.

Cela est passé en proverbe. Combien cependant ces proverbes sont-ils au-dessous de ces maximes d'un sens profond qu'on trouve en foule dans le même auteur!

> Des enfants de Japet toujours une moitié
> Fournira des armes à l'autre.
> Plutôt souffrir que mourir;
> C'est la devise des hommes.
> Il n'est pour voir que l'œil du maître;
> Quant à moi j'y mettrais encor l'œil de l'amant.
> Lynx envers nos pareils, et taupes envers nous.

Je ne connais guère de livre plus rempli de ces traits qui sont faits pour le peuple, et de ceux qui conviennent aux esprits les plus délicats; aussi je crois que de tous les auteurs La Fontaine est celui dont la lecture est d'un usage plus universel. Il n'y a que des gens un peu au fait de l'histoire, et dont l'esprit est très-formé, qui lisent avec fruit nos grands tragiques, ou la *Henriade*. Il faut avoir déjà une teinture de belles-lettres pour se plaire à l'*Art poétique*; mais La Fontaine est pour tous les esprits et pour tous les âges.

Il est le premier, en France, qui ait mis les fables d'Ésope en vers. J'ignore si Ésope eut la gloire de l'invention; mais La Fontaine a certainement celle de l'art de conter. C'est la seconde; et ceux qui l'ont suivi n'en ont pas acquis une troisième; car non-seulement la plupart des fables de La Motte-Houdart sont prises, ou de Pilpay, ou du dictionnaire d'Herbelot, ou de quelques voyageurs, ou d'autres livres; mais encore toutes sont écrites en général d'un style un peu forcé. Il avait beaucoup d'esprit; mais ce n'est pas assez pour réussir dans un art : aussi tous ses ouvrages en tous les genres ne s'élèvent guère, communément, au-dessus du médiocre. Il y a dans la foule quelques beautés et des traits fort ingénieux; mais presque jamais on n'y remarque cette chaleur et cette éloquence qui caractérisent l'homme d'un vrai génie, encore moins ce beau naturel qui plaît tant dans La Fontaine. Je sais que tous les journaux, tous les *Mercures*, les feuilles hebdomadaires qu'on faisait alors, ont retenti de ses louanges; mais il y a longtemps qu'on doit se défier de tous ces éloges. On sait assez tous les petits artifices des hommes pour acquérir un peu de gloire. On se fait un parti; on loue afin d'être loué; on engage dans ses intérêts les auteurs des journaux; mais bientôt il se forme par la voix du public un arrêt souverain, qui n'est dicté que par le plus ou le moins de plaisir qu'on a en lisant, et cet arrêt est irrévocable.

Il ne faut pas croire que le public ait eu un caprice injuste, quand il a réprouvé dans les fables de M. de La Motte des naïvetés qu'il paraît avoir adoptées dans La Fontaine. Ces naïvetés ne sont point les mêmes. Celles de La Fontaine lui échappent et sont dictées par la nature même. On sent que cet auteur écrivait dans son propre caractère, et que celui qui l'imite en cherchait un. Que La Fontaine appelle *un chat*, qui est pris pour juge, *sa majesté fourrée*, on voit bien que cette expression est venue se présenter sans effort à son auteur; elle fait une image simple, naturelle et plaisante; mais que La Motte appelle un cadran un *greffier solaire*, vous sentez là une grande contrainte avec peu de justesse. Le cadran serait plutôt le greffe que le greffier. Et combien d'ailleurs cette idée de *greffier* est-elle peu agréable! La Fontaine fait dire élégamment au corbeau par le renard :

Vous êtes le phénix des hôtes de ces bois.

La Motte appelle une rave un *phénomène potager*. Il est bien plus naturel de nommer *phénix* un corbeau qu'on veut flatter que d'appeler une rave un *phénomène*. La Motte appelle cette rave un *colosse*. Que ces mots de *colosse* et de *phénomène* sont mal appliqués à une rave, et que tout cela est bas et froid!

A M***

SUR LES ANECDOTES.

1775.

C'est un petit mal, il est vrai, monsieur, qu'on ait attribué au pape Ganganelli et à la reine Christine des lettres que ni l'un ni l'autre n'ont pu écrire. Il y a longtemps que des charlatans trompent le monde pour de l'argent. On doit y être accoutumé depuis que le grave historien Flavius Josèphe nous a certifié qu'on voyait encore de son temps un bel écrit du fils de Seth, c'est-à-dire d'un propre petit-fils d'Adam, sur l'astrologie; qu'une partie de ce livre était gravée sur une colonne de pierre, pour résister à l'eau quand le genre humain périrait par le déluge; et l'autre partie, sur une colonne de brique, pour résister au feu quand l'incendie universel détruirait le mal. On ne peut dater de plus haut les mensonges par écrit. Je crois que c'est l'abbé de Tilladet, qui disait : « Dès qu'une chose est imprimée, pariez, sans l'avoir lue, qu'elle n'est pas vraie; je serai toujours de moitié avec vous, et ma fortune est faite. » Que voulez-vous en effet qu'on pense de tous ces libelles sans nombre, de ces ana, de ces satires de la cour, qui amusent et fatiguent la France depuis le temps de la Ligue jusqu'à la Fronde, et depuis la Fronde jusqu'à nos jours?

C'est encore pis chez nos voisins; il y a cent ans que la moitié de l'Angleterre écrit contre l'autre.

Un Mathusalem qui passerait toute sa vie à lire n'aurait pas le temps de parcourir la centième partie de ces sottises. Elles tombent toutes dans le mépris, mais non dans l'oubli. Vous trouvez des curieux qui rassemblent ces vieux fatras, et qui croient avoir des monuments de l'histoire; comme on voit des gens qui ont des cabinets de papillons et de chenilles, et qui se croient des Plines.

De quels faits peut-on être un peu instruit dans l'histoire de ce monde? des grands événements publics que personne n'a jamais contestés. César a été vainqueur à Pharsale, et assassiné dans le sénat. Mahomet II a pris Constantinople. Une partie des citoyens de Paris a massacré l'autre dans la nuit de la Saint-Barthélemi. On ne peut en douter; mais qui peut pénétrer les détails? On aperçoit de loin la couleur dominante; les nuances échappent nécessairement.

Voulez-vous croire tout ce que vous dit Tacite, parce que son style vous plaît et vous subjugue? Mais de ce qu'on sait plaire, il ne s'ensuit pas qu'on ait dit toujours la vérité. Vous êtes un peu malin, et vous aimez un auteur plus malin que vous. Tacite a beau nous dire, au commencement de son histoire, qu'il faut éviter l'adulation et la satire, qu'il n'aime ni ne hait les empereurs dont il parle; je lui répondrais : Vous les haïssez, parce que vous êtes né Romain, et qu'ils ont été souverains; vous vouliez les faire haïr du genre humain dans leurs actions les plus indifférentes. Je ne veux justifier Domitien envers vous ni envers personne ; mais pourquoi semblez-vous faire un crime à cet empereur d'avoir envoyé de fréquents courriers s'informer de la santé d'Agricola, votre beau-père, dans sa dernière maladie? Pourquoi cette marque d'amitié, ou du moins d'attention, ne vous semble-t-elle qu'un désir secret de se réjouir plus tôt de la mort d'Agricola ? Je pourrais opposer au portrait affreux que vous faites de Tibère, et aux horreurs mémorables que vous en rapportez, les éloges que lui donne le Juif Philon, plus ennemi encore que vous des empereurs romains; je pourrais même, en abhorrant Néron autant que vous le détestez, vous embarrasser sur le projet longtemps suivi de tuer sa mère Agrippine, et sur la trirème inventée pour la noyer. Je vous exposerais mes doutes sur l'inceste dans lequel cette Agrippine voulait engager son fils, dans le temps même que Néron se disposait à l'assassiner; mais je ne suis pas assez hardi pour ôter un crime à Néron, et pour disputer contre Tacite.

Il me suffit, monsieur, de vous dire que, si on peut former tant de doutes sur l'histoire des premiers empereurs romains, si bien écrite par tant de contemporains illustres, on doit à plus forte raison se défier de tout ce que des barbares sans lettres ont écrit pour des peuples encore plus barbares et plus ignorants qu'eux.

Dites-moi comment le galimatias asiatique sur l'astrologie, l'alchimie, la médecine du corps et de l'âme, a fait le tour du monde et l'a gouverné.

A UN JOURNALISTE

SUR LA PHILOSOPHIE, L'HISTOIRE, LE THÉATRE, LES PIÈCES DE POÉSIE,
LES MÉLANGES DE LITTÉRATURE,
LES ANECDOTES LITTÉRAIRES, LES LANGUES ET LE STYLE.

L'ouvrage périodique auquel vous avez dessein de travailler, monsieur, peut très-bien réussir, quoiqu'il y en ait déjà trop de cette espèce. Vous me demandez comment il faut s'y prendre pour qu'un tel journal plaise à notre siècle et à la postérité. Je vous répondrai en deux mots : *soyez impartial*. Vous avez la science et le goût; si avec cela vous êtes juste, je vous prédis un succès durable. Notre nation aime tous les genres de littérature, depuis les mathématiques jusqu'à l'épigramme. Aucun des journaux ne parle communément de la partie la plus brillante des belles-lettres, qui sont les pièces de théâtre, ni de tant de jolis ouvrages de poésie, qui soutiennent tous les jours le caractère aimable de notre nation. Tout peut entrer dans votre espèce de journal, jusqu'à une chanson qui sera bien faite; rien n'est à dédaigner. La Grèce, qui se vante d'avoir fait naître Platon, se glorifie encore d'Anacréon, et Cicéron ne fait point oublier Catulle.

Sur la philosophie. — Vous savez assez de géométrie et de physique pour rendre un compte exact des livres de ce genre, et vous avez assez d'esprit pour en parler avec cet art qui leur ôte leurs épines, sans les charger de fleurs qui ne leur conviennent pas.

Je vous conseillerais surtout, quand vous ferez des extraits de philosophie, d'exposer d'abord au lecteur une espèce d'abrégé historique des opinions qu'on propose, ou des vérités qu'on établit.

Par exemple, s'agit-il de l'opinion du *vide*, dites en deux mots comment Épicure croyait le prouver; montrez comment Gassendi l'a rendu plus vraisemblable; exposez les degrés infinis de probabilité que Newton a ajoutés enfin à cette opinion par ses raisonnements, par ses observations et par ses calculs.

S'agit-il d'un ouvrage sur la nature de l'*air*, il est bon de montrer d'abord qu'Aristote et tous les philosophes ont connu sa pesanteur, mais non son degré de pesanteur. Beaucoup d'ignorants qui voudraient au moins savoir l'histoire des sciences, les gens du monde, les jeunes étudiants verront avec avidité par quelle raison et par quelles expériences le grand Galilée combattit le premier l'erreur d'Aristote au sujet de l'*air*; avec quel art Torricelli le pesa, ainsi qu'on pèse un poids dans une balance; comment on connut son ressort, comment enfin les admirables expériences de MM. Hales et Boerhaave ont découvert des effets de l'*air* qu'on est presque forcé d'attribuer à des propriétés de la matière inconnues jusqu'à nos jours.

Paraît-il un livre hérissé de calculs et de problèmes sur la *lumière*, quel plaisir ne faites-vous pas au public de lui montrer les faibles idées que l'éloquente et ignorante Grèce avait de la *réfraction*; ce qu'en dit l'Arabe Alhazen, le seul géomètre de son temps; ce que devine Antonio de Dominis; ce que Descartes met habilement et géométriquement en usage, quoique en se trompant; ce que découvre ce Grimaldi [1], qui a trop peu vécu; enfin ce que Newton pousse jusqu'aux vérités les plus déliées et les plus hardies auxquelles l'esprit humain puisse atteindre; vérités qui nous font voir un nouveau monde, mais qui laissent encore un nuage derrière elles.

Composera-t-on quelque ouvrage sur la *gravitation* des astres, sur cette admirable partie des démonstrations de Newton? ne vous aura-t-on pas obligation, si vous rendez l'histoire de cette *gravitation* des astres, depuis Copernic qui l'entrevit, depuis Kepler qui osa l'annoncer comme par instinct, jusqu'à Newton qui a démontré à la terre étonnée qu'elle pèse sur le soleil, et le soleil sur elle?

Rapportez à Descartes et à Harriot l'art d'appliquer l'algèbre à la mesure des courbes, le calcul intégral et différentiel à Newton, et ensuite à Leibnitz. Nommez dans l'occasion les inventeurs de toutes les découvertes nouvelles. Que votre ouvrage soit un registre fidèle de la gloire des grands hommes.

Surtout en exposant des opinions, en les appuyant, en les combattant, évitez les paroles injurieuses qui irritent un auteur, et souvent

---

1. Auteur de *Physico matesis de lumine, coloribus et iride, aliisque annexis*. Il mourut à l'âge de cinquante ans, en 1663. (G. A.)

toute une nation, sans éclairer personne. Point d'animosité, point d'ironie. Que diriez-vous d'un avocat général qui, en résumant tout un procès, outragerait par des mots piquants la partie qu'il condamne? Le rôle d'un journaliste n'est pas si respectable; mais son devoir est à peu près le même. Vous ne croyez point l'harmonie préétablie, faudra-t-il pour cela décrier Leibnitz? Insulterez-vous à Locke, parce qu'il croit Dieu assez puissant pour pouvoir donner, s'il le veut, la pensée à la matière? Ne croyez-vous pas que Dieu qui a tout créé peut rendre cette matière et ce don de penser éternels? que s'il a créé nos âmes, il peut encore créer des millions d'être différents de la matière et de l'âme? qu'ainsi le sentiment de Locke est respectueux pour la Divinité, sans être dangereux pour les hommes? Si Bayle, qui savait beaucoup, a beaucoup douté, songez qu'il n'a jamais douté de la nécessité d'être honnête homme. Soyez-le donc avec lui, et n'imitez point ces petits esprits qui outragent par d'indignes injures un illustre mort qu'ils n'auraient osé attaquer pendant sa vie.

Sur l'histoire. — Ce que les journalistes aiment peut-être le mieux à traiter, ce sont les morceaux d'histoire; c'est là ce qui est le plus à la portée de tous les hommes, et le plus de leur goût. Ce n'est pas que dans le fond on ne soit aussi curieux pour le moins de connaître la nature, que de savoir ce qu'a fait Sésostris ou Bacchus; mais il en coûte de l'application pour examiner, par exemple, par quelle machine on pourrait fournir beaucoup d'eau à la ville de Paris, ce qui nous importe pourtant assez; et on n'a qu'à ouvrir les yeux pour lire les anciens contes qui nous sont transmis sous le nom d'*histoires*, lesquelles on nous répète tous les jours, et qui ne nous importent guère.

Si vous rendez compte de l'histoire ancienne, proscrivez, je vous en conjure, toutes ces déclamations contre certains conquérants. Laissez Juvénal et Boileau donner, du fond de leur cabinet, des ridicules à Alexandre, qu'ils eussent fatigué d'encens s'ils eussent vécu sous lui; qu'ils appellent Alexandre insensé; vous, philosophe impartial, regardez dans Alexandre ce capitaine général de la Grèce, semblable à peu près à un Scanderbeg, à un Huniade, chargé comme eux de venger son pays; mais plus heureux, plus grand, plus poli et plus magnifique. Ne le faites pas voir seulement subjuguant tout l'empire de l'ennemi des Grecs, et portant ses conquêtes jusqu'à l'Inde, où s'étendait la domination de Darius; mais représentez-le donnant des lois au milieu de la guerre, formant des colonies, établissant le commerce, fondant Alexandrie et Scanderon [1], qui sont aujourd'hui le centre du négoce de l'Orient. C'est par là surtout qu'il faut considérer les rois ; et c'est ce qu'on néglige. Quel bon citoyen n'aimera pas mieux qu'on l'entretienne des villes et des ports que César a bâtis, du calendrier qu'il a réformé, etc., que des hommes qu'il a fait égorger?

Inspirez surtout aux jeunes gens plus de goût pour l'histoire des temps récents, qui est pour nous de nécessité, que pour l'ancienne, qui n'est que de curiosité; qu'ils songent que la moderne a l'avantage d'être plus certaine, par cela même qu'elle est moderne.

Je voudrais surtout que vous recommandassiez de commencer sérieusement l'étude de l'histoire au siècle qui précède immédiatement Charles-Quint, Léon X, François Ier. C'est là qu'il se fait dans l'esprit humain, comme dans notre monde, une révolution qui a tout changé.

Le beau siècle de Louis XIV achève de perfectionner ce que Léon X, tous les Médicis, Charles-Quint, François Ier avaient commencé. Je travaille depuis longtemps à l'histoire de ce dernier siècle, qui doit être l'exemple des siècles à venir. J'essaye de faire voir le progrès de l'esprit humain et de tous les arts, sous Louis XIV. Puissé-je, avant de mourir, laisser ce monument à la gloire de ma nation! J'ai bien des matériaux pour élever cet édifice. Je ne manque point de mémoires sur les avantages que le grand Colbert a procurés et voulait faire à la nation et au monde; sur la vigilance infatigable, sur la prévoyance d'un ministre de la guerre, né pour être le ministre d'un conquérant; sur les révolutions arrivées dans l'Europe; sur la vie privée de Louis XIV, qui a été dans son domestique l'exemple des hommes, comme il a été quelquefois celui des rois. J'ai des mémoires sur des fautes inséparables de l'humanité, dont je n'aime à parler que parce qu'elles font valoir les vertus; et j'applique déjà à Louis XIV ce beau mot de Henri IV, qui disait à l'ambassadeur don Pèdre : « Quoi donc! votre maître n'a-t-il pas assez de vertus pour avoir des défauts? » Mais j'ai peur de n'avoir ni le temps ni la force de conduire ce grand ouvrage à sa fin.

1. Skenderoun est l'Alexandrie de Syrie, à 140 kilomètres d'Alep, à laquelle elle sert de port. (G. A.)

Je vous prierai bien de faire sentir que si nos histoires modernes écrites par des contemporains sont plus certaines en général que toutes les histoires anciennes, elles sont quelquefois plus douteuses dans les détails. Je m'explique. Les hommes diffèrent entre eux d'état, de parti, de religion. Le guerrier, le magistrat, le janséniste, le moliniste, ne voient point les mêmes faits avec les mêmes yeux ; c'est le vice de tous les temps. Un Carthaginois n'eût point écrit les guerres Puniques dans l'esprit d'un Romain, et il eût reproché à Rome la mauvaise foi dont Rome accusait Carthage. Nous n'avons guère d'historiens anciens qui aient écrit les uns contre les autres sur le même événement : ils auraient répandu le doute sur des choses que nous prenons aujourd'hui pour incontestables. Quelque peu vraisemblables qu'elles soient, nous les respectons pour deux raisons : parce qu'elles sont anciennes, et parce qu'elles n'ont point été contredites.

Nous autres historiens contemporains, nous sommes dans un cas bien différent ; il nous arrive souvent la même chose qu'aux puissances qui sont en guerre. On a fait à Vienne, à Londres, à Versailles, des feux de joie pour des batailles que personne n'avait gagnées : chaque parti chante victoire, chacun a raison de son côté. Voyez que de contradictions sur Marie Stuart, sur les guerres civiles d'Angleterre, sur les troubles de Hongrie, sur l'établissement de la religion protestante, sur le concile de Trente. Parlez de la révocation de l'édit de Nantes à un bourgmestre hollandais, c'est une tyrannie imprudente : consultez un ministre de la cour de France, c'est une politique sage. Que dis-je ! la même nation, au bout de vingt ans, n'a plus les mêmes idées qu'elle avait sur le même événement et sur la même personne ; j'en ai été témoin au sujet du feu roi Louis XIV. Mais quelles contradictions n'aurai-je pas à essuyer sur l'histoire de Charles XII ! J'ai écrit sa vie singulière sur les mémoires de M. de Fabrice, qui a été huit ans son favori ; sur les lettres de M. de Fierville, envoyé de France auprès de lui ; sur celles de M. de Villongue, longtemps colonel à son service ; sur celles de M. de Poniatowski. J'ai consulté M. de Croissi, ambassadeur de France auprès de ce prince, etc. J'apprends à présent que M. Norberg, chapelain de Charles XII, écrit une histoire de son règne. Je suis sûr que le chapelain aura souvent vu les mêmes choses avec d'autres yeux que le favori de l'ambassadeur. Quel parti prendre en ce cas ? celui de me corriger sur-le-champ dans les choses où ce nouvel historien aura évidemment raison, et de laisser les autres au jugement des lecteurs désintéressés. Que suis-je en tout cela? je ne suis qu'un peintre qui cherche à représenter d'un pinceau faible, mais vrai, les hommes tels qu'ils ont été. Tout m'est indifférent de Charles XII et de Pierre le Grand, excepté le bien que le dernier a pu faire aux hommes. Je n'ai aucun sujet de les flatter ni d'en médire. Je les traiterai comme Louis XIV, avec le respect qu'on doit aux têtes couronnées qui viennent de mourir, et avec le respect qu'on doit à la vérité, qui ne mourra jamais.

Sur la comédie. — Venons aux belles-lettres, qui feront un des principaux articles de votre journal. Vous comptez parler beaucoup des pièces de théâtre. Ce projet est d'autant plus raisonnable, que le théâtre est plus épuré parmi nous, et qu'il est devenu une école de mœurs. Vous vous garderez bien sans doute de suivre l'exemple de quelques écrivains périodiques, qui cherchent à rabaisser tous leurs contemporains et à décourager les arts, dont un bon journaliste doit être le soutien. Il est juste de donner la préférence à Molière sur les comiques de tous les temps et de tous les pays; mais ne donnez point d'exclusion. Imitez les sages Italiens, qui placent Raphaël au premier rang, mais qui admirent les Paul Véronèse, les Carrache, les Corrége, les Dominiquin, etc. Molière est le premier; mais il serait injuste et ridicule de ne pas mettre le *Joueur* à côté de ses meilleures pièces. Refuser son estime aux *Ménechmes*, ne pas s'amuser beaucoup au *Légataire universel*, serait d'un homme sans justice et sans goût; et qui ne se plaît pas à Regnard n'est pas digne d'admirer Molière.

Osez avouer avec courage que beaucoup de nos petites pièces, comme le *Grondeur*, le *Galant Jardinier*, la *Pupille*, le *Double Veuvage*, l'*Esprit de contradiction*, la *Coquette de village*, le *Florentin*, etc.[1], sont au-dessus de la plupart des petites pièces de Molière; je dis au-dessus pour la finesse des caractères, pour l'esprit dont la plupart sont assaisonnées, et même pour la bonne plaisanterie.

Je ne prétends point ici entrer dans le détail de tant de pièces nouvelles, ni déplaire à beaucoup de monde par des louanges données à peu d'écrivains, qui peut-être n'en seraient pas satisfaits; mais je dirai hardiment : Quand on donnera des ouvrages pleins de mœurs, et où l'on

---

1. Pièces de Brueys et Palaprat, Dancourt, Fagan, Dufresny, La Fontaine. (G. A.)

trouve de l'intérêt, comme le *Préjugé à la mode* ; quand les Français seront assez heureux pour qu'on leur donne une pièce telle que le ***Glorieux***, gardez-vous bien de vouloir rabaisser leur succès, sous prétexte que ce ne sont pas des comédies dans le goût de Molière ; évitez ce malheureux entêtement, qui ne prend sa source que dans l'envie ; ne cherchez point à proscrire les scènes attendrissantes qui se trouvent dans ces ouvrages : car lorsqu'une comédie, outre le mérite qui lui est propre, a encore celui d'intéresser, il faut être de bien mauvaise humeur pour se fâcher qu'on donne au public un plaisir de plus.

J'ose dire que si les pièces excellentes de Molière étaient un peu plus intéressantes, on verrait plus de monde à leurs représentations ; le *Misanthrope* serait aussi suivi qu'il est estimé. Il ne faut pas que la comédie dégénère en tragédie bourgeoise : l'art d'étendre ses limites, sans les confondre avec celles de la tragédie, est un grand art, qu'il serait beau d'encourager, et honteux de vouloir détruire. C'en est un que de savoir bien rendre compte d'une pièce de théâtre. J'ai toujours reconnu l'esprit des jeunes gens au détail qu'ils faisaient d'une pièce nouvelle qu'ils venaient d'entendre ; et j'ai remarqué que tous ceux qui s'en acquittaient le mieux ont été ceux qui depuis ont acquis le plus de réputation dans leurs emplois ; tant il est vrai qu'au fond l'esprit des affaires et le véritable esprit des belles-lettres est le même !

Exposer en termes clairs et élégants un sujet qui quelquefois est embrouillé, et, sans s'attacher à la division des actes, éclaircir l'intrigue et le dénoûment, les raconter comme une histoire intéressante, peindre d'un trait les caractères, dire ensuite ce qui a paru plus ou moins vraisemblable, bien ou mal préparé, retenir les vers les plus heureux, bien saisir le mérite ou le vice général du style ; c'est ce que j'ai vu faire quelquefois, mais ce qui est fort rare chez les gens de lettres même qui s'en font une étude : car il est plus facile à certains esprits de suivre leurs propres idées que de rendre compte de celles des autres.

De la tragédie. — Je dirai à peu près de la tragédie ce que j'ai dit de la comédie. Vous savez quel honneur ce bel art a fait à la France : art d'autant plus difficile, et d'autant plus au-dessus de la comédie, qu'il faut être vraiment poëte pour faire une belle tragédie, au lieu que la comédie demande seulement quelque talent pour les vers.

Vous, monsieur, qui entendez si bien Sophocle et Euripide, ne cherchez point une vaine récompense du travail qu'il vous en a coûté pour les entendre, dans le malheureux plaisir de les préférer, contre votre sentiment, à nos grands auteurs français. Souvenez-vous que, quand je vous ai défié de me montrer, dans les tragiques de l'antiquité, des morceaux comparables à certains traits des pièces de Pierre Corneille, je dis de ses moins bonnes, vous avouâtes que c'était une chose impossible. Ces traits dont je parle étaient, par exemple, ces vers de la tragédie de *Nicomède*. Je veux, dit Prusias [1] :

> J'y veux mettre d'accord l'amour et la nature,
> Être père et mari dans cette conjoncture.
>
> NICOMÈDE.
>
> Seigneur, voulez-vous bien vous en fier à moi ?
> Ne soyez l'un ni l'autre.
>
> PRUSIAS.
>
>   Eh ! que dois-je être ?
>
> NICOMÈDE.
>
>   Roi.
> Reprenez hautement ce noble caractère.
> Un véritable roi n'est ni mari ni père :
> Il regarde son trône, et rien de plus. Régnez.
> Rome vous craindra plus que vous ne la craignez.

Vous n'inférerez point que les dernières pièces de ce père du théâtre soient bonnes, parce qu'il s'y trouve de si beaux éclairs : avouez leur extrême faiblesse avec tout le public.

Agésilas et *Suréna* ne peuvent rien diminuer de l'honneur que *Cinna* et *Polyeucte* font à la France. M. de Fontenelle, neveu du grand Corneille, dit, dans la Vie de son oncle, que si le proverbe *Cela est beau comme le Cid* passa trop tôt, il faut s'en prendre aux auteurs qui avaient intérêt à l'abolir. Non, les auteurs ne pouvaient pas plus causer la chute du proverbe que celle du *Cid :* c'est Corneille lui-même qui le détruisit; c'est à *Cinna* qu'il faut s'en prendre. Ne dites point, avec l'abbé de Saint-Pierre, que dans cinquante ans on ne jouera plus les pièces de Racine. Je plains nos enfants s'ils ne goûtent pas ces chefs-d'œuvre d'élégance. Comment leur cœur sera-t-il donc fait, si Racine ne les intéresse pas ?

---

1. *Nicomède,* tragédie, acte IV, scène III.

Il y a apparence que les bons auteurs du siècle de Louis XIV dureront autant que la langue française; mais ne découragez pas leurs successeurs en assurant que la carrière est remplie, et qu'il n'y a plus de place. Corneille n'est pas assez intéressant ; souvent Racine n'est pas assez tragique. L'auteur de *Vinceslas*, celui de *Rhadamiste* et d'*Électre*, avec leurs grands défauts, ont des beautés particulières qui manquent à ces deux grands hommes; et il est à présumer que ces trois pièces resteront toujours sur le théâtre français, puisqu'elles s'y sont soutenues avec des acteurs différents; car c'est la vraie épreuve d'une tragédie.

Que dirai-je de *Manlius*, pièce digne de Corneille, et du beau rôle d'*Ariane*, et du grand intérêt qui règne dans *Amasis*[1]? Je ne vous parlerai point des pièces tragiques faites depuis vingt années : comme j'en ai composé quelques-unes, il ne m'appartient pas d'oser apprécier le mérite des contemporains qui valent mieux que moi ; et à l'égard de mes ouvrages de théâtre, tout ce que je peux en dire, et vous prier d'en dire aux lecteurs, c'est que je les corrige tous les jours.

Mais quand il paraîtra une pièce nouvelle, ne dites jamais comme l'auteur odieux des *Observations*[2] et de tant d'autres brochures : *La pièce est excellente*, ou *elle est mauvaise*; ou *tel acte est impertinent, un tel rôle est pitoyable*. Prouvez solidement ce que vous en pensez, et laissez au public le soin de prononcer. Soyez sûr que l'arrêt sera contre vous toutes les fois que vous déciderez sans preuve, quand même vous auriez raison; car ce n'est pas votre jugement qu'on demande, mais le rapport d'un procès que le public doit juger.

Ce qui rendra surtout votre journal précieux, c'est le soin que vous aurez de comparer les pièces nouvelles avec celles des pays étrangers qui seront fondées sur le même sujet. Voilà à quoi l'on manqua dans le siècle passé, lorsqu'on fit l'examen du *Cid*; on ne rapporta que quelques vers, de l'original espagnol; il fallait comparer les situations. Je suppose qu'on nous donne aujourd'hui *Manlius*, de La Fosse, pour la première fois; il serait très-agréable de mettre sous les yeux du lecteur la tragédie anglaise[3] dont elle est tirée. Paraît-il quelque ouvrage instructif sur les pièces de l'illustre Racine; détrompez le public de l'idée où l'on est que

---

1. Tragédies de La Fosse, Thomas Corneille, La Grange-Chancel. (G. A.)
2. L'abbé Desfontaines.
3. La *Venise sauvée* d'Otway.

jamais les Anglais n'ont pu admettre le sujet de *Phèdre* sur leur théâtre. Apprenez aux lecteurs que la *Phèdre* de Smith est une des plus belles pièces qu'on ait à Londres. Apprenez-leur que l'auteur a imité tout de Racine, jusqu'à l'amour d'Hippolyte; qu'on a joint ensemble l'intrigue de *Phèdre* et celle de *Bajazet,* et que cependant l'auteur se vante d'avoir tiré tout d'Euripide. Je crois que les lecteurs seraient charmés de voir sous leurs yeux la comparaison de quelques scènes de la *Phèdre* grecque, de la latine, de la française et de l'anglaise. C'est ainsi, à mon gré, que la sage et saine critique perfectionnerait encore le goût des Français, et peut-être de l'Europe. Mais quelle vraie critique avons-nous depuis celle que l'Académie française fit du *Cid,* et à laquelle il manque encore autant de choses qu'au *Cid* même?

Des pièces de poésie. — Vous répandrez beaucoup d'agrément sur votre journal si vous l'ornez de temps en temps de ces petites pièces fugitives marquées au bon coin, dont les portefeuilles des curieux sont remplis. On a des vers du duc de Nevers, du comte Antoine Hamilton, né en France [1], qui respirent tantôt le feu poétique, tantôt la douce facilité du style épistolaire. On a mille petits ouvrages charmants de MM. d'Ussé, de Saint-Aulaire, de Ferrand, de La Faye, de Fieubet, du président Hénault et de tant d'autres. Ces sortes de petits ouvrages dont je vous parle suffisaient autrefois à faire la réputation des Voiture, des Sarrasin, des Chapelle. Ce mérite était rare alors. Aujourd'hui qu'il est plus répandu, il donne peut-être moins de réputation; mais il ne fait pas moins de plaisir aux lecteurs délicats. Nos chansons valent mieux que celles d'Anacréon, et le nombre en est étonnant. On en trouve même qui joignent la morale avec la gaieté, et qui, annoncées avec art, n'aviliraient point du tout un journal sérieux. Ce serait perfectionner le goût, sans nuire aux mœurs, de rapporter une chanson aussi jolie que celle-ci, qui est de l'auteur du *Double Veuvage* [2] :

> Phyllis, plus avare que tendre,
> Ne gagnant rien à refuser,
> Un jour exigea de Lisandre
> Trente moutons pour un baiser.

1. Ou plutôt en Irlande.
2. Dufresny.

> Le lendemain nouvelle affaire ;
> Pour le berger le troc fut bon,
> Car il obtint de la bergère
> Trente baisers pour un mouton.
>
> Le lendemain Phyllis plus tendre
> Craignant de déplaire au berger,
> Fut trop heureuse de lui rendre
> Trente moutons pour un baiser.
>
> Le lendemain, Phyllis plus sage
> Aurait donné moutons et chien
> Pour un baiser que le volage
> A Lisette donnait pour rien.

Comme vous n'avez pas tous les jours des livres nouveaux qui méritent votre examen, ces petits morceaux de littérature rempliront très-bien les vides de votre journal. S'il y a quelques ouvrages de prose ou de poésie qui fassent beaucoup de bruit dans Paris, qui partagent les esprits, et sur lesquels on souhaite une critique éclairée, c'est alors qu'il faut oser servir de maître au public sans le paraître, et, le conduisant comme par la main, lui faire remarquer les beautés sans emphase et les défauts sans aigreur. C'est alors qu'on aime en vous cette critique qu'on déteste et qu'on méprise dans d'autres.

Un de mes amis, examinant trois épîtres de Rousseau, en vers dissyllabes, qui excitèrent beaucoup de murmure il y a quelque temps, fit de la seconde, où tous nos auteurs sont insultés, l'examen suivant, dont voici un échantillon qui paraît dicté par la justesse et la modération. Voici le commencement de la pièce qu'il examinait :

> Tout institut, tout art, toute police
> Subordonnée au pouvoir du caprice,
> Doit être aussi conséquemment pour tous
> Subordonnée à nos différents goûts.
> Mais de ces goûts la dissemblance extrême,
> A le bien prendre, est un faible problème ;
> Et quoi qu'on dise, on n'en saurait jamais
> Compter que deux, l'un bon, l'autre mauvais.
> Par des talents que le travail cultive,
> A ce premier pas à pas on arrive ;
> Et le public, que sa bonté prévient,
> Pour quelque temps s'y fixe et s'y maintient.

> Mais éblouis enfin par l'étincelle
> De quelque mode inconnue et nouvelle,
> L'ennui du beau nous fait aimer le laid,
> Et préférer le moindre au plus parfait, etc.
>
> *(Ép. à Thalie.)*

Voici l'examen :

Ce premier vers : « Tout institut, tout art, toute police, » semble avoir le défaut, je ne dis pas d'être prosaïque, car toutes ces épîtres le sont, mais d'être une prose un peu trop faible et dépourvue d'élégance et de clarté.

La *police* semble n'avoir aucun rapport au goût dont il est question. De plus, le terme de *police* doit-il entrer dans des vers?

Conséquemment est à peine admis dans la prose noble. Cette répétition du mot *subordonnée* serait vicieuse, quand même le terme serait élégant, et semble insupportable, puisque ce terme est une expression plus convenable à des affaires qu'à la poésie.

La *dissemblance* ne paraît pas le mot propre. La « dissemblance des goûts est un faible problème » ; je ne crois pas que cela soit français.

A le bien prendre paraît une expression trop inutile et trop basse.

Enfin, il semble qu'un *problème* n'est ni faible ni fort : il peut être aisé ou difficile, et sa solution peut être faible, équivoque, erronée.

> Et quoi qu'on dise, on n'en saurait jamais
> Compter que deux, l'un bon, l'autre mauvais.

Non-seulement la poésie aimable s'accommode peu de cet air de dilemme et d'une pareille sécheresse, mais la raison semble peu s'accommoder de voir en huit vers « que tout art est subordonné à nos différents goûts, et que cependant il n'y a que deux goûts. — Arriver au goût pas à pas » est encore, je crois, une façon de parler peu convenable, même en prose.

> Et le public, que sa bonté prévient.

Est-ce la bonté du public? est-ce la bonté du goût?

> L'ennui du beau nous fait aimer le laid,
> Et préférer le moindre au plus parfait.

1° Le *beau et le laid* sont des expressions réservées au bas comique. 2° Si on aime le laid, ce n'est pas la peine de dire ensuite qu'on préfère le *moins parfait*. 3° Le moindre n'est pas opposé grammaticalement au plus parfait. 4° Le *moindre* est un mot qui n'entre jamais dans la poésie, etc.

C'est ainsi que ce critique faisait sentir, sans amertume, toute la faiblesse de ces épîtres. Il n'y avait pas trente vers dans tous les ouvrages de Rousseau, faits en Allemagne, qui échappassent à sa juste censure. Et pour mieux instruire les jeunes gens, il comparait à cet ouvrage un autre ouvrage du même auteur sur un sujet de littérature à peu près semblable. Il rapportait les vers de l'*Épitre aux Muses*, imitée de Despréaux; et cet objet de comparaison achevait de persuader mieux que les discussions les plus solides et les plus subtiles.

De l'exposé de tous ces vers dissyllabes, il prenait occasion de faire voir qu'il ne faut jamais confondre les vers de cinq pieds avec les vers marotiques. Il prouvait que le style qu'on appelle de Marot ne doit être admis que dans une épigramme et dans un conte, comme les figures de Callot ne doivent paraître que dans des grotesques. Mais quand il faut mettre la raison en vers, peindre, émouvoir, écrire élégamment, alors ce mélange monstrueux de la langue qu'on parlait il y a deux cents ans, et de la langue de nos jours, paraît l'abus le plus condamnable qui se soit glissé dans la poésie. Marot parlait sa langue; il faut que nous parlions la nôtre. Cette bigarrure est aussi révoltante pour les hommes judicieux que le serait l'architecture gothique mêlée avec la moderne. Vous aurez souvent occasion de détruire ce faux goût. Les jeunes gens s'adonnent à ce style, parce qu'il est malheureusement facile.

Il en a coûté peut-être à Despréaux pour dire élégamment (*Art poétique*, ch. iv):

> Faites choix d'un censeur solide et salutaire,
> Que la raison conduise et le savoir éclaire,
> Et dont le crayon sûr d'abord aille chercher
> L'endroit que l'on sent faible, et qu'on se veut cacher.

Mais s'il est bien facile, est-il bien élégant de dire :

> Donc si Phébus ses échecs vous adjuge,
> Pour bien juger consultez un bon juge.

> Pour bien jouer, hantez les bons joueurs;
> Surtout craignez le poison des loueurs;
> Accostez-vous de fidèles critiques.
>
> (*Ép. à Cl. Marot.*)

Ce n'est pas qu'il faille condamner des vers familiers dans ces pièces de poésie; au contraire, ils y sont nécessaires, comme les jointures dans le corps humain, ou plutôt comme des repos dans un voyage :

> Et sermone opus est, modo tristi, sæpe jocoso,
> Defendente vices modo rhetoris, atque poetæ,
> Interdum urbani parcentis viribus, atque
> Extenuantis eas consulto.
>
> (Hor., liv. 1, sat. x.)

Tout ne doit pas être orné, mais rien ne doit être rebutant. Un langage obscur et grotesque n'est pas de la simplicité; c'est de la grossièreté recherchée.

Des Mélanges de littérature et des Anecdotes littéraires. — Je rassemble ici, sous le nom de *Mélanges de littérature*, tous les morceaux détachés d'histoire, d'éloquence, de morale, de critique, et ces petits romans qui paraissent si souvent. Nous avons des chefs-d'œuvre en tous ces genres. Je ne crois pas qu'aucune nation puisse se vanter d'un si grand nombre d'aussi jolis ouvrages de belles-lettres. Il est vrai qu'aujourd'hui ce genre facile produit une foule d'auteurs : on en compterait quatre ou cinq mille depuis cent ans. Mais un lecteur en use avec les livres comme un citoyen avec les hommes. On ne vit pas avec tous ses contemporains, on choisit quelques amis. Il ne faut pas plus s'effaroucher de voir cent cinquante mille volumes à la Bibliothèque du roi que de ce qu'il y a sept cent mille hommes dans Paris. Les ouvrages de pure littérature, dans lesquels on trouve souvent des choses agréables, amusent successivement les honnêtes gens, délassent l'homme sérieux dans l'intervalle de ses travaux, et entretiennent dans la nation cette fleur d'esprit et cette délicatesse qui fait son caractère.

Ne condamnez point avec dureté tout ce qui ne sera pas La Rochefoucauld ou La Fayette, tout ce qui ne sera pas aussi parfait que la *Conspiration de Venise* de l'abbé de Saint-Réal, aussi plaisant et aussi original que la *Conversation du père Canaye et du maréchal d'Hocquincourt*, écrite par Charleval, et à laquelle Saint-Évremond a ajouté une fin moins plaisante et qui languit un peu ; enfin tout ce qui ne sera pas aussi naturel, aussi fin, aussi gai que le *Voyage*, quoique un peu inégal, de Bachaumont et de Chapelle.

> Non, si priores Mæonius tenet
> Sedes Homerus, Pindaricæ latent
> Ceæque, et Alcæi minaces,
> Stesichorique graves Camenæ ;
>
> Nec, si quid olim lusit Anacreon,
> Delevit ætas ; spirat adhuc amor,
> Vivuntque commissi calores
> Æoliæ fidibus pullæ.
> (Hor., Od. ix, liv. IV.)

Dans l'exposition que vous ferez de ces ouvrages ingénieux, badinant, à leur exemple, avec vos lecteurs, et répandant les fleurs avec ces auteurs dont vous parlerez, vous ne tomberez pas dans cette sévérité de quelques critiques, qui veulent que tout soit écrit dans le goût de Cicéron ou de Quintilien. Ils crient que l'éloquence est énervée, que le bon goût est perdu parce qu'on aura prononcé dans une académie un discours brillant qui ne serait pas convenable au barreau. Ils voudraient qu'un conte fût écrit du style de Bourdaloue. Ne distingueront-ils jamais les temps, les lieux et les personnes? Veulent-ils que Jacob, dans le *Paysan parvenu*[1], s'exprime comme Pellisson ou Patru? Une éloquence mâle, noble, ennemie de petits ornements, convient à tous les grands ouvrages. Une pensée trop fine serait une tache dans le *Discours sur l'Histoire universelle* de l'éloquent Bossuet. Mais dans un ouvrage d'agrément, dans un compliment, dans une plaisanterie, toutes les grâces légères, la naïveté ou la finesse, les plus petits ornements, trouvent leur place. Examinons-nous nous-mêmes. Parlons-nous d'affaires du ton des entretiens d'un repas? Les livres sont la peinture de la vie humaine ; il en faut de solides, et on en doit permettre d'agréables.

N'oubliez jamais, en rapportant les traits ingénieux de tous ces livres, de marquer ceux qui sont à peu près semblables chez les autres

---

1. Roman de Marivaux.

peuples, ou dans nos anciens auteurs. On nous donne peu de pensées que l'on ne trouve dans Sénèque, dans Lucien, dans Montaigne, dans Bacon, dans le *Spectateur anglais*. Les comparer ensemble (et c'est en quoi le goût consiste), c'est exciter les auteurs à dire, s'il se peut, des choses nouvelles, c'est entretenir l'émulation, qui est la mère des arts. Quelle satisfaction pour un lecteur délicat de voir d'un coup d'œil ces idées qu'Horace a exprimées dans des vers négligés, mais avec des paroles si expressives, ce que Despréaux a rendu d'une manière si correcte, ce que Dryden et Rochester ont renouvelé avec le feu de leur génie! Il en est de ces parallèles comme de l'anatomie comparée, qui fait connaître la nature. C'est par là que vous ferez voir souvent, non-seulement ce qu'un auteur a dit, mais ce qu'il aurait pu dire ; car si vous ne faites que le répéter, à quoi bon faire un journal?

Sur les langues. — Il faut qu'un bon journaliste sache au moins l'anglais et l'italien; car il y a beaucoup d'ouvrages de génie dans ces langues, et le génie n'est presque jamais traduit. Ce sont, je crois, les deux langues de l'Europe les plus nécessaires à un Français. Les Italiens sont les premiers qui aient retiré les arts de la barbarie; et il y a tant de grandeur, tant de force d'imagination jusque dans les fautes des Anglais, qu'on ne peut trop conseiller l'étude de leur langue.

Il est triste que le grec soit négligé en France, mais il n'est pas permis à un journaliste de l'ignorer. Sans cette connaissance, il y a un grand nombre de mots français dont il n'aura jamais qu'une idée confuse; car depuis l'arithmétique jusqu'à l'astronomie, quel est le terme d'art qui ne dérive de cette langue admirable? A peine y a-t-il un muscle, une veine, un ligament dans notre corps, une maladie, un remède, dont le nom ne soit grec. Donnez-moi deux jeunes gens dont l'un saura cette langue et dont l'autre l'ignorera; que ni l'un ni l'autre n'ait la moindre teinture d'anatomie; qu'ils entendent dire qu'un homme est malade d'un *diabetès*, qu'il faut faire à celui-ci une *paracentèse*, que cet autre a une *ankilose* ou un *bubonocèle*, celui qui sait le grec entendra tout d'un coup de quoi il s'agit, parce qu'il voit de quoi ces mots sont composés; l'autre ne comprendra absolument rien.

Plusieurs mauvais journalistes ont osé donner la préférence à l'*Iliade* de La Motte sur l'*Iliade* d'Homère. Certainement, s'ils avaient lu Homère en sa langue, ils eussent vu que la traduction est d'autant au-dessous de l'original, que Segrais est au-dessous de Virgile.

Un journaliste versé dans la langue grecque pourra-t-il s'empêcher de remarquer, dans les traductions que Tourreil a faites de Démosthène, quelques faiblesses au milieu de ses beautés? « Si quelqu'un, dit le traducteur, vous demande, messieurs les Athéniens, avez-vous la paix? Non, de par Jupiter, répondez-vous; nous avons la guerre avec Philippe. » Le lecteur, sur cet exposé, pourrait croire que Démosthène plaisante à contre-temps; que ces termes familiers et réservés pour le bas comique, *messieurs les Athéniens, de par Jupiter*, répondent à de pareilles expressions grecques. Il n'en est pourtant rien, et cette faute appartient tout entière au traducteur. Ce sont mille petites inadvertances pareilles qu'un journaliste éclairé peut faire observer, pourvu qu'en même temps il remarque encore plus les beautés.

Mais aussi, que votre amour pour les langues étrangères ne vous fasse pas mépriser ce qui s'écrit dans votre patrie; ne soyez point comme ce faux délicat à qui Pétrone a fait dire :

> Ales phasiacis petita Colchis,
> Atque afræ volucres placent palato...
> Quidquid quæritur optimum videtur.

On ne trouva de poëte français dans la bibliothèque de l'abbé de Longuerue, qu'un tome de Malherbe. Je voudrais, encore une fois, en fait de belles-lettres, qu'on fût de tous les pays, mais surtout du sien. J'appliquerai à ce sujet des vers de M. de La Motte, car il en a quelquefois fait d'excellents :

> C'est par l'étude que nous sommes
> Contemporains de tous les hommes,
> Et citoyens de tous les lieux.

Du style d'un journaliste. — Quant au style d'un journaliste, Bayle est peut-être le premier modèle, s'il vous en faut un; c'est le plus profond dialecticien qui ait jamais écrit; c'est presque le seul compilateur qui ait du goût. Cependant dans son style, toujours clair et naturel, il y a trop de négligence, trop d'oubli des bienséances, trop d'incorrection. Il est diffus : il fait, à la vérité, conversation avec son lecteur comme Montaigne, et en cela il charme tout le monde; mais il s'abandonne à une mollesse de style et aux expressions triviales d'une conversation trop simple; et en cela il rebute souvent l'homme de goût.

> Nul chef-d'œuvre par vous écrit jusqu'aujourd'hui
> Ne vous donne le droit de faillir comme lui [1].

N'employez jamais un mot nouveau, à moins qu'il n'ait ces trois qualités : d'être nécessaire, intelligible et sonore. Des idées nouvelles, surtout en physique, exigent des expressions nouvelles; mais substituer à un mot d'usage un autre mot qui n'a que le mérite de la nouveauté, ce n'est pas enrichir la langue, c'est la gâter. Le siècle de Louis XIV mérite ce respect des Français, que jamais ils ne parlent une autre langue que celle qui a fait la gloire de ces belles années.

Un des plus grands défauts des ouvrages de ce siècle, c'est le mélange des styles, et surtout de vouloir parler des sciences comme on en parlerait dans une conversation familière [2]. Je vois les livres les plus sérieux déshonorés par des expressions qui semblent recherchées par rapport au sujet, mais qui sont en effet basses et triviales. Par exemple, *la nature fait les frais de cette dépense*: il faut mettre *sur le compte du vitriol romain un mérite dont nous* faisons *honneur à l'antimoine;* un *système de mise; adieu l'intelligence des courbes; si on néglige le calcul,* etc.

Ce défaut vient d'une origine estimable; on craint le pédantisme; on veut orner des matières un peu sèches; mais

> In vitium ducit culpæ fuga, si caret arte.
> (Hor.)

Il me semble que tous les honnêtes gens aiment mieux cent fois un homme lourd, mais sage, qu'un mauvais plaisant. Les autres nations ne tombent guère dans ce ridicule. La raison en est que l'on y craint moins qu'en France d'être ce que l'on est. En Allemagne, en Angleterre, un physicien est physicien; en France, il veut encore être plaisant. Voiture fut le premier qui eut de la réputation par son style familier. On s'écriait :

---

1. Parodie de deux vers de *Phèdre*, acte I, scène I.
2. Voltaire critique ici Fontenelle. (G. A.)

« Cela s'appelle écrire en homme du monde, en homme de cour; voilà le ton de la bonne compagnie ! » On voulut ensuite écrire sur des choses sérieuses, de ce ton de la bonne compagnie, lequel souvent ne serait pas supportable dans une lettre.

Cette manie a infecté plusieurs écrits d'ailleurs raisonnables. Il y a en cela plus de paresse encore que d'affectation, car ces expressions plaisantes qui ne signifient rien, et que tout le monde répète sans penser, ces lieux communs sont plus aisés à trouver qu'une expression énergique et élégante. Ce n'est point avec la familiarité du style épistolaire, c'est avec la dignité du style de Cicéron qu'on doit traiter la philosophie. Malebranche, moins pur que Cicéron, mais plus fort et plus rempli d'images, me paraît un grand modèle dans ce genre; et plût à Dieu qu'il eût établi des vérités aussi solidement qu'il a exposé ses opinions avec éloquence !

Locke, moins élevé que Malebranche, peut-être trop diffus, mais plus élégant, s'exprime toujours dans sa langue avec netteté et avec grâce. Son style est charmant, *puroque simillimus amni.* Vous ne trouvez dans ces auteurs aucune envie de briller à contre-temps, aucune pointe, aucun artifice. Ne les suivez point servilement, *ô imitatores, servum pecus!* mais, à leur exemple, remplissez-vous d'idées profondes et justes. Alors les mots viennent aisément, *rem verba sequentur.* Remarquez que les hommes qui ont le mieux pensé sont aussi ceux qui ont le mieux écrit.

Si la langue française doit bientôt se corrompre, cette altération viendra de deux sources : l'une est le style affecté des auteurs qui vivent en France; l'autre est la négligence des écrivains qui résident dans les pays étrangers. Les papiers publics et les journaux sont infectés continuellement d'expressions impropres, auxquelles le public s'accoutume à force de les relire.

Par exemple, rien n'est plus commun dans les gazettes que cette phrase : Nous apprenons que les assiégeants *auraient* un tel jour battu en brèche : on dit que les deux armées se *seraient* approchées; au lieu de : les deux armées se *sont* approchées, les assiégeants *ont* battu en brèche, etc.

Cette construction très-vicieuse est imitée du style barbare qu'on a malheureusement conservé dans le barreau et dans quelques édits. On fait, dans ces pièces, parler au roi un langage gothique. Il dit : On nous *aurait* remontré, au lieu de on nous *a* remontré ; lettres *royaux*, au lieu de lettres *royales : Voulons et nous plait*, au lieu de toute autre phrase plus méthodique et plus grammaticale. Ce style gothique des édits et des lois est comme une cérémonie dans laquelle on porte des habits antiques ; mais il ne faut point les porter ailleurs. On ferait même beaucoup mieux de faire parler le langage ordinaire aux lois, qui sont faites pour être entendues aisément. On devrait imiter l'élégance des *Institutes* de Justinien. Mais que nous sommes loin de la forme et du fond des lois romaines !

Les écrivains doivent éviter cet abus, dans lequel donnent tous les gazetiers étrangers. Il faut imiter le style de la Gazette qui s'imprime à Paris ; elle dit au moins correctement des choses inutiles.

La plupart des gens de lettres qui travaillent en Hollande, où se fait le plus grand commerce de livres, s'infectent d'une autre espèce de barbarie qui vient du langage des marchands : ils commencent à écrire *par contre*, pour *au contraire* ; cette *présente*, au lieu de cette *lettre* ; le *change*, au lieu de *changement*. J'ai vu des traductions d'excellents livres remplies de ces expressions. Le seul exposé de pareilles fautes doit suffire pour corriger les auteurs. Plût à Dieu qu'il fût aussi aisé de remédier au vice qui produit tous les jours tant d'écrits mercenaires, tant d'extraits infidèles, tant de mensonges, tant de calomnies, dont la presse inonde la république des lettres !

A M. LE MARQUIS DE THIBOUVILLE.

11 janvier 1776.

Mon cher marquis, je vous sais bien bon gré de vous être à la fin humanisé avec moi et de m'avoir écrit des lettres qui disent quelque chose. J'ai le malheur, dans ma solitude, de ne connaître ni *le Paysan perverti* ni *le Célibataire* ; mais je trouve plaisant que vous me recommandiez de ne montrer qu'à madame Denis ce que vous avez la complaisance de m'écrire. Messieurs les Parisiens s'imaginent toujours que le reste de la terre est fait comme le faubourg Saint-Germain et le quartier du Palais-Royal, et qu'au sortir de l'Opéra les Suisses content les nouvelles du jour avant de souper avec quinze ou vingt amis intimes. Ce n'est pas là ma façon d'être. Ma solitude n'est interrompue que par les acclamations de dix ou douze mille habitants qui bénissent M. Turgot.

Notre petite province se trouve à présent la seule en France qui soit délivrée des pandoures des fermes générales. Nous goûtons le bonheur d'être libres. Nous n'avons pas parmi nous un seul paysan perverti, et il n'y a peut-être que moi qui sache si l'on a joué *le Célibataire* et *le Connétable de Bourbon*.

Les déserteurs qui reviennent en foule et qui passent par notre pays chantent les louanges de M. de Saint-Germain, comme nous chantons celles de M. Turgot. Je me doute bien qu'il y a quelques financiers dans Paris dont les voix ne se mêlent point à nos concerts; nous savons que les sangsues ne chantent point; et nous ne nous embarrassons guère que ces messieurs applaudissent ou non aux opérations du meilleur ministre des finances que la France ait jamais eu.

On dit qu'il court dans Paris une pasquinade intitulée : *Entretien du père Adam et du père Saint-Germain*. Je ne connais pas plus cette sottise que *le Paysan perverti*.

Madame Denis est fort languissante. L'hiver me tue et ne la corrigera point de sa paresse.

Le vieux malade de Ferney vous écrit pour elle, et tous deux vous sont tendrement attachés.

A M. TURGOT.

13 janvier 1776.

Pardonnez à un vieillard ses indiscrétions et ses importunités. Un des droits de votre place est d'essuyer les unes et les autres.

Vous faites naître un beau siècle dont je ne verrai que la première aurore. J'entrevois de grands changements, et la France en avait besoin en tout genre.

J'apprends qu'en Toscane on vient d'essayer l'usage de vos principes, et qu'un plein succès en a justifié la bonté.

On me dit qu'en France des gens intéressés et d'autres gens très-ingrats, qui vous doivent leur existence, forment une cabale contre vous. Je me flatte qu'elle sera dissipée. Mon espérance est fondée sur le caractère du roi et sur les vrais services que vous rendez à la nation.

Le petit pays de Gex est à peine un point sur la carte, mais vous ne sauriez croire les heureux effets de vos dernières opérations dans ce coin de terre. Les acclamations sont portées jusqu'aux bords du Rhin. Vous ne vous en souciez guère, mais je m'en soucie beaucoup, parce que j'aime votre gloire autant que vous aimez le bien public.

Triomphez, monseigneur, des fripons et de la goutte; conservez vos bontés pour le plus vieux de vos serviteurs et le plus zélé de vos admirateurs : vous ne vous embarrassez guère de son profond respect.

Le vieux malade de Ferney.

AU ROI DE PRUSSE.

A Ferney, 17 janvier 1776.

Sire, il y avait autrefois vers le cinquante-troisième degré de latitude un bel aigle, dont le vol était admiré dans toutes les latitudes du monde. Un petit rat était sorti de sa souricière, pour aller contempler l'aigle, et il fut épris d'une violente passion pour ce roi des oiseaux ; le rat vieillit depuis dans sa retraite, et fut réduit à ronger des livres; encore les rongeait-il fort mal, parce qu'il n'avait plus de dents. L'aigle conserva toujours son beau bec, mais il eut mal à ses royales pattes.

Ce qu'on ne croira jamais, c'est que cet aigle, pendant sa maladie, s'amusait quelquefois à faire de fort jolis vers, qu'il daignait envoyer au rat. Puisque les chênes de Dodone parlaient, pourquoi un aigle ne ferait-il pas des vers? Le rat devenu décrépit ne pouvait plus faire que de la prose : il prit la liberté d'envoyer à son ancien patron l'aigle quelques feuillets d'un ancien livre qu'il avait trouvé dans une bibliothèque; ces fragments commençaient à la page 86.

Les choses dont il est parlé dans ces fragments sont très-vraies et très-singulières. Le rat s'imagina qu'elles pourraient amuser l'aigle. S'il se trompa, on peut lui pardonner, car, dans le fond, il n'avait que de bonnes intentions; il ne voyait pas la vérité avec un coup d'œil d'aigle, mais il l'aimait tant qu'il pouvait. C'était même pour cultiver cette vérité et pour la contempler de plus près qu'il avait fait autrefois un voyage dans la moyenne région de l'air, pour se mettre sous la protection de son aigle, auquel il resta attaché bien respectueusement et bien tendrement jusqu'à ce qu'il fut mangé des chats.

P.-S. Si par hasard sa majesté l'aigle pouvait s'amuser de ces chiffons, son vieux vassal le rat lui enverrait tout l'ouvrage par les charriots de la poste, dès qu'il sera imprimé.

A M. TURGOT.

18 février 1776.

Il n'y a point, monseigneur, de malade plus importun que moi. Il faut que je vous ennuie de mon lit, autant qu'on vous ennuie à Paris par des remontrances.

J'apprends qu'on trouve mauvais que nos états aient traité avec Berne pour saler notre pot. Je vous assure que nos états n'ont fait aucun traité avec Berne; ils ne sont point du corps diplomatique.

Nous manquions absolument de sel dès la fin de décembre dernier; on nous en a vendu deux mille minots, soit à Nyon dans la Suisse même, soit à Genève. J'en ai acheté pour ma part huit quintaux; *car si le sel s'évanouissait, avec quoi salerait-on?*

J'ose vous représenter qu'il nous faudrait environ cinq mille minots, parce que nous comptons en donner prodigieusement à tous nos bestiaux, dans la crainte trop bien fondée de l'épizootie, et parce que je compte en semer sur mes champs avec mon blé, pour détruire l'ancien préjugé qui fesait autrefois répandre du sel sur les terrains qu'on voulait frapper de stérilité. Un peu de sel au contraire versé sur les terres glaiseuses est un des meilleurs engrais possibles : c'est une expérience de physique et de labourage.

Je vous demande en grâce, monseigneur, de n'être point fâché contre nos états, qui n'ont ni proposé ni signé aucun traité avec personne. C'est de quoi je vous réponds sur ma vie, laquelle ne tient qu'à un filet, et laquelle est à vous avec respect et reconnaissance.

Le vieux malade.

A M. VASSELIER,

A LYON.

Ferney, 15 mars 1776.

Je suis enchanté des édits sur les corvées et sur les maîtrises. On a eu bien raison de nommer le lit de justice *le lit de bienfesance*; il faut encore le nommer *le lit de l'éloquence* digne d'un bon roi. Lorsque maître Séguier lui dit qu'il était à craindre que le peuple ne se révoltât, parce qu'on lui ôtait le plaisir des corvées et qu'on le délivrait de l'excessif impôt des maîtrises, le roi se mit à sourire, mais d'un sourire très-dédaigneux. Le siècle d'or vient après un siècle de fer.

A M. TURGOT.

A Ferney, 3 mai 1776.

M. de Trudaine, votre digne ami, monseigneur, m'a fait voir un édit sur les vins qui vaut bien celui du 14 septembre sur les blés. Ces deux pièces, véritablement éloquentes, puisque la raison et le bien public y parlent à chaque ligne, n'ont qu'à se joindre à l'édit de la caisse de Poissy, et la France est sûre de faire bonne chère. Les aloyaux, que les Anglais appellent *rost beef*, valent bien la poule au pot. Je crois bien que le parlement de Bordeaux sera un peu fâché, mais le parlement de Toulouse sera fort aise.

M. de Trudaine est témoin des transports de joie que vous avez causés dans tous les pays qui nous environnent. Nous voyons naître le siècle d'or; mais il est bien ridicule qu'il y ait tant de gens du siècle de fer dans Paris. On m'assure, pour ma consolation, que vous pouvez compter sur la fermeté de Sésostris; c'était là mon plus grand souci.

Je n'ose vous supplier de me confirmer cette heureuse anecdote, dont dépend la destinée de toute une nation; mais je vous avoue que je voudrais bien, avant de mourir, être sûr de mon fait, et pouvoir vous excepter du nombre des grands hommes dont Horace a dit :

> Diram qui contudit hydram
> Comperit invidiam supremo fine domari.
> (Livre II, ép. 1.)

Quant à notre sel, monseigneur, je ne vous en importunerai plus, puisque je vois que vous n'oubliez rien.

Quant à la dame Lobreau, il est clair que son argent est tout aussi bon que celui des épiciers, qui veulent donner la comédie sans avoir d'acteurs.

> Quisque suam exerceat artem.
> (Livre I, ép. xiv.)

Pour votre art, il est

> Cum tot sustineas et tanta negotia solus.
> (Livre II, ép. 1.)

Vous voyez que je passe ma vie entre vos ouvrages et ceux d'Horace; je ne peux mieux finir ma carrière.

Mme Denis est pénétrée de l'honneur de votre souvenir, et nous le sommes tous de vos extrêmes bontés.

A M. LE BARON DE FAUGÈRES,

OFFICIER DE MARINE,

SUR UN MONUMENT QU'IL PROPOSE D'ÉRIGER AUX GRANDS HOMMES DU SIÈCLE
DE LOUIS XIV, DANS LA PLACE DE MONTPELLIER.

3 mai 1776.

Vous proposez, monsieur, qu'autour de la statue élevée à Montpellier à *Louis XIV après sa mort,* on dresse des monuments aux grands hommes qui ont illustré son siècle en tout genre. Ce projet est d'autant plus beau que, depuis quelques années, il semble qu'on ait formé parmi nous une cabale pour rabaisser tout ce qui a fait la gloire de ces temps mémorables. On s'est lassé des chefs-d'œuvre du siècle passé. On s'efforce de rendre Louis XIV petit, et on lui reproche surtout d'avoir voulu être grand. La nation, en général, donne la préférence à Henri IV, et l'exclusion à tous les autres rois. Je n'examine pas si c'est justice ou inconstance, si notre raison perfectionnée connaît mieux le vrai mérite aujourd'hui qu'autrefois; je remarque seulement que, du temps d'Henri IV, elle ne connaissait point du tout le mérite, elle ne le sentait point.

« On ne me connaît pas, disait ce bon prince au duc de Sully, on me regrettera. » En effet, monsieur, ne dissimulons rien : il était haï et peu respecté. Le fanatisme, qui le persécuta dès son berceau, conspira cent fois contre sa vie, et la lui arracha enfin au milieu de ses grands officiers, par la main d'un ancien feuillant devenu fou, enragé de la rage de la Ligue. Nous lui faisons aujourd'hui amende honorable; nous le préférons à tous les rois.

Mais si Henri IV fut grand, son siècle ne le fut en aucun genre. Je ne parlerai pas ici de cette foule de crimes et d'infamies dont la superstition et la discorde souillèrent la France. Je m'arrête aux arts dont vous voulez éterniser la gloire. Ils étaient ou ignorés ou très-mal exercés, à commencer par celui de la guerre. On la faisait depuis quarante ans, et il n'y eut pas un seul homme qui laissa la réputation d'un général habile, pas un que la postérité ait mis à côté d'un prince de Parme, d'un prince d'Orange. Pour la marine, monsieur, vous qui vous y êtes distingué, vous savez qu'elle n'existait pas alors. Les arts de la paix, qui font le charme de la société, qui embellissent les villes, qui éclairent l'esprit, qui adoucissent les mœurs, tout cela nous fut étranger, tout cela n'est né que dans l'âge qui vit naître et mourir Louis XIV.

J'ai peine à concevoir l'acharnement avec lequel on poursuit aujourd'hui la mémoire du grand Colbert, qui contribua tant à faire fleurir tous ces arts, et surtout la marine, qui est un des principaux objets de votre grand dessein. Vous savez, monsieur, qu'il créa cette marine si longtemps formidable. La France, deux ans avant sa mort, avait cent quatre-vingts vaisseaux de guerre et trente galères. Les manufactures, le commerce, les compagnies de négoce, dans l'Orient et dans l'Occident, tout fut son ouvrage. On peut lui être supérieur, mais on ne pourra jamais l'éclipser.

Il en sera de même dans les arts de l'esprit, comme en éloquence, en poésie, en philosophie, et dans les arts où l'esprit conduit la main, comme en architecture, en peinture, en sculpture, en mécanique. Les hommes qui embellirent le siècle de Louis XIV par tous ces talents ne seront jamais oubliés, quel que soit le mérite de leurs successeurs. Les premiers qui marchent dans une carrière restent toujours à la tête des autres dans la postérité. Il n'y a de gloire que pour les inventeurs, a dit Newton dans sa querelle avec Leibnitz, et il avait raison. Il faut regarder comme inventeur un Pascal, qui forma en effet un genre d'éloquence nouveau; un Pellisson, qui défendit Fouquet du même style dont Cicéron avait défendu le roi Déjotarus devant César ; un Corneille, qui fût parmi nous le créateur de la tragédie, même en copiant *le Cid* espagnol; un Molière, qui inventa réellement et perfectionna la comédie; et si Descartes ne s'était pas écarté, dans ses inventions, de son guide, la géométrie; si Malebranche avait su s'arrêter dans son vol, quels hommes ils auraient été !

Tout le monde convient que ce grand siècle passé fut celui du génie, mais, après les hommes qu'on regarde comme inventeurs, viennent souvent, je ne dis pas des disciples formés dans l'école de leurs maîtres, ce qui serait louable, mais des singes qui s'efforcent de gâter l'ouvrage de ces maîtres inimitables. Ainsi, après que Newton a découvert la nature de la lumière, arrive un Castel, qui veut enchérir, et qui propose un clavecin oculaire.

A peine a-t-on découvert, avec le microscope, un nouveau monde en petit, que voilà un Needham qui imagine avoir fait une république d'anguilles, lesquelles accouchent sur-le-champ d'autres anguilles, le tout dans une goutte de bouillon ou dans une goutte d'eau qui a bouilli avec du blé ergoté. Les animaux, les végétaux sont produits sans germe, et, pour comble de ridicule, cela est appelé le sublime de l'histoire naturelle.

Sitôt que de vrais philosophes eurent calculé l'action du soleil et de la lune sur le flux et le reflux des mers, des romanciers, au-dessous de Cyrano de Bergerac, écrivent l'histoire des temps où ces mers couvraient les Alpes et le Caucase, et où l'univers n'était habité que par des poissons. Ils nous découvrent ensuite la grande époque dans laquelle les marsouins, nos aïeux, devinrent hommes, et comment leur queue fourchue se changea en cuisses et en jambes. C'est là le grand service que Telliamed[1] a rendu depuis peu au genre humain. Ainsi, monsieur, dans tous les arts, dans toutes les professions, les charlatans succèdent aux bons maîtres; et fasse le ciel que nous n'ayons jamais de charlatans plus funestes!

Puisse notre projet être exécuté! puissent tous les génies qui ont décoré le siècle de Louis XIV reparaître dans la place de Montpellier, autour de la statue de ce roi, et inspirer aux siècles à venir une émulation éternelle! etc.

A M. DEVAINES.

3 mai 1776.

Puisque vous daignez, monsieur, admettre dans votre bibliothèque des facéties chinoises, indiennes et tartares, j'ai l'honneur de vous en envoyer un exemplaire; mais je viens de lire une brochure qui me

1. Maillet. (G. A.)

dégoûte de toutes les autres. C'est un édit sur la liberté du commerce des vins. Il fait un beau pendant avec l'édit du 14 de septembre en faveur des blés.

Je conçois qu'il y ait des gens tout étonnés de voir des traités de politique et de morale avec la formule *Car tel est notre bon plaisir*, mais je ne conçois pas que des gens qui ont de la barbe au menton s'effarouchent des vérités qu'on leur démontre. Il me semble que je vois les médecins du temps de Molière soutenir des thèses contre la circulation du sang. Il est impossible que le parti de ceux qui ferment les yeux à la lumière se soutienne longtemps. Toutes les nouvelles vérités sont d'abord mal reçues chez nous. On est fâché d'être obligé de retourner à l'école quand on se croit docteur, *et quæ imberbes didicere senes perdenda fateri* [1].

Enfin, monsieur, ces vins me paraissent avoir une séve et une force toute nouvelle. Je conseille à *messieurs* d'en boire largement, au lieu d'en dire du mal. Ces bons vins de M. Turgot sont capables de me ranimer. Mon malheur est de n'avoir pas longtemps à en boire.

A M. DEVAINES.

15 mai 1776.

Ah! mon Dieu, monsieur, quelle funeste nouvelle j'apprends [2]! La France aurait été trop heureuse. Que deviendrons-nous? restez-vous en place? auriez-vous le temps de me rassurer par un mot? puis-je m'adresser à vous pour faire passer ce billet? Je suis atterré et désespéré.

1. Horace, liv. II, ép. I.
2. La retraite de M. Turgot du ministère, le 11 mai 1776.

A M. DE LA HARPE.

10 juin 1776.

Mon très-cher confrère, quand les préparatifs de votre réception pourront vous donner un peu plus de loisir, je vous prierai de m'apprendre si, dans la victoire que vous avez remportée, M. Gaillard a été pour vous. Je vous prierai surtout de me dire où est l'intrépide philosophe M. de Condorcet. Est-il à Paris? n'est-il pas occupé à consoler M. d'Alembert? Ni eux ni moi ne nous consolerons jamais d'avoir vu naître et périr l'âge d'or que M. Turgot nous préparait.

J'ignore encore ce que va devenir mon pauvre petit pays de Gex, et ce Ferney dont j'avais fait un séjour charmant. Je ne vois plus que la mort devant moi, depuis que M. Turgot est hors de place. Je ne conçois pas comment on a pu le renvoyer. Ce coup de foudre m'est tombé sur la cervelle et sur le cœur.

Oui vraiment, M. de Trudaine nous faisait l'honneur d'être à Ferney, et daignait se proposer de l'embellir, lorsqu'un courrier lui apporta la fatale nouvelle. Mme de Trudaine et Mme d'Invau avaient amené notre Virgile; et je ne dirai pas *Virgilium vidi tantum*, car je l'ai entendu, et avec très-grand plaisir. Ses vers ressemblent aux vôtres. Voilà l'Académie qui se fortifie. Il faut que M. de Condorcet y entre, et vous serez bien plus forts. Il faudra que les Clément aillent se cacher.

Je vous serre entre mes deux faibles bras.

A M. LAUJON.

A Ferney, 11 juin 1776.

Un vieillard de quatre-vingt-trois ans, monsieur, reçut ces jours passés, presque en même temps, un amusement charmant[1] dont il est

---

1. Les *A-propos de société, ou Chansons de M. L***. (G. A.)

fort indigne, et des reproches de M. le comte de La Touraille, d'avoir tardé trop longtemps à vous remercier. Je suis obligé de vous dire que le ballot dans lequel ce joli présent était enfermé n'arriva dans ma retraite qu'avant-hier. C'est un malheur qui arrive souvent aux pauvres gens qui vivent loin de la capitale. Mon malheur est d'autant plus grand, que je suis éloigné de vous pour jamais; et c'est ce qui redouble les obligations que je vous ai d'avoir bien voulu songer à moi au milieu des plaisirs et de tous les agréments dont vous jouissez. Quoique je sois plus près des *De profundis* que de l'*allegro*, je sens cependant tout le prix de la grâce que vous me faites. Je suis aussi sensible à de jolies chansons que si je pouvais les chanter. Dans quelque genre que vous exerciez, monsieur, vos talents aimables, vous êtes toujours sûr de plaire. Je suis très-fâché du retardement qui m'a privé si longtemps de vos bontés, et qui m'a empêché de vous en remercier.

J'ai l'honneur d'être, avec tous les sentiments, toute l'estime et la reconnaissance que je vous dois, monsieur, votre, etc.

Le vieux malade de Ferney.

A M. LE COMTE D'ARGENTAL.

12 juin 1776.

Mon cher ange, vous avez en moi un correspondant bien peu digne de vous. Vous êtes sage et tranquille, et je ne puis parvenir à l'être. J'ai eu beau chercher la retraite, je me trouve, à l'âge de quatre-vingt-deux ans, secoué par des dissipations qui sont de véritables fatigues, et qui me forcent à vous importuner vous-même. Il n'est pas juste que vous pâtissiez des frivolités de ma jeunesse, cependant il faut que je vous propose de daigner partager un peu mes faiblesses.

Un directeur de troupe, nommé Saint-Géran, fort protégé par Mme de Saint-Julien et par M. le marquis de Gouvernet son frère, achève actuellement, dans ma colonie, le plus joli théâtre de province. Il se flatte que Le Kain viendra passer chez nous tout le mois de juillet, si M. le maréchal de Duras lui en donne la permission. C'est une grâce, mon cher ange, qui ne peut être obtenue que par vous. Voyez si vous pouvez vous en charger.

On m'assure que le plaisir d'entendre Le Kain pourra diminuer les souffrances dont mes maladies continuelles m'accablent. Je vous devrai, non pas ma santé, car je ne puis espérer à mon âge ce que je n'ai jamais eu de ma vie, mais du moins quelques heures plus tolérables; et il me sera bien doux de vous en avoir l'obligation. Mes colons disent qu'il suffit d'eux pour remplir le spectacle; mais ils se trompent: il me faut Genève, et il n'y a que Le Kain qui puisse l'attirer. Il gagnera plus auprès d'une république qu'auprès du roi de Prusse. J'arrangerai volontiers avec Le Kain ce que vous m'avez proposé pour *Sémiramis* et pour *Tancrède*.

Ce que je vous ai mandé des *Lettres chinoises* est très-vrai. On ne sait, au bout de quinze jours, ce que deviennent toutes ces petites brochures; cela s'en va dans les provinces et en Allemagne, et on n'en entend plus parler. Je vous avoue que je voudrais souvent qu'on n'eût jamais parlé de moi, et que j'eusse pu prendre pour ma devise: *qui bene latuit, bene vixit*; mais on ne peut se soustraire à sa destinée.

Je suis toujours inquiet de cette énorme collection dont Panckoucke a eu l'imprudence de se charger. Toute ma ressource est dans l'espérance qu'il n'en vendra pas un seul exemplaire. S'il arrivait un malheur, je sentirais bien vivement la perte de deux ministres qui pensaient comme vous, et qui ont quitté leur place bien mal à propos pour les pauvres philosophes. Mon âme n'est point en paix. Je voudrais bien savoir dans quel état est celle de M. le maréchal de Richelieu : elle doit être ulcérée et bouleversée. Il m'avait mandé qu'il comptait publier un résumé de toute son affaire; mais si ce résumé est fait par le même avocat[1] qu'il avait choisi, il vaudrait mieux, à mon avis, ne rien écrire. Le public ne pardonne l'ennui en aucun genre.

Je ne puis finir ma lettre sans vous dire un mot de l'idée qui était venue à M. de Thibouville, de faire jouer *Olympie*. Peut-être que les deux demoiselles Sainval pourraient représenter la mère et la fille; et je fais réflexion qu'en ce cas je devrais demander que cette pièce ne fût reprise qu'au temps de Fontainebleau, supposé qu'il y ait un Fontainebleau, car je ne voudrais pas perdre mon Le Kain pour le mois de juillet.

1. Target.

Il n'y a que vous au monde, mon cher ange, à qui j'ose parler de toutes ces futilités. Vous me les pardonnez ; vous êtes ma consolation dans tous les temps et dans toutes mes rêveries. Tous mes chagrins semblent presque s'évanouir quand je songe que vous daignez m'aimer.

A MADAME DE SAINT-JULIEN.

12 juin 1776.

Notre belle bienfaitrice, ce n'est pas moi assurément qui suis le patron du village ; c'est bien vous qui êtes la vraie patronne de la colonie. Vous comblez notre architecte de vos bienfaits. Je présume qu'il vous aura mise au fait de l'état brillant et un peu équivoque de notre fondation. Il vous aura dit, sans doute, que votre autre protégé, Saint-Géran, est devenu un de nos citoyens, et que tous deux achèvent de bâtir et d'embellir un très-joli théâtre sur lequel on donnera des spectacles dans quinze jours. Saint-Géran même se flattait de faire venir Le Kain et Mlle Sainval. Il comptait demander votre protection et celle de M. d'Argental, pour faire venir de Paris ces deux personnes, qui auraient donné tant de gloire à notre pays ; mais j'ai bien peur que de si grandes espérances ne s'évanouissent.

Pendant que nous bâtissons un cirque comme les anciens Romains, nous relevons le palais Dauphin, qui était tombé, comme vous savez, et il appartient à deux de vos vassaux qui sont sous les ordres de M. le marquis de Gouvernet votre frère ; ce sont de gros négociants de Mâcon.

Tout cela est un peu romanesque. Il y avait à Lausanne une voyageuse qui passait, chez les gens qui aiment les grandes aventures, pour être la veuve du czarovitz assassiné par son père Pierre Ier, héros du Nord et parricide. Cette dame, quelque temps après, n'avait été que comtesse, au lieu d'être impératrice ; ensuite on l'a intitulée présidente. A la fin, elle est venue chez nous simple conseillère : elle est veuve d'un conseiller de Rouen, nommé Fauvelles d'Hacqueville, et l'ami Racle lui bâtit une maison presque à côté du château. A peine a-t-elle conclu son marché, qu'elle est partie pour l'Angleterre ou pour la Russie, après nous avoir donné parole de revenir dès que la maison serait prête. Nous avons actuellement dix-huit bâtiments commencés. Cela ressemble aux *Mille et une Nuits*; et, ce qui pourrait paraître encore plus fabuleux, c'est que le vieillard, qui s'est épuisé dans toutes ces facéties, n'a pas demandé le moindre secours au gouvernement pour l'établissement d'une colonie qui fait un commerce de cinq ou six cent mille francs par an, et qui fait entrer de l'argent dans le royaume. Il a imploré seulement les bontés de M. de Trudaine, pour faire paver dans Ferney deux grandes routes dont la colonie est traversée. M. de Trudaine nous a déjà accordé une partie de cette grâce, et a donné ses ordres pour le reste. Vous savez qu'il était à Ferney lorsque la fatale nouvelle arriva.

Il y a eu de grands changements dans ce monde depuis que je suis retiré entre le mont Jura et les Alpes. Je porte toujours dans mon cœur le ver rongeur qui me déchire depuis l'aventure du grand Barmécide [1]. Je ne me console point de l'injustice que ce grand homme m'a faite en me croyant ingrat. C'est un crime affreux dont je suis incapable. J'ai toujours pensé que les places de l'aréopage ne devaient pas être vénales; je l'ai dit cent fois, et je le redis encore plus que jamais. Cela n'a rien de commun avec la générosité de Barmécide. Je ne pouvais certainement deviner dans mes cavernes que le nouveau chef [2] d'un aréopage de passade avait le malheur d'être brouillé avec le plus magnanime de tous les hommes. En un mot, je n'ai jamais discontinué de brûler mon encens au temple de Barmécide le bienfaisant. Vous savez quelle a été ma douleur lorsque j'ai su qu'il me soupçonnait de l'avoir oublié. J'ai écrit quelquefois à Mme Barmécide pour me justifier, et, si j'étais près de mourir, j'écrirais encore.

Je vous avertis, notre chère protectrice, que je ne cesserai jamais de me plaindre à vous. Je vous demanderai toujours en grâce de bien faire voir quelle est mon innocence. Je vous importune souvent sur cet objet; mais les passions malheureuses sont plaintives; et je vous conjure de dire à cet homme sublime qu'il a fait un infortuné. J'aurais encore quatre pages à écrire, mais je me tais.

---

1. Le duc de Choiseul.
2. Maupeou.

A M. DE LA HARPE.

A Ferney, 4 juillet 1776.

Le jour de votre réception[1], mon très-cher ami, a été un vrai jour de triomphe; car il était précédé de batailles et de victoires. Ceux qui mettent dans la même balance la vie indolente et presque obscure avec la vie active et glorieuse ne songent pas qu'il ne faut point comparer Atticus avec César.

Il me semble que je me serais borné à célébrer vos succès, sans vous donner tant de conseils sur la manière d'en jouir; mais, après tout, ce n'est qu'une nouvelle mode d'ajuster des lauriers sur la tête des triomphateurs. Votre gloire est entière, mon plaisir aussi, ma reconnaissance aussi. Que ne dois-je point à votre amitié courageuse, qui partage publiquement avec moi les fleurons de sa couronne, et qui me fait asseoir sur son char, à la face de nos ennemis! C'est là ce qui est noble, c'est ce qui est véritablement généreux, c'est ce qui déploie toute la fermeté d'un cœur inébranlable.

Je crois qu'en abrégeant beaucoup la *Pharsale*, vous en tirerez un très-bon parti. Vous vous souvenez de la devise qu'on avait faite pour Philippe III[2] : *Plus on lui ôte, plus il est grand.*

A M. LE COMTE D'ARGENTAL.

19 juillet 1776.

Mon cher ange, j'apprends que Mme de Saint-Julien arrive dans mon désert avec Le Kain. Si la chose est vraie, j'en suis tout étonné et tout joyeux ; mais il faut que je vous dise combien je suis fâché, pour l'hon-

1. 20 juin 1776.
2. A propos d'un fossé. (G. A.)

neur du tripot, contre un nommé Tourneur, qu'on dit secrétaire de la librairie, et qui ne me paraît pas le secrétaire du bon goût. Auriez-vous lu deux volumes de ce misérable, dans lesquels il veut nous faire regarder Shakespeare comme le seul modèle de la véritable tragédie? Il l'appelle *le dieu du théâtre*. Il sacrifie tous les Français, sans exception, à son idole, comme on sacrifiait autrefois des cochons à Cérès. Il ne daigne pas même nommer Corneille et Racine ; ces deux grands hommes sont seulement enveloppés dans la proscription générale, sans que leurs noms soient prononcés. Il y a déjà deux tomes imprimés de ce Shakespeare qu'on prendrait pour des pièces de la Foire, faites il y a deux cents ans.

Ce barbouilleur a trouvé le secret de faire engager le roi, la reine et toute la famille royale à souscrire à son ouvrage.

Avez-vous lu son abominable grimoire, dont il y aura encore cinq volumes? avez-vous une haine assez vigoureuse contre cet impudent imbécile? souffrirez-vous l'affront qu'il fait à la France? Vous et M. de Thibouville, vous êtes trop doux. Il n'y a point en France assez de camouflets, assez de bonnets d'âne, assez de piloris pour un pareil faquin. Le sang petille dans mes vieilles veines, en vous parlant de lui. S'il ne vous a pas mis en colère, je vous tiens pour un homme impassible. Ce qu'il y a d'affreux, c'est que le monstre a un parti en France ; et pour comble de calamité et d'horreur, c'est moi qui autrefois parlai le premier de ce Shakespeare ; c'est moi qui le premier montrai aux Français quelques perles que j'avais trouvées dans son énorme fumier. Je ne m'attendais pas que je servirais un jour à fouler aux pieds les couronnes de Racine et de Corneille, pour en orner le front d'un histrion barbare.

Tâchez, je vous prie, d'être aussi en colère que moi ; sans quoi, je me sens capable de faire un mauvais coup.

Je reviens à Le Kain. On dit qu'il jouera six pièces pour les Génevois ou pour moi. J'aimerais mieux qu'il eût joué *Olympie* à Paris ; mais il n'aime point à figurer dans un rôle, lorsqu'il n'écrase pas tous les autres.

Je ne sais si M. de Richelieu fait paraître le précis de son procès, qui sera son dernier mot. Il m'avait promis de me l'envoyer. Je ne lui ai point assez dit combien il est important pour lui de ne point ennuyer son monde. Il avait choisi un avocat qu'il croyait fort grave, et qui n'était que pesant. Il y a beaucoup de ces messieurs qui font de grands factums, mais il n'y en a point qui sachent écrire.

Quant à mon ami, M. le cocher Gilbert, je souhaite qu'il aille au carcan *à bride abattue.*

Si vous voulez, mon cher ange, me guérir de ma mauvaise humeur, daignez m'écrire un petit mot.

A M. DESMEUNIERS.

24 juillet 1776.

Pardonnez, monsieur, si quatre-vingt-deux ans, et presque autant de maladies, ne m'ont pas permis de vous remercier plus tôt du très-agréable présent que M. Panckoucke m'a fait de votre part [1]. Je suis bien étonné qu'étant si jeune, vous ayez eu le temps et la patience de parcourir le monde entier, et de mettre en ordre toutes ses fantaisies et tous ses ridicules. Rien n'est plus amusant que ce tableau mouvant ; il a dû vous en coûter beaucoup de peine pour nous donner tant de plaisir.

Cet immense tableau du monde moral vaut bien les prodigieux recueils du monde physique ; il est bien plus intéressant ; car on ne vit point avec les animaux grands ou petits dont les Plines anciens et modernes ont tant parlé, mais on est continuellement exposé à vivre et à traiter avec les hommes de tous les pays. Personne ne sent plus cette vérité que moi qui me trouve placé depuis vingt-cinq ans dans un coin de terre, entre quatre dominations différentes, sur le grand chemin de tous les voyageurs de l'Europe.

Agréez, monsieur, mes remerciements, etc.

1. *Esprit des Usages des différents peuples.*

A M. D'ALEMBERT.

A Ferney, 26 de juillet 1776.

Secrétaire du bon goût plus que de l'Académie, mon cher philosophe, mon cher ami, à mon secours! Lisez mon factum contre notre ennemi M. Letourneur [1]. Faites-le lire à M. Marmontel et à M. de La Harpe, qui y sont intéressés. Voyez si vous pourrez et si vous oserez m'écrire une lettre ostensible, un mot de votre secrétairerie, en réponse de ma requête.

Je suis un peu indigné contre ce Letourneur, mais il faut retenir sa colère quand on plaide devant ses juges. On veut nous faire trop Anglais, et je plaide pour la France. J'ai dit exactement la vérité, c'est ce qui fait que je m'adresse à vous.

Je vous crois actuellement très-occupé des prix; mais je vous demande un demi-quart d'heure d'audience. Je suis bien malheureux de vous la demander de cent lieues loin. Conservez-moi un peu d'amitié: elle est la consolation des derniers jours de ma vie. Je ne sais si la vôtre est heureuse; la mienne serait moins déplorable si je pouvais vous embrasser.

A M. L'ABBÉ PEZZANA.

A Ferney, le 30 juillet 1776.

Ecco il dotto Pezzana...
« ... Che gran speme
Mi da che ancor del mio nativo nido
Udir fara da Calpe agli Indi il grido. »

C'est à peu près, monsieur, ce que dit *questo divino Ariosto nel canto XLVI, stanza* 18. Vous me comblez d'honneurs et de plaisirs en

---

1. *Lettre à l'Académie française* sur Shakespeare.

me promettant un *Arioste* entier commenté par vous. *L'Orphelin de la Chine* ne méritait pas vos bontés; mais l'*Arioste* mérite tous vos soins. Il a certainement besoin de vos commentaires en France, et vous rendez un très-grand service à la littérature. Vous ferez connaître tous les personnages de la maison d'Est dont il parle, et tous les grands hommes de son temps qui ne sont que désignés au commencement du dernier chant. Ce dernier chant surtout est peu connu à Florence même, à ce que m'ont dit des gens de lettres toscans, qui en gémissaient.

Je n'ose vous remercier dans votre belle langue, et je n'ai point d'expressions dans la mienne pour vous exprimer l'estime infinie avec laquelle j'ai l'honneur d'être, etc.

A M. LE COMTE D'ARGENTAL.

30 juillet 1776.

Mon cher ange, l'abomination de la désolation est dans le temple du Seigneur. Le Kain, aussi en colère que vous l'êtes dans votre lettre du 24, me dit que presque toute la jeunesse de Paris est pour Letourneur; qu'il n'y a plus rien de grand et de décent à Paris que les Gilles de Londres, et qu'enfin on va donner une tragédie en prose où il y a une assemblée de bouchers qui fera un merveilleux effet. J'ai vu finir le règne de la raison et du goût. Je vais mourir en laissant la France barbare; mais heureusement vous vivez, et je me flatte que la reine ne laissera pas sa nouvelle patrie, dont elle fait le charme, en proie à des sauvages et à des monstres. Je me flatte que M. le maréchal de Duras ne nous aura pas fait l'honneur d'être de l'Académie pour nous voir mangés par des Hottentots. Je me suis quelquefois plaint des Welches; mais j'ai voulu venger les Français avant de mourir. J'ai envoyé à l'Académie un petit écrit dans lequel j'ai essayé d'étouffer ma juste douleur pour ne laisser parler que ma raison. Ce mémoire est entre les mains de M. d'Alembert; mais il me semble que je ne dois le faire imprimer qu'en cas que l'Académie y donne une approbation un peu authentique. Elle n'est pas malheureusement dans cet usage. Voilà pourtant le cas où elle devrait donner des arrêts contre la barbarie. Je vais tâcher de rassembler les feuilles éparses de ma minute pour vous en faire tenir une copie au net. Je sais que je vais me faire de cruels ennemis; mais peut-être un jour la nation me saura gré de m'être sacrifié pour elle.

Secondez ma faiblesse, mon cher ange, et mettez-moi à l'ombre de vos ailes.

A MADAME LA PRINCESSE D'HÉNIN.

1776.

Madame, Mme de Saint-Julien m'a fait l'honneur de me mander que si je disputais Le Kain à la reine, je devais demander votre protection. J'ai couru sur-le-champ au temple des Grâces pour me jeter à vos pieds. Une de vos compagnes m'a dit :

> Imite-nous, tu feras bien.
> A cette reine si chérie
> Nous ne disputons jamais rien,
> Et nous l'avons toujours servie.

Madame, me voilà justement comme les Grâces, je ne dispute rien à Sa Majesté, mais malheureusement je ne puis rien faire dans mon métier qui soit digne de ses regards ni des vôtres. Je vous prie seulement de pardonner à un vieillard de quatre-vingt-trois ans, qui vous importune, pour vous dire que, s'il avait la force de venir crier : Vive la reine ! de vous faire sa cour, de vous voir, et de vous entendre avant de mourir, il mourrait heureux.

Je suis en attendant, avec un profond respect, madame, votre, etc.

A M. LE COMTE D'ARGENTAL.

A Ferney, 5 auguste 1776.

Mon cher ange, vous avez veillé sur le printemps de ma vie, et vous veillez sur la fin. Il faut que je vous découvre toute ma misère : on ne doit rien cacher à son ange gardien. Vous aurez cru, en jetant les yeux sur ma lettre à Mme la princesse d'Hénin, et sur mes petits versiculets à la reine, que j'étais un vieux fou qui ne respirait que le plaisir. Le fait est qu'au fond, si j'étais gai, j'étais encore plus triste ; car je volais un moment à mes douleurs pour tâcher d'être plaisant dans ce moment-là.

Vous savez peut-être qu'un troubadour ambulant, nommé Saint-Géran, protégé par Mme de Saint-Julien, s'étant aperçu que, dans ma drôle de ville à peine bâtie, il y avait un grand magasin dont on pouvait faire une salle de comédie à laquelle il ferait venir tout Genève et toute la Suisse, a vite établi son théâtre (à mes dépens) et a fait son marché avec Le Kain pour venir enchanter les Treize-Cantons. Pendant qu'il négociait avec Le Kain, et que Mme Denis regardait cette opération comme la plus belle du royaume, je vous demandai si vous pouviez obtenir un congé pour Le Kain ; mais je me gardai bien de le demander en mon nom : cette témérité m'aurait paru trop forte. Tout a réussi beaucoup plus que je n'aurais osé l'espérer. Le Kain est venu et a rendu Ferney célèbre. Il a joué supérieurement, tantôt à Ferney, tantôt à deux lieues de là, sur un autre théâtre appartenant encore au troubadour Saint-Géran. Les Treize-Cantons ont accouru et ont été ravis. Pour moi, misérable, à peine ai-je été témoin une fois de ces fêtes. J'étais et je suis non-seulement dans une crise d'affaires et de chagrins, mais dans l'accablement des maladies qui assiègent ma fin. J'ai manqué Le Kain deux fois, par conséquent je suis mort, pendant qu'on me croit un folâtre qui a disputé Le Kain à la reine. Vous vous imaginerez peut-être que je ne suis pas mort, parce que je vous écris de ma faible main ; mais je suis réellement mort depuis qu'on m'a enlevé M. Turgot. Je vois mon pauvre pays désolé, mes *Te Deum* tournés en *De profundis,* mes nouveaux habitants dispersés, cent maisons que j'ai bâties et qui vont être désertes; tout cela tourne la cervelle et tue son homme, surtout quand l'homme a quatre-vingt-deux ans. Ce n'est pourtant pas d'être mort que je me plains, c'est de ce qu'*Olympie* ne ressuscite pas. J'aimais cette *Olympie*; mais à présent qui puis-je aimer? aucune de ces guenons-là.

Je vous lègue *Olympie*, mon cher ange, et à M. de Thibouville. Je me mets *sub umbra alarum tuarum*.

Le vieux malade.

A M. D'ALEMBERT.

13 d'auguste 1776.

Je sens bien, mon cher ami, que je n'ai pas assez travaillé ma déclaration de guerre à l'Angleterre; elle ne peut réussir que par votre art, très-peu connu, de faire valoir le médiocre, et d'escamoter le mauvais par un mot heureusement substitué à un autre, par une phrase heureusement accourcie, par une expression sous-entendue, enfin par tous les secrets que vous avez.

Le grand point, mon cher philosophe, est d'inspirer à la nation le dégoût et l'horreur qu'elle doit avoir pour Gilles Letourneur, préconiseur de Gilles Shakespeare, de retirer nos jeunes gens de l'abominable bourbier où ils se précipitent, de conserver un peu notre honneur, s'il nous en reste. Je remets tout entre vos mains. Soyez aujourd'hui mon Raton; coupez, taillez, rognez, surtout effacez. Mais je vous conjure de laisser subsister mon invocation à la reine et à nos princesses. Il faut les engager à prendre notre parti. Je dois surtout prendre la reine pour ma protectrice, puisqu'elle a daigné renoncer à Le Kain pendant un mois en ma faveur. Elle aime le théâtre tragique; elle distingue le bon du mauvais, comme si elle mangeait du beurre et du miel; elle sera le soutien du bon goût.

Je vous prierai de me renvoyer la diatribe, quand vous aurez daigné la lire et l'embellir. J'y retravaillerai encore; j'ai des matériaux, et je vous la renverrai par M. de Vaines. Je crois que c'est au libraire de l'Académie d'imprimer ce petit morceau. Il augmentera le nombre de mes ennemis; mais je dois mourir en combattant, quand vous êtes mon général.

A M. LE COMTE D'ARGENTAL.

A Ferney, 27 auguste 1776.

Que vous dirai-je, mon cher ange, sur votre lettre indulgente et aimable du 19 d'auguste? je vous dirai que, si j'étais un peu ingambe, si je n'avais pas tout à fait quatre-vingt-deux ans, je ferais le voyage de Paris pour la reine et pour vous. Je vous avoue que j'ai une furieuse passion de l'avoir pour ma protectrice. J'avais presque espéré qu'*Olympie* paraîtrait devant elle. Je regardais cette protection déclarée, dont je me flattais, comme une égide nécessaire qui me défendrait contre des ennemis acharnés, et à l'ombre de laquelle j'achèverais paisiblement ma carrière. Ce petit agrément de faire reparaître *Olympie* m'a été refusé. Il faut avouer que Le Kain n'aime pas les rôles dans lesquels il n'écrase pas tous les autres. Il nous a donné d'un chevalier Bayard[1] à Ferney, dans lequel il n'a eu d'autre succès que celui de paraître sur son lit un demi-quart d'heure. Je ne lui ai point vu jouer ce détestable ouvrage. Je ne puis supporter les mauvais vers et les tragédies de collége, qui n'ont que la rareté, la curiosité pour tout mérite. Le Kain, pour m'achever, jouera *Scévole*[2] à Fontainebleau. Je suis persuadé qu'une jeune reine qui a du goût ne sera pas trop contente de ce *Scévole*, qui n'est qu'une vieille déclamation digne du temps de Hardy.

Le Kain ne m'a point rendu compte, comme vous croyez, des raisons qui font donner la préférence à cette antiquaille; il ne m'a rendu compte de rien : aussi ne lui ai-je demandé aucun compte. Il avait fait son marché avec deux entrepreneurs, pour venir gagner de l'argent auprès de Genève et à Besançon. Il joue actuellement à Besançon ; je

1. Dans *Gaston et Bayard*, de de Belloy.
2. Tragédie de Duryer, 1646.

l'ai reçu de mon mieux quand il a été chez moi ; je n'en sais pas davantage.

Je ne sais pas comment mon petit procès avec le sieur Letourneur aura été jugé le jour de la Saint-Louis. Je n'ai pas eu le temps d'envoyer mon factum tel que je l'ai fait en dernier lieu. Je vais en faire tirer quelques exemplaires pour vous le soumettre. On dit, à la honte de notre nation, qu'il y a un grand parti composé de faiseurs de drames et de tragédies en prose, secondé par des Welches qui croient être du parlement d'Angleterre. Tous ces messieurs, dit-on, abjurent Racine, et m'immolent à leur divinité étrangère. Il n'y a point d'exemple d'un pareil renversement d'esprit et d'une pareille turpitude. Les Gilles et les Pierrots de la foire Saint-Germain, il y a cinquante ans, étaient des Cinna et des Polyeucte en comparaison des personnages de cet ivrogne de Shakespeare, que M. Letourneur appelle le *dieu du théâtre*. Je suis si en colère de tout cela, que je ne vous parle point de la décadence affreuse où va retomber mon petit pays. Nous payons bien cher le moment de triomphe que nous avons eu sous M. Turgot. Me voilà complétement honni en vers et en prose. Il me faut abandonner toutes les parties que je jouais. Il faut savoir souffrir ; c'est un métier que je fais depuis longtemps. J'ai aujourd'hui ma maîtrise.

Je voudrais bien savoir comment M. de Thibouville prend la barbarie dans laquelle nous tombons. Il me paraît qu'il n'est pas assez fâché. Pour vous, mon cher ange, j'ai été fort édifié de votre noble colère contre M. Letourneur.

Je crois que vous aurez bientôt Mme Denis, qui entreprend un voyage bien pénible pour aller consulter M. Tronchin ; et, ce qu'il y a de pis, c'est qu'elle va le consulter pour une maladie qu'elle n'a pas. Dieu veuille que ce voyage ne lui en donne pas une véritable! Le gros abbé Mignot la conduira. Un gentilhomme notre voisin, qui est du voyage, la ramènera. Pourquoi ne vais-je point avec elle? c'est que j'ai quatre-vingt-deux ans, quatre-vingts maisons à finir, et quatre-vingts sottises à faire ; c'est qu'au fond je suis bien plus malade qu'elle, et même trop malade pour parler à des médecins.

Mon cher ange, tout enseveli que je suis sur la frontière de Suisse, cependant je sens encore que je vis pour vous.

A M. DEVAINES.

4 septembre 1776.

Je ne sais, monsieur, si, après avoir déclaré la guerre à l'Angleterre, je pourrai faire ma paix avec elle. Je n'ai point de Canada à lui donner, ni de compagnie des Indes à lui sacrifier ; mais je ne lui demanderai pas pardon d'avoir soutenu les beautés de Corneille et de Racine contre Gilles et Pierrot, et je ne crois pas que l'ambassadeur d'Angleterre demande au roi de France la suppression de ma déclaration de guerre.

Je n'ai pu encore trouver à Genève le petit *commentaire historique* dont vous me parlez. Il a été imprimé à Lausanne, et je crois que c'est Panckoucke qui en a toute l'édition. Je crois pourtant que j'en pourrai trouver incessamment.

Je suis actuellement bien malade, et je ne sors pas de mon lit.

Permettez-moi de mettre sous votre enveloppe un petit mot pour M. d'Alembert.

Je vous supplie aussi de vouloir bien faire parvenir ce paquet au sieur Moureau, libraire, quai de Gèvres.

A M. DEVAINES.

7 septembre 1776.

Je ne suis, monsieur, qu'un vieux housard, mais j'ai combattu tout seul contre une armée entière de pandoures. Je me flatte qu'à la fin il se trouvera de braves Français qui se joindront à moi, s'il y a des Welches qui m'abandonnent. M. de La Harpe répondra mieux que moi à M. Letourneur, en donnant son *Menzicof* et ses *Barmécides*.

Je suis très-content de son journal ; il écrit aussi bien en prose qu'en vers ; et assurément les gens de bon goût ne regretteront pas son prédécesseur.

Je suis persuadé que vous avez été indigné contre l'insolente mauvaise foi d'un secrétaire de notre librairie, qui a la bassesse d'immoler la France à l'Angleterre, pour obtenir quelques souscriptions des Anglais qui viennent à Paris. Il est impossible qu'un homme qui n'est pas absolument fou ait pu, de sang-froid, préférer un Gilles tel que Shakespeare, à Corneille et à Racine. Cette infamie ne peut avoir été commise que par une sordide avarice qui courait après des guinées.

Je sais que Garrick a pu faire illusion par son jeu, qui est, dit-on, très-pittoresque ; il aura pu représenter très-naturellement les passions que Shakespeare a défigurées, en les outrant d'une manière ridicule ; et quelques Anglais se seront imaginé que Shakespeare vaut mieux que Corneille, parce que Garrick est supérieur à Molé.

Voilà peut-être l'origine de la bizarre erreur des Anglais. Je les abandonne à leur sens réprouvé, et je ne me rétracterai pas pour leur plaire.

Je me rétracterai encore moins, monsieur, sur un grand homme qui, sans doute, est toujours aimé de vous, et à qui je vous supplie, quand vous le verrez, de présenter ma respectueuse et inaltérable admiration.

A M. LE MARÉCHAL DUC DE RICHELIEU.

A Ferney, 11 septembre 1776.

Je suppose, monseigneur, que, dans ce temps de vacances, votre procès ne prend pas tous vos moments, et que vous aurez peut-être assez de loisir pour jeter les yeux sur cette brochure qui fut lue à l'Académie le jour de la Saint-Louis. Je suis persuadé que notre fondateur, qui n'aimait pas les Anglais, aurait protégé ce petit ouvrage ; et j'ose croire que notre doyen, qui les a fait passer sous les Fourches-Caudines, ne prendra pas le parti de Shakespeare contre Corneille et Racine.

J'ignore si vous honorâtes l'Académie de votre présence le jour qu'on y lut ce petit ouvrage. On peut pardonner à des Anglais de vanter leurs

DAVID HUME

Gilles et leurs Polichinelles; mais est-il permis à des gens de lettres français d'oser préférer des parades si basses, si dégoûtantes et si absurdes, aux chefs-d'œuvre de *Cinna* et d'*Athalie?* Il me paraît que tous les honnêtes gens de Paris (car il y en a encore) sont indignés de cette méprisable insolence. Le sieur Letourneur a osé mettre le nom du roi et de la reine à la tête de son édition, qui doit déshonorer la France dans toute l'Europe. C'est assurément au petit-neveu de notre fondateur à protéger la nation dans cette guerre; mais il faut que vous commenciez par vous faire rendre justice avant de nous la rendre. Votre procès est aussi extraordinaire que l'insolence du sieur Letourneur, et doit vous occuper bien davantage; je dois même vous demander pardon de vous parler d'autre chose que de ce qui vous intéresse de si près.

M™ de Saint-Julien m'a quitté pour aller aux eaux de Plombières, et j'ai bien peur qu'elle ne tombe sérieusement malade en chemin. Pour moi, je suis à peine en vie; mais je ne le serai pas encore longtemps. Je mourrai au moins comme j'ai vécu, en vous étant bien tendrement attaché.

A M. HUME.

Ferney, 24 octobre [1].

J'ai lu, monsieur, les pièces [2] du procès que vous avez eu à soutenir par devant le public contre votre ancien protégé. J'avoue que la grande âme de Jean-Jacques a mis au jour la noirceur avec laquelle vous l'avez comblé de bienfaits; et c'est en vain qu'on a dit que c'est le procès de l'ingratitude contre la bienfaisance.

Je me trouve impliqué dans cette affaire. Le sieur Rousseau m'accuse de lui avoir écrit en Angleterre une lettre dans laquelle je me moque de lui. Il a accusé M. d'Alembert du même crime.

Quand nous serions coupables au fond de notre cœur, M. d'Alem-

---

1. D'abord imprimée séparément, cette lettre fut réunie à la *Lettre au docteur Pansophe* de Bordes, et la brochure eut pour titre : le *Docteur Pansophe* (G. A.)
2. L'*Exposé succinct* de Hume.

bert et moi, de cette énormité, je vous jure que je ne le suis point de lui avoir écrit. Il y a sept ans que je n'ai eu cet honneur. Je ne connais point la lettre dont il parle; et je vous jure que si j'avais fait quelque mauvaise plaisanterie sur M. Jean-Jacques Rousseau, je ne la désavouerais pas.

Il m'a fait l'honneur de me mettre au nombre de ses ennemis et de ses persécuteurs. Intimement persuadé qu'on doit lui élever une statue, comme il le dit dans la lettre polie et décente de *Jean-Jacques Rousseau, citoyen de Genève, à Christophe de Beaumont, archevêque de Paris*, il pense que la moitié de l'univers est occupée à dresser cette statue sur son piédestal, et l'autre moitié à la renverser.

Non-seulement il m'a cru iconoclaste, mais il s'est imaginé que j'avais conspiré contre lui avec le conseil de Genève pour faire décréter sa propre personne de prise de corps, et ensuite avec le conseil de Berne pour le faire chasser de la Suisse.

Il a persuadé ces belles choses aux protecteurs qu'il avait alors à Paris, et il m'a fait passer dans leur esprit pour un homme qui persécutait en lui la sagesse et la modestie. Voici, monsieur, comment je l'ai persécuté :

Quand je sus qu'il avait beaucoup d'ennemis à Paris, qu'il aimait comme moi la retraite, et que je présumai qu'il pouvait rendre quelques services à la philosophie, je lui fis proposer par M. Marc Chapuis, citoyen de Genève, dès l'an 1759, une maison de campagne appelée *l'Ermitage*, que je venais d'acheter.

Il fut si touché de mes offres, qu'il m'écrivit ces propres mots :

« Monsieur, je ne vous aime point; vous corrompez ma république « en donnant des spectacles dans votre château de Tournay, etc. »

Cette lettre, de la part d'un homme qui venait de donner à Paris un grave opéra[1] et une comédie[2], n'était cependant pas datée des Petites-Maisons. Je n'y fis point de réponse, comme vous le croyez bien, et je priai M. Tronchin, le médecin, de vouloir bien lui envoyer une ordonnance pour cette maladie. M. Tronchin me répondit que, puisqu'il ne pouvait pas me guérir de la manie de faire encore des

---

1. Le *Devin du village*.
2. *Narcisse, ou l'Amant de lui-même*.

pièces de théâtre à mon âge, il désespérait de guérir Jean-Jacques. Nous restâmes l'un et l'autre fort malades, chacun de notre côté.

En 1762, le conseil de Genève entreprit sa cure, et donna une espèce d'ordre de s'assurer de lui pour le mettre dans les remèdes. Jean-Jacques, décrété à Paris et à Genève, convaincu qu'un corps ne peut être en deux lieux à la fois, s'enfuit dans un troisième. Il conclut, avec sa prudence ordinaire, que j'étais son ennemi mortel, puisque je n'avais pas répondu à sa lettre obligeante. Il supposa qu'une partie du conseil génevois était venue dîner chez moi pour conjurer sa perte, et que la minute de son arrêt avait été écrite sur ma table à la fin du repas. Il persuada une chose si vraisemblable à quelques-uns de ses concitoyens. Cette accusation devint si sérieuse que je fus obligé enfin d'écrire au conseil de Genève une lettre très-forte dans laquelle je lui dis que, s'il y avait un seul homme dans ce corps qui m'eût jamais parlé du moindre dessein contre le sieur Rousseau, je consentais qu'on le regardât comme un scélérat, et moi aussi, et que je détestais trop les persécuteurs pour l'être.

Le conseil me répondit, par un secrétaire d'État, que je n'avais jamais eu, ni dû avoir, ni pu avoir la moindre part, ni directement, ni indirectement, à la condamnation du sieur Jean-Jacques.

Les deux lettres sont dans les archives du conseil de Genève.

Mais en faisant le métier de délateur et d'homme un peu brouillé avec la vérité, il faut avouer qu'il a toujours conservé son caractère de modestie.

Il me fit l'honneur de m'écrire [1], avant que la médiation arrivât à Genève, ces propres mots :

« Monsieur, si vous avez dit que je n'ai pas été secrétaire d'ambas-
« sade à Venise, vous avez menti; et si je n'ai pas été secrétaire d'ambas-
« sade, et si je n'en ai pas eu les honneurs, c'est moi qui ai menti. »

J'ignorais que M. Jean-Jacques eût été secrétaire d'ambassade; je n'en avais jamais dit un seul mot parce que je n'en avais jamais entendu parler.

Je montrai cette agréable lettre à un homme véridique, fort au fait des affaires étrangères, curieux et exact; ces gens-là sont dangereux

---

[1]. Le 31 mai 1765.

pour ceux qui citent au hasard. Il déterra les lettres originales, écrites de la main de Jean-Jacques, du 9 et du 13 d'auguste 1743, à M. du Theil, premier commis des affaires étrangères, alors son protecteur. On y voit ces propres paroles :

« J'ai été deux ans le domestique de M. le comte de Montaigu
« (ambassadeur à Venise)... J'ai mangé son pain... : il m'a chassé hon-
« teusement de sa maison... ; il m'a menacé de me faire jeter par la
« fenêtre... et de pis, si je restais plus longtemps dans Venise..., etc. »

Voilà un secrétaire d'ambassade assez peu respecté, et la fierté d'une grande âme peu ménagée. Je lui conseille de faire graver au bas de sa statue les paroles de l'ambassadeur au secrétaire d'ambassade.

Vous voyez, monsieur, que ce pauvre homme n'a jamais pu se maintenir sous aucun maître, ni se conserver aucun ami, attendu qu'il est contre la dignité de son être d'avoir un maître, et que l'amitié est une faiblesse dont un sage doit repousser les atteintes.

Vous dites qu'il fait l'histoire de sa vie; elle a été trop utile au monde, et remplie de trop grands événements, pour qu'il ne rende pas à la postérité le service de la publier. Son goût pour la vérité ne lui permettra pas de déguiser la moindre de ces anecdotes, pour servir à l'éducation des princes qui voudront être menuisiers comme Émile.

A dire vrai, monsieur, toutes ces petites misères ne méritent pas qu'on s'en occupe deux minutes; tout cela tombe bientôt dans un éternel oubli.

Dans ce torrent immense qui nous emporte et qui nous engloutit tous, qu'y a-t-il à faire? Tenons-nous-en au conseil que M. Horace Walpole donne à Jean-Jacques, d'être sage et heureux. Vous êtes l'un, monsieur, et vous méritez d'être l'autre, etc., etc.

A M. LE MARQUIS DE VILLEVIEILLE.

10 novembre 1776.

Il ne faut pas s'étonner, monsieur, qu'un pauvre homme, houspillé par quatre-vingt-deux ans, par quatre-vingt-deux maladies et par autant d'affaires désagréables, ait tant tardé à vous répondre. Ma plume n'a pu suivre mon cœur. Je ne sais à présent où vous prendre; mais je présume que vous pouvez être encore chez vous, puisque vous n'avez point passé par votre hôtellerie de Ferney, qui est sur le chemin de Paris. Vous n'auriez pas trouvé la ville de Ferney absolument bâtie et pavée. Elle ne fait que décroître depuis l'aventure de M. Turgot. Les orages de la cour sont un peu retombés sur nous; il a un peu grêlé sur notre persil. Nous aurions été trop heureux si nous avions été toujours ignorés. Notre désastre ne m'a pas empêché de m'intéresser à la fête que Monsieur a donnée à M. son frère et à sa belle-sœur, et même d'y avoir un peu de part.

On dit que toutes les pièces nouvelles à Fontainebleau ont fait la culbute, excepté celle du jeune Chamfort[1]. Cela ne m'étonne point; ce jeune homme a du talent, de la sensibilité, de la grâce, et fait des vers très-heureux. Il mérite de l'être, et on dit qu'il ne l'est pas; mais qui l'est, au bout du compte? On dit que c'est M. Necker : il a l'air en effet d'avoir attrapé le gros lot à la loterie de ce monde.

Je vous souhaite bien sincèrement quelqu'un des lots qui viennent immédiatement après. Votre dignité suisse ne me paraît pas suffisante pour vous. Voilà encore un gros lot pour M. de Montbarey; il est, dit-on, secrétaire d'État de la guerre; je ne l'assure pas, car on me l'a dit. Si cela est, tout est double à Versailles, et il y a même bien des cœurs qui le sont. Le vôtre n'est pas de cette espèce; le mien est à vous pour ma vie, et ce n'est pas pour longtemps. Mme Denis est bien sensible aux marques d'amitié que vous lui donnez.

A MONSEIGNEUR LE PRINCE DE CONDÉ.

A Ferney, 28 novembre 1776.

Monseigneur, j'habite, auprès de Genève, la dernière chaumière de votre province de Bourgogne; je n'en suis pas moins votre sujet que

---

1. *Mustapha, et Zéangir.*

MM. du Chambertin et du Clos-Vougeot. M. de La Touraille m'a mandé que votre altesse sérénissime daigne étendre ses bontés jusqu'à moi. Le hasard, qui fait bien des choses, a fait que j'ai changé mon misérable hameau en une espèce de jolie ville. Ceux qui ont le plus contribué à cet établissement sont des horlogers étrangers que j'ai attirés d'Allemagne, de Suisse, de Savoie et de Genève. Le feu roi les a exemptés de tout impôt, et leur permit de travailler selon les usages de leurs pays. On veut aujourd'hui les priver de cet avantage; déjà la plupart de ces étrangers intimidés sont retournés dans leur patrie. Ce qui reste se jette aux pieds de votre altesse sérénissime; ils la supplient de daigner favoriser de sa protection cette requête qu'ils présentent au roi. Votre nom les sauvera de la ruine, et un vieillard de quatre-vingt-trois ans vous devra de mourir en paix. Je suis, avec la plus vive reconnaissance et le plus profond respect, monseigneur, de votre altesse sérénissime, etc.

A M. LE MARQUIS DE CONDORCET.

6 décembre 1776.

Je suis toujours fâché, monsieur, quand je vois que dans le *Journal de Politique et de Littérature,* la politique tient tant de place, et la littérature si peu. Je vous avoue que j'aime beaucoup mieux de bons vers et une pièce d'éloquence que toutes les nouvelles du Nord et du Midi, qui sont détruites le lendemain par d'autres nouvelles.

Il est vrai que cette partie, qu'on nomme politique, est écrite par un homme supérieur; mais permettez-moi de préférer les belles-lettres, qui bercent ma vieillesse, aux intérêts des princes, auxquels je n'entends rien.

Les dissertations de M. de La Harpe n'ont, à mon gré, qu'un seul défaut, c'est d'être trop courtes. Je trouve chez lui une chose bien rare: c'est qu'il a toujours raison, c'est qu'il a un goût sûr. Et pourquoi se connaît-il si bien en vers? c'est qu'il en a fait d'excellents.

Les gens instruits et disant leur avis pleuvent de tous côtés; mais où trouver des hommes de génie qui veuillent bien se consacrer au triste et dangereux métier d'apprécier le génie des autres? L'abbé Desfontaines n'était pas sans esprit et sans érudition; mais il avait malheureusement traduit les psaumes en vers français. La destinée de cet ouvrage, entièrement ignoré, altéra son humeur et son goût. L'auteur de *Mélanie* n'est pas dans ce cas. Si Racine a laissé quelques héritiers de son style, il m'a paru qu'il avait partagé sa succession entre M. de La Harpe et M. de Chamfort.

Je n'ai point vu le *Moustapha* de ce dernier, et je suis fâché qu'on s'appelle Moustapha; mais je me souviens d'une jeune Indienne qui était une bien jolie petite créature, et qui me parut toute racinienne : car, voyez-vous, sans Racine, point de salut. Il fut le premier, et longtemps le seul, qui alla au cœur par l'oreille. *Componit furtim subsequiturque decor.*

A propos, il faut que vous jugiez entre le duc de La Rochefoucauld et Confucius, qui des deux a le mieux défini la gravité. Le seigneur français a dit : « La gravité est un mystère de corps, inventé pour cacher les défauts de l'esprit »; le seigneur chinois a dit : « La gravité n'est que l'écorce de la sagesse, mais elle la conserve. »

Je ne veux et je n'ose avoir un avis que quand vous m'aurez dit le vôtre.

A L'AUTEUR D'UN JOURNAL.

22 décembre 1776.

Le plan de votre journal, monsieur, me paraît aussi sage que curieux et intéressant : mon grand âge et les maladies dont je suis accablé ne me laissent pas l'espérance de pouvoir produire quelque ouvrage qui mérite d'être annoncé par vous.

Si j'avais une prière à vous faire, ce serait de détromper le public sur tous les petits écrits qu'on m'impute continuellement. Il est parvenu dans ma retraite des volumes entiers, imprimés sous mon nom, dans lesquels il n'y a pas une ligne que je voulusse avoir composée. Je vous supplierai aussi, monsieur, de vouloir bien, par un mot d'avertissement, me délivrer de la foule de lettres anonymes qu'on m'adresse. Je suis obligé de renvoyer toutes les lettres dont les cachets me sont inconnus. Cet avertissement, inséré dans votre journal, m'excuserait auprès des personnes qui se plaignent que je ne leur aie pas répondu; je vous aurais beaucoup d'obligation.

Je ne doute pas que votre journal n'ait beaucoup de succès; je me compte déjà au nombre de vos souscripteurs.

A S. A. S. MONSEIGNEUR LE PRINCE DE CONDÉ.

A Ferney, 17 janvier 1777.

Monseigneur, que votre altesse sérénissime daigne agréer mes remercîments, comme elle a bien voulu favoriser mes prières. Quelque petit que soit le pays de Gex, il devient considérable, puisqu'il est dans votre province et sous votre protection. Il n'attend que de vos bontés, monseigneur, la continuation de son existence. Je n'ai d'autre intérêt, dans cette affaire, que celui d'avoir dépensé six cent mille francs à fournir au roi de nouveaux sujets et des colons industrieux. C'est auprès de M. l'intendant de Bourgogne que j'ose demander principalement la faveur de votre altesse sérénissime. S'il ne considère que les droits du fisc et les usages établis dans le royaume, la colonie est perdue, parce qu'elle est composée d'étrangers en faveur de qui on a dérogé, depuis 1770, aux droits du fisc et aux règlements ordinaires. On leur faisait la grâce de ne les point inquiéter; ils étaient oubliés, et ils demandent uniquement à l'être encore, jusqu'à ce que le gouvernement ait pris un parti sur cet établissement.

Il serait dur de voir, dans un désert, un chétif hameau, changé en une ville florissante, détruit tout à coup par des commis du marc d'or, de la marque des fers et de la marque des cuirs. La plupart de nos ouvriers étant des Allemands, qui n'entendaient point le français, sont partis dans la seule crainte d'être rançonnés; les autres nous abandonnent tous les jours; et, de douze cents pères de famille utiles que j'avais rassemblés, il ne m'en reste pas à présent la moitié.

La seule grâce que je demande aujourd'hui à M. l'intendant de votre province est qu'il veuille bien empêcher, jusqu'à nouvel ordre, que les commis ne viennent, par des saisies, dissiper ce qui reste d'artistes rassemblés de si loin et à si grands frais. Je prendrais ensuite toutes les mesures que M. l'intendant me prescrirait, pour conserver ce qui reste de cette malheureuse colonie. Si votre altesse sérénissime daignait lui envoyer la lettre que j'ai l'honneur de vous écrire, votre recommandation servirait du moins à retarder quelque temps notre ruine entière; et à l'âge de quatre-vingt-trois ans, je mourrais avec moins de douleur, étant consolé par vos bontés. Je suis avec un profond respect et une reconnaissance infinie, monseigneur, de votre altesse sérénissime, etc.

A M. LE COMTE D'ARGENTAL.

7 avril 1777.

Mon cher ange, il n'y a que vous à qui j'ose écrire, dans l'état assez désagréable où je suis. J'ai reçu, comme vous savez, un petit avertissement de la nature, qui m'a fait souvenir que j'avais quatre-vingt-trois ans, et que ce n'était pas le temps de faire l'amour à Melpomène. Vous vous souvenez peut-être du petit souper à trois services[1] que je préparais pour elle, pour vous et pour M. de Thibouville. La nouvelle de cette petite fête que je vous préparais avait transpiré chez quelques cuisiniers qui préparaient de pareils repas de plus haut goût que le mien. Cette concurrence m'avait intimidé, et je vous destinais un autre souper à cinq services[2]. Peut-être les fourneaux ont trop échauffé ma tête, et je serai obligé de renoncer à mon métier de Martialo[3].

Si vous étiez voisin des eaux de Bourbonne, au lieu d'être près des Tuileries, je vous demanderais la permission de porter mon souper chez vous, ou plutôt mes deux soupers : celui qui est à cinq services me paraît assez honnête, si j'ose le dire. C'est un repas de santé; mais cela ne suffit

1. *Irène*, qui n'eut d'abord que trois actes.
2. *Agathocle*.
3. Auteur du *Cuisinier français*.

pas. On dit qu'il faut actuellement des entrées recherchées et des nouveautés dont on n'aurait pas mangé autrefois. Il semble que je suis du bon vieux temps, et que la nouvelle cuisine n'est point faite pour moi.

J'ai bien la mine d'être obligé de prendre congé de la compagnie avant d'être en état de vous consulter. Cependant vous m'avouerez que ce serait une chose assez plaisante, si ma petite fête pouvait un jour réussir, et si même j'étais assez heureux pour venir quelque jour, dans un petit coin, vous faire toutes mes confidences. C'est une idée que je roule souvent dans ma tête, et qui me console :

> Et cette illusion pour quelque temps répare
> Le défaut des vrais biens que la nature avare
> N'a pas accordés aux humains.

Il faut que je vous confie mes scrupules sur *les Incas,* que mon confrère de l'Académie et en historiographerie m'a fait parvenir. J'espérais que ces Incas m'amuseraient beaucoup dans ma convalescence ; je vous avoue que j'ai été bien trompé. Il y a des sujets auxquels il ne faut rien changer. Le grand intérêt est dans le simple récit. Celui qui ajouterait des fictions aux batailles d'Arbelles et de Pharsale glacerait le lecteur, au lieu de l'échauffer. Personne ne m'a parlé des *Incas,* excepté l'auteur. J'ai été étonné de ce silence, après le bruit qu'avait fait l'ouvrage. Serait-il arrivé la même chose aux *Mânes de Louis XV?* Ce titre un peu fastueux ne promet-il pas trop ? et ne peut-il pas se faire que l'encens qu'il prodigue à tout le monde n'ait plu à personne ? Cependant le style en est noble, et ne ressemble point au style insupportable qui règne aujourd'hui. L'auteur paraît réunir l'éloquence à la philosophie et à beaucoup de connaissances. Je vous aurai bien de l'obligation, mon divin ange, si vous voulez bien m'apprendre comment ces deux ouvrages réussissent à Paris. Il me paraît que ce sont deux pièces dont la scène est l'univers entier. Pour moi, qui suis obligé de quitter le théâtre, je vous demande votre avis du fond d'une loge grillée. Que ne puis-je en effet, avant de mourir, me cacher derrière vous, dans quelque loge, et entendre notre ami Le Kain ! Faut-il que je sois séparé de vous pour jamais ! c'est une privation que je ne puis supporter. J'ai bien des chagrins, mais celui d'être si loin de vous m'est assurément le plus sensible. Je baise le bout de vos ailes de ma bouche pâle et mourante.

A M. LE BARON D'ESPAGNAC.

A Ferney, 9 mai 1777.

Monsieur, ces jours passés je rencontrai Eustache Prévôt, dit *La Flamme*, l'un des invalides que vous avez eu la bonté de me donner. Il me dit qu'il était presque aveugle ; je lui répondis que je ne voyais pas trop clair. Il ajouta qu'il était très-malade ; je lui répliquai que j'étais tombé en apoplexie il y a près de deux mois, comme cela n'est que trop vrai. Il m'avoua, en soupirant, qu'il était cassé de vieillesse ; je lui fis confidence que j'avais quatre-vingt-trois ans. Enfin il me conjura d'obtenir de vous que vous daignassiez l'admettre parmi les invalides de votre Hôtel.

Il me protesta qu'il voulait avoir la consolation de mourir sous vos lois et sous vos yeux. Je vous demanderai la même grâce pour moi ; mais il faut donner la préférence à un vieux soldat qui a essuyé plus de coups de fusil que je n'en ai jamais tiré à des lapins.

Permettez donc que je vous présente ma requête pour *La Flamme*, qui me paraît en effet un peu éteinte. Ajoutez cette grâce à toutes celles dont vous m'avez honoré, et soyez persuadé du respect, de l'attachement et de la profonde estime avec laquelle j'ai l'honneur d'être, monsieur, votre, etc.

A M. DUTERTRE.

16 juillet 1777.

Ayant encore, monsieur, le ridicule de n'être point mort, je vous envoie, si vous le trouvez bon, mon certificat de vie, qui servira de ce qu'il pourra. Dieu merci, je n'entends rien du tout à mes affaires ; vous avez eu la bonté de vous en charger, et c'est ma seule consolation. M. le duc de Bouillon, altesse sérénissime, a daigné m'écrire des lettres pleines de bienveillance ; mais il m'a déclaré que ce n'était point à lui à me payer les vingt-deux ou vingt-trois mille francs qui me sont dus par son altesse sérénissime monseigneur son père.

Son altesse sérénissime monseigneur le duc de Wurtemberg, qui me doit aussi beaucoup d'argent, me paye en politesses. Mes maçons, mes charpentiers et mon boucher, qui ne sont pas si polis, me feraient mettre en prison pour être payés, si Dieu ne m'avait pas accordé le bénéfice d'âge de quatre-vingt-trois ans.

Je présume, monsieur, que dans ma détresse vous avez eu pitié de moi, et que vous avez satisfait la succession de M. Laleu. C'est une chose bien étonnante qu'il ait mieux aimé me prêter vingt-deux mille francs de sa caisse que de me les faire payer par feu M. le duc de Bouillon. Il est encore plus étonnant que M. d'Ailly m'ait fait perdre l'hypothèque privilégiée que j'avais sur tous les biens de ce prince; c'est un malheur irréparable.

Je n'ai d'espérance et de ressource que dans votre sagesse, dans votre exactitude et dans l'amitié dont vous m'avez déjà donné des marques. Je viendrais vous en remercier, si mon âge, ma santé et ma bourse me permettaient de faire le voyage. Je prendrais quelque petit appartement dans votre voisinage, pour apprendre, pendant quelques jours, à connaître un peu cette ville, que je n'ai vue depuis trente années.

A M. LE COMTE D'ARGENTAL.

4 auguste 1777.

Mon cher ange, il y a plus de soixante ans que vous voulez bien m'aimer un peu. Il faut que je fasse à mon ange un petit croquis de ma situation, quoiqu'il soit défendu de parler de soi-même, et quoiqu'on ait joué l'*Égoïsme*[1] bien ou mal dans votre *tripot* de Paris.

J'ai quatre-vingt-trois ans, comme vous savez, et il y a environ soixante-six ans que je travaille. Tous les gens de lettres en France, hors moi, jouissent des faveurs de la cour; et on m'a ôté je ne sais comment,

---

1. Comédie en cinq actes et en vers, par Cailhava, jouée le 10 juin 1777.

du moins on ne me paye plus, une pension de deux mille livres que j'avais avant que Louis XV fût sacré.

Je suis retiré depuis trente ans ou environ sur la frontière de la Suisse. Je n'avais qu'un protecteur en France, c'était M. Turgot, on me l'a ôté; il me restait M. de Trudaine, on me l'ôte encore.

J'avais eu l'imprudence de bâtir une ville; cette noble sottise m'a ruiné.

J'avais repris mon ancien métier de cuisine pour me consoler; je ne sens que trop, toute réflexion faite, que je n'entends rien à la nouvelle cuisine et que l'ancienne est hors de mode.

Le chagrin s'est emparé de moi et m'a fait perdre la tête. Je suis devenu imbécile, au point que j'ai pris pour une chose sérieuse la plaisanterie de M. de Thibouville, qui me demandait des pastilles d'épine-vinette. J'ai eu la bêtise de ne pas entendre ce logographe; j'ai cru me ressouvenir qu'on faisait autrefois des pastilles d'épine-vinette à Dijon, et j'en ai fait tenir une petite boîte à votre voisin, au lieu de vous envoyer le mauvais pâté que je vous avais promis.

Ce pâté est bien froid; cependant il partira à l'adresse que vous m'avez donnée, à condition que vous n'en mangerez qu'avec M. de Thibouville, et que vous me le renverrez, tel qu'il est, partagé en cinq morceaux.

Je ne vous dirai pas combien tous les pâtés qu'on m'a envoyés de votre nouvelle cuisine m'ont paru dégoûtants; mon extrême aversion pour ce mauvais goût ne rendra pas mon pâté meilleur. Peut-être qu'en le faisant réchauffer on pourrait le servir sur table dans deux ou trois ans; mais il faudrait surtout qu'il fût servi par les mains d'une jeune personne de dix-huit à vingt ans, qui sût faire les honneurs d'un pâté comme Mlle Adrienne les faisait à trente ans passés. Il nous faudrait aussi un maître d'hôtel tel que celui qui est le chef de la cuisine ancienne, et qui vous fait sa cour quelquefois; et avec toutes ces précautions je doute encore que ce pâté, qui n'est pas assez épicé, fût bien reçu. Quoi qu'il en soit, goûtez-en un petit moment, mon cher ange, et renvoyez-le-moi *subito, subito*.

Je ne vous parle point du voyageur que vous prétendiez devoir passer chez moi[1]. Je ne sais si vous savez qu'il a été assez mécontent de

---

1. L'empereur Joseph II.

la ville qui a été représentée quelques années par un grand homme de finances, et que cette ville a été encore plus mécontente de lui. Quoi qu'il en soit, je ne l'ai point vu, et je ne compte point cette disgrâce parmi les mille et une infortunes que je vous ai étalées au commencement de mon épître chagrine.

Le résultat de tout ce bavardage, c'est que j'aimerai mon cher ange, et que je me mettrai à l'ombre de ses ailes jusqu'au dernier moment de ma ridicule vie.

A M. LE COMTE D'ARGENTAL.

15 auguste 1777.

Les voilà enfin ces cinq pâtés trop froids et trop insipides[1], qui ne sont point du tout faits pour votre pays, et que je ne vous envoie, mon divin ange, que par pure obéissance. Je vous demande bien pardon d'obéir. Renvoyez-moi, par la même voie, ces cinq pièces de four, qui ne doivent être servies sur aucune table. Ne les montrez à personne. Ayez pitié de votre ancienne créature, qui a perdu la tête, et à qui il ne reste que son cœur.

A M. LE COMTE DE LA TOURAILLE.

A Ferney, 18 auguste 1777.

Si Charles IX, dont vous me parlez, monsieur, était allé près de la maison de Ronsard, et s'il eût trouvé un petit officier étranger qui n'eût point désemparé de la portière de son carrosse, et qui l'eût regardé sous le nez; si le moment d'après deux Génevois, habitués dans le village de Ronsard, se fussent présentés à Charles IX, étant ivres, et lui eussent demandé familièrement où il allait, Charles IX, à mon avis, eût très-bien fait de se fâcher et de ne point aller chez Ronsard.

1. La tragédie d'*Agathocle*.

C'est ce qui est arrivé au grand voyageur dont vous me parlez[1], sur la route de Genève. Il trouva ces jeunes gens un peu trop familiers, et il eut raison. Il ne soupa et ne coucha ni à Genève ni chez Ronsard. Il ne vit personne. Le résident de France se présenta devant lui, et il ne lui parla point. Il fut de très-mauvaise humeur sur toute la route, depuis Lyon.

Je conçois que le héros de Chantilly est plus affable, et que la vie est plus agréable dans ce beau séjour. Si vous êtes actuellement dans le Palais-Bourbon, vous avez passé d'un ciel dans un autre.

Vraiment, je crierai à M. le prince de Condé, du fond de mon purgatoire, si on persécute ma colonie, et je vous adresserai mes plaintes; mais actuellement je ne puis crier que des maux que la nature me fait souffrir. Je suis assurément votre supérieur en fait de tourments, comme je suis votre doyen. Je suis à vos pieds en tout le reste, pénétré de vos bontés et de vos grâces, me recommandant d'ailleurs à Dieu dans ma misère, et rempli pour vous du plus respectueux attachement[2].

1. Joseph II.
2. *Lettre de M. le comte de la Touraille.*

Au Palais-Bourbon, 6 auguste 1776.

On nous dit, monsieur, qu'Auguste et Mécène ont quelquefois été boire du vin de Falerne chez Horace; cet honneur ne l'aurait pas immortalisé, si ses talents ne l'avaient seuls rendu digne des hommages de la postérité. En reculant les époques de ces royales familiarités que donne et reçoit souvent l'orgueil, j'ose croire, monsieur, que feu M. Jupiter, qui était plus grand seigneur qu'Auguste, donna plus d'embarras que de vanité à Baucis et à Philémon, quand, pour s'amuser, il fut, selon Chaulieu, manger un plat d'asperges dans leur pauvre taudis.

Charles IX, voulant combler de joie son bon ami Ronsard, avait formé le dessein de l'aller voir *dans sa maison des champs.* « Cette marque de protection me serait glorieuse, dit le poëte, mais ne rendrait pas mes vers meilleurs. »

D'après cela, monsieur, doit-on s'affliger de n'avoir pas vu l'empereur dans sa maison? Je ne fais d'ailleurs que vous rendre les opinions des gens sensés de ce pays-ci, qui s'intéressent à votre satisfaction, sans avoir assurément la moindre idée de manquer de respect aux dieux et aux souverains.

M. le prince de Condé, monsieur, sera toujours disposé à seconder votre amour paternel en faveur de votre colonie, et vous pouvez, de votre côté, compter sur l'assidu bienfaiteur des Bourguignons. Il en est, comme vous le dites, le Titus adoré.

Je quitte les superbes fêtes de Chantilly pour rentrer sans regret dans ma quiète solitude du Palais-Bourbon, où j'ignore assez souvent s'il y a dans le monde des gens plus riches et plus heureux que moi. Je suis un peu comme ce paysan du mont Saint-Gothard à qui on vantait les richesses du roi de France : « Je parie, dit-il, qu'il n'a pas de si belles vaches que les miennes. »

Recevez, monsieur, l'hommage de ma sincère et constante vénération.

A M. DEVAINES.

A Ferney, 3 octobre 1777.

Je vous crois, monsieur, administrateur des postes, et toujours ami de M. d'Argental; car je sais, par mon expérience, que quand on l'aime c'est pour la vie.

Je prends donc la liberté de vous adresser ce petit paquet pour lui.

Je ne me console point d'avoir vu votre pèlerinage manqué. Ce sera un grand hasard si je suis en état de vous recevoir l'année qui vient. Je voudrais moi-même vous épargner le chemin, et vous aller rendre ma visite; mais à quoi servent les souhaits? à sentir nos besoins, et non pas à les soulager. J'ai réellement besoin de vous voir; il me semble que j'aurais bien des choses à vous dire sur ce monde-ci avant de le quitter.

Je viens de lire, avec une extrême satisfaction, le *l'Hôpital*[1] de M. de Condorcet. Tout ce qu'il fait est marqué au coin d'un homme supérieur. Que ne puis-je passer quelques jours entre vous et lui!

Mes respects et mes regrets à Mme Devaines.

A M. LE MARQUIS DE CUBIÈRES,

ÉCUYER DU ROI, ETC.,

EN RÉPONSE A UNE LETTRE EN VERS.

A Ferney, le 5 octobre 1777.

Un beau siècle commence, et vous me l'annoncez.
  Un jeune Titus le fait naître,
  Et c'est vous qui l'embellissez :
  L'écuyer est digne du maître.

---

1. *Éloge de Michel de l'Hospital, chancelier de France*, ouvrage présenté à l'Académie française.

> Pégase, ayant su qu'aujourd'hui
> Vous commandez dans l'écurie,
> Vient s'offrir à vous, et vous prie
> De vous servir souvent de lui ;
> Il aime votre grâce et votre humeur légère;
> Sous d'autres écuyers il fit plus d'un faux pas;
> Sous vous, il vole, il sait nous plaire,
> Il ne vous égarera pas.

Je vois, monsieur, que vous avez ressaisi votre droit d'aînesse, et que vous faites d'aussi jolis vers que monsieur votre frère le chevalier. Je ne puis vous remercier à mon âge qu'en mauvaise prose rimée, et c'est à moi qu'il faudra dire : *Solve senescentem*, etc.

J'ai l'honneur d'être, avec respect, etc.

Le vieux malade de Ferney.

A MADAME NECKER.

A Ferney, 22 octobre 1777.

Madame, vous me fîtes une fois l'honneur de m'écrire, et je répondis à M. Necker par pure bêtise, ayant pris votre écriture pour la sienne. Aujourd'hui, M. Necker m'honore d'une très-belle et très-consolante lettre, et c'est à vous que je réponds. Je vous demande, madame, une très-grande grâce, c'est de le remercier pour moi. Vous avez plus de temps que lui, quoique vous n'en ayez guère, et vous avez toujours eu de la bonté pour moi. Je ne veux pas qu'il reçoive une lettre où il serait question de *Zaïre*, parmi une foule de placets et des comptes des fermes générales. Je vous supplie seulement, madame, de lui dire combien j'ai été touché de ce qu'il m'a écrit.

Soyez bien persuadée que je viendrais me mettre au nombre de vos courtisans, si mes quatre-vingt-quatre ans, mes quatre-vingt-quatre maladies et mes quatre-vingt-quatre sottises ne me retenaient au bord de votre lac, que, Dieu merci, vous ne reverrez plus.

Souvenez-vous un petit moment de votre respectueux et fidèle serviteur.

A M. LE COMTE D'ARGENTAL.

A Ferney, 22 octobre 1777.

Messieurs et anges, je vous jure, encore une fois, qu'aucun mortel ne savait de quoi il était question. Ma folie est à présent publique. C'est à votre sagesse et à vos bontés à la conduire. J'aurais voulu que cette folie eût été plus tendre, et eût pu faire verser quelques larmes; mais ce sera pour une autre fois. Je suis occupé actuellement d'une nouvelle extravagance [1] à faire pleurer. Il y a je ne sais quoi de philosophique dans celle que vous protégez. Cela est attachant, cela n'est pas mal écrit; mais élégance et raison ne suffisent pas. Ce n'est pas assez d'un intérêt de curiosité, il faut un intérêt déchirant. Je crois que la pièce est sage; mais qui n'est que sage n'est pas grand'chose. Tirez-vous de là comme vous pourrez.

On dit que les acteurs, excepté Lekain et ceux ou celles que vous voudrez honorer de vos conseils, sont supérieurement plats. On dit que la plupart de ces messieurs débitent des vers comme on lit la gazette.

Je vous prierai donc, messieurs, dans l'occasion, d'empêcher qu'on ne m'estropie et qu'on ne me barbarise.

Je viens d'écrire à M. le maréchal de Duras, comme vous me l'avez ordonné. Je lui ai dit, avec raison, que la consultation de la fin de mes jours dépendait de lui. Car, messieurs mes anges, sachez que je ne puis avoir le bonheur de vous revoir qu'en Sicile [2]. Sachez que, si je vivais assez pour aller jusqu'à Constantinople, je ne pourrais faire ce second voyage qu'après avoir passé par Syracuse [3].

Je n'ai point dit à M. le maréchal de Duras de quoi il s'agissait précisément. Je l'ai seulement prévenu que vous lui montreriez quelque chose qui avait un grand besoin de sa protection. Je me suis bien donné de garde de lui dire que vous lui laisseriez ce quelque chose entre les

---

1. *Irène.*
2. C'est-à-dire, je vous reverrai si l'on joue *Agathocle.*
3. C'est-à-dire qu'on doit jouer *Agathocle* avant *Irène.*

mains. Je suis bien sûr que ma *Syracuse* ne sortira pas des vôtres : tout serait perdu si elle en sortait; autant vaudrait jeter Agathocle et Idace dans le gouffre du mont Etna. Pour moi, j'ai bien l'air de me jeter, la tête la première, dans le lac de Genève, si vous ne réussissez pas dans ce que vous entreprenez. Nous avons eu deux filles qui se sont noyées ces jours passés; j'irai les trouver, au lieu de venir me mettre à l'ombre de vos ailes; mais je n'ai que faire de me tuer; mon âge, mes travaux forcés, mes maux insupportables, et la Sicile, et Constantinople, me tuent assez; et, si je meurs, c'est en me recommandant à messieurs et anges.

A MADAME DU BOCCAGE.

A Ferney, 2 novembre 1777.

Génie vous-même, madame; je suis un pauvre vieillard, moitié poëte, moitié philosophe, et qui n'est pas à moitié persécuté, quoiqu'il ne dût être qu'un objet de pitié, étant surchargé de quatre-vingt-quatre ans et de quatre-vingt-quatre maladies, et étant très-près, par conséquent, d'aller voir mes anciens maîtres, que j'ai bien mal imités, les Socrate et les Sophocle. Quand je verrai Corinne, je lui soutiendrai hardiment qu'elle ne vous valait pas, soit qu'elle voulût briller dans la société, soit qu'elle voulût l'emporter sur les hommes dans l'art d'écrire.

Je ne suis point étonné qu'*Alzire* m'ait valu votre lettre, qui m'a infiniment touché. Vous vous êtes retrouvée dans le pays que vous aviez embelli. Vous, madame, et les insurgents, me rendez l'Amérique précieuse.

Mme Denis est aussi sensible à votre souvenir qu'elle est loin de jouer encore Alzire. Elle a été presque aussi malade que moi, et c'est beaucoup dire. S'il me restait la force de désirer, je désirerais d'être à Paris pour jouir de l'honneur de votre société aussi souvent que vous me le permettriez, pour aimer ce naturel charmant, cette égalité et cette simplicité qui relèvent vos talents, et pour vous dire, avec la même simplicité, que je serai du fond de mon cœur, avec le plus sincère respect, madame, votre très-humble et très-obéissant serviteur, jusqu'au dernier moment de ma vie.

Le vieux malade de Ferney.

A M. LE COMTE D'ARGENTAL.

5 novembre 1777.

Mon cher ange, je vous importune de mes petits chiffons. Voici un *Errata* pour la Sicile et pour Constantinople [1]. Je sens bien que vous me direz : l'*Errata* devait être cent fois plus long ; et moi je vous répondrai qu'il est encore plus aisé de faire des fautes que de les corriger, et qu'il faut souffrir ses amis avec leurs défauts, surtout quand ils sont accablés de vieillesse et de maladies : alors le temps de s'amender est passé ; on peut se repentir, mais non pas se corriger. Qu'en pense M. de Thibouville ? N'a-t-il pas pitié de moi ?

Nous aurons grand soin, Mme Denis et moi, autant qu'il sera en nous, de lui conserver l'appartement de l'hôtel des Fées-Villette. Notre chaumière de Ferney n'est pas faite pour garder des filles. En voilà trois que nous avons mariées, Mlle Corneille, sa belle-sœur Mlle Dupuits, et Mlle Varicour, que M. de Villette nous enlève. Elle n'a pas un denier, et son mari fait un excellent marché. Il épouse de l'innocence, de la vertu, de la prudence, du goût pour tout ce qui est bon, une égalité d'âme inaltérable, avec de la sensibilité ; le tout orné de l'éclat de la jeunesse et de la beauté.

Je me mets à l'ombre de vos ailes.

Le vieux malade de Ferney.

---

1. *Agathocle* et *Irène*.

A M***.

Ferney, 9 novembre 1777.

Vous avez vu ici le mariage de M. de Florian; vous verriez aujourd'hui celui de M. le marquis de Villette; je dis *marquis*, parce qu'il a une terre effectivement érigée en marquisat, comme seigneur de sept grosses paroisses, suivant les lois de l'ancienne chevalerie. Il est en outre possesseur de quarante mille écus de rente. Il partage tout cela avec Mlle de Varicour, qui demeure chez Mme Denis. La jeune personne lui apporte en échange dix-sept ans, de la naissance, des grâces, de la vertu, de la prudence. M. de Villette fait un excellent marché. Cet événement égaye ma vieillesse.

A M. LE MARQUIS DE THIBOUVILLE.

10 novembre 1777.

De mes deux anges il y en a donc un qui est devenu l'ange exterminateur. Il extermine en effet ma pauvre Irène : il prétend qu'elle sera traînée à la morgue, et pendue par les pieds, parce qu'elle s'est tuée étant chrétienne. L'ange exterminateur aurait raison, si l'impératrice de Constantinople prétendait avoir bien fait en se tuant; mais elle en demande pardon à Dieu, elle lui dit :

> Dieu! prends soin d'Alexis, et pardonne ma mort.

Elle ajoute même, en fesant un dernier effort,

> Pardonne, j'ai vaincu ma passion cruelle;
> Je meurs pour t'obéir : mourrais-je criminelle?

Son dernier mot étant un acte de contrition, il est clair qu'elle est sauvée.

Vous jugez bien que, pendant qu'elle prononce ces dernières paroles avec des soupirs entrecoupés, son père et son amant sont à genoux à ses côtés, et mouillent ses mains mourantes de leurs larmes. Je crois fermement que tous les gens de bien pleureront aussi.

J'ai adressé, je crois, à l'ange exterminateur quelques petites corrections qui m'ont paru nécessaires; mais elles ne sont pas en assez grand nombre. Je me suis dépêché, craignant que M. le maréchal de Duras ne fût revenu. On ne fait rien de bien quand on se presse.

Nous allons essayer *Irène* pour les noces de Mme de Villette; on la jouera derrière des paravents au coin du feu, et nous verrons l'effet tout aussi bien que si nous étions dans une salle de spectacle.

J'avoue à M. Baron que je pense comme lui. Je crois cette tragédie vraiment tragique, et peut-être la plus favorable aux acteurs qui ait jamais paru. Je pense que les passages fréquents de la passion aux remords, et de l'espérance au désespoir, fournissent à la déclamation toutes les ressources possibles. J'oserais même dire que le théâtre a besoin de ce nouveau genre, si on veut le tirer de l'avilissement où il commence à être plongé, et de la barbarie dans laquelle on voudrait le jeter.

Je n'ai point dit à M. le maréchal de Duras de quoi il s'agissait. Je ne veux point non plus essuyer, à mon âge, les caprices et les impertinences de quelques comédiens.

Si je vous ai un peu amusés, messieurs, je me tiens payé de mes peines. Il est vrai que je n'aurais pas été fâché d'être un peu bien reçu à Paris à la suite d'*Irène*; mais je crains bien de mourir sans avoir tâté de cette consolation.

A M. LE COMTE D'ARGENTAL.

17 novembre 1777.

Ne soyez point l'ange exterminateur; soyez l'ange sauveur. Secourez-moi, vous qui daignez m'aimer depuis environ soixante-dix ans, et empêchez-moi de mourir de douleur à quatre-vingt-quatre.

Tout ce que je demande, c'est que M. le maréchal de Duras puisse lire *Irène* mise dans son cadre.

Souffrez que je vous envoie des emplâtres pour mettre à toutes les blessures d'*Irène*. J'ose supplier instamment la secrétaire aimable que vous avez élevée de vouloir bien placer ces petits papiers que j'envoie. Il n'y a qu'à lire l'indication de chacun; ensuite on coupe avec des ciseaux cette indication, et on met la correction avec quatre petits pains à cacheter à la place convenable.

Par exemple, à l'acte second, on coupe le petit avertissement qui finit par *mettez ainsi*; et on colle proprement les vers ajoutés qui commencent par ces mots, *au premier coup porté*, et qui finissent par ces mots, *de mes scrupules vains*. Quand on a pris ce petit soin, la pièce est en état d'être lue sans peine; les yeux du lecteur sont contents; il faut qu'ils le soient pour qu'on puisse bien juger.

Je ne me suis pressé de rien; je veux seulement vous plaire et à M. le maréchal de Duras. Après avoir goûté cette satisfaction, je mourrai consolé si cette pièce peut servir un jour à rétablir le seul spectacle qui fasse un véritable honneur à la France. C'est un malheur qu'il n'y ait aucun acteur qui s'y connaisse, et qu'aucun d'eux, excepté Le Kain, ne sache mettre les nuances nécessaires dans ses rôles. Nous les avons fait sentir dans Ferney, ces nuances, sans lesquelles tout est perdu.

Adieu, mon cher ange; c'est moi qui suis perdu si vous ne me soutenez pas.

N. B. Voyez comme à la fin Irène demande pardon à Dieu de son suicide, et devinez quel effet prodigieux un père respectable et tendre, et un amant désespéré, ont fait par leurs cris douloureux en arrosant de leurs larmes Irène, tandis qu'Irène demande deux fois pardon à Dieu d'une voix mourante. Tout est froid à votre théâtre à côté de cette catastrophe.

A M. DELAUNAY.

8 décembre 1777.

LE VIEUX MALADE TRÈS-MORTEL, AU BRILLANT ET SOLIDE AUTEUR
DU PANÉGYRIQUE DE LA PITIÉ.

Oui, la pitié est un don de Dieu; oui, son panégyriste a raison, et d'autant plus qu'il est très-éloquent; car, s'il ne l'était pas, à quoi servirait-il d'avoir raison?

Oui, la pitié est le contre-poison de tous les fléaux de ce monde. Voilà pourquoi Jean Racine prit pour sa devise, dans l'édition de ses tragédies : Φόβος καὶ ἔλεος, *Crainte et pitié*; voilà pourquoi on dit à notre messe latine le *Kyrie eleison* des Grecs. Tous les prédicateurs cherchent à inspirer la pitié pour les pauvres et pour les malheureux; et la plupart de ces orateurs mêmes font pitié.

L'illustre maître de l'assemblée littéraire et fraternelle fera toujours plutôt envie que pitié.

Si je pouvais, dans mon triste état, faire un voyage à Paris, mon plus grand désir serait que le panégyriste de la pitié en eût un peu pour moi.

Pour M. de Villette, il est sans pitié pour sa nouvelle conquête, et ne lui donne pas le temps de respirer.

A M. LE COMTE D'ARGENTAL.

16 décembre 1777.

Messieurs mes anges, il ne faut qu'une critique vraisemblable, faite par un homme d'esprit et imposant, pour séduire quelquefois les esprits les plus éclairés et les cœurs les plus sensibles. Nous sommes tous dans notre retraite d'un avis absolument contraire au vôtre. Soyez juges entre vous et nous. On pense ici unanimement que, si Alexis n'était pas coupable, Irène ne serait qu'une dévote impertinente, qui se tuerait par piété.

On pense, et il est très-vrai, que l'exemple de Massinisse, dans la *Sophonisbe*, n'a rien de commun avec Alexis. Autrefois *Sophonisbe* réussit en Italie et en France. Ce fut même notre première tragédie régulière, et la *Sophonisbe* de Mairet l'emporta toujours sur la *Sophonisbe* de Corneille. Les esprits sont devenus depuis beaucoup plus raffinés et moins naturels. La *Sophonisbe* de Mairet, quoique corrigée avec le plus grand soin, a déplu à une nation qui ne veut point voir un roi traité comme un esclave par un Romain, obligé par ce Romain de quitter sa femme, et se déshonorant par la mort de cette femme même, pour n'être point déshonoré en la voyant traîner en triomphe à la queue de la charrette du vainqueur.

C'est ici tout le contraire. Je vous prie, messieurs les anges, de bien peser cette vérité; je vous prie de bien sentir que toute la tragédie d'*Irène* est d'amour, et d'amour effréné. La mort de Nicéphore n'en est que l'occasion, et n'en est point le sujet. Le cœur ne raisonne point; et une critique de réflexion, quelque plausible qu'elle puisse être, ne détruit jamais le sentiment.

Certainement l'amour d'Irène doit faire cent fois plus d'effet, si ce rôle est joué par une actrice passionnée, que l'amour de ma petite Idace, laquelle, au bout du compte, n'est qu'une Agnès tragique. Idace est très-honnête; mais Irène est déchirante, ou je suis fort trompé.

Voici des vers qui m'ont paru nécessaires à cette pièce, et qui semblent satisfaire, autant qu'il m'est possible, à la critique qui s'est élevée chez vous. Ils se ressentent peut-être de ma vieillesse et des douleurs qui me tourmentent. Je les ai faits dans mon lit, dont je ne sors point; mais, s'ils ne sont pas beaux, ils sont du moins raisonnables. J'avoue qu'ils ne détruiront jamais la censure. On dira toujours qu'Alexis a tort de vouloir épouser Irène immédiatement après avoir tué son mari. Je dirai, comme les autres, qu'il a grand tort, et que c'est ce tort inexcusable que j'ai voulu mettre sur le théâtre. Je dirai que j'ai voulu peindre un homme enivré de sa passion, et non pas un homme raisonnable.

Il y a dans la pièce un raisonneur, c'est bien assez; et ce raisonneur fait, ce me semble, un assez beau contraste avec le fougueux, l'écervelé, et le tendre Alexis. C'est un rôle que je voudrais jouer sur mon petit théâtre de campagne, si j'avais vingt-quatre ans au lieu de quatre-vingt-quatre.

Ce qui est sûr, mon cher ange, c'est que je vous aime dans ma vieillesse comme je vous aimais quand j'étais mineur.

A M. DE LA HARPE.

14 janvier 1778.

Mon très-cher confrère, je suis fâché et honteux qu'on ait montré au salon de la Comédie-Française l'esquisse dont j'aurais pu faire un tableau si j'avais été à portée de vous consulter. Mon dessein n'était point du tout que ce pauvre enfant de ma vieillesse eût à Paris cette célébrité. Théophraste, à cent ans, disait qu'il apprenait tous les jours; et moi je dis, à quatre-vingt-quatre ans, qu'on peut encore se corriger.

La pièce n'avait été faite que pour les noces de votre ami; mais, puisqu'il s'agit aujourd'hui du public, ceci devient une affaire sérieuse. Je ne veux point combattre l'hydre du parterre sans être armé de pied en cap.

De plus, j'aurais bien mauvaise grâce à vouloir passer avant vous. Rien ne serait plus injuste et plus maladroit. C'est à vous, s'il vous plaît, à vous exposer aux bêtes le premier, parce que vous êtes un excellent gladiateur; mais j'ai peur que vous ne soyez dégoûté vous-même de cette impertinente arène dans laquelle on est jugé par la plus effrénée canaille, qui ne veut plus que des pièces qui lui ressemblent.

Il me semble que notre chère nation tourne furieusement, depuis quelques années, à l'opprobre et au ridicule en plus d'un genre. J'ai vu la fin du siècle d'Auguste, et je suis déjà dans le Bas-Empire. Vous, qui êtes *spes altera Romæ*, faites revivre le bon goût; combattez hardiment en vers et en prose. Menez les Français tantôt en Sibérie, tantôt dans Babylone; ils trouveront des fleurs partout où vous les conduirez.

Je vous parle très-sérieusement; je ne passerai point avant vous, quoique je sois votre ancien.

M. de Villette est très-sensible à tout ce que vous lui dites de flatteur dans votre lettre. J'espère bien qu'il sera toujours fidèle à sa tendresse pour sa femme et à son amitié pour vous. Vous méritez bien l'un et l'autre qu'on vous aime, et je vous assure que j'en fais bien mon devoir.

J'attends avec impatience la suite de votre réponse à cette Montagu la shakespearienne. Je vous avoue que la barbarie de Debelloi et consorts m'est presque aussi insupportable que la barbarie de Shakespeare. Debelloi est cent fois plus inexcusable, puisqu'il avait des modèles, et que le Gilles anglais n'en avait pas.

Je ne parlerais pas si librement à d'autres qu'à vous; mais nous sommes tous deux de la même religion, et nous ne devons pas nous cacher nos mystères.

Adieu, mon cher confrère; je vous embrasse de tout mon cœur.

A M. LE MARQUIS DE THIBOUVILLE.

17 janvier 1778.

Je vous ai écrit hier, illustre et généreux Baron, et je suis forcé de vous écrire encore aujourd'hui, parce que je viens de recevoir tout à l'heure une lettre de vous du 3 janvier, qui apparemment a fait le tour de la France avant de m'être rendue.

Je suis bien plus étonné encore de ce que m'écrit M. d'Argental. Je ne conçois rien à Lekain; je n'entends rien à tout ce qui se passe; je vois seulement que je vous ai une obligation extrême de la chaleur et de la bonté que vous avez mises dans cette affaire, qui m'est essentielle. Je vois qu'il faudra que je vienne à Pâques vous remercier, si je suis en vie.

Je n'ai pu lire la ligne où vous me dites : Madame... aura le manuscrit ce matin. Je ne sais point quelle est cette madame : c'est peut-être un monsieur, car il n'y a qu'une M fort mal faite. Je ne suis point étonné que, dans un siècle où tous nos auteurs écrivent pour n'être point entendus, ceux qui écrivent à leurs amis écrivent pour n'être point lus.

Je persiste dans la prière que je vous ai faite de retirer tous les rôles et la pièce, et de mettre le tout dans un profond oubli et dans le feu, jusqu'à ce que je puisse venir vous témoigner ma tendre reconnaissance.

Je soupçonne que le nom que je n'ai pas pu lire est Suard : je soupçonne qu'il en a fait la critique avec M. de Condorcet; je soupçonne qu'elle pourra être imprimée malgré moi dans peu de temps, et que cela serait bien cruel ; je soupçonne qu'il faut absolument que j'y travaille avec la plus grande attention, et que je prévienne toutes les tracasseries que je prévois. Je soupçonne que je serai fort embarrassé.

J'ajoute à tous mes soupçons que je n'ai entendu parler ni de Mme Vestris, ni de Mlle Sainval, que je ne connais personne excepté Lekain, qui devrait, par reconnaissance, avoir un peu plus d'attention pour moi.

Je me jette entre vos bras; car, en vérité, vous êtes un homme essentiel. Mme Denis vous fait les plus tendres compliments.

A M. LEKAIN.

Ferney, 19 janvier 1778.

Je vous avais prévenu, monsieur. Il est vrai que j'avais envoyé à des amis que je respecte l'esquisse d'un ouvrage qui ne convenait guère à mon âge, mais qui, après avoir été fini, et surtout corrigé par un travail assidu, d'après les sages critiques de ces mêmes personnes dont l'amitié m'est si précieuse, aurait pu rendre les derniers jours qui me restent un peu moins désagréables.

J'y travaillais nuit et jour malgré ma mauvaise santé, et j'espérais qu'à Pâques j'aurais pu, par ma docilité et ma déférence à leurs lumières, rendre la pièce moins indigne de vous. Je me flattais même que vous pourriez jouer le rôle de Léonce, qui n'est pas fatigant, et que vous auriez rendu très-imposant par vos talents sublimes.

Les amis respectables dont je vous parle n'ont fait lire à l'assemblée de messieurs vos camarades cette esquisse encore informe que pour avoir vos avis et les leurs, pour m'en instruire et pour que tout fût prêt à Pâques.

Il convient sans doute qu'on remette la pièce et les rôles entre les mains de ceux qui ont bien voulu m'honorer de leur bienveillance dans cette occasion, et qui ont daigné entrer dans les détails de cette affaire.

Les papiers publics disent que vous vous remariez. Je vous en fais mon compliment très-sincère; je doute de ce mariage, puisque vous n'avez pas daigné m'en instruire.

Si la chose était vraie, je pense que la fatigue de vos noces ne vous mettrait pas dans l'incapacité de jouer l'ermite Léonce, qui n'a pas de ces passions qui ruinent la poitrine, et qui parle de la vertu d'une manière qui semble être assez dans votre goût. Si vous aviez donné ce rôle à un autre, je craindrais de m'y opposer, car je suis très-sûr que vous auriez bien choisi.

J'ai toujours compté sur votre amitié depuis le jour où je vous ai connu dans votre jeunesse. Le temps a fortifié tous les sentiments qui m'attachent à vous. Vous savez trop combien Mme Denis et moi nous vous sommes dévoués, pour que nous nous servions ici de la formule ordinaire qui n'a jamais été dictée par le cœur.

LE VIEUX MALADE.

A M. LE COMTE D'ARGENTAL.

A Ferney, 20 janvier 1778.

Mon cher ange, en voici bien d'une autre! il faut, pour le coup, que je me jette entre les bras de votre providence, de votre sagesse et de cette constante amitié qui fait la consolation de ma vie. Je suis trop jeune, je ne sais pas me conduire, à moins que je ne sois toujours à l'ombre de vos ailes.

J'ai cru qu'il était de mon devoir de vous envoyer la lettre que je reçois d'un de vos protégés, et la réponse que je lui fais. Je ne doute pas que vous n'engagiez votre ami M. de Thibouville à mettre sous ses pieds cet oubli de toutes les bienséances. Je lui mande qu'autrefois M. de Fériol, votre oncle, l'ambassadeur à Constantinople, disait, s'il m'en souvient, qu'*il n'y avait d'honneur ni à gagner ni à perdre avec les Turcs*.

Si vous trouvez ma réponse à votre ancien protégé convenable et mesurée, puis-je vous supplier de la lui faire tenir aussi bien que celles que j'ai dû écrire à M. Suard et à Mme Vestris, et à un M. Monvel qu'on dit avoir beaucoup d'esprit, beaucoup de sensibilité et beaucoup de talents, avec très-peu de poitrine?

Une chose encore bien importante pour moi, c'est de demander très-humblement pardon à Mme votre secrétaire de lui avoir fait écrire des choses qui certainement ne subsisteront pas, car tout ne sera fini que vers Pâques; et c'est vers ce saint temps que je compte vous apparaître comme Lazare sortant de son tombeau.

Je vous conjure encore plus que jamais de faire retirer la copie qui est peut-être au tripot, et les rôles qui peuvent être chez les tripoteurs et les tripoteuses. Je suis réellement perdu s'il reste dans le monde le moindre lambeau de ces haillons. Vous sentez que la publicité de ces misères est très à craindre : elle arrêterait tout à coup un jeune homme dans le commencement de sa carrière; mais, soit au commencement, soit à la fin, il est certain que cela me ferait un tort irréparable.

Songez, mon divin ange, que je passe les jours et les nuits à remplir la tâche très-difficile, mais très-nécessaire, que vous m'avez donnée. Songez que je marche sur des charbons ardents. J'ose espérer que je ne me brûlerai pas la plante des pieds, parce que je vous invoquerai en subissant une épreuve qui surpasse mes forces.

A M. LE COMTE D'ARGENTAL.

Mardi matin, 3 février 1778.

Mon cher ange, c'est moi qui vous écris aujourd'hui, ce n'est pas Mme Denis; c'est moi qui suis désespéré de ne pas accompagner nos voyageurs. J'ai eu la force de faire dix actes, et je n'ai pas celle de faire cent lieues. L'âme supporte des fatigues que le corps ne soutient pas; mais, avec le temps, on vient à bout de tout, et, quand les cent lieues mènent dans votre voisinage, on les fait gaiement. Je ne suis pourtant pas trop gai. Un homme de mon âge, qui vient de bâtir quatre-vingt-quatorze maisons, qui est ruiné, qui a dix procès et dix actes de tragédie sur le corps, n'a pas de quoi rire.

Quand est-ce donc que ce pauvre écloppé aura le bonheur de vous embrasser, vous et votre aimable secrétaire? Je vais accompagner Mme Denis jusqu'à la première poste. Je n'ai pas le temps d'écrire à M. de Thibouville; ces dames lui parleront plus éloquemment que moi, et elles arriveront avant ma lettre.

A M. LE CHEVALIER DE LISLE.

Paris, le 10 février 1778.

Le vieux malade est infiniment sensible au souvenir de M. de Lisle. Si son triste état lui permettait de sortir, il courrait au-devant de lui; il n'y a pas de moment où il ne soit enchanté de voir le plus aimable des hommes.

A MADAME LA MARQUISE DU DEFFAND.

Paris, 11 février 1778.

J'arrive mort, et je ne veux ressusciter que pour me jeter aux genoux de madame la marquise du Deffand.

A MADAME D'ÉPINAY.

1778.

Le vieux malade, arrivé mourant, ressent les douleurs de madame d'Épinay encore plus que les siennes, et il ressent encore plus l'honneur de son souvenir. S'il n'accompagne pas Lekain, il viendra assurément lui renouveler ses anciens hommages avec la plus respectueuse tendresse.

A M. LE COMTE D'ARGENTAL.

A Paris, 19 février 1778.

M. le maréchal de Richelieu sort de chez moi; il est touché des larmes de M. Molé; il m'a assuré que Mme Molé n'était pas absolument détestable. Il a tant dit, il a tant fait, que j'ai été obligé d'envoyer le rôle de Zoé à Mme Molé. On m'assure qu'on peut donner encore ce rôle à une autre; que le rôle de Zoé, au cinquième acte, est de la plus grande importance; que le tableau qu'elle fait de l'état d'Irène est un morceau principal, qui exige une grande actrice, et que ce serait une chose essentielle d'obtenir de Mlle Sainval qu'elle daignât le jouer, comme Mlle Clairon débita le récit de Mérope; que cela seul pourrait faire réussir la pièce, et que M. Molé ne devrait point s'y opposer, puisque Zoé n'est point une simple confidente, mais une princesse favorite de l'impératrice; et que c'est en effet Mme Molé qui ôterait le rôle à Mlle Sainval.

Voilà donc, mon cher ange, à quel point nous en sommes.

J'ai besoin plus que jamais de vos bontés et de vos ordres.

Dudit jour, à dix heures et demie du soir.

Mⁿᵉ Arnould revient de chez Mⁿᵉ Sainval la cadette, qui lui a promis de jouer Zoé. Il ne s'agit plus que d'obtenir de M. Molé de convertir sa femme, à laquelle on promet un rôle fait pour elle dans *le Droit du Seigneur*, qui est entièrement changé, et qu'on pourrait jouer à la suite d'*Irène*, si cette *Irène* avait un peu de succès; sinon je dirai comme Sosie :

O juste ciel! j'ai fait une belle ambassade!

A M. DE LA DIXMERIE,

QUI LUI AVAIT ADRESSÉ DES VERS SUR SON RETOUR A PARIS.

A Paris, 19 février 1778.

Si on pouvait rajeunir, le vieillard que M. de La Dixmerie honore d'une épître si flatteuse rajeunirait à cette lecture. Il est arrivé extrêmement malade. M. Tronchin lui défend d'écrire; mais il ne lui défend pas de sentir, avec la plus extrême reconnaissance, les bontés que M. de La Dixmerie lui témoigne avec tant d'esprit.

A M. LE COMTE DE TRESSAN.

A Paris, 19 février 1778.

Le vieux malade de Ferney est incapable d'avoir passé trois jours sans répondre aux bontés de M. le comte de Tressan, et sans lui avoir témoigné sa tendre et respectueuse reconnaissance.

Je suis entre les mains de M. Tronchin; mais quoiqu'il m'ait défendu tout, il ne pourra m'empêcher de vous écrire. Je suis dans un tourbillon qui ne convient ni à mon âge ni à ma faiblesse. Mon âme serait plus à son aise à Franconville.

Votre ami, M. de Villette, a raison d'aimer le monde ; il y brille dans son étonnante maison ; il l'a purifiée par l'arrivée d'une femme aussi honnête que belle. Je l'abandonnerai bientôt à son nouveau bonheur ; mais je compte bien être témoin du vôtre dans votre retraite, si je puis disposer de moi un moment. Il y a longtemps que j'aspire à cette consolation. Je serai, jusqu'au dernier moment de ma vie, monsieur le comte, le plus attaché, le plus respectueux de vos serviteurs.

A M. LE COMTE D'ARGENTAL.

Mars 1778.

Pardon, mon cher ange, ma tête de quatre-vingt-quatre ans n'en a que quinze ; mais vous devez avoir pitié d'un homme blessé qui crie, ne pouvant parler. Songez que je meurs, songez qu'en mourant j'ai achevé *Irène*, *Agathocle*, *le Droit du Seigneur*, et fait quatre actes d'*Atrée*. Songez que Molé m'a mutilé indignement, sottement et insolemment ; qu'il ne veut point jouer son rôle dans *le Droit du Seigneur*, etc. Je suis mort, et il faut que je coure chez les premiers gentilshommes de la chambre ; voyez s'il ne m'est pas permis de crier : cependant j'avoue que je ne devrais pas crier si fort.

Je suis à vous, mon ange, à toute heure.

A M. LE CURÉ DE SAINT-SULPICE[1].

4 mars 1778.

M. le marquis de Villette m'a assuré que si j'avais pris la liberté de m'adresser à vous-même, monsieur, pour la démarche nécessaire que

---

1. Faydit de Tersac.

j'ai faite, vous auriez eu la bonté de quitter vos importantes occupations pour venir, et daigner remplir auprès de moi des fonctions que je n'ai cru convenables qu'à des subalternes auprès des passagers qui se trouvent dans votre département.

M. l'abbé Gaultier avait commencé par m'écrire sur le bruit seul de ma maladie; il était venu ensuite s'offrir de lui-même, et j'étais fondé à croire que, demeurant sur votre paroisse, il venait de votre part. Je vous regarde, monsieur, comme un homme du premier ordre de l'État. Je sais que vous soulagez les pauvres en apôtre, et que vous faites travailler en ministre. Plus je respecte votre personne et votre état, plus je crains d'abuser de vos extrêmes bontés. Je n'ai considéré que ce que je dois à votre naissance, à votre ministère et à votre mérite. Vous êtes un général à qui j'ai demandé un soldat. Je vous supplie de me pardonner de n'avoir pas prévu la condescendance avec laquelle vous seriez descendu jusqu'à moi; pardonnez aussi l'importunité de cette lettre; elle n'exige pas l'embarras d'une réponse, votre temps est trop précieux. J'ai l'honneur d'être, etc.

A M. LE MARQUIS DE FLORIAN,

A BIJOU-FERNEY.

A Paris, 15 mars 1778.

Le vieux malade n'a pu encore écrire à M. et à Mme de Florian. Il a été à la mort pendant plus de quinze jours, depuis son accident. Il a fallu passer par toutes les horreurs qui accompagnent cet état. Il saisit un moment où il souffre un peu moins pour dire à M. et à Mme de Florian qu'il serait mort en les aimant de tout son cœur, et en comptant sur leur souvenir.

Vous savez que tout parle guerre à Paris; que le roi a déclaré, par son ambassadeur à Londres, qu'il veut la paix, mais qu'il fera respecter son pavillon et le commerce de ses sujets. Le traité avec les Américains est public. J'ai vu M. Franklin chez moi, étant très-malade : il a voulu que je donnasse ma bénédiction à son petit-fils. Je la lui ai donnée, en disant *Dieu et la liberté*, en présence de vingt personnes qui étaient dans ma chambre[1].

L'ambassadeur d'Angleterre arriva une heure après. Tout ce que j'ai éprouvé de bontés de la cour et de la ville a été bien au delà de mes espérances, et même de mes souhaits; mais je ne crois pas que ce temps-ci puisse être convenable pour demander des grâces pécuniaires en faveur de ma colonie. Le roi est trop endetté. Les flottes ont coûté un argent immense. Les billets de la loterie de M. Necker perdent chacun quatre-vingts sur mille. Il y en a cinq mille à prendre dont personne ne veut. Il n'est plus question d'économie, il ne s'agit plus que de vengeance. M. d'Estaing commande une escadre formidable, M. de La Motte-Piquet une autre.

Vous savez que M. Dupuits est à Paris, et qu'il espère être employé. Il est à croire que, sans guerre déclarée, il y aura des coups donnés. Pour moi qui suis très-pacifique, je ne songe qu'à être défait de tous les polissons qui me parlent de Shakespeare, de Faxhall, de Rostbif, de sauteurs anglais et de milords anglais.

Je demande bien pardon à M. de Florian d'entrer dans ces détails. J'aimerais bien mieux faire paver devant sa maison; mais je vois qu'il est plus aisé de guérir d'un vomissement de sang que d'obtenir de l'argent d'un gouvernement obéré, qui n'a pas même le moyen de payer le pauvre Racle. Il y a ici un luxe révoltant et une misère affreuse. Paris est le rendez-vous de toutes les folies, de toutes les sottises et de toutes les horreurs possibles.

Quand pourrai-je revoir Ferney, et embrasser tendrement le seigneur et la dame de Bijou!

---

1. Voltaire prononça ces mots en anglais : « *God and liberty.* »

A M. LE COMTE DE LALLY,

FILS DU GÉNÉRAL,

QUI AVAIT ANNONCÉ A L'AUTEUR LA CASSATION DE L'ARRÊT DU PARLEMENT QUI AVAIT CONDAMNÉ SON PÈRE A MORT[1].

26 mai 1778.

Le mourant ressuscite en apprenant cette grande nouvelle; il embrasse bien tendrement M. de Lally; il voit que le roi est le défenseur de la justice : il mourra content.

---

1. Voltaire était au lit de la mort quand on lui fit part de cet évènement; il sembla se ranimer pour écrire ce billet; après l'avoir écrit, il retomba dans l'accablement, et expira le 30 de mai 1778, âgé de quatre-vingt-quatre ans et quelques mois.

TABLE DES MATIÈRES

	Années.	Pages.
1. A M. D***.	1714	1
2. A M. l'abbé de Chaulieu.	1716	2
3. A M. ***.	1717	3
4. A Monseigneur le duc d'Orléans, régent.	1718	4
5. A M. de La Faye.	—	5
6. A M. de Génonville.	1719	8
7. A Madame la marquise de Mimeure.	—	9
8. A M. J.-B. Rousseau.	1722	10
9. A M. Thiriot.	1723	12
10. A Madame la présidente de Bernières.	—	13
11. — —	—	13
12. — —	—	14
13. — —	—	15
14. — —	—	17
15. A M. de Cideville.	—	17
16. A M. le baron de Breteuil.	—	18
17. A M. Thiriot.	1724	23
18. A Madame la présidente de Bernières.	—	24
19. A M. Thiriot.	—	25
20. —	—	26
21. A M. de Cideville.	—	27
22. A M. Thiriot.	—	27
23. A Madame la présidente de Bernières.	—	28
24. A M. Thiriot.	—	29
25. A Madame la présidente de Bernières.	—	31
26. A M. Thiriot.	—	32

TABLE DES MATIÈRES.

	Années.	Pages.
27. A Madame la présidente de Bernières.	1724	34
28. A M. Thiriot.	—	35
29. —	—	38
30. A M. de Cideville.	—	39
31. A M. l'abbé Nadal.	1725	40
32. A Madame la présidente de Bernières.	—	43
33. — —	—	44
34. — —	—	45
35. — —	—	47
36. A M. Thiriot.	—	48
37. A Madame la présidente de Bernières.	—	50
38. — —	—	51
39. A M. M***, ministre du département de Paris.	1726	52
40. A M. Thiriot.	—	53
41. A Mademoiselle Bernières.	—	54
42. A Madame la présidente de Bernières.	—	55
43. A M. Thiriot.	1727	57
44. A Madame la duchesse du Maine.	—	58
45. A M. ***.	—	60
46. A M. Thiriot.	1729	67
47. A M. de Formont.	1730	68
48. Au P. Porée.	—	69
49. A M. de Cideville.	1731	71
50. —	—	71
51. A M. Favières.	—	73
52. A M. de Formont.	—	74
53. A M. Lefèvre, sur les inconvénients attachés à la littérature.	1732	75
54. A M. Brossette.	—	79
55. A M. de Cideville.	—	80
56. A M. de Formont.	—	81
57. A Mademoiselle de Lubert.	—	82
58. A Madame la marquise du Deffand.	—	84
59. A M. l'abbé d'Olivet.	—	85
60. A M. de Moncrif.	1733	86
61. —	—	86
62. A M. de Cideville.	—	87
63. A Madame la duchesse de Saint-Pierre.	—	88
64. A M. de Cideville.	—	89
65. —	—	91
66. A M. Thiriot.	—	91
67. A M. de Formont.	1735	92
68. A M. le comte d'Argental.	—	94
9. A M. de Cideville.	—	97
70. A M. l'abbé Asselin.	—	98
71. Aux auteurs du *Nouvelliste du Parnasse*.	—	99

TABLE DES MATIÈRES.

	Années.	Pages.
72. A M. Thiriot..	1736	107
73. A M. Berger..	—	109
74. A M. Pallu..	—	111
75. A M. de La Roque..	—	112
76. A M. de la Mare..	—	113
77. A Madame la marquise du Deffand.	1736	115
78. A M. l'abbé Moussinot..	—	116
79. A M. Berger..	—	118
80. A M. l'abbé d'Olivet..	—	118
81. A M. le comte de Tressan..	—	120
82. A M. l'abbé d'Olivet..	—	121
83. A M. Thiriot..	1737	121
84. A M. de s'Gravesand..	—	123
85. Au prince royal de Prusse..	—	124
86. A M. l'abbé Moussino..	—	126
87. Au prince de Prusse..	—	128
88. A M. de Cideville..	—	129
89. A M. Thiriot..	1738	131
90. —	—	133
91. A M. R***..	—	135
92. Au prince de Prusse..	—	136
93. A M. l'abbé d'Olivet..	—	138
94. A M. l'abbé Dubos..	—	140
95. A M. de Cideville..	—	142
96. A M. Thiriot..	—	143
97. Au prince de Prusse..	1739	144
98. A M. le comte de Caylus..	—	146
99. Au P. Porée.	—	148
100. A M. Helvétius..	—	149
101. A M. de Lanoue..	—	151
102. Au prince de Prusse..	—	155
103. A M. le marquis d'Argenson..	—	156
104. A M. le président Hainaut..	1740	159
105. Au prince de Prusse.	—	161
106. A Milord Harvey, sur Louis XIV.	—	162
107. Au roi de Prusse..	—	166
108. A M. l'abbé Prévost..	—	167
109. Au roi de Prusse.	—	169
110 — —	—	171
111. — —	—	172
112. A M. le président Hénault..	1741	173
113. A M. Helvétius..	—	175
114. A M. de Cideville..	—	176
115. Au roi de Prusse.	1742	178
116. A M***, de l'Académie française..	1743	180

TABLE DES MATIÈRES.

	Années.	Pages.
117. A M. de Vauvenargues.	1743	182
118. A M. le marquis d'Argenson.	1744	184
119. A M. de Vauvenargues.	—	185
120. A M. le marquis d'Argenson.	1745	186
121. A M. de Vauvenargues.	—	187
122. A M. le marquis de Valori.	—	189
123. A M. Néricault Destouches	—	190
124. A M. le président Hénault.	—	191
125. A M. J.-J. Rousseau.	—	192
126. A M. le comte de Tressan.	1746	193
127. A M. le marquis des Issarts.	1747	195
128. A Marie Lekzinska, reine de France.	1748	197
129. A M. le comte d'Argental.	—	198
130. A M. Marmontel.	1749	199
131. A M. Alliot.	—	200
132. A Stanislas, roi de Pologne.	—	201
133. A Madame la duchesse du Maine.	—	201
134. A Mademoiselle Clairon.	1750	202
135. A M. le marquis des Issarts.	—	203
136. A Mademoiselle Clairon.	—	204
137. Au roi de Prusse.	—	206
138. A M. le comte d'Argental.	—	207
139. A Madame Denis.	—	208
140. — —	—	209
141. — —	—	211
142. A M. Lessing.	1751	212
143. A Madame la duchesse de Maine.	—	213
144. A M. Devaux.	—	214
145. A la duchesse Louise-Dorothée de Saxe-Gotha.	—	215
146. A Madame la marquise du Deffand.	—	216
147. A Madame de Fontaine.	—	218
148. A Madame Denis.	—	219
149. A M. le président Hénault.	1752	221
150. A M. le maréchal duc de Richelieu.	—	222
151. A Madame Denis.	—	226
152. — —	—	229
153. — —	—	230
154. A M. le comte d'Argental.	1753	232
155. A Madame Denis.	—	233
156. A M. le comte d'Argental.	—	234
157. A François Iᵉʳ, empereur d'Allemagne.	—	235
158. A Madame Denis.	—	238
159. Réponse de Madame Denis.	—	240
160. A S. A. S. le landgrave de Hesse-Cassel.	—	241
161. A M. le comte d'Argental.	—	242

TABLE DES MATIÈRES.

	Années.	Pages.
162. A M. de Malesherbes.	1753	244
163. — —	1754	244
164. A M. de Brenles.	—	245
165. A M. de Cideville.	—	246
166. A M. Guiger, baron de Prangins.	1755	247
167. A M. d'Alembert.	1755	248
168. A M. Lekain.	—	249
169. A M. J.-J. Rousseau.	—	250
170. A M. le docteur Tronchin.	1756	253
171. A M. le maréchal duc de Richelieu.	—	255
172. A Mademoiselle***.	—	255
173. A M. Lekain.	—	257
174. A M. l'abbé d'Olivet.	1757	257
175. A M. de Moncrif.	—	259
176. A M. de Cideville.	—	260
177. A M. Thiriot.	—	261
178. A M. Tronchin de Lyon.	—	263
179. A dom Fangé.	—	266
180. A Madame d'Épinay.	—	266
181. A la duchesse de Saxe-Gotha.	1758	267
182. A M. le comte d'Argental.	—	268
183. A Madame de Graffigny.	—	269
184. A M. le comte d'Argental.	—	270
185. A M. le comte de Tressan.	—	272
186. A MM. Desmahis et de Margenci.	—	273
187. A M. l'abbé d'Olivet.	—	274
188. A M. de Cideville.	—	274
189. A Madame du Boccage.	—	276
190. A M. de Cideville.	—	278
191. — —	—	279
192. — —	—	280
193. — —	—	281
194. A M. le comte d'Argental.	—	282
195. — —	—	283
196. A M. Thiriot.	—	285
197. A Madame la marquise du Deffand.	—	287
198. A M. de Cideville.	1759	288
199. A Madame la marquise du Deffand.	—	289
200. A Madame de Fontaine.	—	290
201. A M. le comte d'Argental.	—	292
202. A M. le duc de la Vallière.	—	293
203. A M. Thiriot.	1760	294
204. A Madame la marquise du Deffand.	—	296
205. — —	—	297
206. Au roi de Prusse.	—	298

		Années.	Pages.
207. A M. de Chennevières.		1760	300
208. A M. le marquis Albergati Capacelli.		—	300
209. A M. de Mairan.		—	301
210. A M. Thiriot.		—	303
211. A Mademoiselle Clairon.		—	304
212. A M. le chevalier de R... x.		—	305
213. A M. le comte d'Argental.		—	307
214. A M. Le Kain.		—	309
215. A M. Noverre, maître des ballets de l'empereur.		—	311
216. A Mademoiselle Clairon.		—	312
217. A Madame la comtesse d'Argental.		—	314
218. A M. Lebrun, qui avait écrit à l'auteur pour l'engager à prendre chez lui la petite-fille du grand Corneille.		—	315
219. A Mademoiselle Corneille.		—	316
220. A M. Le Kain.		—	316
221. A M. le marquis Albergati Capacelli.		—	319
222. A M. Jean-François Corneille.		—	321
223. A M. Deodati de Tovazzi, sur la langue italienne.		1761	322
224. A Madame de Fontaine.		—	327
225. A M. Duclos.		—	329
226. A M. l'abbé d'Olivet.		—	330
227. A M. l'abbé Trublet qui lui avait envoyé son discours de réception à l'Académie française.		—	331
228. A M. le marquis Albergati Capacelli.		—	332
229. A M. le comte d'Argental.		—	333
230. A M. Duclos.		—	334
231. A M. le comte d'Argental.		—	337
232. A Madame de Fontaine.		—	339
233. A M. l'abbé d'Olivet.		—	340
234. A M. le président Hénault.		—	341
235. A M. le comte d'Argental.		—	342
236. A M. le duc de Choiseul.		—	344
237. A M. l'abbé d'Olivet.		—	347
238. A Madame la marquise du Deffand.		—	348
239. A M. Duclos.		—	350
240. A M. l'abbé d'Olivet, chancelier de l'Académie française.		—	352
241. A M. d'Alembert.		—	357
242. A M. de Cideville.		1763	358
243. A M. le comte d'Argental.		—	359
244. A M. Le Kain.		—	360
245. A l'impératrice de Russie.		1765	361
246. A M. le comte d'Autrey.		—	363
247. A Madame la marquise du Deffand.		1766	364
248. A M. le comte d'Estaing.		—	365
249. A M. le comte d'Argental.		—	367

TABLE DES MATIÈRES.

		Années.	Pages.
250. A M. le comte d'Argental.		1766	373
251. A M. le marquis de Villette.		—	369
252. Au cardinal de Bernis.		—	370
253. A M. de Chabanon.		—	371
254. A M. le comte d'Argental.		1767	372
255. —	—		368
256. A M. de Pezay.		—	375
257. A M. le marquis de Florian.		—	377
258. A M. le comte de la Touraille.		—	378
259. A Madame la marquise de Boufflers.		—	379
260. A M. le comte de Rochefort.		—	380
261. A M. de Chabanon.		—	381
262. A M. le cardinal de Bernis.		—	382
263. A M. le duc de La Vallière.		—	383
264. A M. le marquis de Chauvelin.		—	384
265. A M. le maréchal duc de Richelieu.		—	386
266. A M. Lekain.		—	387
267. A M. Linguet, sur Montesquieu et Grotius.		—	388
268. A l'impératrice de Russie.		—	391
269. A M. de Parcieux, sur son projet d'amener la rivière d'Yvette à Paris.		—	392
270. A M. Collini.		—	392
271. A M. de Chabanon.		—	396
272. A M. Moreau.		1768	397
273. A Madame la duchesse de Choiseul.		—	398
274. A M. Thiriot.		—	399
275. A M. de Parcieux.		—	402
276. A M. Saurin.		—	403
277. A M. Panckoucke.		—	404
278. A M. Horace Walpole.		—	405
279. A M. Bouret, fermier général.		—	410
280. A M. le chevalier de Beauteville.		—	412
281. A M. Maillet Duboullay, secrétaire de l'Académie de Rouen.		—	414
282. A M. le prince Gallitzin.		1769	415
283. A M. Thiriot.		—	416
284. A M. Linguet.		—	417
285. A M. Thiriot.		—	418
286. A Madame la marquise du Deffand.		—	419
287. A M. le comte d'Argental.		—	321
288. A Madame la marquise du Deffand.		1770	422
289. A M. d'Alembert.		—	423
290. A M. de Laborde, banquier de la cour.		—	425
291. A M. Necker.		—	426
292. A M. de La Sauvagère.		—	427
293. A Madame Necker.		—	428

		Années.	Pages.
294. A M. le marquis de Condorcet.		1770	429
295. A M. le maréchal duc de Richelieu.		1771	430
296. A Madame la marquise du Deffand.		—	430
297. A M. le maréchal duc de Richelieu.		—	431
298. A Madame la princesse de Talmont.		—	432
299. A M. de La Harpe.		—	434
300. A Messieurs de l'Académie française.		—	434
301. A M. le comte de Rochefort.		—	436
302. A M. le marquis de Florian.		—	436
303. A M. le prince de Beauvau.		—	437
304. A Madame la marquise du Deffand.		—	438
305. A M. le cardinal de Bernis.		—	440
306. A M. De Belloi.		—	441
307. A M. Laurent, ingénieur et chevalier de l'ordre du Roi.		—	441
308. A Madame la marquise du Deffand.		1772	443
309. A M. le maréchal duc de Richelieu.		—	444
310. A un de ses confrères de l'Académie.		—	446
311. A M. De Belloi.		—	449
312. A M. de La Harpe.		—	450
313. A M. d'Alembert.		—	452
314. A M. de La Harpe.		1773	453
315. —		—	455
316. A l'impératrice de Russie.		—	459
317. A M. Diderot.		—	461
318. A M. le chevalier Hamilton, ambassadeur à Naples.		—	462
319. A M. le maréchal duc de Richelieu.		—	463
320. A M. le comte de Milly.		—	464
321. A M. de Marmontel.		—	465
322. A M. le baron d'Espagnac, gouverneur de l'hôtel royal des Invalides.		—	465
323. A M. le comte d'Argental.		—	467
324. A M. le marquis de Florian.		1774	468
325. A M. le comte d'Argental.		—	470
326. A M. le marquis de Florian.		—	471
327. A M. le comte d'Argental.		—	472
328. A M. le marquis de Florian.		—	474
329. —		—	475
330. A M. Rosset, maître des comptes, auteur d'un poëme sur l'agriculture.		—	476
331. A M. le marquis de Condorcet.		—	479
332. A M. le maréchal duc de Richelieu.		—	479
333. A M. le comte d'Argental.		—	480
334. A Madame la marquise du Deffand.		—	481
335. A M. le chevalier Delisle.		—	482
336. A M. le comte de la Touraille.		—	484

TABLE DES MATIÈRES.

		Années.	Pages.
337.	A M. le comte d'Argental.	1774	485
338.	A M. le comte Campi.	—	485
339.	A M. le comte d'Argental.	—	487
340.	A l'impératrice de Russie.	—	488
341.	—	—	490
342.	A M. de Champfort.	—	490
343.	A M. de Lalande.	—	492
344.	A M. le comte d'Argental.	—	493
345.	A M. Devaines, premier commis des finances.	1775	495
346.	A M. de Thibouville.	—	495
347.	A Madame la marquise du Deffand.	—	496
348.	A M. Devaines.	—	497
349.	A Madame la marquise du Deffand.	—	498
350.	A M. l'abbé Duvernet.	—	499
351.	A M. l'abbé Beaudeau, auteur des *Éphémérides du citoyen*.	—	500
352.	A M. de La Harpe.	—	502
353.	A M. de Fabry.	—	503
354.	A M. Dupont de Nemours.	—	504
355.	A l'impératrice de Russie.	—	505
356.	A M. de Malesherbes, ministre d'État.	—	506
357.	A M. Lekain.	—	507
358.	A M. de Thibouville.	—	508
359.	A Madame la marquise du Deffand.	—	509
360.	A M. le comte d'Argental.	—	510
361.	A M. Turgot.	—	511
362.	A M. l'abbé de Vitrac.	—	512
363.	A M. le secrétaire perpétuel de l'Académie de Pau.	—	513
364.	A M. *** sur les anecdotes.	—	525
365.	A un journaliste, sur la philosophie, l'histoire, le théâtre, les pièces de poésie, les mélanges de littérature, les anecdotes littéraires, les langues et le style.	—	527
366.	A M. le marquis de Thibouville.	1776	546
367.	A M. Turgot.	—	547
368.	Au roi de Prusse.	—	548
369.	A M. Turgot.	—	549
370.	A M. Vasselier.	—	550
371.	A M. Turgot.	—	550
372.	A M. le baron de Faugères, sur un monument qu'il propose d'ériger aux grands hommes du siècle de Louis XIV, dans la place de Montpellier.	—	552
373.	A M. Devaines.	—	554
374.	—	—	555
375.	A M. de La Harpe.	—	556
376.	A M. Laujon.	—	556
377.	A M. le comte d'Argental.	—	557

TABLE DES MATIÈRES.

	Années.	Pages.
378. A Madame de Saint-Julien.	1776	559
379. A M. de La Harpe.	—	561
380. A M. le comte d'Argental.	—	561
381. A M. Desmeuniers.	—	563
382. A M. d'Alembert	—	564
383. A M. l'abbé Pezzana.	—	564
384. A M. le comte d'Argental.	—	565
385. A Madame la princesse d'Hénin.	—	566
386. A M. le comte d'Argental.	—	567
387. A M. d'Alembert.	—	568
388. A M. le comte d'Argental.	—	569
389. A M. Devaines.	—	571
390. —	—	571
391. A M. le maréchal duc de Richelieu.	—	572
392. A M. Hume.	—	573
393. A M. le marquis de Villevieille.	—	576
394. A monseigneur le Prince de Condé.	—	577
395. A M. le marquis de Condorcet.	—	578
396. A l'auteur d'un journal.	—	579
397. A monseigneur le Prince de Condé.	1777	580
398. A M. le comte d'Argental.	—	581
399. A M. le baron d'Espagnac.	—	583
400. A M. Dutertre.	—	583
401. A M. le comte d'Argental.	—	584
402. —	—	586
403. A M. le comte de la Touraille.	—	586
404. A M. Devaines.	—	588
405. A M. le marquis de Cubières.	—	588
406. A Madame Necker.	—	589
407. A M. le comte d'Argental.	—	590
408. A Madame du Boccage.	—	591
409. A M. le comte d'Argental.	—	592
410. A M***.	—	593
411. A M. le marquis de Thibouville.	—	593
412. A M. le comte d'Argental.	—	594
413. A M. Delaunay.	—	596
414. A M. le comte d'Argental.	—	596
415. A M. de La Harpe.	1778	598
416. A M. le marquis de Thibouville.	—	599
417. A M. Lekain.	—	600
418. A M. le comte d'Argental.	—	601
419. —	—	602
420. A M. le chevalier Delisle.	—	603
421. A Madame la marquise du Deffand.	—	603
422. A Madame d'Épinay.	—	604

		Années.	Pages.
423. A M. le comte d'Argental.		1778	604
424.	—	—	605
425. A M. de La Dixmerie.		—	605
426. A M. le comte de Tressan.		—	605
427. A M. le comte d'Argental.		—	606
428. A M. le curé de Saint-Sulpice.		—	606
429. A M. le marquis de Florian.		—	607
430. A M. le comte de Lally.		—	609
Table.			611

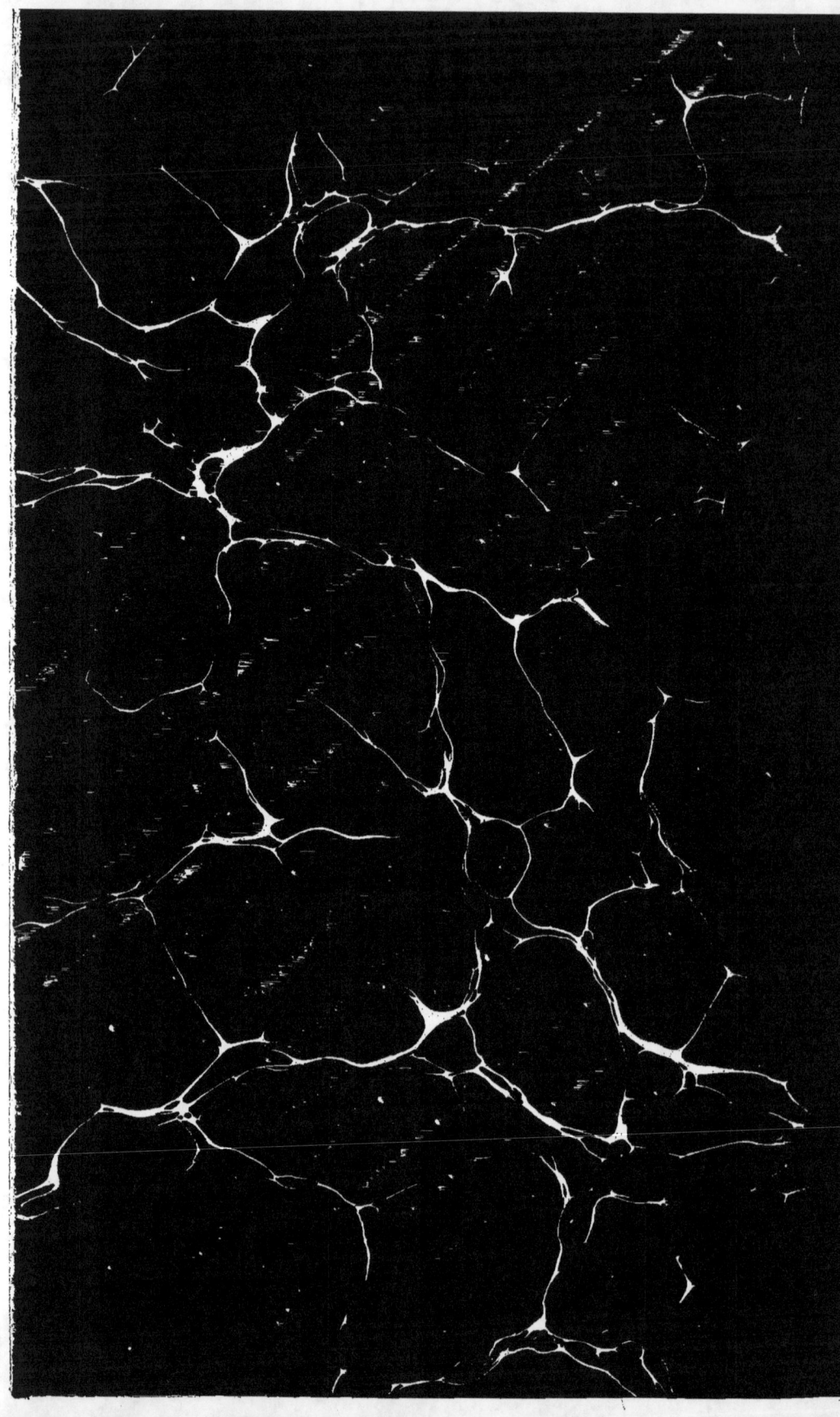

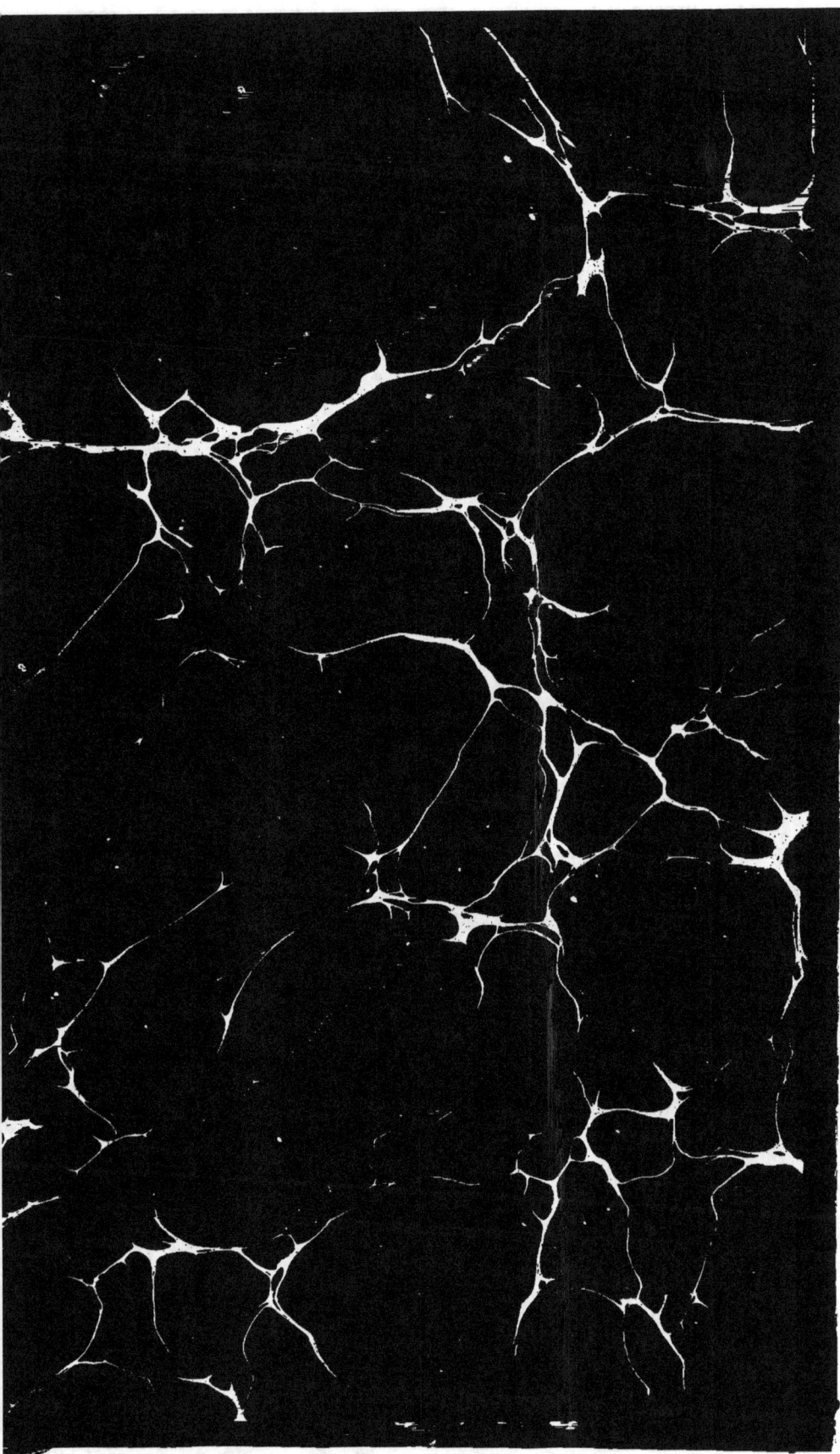

www.ingramcontent.com/pod-product-compliance
Lightning Source LLC
Chambersburg PA
CBHW050055230426
43664CB00010B/1322